MANUAL DE LEGISLAÇÃO TRIBUTÁRIA ESTADUAL

Alexandre Meirelles
Daniel Petitinga

MANUAL DE LEGISLAÇÃO TRIBUTÁRIA ESTADUAL

3ª EDIÇÃO
Revista, atualizada
e ampliada

2025

EDITORA *jus*PODIVM
www.editorajuspodivm.com.br

EDITORA
JusPODIVM
www.editorajuspodivm.com.br

Rua Canuto Saraiva, 131 – Mooca – CEP: 03113-010 – São Paulo – São Paulo
Tel: (11) 3582.5757
• Contato: https://www.editorajuspodivm.com.br/sac

Diagramação: Lupe Comunicação e Design *(lupecomunicacao@gmail.com)*

Capa: Maitê Coelho *(maitescoelho@yahoo.com.br)*

M514m Meirelles, Alexandre.
Manual de Legislação Tributária Estadual / Alexandre Meirelles e Daniel Petitinga – 3.ed., rev., atual. e ampl. – São Paulo: Editora JusPodivm, 2025.
640 p.

ISBN 978-85-442-6098-2

1. Direito Tributário. 2. Legislação Tributária. I. Meirelles, Alexandre. II. Petiting, Daniel. III. Título.

CDD 341.39

"Embora ninguém possa voltar atrás e fazer um novo começo, qualquer um pode começar agora e fazer um novo fim."

Chico Xavier

"Nesse mundo, nada é certo além da morte e dos impostos."

Benjamin Franklin
– Político e cientista americano

DEDICATÓRIAS

Dedico este livro aos milhares de concursandos que desde 2006 confiam no meu trabalho, dentre eles, centenas de candidatos que pude acompanhar mais de perto no meu programa de mentoria.

Também dedico aos milhares de leitores dos meus livros "Como Estudar para Concursos" e outros três de Exatas aqui pela Juspodivm, que me deixaram muito realizado pelo imenso retorno com elogios às obras, incluindo centenas de aprovados.

A todos vocês deixo o meu eterno agradecimento e o desejo de que conquistem logo seus cargos tão sonhados.

Ao Victor, meu filho nascido em 2014, que veio ao mundo para que eu descobrisse novos sentimentos de amor, alegria e realização como homem. É muito difícil conseguir repartir o tempo entre as tarefas de pai, marido, fiscal, autor e mentor, mas só de tê-lo ao meu lado brincando comigo faz todo o esforço valer a pena.

Alexandre Meirelles

Dedico este livro a todos aqueles que buscam uma melhoria de vida.

Às pessoas que, como eu, dedicam parte da vida estudando para buscar melhor qualidade de vida para si e para seus familiares.

Espero que toda a caminhada valha a pena e que o sonho e a esperança de dias melhores sejam alcançados com luta, dedicação e trabalho. Enfim, esta obra é dedicada a você, leitor.

Daniel Petitinga

AGRADECIMENTOS

São tantas pessoas para agradecer que não seria o caso mencionar centenas de nomes aqui. Mas, em especial, agradeço:

A Deus, por ter me dado saúde e paz para estudar e trabalhar durante todos esses anos, assim como por ter me colocado no mundo no meio de família e amigos maravilhosos.

Aos meus pais, três irmãos, quatro sobrinhos, diversos tios e primos, que foram meus maiores referenciais, sempre acreditando no meu sucesso. A eles devo tudo e serei eternamente grato. Em especial ao meu saudoso pai, Luiz, e à minha mãe, Cida, por sempre terem me dado todas as condições para vencer na vida por meio dos estudos. Graças à educação recebida dos meus pais, que chamo carinhosamente de meus "coroas", somos uma família muito unida, amorosa e bem-sucedida.

À Andrea, minha esposa e principal incentivadora, com a qual espero passar o resto dos meus dias ao lado de nosso filho, Victor, e de minha enteada, Natalia. Assim como a sua família Trujillano, agora também minha família.

Às dezenas de amigos que possuo, desde os meus 13 anos de idade, quando descobri o que era estudar realmente e decidi prestar concursos para escolas militares e posteriormente para os Fiscos.

Ao Vauledir e aos demais colegas da Editora Juspodivm, por terem acreditado no meu potencial como autor e coordenador de outras obras.

Ao Daniel, grande amigo desde o nosso Curso de Formação para o Fisco paulista em 2006 e que aceitou meu chamado para que escrevesse um livro sobre nossos tributos estaduais.

Alexandre Meirelles

AGRADECIMENTOS

Agradeço, primeiramente, a Deus.

À minha amada esposa, Érica, pelo companheirismo e atenção sempre perfeitos.

Aos meus filhos, Lucas e Clara, razão da luta diária.

Aos meus pais, Marcel e Ângela, bem como aos queridos Paulo e Denise, para mim também pais, por todo o apoio nos momentos difíceis.

Aos estimados sogros, Francisco e Francisclara, a quem considero, também, como pais, pelo carinho.

A todos os meus irmãos pela confiança que em mim depositaram, amo todos vocês.

A meus tios, parentes e sobrinhos lindos que moram em meu coração.

Aos amigos e companheiros de trabalho e de infância que sempre me incentivaram para esse momento de êxito.

A todos da Editora Juspodivm pela oportunidade que estão me oferecendo.

Ao Alexandre, que acreditou em mim e me convenceu a entrar nessa empreitada difícil, porém muito gratificante.

Daniel Petitinga

SIGLAS UTILIZADAS NESTE LIVRO

AFE – Auditor Fiscal do Estado

AFFE – Auditor Fiscal da Fazenda Estadual

AFR – Agente Fiscal de Rendas

AFRE – Auditor Fiscal da Receita Estadual

AFTE – Auditor Fiscal do Tesouro Estadual ou Auditor Fiscal de Tributos Estaduais

CESPE – Centro de Seleção e de Promoção de Eventos da UnB (Atual Cebraspe)

Cops-UEL – Coordenadoria de Processos Seletivos da Universidade Estadual de Londrina

ESAF – Escola de Administração Fazendária

FCC – Fundação Carlos Chagas

FEPESE – Fundação de Estudos e Pesquisas Socioeconômicos

FESPERN – Fundação Escola Superior dos Procuradores do Estado do Rio Grande do Norte

FGV – Fundação Getulio Vargas

FRE – Fiscal de Rendas do Estado

Fundatec – Fundação Universidade Empresa de Tecnologia e Ciências

JATTE-PE – Julgador Administrativo Tributário do Tesouro Estadual de Pernambuco

NCE-UFRJ – Núcleo de Computação Eletrônica da UFRJ

UEPA – Universidade Estadual do Pará

Vunesp – Fundação para o Vestibular da Universidade Estadual Paulista

SOBRE OS AUTORES

ALEXANDRE MEIRELLES

Ocupa, desde 2006, o cargo de **Auditor Fiscal da Receita Estadual de São Paulo**, cargo mais conhecido pelos concurseiros como "Fiscal de ICMS de SP".

Ex-aluno da Escola Preparatória de Cadetes do Exército.

Graduado em Matemática – Informática pela UFRJ.

Especialista em Matemática e Estatística pela UFLA.

Mestre em Estatística pela UFMG.

Especialista em Direito Tributário pela Rede LFG/Anhanguera.

Foi aprovado nos seguintes concursos:

- Agente Fiscal de Rendas do Estado de São Paulo (Atual AFRE-SP) – 2006.
- Auditor Fiscal da Receita Federal do Brasil – 2005.
- Auditor Fiscal da Receita Estadual de Minas Gerais – 1993.
- Auditor Fiscal de Tributos Municipais da Prefeitura de Belo Horizonte – 1992, cargo que exerceu por 11 anos.
- Técnico de Finanças e Controle do Ministério da Fazenda – 1993, cargo que exerceu por menos de um ano.
- Professor de Matemática do Estado de Minas Gerais.

Professor de Matemática para vestibulares e concursos em diversos cursos preparatórios desde 1989 no Rio de Janeiro, Belo Horizonte e São Paulo.

Autor de um dos textos mais conhecidos sobre concursos, o "Manual do Concurseiro", provavelmente o texto mais lido do mundo dos concursos, e dos livros "Matemática Básica Definitiva para Concursos", "Raciocínio Lógico Definitivo para Concursos", "Matemática Financeira Definitiva para Concursos, "Como Estudar para Concursos" e "Manual de Legislação Tributária Estadual" pela Editora Juspodivm e "Concursos Fiscais" pela Editora Método/Gen, hoje um e-book distribuído gratuitamente no site do Gran Cursos Online.

Desde maio de 2020 é Coordenador Científico da área fiscal do Gran Cursos Online, no qual utiliza seu canal do YouTube para fornecer dicas de estudo semanais.

- ✓ **E-mail:** alexmeirelles@gmail.com.
- ✓ **Instagram:** @profalexandremeirelles
- ✓ **Youtube:** Prof Alex Meirelles

DANIEL PETITINGA

Daniel Petitinga de Miranda ocupa desde 2006 o cargo de Auditor Fiscal da Receita Estadual de São Paulo.

Graduado em Engenharia Civil pela Universidade Federal da Bahia – UFBA.

Ingressou no Mestrado em Cálculo Estrutural pela COPPE/UFRJ, concluindo as disciplinas, mas não defendeu a dissertação.

Graduado em Direito pelo Centro Universitário Padre Anchieta em Jundiaí/SP.

Aprovado nos seguintes concursos:

- Agente Fiscal de Rendas do Estado de São Paulo – 2006;
- Analista-Tributário da Receita Federal – 2006;
- Auditor Fiscal da Receita Estadual de Minas Gerais – 2004;
- Aprovado na seleção de Mestrado da COPPE/UFRJ como bolsista CAPES.

Exerceu sua atividade de Auditor Fiscal da Receita Estadual de Minas Gerais no Posto Fiscal de Divisa entre os estados de Minas Gerais e Espírito Santo, no município de Martins Soares/MG, vinculado à Delegacia Fiscal de Manhuaçu/MG. Como fiscal de divisa e devido à região onde trabalhava, realizou diversos cursos em Substituição Tributária, trânsito de mercadorias e legislação de ICMS na Exportação e Importação.

Exerceu sua atividade de Auditor Fiscal da Receita Estadual de São Paulo entre 2006 e 2011 no Posto Fiscal 11 de Jundiaí, trabalhando diretamente com ITCMD, Crédito Acumulado, Regime Especial, Ressarcimento de Substituição Tributária etc. Desde maio de 2011 trabalha na fiscalização direta de tributos, setor no qual realizou diversos trabalhos de fiscalização nos segmentos de alimentos, transportes de mercadorias e pessoas, eletroeletrônicos e outros.

APRESENTAÇÃO

No mundo dos concursos públicos, a cada dia cresce a procura por vagas na área fiscal. Pertencer ao quadro da Receita Federal, das Secretarias das Fazendas Estaduais, Distritais ou das Fazendas Municipais ainda é uma segurança. Afinal, cabe aos servidores desses órgãos buscar recursos financeiros para cada ente cumprir suas atribuições constitucionais, como saúde, educação e segurança, mantendo os serviços públicos essenciais à sua população.

Ocorre que a grande maioria daqueles que prestam concursos públicos na área fiscal foca seus estudos no cargo de Auditor-Fiscal da Receita Federal. São diversos os motivos para essa preferência, seja por pretender um dia voltar à terra natal, o *status* que o cargo fornece ou até mesmo pelos grandes trabalhos investigativos que a Receita Federal vem desempenhando nos últimos anos, ganhando o apoio de todos os brasileiros. A verdade é que muitos não estabelecem como meta ser aprovado no cargo de Auditor Fiscal Estadual por considerarem a legislação tributária estadual complexa, além de as leis serem diferentes de um estado para outro.

Entre os tributos inseridos na competência tributária estadual, o Imposto de Circulação de Mercadorias e Serviços, o ICMS, é, sem dúvida alguma, aquele que tem mais destaque no meio acadêmico e no setor estratégico das Secretarias de Fazenda Estaduais e o mais cobrado em concursos públicos para os fiscos estaduais.

Isso ocorre pela importância na arrecadação estadual que tal imposto proporciona, já que mais de 80% das receitas tributárias arrecadadas por estado são provenientes dele. A importância do ICMS cresce ainda mais quando se leva em consideração que quase toda mercadoria sofre a incidência desse tributo.

Por conta disso, pretendemos no presente trabalho descomplicar e compilar o muito que existe em comum sobre ICMS na legislação brasileira, constante na Constituição Federal, na Lei Complementar 87/96 (Lei Kandir), na Lei Complementar 24/75 e nos Regulamentos de ICMS dos 26 estados e do Distrito Federal.

Apesar da importância do ICMS, em termos de arrecadação, não podemos esquecer que compete aos Estados e ao Distrito Federal instituir o Imposto sobre Transmissão *Causa Mortis* e Doação e o Imposto sobre Propriedade de

Veículos Automotores, tributos cada vez mais cobrados em provas e fiscalizados pelos entes competentes. Dessa forma, teremos ainda um capítulo para cada um desses tributos.

Também inserimos um capítulo com a parte geral cobrada sobre o Processo Administrativo Tributário e mais alguns apêndices, dentre eles, um com o texto integral das principais normas acerca da legislação comum aos estados.

Esses capítulos contêm centenas de questões cobradas em concursos, todas devidamente comentadas, tanto ao longo da parte teórica quanto ao final de cada capítulo, para melhor compreensão de cada assunto.

Cabe mencionar que este trabalho é extenso e não temos a pretensão nem a competência de esgotar todos os pontos comuns, mas iremos abordar os principais assuntos cobrados em concursos, tais como regra matriz de incidência (aspectos material, temporal, espacial, pessoal e dimensional), hipóteses de não incidência, crédito e estorno de crédito, cadastro de contribuintes, substituição tributária (antecedentes, concomitantes e subsequentes), documentos fiscais, livros fiscais, ITCD, IPVA, PAT etc.

Ficaremos satisfeitos se, ao final do livro, o leitor se sentir confortável para estudar qualquer legislação sobre ICMS, precisando apenas fazer alguns ajustes devido às particularidades de cada estado. Particularidades essas que geralmente representam um percentual menor nas provas e são de fácil compreensão após entendida a essência sobre os impostos estaduais.

Ainda, inserimos ao longo desta obra algumas informações que julgamos interessantes do livro "Concursos Fiscais", do Alexandre, que foi escrito para que quem pretende estudar para concursos da área fiscal saiba tudo acerca das provas, o que faz cada tipo de Auditor Fiscal Federal, Estadual ou Municipal, como se preparar para cada um desses exames etc.

Por fim, pedimos que envie suas sugestões e críticas para nosso e-mail *manualdelte@gmail.com* ou para página "Manual de Legislação Tributária Estadual" no Facebook. Nesta página, colocaremos as atualizações desta obra e da legislação, notícias sobre concursos estaduais e tiraremos as dúvidas que surgirem do conteúdo aqui apresentado, pois a criamos especialmente para ajudar nossos leitores.

SUMÁRIO

CAPÍTULO I

CAPÍTULO II

CAPÍTULO V

CAPÍTULO VI

CAPÍTULO I

BREVE HISTÓRICO, CARACTERÍSTICAS DO ICMS E LEI KANDIR

Ao longo dos onze primeiros capítulos desta obra trataremos somente do estudo do ICMS. Somente após esmiuçarmos este imposto, que é o de maior importância em seu futuro trabalho como Auditor Fiscal Estadual, e por isso mesmo o mais cobrado em provas de concursos, é que entraremos no estudo dos demais impostos estaduais, PAT etc. Com certeza ele é o tributo mais complicado de todos os existentes, incluindo os federais e municipais, mas prometemos que nos esforçaremos ao máximo para que a sua compreensão se torne a mais fácil possível.

Acostume-se a estudar o ICMS sempre com lápis e papel à mão, para visualizar melhor o que ocorre em cada operação, quais os documentos a serem utilizados, quando ocorre ou não a incidência do ICMS etc. Incluímos diversos desenhos, diagramas, fluxogramas e tabelas ao longo da teoria, para ajudá-lo na compreensão. Contudo, não fique somente na tentativa de decorar os nossos resumos, faça os seus desenhos também. Acredite, até quando você for trabalhar com o ICMS no futuro, muito provavelmente estará sempre desenhando as operações sujeitas ao imposto com seus colegas, para entendê-las melhor. Palavras de dois fiscais estaduais que trabalham com esse imposto há mais de dez anos.

Dito isso, sente-se confortavelmente, beba um copo d´água, respire fundo e "partiu ICMS".

Para melhor explicar a sistemática do ICMS, o ideal seria discorrer sobre a evolução histórica do Imposto de Circulação de Mercadorias e Serviços no direito brasileiro, para mostramos como funciona sua regra matriz de incidência, sobre os seus cinco aspectos que são os elementos material, temporal, pessoal, dimensional e espacial do fato gerador desse tributo.

No entanto, o foco desse trabalho é preparar o leitor para concursos públicos e como a parte histórica do ICMS quase não é cobrada em provas, iremos apenas fazer um breve relato da origem do ICMS no Brasil e posteriormente lembrar, resumidamente, princípios e características próprias desse imposto, já estudadas no Direito Tributário. Acreditamos que esses pontos abordados ajudarão na compreensão de todo o funcionamento do ICMS.

1.1. ORIGEM DO ICMS NO BRASIL

Para o ilustre doutrinador Aliomar Baleeiro, o Imposto de Circulação de Mercadorias e Serviços – ICMS, por ser um imposto que incide sobre a produção, teve sua origem na *centesima rerum venalium*, decretada na Roma Antiga, por Augusto.

A partir daí, todas as operações sobre mercadorias eram tributadas em 1%; caso fosse operação de escravo, essa oneração subia para 4%.[1]

Após a Antiguidade, com o passar dos anos, diversos países europeus e americanos incluíram em seu ordenamento jurídico o Imposto sobre Venda em Geral – IVG.

Baseando-se em tal imposto, o Brasil, já no ano de 1922, instituiu o Imposto sobre Venda Mercantil – IVM, de competência da União. A Constituição de 1934 o substituiu pelo então Imposto sobre Vendas e Consignações – IVC, cuja competência foi transferida para os estados e o Distrito Federal.

O IVC foi um dos principais tributos desses entes federados, sendo substituído em 1966 pelo Imposto sobre Circulação de Mercadorias – ICM.

O novo imposto, diferentemente dos seus precursores, passou a obedecer ao "princípio da não cumulatividade", inspirado nos tributos que começavam a ser instituídos na Europa Ocidental.

Outra alteração foi que a tributação deixou de recair apenas sobre as operações tipicamente mercantis (compra e venda) e começou a ocorrer em todas as movimentações/circulações das mercadorias.

A nova sistemática também se tornou multifásica, ou seja, onera cada etapa da circulação, e garante que, em cada uma das fases, seja permitida a compensação das parcelas do imposto pago anteriormente, ao longo de todo o circuito de transformação e comercialização das mercadorias e bens, desde a extração das matérias-primas até a entrega ao consumidor final.

Apesar da não cumulatividade desonerar a atividade produtiva, foi necessário adotar um sistema de compensação do imposto, por meio do aproveitamento dos créditos escriturais.

---

1. BALEEIRO, Aliomar. *Uma introdução à ciência das finanças.* 16ª ed., Rio de Janeiro: Forense, 2002, p. 392.

Com a Constituição de 1988, o legislador constituinte veio transformar o Imposto sobre Circulação de Mercadorias (ICM) em Imposto sobre Circulação de Mercadorias e Serviços (ICMS).

O Brasil passava por um momento de desconcentração política, que fez com que a União perdesse parte de sua competência tributária. Dessa forma, algumas mercadorias, como os minerais, combustíveis e energia elétrica e as prestações de serviços de transportes interestaduais e intermunicipais e de comunicações foram transferidas para o campo de incidência do novo imposto, que manteve as suas principais características.

Assim, este novo imposto, o ICMS, incorporou o antigo imposto sobre operações relativas a combustíveis lubrificantes, energia elétrica e minerais, de competência da União, previsto no artigo 74 do Código Tributário Nacional.

Como vantagem para os contribuintes, a mudança trouxe mais fatos geradores para o campo da não cumulatividade.

1.2. PRINCÍPIOS CONSTITUCIONAIS DO ICMS

O ICMS atende integralmente a quase todos os principais constitucionais tributários. Além dos princípios típicos de todos os tributos (Irretroatividade, Legalidade, Noventena, Anterioridade, Não Confisco etc.), vistos em Direito Tributário, o ICMS obedece a mais dois princípios específicos, o da Não Cumulatividade e o da Seletividade.

Comentaremos agora o que você precisa relembrar do Direito Tributário e aprender sobre o ICMS para fins de questões de concurso.

1.2.1. Princípios integralmente respeitados pelo ICMS

Princípio	**CF/88 – Art. 150.** "Sem prejuízo de outras garantias asseguradas ao contribuinte, é vedado à União, aos Estados, ao Distrito Federal e aos Municípios:
Princípio da Irretroatividade	III – cobrar tributos: a) em relação a fatos geradores ocorridos antes do início da vigência da lei que os houver instituído ou aumentado;"
Princípio do Não Confisco	IV – utilizar tributo com efeito de confisco;"
Princípio da Noventena ou da Anterioridade Nonagesimal	III – cobrar tributos: c) antes de decorridos noventa dias da data em que haja sido publicada a lei que os instituiu ou aumentou, observado o *princípio da anterioridade*;" (adaptação nossa)

1.2.2. Princípios parcialmente atendidos pelo ICMS

1.2.2.1. Princípio da legalidade

> **CF/88 – Art. 150.** "Sem prejuízo de outras garantias asseguradas ao contribuinte, é vedado à União, aos Estados, ao Distrito Federal e aos Municípios:
>
> I – exigir ou aumentar tributo sem lei que o estabeleça;"

No Direito Tributário, também encontramos o princípio da legalidade no artigo 97 do CTN:

> **CTN – Art. 97.** "Somente a lei pode estabelecer:
>
> I – a instituição de tributos, ou a sua extinção;
>
> II – a majoração de tributos, ou sua redução, ressalvado o disposto nos artigos 21, 26, 39, 57 e 65;
>
> III – a definição do fato gerador da obrigação tributária principal, ressalvado o disposto no inciso I do § 3º do artigo 52, e do seu sujeito passivo;
>
> IV – a fixação de alíquota do tributo e da sua base de cálculo, ressalvado o disposto nos artigos 21, 26, 39, 57 e 65;
>
> V – a cominação de penalidades para as ações ou omissões contrárias a seus dispositivos, ou para outras infrações nela definidas;
>
> VI – as hipóteses de exclusão, suspensão e extinção de créditos tributários, ou de dispensa ou redução de penalidades."

Contudo, no caso do ICMS, há uma exceção à legalidade, prevista no artigo 155, §4º, IV da CF/88 ("as alíquotas do imposto serão definidas mediante deliberação dos Estados e Distrito Federal"), que diz respeito somente ao ICMS Monofásico, que será mais bem analisado no Capítulo 2, cujas alíquotas serão definidas mediante deliberação dos estados e Distrito Federal, por meio de um Convênio Confaz, assunto que também será visto mais adiante. Perceba que o texto da CF/88 fala em "definir" a alíquota do ICMS Monofásico, logo, a exceção ao princípio da legalidade é bem completa, pois abrange não só restabelecer a alíquota, e sim a majorá-la também.

Apesar de ser um padrão encontrarmos na doutrina a afirmação de que há algumas exceções ao princípio da legalidade, em 2007 a banca FMP cobrou isso de forma um pouco diferente em uma prova para Procurador do Tribunal de Contas do Rio Grande do Sul, deixando como correta a seguinte alternativa: "inexiste exceção à legalidade tributária, apenas atenuação quanto à alteração da alíquota, pelo Executivo, de determinados tributos expressamente referidos no texto constitucional". Conforme vimos no Direito Tributário, esses tributos são: II, IE, IPI, IOF, ICMS Monofásico e Cide-Combustíveis. Então fique atento, porque uma questão pode em vez de chamar o ICMS Monofásico como uma exceção ao princípio da legalidade, o que é muito mais comum encontrarmos, poderá aparecer algo como o descrito na referida prova.

Ainda, meras obrigações acessórias não necessitam de lei, podendo ser determinadas por decretos, como o prazo de recolhimento de um tributo. Entretanto, se uma lei determinar o prazo de recolhimento do tributo, ela não poderá ser alterada por um decreto, somente por outra lei.

1.2.2.2. Princípio da anterioridade

> **CF/88 – Art. 150.** "Sem prejuízo de outras garantias asseguradas ao contribuinte, é vedado à União, aos Estados, ao Distrito Federal e aos Municípios:
>
> III – cobrar tributos:
>
> b) no mesmo exercício financeiro em que haja sido publicada a lei que os instituiu ou aumentou;"

O ICMS Monofásico também é uma exceção ao princípio da anterioridade, pois a redução ou restabelecimento de sua alíquota não precisará esperar o ano seguinte para vigorar. Saiba que o ICMS Monofásico deverá respeitar a anterioridade nonagesimal, só não precisa respeitar a anterioridade do exercício financeiro. Estudaremos com mais detalhes o ICMS Monofásico no próximo capítulo.

A alteração de prazo para recolhimento feita por um decreto também não precisa respeitar o princípio da anterioridade, conforme a Súmula 669 do STF, que em 2015 foi convertida na Súmula Vinculante 50: "Norma legal que altera o prazo de recolhimento da obrigação tributária não se sujeita ao princípio da anterioridade."

Vejamos como essas duas exceções foram cobradas em prova.

(Procurador do Estado do MT/FCC-2016) Um Decreto editado pelo Governador de determinado Estado altera o prazo de recolhimento de ICMS, com vigência imediata a partir de sua publicação, no mês de janeiro de 2016. Neste caso, referido decreto, à luz da Constituição Federal, é

a) incompatível com a Constituição Federal, por ferir o princípio constitucional tributário da legalidade.

b) incompatível com a Constituição Federal, por ferir o princípio constitucional tributário da anterioridade.

c) incompatível com a Constituição Federal, por ferir o princípio constitucional tributário da irretroatividade.

d) compatível com a Constituição Federal, não estando sujeito ao princípio constitucional tributário da anterioridade.

e) incompatível com a Constituição Federal, por ferir o princípio constitucional tributário da capacidade contributiva.

Comentário: *Conforme comentamos, um decreto que altera o prazo para recolhimento do ICMS não precisa respeitar os princípios da legalidade e da anterioridade. Resposta: D.*

(Procurador Federal – AGU/Cespe-2007) Caso determinada lei estadual modifique o prazo de recolhimento do imposto sobre a propriedade de veículos automotores (IPVA), para que todos os contribuintes efetuem o pagamento do imposto em diferentes dias do mês de janeiro de cada ano, nesse caso, a referida lei estadual deverá obedecer ao princípio da anterioridade tributária.

Comentário: *Apesar de a questão mencionar o IPVA, é a mesma situação do ICMS. Conforme vimos, uma alteração na data do recolhimento não precisa respeitar a anterioridade nem a legalidade. No caso, foi feita por uma lei, logo, só poderá ser alterada futuramente por outra lei. Resposta: Errada.*

1.2.3. Princípios próprios do ICMS

1.2.3.1. Princípio da não cumulatividade

Esse princípio fez desonerar a produção, afinal, como já dito anteriormente, há a compensação do imposto pago na venda anterior.

Conforme preceitua o inciso I, § 2°, do artigo 155 da Constituição Federal, *in verbis*:

> I – será não cumulativo, compensando-se o que for devido em cada operação relativa à circulação de mercadorias ou prestação de serviços com o montante cobrado nas anteriores pelo mesmo ou outro estado ou pelo Distrito Federal.

Veja como isso já foi cobrado em prova:

3 (Auditor Fiscal da Receita Estadual – SC / FEPESE – 2010) Assinale a alternativa correta, quanto ao ICMS:

a) O ICMS é um imposto não cumulativo.
b) O ICMS é um imposto de competência exclusiva dos Estados.
c) O ICMS é um imposto cumulativo, não podendo ser compensado.
d) O ICMS, por incidir em cada etapa da circulação de mercadoria, dispensa a emissão de nota ou cupom fiscal.
e) O ICMS é um imposto que pode ser tanto cumulativo como não cumulativo.

Comentário:

a) Correta. A não cumulatividade está prevista no § 2º no art. 155, § 2º, I da Constituição Federal.

b) Errada. A competência para instituir o ICMS é dos Estados e do Distrito Federal e não exclusiva dos Estados.

c) Errada. O ICMS é um imposto não cumulativo, ou seja, compensa o que for divido em cada operação ou prestação.

d) *Errada. Não há dispensa de emissão de nota fiscal, inclusive as operações com isenção ou imunidade devem ser acompanhadas do documento fiscal.*

e) *Errada. O ICMS é não cumulativo.*

Resposta: A.

1.2.3.2. Princípio da seletividade

Por este princípio, as alíquotas do ICMS **poderão** ser estabelecidas de acordo com a essencialidade do produto.

Assim, pode-se citar, como exemplo, que o percentual a recolher com esse tributo na circulação de produtos das cestas básicas pode ser menor que o dos cosméticos, conforme descrito no inciso III, § 2°, artigo 155 da Constituição Federal, *in verbis*:

> "III – poderá ser seletivo, em função da essencialidade das mercadorias e dos serviços."

Perceba que a não cumulatividade do ICMS é obrigatória ("será"), enquanto que a seletividade é opcional ("poderá"). Salientamos também que, apesar de não ser objeto de estudo nesta obra, o Imposto sobre Produtos Industrializados (IPI), de competência da União, deverá ser seletivo, diferentemente do ICMS, cuja seletividade é facultativa ("poderá").

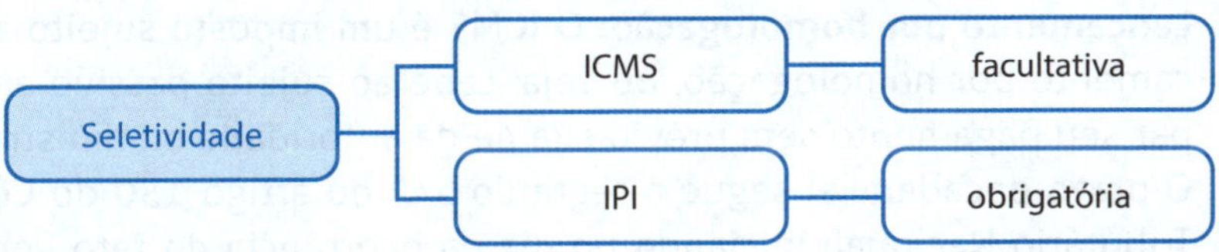

Quer uma forma simples de memorizar isso para não confundir mais qual imposto é de seletividade facultativa ou obrigatória? Basta lembrar que o ICMS tem a letra "C", de faCultativa. O IPI não precisa ter nenhuma letra em comum para decorar, porque só poderá ser o outro caso, ou seja, de seletividade obrigatória. Se quiser fazer outra brincadeira para decorar, fale a palavra oPrigatória (com "P" mesmo, de IPI) algumas vezes. Pronto, pode parecer uma coisa idiota pensar nisso, mas quanto mais esdrúxulo for nosso macete para decorar algo, maior a chance de nos lembrarmos, pois nosso cérebro funciona assim. Siga essa dica ao longo do seu estudo.

1.3. CARACTERÍSTICAS DO ICMS

Existem diversas formas de classificação dos impostos vistas no estudo do Direito Tributário, no entanto, para fins didáticos, podemos classificar o ICMS da seguinte forma:

a) **Indireto:** já que o responsável pelo seu recolhimento repassa o ônus de seu pagamento a terceiros (repercussão do imposto), ou seja, não se consegue antever o real contribuinte do imposto no final do ciclo produtivo. Por ser um imposto indireto, o contribuinte para pedir a restituição tem que comprovar que assumiu o encargo ou está expressamente autorizado por aquele que assumiu o ônus. Logo à frente veremos uma questão de prova que cobra esse assunto e uma decisão do STJ muito importante sobre a possibilidade de prisão pelo não pagamento do ICMS por este ser um imposto indireto.

b) **Real:** incide sobre fatos econômicos, não leva em consideração a qualidade do contribuinte. Exemplo: o Imposto de Renda Pessoa Física não é imposto real e sim pessoal. Afinal alguns contribuintes, por já terem sofrido doenças graves, são isentos do imposto.

c) **Proporcional:** seu montante é definido como parte do valor das operações ou prestações, nas quais ocorre o fato gerador.

d) **Não progressivo:** isto é, não há aumento de alíquota em virtude de alteração do montante da base de cálculo, como ocorre no IRPF (Imposto de Renda Pessoa Física).

e) **Multifásico:** incide em cada uma das etapas da circulação.

f) **Lançamento por homologação:** O ICMS é um imposto sujeito a lançamento por homologação, ou seja, cabe ao sujeito passivo antecipar seu pagamento sem prévio exame da autoridade administrativa. O prazo decadencial segue a regra do §4º do artigo 150 do Código Tributário Nacional, iniciando no dia da ocorrência do fato gerador, salvo em casos de dolo, fraude ou simulação. Nesses três casos, segue o artigo 173, inciso I do CTN, com o prazo decadencial iniciando somente no primeiro dia do ano seguinte ao que o imposto poderia ser lançado.

> "**Art. 150.** O lançamento por homologação, que ocorre quanto aos tributos cuja legislação atribua ao sujeito passivo o dever de antecipar o pagamento sem prévio exame da autoridade administrativa, opera-se pelo ato em que a referida autoridade, tomando conhecimento da atividade assim exercida pelo obrigado, expressamente a homologa.
>
> § 1º O pagamento antecipado pelo obrigado nos termos deste artigo extingue o crédito, sob condição resolutória da ulterior homologação ao lançamento.
>
> § 2º Não influem sobre a obrigação tributária quaisquer atos anteriores à homologação, praticados pelo sujeito passivo ou por terceiro, visando à extinção total ou parcial do crédito.

§ 3º Os atos a que se refere o parágrafo anterior serão, porém, considerados na apuração do saldo porventura devido e, sendo o caso, na imposição de penalidade, ou sua graduação.

§ 4º Se a lei não fixar prazo a homologação, será ele de cinco anos, a contar da ocorrência do fato gerador; expirado esse prazo sem que a Fazenda Pública se tenha pronunciado, considera-se homologado o lançamento e definitivamente extinto o crédito, salvo se comprovada a ocorrência de dolo, fraude ou simulação.

(...)

Art. 173. O direito de a Fazenda Pública constituir o crédito tributário extingue-se após 5 (cinco) anos, contados:

I – do primeiro dia do exercício seguinte àquele em que o lançamento poderia ter sido efetuado;"

Conhecendo essas características do ICMS, o contribuinte já pode responder a muitas questões de prova, como a seguinte:

4 (AFRE-RS/FUNDATEC-2014) Um Auditor-Fiscal da Receita Estadual teve que se pronunciar acerca de um pedido tempestivo de devolução ou de compensação de um valor de ICMS, recolhido a maior por um contribuinte desse imposto, com as seguintes características:

O contribuinte está inscrito na modalidade geral de recolhimento, comercializando mercadorias com a alíquota definida pela legislação tributária de 12%. Demonstrou, em seu pedido, que a alíquota correta é 12%, indicando os dispositivos legais que amparam seus argumentos. Demonstrou, ainda, que, por um erro, acabaram sendo emitidas várias notas fiscais com a alíquota indevida de 17%. Refere que, em tais vendas, o setor de faturamento, por orientação do setor de custos, utilizou um preço aproximadamente 4% mais elevado do que o normal. Assim, comprovado que houve a aplicação errônea de alíquota mais elevada e que o ICMS foi regularmente pago, o processo foi encaminhado para o Auditor-Fiscal da Receita Estadual decidir como proceder.

Analise as condutas abaixo e assinale a alternativa correta.

a) O pedido deve ser deferido, porque ficou comprovada a utilização de alíquota errada, motivadora de um pagamento a maior do ICMS devido.

b) O pedido deve ser indeferido, porque não cabem pedidos de devolução quando o erro decorre exclusivamente de procedimentos do próprio contribuinte. Toda a responsabilidade é do contribuinte porque quem paga mal, arca com as consequências.

c) O pedido deve ser deferido, entretanto, a devolução ou compensação fica condicionada ao valor pleiteado, que deve ser superior à importância que foi cobrada a mais dos clientes do estabelecimento.

d) O pedido deve ser indeferido, porque não ficou comprovado que o impacto do recolhimento a maior do ICMS foi suportado pelo próprio requerente. O seu pedido deixa claro que o destinatário da mercadoria é quem suportou o ônus, pois, inclusive, houve um aumento de preço quando a alíquota a maior foi adotada.

e) O pedido deve ser indeferido, porque ficou comprovado que o impacto do recolhimento a maior do ICMS foi suportado pelo próprio requerente.

Comentário: *O ICMS é um imposto indireto, assim, para todos os pedidos de restituição de ICMS, o sujeito passivo de direito deve comprovar que foi ele que efetivamente assumiu o referido encargo, ou, no caso de tê-lo transferido a terceiro, estar por este expressamente autorizado a recebê-la. Na presente questão, não houve essa comprovação, logo o pedido deve ser indeferido. Perceba que quando o contribuinte vendeu com uma alíquota maior que a devida, quem efetivamente arcou com o ônus desse erro foi quem a comprou, pois foi este que pagou um valor maior do que o devido. O contribuinte somente repassou o valor cobrado a maior do seu adquirente ao estado. Resposta: D.*

1.4. LEI COMPLEMENTAR 87/96 – A LEI KANDIR

Embora a Constituição de 1988 possua, nos artigos 145 a 162, o capítulo do Sistema Tributário Nacional, ela não esgotou o assunto, deixando que outras normas disciplinem a matéria.

Desta forma, o artigo 146 da CF assim estabeleceu:

> "**Art. 146.** Cabe à lei complementar:
>
> (...)
>
> III – estabelecer normas gerais em matéria de legislação tributária, especialmente sobre:
>
> a) definição de tributos e de suas espécies, bem como, em relação aos impostos discriminados nesta Constituição, a dos respectivos fatos geradores, bases de cálculo e contribuintes;"

Nota-se que, apesar de o ICMS ser um tributo de competência estadual, cabe a uma lei complementar federal estabelecer normas gerais sobre a matéria, versando, inclusive, sobre os elementos material (fato gerador), pessoal (contribuinte) e dimensional (base de cálculo).

Assim, a União elaborou a LC nº 87/96, diploma legislativo esse que veio regular o disposto na alínea "a", inciso III do artigo 146 e as alíneas "a" a "f" do inciso XII do §2º do artigo 155 da CF/88, nas operações sujeitas ao Imposto sobre Circulação de Mercadorias e Serviços – ICMS. Essa lei é mais conhecida como "Lei Kandir", assim chamada porque o Ministro do Planejamento responsável por ela à época se chamava Antônio Kandir.

Contudo, antes de seu surgimento, esse imposto já vinha sendo instituído pelos estados, mediante leis estaduais.

Isso foi possível, pois, ao promulgar a Constituição, os constituintes introduziram uma diretiva no art. 34, § 8º dos Atos das Disposições Transitórias, que permitia que, após sessenta dias contados da promulgação da Constituição, os estados celebrassem um convênio Confaz para fixar provisoriamente as normas sobre a matéria.

Por meio dessa exceção ao princípio da reserva legal, celebrou-se o Convênio ICMS 66/88 no intuito de suprir essa lacuna, dando o suporte legal ao ICMS de março de 1989 até outubro de 1996 (sete anos e oito meses), servindo de base para as legislações estaduais que instituíram o ICMS na época, antes de ser publicada a Lei Complementar 87/96, prevista no artigo 146 da CF.

No ano de 1996, foi sancionada a Lei Complementar nº 87/96, corrigindo a excepcionalidade mencionada.

Apesar de materialmente esse diploma legislativo tratar de Direito Tributário, o foco principal do governo federal, ao editar essa lei, foi desonerar a exportação, visando a buscar alternativas econômicas para a futura implantação do câmbio flutuante.

Assim, o governo federal negociou e conseguiu o fim da tributação sobre as exportações de produtos primários e semielaborados, aprovando também a possibilidade da apropriação de créditos do imposto, relativamente às entradas destinadas ao ativo permanente[2] e, futuramente, para uso e consumo das empresas (minorando, nesse caso, a menor propensão ao investimento produtivo frente às altas taxas de juros reais praticadas nos últimos anos).[3]

Focada principalmente nos aspectos econômicos, a "Lei Kandir" nasceu pobre em alguns aspectos, dentre eles a definição do fato gerador e do contribuinte no caso de importação de mercadoria. Salientamos que a Lei Complementar 87/96 será esmiuçada ao longo deste livro e seu texto integral consta no apêndice próprio.

Coube também à Lei Kandir cumprir o determinado nas alíneas "a" a "e" do inciso XII do §2º da Constituição Federal, que determina matérias específicas do ICMS que cabe a uma Lei Complementar definir:

> "**Art. 155**, § 2º O imposto previsto no inciso II atenderá ao seguinte:
>
> (...)
>
> XII – cabe à lei complementar:
>
> a) definir seus contribuintes;
>
> b) dispor sobre substituição tributária;
>
> c) disciplinar o regime de compensação do imposto;
>
> d) fixar, para efeito de sua cobrança e definição do estabelecimento responsável, o local das operações relativas à circulação de mercadorias e das prestações de serviços;

---

2. Nota: Atualmente o termo ativo permanente não é mais utilizado na nomenclatura contábil, mas como a Lei Kandir é de 1996, o texto da norma utiliza essa expressão. Mais detalhes serão esclarecidos quando estudarmos o crédito do ICMS, então não se assuste se não entendeu esse parágrafo, pois será mais bem explicado no momento apropriado.
3. REZENDE, Fernando. *Finanças Públicas.* São Paulo: Atlas, 2001. p. 29.

e) excluir da incidência do imposto, nas exportações para o exterior, serviços e outros produtos além dos mencionados no inciso X, "a"

f) prever casos de manutenção de crédito, relativamente à remessa para outro Estado e exportação para o exterior, de serviços e de mercadorias;"

Todas essas alíneas serão amplamente comentadas ao longo desse trabalho, incluindo como a Lei Kandir regulamentou cada alínea.

Há, também, outras atribuições relativas ao ICMS que devem ser realizadas por lei complementar.

Uma delas é regular a forma como, mediante deliberação dos estados e do Distrito Federal, isenções, incentivos e benefícios fiscais serão concedidos e revogados, conforme reza a alínea "g", inciso XII, §2º do artigo 155 da CF. Também discorreremos sobre a Lei Complementar 24/75 que regulamenta esse dispositivo constitucional em um capítulo especifico.

1.5. O NÃO RECOLHIMENTO DO ICMS É CRIME?

O último assunto a ser comentado neste capítulo é mais uma curiosidade para seu futuro trabalho como auditor fiscal de alguma receita estadual.

Em agosto de 2018, a 3ª Seção do STJ, responsável pelos casos envolvendo matéria penal naquela casa, decidiu finalmente que o não recolhimento do ICMS é crime. Foram seis votos favoráveis e três contrários. Até então, havia divergência no entendimento das duas turmas que compõem a 3ª Seção, que ora se reuniram para julgamento do habeas corpus 399.109/SC, e decidiram pelo novo entendimento a ser adotado a partir dessa decisão.

Para o relator, a prática deve ser considerada crime para não prevalecer, entre o empresariado, o entendimento de que é muito mais vantajoso deter valores do tributo do que se submeter a empréstimos no sistema financeiro.

O fator determinante para tal decisão foi a característica do ICMS de ser um imposto indireto, pois pelo fato do imposto ser cobrado dos consumidores, o contribuinte não recolher o seu valor configura o crime de apropriação indébita tributária, previsto na Lei 8.137/90.

O STF adotou o mesmo posicionamento em dezembro de 2019, no julgamento do habeas corpus 163.334/SC. Por 7 votos a 3, a Suprema Corte decidiu que o contribuinte que, intencionalmente, não repassar ao fisco o ICMS cobrado dos consumidores pratica crime de apropriação indébita tributária, previsto na Lei 8.137/90.

Anteriormente, era pacífico somente o entendimento de que configurava o crime mencionado o não recolhimento do ICMS por substituição tributária, que veremos em capítulo específico, mas a criminalização do não recolhimento do ICMS devido pelas próprias operações do contribuinte foi um grande avanço. O entendimento anterior sempre deu ensejo a muita sonegação, pois não havia quase nenhum caso de punição criminal. Os países mais avançados do mundo possuem muito mais mecanismos para combater a sonegação, dentre eles a prisão dos não pagadores de impostos, algo que o Brasil ainda tem muito a melhorar. Essa decisão do STJ foi mais um passo importante neste sentido. Agora muitos empresários ficarão mais receosos de não recolherem suas dívidas com o ICMS.

Acrescentamos que o não recolhimento dos demais impostos estaduais, ITCD e IPVA, não se enquadram nessa decisão, principalmente por não se tratarem de impostos indiretos.

Perceba que este capítulo foi somente para você ter uma introdução à base do ICMS. Ao longo dos próximos dez capítulos, ou seja, até o capítulo sobre Simples Nacional, explicaremos o que você precisa saber para acertar as questões de prova que cobram a parte geral desse imposto.

CAPÍTULO II

REGRA MATRIZ DE INCIDÊNCIA NAS OPERAÇÕES COM MERCADORIAS

A regra matriz de incidência de um tributo foi bem conceituada por Ataliba[1] como "a descrição hipotética, formulada pela lei, de um fato, é um conceito jurídico-legal, e não um conceito puro e simples".

Na verdade, a regra matriz de incidência terá uma hipótese de incidência tributária; tal hipótese terá no seu enunciado três critérios (material, temporal e espacial) que definirão o fato social que, se materializado, faz surgir a obrigação tributária.[2]

Ocorrendo esses três critérios, surgirá uma consequência tributária que abrangerá mais dois elementos do fato gerador que são o critério pessoal e o dimensional.

E onde nós encontramos esses cinco elementos do fato gerador? Na Lei Complementar 87/96 (Lei Kandir), conforme o quadro seguinte:

Aspecto do Fato Gerador do ICMS	Artigo(s) da Lei Kandir
Material	2º
Temporal	12
Espacial	11
Pessoal	4º e 5º
Dimensional ou Quantitativo	13 a 18

Analisaremos agora, de modo genérico, cada um desses cinco critérios. Posteriormente, explicaremos os cinco elementos aplicados especificamente em cada forma de incidência prevista na legislação.

1. ATALIBA, Geraldo. *Hipótese de incidência tributária.* 6ª ed., São Paulo: Malheiros, 2005. p. 60.
2. CASTRO, Alexandre Barros. *Noções de Direito Tributário.* 1ª ed., São Paulo: Saraiva, 2008. p. 60/61.

2.1. CRITÉRIO MATERIAL (COMO INCIDE)

Na legislação do ICMS, o critério material está nos artigos que têm redação semelhante ao artigo 2º da Lei Complementar 87/96: "O imposto incide sobre". Toda vez que lermos essa frase em um Regulamento do ICMS (RICMS) ou em uma lei que instituiu o ICMS, estaremos tratando de como ocorre a incidência, ou seja, definindo o critério material desse imposto.

A nossa Constituição, no artigo 155, inciso II, estabeleceu a possibilidade dos estados e Distrito Federal instituírem o ICMS:

> "**Art. 155.** Compete aos Estados e ao Distrito Federal instituir impostos sobre:
>
> (...)
>
> II – **operações** relativas à **circulação** de **mercadorias** e sobre **prestações** de serviços de **transporte interestadual e intermunicipal e de comunicação, ainda que as operações e as prestações se iniciem no exterior**;" (grifo nosso)

Pela leitura do texto constitucional já podemos diferenciar o termo "operações" de "prestações". Toda vez que você vir o legislador, um doutrinador ou até mesmo o examinador escrever "operações", ele estará se referindo à circulação de mercadorias. Por outro lado, sempre que você ler "prestações", entenda que esse termo se refere a serviços.

No caso do ICMS, os serviços que sofrem incidência são os de transporte interestadual e intermunicipal e os serviços onerosos de comunicação. Neste capítulo trataremos das operações com mercadorias, já no capítulo seguinte trataremos dos serviços que sofrem incidência do ICMS.

O critério material do ICMS é bastante abrangente, afinal, haverá circulação de mercadorias, seja qual for o destino dado à mercadoria pelo adquirente. Melhor explicando, haverá fato gerador do ICMS mesmo que a mercadoria adquirida torne-se um bem do comprador (comprar um veículo para uso) ou mantenha-se como mercadoria (comprar um veículo para revendê-lo).

Dessa forma, pode-se afirmar que o aspecto material do fato gerador do ICMS é complexo, pois engloba operações com mercadorias (incluindo-se entre as suas hipóteses de incidência a produção agropecuária e os fornecimentos de alimentação e energia, por exemplo) e as prestações de serviços de transporte interestadual e intermunicipal e de comunicação. E mais, o termo final do inciso: "ainda que as operações e as prestações se iniciem no exterior" deixa claro que o imposto estadual irá incidir na importação.

Na década de 60, ainda no regime militar, com a mudança de IVC para ICM, o fato gerador desse tributo, em seu aspecto material, quanto às operações com mercadorias, deixou de ser a venda e passou a ser a circulação de mercadorias.

Após a mudança do aspecto material do fato gerador, a incidência do ICMS não se restringiu à venda da mercadoria, pelo contrário, ela passou a englobar quase que qualquer tipo de circulação de mercadoria, ou seja, incide ICMS sobre a doação de mercadoria, remessa de mercadoria para consignação, remessa para exposição, sobre a importação e outras situações que veremos ao longo da obra.

Com a mudança do IVC para o ICM, o objetivo do legislador era que incidisse o imposto estadual também sobre a transferência de mercadoria para outro estabelecimento do mesmo titular, como no caso da empresa Alfa que transfere a sua mercadoria da sua matriz no Tocantins para sua filial no Pará, ao ponto de colocar na Lei Kandir que "considera-se ocorrido o fato gerador do ICMS a saída de mercadoria de estabelecimento de contribuinte, ainda que para outro estabelecimento do mesmo titular."

Ocorre que o STJ não concordou com essa incidência do ICMS sobre a transferência do ICMS e publicou a Súmula 166 com o seguinte texto:

> "Não constitui fato gerador do ICMS o simples deslocamento de mercadoria de um para outro estabelecimento do mesmo contribuinte (data da publicação 23/08/1996)."

Entretanto, após a publicação da Súmula 166 do STJ, os fiscos continuaram cobrando o ICMS sobre as transferências de mercadorias. Eram lavrados diversos Autos de Infração, o contribuinte recorria, acabava perdendo na esfera administrativa e daí acionava o Judiciário.

A polêmica existia, também, no mundo dos concursos, afinal, as questões de concurso sempre adotavam a posição do fisco, ou seja, ignoravam a Súmula do Superior Tribunal de Justiça e diziam que incidia o ICMS sobre a transferência de mercadoria, até que no ano de 2018, houve a seguinte questão:

(AFTE-RO/FGV-2018) Joaquim Elias efetivou a remessa de 100 cabeças de gado da Fazenda Boa Vista, para a Fazenda Ribanceira, ambas de sua propriedade, sendo a primeira no estado de Rondônia e a segunda no estado de Tocantins. O gado é de sua titularidade, conforme prova documental incontroversa, inclusive do pagamento do imposto devido quando da aquisição dos animais. A Fazenda Estadual de Rondônia, no entanto, está a exigir o pagamento do Imposto sobre Circulação de Mercadorias e prestação de Serviços (ICMS) no deslocamento do rebanho de uma para outra propriedade.

Nessa hipótese, o imposto

a) não é devido, por que já foi pago na etapa anterior.
b) é devido, por haver diferimento do pagamento do tributo.
c) não é devido, por ser mero deslocamento físico do gado.
d) é devido, por que há circulação da mercadoria.
e) é devido, já que há substituição tributária.

Comentário: *O enunciado da questão não fala na jurisprudência do Superior Tribunal de Justiça, mesmo assim o gabarito oficial foi "C", que praticamente copia a*

> *Súmula do STJ: "não é devido, por ser mero deslocamento físico do gado", quase uma cópia da Súmula do STJ.*

Acontece que uma questão de concurso não muda a posição jurídica dos fiscos. As legislações de TODOS os estados replicam o inciso I do artigo 12 da Lei Kandir, desta forma, os fiscos continuavam cobrando o ICMS sobre a transferência de mercadorias, enfim, faltava o posicionamento da Suprema Corte.

Buscando uma uniformização jurisprudencial, o Governador do Rio Grande do Norte ajuizou uma Ação Declaratória de Constitucionalidade no STF, a chamada ADC 49. O Governador potiguar queria que o Supremo Tribunal Federal declarasse que o texto da Lei Kandir era constitucional, ou seja, ele queria o fim da aplicação da Súmula 166 do STJ.

Contudo, o "tiro saiu pela culatra" e o STF, por decisão unânime, decidiu justamente o contrário. Assim, no julgamento da ADC 49, foi declarada a **INCONSTITUCIONALIDADE** do trecho "ainda que para outro estabelecimento do mesmo titular", e de outros dispositivos da Lei Kandir.

Após a decisão do STF na ADC 49, a vida do concurseiro ficou complicada, pois muitas vezes as bancas perguntavam sobre a incidência do ICMS na transferência segundo a legislação e em outras ocasiões a pergunta era conforme a jurisprudência.

A vida do concurseiro só ficou mais fácil após a publicação de Lei Complementar 204/2023, que alterou os dispositivos da Lei Kandir que o STF declarou inconstitucionais. Dessa forma, o inciso I do artigo 12 da LC 87/96 ficou com o seguinte texto:

> "Art. 12. Considera-se ocorrido o fato gerador do imposto no momento:
>
> I – da saída de mercadoria de estabelecimento de contribuinte".

Assim, leitor, a partir de 2024, não tenha dúvida se perguntarem sobre a incidência do ICMS na transferência de mercadoria para outro estabelecimento do mesmo titular, diga que **NÃO INCIDE**.

No entanto, cabe uma lembrança, a discussão jurídica sobre a incidência ou não de ICMS envolve apenas a transferência de mercadorias, afinal com a mudança do IVG para o ICMS, o critério material do imposto abrange a circulação da mercadoria (incluindo doação, remessa para demonstração, bonificação, consignação), ou seja, mesmo que não haja compra e venda, aplica-se o artigo 2º, § 2º, da Lei Kandir:

> "**Art. 2º – LC 87/1996** – O imposto incide sobre:
>
> § 2º A caracterização do fato gerador independe da natureza jurídica da operação que o constitua."

Antes de prosseguirmos, para não deixar nenhuma dúvida sobre o parágrafo anterior, definimos doação como a entrega de mercadorias para empregado ou instituições carentes, já a bonificação é a doação para determinado cliente, geralmente em consequência de uma boa compra. Os demais termos que caracterizam as circulações de mercadorias serão tratados mais à frente.

Não é possível esgotar o critério material do fato gerador do ICMS sem antes explicarmos mais a fundo o termo "mercadoria".

A melhor análise do conceito de mercadoria foi realizada por Marco Aurélio Greco[3] ao falar que "mercadoria" pode ser identificada sob um destes três aspectos: primeiro, em função da natureza, ou seja, móvel, tangível etc.

Segundo, todo bem negociado por um comerciante. Por fim, tudo que estiver à disposição de um mercado. Assim, por exemplo, uma máquina comprada para ser utilizada no processo produtivo é considerada mercadoria para o vendedor que a tinha no estoque para vender posteriormente, mas não é considerada mercadoria pelo comprador se for incorporada ao seu ativo imobilizado.

Assim, na venda de bens do ativo permanente, não incidirá o ICMS, pois não se trata de uma venda de mercadoria e sim de venda de bem. Aprofundaremos melhor esse fato no capítulo da não incidência do ICMS.

Como também ensina o mesmo autor, não seria possível tributar bens que sofrem a incidência de impostos próprios como operações de câmbio e títulos (IOF), imóveis (ITBI) e outros.

Cabe mencionar que a Emenda Constitucional nº 33/01 alterou a alínea "a" do inciso IX do §2º do artigo 155 da CF/88, incluindo as expressões "entrada de bem ou mercadoria" e "domicílio e estabelecimento", quando antes líamos apenas mercadoria. Seguem o texto original e o reformado, respectivamente:

> "o ICMS incidirá também, sobre a entrada de mercadoria importada do exterior, ainda quando se tratar de bem destinado a consumo ou ativo fixo do estabelecimento, assim como serviço prestado no exterior, cabendo o imposto ao Estado onde estiver situado o estabelecimento destinatário da mercadoria ou serviço."[4]
>
> "o ICMS incidirá também: sobre a entrada de **bem** ou mercadoria importados do exterior por pessoa física ou jurídica, ainda que não seja contribuinte habitual do imposto, qualquer que seja a sua finalidade, assim como sobre o serviço prestado no exterior, cabendo o imposto ao Estado onde estiver situado o **domicílio** ou o estabelecimento do destinatário da mercadoria, **bem** ou serviço.[5] (grifo nosso)"

---

3. GRECO, Marco Aurélio. *Internet e Direito*. São Paulo: Dialética, 2000, p. 77/78, 84 e 97.
4. BRASIL. *Constituição da República do Brasil*. Brasília, DF: Senado Federal, 1988.
5. BRASIL. Constituição (1988). Emenda Constitucional nº 33, de 11 de dezembro de 2001. Dá nova redação ao art. 155 da Constituição Federal, alterando incisos. Brasília, DF: Senado Federal, 2001.

Logo, no caso da importação, o ICMS irá incidir tanto sobre a mercadoria como sobre o bem importado. No final deste capítulo iremos determinar todos os cinco aspectos da regra matriz de incidência para cada hipótese de ocorrência do fato gerador do ICMS.

2.2. CRITÉRIO TEMPORAL (QUANDO INCIDE)

O critério temporal é aquele que define o momento de ocorrência do fato gerador ou quando incide o imposto, ganhando importância quando há isenções temporárias. Esse critério se encontra no artigo 12 da Lei Kandir com a expressão: "Considera-se ocorrido o fato gerador do imposto no momento". Algumas leis ou RICMS aparecem com a seguinte expressão: "Ocorre o fato gerador do imposto".

Em síntese, pode-se colocar como elemento temporal do ICMS os seguintes instantes: a saída da mercadoria; o fornecimento da alimentação; a entrada de mercadoria interestadual destinada a uso e consumo ou ao ativo permanente; a prestação de serviços e o desembaraço aduaneiro.

Cabe mencionar que ao ocorrer a saída da mercadoria de um estabelecimento comercial, embora surja o aspecto temporal, o contribuinte ainda não está sofrendo incidência de juros ou multa de mora. O prazo para pagamento possui artigo próprio e em regra ocorre alguns dias após o encerramento do mês da ocorrência do fato gerador. Passado tal prazo, começa a incidir juros e mora.

Um exemplo é a venda de mercadoria no dia 08 de abril de um determinado ano. O critério temporal do ICMS ocorreu em tal data e o valor a ser recolhido dependerá da alíquota vigente nessa data. O pagamento será efetuado, em regra, no mês de maio do mesmo ano, já o dia do pagamento dependerá da atividade econômica desse contribuinte e da legislação de cada estado.

Se nessa data de pagamento houver alteração da alíquota ou for instituída isenção a essa mercadoria, em nada alterará o recolhimento do imposto, afinal ele será pago nas condições (alíquota e não existência de isenção) do momento do fato gerador.

Por outro lado, se havia isenção no mês de abril e foi revogado esse benefício tributário (por lei e obedecendo aos princípios tributários da anterioridade e noventena), nada deverá ser pago, pois havia uma isenção na época do fato gerador.

2.3. CRITÉRIO ESPACIAL (ONDE INCIDE)

O critério espacial do ICMS trata dos locais de cobrança das operações e prestações. Para cada um dos fatos geradores deverá ser atribuído um ponto fisicamente estipulado que será o local no qual ocorreu a obrigação tributária. Esse critério da regra matriz da incidência é tratado no artigo 11 da Lei Complementar 87/96 que regulou o determinado na alínea "d" do inciso XII do §2º do artigo 155 da Constituição Federal.

> **CF – "Art. 155,** § 2º O imposto previsto no inciso II atenderá ao seguinte:
>
> (...)
>
> XII – cabe à lei complementar:
>
> (...)
>
> d) fixar, para efeito de sua cobrança e definição do estabelecimento responsável, o local das operações relativas à circulação de mercadorias e das prestações de serviços."
>
> **LC 87/1996 – "Art. 11.** O local da operação ou da prestação, para os efeitos da cobrança do imposto e definição do estabelecimento responsável, é:"

Nos regulamentos do ICMS, o critério espacial é abordado no capítulo do local da operação (mercadoria) ou da prestação (serviços). Com essa definição, evita-se que se prospere qualquer conflito porventura existente entre a competência compartilhada das unidades federadas e também serve para definir o sujeito ativo da obrigação.

O elemento espacial, além de ser importante na determinação do estado que será credor do ICMS, terá sua importância na indicação do Município em que ocorreu o fato gerador, visto que 25% do que é arrecadado pelos estados com o tributo é repassado para os municípios, sendo que, no mínimo, 65 % desse repasse segue a proporção do valor adicionado realizado no território dos municípios.

Sinteticamente, pode-se dizer que o local da operação será, no caso de circulação de mercadorias, o local do estabelecimento que promoveu o fato ou onde se encontre em situação irregular; em relação à prestação de serviço de transporte, será o local do seu início e, por fim, o local onde seja prestado ou cobrado o serviço de comunicação.

E o que seria estabelecimento? Pelo parágrafo terceiro do artigo 11 da Lei Kandir, considera-se "estabelecimento o local, privado ou público, edificado ou não, próprio ou de terceiros, onde pessoas físicas ou jurídicas exerçam suas atividades em caráter temporário ou permanente, bem como onde se encontrem armazenadas mercadorias". Logo, será estabelecimento a indústria, o comércio, o *stand* de amostra, o armazém geral, o depósito fechado etc.

E se não for possível determinar o estabelecimento? Considera-se como tal o local em que tenha sido efetuada a operação ou prestação, encontrada a mercadoria ou constatada a prestação (inciso I do §3º do artigo 11 da Lei Kandir). Isso é muito usado quando a mercadoria é encontrada sem a devida documentação fiscal.

Cabe mencionar que cada filial será um estabelecimento autônomo (inciso II do §3º do artigo 11 da Lei Kandir), ou seja, o local da cobrança (aspecto espacial) é o do estabelecimento que fez surgir o fato gerador.

Podemos exemplificar a autonomia dos estabelecimentos da seguinte forma: uma pessoa jurídica tem duas filiais (A e B). Cada filial será um estabelecimento, dessa forma, se a filial "A" vendeu mercadorias, o local da cobrança do fato gerador é o estabelecimento "A", embora todos os estabelecimentos do mesmo titular respondam pelo crédito tributário (inciso IV do §3º do artigo 11 da Lei Kandir).

> "**Art. 11** (...)
>
> § 3º Para efeito desta Lei Complementar, estabelecimento é o local, privado ou público, edificado ou não, próprio ou de terceiro, onde pessoas físicas ou jurídicas exerçam suas atividades em caráter temporário ou permanente, bem como onde se encontrem armazenadas mercadorias, observado, ainda, o seguinte:
>
> I – na impossibilidade de determinação do estabelecimento, considera-se como tal o local em que tenha sido efetuada a operação ou prestação, encontrada a mercadoria ou constatada a prestação;
>
> II – é autônomo cada estabelecimento do mesmo titular;
>
> III – considera-se também estabelecimento autônomo o veículo usado no comércio ambulante e na captura de pescado;
>
> IV – respondem pelo crédito tributário todos os estabelecimentos do mesmo titular."

Por fim, cabe concluir que um veículo usado em comércio ambulante ou um barco utilizado na captura do pescado também é um estabelecimento autônomo para fins de ICMS (inciso III do §3º do artigo 11 da Lei Kandir).

2.4. CRITÉRIO PESSOAL (QUEM PAGA E A QUEM PAGA)

Pelo critério pessoal, encontramos quais são os dois sujeitos da relação tributária: de um lado o sujeito ativo (a quem paga), que é "o credor da obrigação tributária. É a pessoa a quem a lei atribui a exigibilidade do tributo. Só a lei pode designar o sujeito ativo."[6]

Do outro lado, o "sujeito passivo da obrigação tributária que é a pessoa, natural ou jurídica, obrigada a seu cumprimento. O sujeito ativo tem o direito de exigir. O sujeito passivo tem o dever de prestar o seu objeto."[7]

6. ATALIBA, Geraldo. op.cit. p. 83.
7. MACHADO, Hugo de Brito. op. cit., p. 124.

Como já relatado anteriormente, o elemento espacial, ao definir o local do fato gerador, estará determinando onde e em qual estado da federação ocorreu a incidência do tributo, nascendo nessa definição o credor da relação, ou seja, o sujeito ativo.

Já na identificação do sujeito passivo, a lei procura sempre indicar a pessoa que se relaciona diretamente com o ato ou fato vinculado à ocorrência do fato gerador, que será denominada de contribuinte do ICMS, tratado no art. 4º da Lei Kandir, que regulou a alínea "a" do inciso XII do § 2º do artigo 155 da Carta Magna.

> **CF – "Art. 155,** § 2º O imposto previsto no inciso II atenderá ao seguinte:
>
> (...)
>
> XII – cabe à lei complementar:
>
> a) definir seus contribuintes";
>
> **LC 87/1996 – "Art. 4º –** Contribuinte é qualquer pessoa, **física ou jurídica**, que realize, **com habitualidade ou em volume que caracterize intuito comercial**, operações de circulação de mercadoria ou prestações de serviços de transporte interestadual e intermunicipal e de comunicação, ainda que as operações e as prestações se iniciem no exterior. (grifo nosso)
>
> § 1º É também contribuinte a pessoa física ou jurídica que, mesmo sem habitualidade ou intuito comercial: (Transformado do parágrafo único pela Lei Complementar nº 190, de 2022)
>
> I – importe mercadorias ou bens do exterior, qualquer que seja a sua finalidade;
>
> II – seja destinatária de serviço prestado no exterior ou cuja prestação se tenha iniciado no exterior;
>
> III – adquira em licitação mercadorias ou bens apreendidos ou abandonados;
>
> IV – adquira lubrificantes e combustíveis líquidos e gasosos derivados de petróleo e energia elétrica oriundos de outro Estado, quando não destinados à comercialização ou à industrialização."

Conclui-se, portanto, que será sujeito passivo do ICMS qualquer pessoa jurídica ou física que realize circulação de mercadorias de forma habitual ou em volume que caracterize intuito comercial. Preste atenção na palavrinha "ou" do *caput* do artigo 4º. Assim, se uma empresa especializada em recauchutagem de pneus (sujeita somente ao ISS), em uma ocasião, comprar pneus para vender, ela não é contribuinte do imposto, pois não pratica de forma habitual ou em volume que caracterize intuito comercial operações de circulação de mercadorias.

Agora se essa empresa de recauchutagem comprar, em um único mês, duzentos pneus para revender, então haverá ICMS sobre sua venda, pois mesmo sem habitualidade houve volume, caracterizando intuito comercial. Não precisa cumprir os dois requisitos, basta um ou o outro.

Pela leitura do *caput* do artigo 4º podemos concluir que pode ser contribuinte tanto a pessoa física quanto a jurídica. Assim, se você todo dia comprar uma bola de futebol para revender, sobre sua venda haverá incidência de ICMS, afinal você, pessoa física, vende com habitualidade, mesmo não havendo volume que caracterize intuito comercial.

CONTRIBUINTE	
Quem?	**De que modo?**
Pessoa física ou jurídica	Habitualidade OU volume que caracterize intuito comercial

Entretanto, há algumas exceções descritas no parágrafo 1º do artigo 4º da LC 87/96, em que aqueles mencionados serão contribuintes do ICMS mesmo que não pratiquem com habitualidade as atividades nele mencionadas.

Então, por exemplo, se você, pessoa física, importar algum produto eletrônico via correio, estará sujeito ao recolhimento do ICMS.

Há certos casos que para atender a melhor administração do imposto, ou para coibir praticas irregulares, o artigo 5º da Lei Kandir indica, de forma complementar ou alternativa, outras pessoas que podem arcar com o seu pagamento, denominadas de responsáveis.

> "**Art. 5º** – Lei poderá atribuir a terceiros a responsabilidade pelo pagamento do imposto e acréscimos devidos pelo contribuinte ou responsável, quando os atos ou omissões daqueles concorrerem para o não recolhimento do tributo."

Ao longo deste capítulo, iremos determinar os contribuintes ou responsáveis pelo pagamento para cada hipótese de ocorrência do fato gerador do ICMS.

Não podemos esquecer que, no campo do ICMS, cresce a importância do mecanismo da substituição tributária, que interfere na sujeição passiva, afastando o contribuinte original. Contudo, pela amplitude do tema, teceremos mais comentários acerca da substituição tributária em um capítulo específico.

2.5. CRITÉRIO QUANTITATIVO OU DIMENSIONAL (QUANTO PAGA)

O critério quantitativo ou dimensional é aquele que se formará do cálculo do montante do imposto, multiplicando-se o valor atribuído de base de cálculo dos fatos geradores com as alíquotas do imposto. Grosso modo, é o ICMS a ser pago ao estado ou Distrito Federal.

Define-se a base de cálculo como "a dimensão da materialidade do tributo. É ela que dá critérios para mensurar o fato imponível tributário."[8]

Na maioria dos casos, a base de cálculo do ICMS será o valor da operação ou prestação. Assim, se uma mercadoria for vendida por R$ 1.000,00 esse valor será a base de cálculo do imposto estadual. Há outras rubricas que serão incluídas na base de cálculo, trataremos disso ainda neste capítulo, com muitos exemplos, quando falarmos cada caso de incidência com operações de mercadorias

Na definição da base de cálculo do ICMS há uma particularidade muito importante: o montante do próprio imposto sempre integra a sua base de cálculo, ou seja, ele é um imposto "por dentro", diferente do IPI, que é um imposto "por fora". Vamos entender isso melhor com um exemplo.

Se uma indústria pretende receber pela venda do seu produto o valor de R$ 100,00 e a alíquota do ICMS é 18%, o contribuinte deverá realizar o seguinte cálculo:

$$\text{Preço Final} = \frac{\text{Valor a receber}}{(1 - \text{alíquota ICMS})} = \frac{100}{(1 - 0{,}18)} = \text{R\$ } 121{,}95$$

Ao aplicar a alíquota do imposto estadual sobre o preço final, encontraremos o ICMS devido:

$\text{ICMS} = \text{Preço Final} \times \text{alíquota}_{\text{ICMS}} = 121{,}95 \times 0{,}18 = \text{R\$ } 21{,}95.$

Restando então os R$ 100,00 que o contribuinte queria receber líquido de ICMS.

Uma forma alternativa e simples de fazer esse cálculo é por regra de três:

100......... 82%

X............ 100%

X = 121,95

Dessa forma, o valor do ICMS estará embutido no preço e a alíquota será multiplicada sobre o valor a ser recebido pelo empresário (R$ 100,00) somado ao imposto devido (R$ 21,95). Toda vez terei que fazer esse cálculo? Não, pois nas notas fiscais o valor do ICMS já está embutido no preço da mercadoria. No nosso exemplo, o valor da mercadoria já viria com R$ 121,95 e nas

8. CARRAZZA, Roque Antonio. *ICMS*. 12ª ed., São Paulo: Malheiros, 2007. p. 70.

questões de concurso também, exceto na importação, para a qual você deverá fazer esse cálculo. Quando tratarmos de importação, lembraremos você disso.

Perceba que é diferente do Imposto sobre Produtos Industrializados – IPI, pois para seu cálculo aplica-se a alíquota ao preço a ser recebido pelo vendedor, afinal esse imposto federal não integra a própria base de cálculo. Assim, seria calculado da seguinte forma também supondo a alíquota do IPI a 18%:

Preço Final= Valor a receber + Valor a receber × alíquota $_{IPI}$

= 100 + 100 × 0,18 = R$ 118,00

IPI = Valor a receber × alíquota $_{IPI}$ = 100 × 0,18 = R$ 18,00

Perceba que quando o próprio imposto integra sua base de cálculo (ICMS), o valor devido do imposto é maior do que o imposto que não integra sua base de cálculo (IPI).

Veja como isso é cobrado em prova:

(AFRE-RJ/FGV-2008) O montante do próprio imposto (ICMS) integra sua base de cálculo:

a) salvo no caso de importação de bens destinados ao ativo fixo.

b) inclusive no caso de importação de mercadorias ou bens.

c) nas operações internas e interestaduais, exclusive quanto às prestações de serviço de transporte.

d) em algumas prestações de serviços de comunicação.

e) apenas nos casos definidos na lei ordinária do estado

Comentário: *O ICMS sempre integra a base de cálculo, na impostação há uma ênfase na legislação. Resposta: B.*

O outro aspecto dimensional do fato gerador, além da base de cálculo, é a alíquota, sendo definida como o percentual da base de cálculo que deverá ser recolhido por imposto.

Antes de prosseguirmos, façamos uma distinção básica entre os diferentes tipos de alíquotas existentes:

a) Alíquota interna: alíquota praticada dentro de um estado ou do Distrito Federal, variando entre os diferentes entes. Ex: a alíquota de ICMS sobre venda de tintas em São Paulo é 18%, enquanto que a alíquota desse produto no Rio de Janeiro é 20%. Ainda, na entrada de mercadoria importada, aplica-se a alíquota interna.

b) Alíquota interestadual: alíquota do ICMS incidente sobre operações entre dois estados ou entre um estado e o Distrito Federal. Ex: em venda de cimento do Paraná para o Espírito Santo, aplica-se 7%

(alíquota interestadual). Já na venda do Espírito Santo para o Paraná a alíquota será de 12%.

c) **Alíquota sobre exportação:** alíquota do ICMS incidente sobre exportação para fora do Brasil (desculpem-nos a redundância, foi para não deixar dúvidas). Essa alíquota perdeu o sentido com a Emenda Constitucional 42/03.

d) **Alíquota interestadual de produtos decorrentes da importação:** alíquota que surgiu com a Resolução 13/12 do Senado Federal, que é uma alíquota interestadual, mas com alguns requisitos, que serão explicados a seguir.

Inicialmente falaremos da alíquota interestadual e segundo o inciso IV do § 2º do artigo 155 da Constituição Federal cabe ao Senado Federal, por Resolução, estabelecer as alíquotas aplicadas nas operações e prestações interestaduais e de exportação.

> "**Art. 155,** § 2º O imposto previsto no inciso II atenderá ao seguinte:
>
> (...)
>
> IV – resolução do Senado Federal, de iniciativa do Presidente da República ou de um terço dos Senadores, aprovada pela maioria absoluta de seus membros, estabelecerá as alíquotas aplicáveis às operações e prestações, interestaduais e de exportação"

O Senado Federal cumpriu sua competência por meio da Resolução SF nº 22/89, que determinou a alíquota interestadual de 12%. No entanto, nas operações originadas nas regiões sul e sudeste com destino ao Espírito Santo e demais regiões do Brasil, a alíquota interestadual será de 7%. Eis o que determina a Resolução SF nº 22/89:

> "**Art. 1°** A alíquota do Imposto sobre Operações Relativas à Circulação de Mercadorias e sobre Prestação de Serviços de Transporte Interestadual e Intermunicipal e de Comunicação, nas operações e prestações interestaduais, será de doze por cento.
>
> Parágrafo único. Nas operações e prestações realizadas nas Regiões Sul e Sudeste, destinadas às Regiões Norte, Nordeste e Centro-Oeste e ao Estado do Espírito Santo, as alíquotas serão:
>
> I – em 1989, oito por cento;
>
> II – a partir de 1990, sete por cento."

Assim, surge a seguinte regra para o concursando: se você está estudando para um cargo de Auditor no Sul ou Sudeste (exceto Espírito Santo), as entradas interestaduais terão, em regra, uma alíquota de 12%. Se você está estudando para os demais estados, as saídas interestaduais serão submetidas, em regra, à alíquota de 12%.

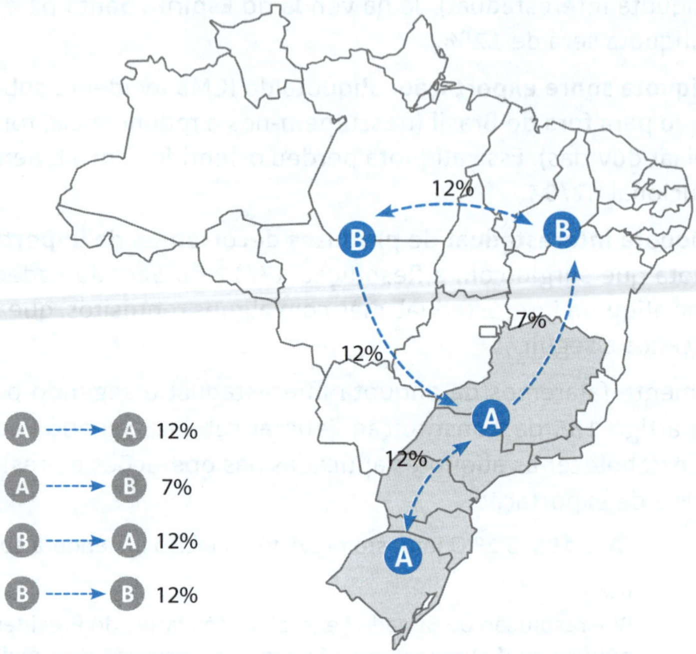

Usamos a expressão "em regra" porque existe também a alíquota interestadual de 4% estabelecida pela Resolução nº 13/12 do Senado Federal. Esse caso é aplicado para operações interestaduais de mercadorias importadas do exterior que **TENHAM** similar nacional. Para aplicação dessa alíquota de 4%, a mercadoria importada não deve ser industrializada ou caso submetida ao processo de industrialização, a mercadoria resultante deverá ter conteúdo importado superior a 40%.

Perceba que o conteúdo importado na mercadoria resultante tem de ser superior a 40%, então se for igual a essa porcentagem, aplica-se a alíquota interestadual prevista na Resolução 22/89 (7% ou 12%).

Note que para a alíquota ter 4% a mercadoria importada TEM de ter similar nacional. Caso NÃO tenha similar nacional, deve-se aplicar a alíquota de 7 ou 12%.

Alíquota Interestadual de 4%	
Mercadoria importada com similar nacional	Para revenda
	Se industrializada, conteúdo importado **superior** a 40%

Vamos exemplificar para deixar mais claro:

Uma determinada indústria instalada no Espírito Santo importou matéria-prima e, após utilizá-la como insumo, a mercadoria resultante possui mais de 40% de componentes importados. Se essa mercadoria for vendida para Minas Gerais, aplica-se a alíquota de 4%. Se a mercadoria importada **NÃO** tivesse similar nacional ou seu componente importado não superasse 40%, sobre essa mesma venda aplicar-se-ia 12%, a alíquota da Resolução 22/89.

Lembrem-se que a Resolução do Senado Federal estabeleceu a alíquota interestadual, logo, para efeito de venda dentro do próprio estado, mesmo com mercadoria importada que possui similar nacional, será aplicada a alíquota interna. Vamos a outro exemplo:

Essa mesma indústria instalada no Espírito Santo importou matéria-prima e, após utilizá-la como insumo, a mercadoria resultante possui mais de 40% de componentes importados. Primeiramente, ela vendeu para um atacadista capixaba, então nesse caso foi aplicada a alíquota interna. Posteriormente, esse atacadista vende para Minas Gerais. Nesse caso, aplica-se a alíquota de 4%. Note que a venda interestadual não precisa ser a primeira venda após a importação, pois desde que a mercadoria vendida atenda aos requisitos da Resolução 13/12, aplicam-se 4%.

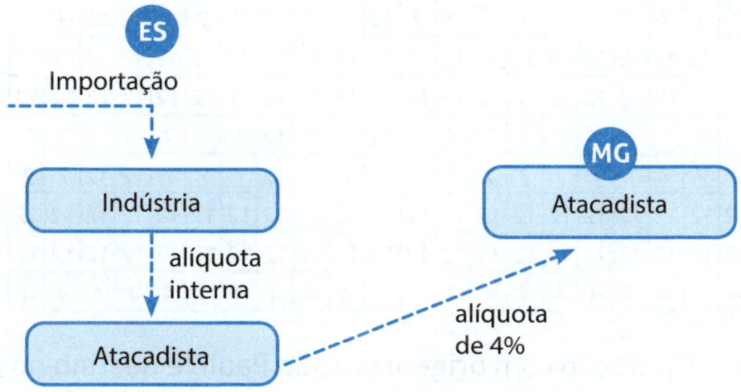

A criação dessa alíquota de 4% buscou acabar com o que chamamos de "Guerra dos Portos". Tal tema será abordado quando tratarmos dos cinco aspectos da regra matriz da incidência no caso de importação de mercadorias ou bens. Cabe mencionar que a alíquota de 4% não é aplicada para o gás natural importado.

A tabela a seguir resume as alíquotas aplicadas nas operações interestaduais (Resolução nº 22/89), inclusive as provenientes do exterior (Resolução nº 13/12):

% DO ICMS	DESTINO																										
ORIGEM	AC	AL	AM	AP	BA	CE	DF	ES	GO	MA	MT	MS	MG	PA	PB	PR	PE	PI	RN	RS	RJ	RO	RR	SC	SP	SE	TO	EX
AC	17	12	12	12	12	12	12	12	12	12	12	12	12	12	12	12	12	12	12	12	12	12	12	12	12	12	12	4
AL	12	18	12	12	12	12	12	12	12	12	12	12	12	12	12	12	12	12	12	12	12	12	12	12	12	12	12	4
AM	12	12	18	12	12	12	12	12	12	12	12	12	12	12	12	12	12	12	12	12	12	12	12	12	12	12	12	4
AP	12	12	12	18	12	12	12	12	12	12	12	12	12	12	12	12	12	12	12	12	12	12	12	12	12	12	12	4
BA	12	12	12	12	18	12	12	12	12	12	12	12	12	12	12	12	12	12	12	12	12	12	12	12	12	12	12	4
CE	12	12	12	12	12	18	12	12	12	12	12	12	12	12	12	12	12	12	12	12	12	12	12	12	12	12	12	4
DF	12	12	12	12	12	12	18	12	12	12	12	12	12	12	12	12	12	12	12	12	12	12	12	12	12	12	12	4
ES	12	12	12	12	12	12	2	17	12	12	12	12	12	12	12	12	12	12	12	12	12	12	12	12	12	12	12	4
GO	12	12	12	12	12	12	12	12	17	12	12	12	12	12	12	12	12	12	12	12	12	12	12	12	12	12	12	4
MA	12	12	12	12	12	12	12	12	12	18	12	12	12	12	12	12	12	12	12	12	12	12	12	12	12	12	12	4
MT	12	12	12	12	12	12	12	12	12	12	17	12	12	12	12	12	12	12	12	12	12	12	12	12	12	12	12	4
MS	12	12	12	12	12	12	12	12	12	12	12	17	12	12	12	12	12	12	12	12	12	12	12	12	12	12	12	4
MG	7	7	7	7	7	7	7	7	7	7	7	7	18	7	7	12	7	7	7	12	12	7	7	12	12	7	7	4
PA	12	12	12	12	12	12	12	12	12	12	12	12	12	17	12	12	12	12	12	12	12	12	12	12	12	12	12	4
PB	12	12	12	12	12	12	12	12	12	12	12	12	12	12	18	12	12	12	12	12	12	12	12	12	12	12	12	4
PR	7	7	7	7	7	7	7	7	7	7	7	7	12	7	7	18	7	7	7	12	12	7	7	12	12	7	7	4
PE	12	12	12	12	12	12	12	12	12	12	12	12	12	12	12	12	18	12	12	12	12	12	12	12	12	12	12	4
PI	12	12	12	12	12	12	12	12	12	12	12	12	12	12	12	12	12	18	12	12	12	12	12	12	12	12	12	4
RN	12	12	12	12	12	12	12	12	12	12	12	12	12	12	12	12	12	12	18	12	12	12	12	12	12	12	12	4
RS	7	7	7	7	7	7	7	7	7	7	7	7	12	7	7	12	7	7	7	18	12	7	7	12	12	7	7	4
RJ	7	7	7	7	7	7	7	7	7	7	7	7	12	7	7	12	7	7	7	12	20	7	7	12	12	7	7	4
RO	12	12	12	12	12	12	12	12	12	12	12	12	12	12	12	12	12	12	12	12	12	17,5	12	12	12	12	12	4
RR	12	12	12	12	12	12	12	12	12	12	12	12	12	12	12	12	12	12	12	12	12	12	17	12	12	12	12	4
SC	7	7	7	7	7	7	7	7	7	7	7	7	12	7	7	12	7	7	7	12	12	7	7	17	12	7	7	4
SP	7	7	7	7	7	7	7	7	7	7	7	7	12	7	7	12	7	7	7	12	12	7	7	12	18	7	7	4
SE	12	12	12	12	12	12	12	12	12	12	12	12	12	12	12	12	12	12	12	12	12	12	12	12	12	18	12	4
TO	12	12	12	12	12	12	12	12	12	12	12	12	12	12	12	12	12	12	12	12	12	12	12	12	12	12	18	4
EX	4	4	4	4	4	4	4	4	4	4	4	4	4	4	4	4	4	4	4	4	4	4	4	4	4	4	4	–

Exemplo 1: Operação com origem em São Paulo e destino no Ceará: 07%.

Exemplo 2: Operação com origem no Ceará e destino em São Paulo: 12%.

Observações:

Nas prestações de serviço de transporte aéreo-interestadual de passageiro, carga ou mala postal, aplica-se a alíquota de 4%.

A coluna EX representa operações interestaduais de mercadorias provenientes do exterior, obedecendo aos requisitos da Resolução nº 13/12 do Senado Federal.

Veja como isso vem sendo cobrado em prova:

(AFRE-RS/FUNDATEC-2014) Determinado contribuinte, localizado no Estado do Rio Grande do Sul, adquire, de contribuinte localizado no Estado do Espírito Santo, mercadoria importada do exterior, com similar nacional, não submetida a processo de industrialização. Em tal hipótese, a alíquota do Imposto, nessa operação interestadual, é de:

a) 12%, pois o destinatário, localizado no RS, é contribuinte do Imposto.

b) 7%, pois o remetente é contribuinte localizado no Estado do Espírito Santo.

c) 17%, pois, não havendo previsão específica na legislação para o caso e sendo uma operação entre contribuintes do Imposto, aplica-se a alíquota interna de caráter residual.

d) 4%, pelo fato de a mercadoria, após o desembaraço aduaneiro, não ter sido submetida a processo de industrialização, e por tratar-se de operação interestadual.

e) 25%, como forma de indução para que o contribuinte, por tratar-se de mercadoria com similar nacional, priorize a aquisição de produtos fabricados no País.

Comentário: *Como a mercadoria é proveniente do exterior, a operação é interestadual e é de mercadoria com similar nacional sem industrialização, ou seja, 100% de conteúdo importado, aplica-se a alíquota de 4%, conforme previsto na Resolução 13/12 do Senado Federal. Resposta: D.*

Cabe mencionar que o Senado Federal estabeleceu, na já citada Resolução nº 22/89, a alíquota de 13% do ICMS na exportação. No entanto, no inciso II do artigo 3º da Lei Kandir, o legislador determinou que não incide ICMS nas operações e prestações com destino ao exterior. Posteriormente, a não incidência na exportação foi determinada pela Emenda Constitucional nº 43/03, que alterou a alínea "a" do inciso X do §2º do artigo 155 da CF, logo, tal alíquota de 13% não tem qualquer efeito prático. Assim, desde a EC 42/03, não existe mais a incidência do ICMS sobre nenhuma exportação, nem mesmo sobre serviços prestados a destinatários no exterior.

O ICMS pode ter alíquotas seletivas, sendo assim, ter-se-ão produtos com alíquotas que variam, em regra, de 12% a 25%, isso porque cada estado impõe sua alíquota, sempre obedecendo ao princípio do não confisco.

Ocorre que com a crise econômica recente, vários estados buscaram tributar com alíquotas de 30%, ou até mais, produtos não essenciais como cigarros e bebidas alcoólicas, causando discussão sobre a obediência ao princípio do não confisco. Em alguns casos, foram atribuídas alíquotas maiores que 30% sobre combustíveis e energia elétrica. Entretanto, essa alíquota elevada sobre esses produtos tão essenciais não fere ao princípio da seletividade? Não, porque a seletividade não é obrigatória e sim facultativa.

E existe uma alíquota máxima que pode ser aplicada? Não, é claro que se deve obedecer ao princípio do não confisco, mas não existe uma alíquota máxima estabelecida. Essa falta de previsão ocorre porque segundo o inciso

V do §2º do artigo 155 da nossa Lei Maior é facultado (diferente da resolução anterior, em que era obrigatória) ao Senado Federal estabelecer a alíquota máxima:

> "**Art. 155**, § 2º O imposto previsto no inciso II atenderá ao seguinte:
>
> (...)
>
> V – é facultado ao Senado Federal:
>
> a) estabelecer alíquotas mínimas nas operações internas, mediante resolução de iniciativa de um terço e aprovada pela maioria absoluta de seus membros;
>
> b) fixar alíquotas máximas nas mesmas operações para resolver conflito específico que envolva interesse de Estados, mediante resolução de iniciativa da maioria absoluta e aprovada por dois terços de seus membros;"

Resolução do Senado Federal	
Obrigatória	**Facultativa**
Alíquota Interestadual e de exportação	Alíquota interna máxima e mínima

Como o Senado Federal não exerceu essa faculdade, cada estado estabelece sua alíquota máxima. E a faculdade de estabelecer a alíquota mínima foi exercida? Também não. O Senado Federal não exerceu nenhuma das faculdades previstas nesse inciso, mas há uma grande diferença entre essas duas faculdades. O Senado Federal pode criar uma alíquota mínima genérica, válida para qualquer mercadoria, mas a alíquota máxima não pode ser genérica, deve ser para dirimir conflitos entre os Estados e especificar a operação, por exemplo, criando uma alíquota máxima para operações com energia elétrica.

Então um determinado estado pode colocar uma alíquota de 1%? Em regra, não, pois o inciso VI da §2º do artigo 155 da Constituição Federal assim determina:

> "**Art. 155**, § 2º O imposto previsto no inciso II atenderá ao seguinte:
>
> (...)
>
> VI – salvo deliberação em contrário dos Estados e do Distrito Federal, nos termos do disposto no inciso XII, "g", as alíquotas internas, nas operações relativas à circulação de mercadorias e nas prestações de serviços, não poderão ser inferiores às previstas para as operações interestaduais;"

Segundo a jurisprudência do Supremo Tribunal Federal, a alíquota interna não pode ser inferior à alíquota de 12%, que é a regra da alíquota interestadual. No entanto, conforme determina o inciso VI, os estados podem deliberar por convênio uma alíquota inferior à interestadual (12%). E assim fizeram, com cada estado definindo sua cesta básica e sobre ela aplicando uma alíquota de 7%. Voltando à pergunta anterior: um determinado estado pode colocar uma alíquota de 1%? Sim, mas somente se for autorizado por um convênio do Confaz (você ainda aprenderá sobre o Confaz em um capítulo específico).

Veja como isso é cobrado em prova:

(AFRE-RJ/FGV-2010) A alíquota do ICMS, aplicável nas operações ou prestações internas, pode ser de 5% (cinco por cento), se prevista:

a) em resolução do Senado Federal.

b) em convênio interestadual.

c) na lei estadual.

d) na Constituição Federal.

e) na Constituição Estadual.

Comentário: *Literalidade do artigo 155, §2º da CF. Alíquota inferior à interestadual de 12% apenas por meio de Convênio Confaz. Gabarito: B*

Por fim, segue uma regra para gravar o quórum da iniciativa das Resoluções do Senado Federal e o quórum para aprovação: o que é máximo (alíquota máxima) cabe quórum máximo (maioria absoluta para iniciativa e 2/3 para aprovação). Para as demais (interestadual, exportação e alíquota mínima), a iniciativa é de 1/3 e a aprovação por maioria absoluta. Na competência prevista no inciso IV que é obrigatória, cabe também a iniciativa do Presidente da República.

Ao final deste livro, tem um apêndice que explica e resume bem essas Resoluções do Senado Federal.

A tabela a seguir resume os cinco aspectos da regra matriz de incidência.

REGRA MATRIZ DE INCIDÊNCIA		
Aspecto	**Pergunta a ser respondida**	**O que deve ser respondido**
Material	Como?	situação fática
Temporal	Quando?	momento em que surge o FG
Espacial	Onde?	local de incidência
Pessoal	Quem?	sujeitos ativo e passivo
Quantitativo	Quanto?	base de cálculo e alíquota

2.6. EXEMPLOS DOS ELEMENTOS DA REGRA MATRIZ DE INCIDÊNCIA DO ICMS NAS OPERAÇÕES COM MERCADORIAS

Neste capítulo, trataremos primeiramente dos cinco elementos do fato gerador do ICMS para quase todos os casos de circulação de mercadorias previstos pelos legisladores, já no capítulo seguinte examinaremos as hipóteses de incidência da prestação de serviço de transportes e as hipóteses de incidência decorrentes de serviços de comunicação.

Ressalte-se que no elemento quantitativo só será mostrada a base de cálculo, tendo em vista que a alíquota dependerá do que foi determinado pela Assembleia Legislativa de cada estado.

Você verá muito os termos "nota fiscal com destaque" e "nota fiscal sem destaque", mas não se assuste com essa nomenclatura, mais a frente terá um capítulo específico sobre documentos fiscais. O importante por enquanto é saber que toda mercadoria sempre deverá ser acompanhada de um documento fiscal, podendo constar nele o ICMS ou não. Quando o documento fiscal contém o valor do ICMS, dizemos "com destaque do ICMS", já quando não tem ICMS, utilizamos o termo "sem destaque de ICMS".

2.6.1. Operações relativas à circulação de mercadorias (art. 2º, inciso I da Lei Kandir)

> "**Art. 2°** O imposto incide sobre:
>
> I – operações relativas à circulação de mercadorias, inclusive o fornecimento de alimentação e bebidas em bares, restaurantes e estabelecimentos similares;"

2.6.1.1. Circulação simples de mercadorias

Nas operações relativas à circulação de mercadorias, o elemento material nada mais é do que a própria circulação de mercadorias, ou seja, se você for a uma loja e adquirir uma camisa de time de futebol, estará ocorrendo o fato gerador do tributo. Para efeito de incidência, pouco importa se houve compra, doação para comemorar o título do seu time do coração ou uma bonificação pela sua importância como cliente. Circulou mercadoria? Se a resposta é afirmativa, então, em regra, haverá incidência de ICMS, pois caracterizou o aspecto material desse tributo.

Mas por que em regra? Porque existem alguns casos em que o legislador prevê como não incidência, que serão tratados em capítulo específico.

O elemento temporal será o instante em que ocorrer a saída da mercadoria (inciso I do artigo 12 da Lei Complementar 87/96), mesmo no caso de transferência, lembre-se do que comentamos no item 2.1.

> "**Art. 12.** Considera-se ocorrido o fato gerador do imposto no momento:
>
> I – da saída de mercadoria de estabelecimento de contribuinte;"

2.6.1.2. Venda para entrega futura

Observe que o momento da saída é diferente do momento do faturamento. Na venda industrial, principalmente no setor de máquinas e equipamentos, é natural a indústria inicialmente emitir uma nota fiscal de simples faturamento ou venda para entrega futura.

Após tal emissão, a indústria recebe do seu cliente uma parte ou o total acertado e depois de meses de produção emite uma nota de remessa de entrega futura, mencionando a nota fiscal anterior. Percebe-se que a saída da mercadoria (elemento temporal do ICMS) ocorreu só nesse instante, ou seja, o fato gerador só ocorreu após a remessa. Cabe lembrar que, caso a alíquota do ICMS, no momento do faturamento, seja diferente da aplicada no momento da remessa, será cobrado o percentual da data da remessa. O mesmo tratamento se daria à isenção (vide item 2.2).

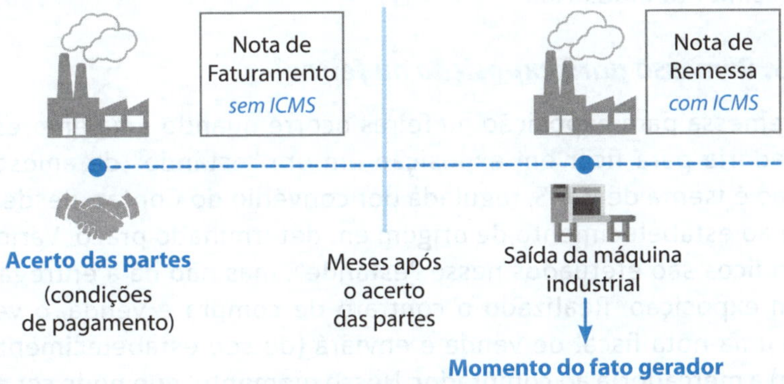

E se depois do simples faturamento e após a indústria ter recebido o pagamento ela falir sem ocorrer a remessa da máquina solicitada? Se não houve remessa, não circulou mercadoria, não houve nem o elemento material nem temporal do ICMS, logo, não há fato gerador desse tributo, nada é devido para o fisco estadual.

O mesmo ocorre se você foi à uma loja de sapatos, comprou mais do que podia e não conseguiu mais pagar o comerciante. Circulou a mercadoria? Sim. Então há o elemento material. Saiu a mercadoria? Sim. Então houve o elemento temporal, logo há fato gerador do ICMS e tal tributo é devido ao fisco. Se houve ou não pagamento, cabem às partes resolverem entre elas e por meio das normas do Direito Civil.

Quando você for Auditor Fiscal, talvez se depare com alguns comerciantes que não acham justo recolher o ICMS em cima de operações nas quais tomaram calote do cliente. Você terá que cobrar o ICMS devido e ponto final, independentemente se o comerciante recebeu pela operação ou não. O Estado já tem um monte de contribuintes que não pagam o ICMS devido e ainda vai ter que assumir os calotes dos outros? Cada um que cuide dos seus caloteiros, o estado já tem muitos.

Já o elemento espacial é o local do estabelecimento onde se encontre a mercadoria, no momento da ocorrência do fato gerador (alínea "a" do inciso I do artigo 11 da Lei Kandir).

> "**Art. 11.** O local da operação ou da prestação, para os efeitos da cobrança do imposto e definição do estabelecimento responsável, é:
>
> I – tratando-se de mercadoria ou bem:
>
> a) o do estabelecimento onde se encontre, no momento da ocorrência do fato gerador".

Dessa forma, podemos concluir que, no caso da loja de sapatos, o elemento espacial (local para efeito da cobrança) será o estabelecimento comercial, ou seja, a loja. Já no caso da remessa após o simples faturamento será o estabelecimento industrial.

2.6.1.3. Remessa para exposição ou feiras

A remessa para exposição ou feiras ocorre quando uma empresa envia a mercadoria para ficar em exposição em um "estande" de amostra. Essa operação é isenta de ICMS, regulada por convênio do Confaz, desde que ela retorne ao estabelecimento de origem em determinado prazo. Vários negócios jurídicos são efetuados nesse "estande", mas não há a entrega do que está em exposição. Realizado o contrato de compra e venda, o vendedor emitirá uma nota fiscal de venda e enviará (do seu estabelecimento e não da feira) a mercadoria ao comprador. Nesse momento, que pode ser antes do fim da exposição ou mesmo após a realização da feira, surgirá o fato gerador da operação com sua circulação (aspecto material), sendo o momento da saída o aspecto temporal e o local da cobrança (aspecto espacial) será onde a mercadoria se encontrar no momento do fato gerador, ou seja, no estabelecimento do vendedor.

E o que acontece com a mercadoria que estava exposta? Retorna à origem da forma que saiu, sem destaque de ICMS na nota fiscal, por ser uma operação isenta. Percebam que tanto a remessa para exposição como seu retorno estão dentro do campo de incidência do ICMS (circulação de mercadoria), mas o legislador resolveu isentá-las, afinal o remetente e o "estande" fariam débito e crédito no final das duas operações (trataremos do tema crédito com mais detalhes em capítulo futuro).

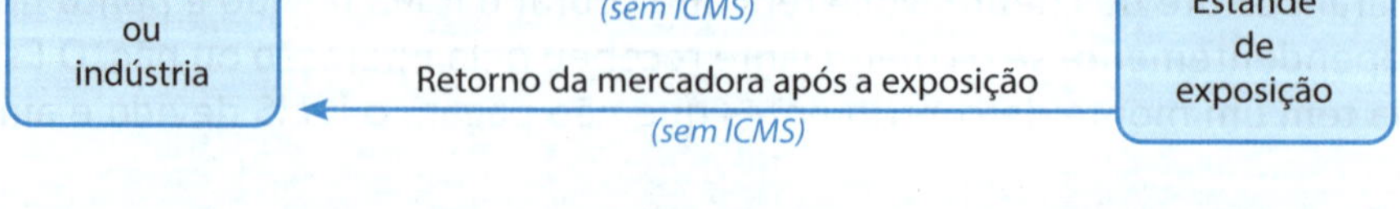

Na divisão do elemento pessoal, o sujeito ativo é o estado onde se encontra o estabelecimento que promoveu a saída da mercadoria ou a transferência da propriedade.

O sujeito passivo é a pessoa que realizar a circulação de mercadoria com habitualidade ou qualquer volume que caracterize o intuito comercial ou quem transferiu a propriedade.

Por fim, a base de cálculo, conforme previsto no inciso I do artigo 13 da Lei Kandir, é o valor da operação na saída de mercadorias. Segundo o inciso II do parágrafo primeiro desse mesmo artigo, os valores cobrados de seguro, juros e demais importâncias pagas, recebidas ou debitadas integram a base de cálculo do ICMS. O desconto concedido sob condição também compõe a base de cálculo desse tributo.

> "**Art. 13.** A base de cálculo do imposto é:
>
> I – na saída de mercadoria prevista nos incisos I, III e IV do art. 12, o valor da operação;
>
> (...)
>
> § 1º Integra a base de cálculo do imposto, inclusive na hipótese dos incisos V, IX e X do **caput** deste artigo:
>
> a) seguros, juros e demais importâncias pagas, recebidas ou debitadas, bem como descontos concedidos sob condição;
>
> b) frete, caso o transporte seja efetuado pelo próprio remetente ou por sua conta e ordem e seja cobrado em separado."

E qual a diferença entre desconto condicional e incondicional? É simples. Vamos imaginar que o Meirelles vá a uma loja comprar a camisa do seu time do coração. Como o time dele vive um mau momento, o Meirelles chora no preço e consegue um grande desconto. A camisa oficial de R$ 650,00 foi vendida a R$ 550,00 (mesmo assim cara para os nossos padrões, afinal, trata-se de um manto sagrado). Qual a base de cálculo do ICMS? R$ 550,00. Veja que não houve nenhuma condição, ele apareceu na loja e fechou o seu preço. A nota fiscal foi emitida com o valor de R$ 550,00. O desconto incondicional de R$ 100,00 não integra a base de cálculo do ICMS.

Já Daniel, torcedor do poderoso "Baêa", não teve a mesma sorte. O estoque estava acabando, então ou ele fechava por R$ 250,00, o preço normal da camisa, ou não a levava. Acontece que o vendedor torcia para o mesmo time que o dele e falou: "Se você me pagar em uma semana, dou R$ 50,00 de desconto". Ele conseguiu cumprir o prazo, pagando R$ 200,00. Qual a base de cálculo do ICMS? R$ 250,00. Esse desconto tinha uma condição, desde que ele pagasse em uma semana. A nota fiscal foi emitida com o valor de R$ 250,00. O desconto condicional de R$ 50,00 irá compor a base de cálculo do ICMS.

Vamos exemplificar alguns casos de base de cálculo, para facilitar a compreensão.

Exemplo 1: Marcos vai a um grande varejista e compra uma geladeira. O preço do refrigerador é R$ 1.500,00, mas Marcos pagará por meio de um financiamento feito diretamente com a loja. Dessa forma, o pagamento ficará em 18 parcelas de R$ 100,00 cada uma, totalizando R$ 1.800,00. Perceba que houve uma cobrança de R$ 300,00 de juros. Esse valor irá integrar a base de cálculo do ICMS. Assim, aplica-se a alíquota sobre os R$ 1.800,00.

Exemplo 2: Matheus vai a uma concessionária de carros e compra um veículo. No momento do negócio, Matheus faz um financiamento com uma instituição financeira, e apesar do carro custar R$ 60.000,00 será pago um total de R$ 75.000,00. Perceba que esses R$ 15.000,00 de diferença serão pagos a uma instituição financeira, então a base de cálculo do ICMS é de R$ 60.000,00. Os R$ 15.000,00 estarão sujeitos ao IOF, de competência da União, e não ao ICMS.

Enfim, os juros só integram a base de cálculo quando cobrados pelo próprio vendedor, sujeito passivo. No entanto, quando cobrados por uma instituição financeira, os juros não integrarão a base de cálculo do ICMS, consequentemente, os juros sobre o cartão de crédito não integram a base de cálculo do ICMS, pois ele é cobrado por uma instituição financeira. Essa posição é até objeto de Súmula do STJ:

> STJ – Súmula 237 – Não incide o ICMS sobre os encargos financeiros relativos ao financiamento do preço das mercadorias, nas compras feitas por meio de cartão de crédito.

Exemplo 3: Érica vai comprar sapatos no valor total de R$ 300,00. Ocorre que o lojista faz a seguinte promoção: se a Érica pagar em 15 dias, o preço ficará em R$ 250,00. Esses R$ 50,00 é um desconto condicionado, a um pagamento até certa data. A base de cálculo do ICMS será R$ 300,00, ou seja, o desconto integrará a base de cálculo.

Exemplo 4: Andrea compra um ar condicionado por R$ 1.300,00 e ainda paga uma instalação de R$ 200,00. A base de cálculo será de R$ 1.500,00, afinal o valor de R$ 200,00 é uma importância também recebida pelo vendedor.

Também integra a base de cálculo desse tributo o frete quando efetuado pelo remetente ou por sua conta e ordem e cobrado em separado.

Sobre frete é importante que o leitor entenda se o preço é CIF (*Coast Insurance and Freight*), ou seja, o frete e o seguro são por conta do vendedor, ou se o preço é FOB (*Free on Board*), cláusula originária do transporte marítimo internacional pela qual a mercadoria vendida ficava livre a bordo do navio e os demais custos, inclusive o frete, seriam por conta do comprador. Se o frete é CIF, por conta do remetente, e está cobrado em separado na nota fiscal, esse frete irá integrar a base de cálculo do ICMS.

Vamos imaginar que determinado comerciante venda uma mercadoria por R$ 1.000,00 e cobre R$ 200,00 para transportar a mercadoria do seu estabelecimento até o adquirente. Nesse caso, a base de cálculo do ICMS será de R$ 1.200,00 (mercadoria + frete).

Isso ocorre para evitar a fraude do contribuinte colocar um preço muito baixo para a mercadoria e alto para o frete. Portanto, no exemplo apresentado, evitaria que o remetente inverta o valor, colocando R$ 1.000,00 para o frete e R$ 200,00 para a mercadoria, afinal, se assim fizer, ele deverá pagar o ICMS sobre os mesmos R$ 1.200,00.

E se o frete tiver um custo de R$ 200,00, mas não for cobrado? O ICMS incidirá apenas sobre a mercadoria, pois o artigo 13 especifica que incide o ICMS sobre o frete desde que cobrado em separado, ou seja, separado no campo da nota fiscal em que consta o valor da mercadoria (a estrutura da nota fiscal será explicada no capítulo sobre Documentos Fiscais).

E se esse mesmo comerciante em vez de realizar o transporte contratar um transportador por R$ 200,00 para levar a mercadoria ao destinatário? Novamente dependerá se ele cobrou ou não do destinatário o frete em separado.

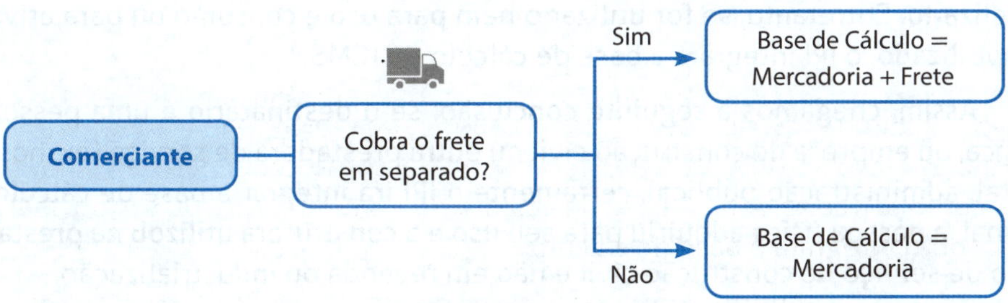

Vamos ver como esse importante tema é cobrado em concurso:

(AFRE-RJ/FGV–2010) Sociedade empresária com atividade comercial, vende e transporta as mercadorias que aliena até o domicílio do comprador, cobrando R$ X pela mercadoria e acrescentando R$ Y a título de frete. Com relação ao ICMS devido por tal contribuinte, assinale a afirmativa correta.

a) O ICMS deve ser calculado apenas sobre R$ Y.

b) O ICMS deve ser calculado apenas sobre R$ X.

c) O ICMS deve ser calculado sobre o resultado da diferença entre R$ X e R$ Y

d) O ICMS deve ser calculado sobre o resultado da soma de R$ X e R$ Y.

e) O ICMS deve ser calculado sobre o resultado da soma de R$ X e R$ Y, apenas se este último valor constar da competente nota fiscal.

Comentário: *Nos termos da alínea b do §1º do artigo 13 da Lei Kandir, sempre que o transporte for efetuado pelo próprio remetente ou por sua conta e ordem e for cobrado em separado, o frete deverá integrar a base de cálculo do ICMS. Logo, a base de cálculo será a soma de X (preço da mercadoria) com Y (preço do frete). Resposta: D.*

(AFRE-RJ/FCC-2014) Tratando-se de ICMS, NÃO integra a base de cálculo do imposto

a) as despesas financeiras (juros) cobrados pelo vendedor da mercadoria, pois se trata de operação sujeita ao IOF.

b) os descontos concedidos sem condição.

c) as despesas de montagem, instalação e colocação de paredes divisórias cobradas pelo vendedor da mercadoria.

d) o montante do próprio imposto, visto que isso implicaria bitributação.

e) o frete, quando o transporte for efetuado pelo próprio remetente ou por sua conta e ordem, e seja cobrado em separado.

Comentário: *Os descontos concedidos sem condição não integram a base de cálculo. As demais alternativas têm itens que fazem parte da base de cálculo, como as despesas de montagem e instalação recebidas pelo vendedor. Resposta: B.*

A base de cálculo do ICMS na circulação de mercadorias terá uma particularidade, dependendo do destino dado ao adquirente. Se o produto é industrializado e sofre a incidência do IPI, o valor cobrado desse imposto não irá integrar a base de cálculo do ICMS se o destinatário for revendê-lo ou industrializá-lo. Entretanto, se for utilizar o bem para uso e consumo ou para ativo imobilizado, o IPI integrará a base de cálculo do ICMS.

Assim, chegamos à seguinte conclusão: se o destinatário é uma pessoa física, ou empresa de construção civil ou outra prestadora de serviço (ex: hospital, administração pública), certamente o IPI irá integrar a base de cálculo, afinal, a pessoa física adquiriu para seu uso e a construtora utilizou na prestação de serviço de construção civil e não em revenda ou industrialização.

E se for um comerciante ou uma indústria que tiver adquirido? Então devemos perguntar qual será o destino dado à mercadoria adquirida, pois caso seja um ativo ou um bem para uso e consumo, o IPI integrará a base de cálculo do ICMS. Caso contrário, ou seja, a mercadoria será revendida ou utilizada como insumo no processo industrial, deveremos excluir da base de cálculo o valor cobrado de IPI.

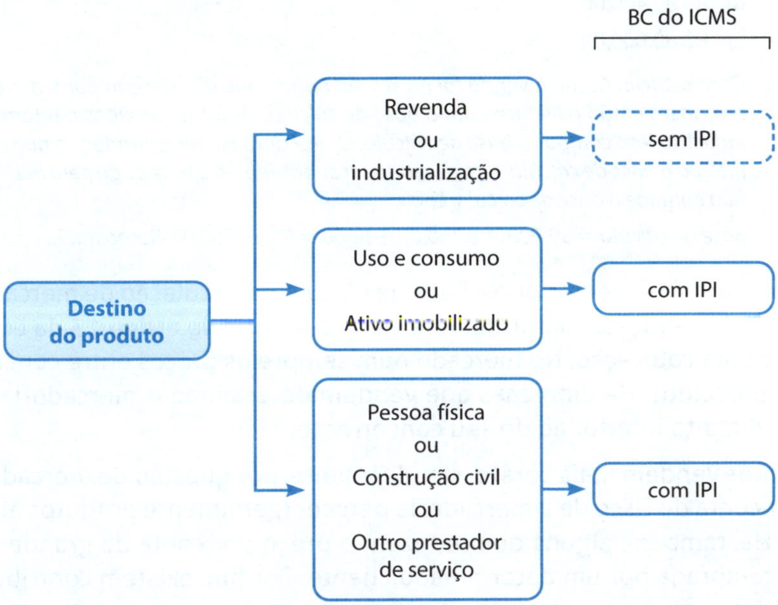

Por exemplo, vamos imaginar que um estabelecimento industrial venda duas máquinas pelo preço de R$ 1.000,00 e com incidência de IPI de R$ 200,00. A primeira destinada a um comerciante que irá revendê-la e a segunda terá como adquirente uma indústria que a utilizará como ativo imobilizado. Como a primeira máquina se tornará uma mercadoria do destinatário, o imposto federal não irá integrar a base de cálculo do ICMS ou seja, será de R$ 1.000,00. Já a segunda máquina terá como base de cálculo do imposto estadual o valor de R$ 1.200,00.

Veja como isso é cobrado em prova:

(AFFE-PI/FCC-2015) A Indústria Amauri Jucá, do município de Piracuruca – PI, recebeu uma encomenda da Banda Xenhenhem, de Teresina – PI e fabricou um equipamento para efeitos pirotécnicos que será utilizado em shows musicais. Ao remeter o equipamento, a indústria cobrou o valor de R$ 80.000,00, acrescendo o valor de juros de R$ 1.600,00, em razão de prazo de pagamento, e o valor de IPI de R$ 8.160,00. O valor total da nota fiscal foi de R$ 89.760,00. O frete foi realizado por transportadora piauiense que cobrou o valor de R$ 1.000,00 por conta e ordem do destinatário.

No momento do pagamento da duplicata, houve um desconto de R$ 300,00, em virtude de pagamento antes do prazo previsto, condição especificada no contrato de venda.

O valor da base de cálculo do ICMS devido pela indústria fabricante será de

a) R$ 89.760,00.

b) R$ 88.160,00.

c) R$ 90.760,00.

d) R$ 89.460,00.

e) R$ 80.000,00.

Comentário: *Como a venda foi para uma banda que usará o equipamento (não irá revender), então o IPI integrará a base de cálculo. Os juros cobrados diretamente da indústria irão compor a base de cálculo. O desconto condicionando (ao pagamento) integra a base de cálculo, não devendo ser subtraído. Já o frete pago pelo destinatário não compõe a base de cálculo. Logo,*

Base de cálculo = 80.000 + 8.160,00 + 1.600 = R$ 89.760,00. Resposta: A.

Agora que já sabemos que a base de cálculo na circulação de mercadorias é o valor da operação, conforme determina o inciso I do artigo 13 da Lei Kandir, cabe uma colocação. No mercado nem sempre os preços entre concorrentes são parecidos. Há empresas que vendem determinadas mercadorias com um preço muito inferior ao do seu concorrente.

Muitos vendem mais barato, simplesmente, por questão de mercado. Outros por conta do risco de a mercadoria perecer (geralmente produtos alimentícios). Há, também, alguns que reduzem o preço por conta da grande quantidade comprada por um determinado cliente. Por fim, existem contribuintes que subfaturam o preço da mercadoria.

Acontece que devido a essas divergências, os fiscos estabeleciam um valor mínimo para a base de cálculo, conhecido como "pauta fiscal". Vamos imaginar que a pauta do café no estado de Minas Gerais seja R$ 450,00. No entanto, determinado produtor rural mineiro resolve vender suas sacas de café para comerciantes capixabas. O comerciante "A" comprou 10 sacos por R$ 400,00 cada (R$ 4.000,00 valor total da compra), já o comerciante "B" comprou um único saco pelo preço de R$ 500,00. Caso existisse a pauta fiscal, o fisco mineiro cobrava na operação com o comerciante "A" o ICMS sobre R$ 4.500,00 (10 vezes o valor da pauta, ou seja, 10x450) e sobre a compra do comerciante "B" seria cobrado o ICMS sobre R$ 500,00 (valor da operação).

Esse procedimento perdeu força após a edição da Súmula 431 do STJ: "É ilegal a cobrança de ICMS com base no valor da mercadoria submetido ao regime de pauta fiscal". Note, ainda existe a pauta fiscal no caso de substituição tributária, porém essa pauta deve obedecer a critérios bem definidos no artigo 8º da Lei Kandir. Trataremos disso no capítulo de substituição tributária.

E como ficaria a base de cálculo no exemplo anterior? Seria o valor da operação de R$ 4.000,00 na venda para o comerciante "A" e R$ 500,00 na venda para o comerciante "B".

E no caso do subfaturamento? Nesse caso, a solução é diversa, poderá o fisco arbitrar o valor, que será comentado no item 2.6.1.7.

Cabe mencionar que energia elétrica é mercadoria. Assim, a circulação de energia elétrica está no campo de incidência do ICMS. Trataremos de uma especificidade da energia elétrica e dos combustíveis derivados do petróleo em tópico específico deste capítulo, no entanto agora cabe uma observação.

Ninguém usa energia elétrica mais do que uma indústria. Isso mesmo, a energia elétrica é matéria prima da indústria. Por conta disso, as indústrias e as concessionárias de energia elétrica realizam um contrato de demanda de potência. Nesse contrato, a distribuidora disponibiliza determinada quantia mensal para a indústria por um preço fixo mensal (mais barato que o preço normal). Caso a indústria use mais que essa quantidade, sobre a diferença ela paga o preço normal do mercado; caso use uma quantidade menor do que a contratada, ela pagará o preço acordado entre as partes.

Vamos exemplificar: apesar de o preço de mercado da energia elétrica ser de R$ 2,00 por KW, a indústria "Gasto Energia Ltda." celebra um contrato com sua distribuidora de 5.000 KW, pelo preço de R$5.000,00 (preço de R$ 1,00 por KW até o limite de 5.000 KW). Caso no primeiro mês ela consuma 4.000 KW, deverá pagar R$ 5.000,00 para sua distribuidora. Se no segundo mês ela consumir 8.000 KW, então ela pagará R$ 5.000,00 mais o valor da diferença cobrada pelo preço de mercado.

E qual seria a base de cálculo do ICMS? No segundo caso, o valor da operação, ou seja, o valor pago pela indústria, como no caso das demais mercadorias. Já no caso do primeiro mês, a base de cálculo seria o preço proporcional da energia fornecida. Não consumiu 4.000 KW? A base de cálculo seria R$ 4.000,00 (energia consumida × valor pago/energia contratada).

Essa posição foi adotada pelo STJ com a edição da Súmula 391, que inclusive já foi cobrada em prova: "O ICMS incide sobre o valor da tarifa de energia elétrica correspondente à demanda de potência efetivamente utilizada".

(Procurador-TCE-BA/Cespe-2010) Ao Estado é permitido cobrar o ICMS sobre o valor da tarifa de energia elétrica correspondente à demanda de potência efetivamente disponibilizada ao consumidor.

Comentário: Assertiva errada. Conforme a Súmula 391 do STJ, o ICMS só incide sobre a energia efetivamente utilizada, e não sobre a disponibilizada.

Arrematando o nosso exemplo: quando a indústria consome 4.000 KW, embora ela pague R$ 5.000,00 para a concessionária, a base de cálculo de ICMS será o valor correspondente à energia utilizada, conforme determina a Súmula 391 do STJ.

Quando a indústria utilizar um valor maior, por exemplo, 8.000 KW, ela pagará os R$ 5.000,00 contratados e sobre os 3.000 KW excedidos pagará o valor de mercado. Caso o preço seja dois reais por KW, o valor total a pagar será 5.000 + 2 x 3.000 = R$ 11.000,00. Esse valor de R$ 11.000 será a base de cálculo do ICMS.

2.6.1.4. Simulação de reajuste de preço

> "**Art. 13.** A base de cálculo do imposto é:
>
> (...)
>
> § 5º Nas operações e prestações interestaduais entre estabelecimentos de contribuintes diferentes, caso haja reajuste do valor depois da remessa ou da prestação, a diferença fica sujeita ao imposto no estabelecimento do remetente ou do prestador."

Agora comentaremos sobre simulações de reajustes de preços, previstas no §5º do artigo 13 da Lei Kandir. Imagine que a empresa Alfa celebrou contrato de compra e venda com Beta pelo preço de R$ 1.000,00. Após remeter a mercadoria e aplicar o ICMS sobre o valor da venda, as partes fazem um aditivo no contrato subindo o preço para R$ 1.200,00. Essa diferença de preço de R$ 200,00 deverá ser tributada pelo ICMS, claro. Do contrário, muitas empresas simulariam um reajuste posterior para só pagar o ICMS sobre o primeiro preço acordado.

Nesse caso concreto, a empresa Alfa emitirá, no primeiro momento, uma nota fiscal com o valor de R$ 1.000,00. Após o reajuste, deverá emitir uma nota fiscal complementar com a nova receita de R$ 200,00.

2.6.1.5. Base de cálculo na doação, brinde, bonificação e operações sem valores

Pela Lei Kandir, as mercadorias enviadas como doação, brinde ou bonificação serão tributadas normalmente pelo ICMS. Como essas mercadorias não têm preço a ser pago, o legislador resolveu impedir que o remetente colocasse um preço subfaturado. Dessa forma, a base de cálculo do ICMS seguirá os critérios estabelecidos no artigo 15 da Lei Kandir, a seguir reproduzido:

> "**Art. 15.** Na falta do valor a que se referem os incisos I e VIII do art. 13, a base de cálculo do imposto é:
>
> I – o preço corrente da mercadoria, ou de seu similar, no mercado atacadista do local da operação ou, na sua falta, no mercado atacadista regional, caso o remetente seja produtor, extrator ou gerador, inclusive de energia;
>
> II – o preço FOB estabelecimento industrial à vista, caso o remetente seja industrial;
>
> III – o preço FOB estabelecimento comercial à vista, na venda a outros comerciantes ou industriais, caso o remetente seja comerciante.
>
> § 1º Para aplicação dos incisos II e III do *caput*, adotar-se-á sucessivamente:
>
> I – o preço efetivamente cobrado pelo estabelecimento remetente na operação mais recente;

> II – caso o remetente não tenha efetuado venda de mercadoria, o preço corrente da mercadoria ou de seu similar no mercado atacadista do local da operação ou, na falta deste, no mercado atacadista regional.
>
> § 2º Na hipótese do inciso III do *caput*, se o estabelecimento remetente não efetue vendas a outros comerciantes ou industriais ou, em qualquer caso, se não houver mercadoria similar, a base de cálculo será equivalente a setenta e cinco por cento do preço de venda corrente no varejo."

O legislador aplicou cada inciso conforme a atividade do remetente. Se o remetente for produtor, extrator ou gerador de energia, aplica-se o inciso I, ou seja, a base de cálculo será o preço corrente no mercado atacadista local, porém há uma ressalva, pois se no local (entenda Município) não houver mercado atacadista, aplica-se o preço do atacadista regional. Acredite, temos mais de 5.000 municípios, então há muitos sem atacadistas.

Se o remetente for estabelecimento industrial (inciso II) ou comercial (inciso III), será o preço FOB à vista do estabelecimento industrial ou comercial, ou seja, sem incluir o preço do frete na operação.

Você deve estar se perguntando: "No caso do produtor, extrator ou gerador falou-se em preço do atacadista, mas e no caso do industrial e comercial?". A resposta está no §1º, ou seja, para aplicação desse preço FOB será adotado o preço cobrado no próprio estabelecimento remetente (inciso I do §1º).

Agora, e se esse estabelecimento comercial ou industrial nunca tiver vendido essa mercadoria que está sendo doada? Nesse caso, seguimos a mesma regra do produtor, aplica-se o preço do mercado atacadista local e na falta deste o do atacadista regional (inciso II do §1º).

O §2º do artigo 15 incluiu mais uma regra para o estabelecimento comercial. Caso esse estabelecimento esteja em uma região onde não tenha atacado, aplica-se 75% do preço do varejo. Entenda que, em regra, o varejista compra do atacadista e vende com um preço de venda superior, mas como isso não ocorreu, a solução foi esse percentual de 75%. E por que não colocou essa regra do §2º para um estabelecimento industrial? Porque onde há indústria, há atacado.

Perceba que nos três casos (incisos I, II e III) a referência é o preço de saída.

Como esse assunto é um dos mais complexos do ICMS, vamos exemplificar:

Um estabelecimento varejista que nunca vendeu aparelhos celulares começou a trabalhar com esse produto. Inicialmente, ele resolveu enviar esse aparelho celular como brinde para um potencial cliente. Ocorre que na região não há estabelecimentos atacadista, então qual preço colocar na base de cálculo?

Como o estabelecimento é varejista, ou seja, comercial, devemos aplicar o inciso III do *caput* do artigo 15, ou seja, preço FOB. O §1º desse artigo esclarece qual preço FOB usar. Pelo inciso I do §1º, o preço desse estabelecimento que brindou seu potencial cliente. Ocorre que ele nunca vendeu, então vamos para o segundo critério, o preço do atacadista local na ausência do atacadista regional (inciso II do §1º). Como não há atacadista na região, partimos para o terceiro e último critério, aplicando o §2º, ou seja 75% do preço do estabelecimento varejista. Se o aparelho é vendido pelos varejistas locais por R$ 1.000,00, a base de cálculo será de R$ 750,00.

Por fim, cabe uma colocação: Não há nenhuma discussão doutrinária ou jurisprudencial sobre a incidência do ICMS na doação, consequentemente sobre o uso do artigo 15 da Lei Kandir na apuração da base de cálculo na doação. Isso ocorre baseado no já citado §2º do artigo 2º da Lei Kandir, que assim dispõe:

> "§ 2º, **art. 2º – LC 87/1996** – § 2º A caracterização do fato gerador independe da natureza jurídica da operação que o constitua."

No entanto, o tema não é tão pacífico quando falamos de bonificação ou brinde. A divergência jurisprudencial nasceu no ano de 2009, quando o STJ julgou por meio do REsp 1.111.156/SP que a bonificação não integra a base de cálculo do ICMS. O Superior Tribunal de Justiça entendeu que a bonificação tem o mesmo efeito jurídico do desconto incondicional. Dessa forma, a bonificação ficaria fora da base de cálculo do ICMS.

O raciocínio do STJ foi o seguinte: se eu compro 9 cadeiras pelo preço de R$ 10,00 cada uma, mas ganho uma cadeira de bonificação ou brinde, então o preço unitário da minha cadeira deixou de ser R$ 10,00 e passou a ser R$ 9,00 (valor do preço pago/pelo número de cadeiras), logo o efeito da bonificação foi igual ao do desconto incondicional. Nesse caso, pela jurisprudência do STJ, a base de cálculo do ICMS será o valor pago, ou seja, R$ 90,00.

E o que respondo em prova? Olha, a maioria dos estados aplicam o artigo 15 da Lei Kandir, assim se perguntarem de acordo com a legislação para esses estados, aplique-o. Agora, caso perguntem de acordo com a Jurisprudência ou Tribunais Superiores, então coloque que a bonificação ou brinde não integra a base de cálculo do ICMS.

Cabe salientar que alguns estados, como Santa Catarina, já se adequaram à jurisprudência do STJ. Já outros, como Rondônia, não mencionam nada específico sobre bonificação. Se você fizer prova para um desses estados, aplique a posição do STJ, excluindo a bonificação da base de cálculo.

Valor da Base de cálculo nas operações de circulação de mercadorias	
Venda	Base de cálculo é o valor da operação com devidos acréscimos
Venda para entrega futura	
Venda após a remessa para feira ou exposição	
Consignação (explicaremos no item 2.6.2.2)	
Doação	Base de cálculo é a do artigo 15 da LC 87/96
Bonificação	Base de cálculo é a do artigo 15 da LC 87/96 ou excluída da base de cálculo (a depender do estado)
Transferência	Base de cálculo nas operações interestaduais é a do §4º do artigo 13

2.6.1.6. Desconsideração do preço do frete

Vamos imaginar a seguinte situação: um fabricante de cigarro localizado no município do Rio de Janeiro vende 2.000 unidades de cigarro para um revendedor atacadista localizado nesse mesmo município, pelo preço total de R$ 8.000,00. Para isso, o destinatário contratou uma transportadora pelo preço de R$ 2.000,00, totalizando R$ 10.000,00 a serem cobrados do cliente.

Sobre o cigarro aplica-se a alíquota de 35% a título de ICMS, já sobre o transporte intramunicipal incide o ISS e sua alíquota nesse município é de 5%. Diante disso, o nobre fabricante tem uma brilhante ideia: ela cria uma transportadora, cobra R$ 2.000,00 de cigarro e sua transportadora cobra, do destinatário, R$ 8.000,00 pelo serviço de transporte. Assim, pagará ICMS somente sobre os R$ 2.000,00 e ISS, cuja alíquota é bem menor, sobre os R$ 8.000,00. Perceba o tanto que o fisco estadual perderia de ICMS.

Sabendo disso, o legislador criou o artigo 17, reproduzido a seguir:

> "**Art. 17.** Quando o valor do frete, cobrado por estabelecimento pertencente ao mesmo titular da mercadoria ou por outro estabelecimento de empresa que com aquele mantenha relação de interdependência, exceder os níveis normais de preços em vigor, no mercado local, para serviço semelhante, constantes de tabelas elaboradas pelos órgãos competentes, o valor excedente será havido como parte do preço da mercadoria.
>
> Parágrafo único. Considerar-se-ão interdependentes duas empresas quando:

> I – uma delas, por si, seus sócios ou acionistas, e respectivos cônjuges ou filhos menores, for titular de mais de cinqüenta por cento do capital da outra;
>
> II – uma mesma pessoa fizer parte de ambas, na qualidade de diretor, ou sócio com funções de gerência, ainda que exercidas sob outra denominação;
>
> III – uma delas locar ou transferir a outra, a qualquer título, veículo destinado ao transporte de mercadorias."

Assim, por esse artigo 17, o fisco pode desconsiderar o preço do frete quando exceder os níveis normais de mercado. Perceba que para fazer isso a transportadora deverá pertencer ao titular da mercadoria ou ter interdependência com ele. Os critérios da interdependência estão no § único do artigo 17.

A exigência dessas condições de pertencer ao titular da mercadoria ou ter interdependência com ele faz sentido, pois nenhuma outra transportadora aceitaria pagar mais ISS para fazer parte desse esquema. Cabe ao leitor memorizar as condições do parágrafo único.

2.6.1.7. Arbitramento

Ainda existem alguns contribuintes que colocam preços subfaturados. A mercadoria normalmente custa R$ 10.000,00, mas na nota fiscal o preço está R$ 3.000,00. Toda vez que a base de cálculo adotada utilizar um preço que não mereça fé, poderá a autoridade fiscal arbitrar esse preço, conforme previsto no artigo 18:

> **"Art. 18.** Quando o cálculo do tributo tenha por base, ou tome em consideração, o valor ou o preço de mercadorias, bens, serviços ou direitos, a autoridade lançadora, mediante processo regular, arbitrará aquele valor ou preço, sempre que sejam omissos ou não mereçam fé as declarações ou os esclarecimentos prestados, ou os documentos expedidos pelo sujeito passivo ou pelo terceiro legalmente obrigado, ressalvada, em caso de contestação, avaliação contraditória, administrativa ou judicial."

Esse arbitramento não é usado apenas para preço subfaturado ou que não mereça fé, ele deve ser adotado também quando a mercadoria for encontrada sem documentação fiscal ou o documento que acompanha essa mercadoria não tenha preço.

Regra Matriz de Incidência na Circulação de Mercadorias				
Critério Material	**Critério Temporal**	**Critério Espacial**	**Critério Pessoal**	**Critério Dimensional**
artigo 2º, I da LC 87/1996	artigo 12, I da LC 87/1996	artigo 11, I, alínea "a" da LC 87/1996	artigo 4º	artigo 13, I da LC 87/1996
Na circulação da mercadoria	Na saída do estabelecimento	O do estabelecimento onde se encontre no momento da ocorrência do fato gerador	Aquele que de forma habitual ou intuito comercial promoveu a saída	O valor da operação, incluído o ICMS, seguros, juros e demais importâncias pagas, recebidas ou debitadas, bem como descontos concedidos sob condição e o frete cobrado em separado

2.6.2. Transferência da propriedade, ou o título que a represente, de mercadoria por ele adquirida no país e que por ele não tenha transitado

O critério material continua sendo a circulação da mercadoria, mas há mudança dos critérios temporal e espacial.

Existem alguns casos específicos em que apesar do nome da operação ser venda e o fato gerador acontecer com a circulação da mercadoria, o seu elemento espacial deve ser analisado com mais cautela, pois ele não é o mesmo do estudado no tópico anterior. São os casos de transferência de propriedade de mercadoria sem ela ter transitado pelo estabelecimento vendedor. O melhor exemplo para explicarmos essa transferência de propriedade sem trânsito da mercadoria no estabelecimento ocorre na venda por conta e ordem, também chamada de operação triangulada.

2.6.2.1. Venda por conta e ordem ou operação triangular

Essa triangulação ocorre da seguinte maneira: a empresa Beta (adquirente originário), compra de Alfa (fornecedor) e manda seu fornecedor entregar diretamente à Delta (destinatário final), porque Beta, embora tenha comprado de Alfa, já vendeu tal mercadoria para Delta.

Vamos colocar em um linguajar mais simples: Beta liga para Alfa e fala: "Alfa, me vende 30 litros de leite, mas não entregue para mim, entregue diretamente para meu cliente Delta, pois eu já vendi esses 30 litros para ele e não quero gastar com dois transportes".

Notamos que ocorreram dois fatos geradores: a venda de Alfa para Beta e a venda de Beta para Delta, mas para efeito de logística haverá um único transporte da mercadoria (de Alfa para Delta). Perceba que Beta vendeu sua mercadoria, mas ela não transitou pelo seu estabelecimento, é exatamente isso que significa a transferência de propriedade de mercadoria sem transitar pelo estabelecimento.

Assim, Alfa emite uma nota para Delta de remessa por conta e ordem para acompanhar a mercadoria, sem destaque de ICMS, porque Alfa não vendeu nada para Delta. Ao mesmo tempo, Alfa emite uma nota de Remessa Simbólica para seu cliente Beta e este emite uma nota de venda para Delta, ambas as notas com destaque de ICMS, porque houve as duas vendas, conforme este esquema:

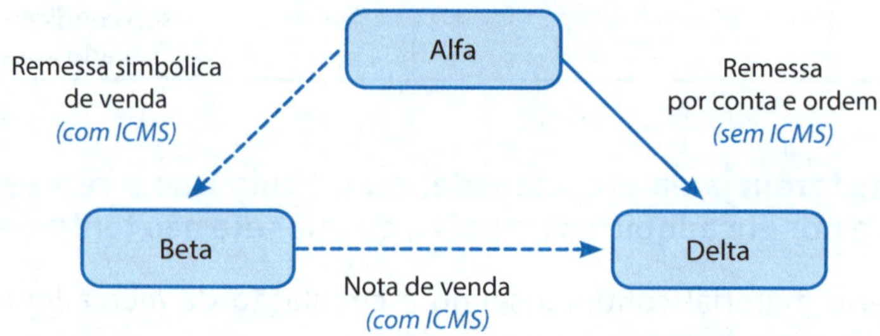

OBS: A seta tracejada representa uma nota fiscal sem circulação física de mercadoria.

Podemos observar que justamente a única nota que foi emitida para acompanhar uma circulação de mercadoria não teve incidência de ICMS, por quê? Isso ocorre porque se fôssemos seguir a logística normal, a mercadoria deveria ter saído de Alfa para Beta e desta para Delta, havendo duas circulações (aspecto material do ICMS), consequentemente, duas obrigações tributárias. Para que haja uma redução de custo de transporte e armazenamento, houve apenas uma circulação física (de Alfa para Delta) com um único transporte, assim, o fisco recebe o que é seu de direito (duas incidências de ICMS), afinal, houve duas circulações jurídicas, e as empresas economizam na logística.

Nessa situação, devemos aplicar, para definir o aspecto espacial do ICMS, a alínea "c" do inciso I do artigo 11 da Lei Kandir, ou seja, o local do estabelecimento que transfira a propriedade, ou o título que a represente, de mercadoria por ele adquirida no país e que por ele não tenha transitado. Veja que não é o local de circulação da mercadoria como na venda simples, venda para entrega futura e na venda após exposição ou feiras ou remessa para consignação, que veremos a seguir. Logo, o local da cobrança da primeira venda (Alfa para Beta) é o estabelecimento de Alfa, que vendeu a Beta. Já a segunda venda terá como local de cobrança o estabelecimento de Beta que transferiu a propriedade à Delta, mesmo sem a mercadoria transitar pelo seu estabelecimento.

> "**Art. 11.** O local da operação ou da prestação, para os efeitos da cobrança do imposto e definição do estabelecimento responsável, é:
>
> I – tratando-se de mercadoria ou bem:
>
> (...)
>
> c) o do estabelecimento que transfira a propriedade, ou o título que a represente, de mercadoria por ele adquirida no País e que por ele não tenha transitado"

Nesse caso de venda por conta e ordem ou operação triangular, o aspecto temporal obedecerá ao inciso IV do artigo 12 da Lei Kandir (Lei Complementar 87/96) e ocorrerá no momento da transmissão de propriedade de mercadoria, ou de título que a represente, quando a mercadoria não tiver transitado pelo estabelecimento transmitente. Tais transmissões são representadas pelas notas fiscais com destaque de ICMS, pois são as circulações jurídicas.

> "**Art. 12.** Considera-se ocorrido o fato gerador do imposto no momento:
>
> (...)
>
> IV – da transmissão de propriedade de mercadoria, ou de título que a represente, quando a mercadoria não tiver transitado pelo estabelecimento transmitente;"

Existem outros casos em que o legislador evita antecipar a cobrança do tributo, pois ocorre a circulação de mercadoria e só depois a transação comercial, logo, o aspecto econômico, (recebimento do preço) ocorre após a transferência da propriedade da mercadoria, surgindo a cobrança do imposto, assim evita-se onerar o contribuinte antes da venda.

2.6.2.2. Remessa de mercadoria para demonstração e remessa para consignação

Na demonstração, o remetente envia a mercadoria para o destinatário em quantidade necessária para que este conheça o produto. Tal mercadoria é remetida, nasce o fato gerador, com o lançamento do ICMS suspenso, sendo a condição suspensiva o retorno da mercadoria à origem no prazo de 60 dias.

A partir dessa remessa, podem ocorrer três situações habituais: primeiramente, a mercadoria pode retornar à origem em até 60 dias, não havendo incidência de imposto. A segunda hipótese ocorre quando a mercadoria fica no destinatário por mais de 60 dias, neste caso o remetente deverá pagar o ICMS com acréscimos cabíveis (multa e juros de mora). Por fim, o destinatário pode gostar da mercadoria, não devolver ao remetente e adquirir a propriedade. Haverá, então, uma nota de retorno simbólico da mercadoria do adquirente à origem, anulando a primeira remessa, e uma nota de transferência de propriedade do remetente para o destinatário. Neste instante, ocorreu o fator econômico, cobra-se o ICMS (art. 12, inciso IV da Lei Kandir) e o local da cobrança é o do estabelecimento que transferiu a propriedade (alínea "c" do inciso I do artigo 11 da Lei Complementar 87/96).

- **Situação 1 – Remessa e retorno**

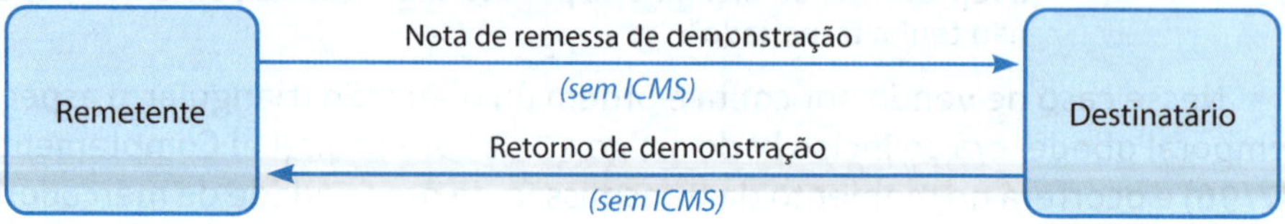

- **Situação 2 – Remessa sem retorno em 60 dias**

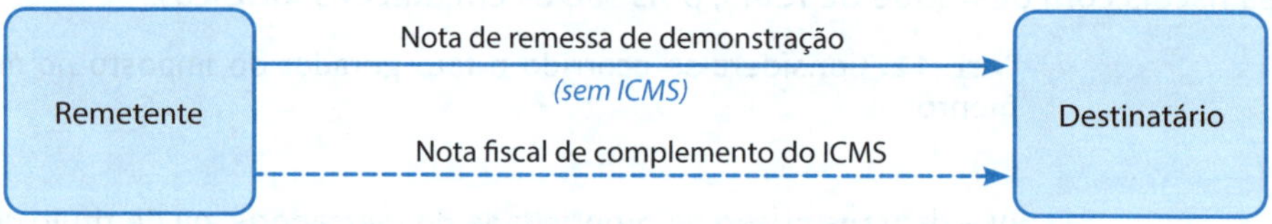

- **Situação 3 – Remessa e posterior transferência de propriedade**

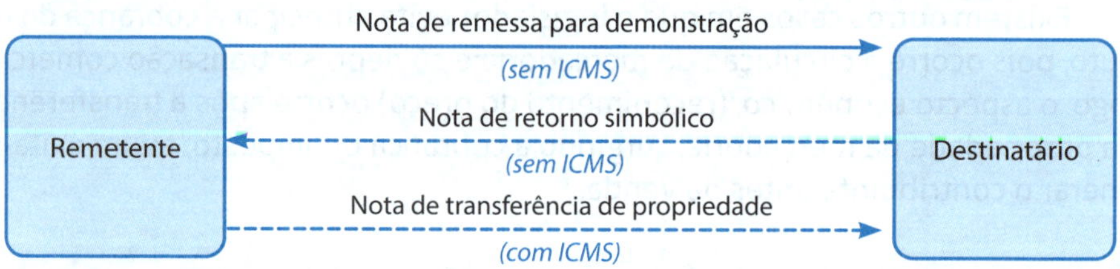

Não se deve confundir remessa para demonstração com simples faturamento para entrega futura, afinal, no segundo caso, há primeiramente a venda para depois surgir a circulação da mercadoria (fato gerador). Já na demonstração, primeiro há a circulação (fato gerador), porém como a venda pode não ocorrer ou ocorrerá posteriormente à movimentação da mercadoria, o momento da cobrança do imposto fica para quando houver a transferência da propriedade.

Existe muita confusão entre demonstração e consignação. Vamos entender isso de uma vez. Quando uma empresa remete uma mercadoria em consignação para outra, significa que o destinatário pretende revender, mas só efetuará o pagamento após a venda. Nesse caso, diferente do que ocorreu na remessa para exposição em feiras (operação isenta) e na demonstração (operação suspensa), o legislador resolveu não esperar, então o fato gerador ocorrerá no momento da saída da mercadoria. Assim, já na remessa haverá incidência do ICMS.

Caso a mercadoria não seja vendida pelo consignatário e retorne ao consignante, haverá nova incidência de imposto, no entanto, como o ICMS obedece ao princípio da não cumulatividade, o débito será compensado com seu respectivo crédito, não causando nenhum prejuízo às partes.

- **1º momento – remessa para consignação**

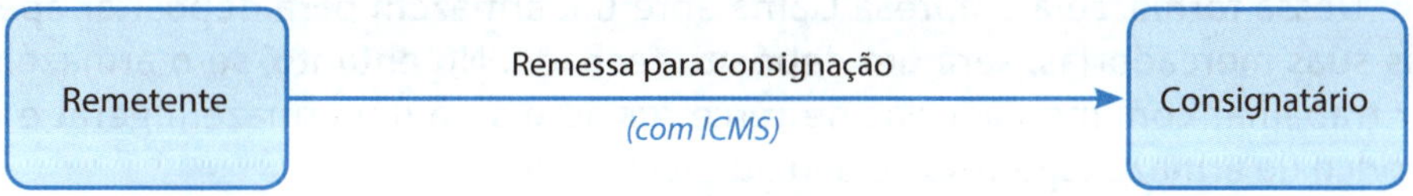

- **2º momento – retorno da mercadoria sem venda**

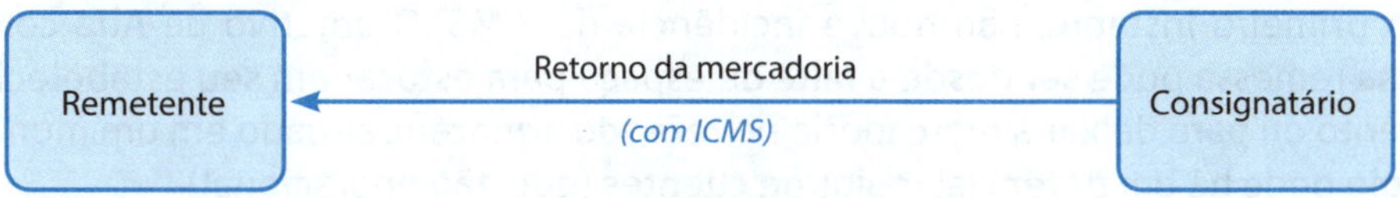

- **3º momento – após a venda da mercadoria pelo consignatário**

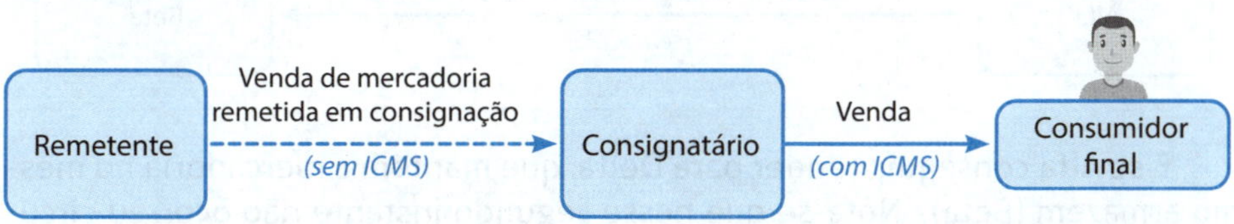

Caso o consignatário venda a mercadoria, o consignante emitirá para o consignatário uma nota de venda de simples faturamento de mercadoria em consignação, sem ICMS, afinal o tributo já foi destacado na nota de remessa. Já o consignatário emitirá uma nota de venda de mercadoria recebida em consignação para o novo adquirente, com ICMS.

Perceba que na consignação o momento do fato gerador continua sendo o da saída da mercadoria, já o local da cobrança será o do estabelecimento que promoveu a saída, obedecendo à regra do tópico anterior. Só colocamos aqui por fins didáticos, para você saber a diferença entre demonstração e consignação.

2.6.2.3. Remessa para armazém geral ou depósito fechado

Outro exemplo clássico no qual o local da cobrança do imposto é o do estabelecimento que promoveu a transferência de propriedade é a remessa para armazém geral ou depósito fechado, dentro do mesmo estado. No entanto, antes de exemplificarmos, iremos conceituar armazém geral e depósito fechado.

O armazém geral é o estabelecimento que tem como atividade a armazenagem, recepção, manutenção e guarda de mercadorias ou bens, predominantemente de terceiros (podendo guardar mercadorias próprias), mediante o pagamento pelo serviço prestado. Já o depósito fechado é o armazém pertencente ao contribuinte e destinado à recepção e movimentação da mercadoria própria (nunca de terceiros), com simples função de guarda e proteção.

Dessa forma, se a empresa Gama abre um armazém para depositar apenas suas mercadorias, será um depósito fechado. No entanto, se o armazém for trabalhar com mercadorias de terceiros, isso será um armazém geral e o serviço de armazenagem sofre a incidência do ISS.

Isso posto, vamos a um exemplo: a empresa Alfa remete a mercadoria para o armazém geral ou depósito fechado Beta, ambos situados no mesmo estado. No primeiro instante, não houve incidência de ICMS. O objetivo de Alfa com essa remessa pode ser desde a falta de espaço para estocar em seu estabelecimento ou para deixar a mercadoria no referido armazém, situado em um município onde há um potencial maior de clientes (questão operacional).

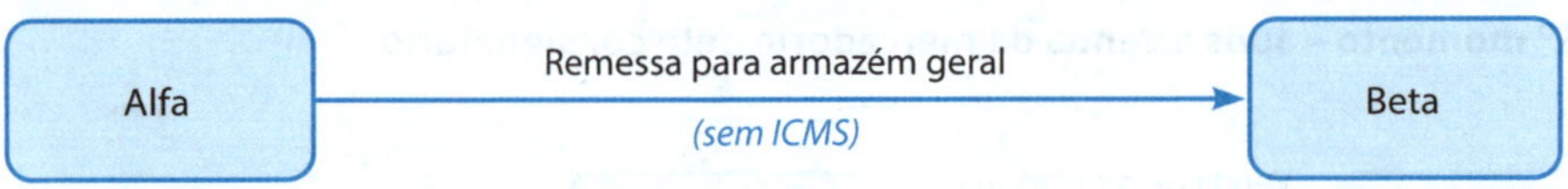

E se Alfa conseguir vender para Delta, que mantém a mercadoria no mesmo armazém (Beta)? Nota-se que nesse segundo instante não ocorreu circulação física de mercadoria, apenas jurídica, mesmo assim o inciso III do artigo 12 da Lei Kandir determina que o fato gerador ocorreu no momento da transmissão a terceiro de mercadoria depositada em armazém geral ou em depósito fechado, no estado do transmitente. Já o local de cobrança será o do estabelecimento do depositante, ou seja, de Alfa, conforme previsto no §5º do artigo 11 do mesmo diploma legal.

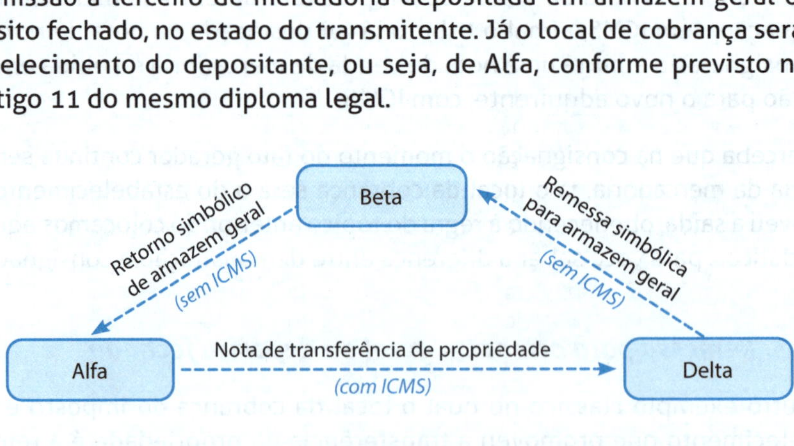

> "**Art. 11.** O local da operação ou da prestação, para os efeitos da cobrança do imposto e definição do estabelecimento responsável, é:
>
> (...)

§ 5º Quando a mercadoria for remetida para armazém geral ou para depósito fechado do próprio contribuinte, no mesmo Estado, a posterior saída considerar-se-á ocorrida no estabelecimento do depositante, salvo se para retornar ao estabelecimento remetente."

(...)

"**Art. 12.** Considera-se ocorrido o fato gerador do imposto no momento:

(...)

III – da transmissão a terceiro de mercadoria depositada em armazém geral ou em depósito fechado, no Estado do transmitente;"

E se, em vez de manter a mercadoria no armazém, Delta preferir recebê-la em seu estabelecimento? Nesse caso, Beta remeterá a mercadoria para Delta acompanhada de uma nota de remessa sem destaque de ICMS e emitirá uma nota de retorno simbólico para Alfa, também sem destaque. Alfa, depositante, que emitirá uma nota de venda a Delta com o destaque de ICMS. Quem transferiu a propriedade? Alfa, então seu estabelecimento será o local da cobrança, consequentemente Alfa será o contribuinte do imposto e o momento da transferência da propriedade será o aspecto temporal do fato gerador, ou seja, o momento em que esse ocorre.

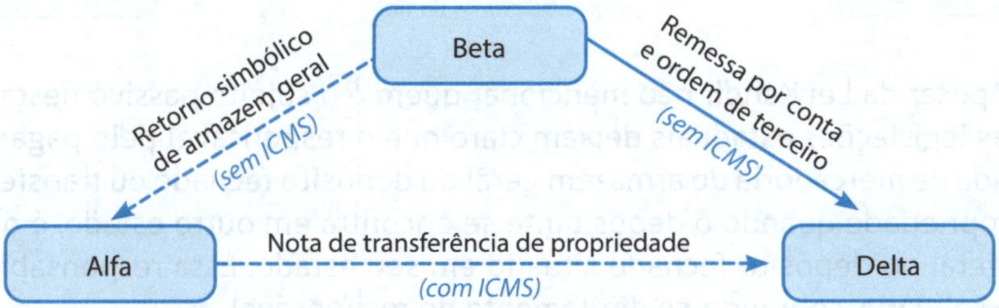

Diferente é a situação quando o armazém e o depositante se localizam em estados diferentes, pois não se aplica a regra prevista na alínea "c" do inciso I do artigo 11 (§1º do artigo 11 da Lei Complementar 87/96). Assim, como seria se a empresa Alfa, localizada na Bahia, remetesse a mercadoria para o armazém geral ou depósito fechado Beta, localizado em São Paulo?

"**Art. 11**. O local da operação ou da prestação, para os efeitos da cobrança do imposto e definição do estabelecimento responsável, é:

I – tratando-se de mercadoria ou bem:

(...)

c) o do estabelecimento que transfira a propriedade, ou o título que a represente, de mercadoria por ele adquirida no País e que por ele não tenha transitado

(...)

§ 1º O disposto na alínea c do inciso I não se aplica às mercadorias recebidas em regime de depósito de contribuinte de Estado que não o do depositário."

Nesse caso, será obedecida a regra geral, ou seja, o fato gerador ocorre no momento da saída da mercadoria e o local da cobrança é o estabelecimento que promoveu a saída. Afinal, o elemento espacial buscará dirimir conflito sobre o sujeito ativo, definindo um dos elementos pessoais, ou seja, para qual estado se paga o ICMS.

Dessa forma, na remessa de Alfa à Beta há incidência de ICMS (aspecto material), o fato gerador ocorreu na saída (aspecto temporal), o local de cobrança é o estabelecimento Alfa (aspecto espacial), sujeito ativo o estado de Origem (Bahia) e sujeito passivo Alfa (aspectos pessoais). Já se Beta vender a mercadoria depois, seja com a saída da mercadoria do armazém ou com apenas a transferência da propriedade (aspecto temporal), teremos como local da operação o armazém Beta (aspecto espacial), sujeito ativo o estado onde está localizado o armazém (São Paulo) e por fim o sujeito passivo será Beta (aspectos pessoais).

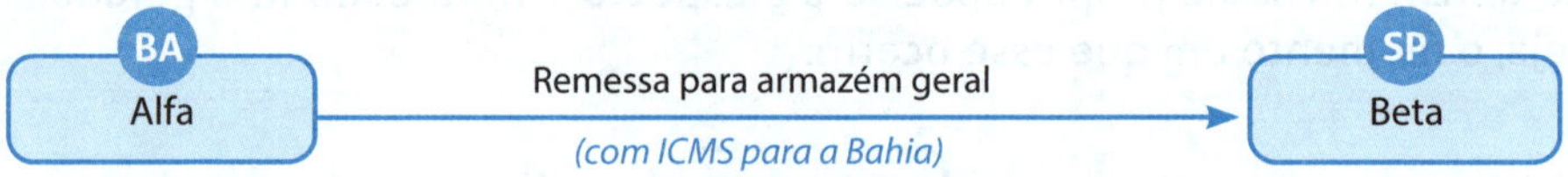

Apesar da Lei Kandir não mencionar quem é o sujeito passivo nesta situação, as legislações estaduais deixam claro que o responsável pelo pagamento, na saída de mercadoria do armazém geral ou depósito fechado ou transferência de propriedade quando o depositante se encontra em outro estado, é o armazém geral ou depósito fechado situado em seu estado. Essa responsabilidade não é solidária, cobrando-se diretamente do responsável.

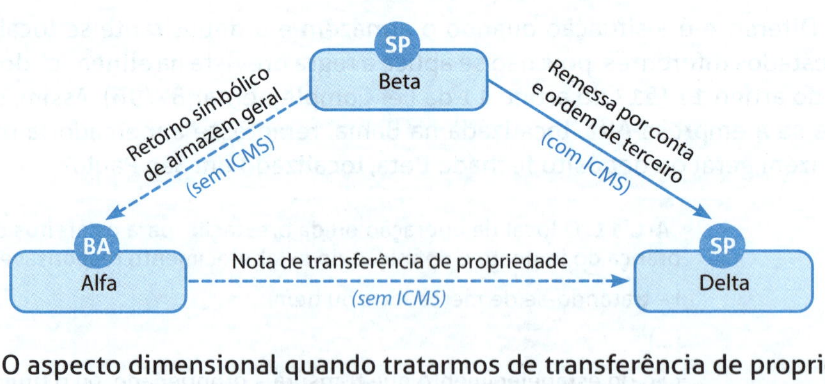

O aspecto dimensional quando tratarmos de transferência de propriedade é igual ao caso de circulação de mercadoria, inclusive quanto à inclusão ou não do IPI na base de cálculo do ICMS, desconto condicional, frete cobrado em separado etc.

Caso de transferência de propriedade	Momento do fato gerador	Local do fato gerador
Demonstração	Artigo 12, inciso IV da LC 87/1996	Artigo 11, inciso I, alínea "c" da LC 87/1996
Venda por Conta e Ordem		
AG ou DP no mesmo Estado do remetente	Artigo 12, inciso III da LC 87/1996	Artigo 11, §5º da LC 87/1996

OBS: Na remessa da mercadoria para AG ou DP, localizado em estado diferente do remetente, o fato gerador ocorre no momento da saída.

Regra Matriz de Incidência na Transferência de Propriedade				
Critério Material	**Critério Temporal**	**Critério Espacial**	**Critério Pessoal**	**Critério Dimensional**
Artigo 2º, I da LC 87/1996	Artigo 12, III ou IV, da LC 87/1996	Artigo 11, I, alínea "c" ou §5º LC 87/1996	Artigo 4º	Artigo 13, I da LC 87/1996
Na circulação da mercadoria	Na transmissão a terceiro de mercadoria depositada em armazém geral ou em depósito fechado, no Estado do transmitente ou da transmissão de propriedade de mercadoria, ou de título que a represente, quando a mercadoria não tiver transitado pelo estabelecimento transmitente	O do estabelecimento que transfira a propriedade, ou o título que a represente, de mercadoria por ele adquirida no País e que por ele não tenha transitado ou no estabelecimento do depositante, salvo se para retornar ao estabelecimento remetente.	Aquele que de forma habitual ou intuito comercial promoveu a saída	O valor da operação, incluído o ICMS, seguros, juros e demais importâncias pagas, recebidas ou debitadas, bem como descontos concedidos sob condição e o frete cobrado em separado

2.6.3. Fornecimento de alimentação, bebidas e outras mercadorias em bares, restaurantes e estabelecimentos similares

> "**Art. 2º** O imposto incide sobre:
>
> I – operações relativas à circulação de mercadorias, inclusive o fornecimento de alimentação e bebidas em bares, restaurantes e estabelecimentos similares;"

Quando você vai a um restaurante e faz sua merecida refeição, há circulação de mercadoria? Não, ela não saiu do estabelecimento. Assim, muitos donos de restaurantes alegavam que o ICMS só incidiria nos casos de "drive-thru" ou "delivery". Por conta disso, a Lei Kandir colocou como aspecto material o momento do fornecimento da alimentação, bebidas e outras mercadorias.

O aspecto material irá ocorrer com o fornecimento de alimentação e bebidas em bares, restaurantes e estabelecimentos similares. Lembre-se, pouco importa se é doação, se há pagamento ou não. Houve fornecimento de bebida ou de alimentação? Caso sim, haverá fato gerador. Repare que a lei fala simplesmente em "fornecimento", então basta fornecer alimentação para ocorrer o fato gerador.

Inclusive, em 1996, o STJ editou a seguinte Súmula 163: "O fornecimento de mercadorias com simultânea prestação de serviços em bares, restaurantes e estabelecimentos similares constitui fato gerador do ICMS a incidir sobre o valor total da operação."

E se eu comprar uma bebida no supermercado? O fato gerador será a circulação de mercadorias, então o momento do surgimento da obrigação tributária será a saída do supermercado. O fornecimento é o critério material no caso de consumo em bares, restaurantes e estabelecimentos.

O aspecto temporal será o momento do fornecimento, (inciso II do artigo 12 da Lei Complementar 87/96), com uma ressalva, nos casos de "drive-thru" ou "delivery", o momento do fato gerador será a saída da mercadoria no estabelecimento. Tudo que foi falado sob o aspecto temporal no item 2.6.1 é aplicado no caso de fornecimento de alimentação, como a diferença entre o momento do fornecimento e o momento do faturamento.

> "**Art. 12.** Considera-se ocorrido o fato gerador do imposto no momento:
>
> (...)
>
> II – do fornecimento de alimentação, bebidas e outras mercadorias por qualquer estabelecimento;"

O aspecto espacial será o do estabelecimento onde se encontre no momento da ocorrência do fato gerador (alínea "a" do inciso I do artigo 11 da Lei Kandir). Já o contribuinte será quem fornece a alimentação ou bebida. O aspecto dimensional ou quantitativo é o valor total da operação, ou seja, mercadoria mais serviços (artigo 13, inciso II da Lei Kandir).

> "**Art. 11.** O local da operação ou da prestação, para os efeitos da cobrança do imposto e definição do estabelecimento responsável, é:
>
> I – tratando-se de mercadoria ou bem:
>
> a) o do estabelecimento onde se encontre, no momento da ocorrência do fato gerador
>
> (...)
>
> **Art. 12.** Considera-se ocorrido o fato gerador do imposto no momento:
>
> (...)
>
> II – do fornecimento de alimentação, bebidas e outras mercadorias por qualquer estabelecimento;"

Assim, não adianta uma fatura chegar com a seguinte discriminação para tentar evitar o ICMS: "preço da comida e da bebida R$ 80,00 e preço do serviço R$ 20,00", pois a base de cálculo será o valor total da conta, ou seja, R$ 100,00 (80+20).

E a gorjeta que aparece na conta? Sempre se discutiu na doutrina sobre a incidência da gorjeta, que tem natureza de remuneração trabalhista, logo não deveria incidir ICMS sobre ela. Contudo, e se os restaurantes cobrarem a conta simulando uma gorjeta de 30%? Para deixar essa polêmica de lado, vinte e dois estados da federação e o Distrito Federal são signatários do Convênio ICMS 125/11, que exclui a gorjeta da base de cálculo do ICMS, desde que o valor cobrado a título de gorjeta não ultrapasse 10% do valor da conta.

Vamos imaginar que determinado restaurante forneça alimentação com o preço de R$ 100,00. Só que a fatura chega com o preço de R$ 130,00, sendo R$ 30,00 de gorjeta, nesse caso o Convênio ICMS 125/11 prevê a cobrança de ICMS sobre R$ 120,00. Isso mesmo, a exclusão da gorjeta da base de cálculo do ICMS é limitada a 10% do valor da conta (no caso R$ 10,00), incidindo o imposto estadual sobre a diferença cobrada a maior (100+20=120).

E os outros quatro estados (Mato Grosso, Pará, Roraima e Sergipe)? Bom, a exclusão da gorjeta da base de cálculo é um benefício fiscal (redução da base de cálculo), então só pode ser feita pela autorização do Confaz, conforme ainda veremos neste livro. Como eles não aderiram ao Convênio, significa que eles cobram o ICMS sobre a gorjeta, independente do percentual. No entanto, cada vez mais os estados estão aderindo a esse Convênio, que começou só com dois estados e o Distrito Federal. Assim, caso você vá fazer a prova para um desses cinco estados, verifique se ele ainda não aderiu ao Convênio 125/11.

Regra Matriz de Incidência no fornecimento de alimentação e bebidas em bares e restaurantes				
Critério Material	**Critério Temporal**	**Critério Espacial**	**Critério Pessoal**	**Critério Dimensional**
Artigo 2º, I da LC 87/1996	Artigo 12, II da LC 87/1996	Artigo 11, I, alínea "a" da LC 87/1996	Artigo 4º	Artigo 13, II da LC 87/1996
No fornecimento de alimentação ou bebidas	No momento do fornecimento	O do estabelecimento onde se encontre no momento da ocorrência do fato gerador	Aquele que de forma habitual ou intuito comercial promoveu a saída	Valor da operação, compreendendo mercadoria e serviço

2.6.4. Fornecimento de mercadorias com prestação de serviços não compreendidos na competência tributária dos municípios

> "**Art. 2º** O imposto incide sobre:
>
> IV – fornecimento de mercadorias com prestação de serviços não compreendidos na competência tributária dos Municípios;"

Nesse caso, o aspecto material será o próprio fornecimento das mercadorias com a prestação de serviços. O fato gerador ocorrerá no momento do fornecimento de mercadorias com a prestação de serviços, conforme previsto na alínea "a" do inciso VIII do artigo 12 da Lei Kandir.

> "**Art. 11.** O local da operação ou da prestação, para os efeitos da cobrança do imposto e definição do estabelecimento responsável, é:
>
> I – tratando-se de mercadoria ou bem:
>
> a) o do estabelecimento onde se encontre, no momento da ocorrência do fato gerador;
>
> (...)
>
> **Art. 12.** Considera-se ocorrido o fato gerador do imposto no momento:
>
> VIII – do fornecimento de mercadoria com prestação de serviços:
>
> a) não compreendidos na competência tributária dos Municípios;"

O local onde se encontre no momento do fato gerador, ou seja, no momento do fornecimento da mercadoria com serviço, será o aspecto espacial (artigo 11, inciso I, alínea "a"). O contribuinte será aquele que forneceu a mercadoria com serviço (aspecto pessoal).

Antes de falarmos do aspecto dimensional para os casos de fornecimento de mercadoria com prestação de serviços não compreendidos na competência tributária dos municípios, cabe um breve comentário sobre a competência tributária municipal.

Dentro do Sistema Tributário Nacional da nossa Constituição Federal, temos os artigos 155 e 156 que estabelecem quais impostos são da competência dos estados e municípios, respectivamente. O inciso III do artigo 156 estabelece que compete aos municípios instituir imposto sobre serviços de qualquer natureza (ISS), exceto transportes intermunicipal, interestadual e comunicação, que estão no campo de incidência do ICMS.

Então fica a pergunta: pode ser cobrado ISS sobre qualquer serviço que não esteja submetido ao campo de incidência do ICMS? A resposta é negativa, pois o mesmo inciso III do artigo 156 da Constituição Federal deixa claro que o serviço só estará no campo de incidência se definido em Lei Complementar Federal.

Sendo assim, a Lei Complementar 116/03 estabeleceu uma lista de serviços que estão no campo de incidência do ISS. Dessa forma, podemos afirmar que quando tratamos de circulação de mercadorias, o ICMS irá incidir sobre uma obrigação de dar (circulação de mercadorias), já o campo de incidência do ISS abrange uma obrigação de fazer (prestação de serviços).

Ocorre que existem serviços que por sua própria natureza são prestados com entrega de determinadas mercadorias. Por conta disso, o legislador buscou resolver tal questão da seguinte forma: se o serviço **não** está na lista da Lei Complementar 116/03, o ICMS irá incidir sobre o valor total da operação (obrigação de dar e fazer), da mesma forma que ocorre com o fornecimento de alimentação e bebidas em bares e restaurantes, não havendo então a incidência do ISS.

Porém, se o serviço **estiver** na lista da já citada Lei Complementar, haverá duas situações distintas. Se ela **fez uma ressalva** de que incide o ICMS sobre a mercadoria empregada, então o imposto estadual irá incidir apenas sobre a mercadoria (obrigação de dar) e o ISS incidirá sobre o serviço (obrigação de fazer).

E se **não houver essa ressalva**? Não haverá ICMS. Veremos no capítulo da não incidência que há hipóteses em que o serviço é prestado com utilização de mercadorias no qual o ISS incide sobre tudo (obrigação de fazer e mercadorias utilizadas). Por exemplo, limpeza de piscina, nesse caso o cloro utilizado na limpeza está fora do campo de incidência do ICMS, pois a mencionada LC 116/03 não excluiu o material utilizado do campo de incidência do imposto municipal. Então sobre o serviço e o cloro usado incidirá apenas o ISS.

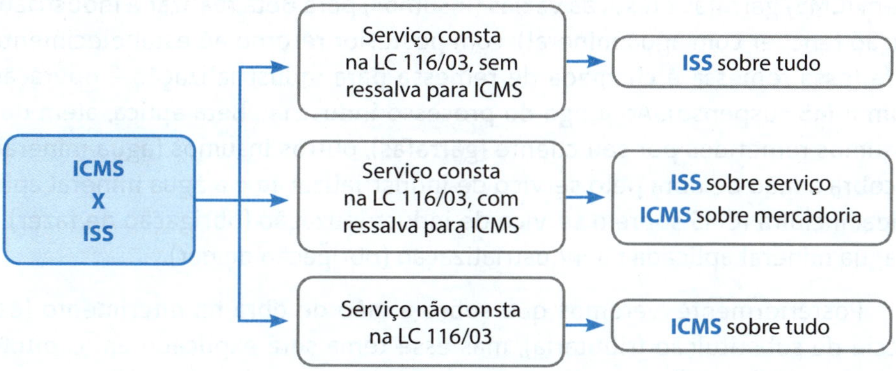

Diante do que foi exposto e tomando como base a alínea "a" do inciso IV do artigo 13 da Lei Kandir, que espelha a alínea "b", inciso IX do §2º do artigo 155 da Constituição Federal, podemos afirmar que a base de cálculo do

ICMS no caso de fornecimento de mercadorias com prestação de serviços não compreendidos na competência tributária dos municípios será o valor total da operação (mercadoria + serviços).

> "**Art. 155**, § 2º O imposto previsto no inciso II atenderá ao seguinte:
>
> (...)
>
> IX – incidirá também:
>
> b) sobre o valor total da operação, quando mercadorias forem fornecidas com serviços não compreendidos na competência tributária dos Municípios;"

Vamos a alguns exemplos em que o ICMS incide sobre tudo:

Exemplo 1: Gilberto compra um vidro para a janela da sua nova casa na loja por R$ 1.000,00 (obrigação de dar), com custo da montagem, que será realizado pelo lojista, de R$ 500,00 (obrigação de fazer). Nesse caso, o ICMS incide sobre tudo (montagem + vidro). A base de cálculo é de R$ 1.500,00 (1.000+500). E se Gilberto contratasse uma terceira empresa para instalar, nesse caso o serviço está previsto na lista do ISS, logo incidiria ICMS apenas sobre o vidro de R$ 1.000,00.

Exemplo 2: Bruna compra um aparelho de som para sua casa de festa. O preço é de R$ 3.000,00 (obrigação de dar), já a instalação custa R$ 1.000,00 (obrigação de fazer). Cobra-se ICMS sobre tudo. Base de cálculo R$ 4.000,00 (3000+1000).

Exemplo 3: Por fim, exemplificaremos algo que você verá muito na sua vida profissional, a industrialização por encomenda. A empresa Alfa remete (sem ICMS) garrafas plásticas vazias (insumos) para Beta realizar a industrialização (encher com água mineral), com posterior retorno ao estabelecimento Alfa (essa remessa é chamada de remessa para industrialização – operação com ICMS suspenso). Ao longo do processo industrial, Beta aplica, além dos insumos remetidos por seu cliente (garrafas), outros insumos (água mineral) e cobra a mão de obra pelo serviço de industrialização e a água mineral aplicada. Incidirá ICMS sobre o serviço de industrialização (obrigação de fazer) e a água mineral aplicada na industrialização (obrigação de dar).

Posteriormente, veremos que sobre a mão de obra há diferimento (espécie de substituição tributária), mas esse tema será explicado em capítulo próprio, explicaremos, agora, o processo de industrialização para terceiros com mais detalhes.

2.6.4.1. Remessa para industrialização

Nessa operação, há um encomendante e um industrializador. Quando o encomendante remete a mercadoria para o industrializador, há uma circulação de mercadoria, não é? Então há incidência de ICMS, não é? Sim, porém o legislador coloca essa operação como suspensa.

O que significa isso? Significa que a mercadoria remetida para industrialização tem certo prazo de dias para voltar ao estabelecimento do encomendante, e nesse retorno também ocorrerá a suspensão do ICMS.

E sobre o serviço de industrialização, há ICMS? Sim, serviço de industrialização está fora da lista de competência do ISS, logo, sobre o serviço de industrialização e sobre o material agregado no processo de industrialização incide o ICMS. Veremos, em capítulo futuro, que o ICMS do serviço de industrialização tem diferimento (espécie de substituição tributária).

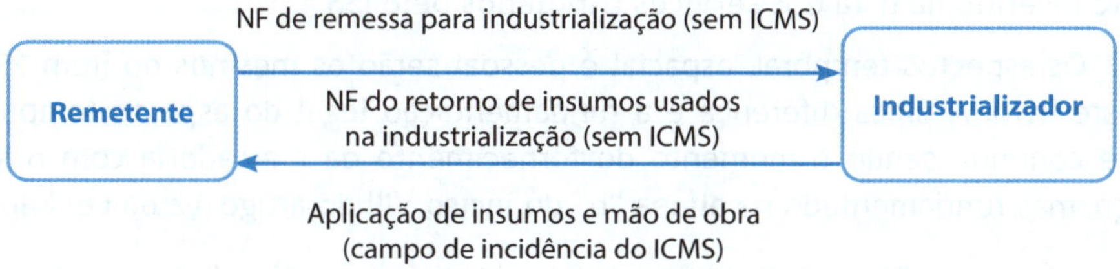

No próximo tópico explicaremos todos os itens da Lei Complementar 116/03 que interessam aos concursos estaduais.

Regra Matriz de Incidência no fornecimento de mercadorias com prestação de serviços não compreendidos na competência dos municípios				
Critério Material	**Critério Temporal**	**Critério Espacial**	**Critério Pessoal**	**Critério Dimensional**
Artigo 2º, IV da LC 87/1996	Artigo 12, VIII, alínea "a" da LC 87/1996	Artigo 11, I, alínea "a" da LC 87/ 1996	Artigo 4º	Artigo 13, VI, alínea "a" da LC 87/ 1996
No fornecimento de mercadorias com prestação de serviços não compreendidos na competência tributária dos municípios	No momento do fornecimento de mercadoria com prestação de serviços	O do estabelecimento onde se encontre no momento da ocorrência do fato gerador	Aquele que de forma habitual ou intuito comercial promoveu a saída	Valor da operação, compreendendo mercadoria e serviço.

2.6.5. Fornecimento de mercadorias com prestação de serviços sujeitos ao imposto sobre serviços, de competência dos municípios, quando a lei complementar aplicável expressamente o sujeitar à incidência do imposto estadual

> "**Art. 2º** O imposto incide sobre:
>
> V – fornecimento de mercadorias com prestação de serviços sujeitos ao imposto sobre serviços, de competência dos Municípios, quando a lei complementar aplicável expressamente o sujeitar à incidência do imposto estadual."

Agora trataremos do fornecimento de mercadorias com prestação de serviços sujeitos ao imposto sobre serviços, de competência dos municípios, quando a Lei Complementar 116/03 faz a ressalva que incide o ICMS sobre as mercadorias.

O aspecto material, assim como no caso do tópico anterior, continua sendo o fornecimento de mercadoria com serviços, a diferença é que este serviço está inserido na lista dos serviços tributados pelo ISS.

Os aspectos temporal, espacial e pessoal serão os mesmos do item 2.6.4 deste livro. A única diferença é a fundamentação legal do aspecto temporal, que continua sendo o momento do fornecimento da mercadoria com o serviço, mas fundamentado na alínea "b" do inciso VIII do artigo 12 da Lei Kandir.

> "**Art. 12.** Considera-se ocorrido o fato gerador do imposto no momento:
>
> VIII – do fornecimento de mercadoria com prestação de serviços:
>
> b) compreendidos na competência tributária dos Municípios e com indicação expressa de incidência do imposto de competência estadual, como definido na lei complementar aplicável;"
>
> "Art. 13. A base de cálculo do imposto é:
>
> IV – no fornecimento de que trata o inciso VIII do art. 12;
>
> b) o preço corrente da mercadoria fornecida ou empregada, na hipótese da alínea b;"

Já o aspecto dimensional do ICMS será apenas o preço da mercadoria fornecida ou material empregado, ou seja, apenas a obrigação de dar, conforme previsto na alínea "b" do inciso IV do artigo 13 da Lei Kandir.

Por exemplo, se o café da manhã é cobrado à parte das diárias de hotel, incide ISS sobre a diária e ICMS sobre a alimentação. Outro exemplo que pode ser dado é quando levamos nosso carro para consertar na concessionária, em que sobre o preço do conserto incide o imposto municipal e sobre as peças aplicadas, cobra-se o imposto estadual.

Situação Lei Kandir	Valor do serviço	Valor da mercadoria	Base de Cálculo do ICMS	Exemplo
Art. 2º, IV	R$ 1.000,00	R$ 200,00	R$ 1.200,00	Industrialização
Art. 2º, V	R$ 1.000,00	R$ 200,00	R$ 200,00	Conserto de veículo
Art. 3º, V	R$ 1.000,00	R$ 200,00	Sem incidência	Limpeza de imóveis

E como eu sei se cobro ICMS sobre tudo (mercadoria + serviço), ICMS apenas sobre a mercadoria ou ISS sobre tudo? Olhando a lista da LC 116/03, mas fique tranquilo, porque a partir de agora comentaremos os itens importantes da lista.

O primeiro item da lista de serviço que faz ressalva quanto ao ICMS é o item "1.09 – Disponibilização, sem cessão definitiva, de conteúdos de áudio, vídeo, imagem e texto por meio da internet, respeitada a imunidade de livros, jornais e periódicos (exceto a distribuição de conteúdos pelas prestadoras de Serviço de Acesso Condicionado, de que trata a Lei nº 12.485, de 12 de setembro de 2011, sujeita ao ICMS)". Esse item envolve serviço de comunicação e trataremos dele quando estudarmos no próximo capítulo a regra matriz de incidência nos serviços de comunicação.

Existem dois itens que envolvem execução de obras ou reformas e reparo de construção civil. São os itens: "7.02 – Execução, por administração, empreitada ou subempreitada, de obras de construção civil, hidráulica ou elétrica e de outras obras semelhantes, inclusive sondagem, perfuração de poços, escavação, drenagem e irrigação, terraplanagem, pavimentação, concretagem e a instalação e montagem de produtos, peças e equipamentos (exceto o fornecimento de mercadorias produzidas pelo prestador de serviços fora do local da prestação dos serviços, que fica sujeito ao ICMS)" e "7.05 – Reparação, conservação e reforma de edifícios, estradas, pontes, portos e congêneres (exceto o fornecimento de mercadorias produzidas pelo prestador dos serviços, fora do local da prestação dos serviços, que fica sujeito ao ICMS)".

Assim, caso Euclides, grande empreiteiro, execute obra de engenharia civil e elabore peças de concreto pré-moldadas, fora do canteiro de obras, sobre as peças de concreto incidirá o imposto estadual. Perceba que sobre o serviço de engenharia civil, seja execução, reparo ou reforma, sempre incidirá o ISS. A Lei Complementar 116/03 só faz ressalva para as mercadorias produzidas pelo prestador fora do canteiro de obras.

E se ele comprar a peça pré-moldada ou o concreto usado na construção de um terceiro? Isso é compra e venda, logo é circulação de mercadoria, incidindo o ICMS. E quando vai incidir o ISS sobre tudo? Quando o Euclides fizer dentro do seu canteiro de obra as peças pré-moldadas ou elaborar no local da obra seu concreto. Nesse caso, o material usado na prestação de serviço também estará sujeito à tributação do ISS.

Há outros três itens que podem ser comentados juntos: 7.06 – Colocação e instalação de tapetes, carpetes, assoalhos, cortinas, revestimentos de parede, vidros, divisórias, placas de gesso e congêneres, com material fornecido pelo tomador; 14.06 – Instalação e montagem de aparelhos, máquinas e equipamentos, inclusive montagem industrial, prestados ao usuário final, exclusivamente com material por ele fornecido e 14.09 – Alfaiataria e costura, quando o material for fornecido pelo usuário final, exceto aviamento.

A análise desses três itens é um pouco diferente da realizada nas obras de construção civil. No caso da construção civil, sempre incidirá o imposto municipal sobre o serviço prestado, restando apenas sabermos, dependendo da procedência da peça, se haverá ICMS sobre o material ou não. Nesses três itens será diferente, veja pela leitura dos dispositivos que os serviços serão sujeitos ao ISS se o material for fornecido pelo tomador de serviço ou pelo usuário final.

E se não for fornecido por eles? Incidirá o ICMS sobre tudo (obrigação de dar e fazer). Como exemplo, retornamos ao caso do Gilberto que comprou um vidro para a janela da sua nova casa na loja por R$ 1.000,00 (obrigação de dar) com custo da montagem, que será realizada pelo lojista, de R$ 500,00 (obrigação de fazer). Nesse caso, o ICMS incide sobre tudo (montagem + vidro). A base de cálculo é de R$ 1.500,00 (1.000+500). E se Gilberto contratasse uma terceira empresa para instalar, nesse caso o serviço está previsto na lista do ISS, logo incidiria ICMS apenas sobre o vidro R$ 1.000,00.

Isso vale para o exemplo da Bruna, que comprou um aparelho de som para sua casa de festa por R$ 3.000,00 (obrigação de dar), mais a instalação de R$ 1.000,00 (obrigação de fazer). Cobra-se o ICMS sobre tudo. Base de cálculo de R$ 4.000,00 (3.000+1.000). Se ela contratasse uma prestadora para a instalação, o ISS incidiria sobre o serviço. Caso Cristina compre um vestido para uma festa de casamento e a costura seja feita pela loja, incidirá o ICMS sobre tudo. Agora se ela contratou um terceiro para realizar a costura, sobre o serviço cobra-se o ISS.

Esses exemplos lembram o que foi falado no item 2.6.1 sobre a base de cálculo. Qualquer coisa que seja recebida pelo lojista terá a incidência do ICMS, como na instalação de televisão, ar condicionado, tapetes etc.

Há outro item que devemos destacar: 9.01 – Hospedagem de qualquer natureza em hotéis, apart-service condominiais, flat, apart-hotéis, hotéis residência, residence-service, suite service, hotelaria marítima, motéis, pensões e congêneres; ocupação por temporada com fornecimento de serviço (o valor da alimentação e gorjeta, quando incluído no preço da diária, fica sujeito ao Imposto Sobre Serviços).

Nesse caso, o imposto municipal sempre incidirá sobre os serviços de hospedagem e hotelaria, mas a alimentação só será tributada pelo ISS se inclusa no preço da hospedagem. E se cobrada à parte? Sobre a alimentação incidirá o ICMS.

Não podemos deixar de comentar o item 13.05 – Composição gráfica, inclusive confecção de impressos gráficos, fotocomposição, clicheria, zincografia, litografia e fotolitografia, exceto se destinados a posterior operação de comercialização ou industrialização, ainda que incorporados, de qualquer forma, a outra mercadoria que deva ser objeto de posterior circulação, tais como bulas, rótulos, etiquetas, caixas, cartuchos, embalagens e manuais técnicos e de instrução, quando ficarão sujeitos ao ICMS.

Caso você leve um material para a gráfica e ela imprima ou faça fotocomposição ou qualquer outro serviço relacionado a esse item, sobre esse serviço incidirá o ISS. Agora se a gráfica fizer esse serviço para posteriormente revender o impresso, isoladamente ou dentro de outros produtos, sobre essa venda incidirá o ICMS.

Comentaremos agora dois itens muito parecidos, que são os itens 14.01 – Lubrificação, limpeza, lustração, revisão, carga e recarga, conserto, restauração, blindagem, manutenção e conservação de máquinas, veículos, aparelhos, equipamentos, motores, elevadores ou de qualquer objeto (exceto peças e partes empregadas, que ficam sujeitas ao ICMS) e 14.03 – Recondicionamento de motores (exceto peças e partes empregadas, que ficam sujeitas ao ICMS).

Você verá, na sua vida como fiscal, muitas remessas de máquinas para conserto ou reparo. Essa remessa de bem não é sujeita ao ICMS e os serviços de limpeza, lubrificação ou outros também não. Contudo, incidirá o ICMS sobre as peças novas empregadas.

Vejamos agora o caso do conserto de veículos. Você foi à oficina e apertou uma porca, sobre o serviço incidirá o ISS. Agora se a porca foi trocada, o ISS continua incidindo sobre o serviço, mas sobre a nova peça, cobra-se o ICMS.

Como somente após sua aprovação você fará uma festa para comemorar sua aprovação, deixamos para o fim o item 17.11 – Organização de festas e bufê – exceto fornecimento de alimentação e bebidas, que fica sujeito ao ICMS.

A empresa que você contratou para organizar sua festa pagará o ISS sobre o serviço prestado. No entanto, sobre os deliciosos doces que nós (Alexandre e Daniel) comeremos, porque seremos convidados, sofrerá a incidência do ICMS.

No capítulo da não incidência voltaremos a esse importante tema, com mais exemplos e uma tabela facilitando a memorização dos itens importantes da LC 116/03.

Regra Matriz de Incidência no fornecimento de mercadorias com prestação de serviços sujeitos ao ISS, quando a lei complementar aplicável expressamente o sujeitar à incidência do imposto estadual				
Critério Material	**Critério Temporal**	**Critério Espacial**	**Critério Pessoal**	**Critério Dimensional**
Artigo 2º, V da LC 87/1996	Artigo 12, VIII, alínea "b" da LC 87/1996	Artigo 11, I, alínea "a" da LC 87/1996	Artigo 4º	Artigo 13, IV, alínea "b" da LC 87/1996
No fornecimento de mercadorias com prestação de serviços sujeitos ao imposto sobre serviços, de competência dos municípios, quando a lei complementar aplicável expressamente o sujeitar à incidência do imposto estadual	No momento do fornecimento de mercadoria com prestação de serviços	O do estabelecimento onde se encontre no momento da ocorrência do fato gerador	Aquele que de forma habitual ou intuito comercial promoveu a saída	O preço corrente da mercadoria fornecida ou empregada

2.6.6. Mercadoria encontrada em situação irregular

Antigamente, praticamente todos os estados mantinham postos fiscais nas suas divisas. Hoje em dia, muitos estados não adotam mais esse tipo de trabalho e uma boa parte dos que ainda adotam colocam postos fiscais em apenas algumas divisas consideradas estratégicas.

A fiscalização volante, aquela em que o fiscal sai com viatura estadual para fazer flagrante de transportes de mercadorias sem documento fiscal ou documento inidôneo, também vem reduzindo. Apesar de tudo, sempre haverá, em pequena ou grande quantidade, casos em que serão encontradas mercadorias de forma irregular (sem documento fiscal ou documentação inidônea), seja no trânsito de mercadorias (rodovias e vias) ou seja em estoque ou armazenamento.

A Lei Kandir irá tratar do tema já no aspecto espacial, por meio da alínea "b" do inciso I do artigo 11, que define como o local da cobrança aquele onde foi encontrada a mercadoria em situação irregular, tanto por falta de documentação como acompanhada de documentação inidônea.

> "**Art. 11**. O local da operação ou da prestação, para os efeitos da cobrança do imposto e definição do estabelecimento responsável, é:

> I – tratando-se de mercadoria ou bem:
>
> (...)
>
> b) onde se encontre, quando em situação irregular pela falta de documentação fiscal ou quando acompanhado de documentação inidônea, como dispuser a legislação tributária"

Notamos que, pela própria definição do aspecto espacial, surgirá o sujeito ativo da obrigação tributária, ou seja, o estado onde foi encontrada a mercadoria em situação irregular, pouco importando o local da saída da mercadoria. Assim, se logo na entrada do Rio Grande do Norte, após a divisa com a Paraíba, um fiscal potiguar encontrar um caminhão com mercadoria sem nota fiscal, pouco importa de onde o veículo veio. O sujeito ativo é o estado no qual a mercadoria for flagrada em situação irregular, nessa ocasião, o Rio Grande do Norte.

As legislações estaduais colocam como sujeito passivo da obrigação a pessoa, física ou jurídica, com quem foi encontrada a mercadoria. Assim, no caso de trânsito de mercadoria, será o transportador. Caso possa ser identificado o remetente, ele será o responsável solidariamente ao transportador, ou seja, os dois responderão juntos pelo pagamento do ICMS. Se a mercadoria foi encontrada em situação irregular no momento da remessa, será o remetente (seja comercial, industrial, armazém geral). Já no caso de a mercadoria ser encontrada em situação irregular na armazenagem ou no recebimento, será sujeito passivo aquele que armazenou ou recebeu (seja comercial, industrial, armazém geral).

Perceba, estamos falando de mercadoria encontrada sem documento fiscal e não de serviço de transporte. Se o transportador emite o conhecimento de transporte, mas leva mercadoria sem nota fiscal, então o serviço de transporte está acompanhado do documento fiscal, sendo o transportador o contribuinte do ICMS. Já em relação à mercadoria que está sem documentação fiscal, o transportador deverá ser o responsável pelo ICMS (sobre esse tipo de documento, você ainda verá no capítulo específico sobre documentos fiscais).

Note que há dois fatos geradores, serviço de transporte e circulação de mercadorias. Se sobre o serviço de transporte o imposto está correto, não podemos falar isso do imposto sobre a mercadoria desacompanhada de nota fiscal.

A base de cálculo será arbitrada pelo fisco, por critérios definidos na legislação. O momento do fato gerador é aquele em que a mercadoria foi encontrada e o próprio flagrante caracteriza o aspecto material.

Esse arbitramento obedecerá ao disposto no artigo 18 da Lei Kandir, já comentado no item 2.6.1.7, que estamos reproduzindo a seguir:

> "**Art. 18.** Quando o cálculo do tributo tenha por base, ou tome em consideração, o valor ou o preço de mercadorias, bens, serviços ou direitos, a autoridade lançadora, mediante processo regular, arbitrará

aquele valor ou preço, sempre que sejam omissos ou não mereçam fé as declarações ou os esclarecimentos prestados, ou os documentos expedidos pelo sujeito passivo ou pelo terceiro legalmente obrigado, ressalvada, em caso de contestação, avaliação contraditória, administrativa ou judicial."

2.6.7. A entrada de mercadoria importada do exterior, por pessoa física ou jurídica, ainda que se trate de bem destinado a uso ou consumo ou ativo permanente do estabelecimento

"**Art. 2°** O imposto incide sobre:

(...)

§ 1º O imposto incide também:

I – sobre a entrada de mercadoria ou bem importados do exterior, por pessoa física ou jurídica, ainda que não seja contribuinte habitual do imposto, qualquer que seja a sua finalidade"

Quando tratamos de circulação de mercadorias, devemos ter em mente que o fato gerador ocorre no momento da saída. De fato, essa é a regra estabelecida pelo legislador infraconstitucional (Lei Kandir). Já o legislador constituinte em momento algum colocou a saída como critério de escolha do fato gerador do ICMS, aliás, na única vez em que há, na Constituição Federal, a opção de como ocorre a incidência do ICMS é na importação (alínea "a", inciso IX do §2º do Art. 155 da Constituição Federal). E a opção do aspecto material do ICMS é a entrada da mercadoria importada ou do bem importado, mesmo quando destinado a uso e consumo ou ativo permanente (imobilizado) do estabelecimento.

"**Art. 155**, § 2º O imposto previsto no inciso II atenderá ao seguinte:

(...)

IX – incidirá também:

a) sobre a entrada de bem ou mercadoria importados do exterior por pessoa física ou jurídica, ainda que não seja contribuinte habitual do imposto, qualquer que seja a sua finalidade, assim como sobre o serviço prestado no exterior, cabendo o imposto ao Estado onde estiver situado o domicílio ou o estabelecimento do destinatário da mercadoria, bem ou serviço;"

Lembre-se do que falamos no item 2.1 sobre a Emenda Constitucional nº 33/01 que alterou a alínea "a" do inciso IX do §2º do artigo 155 da CF/88, incluindo o termo bem e domicílio no texto. Um bom comentário sobre essa alteração é de Ricardo Alexandre, que disse que tal emenda buscou corrigir a jurisprudência equivocada dos tribunais, ao incluir as expressões "bem ou mercadoria" e "estabelecimento ou domicílio" nesse dispositivo da Lei Maior[9].

Antes da EC 33/01, a maioria da doutrina e da jurisprudência dos tribunais superiores dizia que não incidia o ICMS na importação por pessoa física, nem sobre bens. Após a alteração do texto constitucional, tanto a maioria da doutrina como a jurisprudência dos tribunais superiores mudaram de opinião e reconhecem a incidência do imposto estadual na importação por pessoa física e sobre bens. É por isso que o nomeado autor fala que a EC 33/01 buscou corrigir a jurisprudência equivocada dos tribunais.

Dessa forma, não há dúvida que na importação o ICMS irá incidir não só sobre mercadorias, mas também sobre bens. Para ocorrer a incidência, basta a simples entrada em um estabelecimento ou no domicílio do adquirente, mesmo sem compra ou transferência de propriedade. Apesar do texto constitucional, em setembro de 2014, o Supremo Tribunal Federal decidiu que no arrendamento mercantil internacional não há incidência de ICMS por não ter transferência da propriedade, salvo se houver a antecipação da opção de compra.

O elemento temporal foi definido, pelo legislador, como o instante em que ocorre o desembaraço aduaneiro da mercadoria ou do bem importado do exterior, conforme expresso no inciso IX do artigo 12 da Lei Kandir. No caso da importação de mercadoria ou bem, diferente da regra geral, o momento do fato gerador não é anterior ao do pagamento, pois a mercadoria só é desembaraçada após o pagamento do imposto estadual. (§2º do artigo 12 da Lei Kandir)

> "**Art. 12.** Considera-se ocorrido o fato gerador do imposto no momento:
>
> (...)
>
> IX – do desembaraço aduaneiro de mercadorias ou bens importados do exterior;
>
> (..)
>
> § 2º Na hipótese do inciso IX, após o desembaraço aduaneiro, a entrega, pelo depositário, de mercadoria ou bem importados do exterior deverá ser autorizada pelo órgão responsável pelo seu desembaraço, que somente se fará mediante a exibição do comprovante de pagamento do imposto incidente no ato do despacho aduaneiro, salvo disposição em contrário.
>
> § 3º Na hipótese de entrega de mercadoria ou bem importados do exterior antes do desembaraço aduaneiro, considera-se ocorrido o fato gerador neste momento, devendo a autoridade responsável,

9. ALEXANDRE, Ricardo. *Direito Tributário esquematizado.* 4ª ed., São Paulo: Editora Método, 2010. p.603.

salvo disposição em contrário, exigir a comprovação do pagamento do imposto."

O STF, por meio da Súmula Vinculante nº 48, referendou as legislações estaduais: "Na entrada de mercadoria importada do exterior, é legítima a cobrança do ICMS por ocasião do desembaraço aduaneiro."

Podemos notar que, no caso de importação, o elemento temporal, em regra, ocorre antes do material, afinal as mercadorias ou bens são desembaraçados e posteriormente entram no estabelecimento ou domicílio do importador. Há pouquíssimos casos em que a entrega ao importador ocorre antes do desembaraço aduaneiro, por exemplo, a importação de um cavalo puro sangue, e o legislador não deixou passar em branco (§3º do artigo 12 da Lei Kandir), pois nessa situação o elemento temporal do ICMS é a entrega da mercadoria.

Nesse caso, o elemento espacial é o domicílio do adquirente (no caso de pessoa física) ou o estabelecimento de destino da mercadoria (no caso de pessoa jurídica), segundo as alíneas "d" e "e" do inciso I do artigo 11 da Lei Complementar 87/96.

> "**Art. 11.** O local da operação ou da prestação, para os efeitos da cobrança do imposto e definição do estabelecimento responsável, é:
>
> I – tratando-se de mercadoria ou bem:
>
> (...)
>
> d) importado do exterior, o do estabelecimento onde ocorrer a entrada física;
>
> e) importado do exterior, o do domicílio do adquirente, quando não estabelecido".

Apesar da clareza do dispositivo legal mencionado, não é pacífica na jurisprudência a definição dos sujeitos passivo e ativo dessa obrigação tributária. Há o emblemático julgamento pela nossa Suprema Corte do Recurso Extraordinário nº 299.079-5/RJ. Nesse caso concreto, a empresa cadastrada nos sistemas aduaneiros (Siscomex) estava situada em Pernambuco. No entanto, o desembaraço ocorreu no estado do destino da mercadoria, na ocasião, o Rio de Janeiro. Apesar do bem importado ter circulado apenas em terras fluminenses, o Supremo Tribunal Federal entendeu que o ICMS cabia ao estado nordestino.[10]

Ao publicar seu acórdão, a primeira turma acompanhou a orientação doutrinária de Roque Antonio Carrazza, que entende que o destinatário, descrito

---

10. BRASIL. Supremo Tribunal Federal. Recurso Extraordinário nº 299.079-5/RJ, DJU de 16/6/06. p. 461 a 471.

no inciso IX do artigo 155 da nossa lei maior, é o destinatário jurídico da importação[11].

Atualmente tal discussão está longe de acabar, mesmo porque essa mesma primeira turma mudou seu entendimento ao julgar o RE 268.586-1/SP, afirmando que a empresa cadastrada no Siscomex era apenas mera consignatária do bem efetivamente importado pelo estabelecimento de destino, ou seja, o imposto cabe ao estado em que está situado tal estabelecimento.[12]

O curioso é que a posição dominante do Superior Tribunal de Justiça é diversa da primeira decisão do Supremo Tribunal Federal, afinal, ao publicar o informativo 449, aquele tribunal superior decidiu que:

> "Nos casos de importação indireta, o ICMS deverá ser recolhido no Estado onde se localiza o destinatário final da mercadoria, a despeito de ter sido esta desembaraçada por estabelecimento intermediário sediado em outra Unidade da Federação"[13]

Ao publicar o informativo, aquela corte citou diversos julgados que demonstram sua jurisprudência, entre eles o Recurso Especial 1.190.705/MG, que cita o artigo 11, inciso I, alínea "d" da Lei Complementar 87/96.

O STJ ainda demonstrou o fundamento de tal norma:

> "O fundamento do legislador foi evitar uma grande desigualdade social na destinação dos recursos, posto existir mercadorias em que poucos Estados-Membros produzem e todos consomem, como v.g., energia elétrica e os produtos derivados do petróleo (CF, arts. 155, § 2º, X, "a" e "b"; XII, "h", § 4º, I). A mesma *ratio* é utilizada no ICMS incidente sobre a importação, uma vez que nem todos os Estados da Federação possuem condições de receber a demanda de mercadorias vindas do exterior, que exigem a estrutura de grandes Portos."[14]

Tal polêmica ficou conhecida como a "Guerra dos Portos", que desde 2013 perdeu força com a publicação da Resolução do Senado Federal nº 13/12. Muitos estados que concediam benefícios fiscais para mercadorias importadas tiveram suas importações reduzidas após a aplicação da alíquota interestadual de 4% na venda de produtos importados. Mesmo porque, pelo princípio da não cumulatividade, o ICMS pago na importação será creditado integralmente, e ao simular uma importação por terceiro com posterior venda interestadual, o real destinatário terá um crédito de apenas 4% sobre essa

---

11. CARAZZA, Roque Antonio. op. cit., p. 60/61.
12. BRASIL. Supremo Tribunal Federal. Recurso Extraordinário nº 268.586 1/SP, DJU de 18/11/05. p. 372 a 413
13. BRASIL. Superior Tribunal de Justiça. Informativo nº 449. Sítio eletrônico internet – STJ.jus.br.
14. BRASIL. Superior Tribunal de Justiça. Recurso Especial nº 1.190.705/MG, DJe de 14/10/10

venda interestadual. Veremos esse ponto com mais detalhes no capítulo sobre crédito do ICMS, pois provavelmente será muito cobrado em prova.

Apesar de toda a polêmica para efeito de concurso público na área fiscal, podemos sempre definir o elemento pessoal da seguinte forma: tem-se como sujeito ativo o estado do domicílio do adquirente ou do estabelecimento em que houve a entrada da mercadoria ou bem. Já o sujeito passivo será a pessoa física ou jurídica que der entrada no seu domicílio ou estabelecimento das mercadorias ou bens impostados do exterior, qualquer que seja a sua finalidade, mesmo sem habitualidade ou intuito comercial (inciso I do § 1º do artigo 4º da Lei Kandir).

> "**Art. 4º** Contribuinte é qualquer pessoa, física ou jurídica, que realize, com habitualidade ou em volume que caracterize intuito comercial, operações de circulação de mercadoria ou prestações de serviços de transporte interestadual e intermunicipal e de comunicação, ainda que as operações e as prestações se iniciem no exterior.
>
> § 1º. É também contribuinte a pessoa física ou jurídica que, mesmo sem habitualidade ou intuito comercial
>
> I – importe mercadorias ou bens do exterior, qualquer que seja a sua finalidade;"

Podemos exemplificar o termo "sem habitualidade" da seguinte forma: se Diogo comprou da China, uma única vez, mercadoria para presentear seu sobrinho, ele terá que pagar o ICMS sobre o bem adquirido. Perceba, foi uma única vez, mesmo assim houve incidência do imposto estadual. Essa compra foi para presentear, não houve intuito comercial, porém, incide o ICMS e Diogo é o contribuinte.

Assim, retornando ao Recurso Extraordinário n° 299.079-5/RJ, apesar da decisão do STF ao contrário, para efeito de concurso público o sujeito ativo nesse caso seria o estado do Rio de Janeiro e o sujeito passivo a empresa fluminense que deu entrada no seu estabelecimento da mercadoria importada.

E quando uma empresa cadastrada no Piauí desembaraça uma mercadoria em Santa Catarina, porém essa mercadoria vai direto a um estabelecimento situado no Rio Grande do Sul? Para fins de concurso público não temos dúvida alguma, o local da cobrança (aspecto espacial) é o estabelecimento que deu a entrada da mercadoria, ou seja, a empresa gaúcha.

O sujeito ativo é o estado do Rio Grande do Sul e o sujeito passivo o estabelecimento gaúcho que deu entrada na mercadoria. Definido o local da cobrança, concluímos o sujeito ativo e o passivo. Como o aspecto espacial ocorreu na entrada do estabelecimento, ou seja, em terras gaúchas, o Rio Grande do Sul será o sujeito ativo e não o Piauí ou Santa Catarina.

Piauí	Santa Catarina	Rio Grande do Sul
Empresa cadastrada no Siscomex	Porto → Desembaraço *ICMS devido ao Rio Grande do Sul*	→ Destinatário Entrada física da mercadoria

Veja como isso é cobrado em prova:

(AFRE-RJ/FGV/2009) O desembaraço aduaneiro de certa mercadoria deu-se no estado de São Paulo, o estabelecimento importador situa-se no estado do Rio de Janeiro e os produtos foram entregues diretamente a uma terceira empresa localizada no estado de Minas Gerais. O ICMS devido pela importação, segundo a Lei Complementar nº. 87/1996, cabe:

a) a nenhum dos três estados, pois não incide o ICMS na espécie, por tratar-se de mercadoria destinada ao ativo permanente do importador.

b) ao Estado de São Paulo, pois foi onde ocorreu o desembaraço da mercadoria importada

c) ao Estado do Rio de Janeiro, pois é onde se encontra o estabelecimento importador.

d) metade do valor ao Estado do Rio de Janeiro e a outra metade ao Estado de Minas Gerais.

e) ao Estado de Minas Gerais, pois foi onde ocorreu a entrada física da mercadoria.

Comentário: *Na importação, o imposto cabe ao estado onde ocorreu a entrada física, ou seja, Minas Gerais, conforme alínea "d", inciso I do artigo 11 da Lei Kandir. Resposta: E*

(JATTE-PE/FCC-2015) Segundo o Decreto nº 14.876/1991 que consolida as normas relativas ao ICMS no Estado do Pernambuco, em caso de importação promovida por contribuinte do ICMS, o elemento fundamental para a definição do local da operação, para os efeitos da cobrança do imposto será o local

a) do desembaraço aduaneiro da mercadoria.

b) do desembarque da mercadoria em território nacional.

c) do domicílio da empresa importadora.

d) da repartição aduaneira onde se iniciar o processo de importação.

e) do estabelecimento onde ocorrer a entrada física.

Comentário: *A questão fala em local da cobrança, ou seja, quer saber sobre o elemento espacial do fato gerador. Encontramos a definição do elemento espacial no artigo 11 da Lei Kandir. No caso de importação, a lei Kandir define, na alínea "d" do inciso I do artigo 11, como local da cobrança o estabelecimento onde ocorrer a entrada física. Resposta: E.*

Inclusive, a última posição do STF confirma essa posição, afinal, em maio de 2020, a Suprema Corte, por meio do RE 665.134/MG, decidiu para quem cabe o ICMS na importação que envolve uma *trading*.

Pela decisão, quando o importador, cadastrado no Siscomex (*trading*), está situado no estado "X" e o adquirente, por conta e ordem, está localizado no estado "Y", o ICMS caberá ao estado de destino da mercadoria, ou seja, ao estado "Y", pouco importando o local do desembaraço (importação por conta e ordem).

O relator ressaltou que a importação por conta e ordem estará caracterizada quando uma *trading* importa uma mercadoria e o custo da importação é todo pago por um estabelecimento localizado em outro estado (adquirente). Nesse caso, o ICMS deverá ser recolhido ao estado do adquirente. Além disso, para caracterizar a importação por conta e ordem, é necessário que a *trading* receba um pedido de compra do importador por conta e ordem antes de efetivada a aquisição da mercadoria no exterior.

Exemplo: A empresa "Peço Tudo Ltda.", situada em Minas Gerais, fala para uma *trading*, localizada no Espírito Santo: "Trading, adquira trigo dos Estados Unidos para eu usar como matéria-prima do meu produto". Geralmente, nesses casos, quem assume o custo da importação é o adquirente (empresa "Peço Tudo Ltda."), ou seja, a compra é por sua conta. Como a compra no exterior só ocorreu após uma ordem do adquirente, fala-se em compra por conta e ordem. Nesse caso, o ICMS é devido ao estado de Minas Gerais. Enfim, a *trading* na verdade apenas prestou um serviço aduaneiro.

Agora, e se a *trading* capixaba, após receber uma encomenda do estabelecimento mineiro, comprar o trigo do exterior e ela pagar todas as custas com o exportador estrangeiro? Nesse caso, houve uma importação por encomenda, a empresa "Peço Tudo Ltda." deixa de ser chamada de adquirente e passa a ser chamada de encomendante. Assim sendo, segundo o STF, o ICMS será devido ao estado do importador (*trading*), que no nosso exemplo será o Espírito Santo.

Enfim, se não há uma *trading*, o ICMS é devido ao estado de destino da mercadoria, como no exemplo envolvendo os estados de Santa Catarina e Rio Grande do Sul. Agora, se houver *trading*, temos de ver quem assumiu o custo da importação. Caso seja o adquirente, há uma importação por conta e ordem, devendo o ICMS ser pago ao estado de destino (adquirente); mas se foi a *trading*, há uma importação por encomenda, devendo o ICMS ser pago ao estado do importador (*trading*).

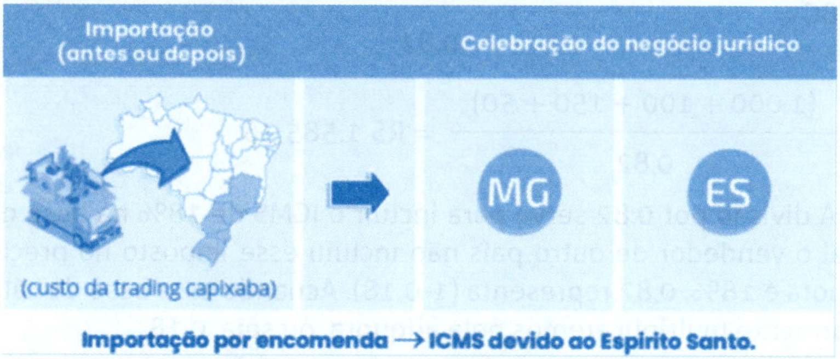

Quanto à base de cálculo, ela será o valor constante do documento de importação, acrescido do valor dos impostos sobre importação, sobre produtos industrializados e sobre operações de câmbio, bem como de quaisquer outros impostos, taxas, contribuições e despesas aduaneiras (inciso V do art. 13 da Lei Kandir).

> "**Art. 13.** A base de cálculo do imposto é:
>
> (...)
>
> V – na hipótese do inciso IX do art. 12, a soma das seguintes parcelas:
>
> a) o valor da mercadoria ou bem constante dos documentos de importação, observado o disposto no art. 14;
>
> b) imposto de importação;
>
> c) imposto sobre produtos industrializados;
>
> d) imposto sobre operações de câmbio;
>
> e) quaisquer outros impostos, taxas, contribuições e despesas aduaneiras"

Como exemplo prático, imaginemos que houve uma importação com o preço CIF (com frete internacional e seguro incluso) de R$ 1.000,00 já após a conversão do câmbio, com a mesma taxa utilizada no cálculo do imposto de importação (art. 14 da Lei Complementar 87/96). No momento do desembaraço, serão pagas as seguintes quantias: R$ 100,00 (IPI), R$ 150,00 (Imposto de Importação), R$ 50,00 (taxa Siscomex) e um frete do porto ao estabelecimento de R$ 200,00. A alíquota desse produto é de 18%. Qual será a base de cálculo?

Vejamos. Irá compor a base de cálculo do ICMS na importação o valor constante do documento de importação, acrescido do valor dos impostos sobre importação, sobre produtos industrializados e sobre operações de câmbio, bem como de quaisquer outros impostos, taxas, contribuições e despesas aduaneiras até o desembaraço aduaneiro. O frete do porto ao estabelecimento ocorre após o desembaraço, não fazendo parte da base de cálculo.

Dessa forma a base de cálculo do ICMS será:

$$BC = \frac{(\text{mercadoria} + \text{IPI} + \text{II} + \text{despesa aduaneira})}{0{,}82} =$$

$$\frac{(1.000 + 100 + 150 + 50)}{0{,}82} = \text{R\$ } 1.585{,}36.$$

A divisão por 0,82 serve para incluir o ICMS de 18% na base de cálculo, afinal o vendedor de outro país não incluiu esse imposto no preço. Como a alíquota é 18%, 0,82 representa (1-0,18). Achando essa base de cálculo, posteriormente multiplicaremos pela alíquota, ou seja, 0,18.

ICMS = BC × 0,18 = 1.585,36 × 0,18 = R$ 285,36

BC = R$ 1.585,36 e ICMS = R$ 285,36

E se o valor de R$ 1.000,00 fosse FOB e o seguro e frete internacional custassem R$ 50,00 e R$ 100,00 respectivamente? No cálculo da base de cálculo, esses valores deveriam entrar na soma e posteriormente divididos por (1 – alíquota). Dessa forma, supondo o ICMS de 18%:

$$BC = \frac{(\text{mercadoria} + \text{IPI} + \text{II} + \text{despesa aduaneira} + \text{seguro internacional} + \text{frete internacional})}{0{,}82} =$$

$$\frac{(1.000 + 100 + 150 + 50 + 50 + 100)}{0{,}82} = \text{R\$ } 1.768{,}29.$$

ICMS = BC × 0,18 = 1.768,29 × 0,18 = R$ 318,29.

Cabe salientar que **todos** os tributos que incidem sobre a importação irão integrar a base de cálculo do ICMS, incluindo PIS, CONFIS, AFRMM (Adicional de Frete sobre a Marinha Mercante, que tem natureza de contribuição parafiscal e incide quando o transporte for marítimo). E na importação de veículos, o IPVA integra a base de cálculo do ICMS? Não, primeiro o importador paga tudo na alfândega e depois licencia o carro pagando o IPVA. Enfim, o caminho é inverso, o ICMS irá integrar a base de cálculo do IPVA. Mas e se perguntarem se todos os tributos integram a base de cálculo do ICMS, respondo o quê? Responde que sim, salvo se ele perguntar se o IPVA integra a base de cálculo do ICMS ou fizerem uma pergunta ligada à importação de veículos.

Agora vamos imaginar que aquela mesma mercadoria importada a R$ 1.000,00, após desembaraçada, ficou armazenada em um armazém alfandegado pelo custo de R$ 500,00. Esse valor deve integrar a base de cálculo do ICMS? Bem, essa taxa ocorreu após o desembaraço, certo? Então, se é uma despesa após o desembaraço, não integra a base de cálculo do ICMS. Nas questões você nunca colocará o frete entre o porto e o estabelecimento e os custos de armazenagem no cálculo da base de cálculo. Esses são os dois exemplos clássicos em que o examinador joga a "casca de banana".

E no caso da mercadoria ou bem importado ter seu preço declarado muito inferior ao de mercado, quem irá arbitrar a base de cálculo? A autoridade aduaneira, pois ela arbitra para efeito de Imposto de Importação e esse valor serve de base de cálculo para efeitos de ICMS (artigo 14, § único da Lei Kandir).

> "**Art. 14.** O preço de importação expresso em moeda estrangeira será convertido em moeda nacional pela mesma taxa de câmbio utilizada no cálculo do imposto de importação, sem qualquer acréscimo ou devolução posterior se houver variação da taxa de câmbio até o pagamento efetivo do preço.
>
> Parágrafo único. O valor fixado pela autoridade aduaneira para base de cálculo do imposto de importação, nos termos da lei aplicável, substituirá o preço declarado."

O *caput* do artigo 14 determina o momento da conversão do câmbio. Uma transação comercial é muito longa. Entre a data do fechamento do preço entre as partes até a data da entrada da mercadoria no estabelecimento ou domicílio do importador podem passar meses. Com o câmbio flutuante pode ocorrer diversas cotações da moeda estrangeira. Assim, a Lei Kandir estabeleceu que a cotação utilizada para calcular a base de cálculo do ICMS será a mesma utilizada pela aduana no imposto de importação.

Veja como isso é cobrado em concursos:

(AFR-SP/FCC-2006) Determinado contribuinte do ICMS importou um equipamento do exterior para o seu ativo permanente, com os seguintes dados da operação:

- Valor da importação convertido em moeda nacional: R$ 200.000,00;
- Imposto de importação: R$ 10.000,00;
- Despesas pagas a repartição alfandegária: R$ 5.000,00;
- Frete interno do porto até o estabelecimento: R$ 6.000,00;
- Data do desembaraço aduaneiro: 30/11;

- Data da entrada física da mercadoria no estabelecimento: 2/12;
- Alíquota interna relativa à mercadoria: 18%.

Considerando que o montante do ICMS integra sua própria base de cálculo, inclusive na importação, o valor do ICMS devido e o momento da ocorrência do fato gerador são, nessa ordem,

a) R$ 39.780,00 e 30/11.
b) R$ 39.780,00 e 02/12.
c) R$ 47.195,12 e 30/11.
d) R$ 47.195,12 e 02/12.
e) R$ 262.195,12 e 02/12.

Comentário: *A questão quer saber o elemento temporal e o elemento dimensional. O elemento temporal é a data do desembaraço aduaneiro (artigo 12, inciso IX da LC 87/96). Assim, o momento do fato gerador é 30/11.*

No cálculo da base de cálculo, não incluiremos o frete do porto até o estabelecimento, pois ocorreu depois do desembaraço. Perceba que a despesa paga com a repartição alfandegada é uma despesa com um órgão público (repartição), são as despesas aduaneiras. Não estamos tratando da despesa com armazenagem após o desembaraço, que é paga ao armazém alfandegado. A despesa com a repartição integra a base de cálculo do ICMS.

BC = (mercadoria + II + despesas aduaneira)/(1-alíquota) = 200.000+ 10.000 + 5.000)/0,82

BC = R$ 262.195,12

ICMS = BC × alíquota = 262.195,12 × 0,18 = R$ 47.195,12

Resposta: C.

Regra Matriz de Incidência na Importação de Mercadorias ou Bens				
Critério Material	**Critério Temporal**	**Critério Espacial**	**Critério Pessoal**	**Critério Dimensional**
Artigo 2,º §1º, I da LC 87/1996	Artigo 12, IX da LC 87/1996	Artigo 11, I, "d" e "e" da LC 87/1996	Artigo 4º, § 1º, inciso I	Artigo 13, V da LC 87/1996
Sobre a entrada de mercadoria ou bem importados do exterior, por pessoa física ou jurídica, ainda que não seja contribuinte habitual do imposto, qualquer que seja a sua finalidade	No desembaraço aduaneiro de mercadorias ou bens importados do exterior	O do estabelecimento onde ocorrer a entrada física ou o do domicílio do adquirente, quando não estabelecido	A pessoa física ou jurídica que, mesmo sem habitualidade ou intuito comercial importe mercadorias ou bens do exterior, qualquer que seja a sua finalidade	Valor da mercadoria + tributos + despesas aduaneiras

2.6.8. Na aquisição em licitação pública de mercadorias ou bens importados do exterior e apreendidos ou abandonado

Existem casos de importação nos quais a mercadoria ou bem importados podem ser apreendidos pela Receita Federal ou até mesmo abandonados pelo importador, antes do seu desembaraço, ou seja, antes do momento da ocorrência do fato gerador. Como não houve desembaraço não houve o momento da incidência do ICMS.

Esta mercadoria não ficará eternamente na alfândega, haverá uma licitação pública e aquele que oferecer o melhor preço irá adquirir a mercadoria ou bem. Essa aquisição de mercadoria ou bem faz surgir o fato gerador do ICMS (aspecto material) e o momento dessa aquisição será o instante da ocorrência do fato gerador (aspecto temporal), conforme previsto no inciso XI do artigo 12 da Lei Kandir.

> "**Art. 12.** Considera-se ocorrido o fato gerador do imposto no momento:
>
> (...)
>
> XI – da aquisição em licitação pública de mercadorias ou bens importados do exterior e apreendidos ou abandonados;"

Perceba que igualmente ao que foi falado no tópico anterior (importação de mercadorias ou bens), na licitação pública há incidência sobre mercadorias e bens.

A alínea "f" do inciso I do artigo 11 do mesmo diploma legal define como o local da cobrança (aspecto espacial) aquele onde seja realizada a licitação.

> "**Art. 11.** O local da operação ou da prestação, para os efeitos da cobrança do imposto e definição do estabelecimento responsável, é:
>
> I – tratando-se de mercadoria ou bem:
>
> (...)
>
> f) aquele onde seja realizada a licitação, no caso de arrematação de mercadoria ou bem importados do exterior e apreendidos ou abandonados;"

Pela própria definição do local da cobrança, podemos definir que o sujeito ativo do ICMS (aspecto pessoal) será o estado onde foi efetuado o leilão. No entanto, atualmente, a Receita Federal realiza leilões presenciais e virtuais. Então qual será o sujeito ativo no caso do leilão virtual? Será o estado do adquirente, logo o local da cobrança será o do estabelecimento ou domicílio do adquirente, afinal como não há um local físico onde houve o leilão, não pode ser aplicado o que está na Lei Kandir.

Independentemente do tipo de licitação, presencial ou virtual, o sujeito passivo será aquele que adquiriu a mercadoria ou bem, mesmo sem habitualidade ou sem intuito comercial, conforme determinado no inciso III do § 1º do artigo 4º da Lei Complementar 87/1996, porém, na prática, a maioria dos estados transfere ao leiloeiro a responsabilidade pelo pagamento. Isso é uma transferência, não é uma solidariedade, pois o fisco já cobra do leiloeiro o ICMS, que só entregam a coisa adquirida após o pagamento do imposto pelo adquirente.

> "**Art. 4º** Contribuinte é qualquer pessoa, física ou jurídica, que realize, com habitualidade ou em volume que caracterize intuito comercial, operações de circulação de mercadoria ou prestações de serviços de transporte interestadual e intermunicipal e de comunicação, ainda que as operações e as prestações se iniciem no exterior.
>
> § 1º. É também contribuinte a pessoa física ou jurídica que, mesmo sem habitualidade ou intuito comercial:
>
> (...)
>
> III – adquira em licitação mercadorias ou bens apreendidos ou abandonados;"

Pela leitura do inciso VII do artigo 13 da Lei Kandir, concluímos que a base de cálculo será o valor da operação acrescido do valor dos impostos de importação e sobre produtos industrializados e de todas as despesas cobradas ou debitadas ao adquirente. O cálculo será semelhante ao cálculo da mercadoria importada, devendo incluir o ICMS dentro da base de cálculo, ou seja, divide-se por (1-alíquota). A única diferença em relação à mercadoria ou bem importados é que não haverá conversão de câmbio, pois o preço da aquisição já será em reais.

> "**Art. 13.** A base de cálculo do imposto é:
>
> (...)
>
> VII – no caso do inciso XI do art. 12, o valor da operação acrescido do valor dos impostos de importação e sobre produtos industrializados e de todas as despesas cobradas ou debitadas ao adquirente;

Perceba que qualquer despesa cobrada do adquirente no procedimento do leilão irá integrar a base de cálculo do imposto estadual.

Regra Matriz de Incidência na Aquisição em Licitação Pública de Mercadorias ou Bens Importados do Exterior e Apreendidos ou Abandonado				
Critério Material	**Critério Temporal**	**Critério Espacial**	**Critério Pessoal**	**Critério Dimensional**
Por analogia, artigo 2º, §1º, I da LC 87/1996	Artigo 12, XI da LC 87/1996	Artigo 11, I, f da LC 87/1996	Artigo 4º, § 1º, III	Artigo 13, VII da LC 871996
Aquisição em leilões de mercadorias apreendidas	Na aquisição em licitação pública de mercadorias ou bens importados do exterior e apreendidos ou abandonados	Onde foi realizada a licitação	A pessoa física ou jurídica que, mesmo sem habitualidade ou intuito comercial, adquira em licitação mercadorias ou bens apreendidos ou abandonados	O valor da operação acrescido do valor dos impostos de importação e sobre produtos industrializados e de todas as despesas cobradas ou debitadas ao adquirente

2.6.8.1. Leilões judiciais

Alguns regulamentos do ICMS, entre eles o mineiro, coloca como hipótese de incidência (aspecto material) a saída de **mercadoria** em hasta pública.

A hasta pública é um instituto do Direito Processual Civil e era o ato processual de venda de bens penhorados do devedor, para satisfazer o direito de crédito do credor. Era dividido em praça, quando vendia bens imóveis, e leilão quando vendia bens móveis. Com o Código Processual Civil de 2015, o termo entrou em desuso e a hasta pública passou a ser englobada pelo leilão judicial.

A venda de um **bem** em processo judicial não incide ICMS, tanto é que esses regulamentos colocam como hipótese de incidência a saída de **mercadoria** (e não bem) em hasta pública. Seria o caso da mercadoria penhorada do comerciante devedor e posteriormente vendida, judicialmente, para satisfazer o crédito do credor, isso nada mais é do que uma venda de mercadoria, porém por ordem judicial, logo todos os aspectos da regra matriz de incidência irão seguir os já mencionados na circulação de mercadoria, com exceção do sujeito passivo que não será quem promoveu a saída e sim o adquirente ou arrematante e o aspecto temporal será a arrematação e não a saída da mercadoria.

Contudo, cabe esclarecer que não há incidência de ICMS na aquisição de leilão judicial quando o objeto leiloado é um bem e não uma mercadoria de comerciante. Vamos a um exemplo: Leônidas deve a Florisvaldo, que para satisfazer o crédito do credor, colocou-se em leilão o veículo de Leônidas. Nesse caso, não há incidência de ICMS, pois não foi apreendido pela Receita Federal e o objeto leiloado era um bem e não uma mercadoria. Nada é pago ao fisco.

2.6.8.2. Leilões extrajudiciais

Além dos leilões realizados pela Receita Federal e pelos leilões judiciais, existem também leilões extrajudiciais que não são realizados pela Receita Federal e nem ocorrem em processos judiciais, nos quais haverá incidência de ICMS quando vendidas mercadorias.

Esses leilões são regulados pelo Convênio ICMS 08/2005, que atribui ao leiloeiro a responsabilidade pelo pagamento do ICMS quando a mercadoria for adquirida por leilão, cabendo ao leiloeiro emitir nota fiscal e escriturar livros. Os estados de São Paulo e Espírito Santo não fazem mais parte desse Convênio. Esses estados não exigem dos leiloeiros a obrigação acessória, mas atribuem a eles a responsabilidade pelo pagamento.

2.6.9. Entrada, no território do estado destinatário, de petróleo, inclusive lubrificantes e combustíveis líquidos e gasosos dele derivados, e de energia elétrica, quando não destinados à comercialização ou à industrialização, decorrentes de operações interestaduais

> "**Art. 2°** O imposto incide sobre:
>
> (...)
>
> § 1º O imposto incide também:
>
> III – sobre a entrada, no território do Estado destinatário, de petróleo, inclusive lubrificantes e combustíveis líquidos e gasosos dele derivados, e de energia elétrica, quando não destinados à comercialização ou à industrialização, decorrentes de operações interestaduais, cabendo o imposto ao Estado onde estiver localizado o adquirente."

Primeiramente, cabe lembrar que esse dispositivo legal não abrange as operações dentro do mesmo estado. Dessa forma, se houver uma circulação interna de energia elétrica ou combustíveis e lubrificantes derivados do petróleo, a regra matriz de incidência do ICMS obedecerá ao que foi exposto no item 2.6.1 (circulação de mercadoria). Já no caso de operação interestadual desses produtos destinados à comercialização e industrialização, há imunidade tributária, não incidindo ICMS tanto na saída como na entrada. Trataremos melhor desse tema no capítulo da não incidência.

Nesse tópico falaremos apenas da incidência na entrada interestadual de petróleo, inclusive lubrificantes e combustíveis líquidos e gasosos dele derivados, e de energia elétrica, quando não destinados à comercialização ou à industrialização. Perceba que o etanol e o gás natural não obedecem a esse dispositivo, por não serem derivados de petróleo.

Antes de falarmos dessa forma de incidência de ICMS, devemos entender um pouco da nossa história legislativa sobre o tema. O Constituinte Originário, por meio da alínea "b" do inciso X do §2º do artigo 155 da Constituição Federal de 1988, colocou uma imunidade tributária nas operações interestaduais, sobre petróleo, lubrificantes, combustíveis líquidos e gasosos derivados do petróleo e sobre a energia elétrica.

> "**Art. 155.** Compete aos Estados e ao Distrito Federal instituir impostos sobre:
>
> (...)
>
> § 2º O imposto previsto no inciso II (ICMS) atenderá ao seguinte:
>
> X – não incidirá:
>
> (...)
>
> b) sobre operações que destinem a outros Estados petróleo, inclusive lubrificantes, combustíveis líquidos e gasosos dele derivados, e energia elétrica;"

No ano de 1996, o legislador infraconstitucional, por meio do inciso I do §1º do art. 2º da Lei Kandir, instituiu a incidência na entrada estadual desses derivados do petróleo e da energia elétrica, desde que não destinados à revenda. Notamos que o elemento material é a entrada do produto no território do estado, quando não destinado à comercialização ou industrialização. É bom enfatizar que nesse caso a incidência ocorre na entrada do estado e não na entrada do domicílio ou do estabelecimento do adquirente como na importação, e desde que não destinado à industrialização ou comercialização.

Vamos exemplificar para entendermos o aspecto material do inciso III do § 1º do artigo 2º da Lei Kandir:

Exemplo 1: Refinaria do Rio de Janeiro vende gasolina para posto revendedor no mesmo estado. Como a operação é interna, ela obedece à regra normal de circulação de mercadoria, o fato gerador ocorre com a circulação e seu elemento temporal é o momento da saída, sendo o contribuinte a refinaria.

Exemplo 2: Essa mesma refinaria, localizada no Rio de Janeiro, vende gasolina para posto revendedor localizado no estado de Minas Gerais. O destinatário adquiriu para comercializar a mercadoria, essa saída é imune ao ICMS, mas quando o posto revendedor mineiro vender dentro do seu estado sobre o combustível incidirá o ICMS. E se a venda fosse de etanol? Seguiria a regra da circulação de mercadorias, pois etanol não é derivado do petróleo, nem é energia elétrica.

Exemplo 3: A mesma refinaria fluminense vende óleo diesel para um hospital capixaba, para utilizar o combustível na geração de energia elétrica no hospital, ou seja, evitar futura queda de energia. Como essa mercadoria está sendo utilizada na prestação de serviço, não haverá industrialização nem comercialização, então incidirá o ICMS. O critério material é a entrada no estado, ou seja, no momento que passar a divisa entre o Rio de Janeiro e o Espírito Santo, sendo esse último estado o sujeito ativo.

E quem seria o contribuinte no exemplo 3? Além de determinar o sujeito ativo, a Lei Kandir definiu a outra parte do elemento pessoal no inciso IV do § 1º do artigo 4º. Assim, o sujeito passivo será o adquirente de lubrificantes e combustíveis líquidos e gasosos derivados de petróleo e energia elétrica. Nesse exemplo, o hospital capixaba, mesmo sem habitualidade ou sem volume que caracterize intuito comercial.

> "**Art. 4º** Contribuinte é qualquer pessoa, física ou jurídica, que realize, com habitualidade ou em volume que caracterize intuito comercial, operações de circulação de mercadoria ou prestações de serviços de transporte interestadual e intermunicipal e de comunicação, ainda que as operações e as prestações se iniciem no exterior.
>
> § 1º. É também contribuinte a pessoa física ou jurídica que, mesmo sem habitualidade ou intuito comercial:
>
> (...)

> IV – adquira lubrificantes e combustíveis líquidos e gasosos derivados de petróleo e energia elétrica oriundos de outro Estado, quando não destinados à comercialização ou à industrialização;"

O elemento temporal é o instante em que ocorre a entrada da mercadoria no território estadual e não no estabelecimento (art. 12, inciso XII da Lei Kandir). Assim, o fato gerador ocorre antes mesmo do adquirente receber a mercadoria no seu estabelecimento.

> "**Art. 12.** Considera-se ocorrido o fato gerador do imposto no momento:
>
> (...)
>
> XII – da entrada no território do Estado de lubrificantes e combustíveis líquidos e gasosos derivados de petróleo e energia elétrica oriundos de outro Estado, quando não destinados à comercialização ou à industrialização;"

O elemento espacial (alínea "g" do inciso I do artigo 11 da Lei Complementar 87/96) é o território do estado de entrada da mercadoria. Novamente lembramos: na divisa e não no estabelecimento.

> "**Art. 11.** O local da operação ou da prestação, para os efeitos da cobrança do imposto e definição do estabelecimento responsável, é:
>
> I – tratando-se de mercadoria ou bem:
>
> (...)
>
> g) o do Estado onde estiver localizado o adquirente, inclusive consumidor final, nas operações interestaduais com energia elétrica e petróleo, lubrificantes e combustíveis dele derivados, quando não destinados à industrialização ou à comercialização;"
>
> (...)
>
> "**Art. 13.** A base de cálculo do imposto é:
>
> (...)
>
> VIII – na hipótese do inciso XII do art. 12, o valor da operação de que decorrer a entrada;"

A base de cálculo é o valor da operação que decorrer da entrada, conforme exposto no inciso VIII do artigo 13 da Lei Kandir, ou seja, o valor cobrado pelo remetente. Quando a operação não tiver preço (bonificação, doação, etc.), aplica-se o disposto no artigo 15, já explicado, quando falamos da base de cálculo de mercadoria doada, no tópico 2.6.1.5. Lembrando que, em todos os casos, haverá pagamento ao estado de destino e o contribuinte será o adquirente.

Pode surgir a dúvida: como a incidência ocorre na entrada para não comercialização ou não industrialização, então o IPI deve integrar a base de cálculo do ICMS? Essa pergunta não tem sentido, afinal o §3º do artigo 155 da Constituição Federal diz que com exceção dos impostos de importação, de exportação e o ICMS, nenhum outro imposto poderá incidir sobre operações relativas a energia elétrica, serviços de telecomunicações, derivados de petróleo, combustíveis e minerais do País. Como tais produtos são imunes ao IPI, esse não integrará a base de cálculo do ICMS.

> "**Art. 155.** Compete aos Estados e ao Distrito Federal instituir impostos sobre:
>
> (...)
>
> § 3º À exceção dos impostos de que tratam o inciso II do caput deste artigo e os arts. 153, I e II, e 156-A, nenhum outro imposto poderá incidir sobre operações relativas a energia elétrica e serviços de telecomunicações e, à exceção destes e do previsto no art. 153, VIII, nenhum outro imposto poderá incidir sobre operações relativas a derivados de petróleo, combustíveis e minerais do País. (Redação dada pela Emenda Constitucional nº 132, de 2023)

Diante do que foi falado a respeito da base de cálculo, vamos quantificar aquele exemplo da venda de óleo diesel pela refinaria fluminense para o hospital capixaba. Suponhamos que o preço da venda foi de R$ 1.000,00. Como foi esse o valor da operação de que decorreu a entrada, a base de cálculo será de R$ 1.000,00.

E qual alíquota aplicar? A alíquota do estado de destino, nesse caso concreto a alíquota do Espírito Santo, assim, se a alíquota capixaba é de 13%, o ICMS devido será de R$ 130,00 (1000 × 0,13).

Regra Matriz de Incidência na entrada, no território do estado destinatário, de petróleo, inclusive lubrificantes e combustíveis líquidos e gasosos dele derivados, e de energia elétrica, quando não destinados à comercialização ou à industrialização, decorrentes de operações interestaduais				
Artigo 2º, §1º, III da LC 87/1996	Artigo 12, XII da LC 87/1996	Artigo 11, I, g da LC 87/1996	Artigo 4º, § 1º, IV	Artigo 13, VIII da LC 87/1996
Sobre a entrada, no território do Estado destinatário, de petróleo, inclusive lubrificantes e combustíveis líquidos e gasosos dele derivados, e de energia elétrica, quando não destinados à comercialização ou à industrialização, decorrentes de operações interestaduais, cabendo o imposto ao Estado onde estiver localizado o adquirente	Na entrada no território do Estado de lubrificantes e combustíveis líquidos e gasosos derivados de petróleo e energia elétrica oriundos de outro Estado, quando não destinados à comercialização ou à industrialização	O do Estado onde estiver localizado o adquirente, inclusive consumidor final, nas operações interestaduais com energia elétrica e petróleo, lubrificantes e combustíveis dele derivados, quando não destinados à industrialização ou à comercialização	A pessoa física ou jurídica que, mesmo sem habitualidade ou intuito comercial adquira lubrificantes e combustíveis líquidos e gasosos derivados de petróleo e energia elétrica oriundos de outro Estado, quando não destinados à comercialização ou à industrialização	O valor da operação de que decorrer a entrada

Veja como isso foi cobrado em concurso:

(AFTE-PE/FCC-2014) Segundo o Decreto nº 14.876/1991 e alterações, incide o imposto sobre a entrada, no território de Pernambuco, de energia elétrica e petróleo, inclusive sobre

a) lubrificantes e combustíveis líquidos e gasosos dele derivados, quando procedentes de outra unidade da Federação e destinados à comercialização ou à industrialização, cabendo o imposto a este estado.

b) lubrificantes e combustíveis líquidos e gasosos dele derivados, quando procedentes de outra unidade da Federação e não destinados à comercialização ou à industrialização, cabendo o imposto a este Estado.

c) quaisquer lubrificantes e combustíveis líquidos e gasosos, quando procedentes de outra unidade da Federação e não destinados à comercialização ou à industrialização, cabendo o imposto a este Estado.

d) quaisquer lubrificantes e combustíveis líquidos e gasosos, quando procedentes de outra unidade da Federação e destinados à comercialização ou à industrialização, cabendo o imposto a este Estado.

e) lubrificantes e combustíveis líquidos e gasosos dele derivados, quando procedentes de outra unidade da Federação e não destinados à comercialização ou à industrialização, devendo o imposto ser recolhido em partes iguais para as duas unidades da Federação envolvidas na operação.

Comentário: *A questão exige o conhecimento da literalidade do artigo 2º, §1º, inciso I da Lei Kandir. Incidência de ICMS na entrada interestadual de combustíveis não destinados à comercialização, cabendo o imposto ao Estado de destino. Resposta B*

2.6.9.1. ICMS monofásico

Como comentamos anteriormente, o legislador constitucional excluiu do campo de incidência do ICMS as operações interestaduais sobre petróleo, lubrificantes, combustíveis líquidos e gasosos derivados do petróleo e sobre a energia elétrica. No ano de 1996, a Lei Kandir instituiu a incidência na entrada estadual sobre esses produtos.

Posteriormente, já no ano de 2001, o Constituinte Derivado publicou a Emenda Constitucional nº 33/01, incluindo a alínea "h" do inciso XII do §2º do artigo 155 da Carta Magna, que estabeleceu que cabe a Lei Complementar definir os combustíveis e lubrificantes sobre os quais o imposto incidirá uma única vez, qualquer que seja a sua finalidade, hipótese em que não se aplicará o disposto no inciso X, b. Trata-se do chamado "ICMS Monofásico", afinal, incide em uma única fase da cadeia produtiva, não incidindo em todas as fases, como o ICMS sobre as demais mercadorias e serviços.

> "**Art. 155.** Compete aos Estados e ao Distrito Federal instituir impostos sobre:
>
> (...)

> § 2º O imposto previsto no inciso II atenderá ao seguinte:
>
> (...)
>
> XII – cabe a Lei Complementar:
>
> (...)
>
> h) definir os combustíveis e lubrificantes sobre os quais o imposto incidirá uma única vez, qualquer que seja a sua finalidade, hipótese em que não se aplicará o disposto no inciso X, b;"

Isso significa que para quaisquer combustíveis e lubrificantes, sejam derivados do petróleo ou não, a lei complementar poderá definir o ICMS Monofásico que incidirá uma única vez e não em cada uma das etapas da circulação. Repare que a energia elétrica não foi inserida no ICMS Monofásico.

Podemos perceber que a Emenda Constitucional nº 33/2001 é posterior à Lei Complementar 87/1996, logo, não coube à Lei Kandir instituir o ICMS monofásico, pelo contrário, a referida Emenda Constitucional ficou sem regulamentação por 21 anos, afinal, apenas no ano de 2022, a Lei Complementar nº 192/2022 regulamentou o ICMS monofásico.

Pela referida Lei Complementar, os combustíveis sujeitos ao ICMS monofásico são gasolina e etanol anidro, diesel e biodiesel e o gás liquefeito de petróleo, inclusive o derivado de gás natural:

> "LC 192/2022 – Art. 2º Os combustíveis sobre os quais incidirá uma única vez o ICMS, qualquer que seja sua finalidade, são os seguintes:
>
> I – gasolina e etanol anidro combustível;
>
> II – diesel e biodiesel; e
>
> III – gás liquefeito de petróleo, inclusive o derivado do gás natural."

Primeiramente, cabe mencionar que apesar de a Constituição Federal autorizar a tributação do ICMS monofásico sobre lubrificantes e combustíveis, o legislador só incluiu no rol de mercadorias sujeitas ao ICMS monofásico os **COMBUSTÍVEIS**. Assim, os **LUBRIFICANTES**, apesar de estarem na alínea "h" do inciso XII do §2º do artigo 155 da CF, ainda **NÃO** sofrem a tributação monofásica, pois não foram relacionados na lei complementar que regulamentou a matéria.

Outro ponto que merece ser comentado é que o etanol anidro combustível está submetido às regras do ICMS monofásico. Note, o etanol não é derivado do petróleo. Isso mesmo, o ICMS monofásico não é restrito aos combustíveis derivados do petróleo. O texto constitucional permite a instituição do ICMS monofásico a qualquer combustível. Por conta disso, o legislador colocou o etanol anidro combustível no rol dos combustíveis sujeitos ao ICMS monofásico.

Inclusive, analisando os incisos do artigo 2º da LC 192/2022, podemos notar que cada inciso trata de um tipo de combustível derivado do petróleo e um tipo de combustível NÃO derivado de petróleo.

Por exemplo, temos os seguintes combustíveis derivados do petróleo: gasolina (inciso I), diesel (inciso II) e gás liquefeito de petróleo – GLP (inciso III), que é o gás de cozinha usado em fogão. Por outro lado, temos como combustíveis NÃO derivados do petróleo: o etanol anidro combustível (inciso I), o biodiesel (inciso II) e o Gás Natural – GNV (inciso III), que é o gás usado no abastecimento de carros.

O legislador deixou de fora do ICMS monofásico a querosene de avião. Assim, esse tipo de combustível, que é derivado do petróleo, obedece às regras gerais do ICMS, não estando submetido ao ICMS monofásico.

A Lei Complementar nº 192/2022 definiu, também, quem são os contribuintes do ICMS monofásico (aspecto pessoal) e em qual momento incide o ICMS (aspecto temporal). Começaremos pelo aspecto pessoal:

> LC – 192/2022 – Art. 4º São contribuintes do ICMS incidente nos termos desta Lei Complementar o **produtor** e aqueles que lhe sejam equiparados e o **importador** dos combustíveis.
>
> Parágrafo único. O disposto no caput deste artigo alcança inclusive as pessoas que produzem combustíveis de forma residual, os formuladores de combustíveis por meio de mistura mecânica, as centrais petroquímicas e as bases das refinarias de petróleo.

Perceba que os contribuintes do ICMS monofásico são os **IMPORTADORES** de combustíveis e o **PRODUTOR** de combustíveis. O parágrafo único do artigo 4º deixa claro que o produtor pode ser aquele que produz de forma manual (por exemplo, um produtor de cana que produz álcool combustível) e até as grandes centrais petroquímicas.

Sabendo que os contribuintes são os produtores e importadores fica até intuitiva a definição do elemento temporal do ICMS monofásico, assim, a incidência ocorrerá no momento da **SÁIDA** do estabelecimento produtor ou no momento do **DESEMBARAÇO** aduaneiro:

> LC – 192/2022 – Art. 5º Considera-se ocorrido o fato gerador do ICMS incidente nos termos desta Lei Complementar no momento:
>
> I – da saída dos combustíveis de que trata o art. 2º do estabelecimento do contribuinte de que trata o art. 4º desta Lei Complementar, nas operações ocorridas no território nacional; e
>
> II – do desembaraço aduaneiro dos combustíveis de que trata o art. 2º desta Lei Complementar, nas operações de importação.

Perceba que a incidência de ICMS ocorrerá apenas nesses dois momentos. Assim, se a refinaria produz gasolina, no momento da venda da refinaria para a distribuidora, incide o ICMS, que será o ÚNICO momento da cadeia produtiva em que incidirá o ICMS, logo, não haverá incidência de ICMS nas demais vendas. Diante disso, podemos concluir que não há incidência de ICMS na venda da distribuidora para o posto de combustíveis, nem na venda do posto de combustível para o consumidor final.

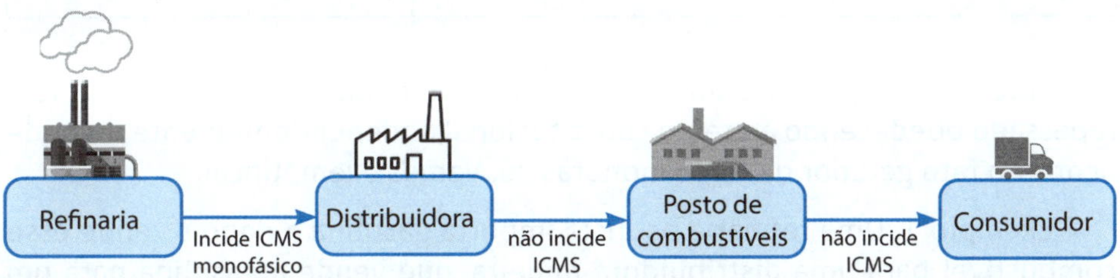

Agora que sabemos quais combustíveis estão submetidos às regras do ICMS monofásico e em qual momento incide o ICMS, resta sabermos quais são essas regras, que estão no §4º do artigo 155 da CF, incluído pela EC 33/01:

> "§4º Na hipótese do inciso XII, h, observar-se-á o seguinte:
>
> I – nas operações com os lubrificantes e combustíveis derivados de petróleo, o imposto caberá ao Estado onde ocorrer o consumo;
>
> II – nas operações interestaduais, entre contribuintes, com gás natural e seus derivados, e lubrificantes e combustíveis não incluídos no inciso I deste parágrafo, o imposto será repartido entre os Estados de origem e de destino, mantendo-se a mesma proporcionalidade que ocorre nas operações com as demais mercadorias;
>
> III – nas operações interestaduais com gás natural e seus derivados, e lubrificantes e combustíveis não incluídos no inciso I deste parágrafo, destinadas a não contribuinte, o imposto caberá ao Estado de origem;
>
> IV – as alíquotas do imposto serão definidas mediante deliberação dos Estados e Distrito Federal, nos termos do § 2º, XII, g, observando-se o seguinte:
>
> a) serão uniformes em todo o território nacional, podendo ser diferenciadas por produto;
>
> b) poderão ser específicas, por unidade de medida adotada, ou ad valorem, incidindo sobre o valor da operação ou sobre o preço que o produto ou seu similar alcançaria em uma venda em condições de livre concorrência;
>
> c) poderão ser reduzidas e restabelecidas, não se lhes aplicando o disposto no art. 150, III, b."

Cuidado com as diferenças no tocante a qual estado caberá o ICMS monofásico em cada uma das hipóteses dos incisos I, II e III. Para facilitar seu estudo, preparamos a tabela a seguir.

Operações com Combustíveis e Lubrificantes Derivados ou Não do Petróleo: Sujeito Ativo sobre o ICMS Monofásico		
Derivados de Petróleo	**Interestaduais com gás natural e demais combustíveis entre contribuintes**	**Interestaduais com gás natural e demais combustíveis entre NÃO contribuintes**
ICMS para o estado de **CONSUMO**	ICMS dividido entre estados de **ORIGEM** e **CONSUMO**	ICMS para o estado de **ORIGEM**

Entender a regra da última tabela é fundamental, afinal, o imposto será repassado obedecendo ao texto constitucional, independentemente de onde ocorrer o fato gerador do ICMS monofásico. Vamos exemplificar.

Exemplo 1: Uma refinaria paulista importa gasolina e depois vende esse combustível para uma distribuidora mineira, que vende a gasolina para um posto de combustíveis goiano, que vende para o consumidor final. A quem cabe o ICMS? O primeiro passo que devemos saber é identificar o combustível. Nesse exemplo, o combustível é a gasolina (derivado do petróleo), logo o ICMS deve ser **REPASSADO** ao estado onde ocorreu o **CONSUMO**, ou seja, deverá ser repassado ao estado de Goiás. Perceba, pela regra do artigo 5º, o fato gerador ocorreu no momento do desembaraço, logo ocorreu em território paulista, mas o ICMS deverá ser repassado a Goiás. O meio de repasse está regulado por legislação específica e não costuma ser objeto de prova.

Exemplo 2: Uma refinaria paulista vende etanol anidro combustível para um posto de gasolina paranaense. Devemos, novamente, perguntar qual é o combustível. Nesse caso, é o etanol (NÃO derivado de petróleo). Como o combustível não é derivado de petróleo, surge uma segunda pergunta: a venda interestadual foi destinada a contribuinte ou a não contribuinte? No nosso exemplo, foi destinada a contribuinte (posto de combustível), logo o ICMS deve ser repartido entre o estado de origem (São Paulo) e o de destino (Paraná). Veja, o fato gerador ocorreu no momento da saída do estabelecimento do produtor (refinaria), logo ocorreu em território paulista, mas o ICMS deverá ser repartido.

Exemplo 3: Uma refinaria paulista vende etanol anidro combustível para uma escola de mecânica localizada no Rio de Janeiro. Devemos, novamente, perguntar qual é o combustível. Nesse caso, é o etanol (NÃO derivado de petróleo). Como o combustível não é derivado de petróleo, surge uma segunda pergunta: a venda interestadual foi destinada a contribuinte ou não contribuinte? No nosso exemplo, foi destinada a NÃO contribuinte (escola de mecânica), logo o ICMS deve ser destinado ao estado de origem (São Paulo).

O texto constitucional cria mais duas regras a respeito do ICMS monofásico, que são duas exceções a princípios constitucionais, já vistas no capítulo primeiro.

> Art. 155 (...)
>
> "§4º Na hipótese do inciso XII, h, observar-se-á o seguinte:
>
> IV – as alíquotas do imposto serão definidas mediante deliberação dos Estados e Distrito Federal, nos termos do § 2º, XII, g, observando-se o seguinte:
>
> a) serão uniformes em todo o território nacional, podendo ser diferenciadas por produto;
>
> b) poderão ser específicas, por unidade de medida adotada, ou ad valorem, incidindo sobre o valor da operação ou sobre o preço que o produto ou seu similar alcançaria em uma venda em condições de livre concorrência;
>
> c) poderão ser reduzidas e restabelecidas, não se lhes aplicando o disposto no art. 150, III, b."

O inciso IV deixa claro que as alíquotas do imposto serão definidas mediante deliberação dos estados e Distrito Federal, nos termos do §2º, XII, g, ou seja, por Convênio Confaz. Como não é uma lei que definirá a alíquota do ICMS Monofásico, podemos afirmar que, quando instituído, esse imposto será uma exceção ao princípio da legalidade.

Perceba, a regra é que cada estado define suas alíquotas, porém, vimos no capítulo anterior que as alíquotas interestaduais e de exportação são instituídas por Resolução do Senado Federal. Agora surge mais uma exceção, a alíquota do ICMS monofásico será instituída por Convênio Confaz.

A alínea "a" determina que a alíquota será uniforme em todo o território estadual, podendo ser diferenciada por produto. Melhor explicando, a alíquota da gasolina pode ser diferente da alíquota do álcool, afinal, são produtos diferentes (diferenciadas por produto), mas uma vez definida por Convênio Confaz a alíquota da gasolina, ela valerá em todo o território brasileiro, ou seja, a alíquota da gasolina no Rio Grande do Sul e em Roraima será a mesma (uniforme em todo o território nacional).

A alínea "b" possibilita a criação de duas espécies de alíquotas. A alíquota "ad valorem", que é um percentual sobre o valor do combustível (método usado para as demais mercadorias); por exemplo, a alíquota é 20%. Caso o valor da operação seja R$100,00, paga-se R$20,00 (20% de R$100,00). A segunda hipótese é que a alíquota seja por unidade de medida, ou seja, seja estabelecido um valor fixo sobre o volume do combustível (litros ou metros cúbicos). Foi justamente essa segunda hipótese de alíquota sobre unidade de medida, também chamada de alíquota "ad rem", traduzindo do latim: "sobre a coisa", que o legislador adotou na Lei Complementar 192/2022:

> "LC 192/2022 – Art. 3º Para a incidência do ICMS nos termos desta Lei Complementar, será observado o seguinte:

> (...)
>
> V – as alíquotas do imposto serão definidas mediante deliberação dos Estados e do Distrito Federal, nos termos da alínea "g" do inciso XII do § 2º do art. 155 da Constituição Federal, observado o seguinte:
>
> a) serão uniformes em todo o território nacional e poderão ser diferenciadas por produto;
>
> b) serão específicas (ad rem), por unidade de medida adotada, nos termos do § 4º do art. 155 da Constituição Federal; e
>
> c) poderão ser reduzidas e restabelecidas no mesmo exercício financeiro, observado o disposto na alínea c do inciso III do caput do art. 150 da Constituição Federal."

Como funciona a alíquota "ad rem", que é sobre unidade de medida? É simples, o Convênio Confaz estabelece um valor de ICMS que será devido por litro de cada combustível. Por exemplo, vamos imaginar que o Convênio Confaz estabeleça que o valor devido de ICMS sobre a gasolina será de R$2,00 por litro e sobre o álcool será de R$1,00 por litro.

Nesse caso, pouco importa o valor da venda do combustível, o litro da gasolina pode ser vendido por R$10,00 ou R$5,00, independentemente do preço, deverão ser recolhidos R$2,00 de ICMS. O mesmo raciocínio é feito para o álcool, que independentemente do valor da venda do litro, será pago R$1,00 de ICMS.

Já a alínea "c" do inciso V do artigo 3º da LC 192/2022 segue a regra criada pela alínea "c" do §4º do artigo 155 da Constituição Federal, que estabeleceu uma exceção ao princípio da anterioridade (art. 150, III, b da CF/88) no caso de restabelecimento de suas alíquotas. A CF/88 também comenta sobre redução da alíquota, mas isso pode sempre, porque é a favor do contribuinte, a exceção mesmo diz respeito ao restabelecimento da alíquota anterior, ou seja, poder aumentar de volta o imposto até o patamar anterior sem respeitar a anterioridade.

Como exemplo, suponhamos que determinado convênio estabeleceu em setembro de 2025 a alíquota do ICMS Monofásico, no valor de R$2,00 por litro. Em fevereiro de 2024, a reduziu para R$1,50 por litro e em agosto do mesmo ano retornou aos R$2,00 por litro. Este retorno à alíquota anterior que é chamado de restabelecimento da alíquota e que, nesse caso do ICMS Monofásico, como é uma exceção ao princípio da anterioridade, já poderá valer a alíquota de R$2,00 por litro no mesmo ano. Entretanto, somente 90 dias após o restabelecimento, pois a exceção é somente para o princípio da anterioridade, mas não à noventena ou anterioridade nonagesimal. Como só é permitido o restabelecimento ao patamar anterior, não seria possível aumentar para, por exemplo, R$2,50 por litro, sem respeitar a anterioridade.

Não confunda as duas exceções do ICMS Monofásico. A exceção à legalidade é total, ou seja, o convênio poderá estabelecer a alíquota que quiser, sem precisar de lei. O não respeito à anterioridade é somente em caso de restabelecer a alíquota anterior. No momento da criação do ICMS Monofásico, bastará um Convênio Confaz para isso, mas precisará respeitar a anterioridade, porque não é um simples restabelecimento de alíquota ao valor anterior, e sim o estabelecimento de uma alíquota que nunca existiu. Ele só não respeita a anterioridade para reduzir ou restabelecer a alíquota ao seu patamar anterior. Se for para aumentar para um valor superior ao anterior, precisará respeitar a anterioridade normalmente. E respeitará a anterioridade nonagesimal praticamente em qualquer caso, somente não precisará quando for para reduzir a alíquota, porque aí nunca precisará para qualquer tributo.

Os parágrafos 4º e 5º do artigo 6º da Lei Complementar 192/2022 ainda criaram outras disposições sobre a fixação de alíquotas:

> LC 192/2022 – Art. 6º (...)
>
> § 4º Na definição das alíquotas, nos termos do inciso V do caput do art. 3º desta Lei Complementar, deverá ser previsto um intervalo mínimo de 12 (doze) meses entre a primeira fixação e o primeiro reajuste dessas alíquotas, e de 6 (seis) meses para os reajustes subsequentes, observado o disposto na alínea c do inciso III do caput do art. 150 da Constituição Federal.
>
> § 5º Na definição das alíquotas, nos termos do inciso V do caput do art. 3º desta Lei Complementar, os Estados e o Distrito Federal observarão as estimativas de evolução do preço dos combustíveis de modo que não haja ampliação do peso proporcional do tributo na formação do preço final ao consumidor.

Pelo parágrafo 4º, após criada a alíquota do ICMS monofásico, o **PRIMEIRO** reajuste só poderá ocorrer após doze meses da fixação da alíquota. Já os demais reajustes só poderão ocorrer após seis meses da fixação da alíquota. Cabe mencionar que a palavra **REAJUSTE** significa reequilíbrio de contas, logo os prazos de doze e seis meses valem tanto para aumento como diminuição de alíquota.

O efeito prático do §5º será muito complicado, é aquele dispositivo que só serve para cair na sua prova, assim, cabe a você memorizar esse parágrafo.

Para encerrar o assunto ICMS monofásico, cabe comentarmos o artigo 6º da Lei Complementar 192/2022:

> Art. 6º Os Estados e o Distrito Federal disciplinarão o disposto nesta Lei Complementar mediante deliberação nos termos da alínea g do inciso XII do § 2º do art. 155 da Constituição Federal.
>
> § 1º Serão admitidas:

> I – equiparações a produtores dos combustíveis referidos no art. 2º para fins de incidência do ICMS nos termos desta Lei Complementar; e
>
> II – atribuição, a contribuinte do imposto ou a depositário a qualquer título, da responsabilidade pela retenção e pelo recolhimento do ICMS incidente nos termos desta Lei Complementar.
>
> § 2º Os incentivos fiscais sobre as operações com os combustíveis referidos no art. 2º desta Lei Complementar, inclusive aquelas não tributadas ou isentas do imposto, serão concedidos nos termos da Lei Complementar nº 24, de 7 de janeiro de 1975, obedecidos os demais ditames constitucionais e legais.

As regras da Lei Complementar nº 192/2022 serão estabelecidas por Convênio Confaz. Veja que curioso, um Convênio Confaz vai definir qual o quórum necessário para a aprovação, diminuição, restabelecimento ou aumento das alíquotas do ICMS monofásico. Poderá o Convênio equiparar alguns estabelecimentos a produtores e poderá estabelecer responsabilidade tributária a qualquer contribuinte do ICMS ou a depositários.

Por exemplo, vimos que o produtor é o contribuinte do ICMS. Poderá o Convênio Confaz atribuir a responsabilidade pelo pagamento para a distribuidora que adquire esse combustível.

Por fim, os incentivos fiscais devem obedecer às regras da Lei Complementar nº 24/1975, ou seja, só devem ser aprovados por unanimidade e seguindo as regras da referida lei que serão estudadas em capítulo específico desta obra.

2.6.10. Entrada, destinada a consumidor final, contribuinte ou não do imposto, de mercadoria oriunda de outro estado destinada a uso ou consumo ou ao ativo permanente

> "**CF/88 – Art. 155.** Compete aos Estados e ao Distrito Federal instituir impostos sobre:
>
> (...)
>
> § 2º O imposto previsto no inciso II atenderá ao seguinte:
>
> (...)
>
> VII – nas operações e prestações que destinem bens e serviços a consumidor final, contribuinte ou não do imposto, localizado em outro Estado, adotar-se-á a alíquota interestadual e caberá ao Estado de localização do destinatário o imposto correspondente à diferença entre a alíquota interna do Estado destinatário e a alíquota interestadual;"

Em 1988, quando foi promulgada a nossa Constituição Federal, a redação dos seus incisos VII e VIII do §2º do artigo 155 era a seguinte:

> "VII – em relação às operações e prestações que destinem bens e serviços a consumidor final localizado em outro Estado, adotar-se-á:

> a) a alíquota interestadual, quando o destinatário for contribuinte do imposto;
>
> b) a alíquota interna, quando o destinatário não for contribuinte dele;
>
> VIII – na hipótese da alínea a do inciso anterior, caberá ao Estado da localização do destinatário o imposto correspondente à diferença entre a alíquota interna e a interestadual;"[15]

Pela leitura dos dispositivos originais, podemos concluir que o ICMS era tributado pela alíquota interestadual apenas quando a mercadoria se destinasse a contribuintes do ICMS. Nessa situação, caso a mercadoria adquirida fosse usada para uso e consumo ou ativo imobilizado, o estado de destino teria direito a um diferencial de alíquota, que seria a diferença entre sua alíquota interna e a interestadual. Por outro lado, sempre que houvesse uma venda interestadual para não contribuinte de ICMS, o estado de origem recebia o percentual do imposto sobre sua alíquota interna e o estado de destino nada recebia.

Com o aumento do comércio eletrônico, uma pessoa física poderia comprar do Pará uma mercadoria pela internet que o vendedor remetia de São Paulo e o fisco paulista ficava com todo o ICMS da operação. Tal situação irritou o Distrito Federal, o Espírito Santo, os estados situados nas regiões Norte (exceto Amazonas), Nordeste e Centro-Oeste (exceto Mato Grosso do Sul) do Brasil. Assim, esses 20 entes federados, por meio do Protocolo ICMS 21/2011, começaram a cobrar também o ICMS na compra pela internet.

Após o referido protocolo, a situação prática do exemplo dado ficou a seguinte: o emitente da mercadoria pagava o imposto para São Paulo, estado de origem, e o fisco paraense cobrava, na divisa do seu estado, o ICMS pela compra do consumidor final não contribuinte. Isto é, o ICMS era cobrado duas vezes, um absurdo. Então, em 2014, o Plenário do STF julgou inconstitucional esse Protocolo por unanimidade.

Para amenizar tal situação, o Congresso Nacional editou a Emenda Constitucional nº 87/15 com vigência a partir de 01/01/2016, que ficou com a seguinte redação:

> "VII – nas operações e prestações que destinem bens e serviços a consumidor final, contribuinte ou não do imposto, localizado em outro Estado, adotar-se-á a alíquota interestadual e caberá ao Estado de localização do destinatário o imposto correspondente à diferença entre a alíquota interna do Estado destinatário e a alíquota interestadual;
>
> VIII – a responsabilidade pelo recolhimento do imposto correspondente à diferença entre a alíquota interna e a interestadual de que trata o inciso VII será atribuída

15. BRASIL. *Constituição da República do Brasil.* Brasília, DF: Senado Federal, 1988.

a) ao destinatário, quando este for contribuinte do imposto;

b) ao remetente, quando o destinatário não for contribuinte do imposto;"

Pela leitura do novo inciso VII, concluímos que toda operação interestadual sujeita ao ICMS será tributada com a alíquota interestadual. Caberá, contudo, ao estado de destino o diferencial da alíquota, caso a mercadoria seja adquirida por usuário final, que significa dizer que a mercadoria não será destinada à comercialização ou industrialização.

Perceba que usuário final não significa somente pessoa física ou não contribuinte do ICMS. O usuário final pode ser uma pessoa jurídica, contribuinte do ICMS, que adquire uma mercadoria para uso e consumo ou para ser bem do seu ativo. Por exemplo, uma loja de equipamentos eletrônicos quando adquire uma vassoura para limpeza do estabelecimento, está sendo usuária final dessa vassoura. Ela não vai revender nem utilizar a vassoura como insumo de processo industrial.

Então note que haverá diferencial de alíquota quando uma mercadoria for para uso e consumo ou para integrar o ativo imobilizado de um contribuinte do ICMS, pois equivale a dizer que como a mercadoria não foi destinada à industrialização ou comercialização, a pessoa jurídica é a usuária final dela.

E qual a diferença que tem entre o destinatário ser contribuinte do ICMS ou não? Dos cinco aspectos da regra matriz de incidência do ICMS, só há diferença no aspecto pessoal (sujeito passivo e até o final de 2018 do sujeito ativo). Afinal, segundo o atual inciso VIII do §2º do artigo 155 da CF, se o destinatário é contribuinte do ICMS, ele será o sujeito passivo, do contrário o sujeito passivo será o remetente.

Pense da seguinte forma, é sempre muito mais fácil qualquer fisco cobrar de contribuintes que estão dentro do seu estado. Assim, se há uma venda de um remetente paulista para um contribuinte alagoano, então o fisco de Alagoas irá preferir cobrar o diferencial de alíquota do seu contribuinte, afinal esse já recolhe o ICMS normalmente para o estado nordestino.

Agora, se a mercadoria proveniente de São Paulo foi destinada a um NÃO contribuinte localizado em Alagoas, então é mais fácil para o fisco alagoano cobrar o ICMS daquele que é contribuinte habitual, ou seja, o remetente paulista.

Veja como isso foi cobrado em prova:

(Auditor Fiscal da Receita Estadual-AL/CESPE-2019) Nas operações e prestações que destinem bens e serviços a consumidor final não contribuinte do ICMS localizado no estado de Alagoas, a responsabilidade pelo recolhimento do ICMS correspondente à diferença entre a alíquota interna e a interestadual é do consumidor destinatário do bem ou serviço.

c) Certo

e) Errado

Comentário: *Pelo texto constitucional, a responsabilidade pelo pagamento da diferença entre a alíquota interna e a interestadual, quando essa mercadoria é destinada a NÃO contribuinte do ICMS é do remetente da mercadoria. A responsabilidade será do destinatário quando o adquirente é contribuinte do ICMS.*

Resposta: E

Agora vamos imaginar a seguinte situação: o comerciante paulista vendeu mercadoria para um não contribuinte situado no estado de Alagoas, no entanto, o remetente não fez o recolhimento do diferencial de alíquota (DIFAL). Você acha que qual é o jeito mais fácil de ser cobrada essa diferença de imposto?

Bem, alguns estados têm postos nas divisas do estado, então esses estados cobram essa diferença já na divisa (entrada do estado). E cobram de quem? Do destinatário, ainda que ele não seja contribuinte do ICMS, afinal, se ele não pagar o diferencial, o fisco poderá cobrar o imposto ainda no trânsito da mercadoria. Note, o contribuinte continua sendo o remetente, como expresso no texto constitucional, no entanto, a legislação atribui a responsabilidade ao destinatário.

Todos os estados fazem isso? Não, apenas os estados que têm posto na divisa, os demais não atribuem a responsabilidade ao destinatário.

Auditor Fiscal da Receita Estadual-AL/CESPE-2019) Na falta do recolhimento do ICMS correspondente à diferença entre a alíquota interna e a interestadual nas operações e prestações que destinem bens e serviços a consumidor final não contribuinte do ICMS localizado no estado de Alagoas, o imposto deverá ser recolhido pelo destinatário no momento da entrada no território do estado ou em prazo estabelecido em regulamento.

c) Certo

e) Errado

Comentário: *O estado de Alagoas tem posto de divisa, assim, a lei alagoana atribui a responsabilidade ao destinatário não contribuinte sempre que o remetente não pagar o diferencial de alíquota que é de sua responsabilidade. Dessa forma, a questão está correta. Note que se essa pergunta fosse cobrada na prova do estado de São Paulo a resposta seria "E", afinal, como o fisco paulista não utiliza posto de divisa, a responsabilidade do diferencial de alíquota de mercadorias destinadas a não contribuinte será do remetente.*

Resposta: C

Enfim, quando você se inscrever em um concurso, preste atenção se o estado que você irá trabalhar tem o dispositivo prevendo a cobrança do diferencial ao destinatário não contribuinte, como no exemplo do estado de Alagoas.

Para facilitar sua compreensão sobre o diferencial de alíquota, apresentamos agora um fluxograma que resume o assunto seguido de um esquema com dois exemplos de seu uso.

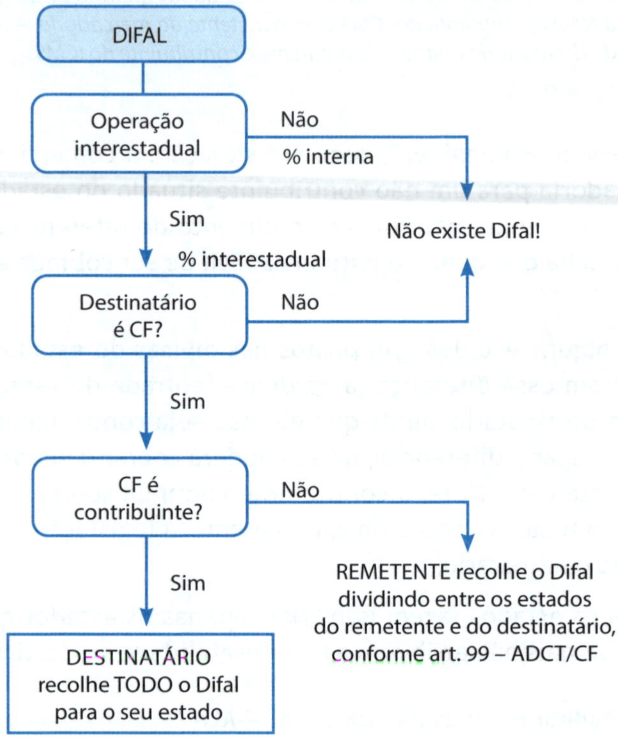

Obs.: "CF" = Consumidor Final e "%" = alíquota.

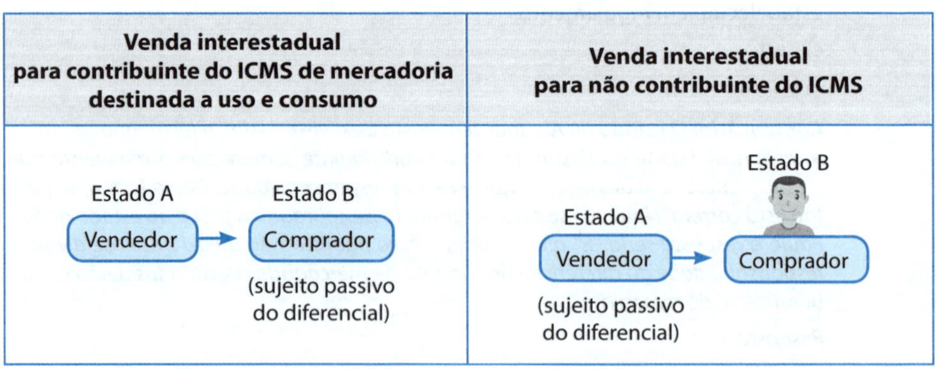

Apesar do esforço do legislador constituinte reformador, o texto da PEC 87/2015 não foi suficiente para acabar com a celeuma sobre a cobrança do diferencial de alíquota (DIFAL), pelo menos, na venda interestadual destinada a

NÃO CONTRIBUINTE DO ICMS. Isso ocorre porque, majoritariamente, a doutrina e a jurisprudência entendiam que o texto Constitucional sempre foi autoaplicável, sem precisar de regulamentação. Inclusive o inciso VIII do §2º do artigo 155 da Constituição Federal define quem é o contribuinte nos casos de DIFAL.

Acontece que em fevereiro de 2021, por meio da ADIN 5464, o STF decidiu pela inconstitucionalidade de algumas cláusulas do Convênio ICMS 93/2015. Esse convênio regulamenta a PEC 87/15, que instituiu o diferencial de alíquota nas operações e prestações interestaduais destinadas a NÃO contribuintes.

Para a Suprema Corte, o texto Constitucional só pode ser aplicado após edição de uma lei complementar federal. Buscando evitar insegurança jurídica, o STF decidiu que essa decisão passaria a ter efeitos a partir de 2022, salvo a cláusula do Convênio 93/2015 que estabelece a responsabilidade do recolhimento do DIFAL sobre operações e prestações interestaduais, quando o remetente é optante do Simples Nacional.

Buscando evitar perda de arrecadação para os estados, em 05 de janeiro de 2022, foi publicada a Lei Complementar 190/2022. Essa lei altera a Lei Kandir e estabelece normas gerais sobre o DIFAL. Como a referida lei não institui o DIFAL, pelo contrário, apenas estabelece normas gerais sobre o tema, ela não precisa obedecer ao princípio da anterioridade anual, melhor explicando, não precisa esperar o início do ano de 2023 para entrar em vigor. Então seus efeitos foram imediatos? Não, porque o artigo 3º da referida lei estabelece que a citada norma deve atender ao princípio constitucional da noventena, ou seja, só poderia ser cobrado o DIFAL após passados 90 dias da sua publicação.

Diante dessa situação, podemos concluir que o DIFAL só não foi cobrado durante três meses, que são os meses de janeiro a março de 2022.

Em síntese, a referida lei copia o texto constitucional na definição do sujeito passivo. Por conta disso, cabe ao **DESTINATÁRIO** pagar o DIFAL, quando este é contribuinte do ICMS, e ao **REMETENTE** pagar o DIFAL, quando o destinatário não é contribuinte do ICMS (parágrafo 2º do artigo 4º da Lei Kandir).

> Art. 4º (...)
>
> § 2º É ainda contribuinte do imposto nas operações ou prestações que destinem mercadorias, bens e serviços a consumidor final domiciliado ou estabelecido em outro Estado, em relação à diferença entre a alíquota interna do Estado de destino e a alíquota interestadual:
>
> I – o **destinatário** da mercadoria, bem ou serviço, na hipótese de contribuinte do imposto;
>
> II – o **remetente** da mercadoria ou bem ou o prestador de serviço, na hipótese de o destinatário não ser contribuinte do imposto.

Considerando que os contribuintes são os destinatários ou remetentes, dependendo do caso, o novo inciso V do artigo 11 da Lei Kandir estabeleceu que o local da cobrança será o estabelecimento do **DESTINATÁRIO,** quando esse é contribuinte do ICMS, e o estabelecimento do **REMETENTE**, quando o destinatário não é contribuinte.

> Art. 11 (...)
>
> V – tratando-se de operações ou prestações interestaduais destinadas a consumidor final, em relação à diferença entre a alíquota interna do Estado de destino e a alíquota interestadual:
>
> a) o do **estabelecimento do destinatário**, quando o destinatário ou o tomador for contribuinte do imposto;
>
> b) o do **estabelecimento do remetente** ou onde tiver início a prestação, quando o destinatário ou tomador não for contribuinte do imposto.

Veja, o local da cobrança pode ser no estado de destino ou no estado de origem, mas o DIFAL é sempre devido ao estado de destino. O parágrafo 7º da Lei Kandir regulamenta o DIFAL quando há uma remessa por conta em ordem.

> Art. 11 (...)
>
> § 7º Na hipótese da alínea "b" do inciso V do caput deste artigo, quando o destino final da mercadoria, bem ou serviço ocorrer em Estado diferente daquele em que estiver domiciliado ou estabelecido o adquirente ou o tomador, o imposto correspondente à diferença entre a alíquota interna e a interestadual será devido ao Estado no qual efetivamente ocorrer a entrada física da mercadoria ou bem ou o fim da prestação do serviço.

Vamos explicar isso por meio de um exemplo. Beta, empresa paulista, compra de Alfa, empresa mineira, e pede que Alfa leve a mercadoria para Delta, empresa capixaba, pois Delta usará a mercadoria para seu próprio consumo.

Nesse caso, segundo o parágrafo 7º do artigo 11 da Lei Kandir, será devido o DIFAL apenas ao Espírito Santo, mesmo porque o estabelecimento paulista não usou a mercadoria, pelo contrário, revendeu essa mercadoria. O DIFAL ocorrerá entre a operação de Beta para Delta, sendo devido ao Espírito Santo.

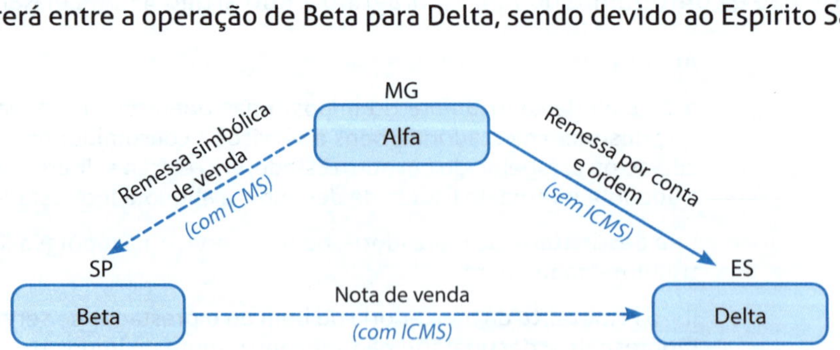

OBS: A seta tracejada representa uma nota fiscal sem circulação física de mercadoria.

Outro exemplo seria quando uma construtora paulista compra uma mercadoria do seu fornecedor mineiro e pede que ele entregue a mercadoria para sua obra no Espírito Santo. Onde foi entregue a mercadoria? Espírito Santo, né? Então o DIFAL será devido ao fisco capixaba.

Os incisos XV e XVI do artigo 12 da Lei Kandir tratam do aspecto temporal. Assim, na operação de mercadoria, o fato gerador do DIFAL ocorrerá na entrada do estabelecimento do destinatário quando o destinatário é contribuinte do ICMS, e na saída do estabelecimento remetente quando o destinatário não é contribuinte do ICMS.

> Art. 12 (...)
>
> XV – da entrada no território do Estado de bem ou mercadoria oriundos de outro Estado adquiridos por contribuinte do imposto e destinados ao seu uso ou consumo ou à integração ao seu ativo imobilizado;
>
> XVI – da saída, de estabelecimento de contribuinte, de bem ou mercadoria destinados a consumidor final não contribuinte do imposto domiciliado ou estabelecido em outro Estado.

O inciso IX do artigo 13 estabelece a base de cálculo do DIFAL quando o destinatário é não contribuinte. Pela alínea "b" desse dispositivo, a base de cálculo seria o valor da operação no estado de destino:

> Art. 13 (...)
>
> IX – nas hipóteses dos incisos XIII e XV do caput do art. 12 desta Lei Complementar:
>
> a) o valor da operação ou prestação no Estado de origem, para o cálculo do imposto devido a esse Estado;
>
> b) o valor da operação ou prestação no Estado de destino, para o cálculo do imposto devido a esse Estado;
>
> § 3º – No caso da alínea "b" do inciso IX e do inciso X do caput deste artigo, o imposto a pagar ao Estado de destino será o valor correspondente à diferença entre a alíquota interna do Estado de destino e a interestadual.
>
> § 6º Utilizar-se-á, para os efeitos do inciso IX do caput deste artigo:
>
> I – a alíquota prevista para a operação ou prestação interestadual, para estabelecer a base de cálculo da operação ou prestação no Estado de origem;
>
> II – a alíquota prevista para a operação ou prestação interna, para estabelecer a base de cálculo da operação ou prestação no Estado de destino.

Perceba que a alínea "a" determina a base de cálculo na saída interestadual, que será o valor da saída, com IPI, afinal a mercadoria não é destinada à comercialização ou industrialização. Já a alínea "b" trata da base de cálculo do DIFAL, que será o valor da operação no estado de destino.

Você deve estar querendo saber qual a diferença entre o valor da operação no estado de origem e no estado de destino. A diferença é que o ICMS integra a sua própria base de cálculo, assim, muitos estados, ao cobrarem a DIFAL, excluem o ICMS da operação interestadual e aplicam a sua alíquota interna, como determina o parágrafo 6º. Vamos ver com um exemplo numérico.

Gama, empresa catarinense, vendeu detergentes por R$ 40.000,00 para uma empresa, contribuinte do ICMS, situada no Pará, que usará os detergentes para limpar seu estabelecimento, ou seja, comprou para uso e consumo.

Cálculo do DIFAL:

Passo I –exclusão o ICMS interestadual

ICMS da operação interestadual = valor da mercadoria x alíquota

ICMS da operação interestadual = 40.000 x 7% = R$2.800,00.

Valor da Operação sem o ICMS Interestadual = valor da mercadoria – ICMS da operação interestadual

Valor da Operação sem o ICMS Interestadual = 40.000 – 2.800 = R$ 37.200,00.

Passo II incluir a alíquota interna

Utilizaremos a alíquota de 17% como alíquota interna.

Valor da Operação com o ICMS interno na base de cálculo = (Valor do passo I)/(1-alíquota interna)

Valor da Operação com o ICMS interno na base de cálculo = 37.200,00/(1-0,17) = R$44.819,17.

Passo III – aplicação da alíquota interna do estado de destino

Agora que temos nossa base de cálculo, devemos aplicar a alíquota interna sobre esse valor.

Valor do passo III = valor do passo II x alíquota interna.

Valor do passo III = R$44.819,17 x 0,17 = R$7.619,16.

Passo IV – calcula-se a diferença de alíquota

Valor devido de DIFAL= Valor do passo III – ICMS pago ao estado de origem

Valor devido de DIFAL = R$7.619,16 – R$2.800,00 = R$4.819,26.

Cabe esclarecer que há leis estaduais, como a do Pará e a de Minas Gerais, que fazem o cálculo dessa nova forma que é prevista na Lei Kandir. Há outras leis, como o Rio de Janeiro, que simplesmente pegam o valor da operação interestadual e aplicam a diferença de alíquota.

Nesse caso, como a alíquota interna é 17% e a interestadual é 7%, aplica-se a alíquota de 10% sobre o preço da saída, obtendo:

ICMS = 40.000 x 0,10 = R$4.000,00.

Assim, sempre fique atento(a) à lei do estado da sua prova, sabendo que se o cálculo for conforme a lei Kandir, deve adotar os cálculos feitos no primeiro exemplo numérico.

Já o inciso X do artigo 13 da Lei Kandir vai estabelecer a base de cálculo quando o destinatário é NÃO CONTRIBUINTE do ICMS. Nesse caso, a base de cálculo é o valor da operação ou o preço do serviço, enfim, o cálculo deveria ser aplicando a diferença de alíquota como o exemplo que encontramos R$4.000,00, mas há estados que exigem aqueles quatro passos, assim fique atento(a) à legislação do estado da sua prova.

> Art. 13 (...)
>
> X – nas hipóteses dos incisos XIV e XVI do caput do art. 12 desta Lei Complementar, o valor da operação ou o preço do serviço, para o cálculo do imposto devido ao Estado de origem e ao de destino.

Veja a diferença do cálculo do DIFAL com o cálculo do ICMS na entrada interestadual de energia elétrica e derivados de petróleo, pois quando se tratar dessas mercadorias, o ICMS devido será calculado pela multiplicação da base de cálculo pela alíquota interna do estado de destino. Afinal, para tais mercadorias, não se trata de diferencial de alíquota e sim da própria incidência do ICMS. Já no caso ora estudado, ou seja, demais mercadorias, desde que destinadas a uso e consumo ou ativo imobilizado, o ICMS devido será calculado pela multiplicação da base de cálculo pela diferença entre a alíquota interna do estado de destino e a alíquota interestadual.

Como exemplo prático temos a compra, para uso próprio, de duas mercadorias (gasolina e produtos de limpezas) por parte de um contribuinte do ICMS, localizado no Paraná. Suponhamos que as duas compras foram adquiridas pelo valor de mil reais e os vendedores são empresas comerciais situadas em estados diferentes do adquirente da compra. Quanto de ICMS é devido?

Para efeitos meramente didáticos, consideraremos a alíquota interna das duas mercadorias de 18% e o cálculo simplificado do DIFAL, ou seja, apenas com a aplicação da diferença de alíquota sobre o preço de venda.

A base de cálculo nos dois casos é de R$1.000,00, no entanto, na compra da gasolina, haverá a aplicação da alíquota ad rem estipulada pelo Convênio Confaz por litro, sendo que todo o valor do ICMS devido será pago ao fisco paranaense, como visto no estudo do ICMS monofásico. Já nos produtos de limpeza, multiplicaremos a base de cálculo pela diferença das alíquotas interna (18%) e interestadual (12%), logo o ICMS devido será de R$60,00 (1.000 × 0,06).

- **Situação 1**

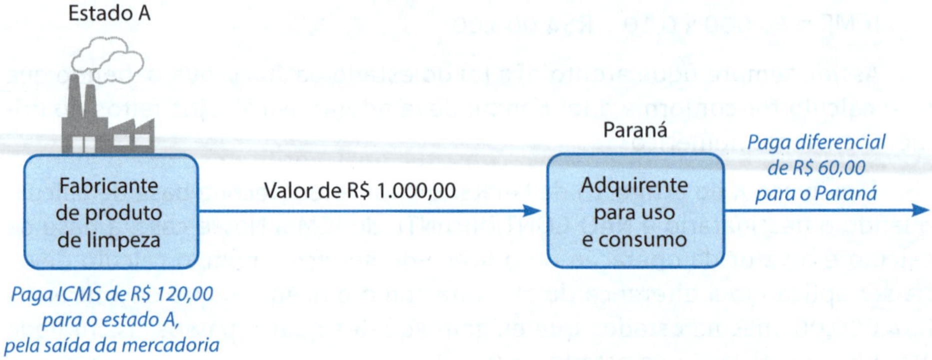

- **Situação 2**

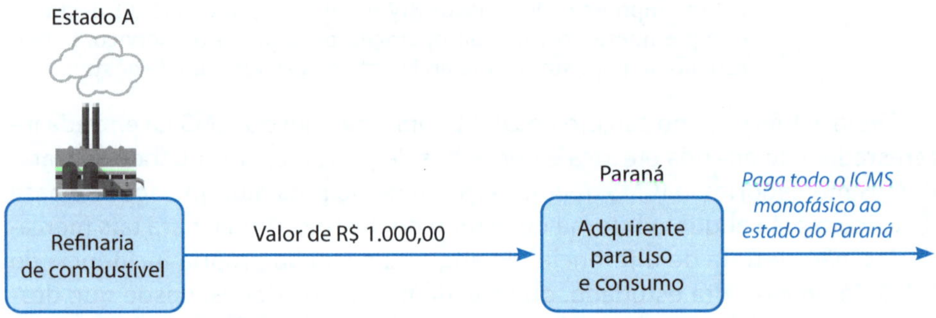

Você deve estar se perguntando: "E se o remetente for do Simples Nacional, qual será o diferencial de alíquota?" Nada muda, apesar de o remetente pagar o ICMS com um percentual menor ou igual a 4%, para fins de cálculo será considerado que ele pagou o mesmo ICMS que outra empresa não remetente do simples pagaria.

Ok, mas e se o destinatário for do Simples Nacional? Bem, isso será explicado quando estudarmos o Simples Nacional.

Por fim, antes de encerrarmos essa forma de incidência de ICMS, devemos voltar à já citada Emenda Constitucional nº 33/01, que inseriu no artigo 155 da Constituição Federal o seguinte parágrafo:

> "§ 4º Na hipótese do inciso XII, h, observar-se-á o seguinte:
>
> I – nas operações com os lubrificantes e combustíveis derivados de petróleo, o imposto caberá ao Estado onde ocorrer o consumo;

> II – nas operações interestaduais, entre contribuintes, com gás natural e seus derivados, e lubrificantes e combustíveis não incluídos no inciso I deste parágrafo, o imposto será repartido entre os Estados de origem e de destino, mantendo-se a mesma proporcionalidade que ocorre nas operações com as demais mercadorias;
>
> III – nas operações interestaduais com gás natural e seus derivados, e lubrificantes e combustíveis não incluídos no inciso I deste parágrafo, destinadas a não contribuinte, o imposto caberá ao Estado de origem".[16]

Pela leitura desse dispositivo constitucional, verificamos que o inciso III tem norma em sentido contrário ao novo texto dos incisos VII e VIII do artigo 155 da nossa Lei Maior. Então fica a pergunta: quando for instituído o ICMS monofásico, no caso das operações interestaduais de gás natural e seus derivados e lubrificantes e combustíveis não derivados do petróleo, destinadas a não contribuintes, aplicarei qual dispositivo constitucional?

Quando vier a ser instituído o ICMS monofásico pela Lei Complementar, previsto na alínea "h" do inciso XII do §2º da Constituição Federal, deveremos aplicar, nas operações interestaduais destinadas a não contribuintes, a alíquota do estado de origem, com esse recebendo todo o ICMS da operação, conforme a norma constitucional específica, ou seja, o §4º do artigo 155.

2.6.11. Na entrada em estabelecimento de contribuinte sujeito às normas do Regime Especial Unificado de Arrecadação de Tributos e Contribuições devidos pelas Microempresas e Empresas de Pequeno Porte – "Simples Nacional", de mercadorias, oriundas de outro estado

A Constituição Federal, na alínea "d" do inciso III do artigo 146, afirma que cabe a Lei Complementar estabelecer tratamento diferenciado a microempresas e empresas de pequeno porte. O artigo 179 da nossa Lei Maior também menciona o tratamento simplificado dado às obrigações tributárias a essas micros e pequenas empresas.

Estudaremos com mais detalhes a forma de recolhimento das empresas optantes pelo Simples Nacional em um capítulo específico. Por enquanto, cabe ao leitor saber apenas duas coisas: primeiramente, que há uma forma de incidência na entrada interestadual de mercadorias adquiridas por empresas do Simples Nacional. A outra informação é que o nome Simples se refere apenas à forma de recolhimento que essas empresas realizam, porque as

---

16. BRASIL. Constituição (1988). Emenda Constitucional nº 33, de 11 de dezembro de 2001. Dá nova redação ao art. 155 da Constituição Federal, alterando incisos. Brasília, DF: Senado Federal, 2001.

obrigações acessórias estão longe de serem simples, conforme o nome sugere, ao ponto de exigir um capítulo específico neste trabalho.

Aliás, alguns profissionais do ramo o chamam de "Complicado Nacional", porque não é nem um pouco simples para quem precisa o calcular (contabilistas) e fiscalizar (você, futuramente).

2.6.12. Extração do ouro quando não definido como ativo financeiro ou instrumento cambial

Quando fizemos o breve histórico do ICMS no Brasil, falamos que com a Constituição de 1988 as operações com combustíveis, energia elétrica e minerais que antes estavam no campo de incidência dos impostos federais passaram para a incidência do novo imposto estadual, o ICMS.

Antes de 1988, sobre operações com ouro incidia o IUM, Imposto Único sobre Minerais, de competência da União. Na nova Constituição, a alínea "c" do inciso X do §2º do artigo 155 deixou claro que quando o ouro for definido como ativo financeiro ou instrumento cambial, nos termos da lei, não sofrerá a incidência do ICMS, logo, operações com ouro só estarão no campo de incidência do ICMS quando o ouro não for definido como ativo financeiro ou instrumento cambial.

> "Art. 155. Compete aos Estados e ao Distrito Federal instituir impostos sobre:
>
> (...)
>
> § 2º O imposto previsto no inciso II atenderá ao seguinte:
>
> (...)
>
> X – Não incidirá:
>
> (...)
>
> c) sobre o ouro, nas hipóteses definidas no art. 153, § 5º."

O único momento que a Lei Kandir trata de operações com ouro é na definição do aspecto espacial da regra matriz de incidência. O objetivo do legislador com a edição da alínea "h" do inciso I do artigo 11 da Lei Kandir foi proteger o estado detentor do território onde ocorreu a extração desse mineral. Dessa forma, foi colocado como local da cobrança (aspecto espacial) o do estado onde o ouro tenha sido extraído.

> "**Art. 11.** O local da operação ou da prestação, para os efeitos da cobrança do imposto e definição do estabelecimento responsável, é:
>
> I – tratando-se de mercadoria ou bem:
>
> (...)

> h) o do Estado de onde o ouro tenha sido extraído, quando não considerado como ativo financeiro ou instrumento cambial;
>
> (...)
>
> § 2º Para os efeitos da alínea h do inciso I, o ouro, quando definido como ativo financeiro ou instrumento cambial, deve ter sua origem identificada."

O §2º do artigo 11 da Lei Complementar 87/96 dispõe que para o ouro ser definido como ativo financeiro ou instrumento cambial deve ter sua origem identificada. Portanto, podemos concluir que caso o ouro não tenha a origem identificada, não estará sujeito à incidência do IOF e o local da saída (aspecto espacial) será o local da cobrança do ICMS, conforme a regra matriz do ICMS na circulação de mercadorias.

Antes de começarmos a exemplificar, cabe um esclarecimento. O texto da alínea "h", inciso I do artigo 11 da Lei Kandir não foi muito feliz. Há legislações estaduais, como as do Ceará, Goiás e São Paulo, que deixam claro que o local da cobrança é o do estado onde o ouro foi extraído quando ele deixar de ser ativo financeiro ou instrumento cambial. Como exemplo, segue a alínea "d" do inciso I do artigo 36 do RICMS/SP:

> "**artigo 36** – O local da operação ou da prestação, para efeito de cobrança do imposto e definição do estabelecimento responsável, é:
>
> I – tratando-se de mercadoria ou bem:
>
> d) o da extração do ouro, ainda que em outro Estado, relativamente à operação em que deixar de ser considerado ativo financeiro ou instrumento cambial;"

Com esse texto fica claro que o local da cobrança será o do estado da extração no instante em que o ouro deixar de ser considerado ativo financeiro ou instrumento cambial, ainda que esse mineral seja negociado em outro estado. E nos momentos seguintes? Seguirá a regra matriz das demais mercadorias.

Vamos exemplificar, com cinco exemplos que serão em cadeia, ou seja, o ouro usado no primeiro exemplo é o mesmo dos outros quatro exemplos.

Exemplo 1: Empresa de garimpo do Pará faz extração de ouro no seu estado. O mineral extraído é vendido em barras para servir como ativo financeiro (assim, subentende-se que a barra tem a origem identificada) para uma empresa no Maranhão. A quem cabe o ICMS? A ninguém, pois essa operação é imune, só será tributada pelo IOF.

Exemplo 2: A empresa do Maranhão do exemplo anterior, após aumentar seu ativo, vende a barra de ouro para uma empresa de Sergipe, que usará o mineral adquirido como ativo financeiro. Há incidência de ICMS? Não, pois mesmo que haja diversas vendas do ouro como ativo financeiro, todas as operações serão imunes ao ICMS.

Exemplo 3: Após um tempo com o mineral, a empresa sergipana vende o ouro para uma joalheria do Distrito Federal, que usará a mercadoria como matéria-prima para alianças, colares e outras joias. A quem cabe o ICMS? Ao estado da extração, ou seja, ao Pará. Perceba que foi exatamente nesse momento que o ouro deixou de ser ativo financeiro ou instrumento cambial e passou a ser mercadoria (matéria-prima), então é apenas nesse instante (único momento) que obedecemos à regra da alínea "h" do inciso I do artigo 11 da Lei Kandir.

Exemplo 4: Após derreter o ouro e produzir alianças e colares, a joalheria da capital federal vendeu o produto resultante para consumidores finais, lá no Distrito Federal. A quem cabe o ICMS? Ao Distrito Federal. O ouro foi a matéria-prima, mas agora foi vendido o produto resultante e a regra do local da extração só é aplicada no primeiro momento em que o ouro deixa de ser ativo financeiro ou instrumento cambial. Após esse momento, aplica-se a regra matriz de incidência das demais mercadorias.

Exemplo 5: A joalheria de Brasília transferiu barras de ouro não derretidas para sua filial no Amapá. A quem cabe o ICMS? Ao Distrito Federal. Apesar de ter sido vendido o mineral ouro, não foi nesse momento que ele deixou de ser ativo financeiro ou instrumento cambial. Assim, o ouro obedece à regra geral como qualquer outra mercadoria. O único momento que o ouro cabe ao estado da extração é quando ele deixa de ser ativo financeiro ou instrumento cambial, que nos nossos cinco exemplos só houve no terceiro caso.

Então antes de definirmos se incide ou não o ICMS, surge a seguinte pergunta: o ouro servirá como mercadoria ou será adquirido para especulação financeira ou como instrumento de câmbio? Nesse segundo caso, o único imposto que irá incidir sobre o ouro, desde que tenha sua origem identificada, será o IOF, estando imune ao imposto estadual. Contudo, quando o objetivo do ouro for servir como mercadoria, dois exemplos são a venda do ouro para fabricação de uma aliança e a venda do ouro para servir como material dentário, seu tratamento será de mercadoria, logo, submetido à incidência do ICMS.

Por fim, cabe um último exemplo: garimpeiros aparecem no estado de Santa Catarina para vender barras de ouro sem identificação da origem. Alguns compradores usarão como matéria-prima, outros alegarão que irão usar como instrumento cambial. Incide o ICMS sobre tudo? Sim, pode ter certeza que ninguém usará como instrumento cambial o que não tem origem identificada. E a quem caberá o ICMS? Sem origem identificada, aplica-se a regra das demais mercadorias, então o ICMS caberá ao estado onde ocorreu a operação, ou seja, Santa Catarina.

Esse último exemplo serve para alertar que toda vez que o examinador falar em ouro para ativo financeiro ou instrumento cambial (sem falar em identificação), considera-se que ele está identificado, portanto, é imune ao ICMS. Do contrário, esse mineral não poderá ser utilizado para esses fins.

2.6.13. Desembarque do produto, na hipótese de captura de peixes, crustáceos e moluscos

Imagine a seguinte situação: uma empresa pesqueira sul mato-grossense, com barco licenciado no Ceará, captura peixes navegando em águas maranhenses. Entra no Rio Amazonas e desembarca esse pescado em Manaus. A quem cabe o ICMS? A resposta está na alínea "i" do inciso I do artigo 11 da Lei Kandir. O local da cobrança (aspecto espacial) é o do desembarque do produto, então o imposto cabe ao fisco do Amazonas. E quem seria o sujeito passivo da obrigação? Vejamos.

> "Art. 11. O local da operação ou da prestação, para os efeitos da cobrança do imposto e definição do estabelecimento responsável, é:
>
> I – tratando-se de mercadoria ou bem:
>
> (...)
>
> i) o de desembarque do produto, na hipótese de captura de peixes, crustáceos e moluscos;
>
> (...)
>
> § 3º Para efeito desta Lei Complementar, estabelecimento é o local, privado ou público, edificado ou não, próprio ou de terceiro, onde pessoas físicas ou jurídicas exerçam suas atividades em caráter temporário ou permanente, bem como onde se encontrem armazenadas mercadorias, observado, ainda, o seguinte:
>
> (..)
>
> III – considera-se também estabelecimento autônomo o veículo usado no comércio ambulante e na captura de pescado;"

Primeiramente, cabe frisar que muitas legislações estaduais costumam diferir (substituição tributária das operações antecedentes) o ICMS nas operações com peixes, mas esse assunto será tratado em capítulo específico. Já a resposta para a questão do sujeito passivo, encontramos no inciso III do §3º do mesmo artigo 11 da referida lei, pois se considera também estabelecimento autônomo o veículo usado no comércio ambulante e na captura de pescado. Portanto, o sujeito passivo será o proprietário do barco, ou seja, a empresa sul-mato-grossense.

E no caso de o pescado ser capturado em águas internacionais ou na costa marítima de outro país? Pouco importa, o ICMS será cobrado no local do desembarque e seu elemento temporal será o momento do desembarque.

CAPÍTULO III

REGRA MATRIZ DE INCIDÊNCIA NAS PRESTAÇÕES DE SERVIÇOS

Já estudamos que o ICMS tem uma diversidade de formas de incidência (operações com mercadorias e prestações de serviços de transporte e de comunicação). Devido a essa diversidade, para fins didáticos, preferimos dividir o estudo da regra matriz de incidência em operações de mercadorias (capítulo anterior) e prestações de serviços (capítulo atual).

Lembre o ICMS é um imposto só, essa divisão é meramente didática.

No capítulo anterior, comentamos que a nossa Constituição estabeleceu, no artigo 155, inciso II, a possibilidade dos estados e Distrito Federal instituírem o ICMS:

> "**Art. 155**. Compete aos Estados e ao Distrito Federal instituir impostos sobre:
>
> (...)
>
> II – **operações** relativas à **circulação** de **mercadorias** e sobre **prestações** de serviços de **transporte interestadual e intermunicipal e de comunicação, ainda que as operações e as prestações se iniciem no exterior**; (grifo nosso)"

Na ocasião, mencionamos que toda vez que você vir o legislador, um doutrinador ou até mesmo o examinador escrever "operações", eles estão se referindo à circulação de mercadorias. Por outro lado, sempre que você ler "prestações", entenda que esse termo se refere a serviços. Sugerimos que memorize essa regrinha, resumida logo a seguir, porque essas expressões podem confundi-lo em questões de prova.

Operações ⟶ Circulação de mercadorias

Prestações ⟶ Serviços de transporte e de comunicação

3.1. PREVISÃO CONSTITUCIONAL DE INCIDÊNCIA DO ICMS NO SERVIÇO DE TRANSPORTES

Pela leitura do texto constitucional, verificamos que o ICMS só incide nas prestações de serviços de transporte interestadual ou intermunicipal.

As prestações de serviço de transporte podem ser: intramunicipal (dentro do mesmo município), sujeito à incidência somente do ISS. As prestações intermunicipais (municípios diferentes, mas dentro do mesmo estado), sujeitas somente ao ICMS. As prestações interestaduais (entre estados diferentes), serviços que também sofrem incidência exclusiva do ICMS. Por fim, as prestações de serviço de transporte internacionais (entre países), que estão fora da incidência do ICMS.

Vamos analisar melhor a não incidência sobre os serviços de transporte internacional por meio de perguntas e respostas. O transporte de Roraima para a Venezuela é internacional, não é? Então está fora do campo de incidência. E o transporte da Venezuela para Roraima? Também é internacional, logo, também, está fora do campo de incidência do ICMS, porque o transporte internacional não consta no inciso II do artigo 155 da Constituição Federal. Pense o seguinte: o constituinte apenas escreveu "intermunicipal e interestadual" e não escreveu "internacional", logo ele não quis a incidência sobre esse tipo também. Enfim, não há ICMS sobre serviços de transporte internacional, seja ele iniciado ou encerrado aqui no país.

SERVIÇO DE TRANSPORTE	DE ONDE PARA ONDE	REGRA DE INCIDÊNCIA
Intramunicipal	dentro do mesmo município	Incide ISS
Intermunicipal	municípios diferentes no mesmo estado	Incide ICMS
Interestadual	estados diferentes	Incide ICMS
Internacional	países diferentes	Não incidência

Só com essa tabela em mente você já acerta algumas questões de concursos:

1 (Procurador Jurídico – Prefeitura de Bauru/VUNESP-2018) A prestação de serviço de transporte coletivo intramunicipal de passageiros por empresa pública constitui, em tese, hipótese de incidência do seguinte tributo:

a) ISS – Imposto sobre Serviços de Qualquer Natureza.

b) ICMS – Imposto sobre Circulação de Mercadorias e Serviços.

c) Contribuição de Melhoria.

d) CIDE – Contribuição de Intervenção no Domínio Econômico.

e) Contribuição para o custeio de serviço de transporte público.

Comentário: *Se você entendeu a tabela anterior, certamente você acertou a questão, pois o serviço de transporte intramunicipal, seja de cargas ou de passageiros, está no campo de incidência do ISS.*

Resposta: A

3.2. PREVISÃO CONSTITUCIONAL DE INCIDÊNCIA DO ICMS NO SERVIÇO DE COMUNICAÇÃO

O constituinte originário colocou dentro do campo de incidência do ICMS qualquer serviço de comunicação, não interessa se intramunicipal, intermunicipal, interestadual ou internacional (envolvendo, o Brasil, claro), mas posteriormente a Lei Kandir (artigo 2º, inciso III) restringiu o campo de incidência somente para as prestações **onerosas** de serviço de comunicação, ou seja, prestações cobradas, excluindo as gratuitas.

Cabe comentarmos a última parte do texto constitucional: "ainda que as prestações se iniciem no exterior". Por tudo que já foi falado neste capítulo, podemos concluir que o ICMS não incide no serviço de transporte iniciado no exterior e terminado no Brasil, nem o contrário. É um serviço de transporte internacional, logo está fora do campo de incidência do ICMS, porque a CF inseriu expressamente em seu texto que os serviços de transporte sujeitos ao ICMS devem ser os intermunicipais ou interestaduais. Consequentemente, concluímos que o trecho "ainda que as prestações se iniciem no exterior" da nossa Constituição refere-se, apenas, aos serviços de comunicação destinados ao Brasil.

Vamos entender essa diferença por meio de um exemplo. Pense em um parente seu, como um irmão, que viajou para a Disney e resolveu fazer uma ligação a cobrar de Orlando para você, dizendo que você precisa conhecer a Disney depois que passar em seu concurso. Muito legal seu irmão, família de concurseiro ajuda bastante realmente, porque além de matar você de inveja, ainda vai acrescentar uma ligação internacional à sua conta de telefone, e com ICMS sobre ela. Se ele pegasse um ônibus de lá para cá, talvez chegasse depois de sua aprovação e não haveria ICMS sobre o serviço de transporte, por ser internacional.

3.3. EXEMPLOS DOS ELEMENTOS DA REGRA MATRIZ DE INCIDÊNCIA NAS PRESTAÇÕES DE SERVIÇOS

Trataremos agora das formas de incidência sobre prestações de serviços previstas na Lei Kandir.

3.3.1. Prestação de serviços de transporte interestadual e intermunicipal, por qualquer via, de pessoas, bens, mercadorias ou valores

> "Art. 2º O imposto incide sobre:
>
> II – prestações de serviços de transporte interestadual e intermunicipal, por qualquer via, de pessoas, bens, mercadorias ou valores;"

Antes de iniciarmos a discorrer sobre a regra matriz de incidência do ICMS na hipótese de prestação de serviços de transportes, precisamos entender quem são os sujeitos existentes no momento da prestação deste serviço.

Em regra, o serviço de transportes de **coisas** (cargas) tem três sujeitos: o transportador, que é aquele que transporta de um lugar para outro a coisa; o remetente, que é aquele que remete ou envia o objeto que será transportado e o destinatário, que será o sujeito que receberá o bem ou a mercadoria.

Geralmente, quem contratou a transportadora para realizar essa prestação de serviço foi o remetente ou o destinatário. Aquele que fez a contratação é chamado de tomador de serviço, que com o transportador formam as partes do contrato civil de serviço de transporte. E se a transportadora faz carga para si própria, quem é o tomador? Nesse caso não há prestação de serviço de transporte, logo não há fato gerador do ICMS (STJ REsp 29.135/SC) Memorize: transporte para si próprio não é serviço de transporte.

Já no transporte de **passageiros**, que é um contrato de adesão, a pessoa física que será transportada é quem vai contratar o transportador, sendo ao mesmo tempo tomador e transportado. Pode também um pai (tomador) contratar um transportador para realizar o transporte do filho (transportado). Não se confunde com transportes de pessoas, no qual uma pessoa jurídica (tomadora) contrata o prestador de serviço para transportar seus empregados (transportados). Essa distinção entre transportes de pessoas e passageiros não é utilizada pelo Código Civil, mas será importante no momento do estudo do capítulo sobre Documentos Fiscais.

3.3.1.1. Aspecto material

Após esses conceitos preliminares sobre o serviço de transportes, podemos definir os elementos da regra matriz de incidência do ICMS. O aspecto material é a prestação de serviço de transportes quando destinado a um município diferente da origem, sem se destinar ao exterior.

Como falamos no início do capítulo, tanto o transporte intramunicipal como o internacional estão fora do campo de incidência do ICMS, afinal sobre o transporte intramunicipal incide o ISS e o transporte internacional está fora do campo de incidência do imposto estadual.

A intenção do legislador infraconstitucional era fazer incidir o ICMS independente do serviço de transporte ser de cargas ou passageiros e pouco importando o meio de transporte (modal) (rodoviário, aéreo, marítimo, ferroviário ou etc.). Seu intuito foi tributar qualquer serviço de transporte dentro do Brasil, com início e fim em municípios diferentes.

Isso ficou apenas na vontade, pois em 2012 o STF julgou procedente a ADIN 1.660, declarando a inconstitucionalidade da cobrança de ICMS nos transportes aéreos de passageiros. A Suprema Corte em síntese decidiu que a cobrança do ICMS só seria possível após a publicação de uma Lei

Complementar que atendesse tal caso específico. Curioso foi que, dois anos após a publicação desse acórdão, o Supremo Tribunal Federal decidiu pela improcedência da ADIN 2.669 e julgou constitucional a cobrança do imposto estadual no transporte rodoviário de passageiros, mesmo não havendo publicação de lei complementar específica.

E agora, e se perguntarem em prova se incide ICMS nos transportes aéreos de passageiros? Se a pergunta for genérica, diga que não, pois o STF decidiu, por meio de ADIN, que tem efeito vinculante. Agora, se perguntarem "à luz da LC 87/96", responda que incide, siga o texto legal.

Não foi apenas a incidência do transporte de passageiros que foi afetada pela jurisprudência dos Tribunais Superiores, o transporte de cargas também foi afetado. Em abril de 2021, o STJ editou a Súmula 649 com o seguinte texto: "Não incide ICMS sobre serviço de transporte interestadual de mercadorias destinadas ao exterior".

Esta Súmula será mais bem explicada no capítulo sobre não incidência do ICMS, por enquanto memorize que, segundo o STJ, se a prestação de transporte for INTERESTADUAL e o objeto transportado for uma MERCADORIA DESTINADA AO EXTERIOR, então não haverá incidência de ICMS (veremos que as legislações e decisões antigas do STF determinam o contrário).

Notamos pela leitura do inciso II do artigo 2ª da Lei Kandir, que o legislador não exigiu que fosse onerosa (remunerada) a prestação de serviço de transporte, como fez no serviço de comunicação.

Isto decorre do próprio conceito do direito das obrigações, expresso no artigo 730 do Código Civil, pois para existir serviço de transporte esse contrato tem de ser oneroso, jamais gratuito. Assim, concluímos que se alguém levou uma mercadoria de um município ao outro e nada cobrou, não houve prestação de serviço de transporte, logo não há incidência do imposto estadual.

> "**Art. 730.** Pelo contrato de transporte alguém se obriga, mediante **retribuição**, a transportar, de um lugar para outro, pessoas ou coisas." (grifo nosso)

Ocorre que, ao elaborar a Lei Kandir, o legislador não se preocupou com o conceito civilista sobre serviço de transportes e criou o seguinte dispositivo:

> "**Art. 16.** Nas prestações sem preço determinado, a base de cálculo do imposto é o valor corrente do serviço, no local da prestação."

Ora, se não existe serviço de transporte gratuito e os serviços gratuitos de comunicação estão fora do campo de incidência do ICMS, então esse artigo só tem utilidade prática quando houver fornecimento de mercadorias com prestação de serviços não compreendidos na competência tributária dos municípios. Nesse caso, aplicaremos para a definição da base de cálculo do serviço prestado com mercadoria quando o prestador não estipulou preço no serviço.

Acontece que muitos legisladores estaduais ignoram o conceito civilista e definem o transporte de maneira diferente, sem exigir a remuneração. Os examinadores seguem essa regra e aplicam o artigo 16 para o serviço de transporte.

Assim, se perguntarem qual a base de cálculo na prestação de serviço sem preço, responda: o valor corrente do serviço no local da prestação.

Vamos esquentar com uma questão:

(Analista da Receita Estadual-SC/FCC-2021) No caso de prestação onerosa de serviço de transporte interestadual de carga, sem preço determinado, iniciada no Estado de Santa Catarina, a base de cálculo do ICMS, prevista na Lei no 10.297, de 26 de dezembro de 1996,

a) compreende o valor previsto na tabela nacional de frete, peso-distância, publicado por órgão federal competente, acrescido do montante devido a título de seguro, pedágio e diárias.

b) é o valor corrente do serviço, no local da prestação.

c) compreende o valor mensal cobrado ou pago ao transportador, à razão de um trinta avos por mês, acrescido das tarifas ou taxas de pedágio, inspeção federal e liberação de mercadoria em posto de fronteira interestadual, referentes à mercadoria transportada.

d) é o valor corrente do serviço, no Estado de Santa Catarina, no mês anterior ao da ocorrência do fato gerador, divulgado pela Secretaria de Estado da Fazenda.

e) é o valor correspondente a um cinquenta avos do valor da carga transportada.

Comentário: *Essa questão exige a literalidade do artigo 16 da Lei Kandir, embora saibamos que não incide ICMS sobre serviço de transporte gratuito, responda o que o examinador quer ler, diga que no serviço de transporte sem preço a base de cálculo é o valor corrente do serviço no local da prestação.*

Resposta: B

3.3.1.2. Aspectos temporal e espacial

O elemento temporal é o instante do início da prestação do serviço, conforme estabelecido no inciso V do Artigo 12 da Lei Kandir. Abstrai-se da leitura da alínea "a" do inciso II do artigo 11 da Lei Complementar 87/96 que o elemento espacial é o local do início da prestação de serviço.

> "Art. 12. Considera-se ocorrido o fato gerador do imposto no momento:
>
> (...)
>
> V – do início da prestação de serviços de transporte interestadual e intermunicipal, de qualquer natureza;"

> "Art. 11. O local da operação ou da prestação, para os efeitos da cobrança do imposto e definição do estabelecimento responsável, é:
>
> (...)
>
> II – tratando-se de prestação de serviço de transporte:
>
> a) onde tenha início a prestação;
>
> b) onde se encontre o transportador, quando em situação irregular pela falta de documentação fiscal ou quando acompanhada de documentação inidônea, como dispuser a legislação tributária;"

Algumas dúvidas logo surgem quando lemos esse dispositivo do aspecto espacial. Para dirimir essas dúvidas podemos utilizar o seguinte caso concreto: uma transportadora pernambucana foi contratada, por uma empresa alagoana para realizar um transporte de cargas de Maceió a Recife. Se o transporte for realizado diretamente da origem ao destino, não temos dúvida que o local da cobrança do ICMS é o do início da prestação de serviço, logo o imposto estadual cabe ao fisco alagoano.

Agora, e se esse transportador levar a mercadoria até a belíssima Porto de Galinhas/PE e de lá contrata outro transportador para realizar o frete até Recife? Primeiramente, cabe conceituar que o serviço de transporte no qual um transportador contrata outro para realizar parte do trajeto, chama-se redespacho. Nesse caso, o ICMS incidirá sobre cada um dos trechos, sendo que no primeiro (Maceió a Porto de Galinhas) o ICMS será devido ao fisco alagoano; já no segundo (Porto de Galinhas a Recife), o imposto será recolhido ao cofre pernambucano, pois nesse estado foi iniciado o frete do segundo trecho. Mais detalhes sobre o redespacho será tratado em capítulo futuro.

- **Situação 1**

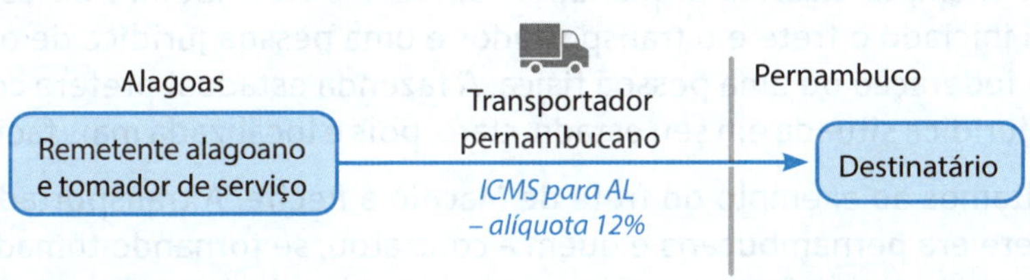

- **Situação 2**

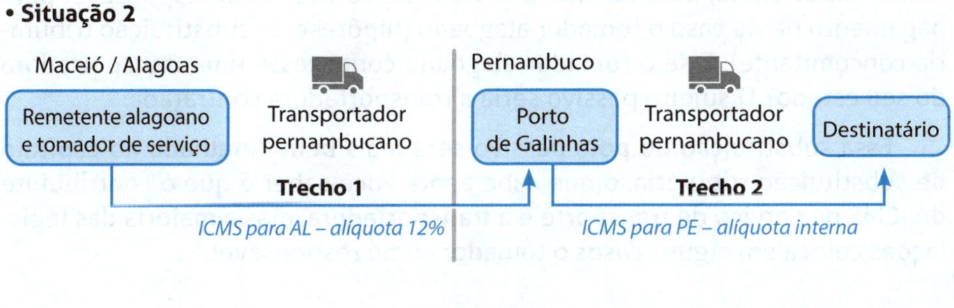

Veja como isso é cobrado em prova:

(AFFE-PI/FCC-2015) Considere as prestações de serviço de transporte a seguir indicadas, referentes a mercadorias a serem revendidas pelo destinatário:

I. transportadora do Piauí é contratada por empresa da Bahia para retirar mercadorias em Fortaleza – CE e levar até Salvador – BA.

II. transportadora de Minas Gerais retira mercadorias no Piauí e entrega em Belo Horizonte – MG, contratada por empresa mineira.

III. transportadora de Minas Gerais retira mercadorias no Piauí e entrega em Belo Horizonte – MG, contratada por empresa piauiense.

A unidade federativa competente para cobrar o ICMS nas situações I, II e III, respectivamente, é

a) Ceará, Piauí e Piauí.

b) Ceará, Minas Gerais e Piauí.

c) Bahia, Minas Gerais e Minas Gerais.

d) Piauí, Minas Gerais e Piauí.

e) Piauí, Minas Gerais e Minas Gerais.

Comentário: *Definindo o local da cobrança, determinaremos o sujeito ativo da obrigação tributária. Pelo artigo 11, inciso I, alínea "a" da Lei Kandir o local da cobrança é onde iniciou o serviço de transporte, ou seja, I- Ceará e II e III – Piauí. Resposta: A*

3.3.1.3. Aspecto pessoal

Quanto ao elemento pessoal, o sujeito ativo é o estado onde se iniciou a prestação de serviço, enquanto que o sujeito passivo é a pessoa que presta o serviço de transporte com habitualidade ou intuito comercial, ou seja, o transportador. Ocorre que a maioria das legislações estaduais coloca em alguns casos o tomador de serviço como responsável pelo recolhimento do imposto.

Um exemplo clássico é quando o tomador é contribuinte do estado no qual foi iniciado o frete e o transportador é uma pessoa jurídica de outro estado da federação ou uma pessoa física. A fazenda estadual prefere cobrar da pessoa jurídica situada em seu estado, claro, pois é localizada mais facilmente.

Voltamos ao exemplo do frete de Maceió a Recife. A transportadora que fez o frete era pernambucana e quem a contratou, se tornando tomador, foi o remetente alagoano. Por que o fisco alagoano cobraria da transportadora pernambucana? Então, para facilitar sua vida, ele coloca como responsável pelo pagamento nesse caso o tomador alagoano (hipótese de substituição tributária concomitante). E se o tomador alagoano contratasse uma transportadora do seu estado? O sujeito passivo seria a transportadora contratada.

Essa substituição do polo passivo será mais bem detalhada no capítulo de substituição tributária, o que cabe agora você saber é que o contribuinte do ICMS no serviço de transporte é a transportadora, mas a maioria das legislações coloca em alguns casos o tomador como responsável.

E se perguntarem em prova quem é o contribuinte no serviço de transporte? Sempre responda que é o transportador. A resposta só poderá ser outra quando perguntarem o responsável. Cuidado com essa armadilha.

3.3.1.4. Aspecto dimensional ou quantitativo

A base de cálculo é o valor do preço do serviço prestado (artigo 13, inciso III da Lei Kandir). Aplica-se no caso de reajuste de preço na prestação de serviço o §5º do artigo 13, para relembrar essa aplicação remetemos o leitor ao item 2.6.1.4 deste livro.

> "Art. 13. A base de cálculo do imposto é:
>
> (...)
>
> III – na prestação de serviço de transporte interestadual e intermunicipal e de comunicação, o preço do serviço;"

Como o aspecto dimensional é a base de cálculo multiplicada pela alíquota, faremos um breve comentário sobre a alíquota, usando o exemplo da viagem de Maceió a Recife.

No primeiro caso, frete direto da origem ao destino, devemos aplicar a alíquota interestadual (12%), pois o frete iniciou-se em Alagoas e terminou em Pernambuco. Já no segundo caso (redespacho), sobre o trecho (Maceió a Porto de Galinhas/PE), aplica-se a alíquota interestadual. Na outra perna (Porto de Galinhas/PE a Recife), a alíquota cobrada será a interna estabelecida pela Assembleia Legislativa Pernambucana.

Cabe mencionarmos que a alíquota no transporte aéreo de passageiros, cargas e malas é de 4%, estabelecida pela Resolução do Senado Federal nº 95/96. No entanto, essa norma não tem efeito prático no transporte aéreo de passageiro, devido à já comentada ADIN 1.660. Porém, essa alíquota tem efeito prático no transporte de cargas e malas.

Por fim, se encontrarmos um transporte de mercadorias ou passageiros sem emissão de documento fiscal ou acompanhado de documento inidôneo, o local da cobrança será onde for encontrado o transportador, conforme alínea "b" do inciso II do artigo 11 da Lei Kandir.

Perceba, estamos falando de serviço de transporte encontrado sem documento fiscal e não de mercadoria sem nota fiscal. Se o transportador transporta uma mercadoria com nota fiscal, mas não emite o conhecimento de transporte sobre o serviço prestado, então em relação à mercadoria está tudo certo, já o serviço de transporte estará desacobertado de documento, devendo o transportador ser o responsável pelo ICMS desse serviço sem documentação fiscal (você ainda aprenderá sobre documentos fiscais em um capítulo específico).

Note que há dois fatos geradores: serviço de transporte e circulação de mercadorias. Se sobre a operação de mercadorias o imposto está correto, não podemos falar o mesmo do imposto sobre o serviço de transporte, que está desacompanhado de nota fiscal.

A base de cálculo será arbitrada pelo fisco por critérios definidos na legislação. O momento do fato gerador é aquele em que a mercadoria foi encontrada e o próprio flagrante caracteriza o aspecto material.

Este arbitramento obedecerá ao disposto no artigo 18 da Lei Kandir, já comentado no item 2.6.1.7, que reproduzimos a seguir:

> "Art. 18. Quando o cálculo do tributo tenha por base, ou tome em consideração, o valor ou o preço de mercadorias, bens, serviços ou direitos, a autoridade lançadora, mediante processo regular, arbitrará aquele valor ou preço, sempre que sejam omissos ou não mereçam fé as declarações ou os esclarecimentos prestados, ou os documentos expedidos pelo sujeito passivo ou pelo terceiro legalmente obrigado, ressalvada, em caso de contestação, avaliação contraditória, administrativa ou judicial."

Cabe lembrar que esse arbitramento envolve também as prestações de serviços subfaturadas (quando o preço não merece fé).

Por fim, cabe comentar uma jurisprudência do STF. Por meio do RE 627.051/PE, a Suprema Corte entendeu que não incide o ICMS nos serviços de transportes efetuados pela Empresa Brasileira de Correios e Telégrafos – ECT.

De acordo com o relator, a ECT tem o encargo de alcançar todos os lugares do Brasil, não importando o quão pequenos ou remotos sejam, e a empresa não pode se recusar a levar uma encomenda – algo que poderia ser feito pela iniciativa privada. Também argumentou que a ECT utiliza espaços ociosos nos veículos para transportar as mercadorias, logo não está criando uma estrutura para competir exclusivamente com empresas particulares, e sustentou ainda que não há como se distinguir a base de cálculo referente ao transporte de mercadorias para se definir a incidência do imposto.

Assim, foi estendida a imunidade recíproca prevista no artigo 150, inciso VI, alínea "a", da Constituição Federal.

Regra Matriz de Incidência na Prestação de Serviço de Transporte				
Critério Material	**Critério Temporal**	**Critério Espacial**	**Critério Pessoal**	**Critério Dimensional**
Artigo 2º, II da LC 87/96	Artigo 12, V da LC 87/96	Artigo 11, II, a da LC 87/96	Artigo 4º	Artigo 13, III da LC 87/96
Nas prestações de serviços de transporte interestadual e intermunicipal, por qualquer via, de pessoas, bens, mercadorias ou valores	No momento do início da prestação de serviços	Onde tenha início a prestação	Aquele que de forma habitual ou intuito comercial prestou o serviço	O preço do serviço

3.3.2. Prestações onerosas de serviços de comunicação, por qualquer meio, inclusive a geração, a emissão, a recepção, a transmissão, a retransmissão, a repetição e a ampliação de comunicação de qualquer natureza

> "**LC 87/96 – Art. 2°** O imposto incide sobre:
>
> (...)
>
> III – prestações onerosas de serviços de comunicação, por qualquer meio, inclusive a geração, a emissão, a recepção, a transmissão, a retransmissão, a repetição e a ampliação de comunicação de qualquer natureza;"

Será necessário entendermos um pouco sobre serviços de comunicação, antes de iniciarmos a explicação da regra matriz de incidência do ICMS na hipótese de prestação de serviços de comunicação.

Como bem definido por Paulo de Barros Carvalho, o serviço de comunicação "consiste na atividade de colocar à disposição do usuário os meios e modos necessários à transmissão e recepção de mensagens, distinguindo-se, nessa medida, da singela realização do fato comunicacional".[1]

O mesmo autor irá concluir que no simples processo de comunicação o transmissor da mensagem é o próprio emissor, não estando sujeito ao ICMS, enquanto na prestação de serviço de comunicação, o emissor contrata alguém, para que transmita sua mensagem ao destinatário. [2]

De forma bem simples, podemos afirmar que o serviço de comunicação é formado por três partes: o emissor, que é a fonte ou autor da comunicação;

1. CARVALHO, Paulo Barros. Direito Tributário. Linguagem e Método. 4º edição, revisada e ampliada. Editora Noeses, página 748.
2. CARVALHO, Paulo Barros. Direito Tributário. Linguagem e Método. 4º edição, revisada e ampliada. Editora Noeses, página 479.

o transmissor, contratado pelo emissor ou pelo destinatário, ou seja, o prestador de serviço que tem como meios de comunicação a telefonia, o rádio, o jornal, a televisão etc. e por fim o receptor, aquele ou aqueles que recebem a comunicação do emissor.

Cabe também mencionar que o serviço de comunicação por ser serviço público depende de concessão, permissão ou autorização da Anatel, logo o transmissor (prestador de serviço) será uma concessionária, permissionária ou autorizada.

> "**Art. 21.** Compete à União:
>
> XI – explorar, diretamente ou mediante autorização, concessão ou permissão, os serviços de telecomunicações, nos termos da lei, que disporá sobre a organização dos serviços, a criação de um órgão regulador e outros aspectos institucionais;"

É necessário também definirmos o que seria serviço de telecomunicação, afinal o §3º do artigo 155 da Constituição Federal diz que apenas os impostos de importação, de exportação e o ICMS podem incidir sobre esse serviço.

> **Art. 155.** Compete aos Estados e ao Distrito Federal instituir impostos sobre:
>
> (...)
>
> II – operações relativas à circulação de mercadorias e sobre prestações de serviços de transporte interestadual e intermunicipal e de comunicação, ainda que as operações e as prestações se iniciem no exterior;
>
> (...)
>
> § 3º À exceção dos impostos de que tratam o inciso II do caput deste artigo e os arts. 153, I e II, e 156-A, nenhum outro imposto poderá incidir sobre operações relativas a energia elétrica e serviços de telecomunicações e, à exceção destes e do previsto no art. 153, VIII, nenhum outro imposto poderá incidir sobre operações relativas a derivados de petróleo, combustíveis e minerais do País. (Redação dada pela Emenda Constitucional nº 132, de 2023)

A telecomunicação seria a comunicação à distância, utilizando fios, rádios ou outros processos eletromagnéticos. Em síntese, a telecomunicação envolve televisão, telefonia, rádios e outros.

Apesar de não ser objeto deste livro, cabe mencionar que a vedação de que nenhum outro imposto à exceção do Imposto sobre Importação, do Imposto sobre Exportação e do ICMS poder incidir sobre as operações mencionadas no §3º se refere a impostos, portanto poderão incidir outras espécies de tributos, como Cofins e PIS. Inclusive o STF editou a seguinte Súmula 659: "É legítima a cobrança da Cofins, do PIS e do Finsocial sobre as operações relativas a energia elétrica, serviços de telecomunicações, derivados de petróleo, combustíveis e minerais do país."

3.3.2.1. Aspecto material

O aspecto material da incidência do ICMS nos serviços de comunicação é a prestação **onerosa** de serviço de comunicação, por qualquer meio, inclusive a geração, a emissão, a recepção, a transmissão, a retransmissão, a repetição e a ampliação de comunicação de qualquer natureza.

Notamos que primeiramente a Lei Kandir reduziu o campo de incidência do tributo, mesmo porque o constituinte originário não exigiu no inciso II do artigo 155 da CF que tal serviço fosse oneroso. Posteriormente, ela ampliou ao máximo o campo de incidência do imposto estadual, pois pouco importa qual meio o serviço foi prestado, afinal seja geração, emissão, recepção, transmissão, retransmissão, repetição ou ampliação, desde que onerosa, haverá a incidência do ICMS.

É oportuno lembrar que nem tudo a que assistimos na televisão é considerado serviço de comunicação. Dois exemplos clássicos são a Netflix e o Spotify, que apenas disponibilizam, sem cessão definitiva, conteúdo de áudio, vídeo e imagem de texto por meio da internet. Esse serviço é semelhante à velha locação de filmes, para assistir no videocassete ou DVD. Esse serviço passou a ser previsto a lista do ISS, logo está fora do campo de incidência do ICMS, sendo sujeitos ao ISS.

A previsão desse serviço na LC 116/03 veio por meio do item "1.09 – Disponibilização, sem cessão definitiva, de conteúdos de áudio, vídeo, imagem e texto por meio da internet, respeitada a imunidade de livros, jornais e periódicos (exceto a distribuição de conteúdos pelas prestadoras de Serviço de Acesso Condicionado, de que trata a Lei no 12.485, de 12 de setembro de 2011, sujeita ao ICMS)", mencionado no tópico 2.6.5, mas naquela ocasião deixamos para comentar agora.

O serviço que o item 1.09 coloca no campo de incidência do ISS é justamente a disponibilização dos filmes, vídeos e imagens, ou seja, aquele filme que você paga com incidência do ISS, no sábado à noite, na Blockbuster ou Netflix. Já o Serviço de Acesso Condicionado (SeAC) nada mais é do que a TV por assinatura, seja via cabo ou via satélite, como a NET ou a SKY. Isso é um serviço de comunicação oneroso e sobre ele incide o ICMS.

E sobre o *pay-per-view* incide qual imposto? O *pay-per-view* não é uma cessão de conteúdo de vídeo, é um serviço de comunicação oneroso, para transmitir uma partida de futebol ao vivo, sujeito ao ICMS.

Com o avanço da tecnologia, existem vários meios de prestação do serviço de comunicação, desde o velho jornal impresso ao satélite, passando pela radiodifusão, que nada mais é que a transmissão por ondas de radiofrequência que se propagam eletromagneticamente, ou seja, radiodifusão sonora seria o rádio e a radiodifusão de sons e imagens seria a televisão. O entendimento da forma de serviço de comunicação prestado (satélite, radiodifusão, telefonia etc.) será fundamental na definição dos aspectos espacial e pessoal.

3.3.2.2. Aspecto espacial e pessoal

Vejamos agora o aspecto espacial e pessoal:

> **Art. 11.** O local da operação ou da prestação, para os efeitos da cobrança do imposto e definição do estabelecimento responsável, é:
>
> (...)
>
> III – tratando-se de prestação onerosa de serviço de comunicação:
>
> a) o da prestação do serviço de radiodifusão sonora e de som e imagem, assim entendido o da geração, emissão, transmissão e retransmissão, repetição, ampliação e recepção;
>
> b) o do estabelecimento da concessionária ou da permissionária que forneça ficha, cartão, ou assemelhados com que o serviço é pago;
>
> c) o do estabelecimento destinatário do serviço, na hipótese e para os efeitos do inciso XIII do art. 12;
>
> c-1) o do estabelecimento ou domicílio do tomador do serviço, quando prestado por meio de satélite;
>
> d) onde seja cobrado o serviço, nos demais casos;
>
> (...)
>
> §6º – Na hipótese do inciso III do caput deste artigo, tratando-se de serviços não medidos, que envolvam localidades situadas em diferentes unidades da Federação e cujo preço seja cobrado por períodos definidos, o imposto devido será recolhido em partes iguais para as unidades da Federação onde estiverem localizados o prestador e o tomador.

3.3.2.2.1. Aspectos espacial e pessoal do serviço de radiodifusão

O legislador, no inciso III do artigo 11 da Lei Complementar 87/96, buscou se adequar a todos os meios de prestação de serviço para definir o local da cobrança do imposto. Dessa forma, o aspecto espacial do ICMS, quando se tratar de prestação de serviço de radiodifusão, será o local da prestação (alínea "a"). O prestador de serviço será o contribuinte, desde que preste com habitualidade ou intuito comercial.

3.3.2.2.2. Aspectos espacial e pessoal no fornecimento de ficha, cartão ou assemelhado

Toda vez que uma concessionária ou permissionária fornecer um cartão ou ficha com o qual o serviço é pago, o local da cobrança será o do estabelecimento da concessionária (alínea "b"). Um exemplo clássico é o telefone pré-pago, pois, nesse caso, pouco importa o estado da linha telefônica do consumidor, se ele reside e utiliza uma linha telefônica do Tocantins, mas adquiriu o cartão fora do seu estado de origem, por exemplo, em uma concessionária em Rondônia, o ICMS já estará no custo da sua ligação e será pago pela concessionária que forneceu o cartão, para o estado onde se localiza a concessionária (no caso concreto em Rondônia), independentemente de onde foi utilizado o serviço.

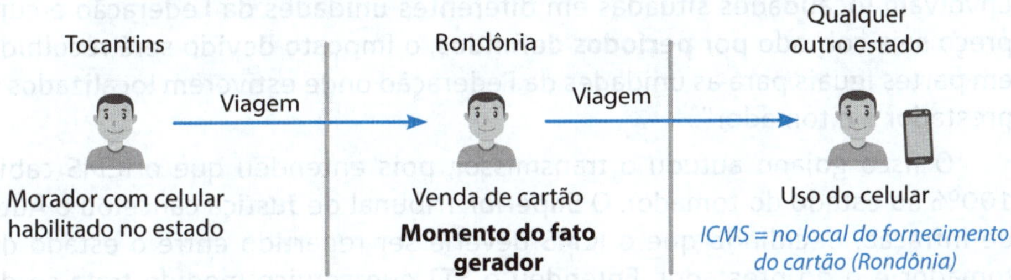

Perceba que o local da cobrança é o do estabelecimento da concessionária (sendo ela a contribuinte do ICMS) que fornece o cartão e não no local onde o cartão foi comprado. Então voltando ao exemplo anterior, se o cliente comprou o cartão em uma banca de revista em Rondônia, mas quem forneceu o cartão foi uma concessionária do Mato Grosso, o ICMS será recolhido ao fisco mato-grossense, pela concessionária que forneceu o cartão.

A alínea "c" do inciso III do artigo 11 da Lei Kandir trata da entrada de serviço de comunicação proveniente de outro estado, que trataremos em tópico específico.

3.3.2.2.3. Aspecto espacial e pessoal no serviço de satélite

No serviço prestado por satélite, o local da cobrança, previsto por lei, é o do estabelecimento ou domicílio do tomador (alínea c-1). E quem seria o tomador? Vamos responder a essa pergunta com o exemplo a seguir.

Um milionário, residente no Rio Grande do Sul, contrata uma empresa de satélite de Minas Gerais para transmitir online o carnaval da Bahia. O tomador é o milionário gaúcho, o prestador a empresa mineira e os emissores são os participantes do carnaval baiano.

A quem cabe o imposto? Ao Rio Grande do Sul. Quem é o contribuinte? A prestadora mineira.

3.3.2.2.4. Aspectos espacial e pessoal nos serviços não medidos

Cuidado, porque não é toda prestação de serviço de comunicação realizada por satélite que devemos aplicar a alínea "c-1" do inciso III do artigo 11 da Lei Kandir.

Vamos analisar um caso real: uma empresa situada em Goiás contratou o serviço de televisão por satélite, mas o transmissor se encontrava em São Paulo. A quem cabe o ICMS?

Pela alínea c-1 do inciso III do artigo 11 da Lei Kandir, cabe a Goiás, pois lá se encontrava o tomador. Ocorre que o transmissor tinha pago 50% para cada estado, obedecendo ao §6º do mesmo artigo 11 que diz: "Na hipótese do inciso III do caput deste artigo, tratando-se de serviços não medidos, que envolvam localidades situadas em diferentes unidades da Federação e cujo preço seja cobrado por **períodos definidos**, o imposto devido será recolhido em partes iguais para as unidades da Federação onde estiverem localizados o prestador e o tomador".

O fisco goiano autuou o transmissor, pois entendeu que o ICMS cabia 100% ao estado do tomador. O Superior Tribunal de Justiça cancelou o Auto de Infração, decidindo que o ICMS deveria ser repartido entre o estado do tomador e o do prestador. Entendeu o STJ que serviço medido trata-se de água, luz e telefonia, que no final do período é possível medir o utilizado para depois cobrar, conforme o valor medido. Já a televisão por assinatura não é serviço medido, pois após o pacote acertado entre as partes, será cobrado o mesmo valor mensalmente, assim aplica-se o §6º do artigo 11.

Para melhor compreensão, inserimos um trecho desse julgado do STJ, ocorrido em 2015: "Por serviço medido, entende-se que o usuário paga pelo serviço efetivamente utilizado, como por exemplo, os serviços de água, telefonia, luz etc. Nos serviços de televisão por assinatura, o pagamento não é variável pelo tempo de utilização. O assinante opta por um pacote de canais e por ele pagará um valor fixo mensalmente. Logo, entende-se que o serviço prestado pela empresa de televisão por assinatura não é medido e o preço será cobrado por períodos definidos, qual seja, mensal. Desse modo, aplica-se ao caso o disposto no art. 11, § 6º, da LC 87/1996, segundo o qual se deve recolher o ICMS em partes iguais para as unidades da Federação em que estiverem localizados o prestador e o tomador".

Veja a diferença desse caso real com o exemplo do milionário gaúcho. No caso do milionário, ele contratou um serviço pontual, não foi um serviço **por períodos definidos**, como é em uma contratação de TV por assinatura. A TV por assinatura, além de ter períodos definidos (pagamento mensal), tem um valor fixo, ou seja, que não altera de acordo com o uso.

Então, se tal questão cair em prova, o que responder? Se a prova for discursiva, é só discorrer sobre o tema conforme aprendeu aqui, do contrário, o ideal é ler com calma todas as opções, notar se elas se referem a alguma alínea específica da Lei Kandir ou se a questão menciona expressamente a jurisprudência do Tribunal. No entanto, quando a questão falar expressamente de serviço de satélite, sem mencionar qualquer caso concreto, então a banca quer a resposta de acordo com a alínea "c-1", ou seja, o imposto cabe ao estado do tomador.

3.3.2.2.5. Aspecto espacial e pessoal nos demais serviços

Por fim, nos demais casos de prestação onerosa de serviço de comunicação, a alínea "d" do mesmo dispositivo legal coloca o local onde o serviço foi cobrado como o local da cobrança do ICMS.

É normal alguma prestação de serviço de comunicação se enquadrar nessa hipótese? Sim, é muito normal. Um exemplo clássico é o serviço de comunicação por fibra ótica ou cabo, outro exemplo é a telefonia celular pós-paga. Como não são serviços de radiofusão (alínea "a"), nem há fornecimento de ficha ou cartão (alínea "b") não estamos falando de diferencial de alíquota (alínea "c"), muito menos de serviços de satélite (alínea "c1"), logo o local da cobrança será o local no qual o serviço é cobrado.

O sujeito passivo será o transmissor, ou seja, aquele que presta o serviço de comunicação, já o sujeito ativo vai seguir a definição do aspecto espacial.

Vamos a uma questão sobre ICMS na prestação de serviços de comunicação:

(Questão elaborada pelos autores – 2020) Renata mora em um local do Rio de Janeiro com pouco sinal de internet e telefone. Assim, Renata conseguiu instalar seu próprio serviço de comunicação. Depois dessa instalação, ocorreram cronologicamente os seguintes eventos:

Mês 1 – Apenas Renata usava seu serviço de comunicação.

Mês 2 – Apenas Renata e seus familiares usavam o serviço de comunicação e nada era cobrado.

Mês 3 – Renata cobrou em um único dia o serviço de comunicação prestado a um turista que visitava o Rio de Janeiro.

Mês 4 – Renata começou a cobrar o serviço de comunicação de todos os turistas que utilizavam.

Mês 5 – Renata cobrou o serviço de todos que usavam seus serviços de comunicação.

Considerando essa cronologia, Renata passou a ser contribuinte do ICMS em qual mês?

a) Mês 1

b) Mês 2

c) Mês 3

d) Mês 4

e) Mês 5

Comentário:

Mês 1 – Não há fato gerador, na verdade não há tomador de serviço, enfim, não há um serviço de comunicação.

Mês 2 – Não há fato gerador, pois o serviço de comunicação aos parentes é gratuito.

Mês 3 – Não há fato gerador, esse serviço de comunicação oneroso foi não habitual e sem intuito comercial.

Mês 4 – Incide o ICMS, pois ela passou a cobrar de forma habitual.

Mês 5 – Incide o ICMS, mas ela passou a ser contribuinte no mês anterior.

Resposta: D

3.3.2.3. Aspecto temporal

O aspecto temporal será o do momento da prestação onerosa do serviço de comunicação (art. 12, inciso VII da Lei Kandir), salvo no caso de fornecimento de ficha ou cartão que o momento do fato gerador ocorre com o fornecimento do cartão ou ficha ao usuário (§1º do Artigo 12 da Lei Complementar 87/96).

> **Art. 12.** Considera-se ocorrido o fato gerador do imposto no momento:
>
> (...)
>
> VII – das prestações onerosas de serviços de comunicação, feita por qualquer meio, inclusive a geração, a emissão, a recepção, a transmissão, a retransmissão, a repetição e a ampliação de comunicação de qualquer natureza;
>
> (...)
>
> § 1º Na hipótese do inciso VII, quando o serviço for prestado mediante pagamento em ficha, cartão ou assemelhados, considera-se ocorrido o fato gerador do imposto quando do fornecimento desses instrumentos ao usuário."

Assim, caso você tenha dois aparelhos celulares, um pós-pago e outro pré-pago, o fato gerador do ICMS no serviço de comunicação ocorrerá em momentos distintos.

No caso do serviço pós-pago, o fato gerador ocorre no momento da prestação, ou seja, no momento da sua ligação telefônica. No caso de assinatura telefônica, o fato gerador ocorre em cada dia da assinatura. Assim, em uma assinatura mensal de R$ 60,00, em cada dia ocorrerá o fato gerador de R$ 2,00 (R$ 60/30 dias).

Já no seu telefone pré-pago, o fato gerador ocorre no momento em que foi fornecido a você o cartão ou a ficha. Assim, se uma concessionária forneceu o cartão a uma banca de revista e dois meses depois a banca vendeu a você, será, no instante da sua aquisição, o momento do fato gerador.

3.3.2.4. Aspecto dimensional

A base de cálculo será o preço do serviço cobrado (inciso III do artigo 13 da Lei Kandir). O serviço de assinatura de telefone fixo ou celular integra a base de cálculo. Em outubro de 2016, o STF, por meio do RE 912.888/RS, entendeu que a assinatura é necessária para a prestação do serviço de comunicação, logo sobre ela há incidência do ICMS, independentemente de a franquia de minutos ter sido concedida ou não ao usuário.

> "**Art. 13.** A base de cálculo do imposto é:
>
> (...)
>
> III – na prestação de serviço de transporte interestadual e intermunicipal e de comunicação, o preço do serviço;"

Não confunda assinatura com habilitação de telefone celular. Sobre a assinatura, há ICMS, mas sobre a habilitação não, conforme Súmula 350 do STJ: "O ICMS não incide sobre o serviço de habilitação de telefone celular." O STJ, por meio do Recurso Especial nº 601.056/BA, concluiu que a habilitação e a instalação de celular constituem atividades-meio, meramente preparatórias à de telecomunicação, por isso não estão sujeitas à tributação de ICMS.

O ICMS também incide no caso de reajuste de preço na prestação de serviço o §5º do artigo 13. Esse ponto foi abordado no item 2.6.1.4 deste livro, mas vamos relembrá-lo. Imagine que a empresa Alfa celebrou contrato de prestação de serviço de comunicação com Beta pelo preço de R$ 1.000,00. Após realizado o serviço e aplicar o ICMS sobre o valor do preço, as partes fizeram um aditivo no contrato subindo o preço para R$ 1.200,00. Essa diferença de preço de R$ 200,00 deverá ser tributada pelo ICMS.

Se houver serviço subfaturado, aplica-se o artigo 18 da Lei Kandir, ou seja, caso seja prestado um serviço de comunicação que geralmente custa R$3.000,00, mas houver emissão do documento pelo valor de R$1.000,00, poderá o fisco arbitrar a base de cálculo. Qualquer dúvida, vide item 2.6.1.7.

Cabe mencionar que o serviço de provedor de acesso entre o computador e a rede telefônica (internet discada) não foi considerado, pelo STJ, serviço de comunicação e sim serviço intermediário entre a internet e o usuário, logo, nesse caso, não há incidência de ICMS (Súmula 334 do STJ), podendo incidir o ISS se previsto na Lista de serviços da Lei Complementar 116/03. Entretanto, cuidado, pois esse mesmo Tribunal Superior vem decidindo que incide o imposto estadual no caso de serviço de provedor de acesso banda larga.

> **Súmula 334 do STJ:** "O ICMS não incide no serviço dos provedores de acesso à Internet".

Para a respeitável Corte, na internet discada o provedor faz mero papel de intermediário, cabendo à empresa de telefonia realizar a prestação de serviço de comunicação, essa sim, sujeita ao ICMS. Já na banda larga, a empresa provedora que vai realizar diretamente o serviço de comunicação.

A posição do STJ é corroborada com o entendimento da Anatel, que considera como banda larga o Serviço de Comunicação Multimídia (SCM), que é um serviço fixo de comunicação. Já serviço de provimento (típico da internet discada), é considerado um serviço de valor adicionado (SVA), que apenas faz o provimento para um terceiro realizar o serviço de comunicação.

E se uma empresa que presta serviço de banda larga cobra um valor separado do provimento de acesso? Nesse caso, cobra-se ICMS sobre tudo, pois a prestadora faz um serviço que é meio e necessário para prestar seu serviço de telecomunicação, ela não faz o provimento para uma terceira fazer o serviço de comunicação.

Entenda, a Súmula 334 do STJ é aplicada para o provimento de internet discada, com conexão pela linha telefônica. Cada vez mais em desuso.

Existem outras decisões importantes do STJ sobre o tema: a primeira delas (R.Esp. 677.108/PR) concluiu que o ICMS não incide sobre taxa de adesão de TV a cabo, por ser serviço acessório à comunicação. Outra importante decisão (R.Esp. 945.037/AM) determinou que os serviços de habilitação e de locação de telefones móveis celulares e de assinatura não móveis celulares e de assinatura não sofrem a incidência do ICMS, por serem atividades meio.

Ocorre que a posição do fisco é um pouco diferente, pois para as Secretarias de Fazenda o aluguel ou locação de *modem*, telefone etc. só estaria fora do campo de incidência do ICMS quando realizado de forma independente, ou seja, quando o cliente tem a liberdade de escolher com quem contrata. No entanto, caso o cliente seja obrigado a alugar equipamentos da empresa "A" para esta prestar o serviço de comunicação, então o aluguel integraria a base de cálculo do ICMS na prestação de serviço de comunicação.

E o que respondo em prova? Você responde àquilo que seu futuro empregador quer ouvir, ou seja, responda conforme o entendimento do respectivo fisco, salvo se a questão remeter para a jurisprudência dos tribunais superiores.

Por último, gostaríamos de ressaltar uma confusão que alguns leitores cometem ao estudarem o artigo 155, inciso II da CF, a seguir reproduzido:

"**Art. 155.** Compete aos Estados e ao Distrito Federal instituir impostos sobre:

(...)

II – operações relativas à circulação de mercadorias e sobre prestações de serviços de transporte interestadual e intermunicipal e de comunicação, ainda que as operações e as prestações se iniciem no exterior;"

Perceba pela redação que o serviço de transporte sujeito ao ICMS é que deve ser intermunicipal ou interestadual, mas o serviço de comunicação não tem essa ressalva. Logo, um serviço de comunicação oneroso praticado dentro de um município, ou seja, intramunicipal, estará sujeito ao ICMS.

Regra Matriz de Incidência na Prestação de Serviço de Comunicação				
Critério Material	**Critério Temporal**	**Critério Espacial**	**Critério Pessoal**	**Critério Dimensional**
Artigo 2º, III da LC 87/96	Artigo 12, VII ou §1º da LC87/96	Artigo 11, III; a, b, c1 e d ou §6º da LC 87/96	Artigo 4º	Artigo 13, III da LC 87/96
Prestações onerosas de serviços de comunicação, por qualquer meio, inclusive a geração, a emissão, a recepção, a transmissão, a retransmissão, a repetição e a ampliação de comunicação de qualquer natureza	O momento das prestações onerosas de serviços de comunicação ou do fornecimento do cartão, ficha ou assemelhados ao usuário	O da prestação do serviço de radiodifusão sonora e de som e imagem ou o do estabelecimento da concessionária ou da permissionária que forneça ficha, cartão, ou assemelhados ou o do estabelecimento ou domicílio do tomador do serviço, quando prestado por meio de satélite ou onde seja cobrado o serviço, nos demais casos ou tratando-se de serviços não medidos o imposto devido será recolhido em partes iguais para as unidades da Federação onde estiverem localizados o prestador e o tomador	Aquele que de forma habitual ou intuito comercial prestou o serviço	O preço do serviço

3.3.3. Sobre o serviço prestado no exterior ou cuja prestação se tenha iniciado no exterior

"**LC 87/96 – Art. 2º** O imposto incide sobre:

§ 1º O imposto incide também:

II – sobre o serviço prestado no exterior ou cuja prestação se tenha iniciado no exterior;"

3.3.3.1. Aspecto material

Iniciaremos fazendo duas ressalvas ao inciso II, do §1º do artigo 2ª da Lei Kandir. Primeiramente, por tudo que já foi falado no início do capítulo, essa previsão da Lei Kandir não abrange serviço de transporte, aplicando-se apenas aos serviços onerosos de comunicação. Já a segunda ressalva é que o serviço prestado no exterior só sofrerá a incidência de ICMS se contratado por uma pessoa jurídica ou pessoa física situada no Brasil.

Perceba que o inciso II do §1º do artigo 2º da Lei Kandir fala em serviço prestado no exterior ou cuja prestação se tenha iniciado no exterior. Vamos exemplificar.

Exemplo 1 – Serviço prestado no exterior – Vamos imaginar que uma grande empresa fluminense contrate uma empresa portuguesa para transmitir o "Rock in Rio Lisboa". Nesse caso, apesar do serviço ser prestado no exterior, há remessa de divisas para fora do Brasil. É uma importação de serviços, logo sobre essa prestação incide o ICMS.

Exemplo 2 – Serviço iniciado no exterior – Um grande amigo do Airton, que mora nos Estados Unidos, faz uma ligação a cobrar para ele. A prestação de serviço de comunicação começou em terras estadunidenses, mas se encerrou no Brasil, logo sobre essa prestação também incide o ICMS.

Fica claro que, nos dois exemplos mencionados, há o aspecto material previsto no inciso II do § 1º do artigo 2º da Lei Kandir, logo nos dois casos há incidência do ICMS.

Vamos a uma questão:

(Elaborada pelos autores – 2020) Um fiscal catarinense foi fiscalizar uma empresa de comunicação e percebeu que esse contribuinte trabalha com quatro linhas de serviços:

I. O contribuinte cobra dos seus clientes brasileiros que recebem ligações a cobrar provenientes do exterior.

II. O contribuinte transmite gratuitamente para pessoas carentes aulas de inglês gravadas nos EUA.

III. O contribuinte paga para uma empresa francesa pelas transmissões de eventos realizados na Torre Eiffel.

IV. A transmissão do item III é retransmitida aos seus clientes no Brasil, sendo essa retransmissão onerosa.

V. O contribuinte cobra de uma filial alemã localizada em Blumenau/SC a transmissão da Oktoberfest para os gerentes localizados na Alemanha.

Assim, quantas linhas de serviços sofreram incidência do ICMS?

uma

duas

três

quatro

cinco

Comentário:

I. incide o ICMS, afinal é um exemplo de importação de serviço de comunicação.

II. Não incide o ICMS, afinal o serviço de comunicação é gratuito, ou seja, imune ao ICMS.

III. Incide ICMS, é uma espécie de importação de serviço de comunicação, afinal entra, no Brasil, dinheiro proveniente do exterior.

IV. ncide ICMS, é um serviço oneroso de comunicação dentro do Brasil.

V. Não incide o ICMS, apesar do tomador estar no Brasil, o serviço é destinado ao exterior. Esse é o mesmo tratamento do DDI, veremos mais detalhes sobre a não incidência do DDI em no capítulo sobre não incidência.

Resposta: C

3.3.3.2. Aspecto temporal

A Lei Kandir, ao prever o momento do fato gerador (aspecto temporal) no caso prestação de serviço iniciado ou prestado no exterior, chega a ser parcialmente engraçado, para não xingar nesta respeitável obra. Perceba os textos dos incisos VI e X do artigo 12 da LC 87/96:

> Art. 12. Considera-se ocorrido o fato gerador do imposto no momento:
>
> (...)
>
> VI – do ato final do transporte iniciado no exterior;
>
> (...)
>
> X – do recebimento, pelo destinatário, de serviço prestado no exterior;"

Iniciaremos pelo inciso que não tem sentido, ou seja, pelo inciso VI do artigo 12. Vamos imaginar que você em Foz do Iguaçu/PR pagou uma passagem de ônibus para Puerto Iguaçu, na Argentina, para ver as cataratas do Iguaçu pelo lado argentino. Esse frete foi internacional (Brasil para a Argentina), não foi? Então não sofre incidência do ICMS.

Agora você voltou de Puerto Iguaçu para Foz Iguaçu/PR, a quem cabe o ICMS? A ninguém, pois esse frete é internacional (Argentina para o Brasil). Assim, adivinha para que serve o inciso VI do artigo 12 da Lei Kandir? Acertou na mosca: só serve para cair na sua prova.

O pior é que as leis estaduais resolveram copiar esse inciso, então vamos memorizar: se perguntarem à luz da LC 87/96 ou segundo o respectivo regulamento do ICMS, qual o momento em que se considera ocorrido o fato gerador no serviço de transporte iniciado no exterior? Responda: é o ato final do serviço de transporte (inciso VI do artigo 12 da Lei Kandir).

Já o inciso X do artigo 12 da Lei Kandir refere-se a serviços onerosos de comunicação, esse sim, você não só vai usar na prova, mas usará também na sua vida profissional como Auditor Fiscal. Então o momento em que ocorre o fato gerador no serviço de comunicação é o momento do recebimento pelo destinatário.

No exemplo do "Rock in Rio Lisboa", o fato gerador ocorre no momento em que a empresa fluminense recebe a transmissão, já no exemplo da ligação a cobrar, no instante em que Airton recebeu o telefonema.

Você pode estar com a seguinte dúvida: "Qual o momento da ocorrência do fato gerador nos demais serviços sujeitos ao ICMS (sem ser comunicação ou transporte), como os serviços que não são sujeitos ao ISS e são fornecidos com mercadorias?" Bem, nesse caso, incidirá ICMS sobre a mercadoria e o serviço, agora, o momento do fato gerador será o do fornecimento da mercadoria, ou seja, será no momento do desembaraço da mercadoria quando o fornecimento é proveniente do exterior.

3.3.3.3. Aspecto espacial e sujeito ativo

O local da cobrança será o do estabelecimento ou domicílio do destinatário da prestação de serviço (inciso IV do Artigo 11 da Lei Kandir).

> Art. 11. O local da operação ou da prestação, para os efeitos da cobrança do imposto e definição do estabelecimento responsável, é:
>
> (...)
>
> IV – tratando-se de serviços prestados ou iniciados no exterior, o do estabelecimento ou do domicílio do destinatário:

Perceba que o local da cobrança não é onde se encontra o receptor da mensagem, e sim o local do estabelecimento (para pessoa jurídica) ou do domicílio do destinatário (para pessoa física).

Assim, no exemplo do Rock in Rio, o imposto cabe ao fisco fluminense (local do estabelecimento carioca). E na ligação a cobrar? Primeiramente, vamos detalhar nosso exemplo. Quem recebeu a ligação a cobrar foi Airton, morador do Espirito Santo, que no instante da ligação estava nas dunas de Natal/RN. A quem cabe o ICMS? Você ficará seduzido a responder que o local da cobrança é o domicílio do destinatário (Airton), ou seja, o Espírito Santo.

Aqui cabe uma explicação. Airton tem a relação jurídica com sua operadora, que está no Brasil. Para Airton não há uma importação de serviços, ele não remete divisas ao exterior. E quem faz isso? A operadora dele, que paga para a operadora americana iniciar a prestação de serviço por lá. O estabelecimento da concessionária será o destinatário do serviço iniciado no exterior. A questão teria de falar qual estabelecimento recebeu a ligação do exterior, se do Espírito Santo ou do Rio Grande do Norte, mas cremos que nenhum examinador chegará a esse ponto.

3.3.3.4. Sujeito passivo

A definição do contribuinte está no inciso II do § 1º do artigo 4º da Lei Complementar 87/96 e assim como todos os incisos desse parágrafo único não há exigência de habitualidade ou intuito comercial.

> "Art. 4º Contribuinte é qualquer pessoa, física ou jurídica, que realize, com habitualidade ou em volume que caracterize intuito comercial, operações de circulação de mercadoria ou prestações de serviços de transporte interestadual e intermunicipal e de comunicação, ainda que as operações e as prestações se iniciem no exterior.
>
> § 1º. É também contribuinte a pessoa física ou jurídica que, mesmo sem habitualidade ou intuito comercial:
>
> (...)
>
> II – seja destinatária de serviço prestado no exterior ou cuja prestação se tenha iniciado no exterior;

No caso da ligação a cobrar, é fácil definir o contribuinte, será a operadora de celular do Airton. Já no caso do "Rock in Rio Lisboa", será a empresa fluminense que fez essa contratação uma única vez. Perceba, foi sem habitualidade e para lazer, ou seja, sem intuito comercial, mas mesmo assim a empresa fluminense é contribuinte na importação de serviços.

3.3.3.5. Aspecto dimensional

A base de cálculo será o valor da prestação de serviço, acrescido de todos os encargos eventualmente cobrados.

> "**LC 87/96 – Art. 13.** A base de cálculo do imposto é:
>
> (...)
>
> VI – na hipótese do inciso X do art. 12, o valor da prestação do serviço, acrescido, se for o caso, de todos os encargos relacionados com a sua utilização"

Perceba que estamos nos referindo a uma importação de serviços. Devemos calcular a base de cálculo da mesma forma que fizemos na importação de mercadorias, somando todos os tributos e encargos e incluindo o ICMS na base de cálculo, ou seja, dividindo por (1-alíquota). Caso a alíquota seja de 18%, divide-se por 0,82 (1-0,18). Em caso de dúvida, remetemos o leitor ao item 2.6.7.

Regra Matriz de Incidência na Prestação de Serviço Iniciado no exterior				
Critério Material	**Critério Temporal**	**Critério Espacial**	**Critério Pessoal**	**Critério Dimensional**
Artigo 2º, § 1º, II da LC 87/96	Artigo 12, VI ou X da LC 87/96	Artigo 11, IV da LC 87/96	Artigo 4º, § 1º, II	Artigo 13, VI da LC 87/96
Sobre o serviço prestado no exterior ou cuja prestação se tenha iniciado no exterior	No momento do recebimento, pelo destinatário, de serviço prestado no exterior ou do ato final do transporte iniciado no exterior	O do estabelecimento ou do domicílio do destinatário	A pessoa física ou jurídica que, mesmo sem habitualidade ou intuito comercial seja destinatária de serviços prestados no exterior ou iniciados no exterior	O valor da prestação do serviço, acrescido, se for o caso, de todos os encargos relacionados com a sua utilização

3.3.4. Prestação de serviço destinada a consumidor final, contribuinte ou não do imposto, procedente de outro estado quando não vinculada a operação ou prestação subsequente

> "**CF/88 – Art. 155.** Compete aos Estados e ao Distrito Federal instituir impostos sobre:
>
> (...)
>
> § 2º O imposto previsto no inciso II atenderá ao seguinte:
>
> (...)
>
> VII – nas operações e prestações que destinem bens e serviços a consumidor final, contribuinte ou não do imposto, localizado em outro Estado, adotar-se-á a alíquota interestadual e caberá ao Estado de localização do destinatário o imposto correspondente à diferença entre a alíquota interna do Estado destinatário e a alíquota interestadual;"

Quando estudamos a forma de incidência do DIFAL sobre mercadorias, foi explicado que a Emenda Constitucional 87/95 alterou os incisos VII e VIII do §2º do artigo 155 da nossa Lei Maior, visando reduzir conflitos tributários decorrentes do comércio eletrônico.

Após a reforma constitucional decorrente da EC nº 87/2015, para toda prestação de serviço interestadual que tenha incidência de ICMS, aplica-se a alíquota interestadual, cabendo ao estado do destino o diferencial da alíquota, desde que tal prestação não esteja vinculada à operação ou prestação subsequente.

E em qual hipótese uma prestação de serviço não está vinculada à operação ou prestação subsequente? Um exemplo é quando um caminhão transporta uma mercadoria que, ao entrar no estabelecimento de destino, tornar-se-á um ativo imobilizado ou bem para uso e consumo.

Dessa forma, se um lojista paraibano contrata uma transportadora para realizar um frete de São Paulo para a Paraíba, precisamos saber qual destino será dado à mercadoria adquirida pelo destinatário. Se o lojista paraibano for revendê-la, não há aspecto material sobre a entrada interestadual do serviço de transporte, não havendo incidência de ICMS sobre o diferencial de alíquota.

Contudo, se o destinatário paraibano adquiriu a mercadoria para uso e consumo no estabelecimento ou ativo imobilizado, nesse caso há aspecto material, incidindo o ICMS, devido ao estado nordestino.

Note que nos dois casos (aquisição para revenda ou aquisição para uso e consumo) há incidência sobre o serviço de transporte interestadual que será devido ao estado de São Paulo. No entanto, a incidência do diferencial de alíquota, devido ao estado da Paraíba, só ocorrerá se o lojista nordestino adquirir a mercadoria para uso e consumo ou ativo imobilizado.

Vamos a uma questão:

(Elaborada pelos autores – 2020) Um transportador mineiro transportou café industrializado para o Nordeste do Brasil. Ele parou em quatro estados do Nordeste e fez as seguintes entregas:

I. Na Bahia – Entregou três caixas de café para o consumo de uma família.

II. Em Sergipe – Entregou caixas de café para uma prestadora de serviço de comunicação que usará o café para consumo dos seus funcionários.

III. Em Alagoas – Entregou 100 caixas de café a um comerciante atacadista que irá revendê-las.

IV. Em Pernambuco – Entregou 50 sacas de café a uma indústria que irá utilizar o café como insumo da produção.

Considerando que os destinatários nordestinos são os tomadores de serviço, em quantos estados haverá incidência de ICMS sobre o diferencial da alíquota do serviço prestado?

a) Nenhum

b) Um

c) Dois

d) Três

e) Quatro

Comentário: *Nos estados de Alagoas e Pernambuco, não haverá incidência do DIFAL, afinal o transporte foi realizado para levar mercadorias de revenda ou insumo produtivo. Nos demais estados, teremos a incidência. Na Bahia e em Sergipe houve a compra para consumo, pouco importa que o tomador sergipano é contribuinte do ICMS, pois nesse caso o café será usado para consumo.*

Resposta: C

A regra matriz de incidência é bem parecida com a que vimos para DIFAL de operações de mercadorias, assim cabe ao **DESTINATÁRIO** pagar o DIFAL, quando este é contribuinte do ICMS, e o **REMETENTE** pagar o DIFAL, quando o destinatário não é contribuinte do ICMS:

> Art. 4º (...)
>
> § 2º É ainda contribuinte do imposto nas operações ou prestações que destinem mercadorias, bens e serviços a consumidor final domiciliado ou estabelecido em outro Estado, em relação à diferença entre a alíquota interna do Estado de destino e a alíquota interestadual:
>
> I – o **destinatário** da mercadoria, bem ou serviço, na hipótese de contribuinte do imposto;
>
> II – o **remetente** da mercadoria ou bem ou o prestador de serviço, na hipótese de o destinatário não ser contribuinte do imposto.

O local da cobrança será o estabelecimento do **DESTINATÁRIO,** quando esse é contribuinte do ICMS, e o estabelecimento do **REMETENTE**, quando o destinatário não é contribuinte.

> "Art. 11. O local da operação ou da prestação, para os efeitos da cobrança do imposto e definição do estabelecimento responsável, é:
>
> II – tratando-se de prestação de serviço de transporte:
>
> a) o do estabelecimento destinatário do serviço, na hipótese do inciso XIII do art. 12 e para os efeitos do § 3º do art. 13;
>
> V – tratando-se de operações ou prestações interestaduais destinadas a consumidor final, em relação à diferença entre a alíquota interna do Estado de destino e a alíquota interestadual:
>
> a) o do **estabelecimento do destinatário**, quando o destinatário ou o tomador for contribuinte do imposto;
>
> b) o do **estabelecimento do remetente** ou onde tiver início a prestação, quando o destinatário ou tomador não for contribuinte do imposto.

O aspecto temporal será a utilização pelo destinatário do serviço iniciado em outra unidade da federação (inciso XIII do artigo 12 da Lei Kandir) e o início da prestação de serviço no estado de origem, quando o destinatário não for contribuinte do ICMS federação (inciso XIV do artigo 12 da Lei Kandir):

> "Art. 12. Considera-se ocorrido o fato gerador do imposto no momento:
>
> (...)
>
> XIII – da utilização, por contribuinte, de serviço cuja prestação se tenha iniciado em outro Estado e não esteja vinculada a operação ou prestação subseqüente;"

> (...)
>
> XIV – do início da prestação de serviço de transporte interestadual, nas prestações não vinculadas a operação ou prestação subsequente, cujo tomador não seja contribuinte do imposto domiciliado ou estabelecido no Estado de destino;

A base de cálculo segue a regra idêntica do cálculo do DIFAL de operações de mercadoria. Lembrando que há estados que excluem o ICMS interestadual e incluem o ICMS interno e há estados que apenas aplicam a diferença de alíquota:

> Art. 13 (...)
>
> IX – nas hipóteses dos incisos XIII e XV do caput do art. 12 desta Lei Complementar:
>
> a) o valor da operação ou prestação no Estado de origem, para o cálculo do imposto devido a esse Estado;
>
> b) o valor da operação ou prestação no Estado de destino, para o cálculo do imposto devido a esse Estado;
>
> § 3º No caso da alínea "b" do inciso IX e do inciso X do caput deste artigo, o imposto a pagar ao Estado de destino será o valor correspondente à diferença entre a alíquota interna do Estado de destino e a interestadual.

Inclusive, para facilitar o cálculo do DIFAL, o artigo 24-A da Lei Kandir cria um portal que será utilizado para os remetentes de cada estado calcularem e pagarem o DIFAL ao estado de destino, pois as empresas, principalmente as pequenas, não são obrigadas a saber sobre as legislações de todos os estados:

> Art. 24-A. Os Estados e o Distrito Federal divulgarão, em portal próprio, as informações necessárias ao cumprimento das obrigações tributárias, principais e acessórias, nas operações e prestações interestaduais, conforme o tipo.
>
> § 1º O portal de que trata o caput deste artigo deverá conter, inclusive
>
> I – a legislação aplicável à operação ou prestação específica, incluídas soluções de consulta e decisões em processo administrativo fiscal de caráter vinculante;
>
> II – as alíquotas interestadual e interna aplicáveis à operação ou prestação;
>
> III – as informações sobre benefícios fiscais ou financeiros e regimes especiais que possam alterar o valor a ser recolhido do imposto; e
>
> IV – as obrigações acessórias a serem cumpridas em razão da operação ou prestação realizada.
>
> § 2º O portal referido no caput deste artigo conterá ferramenta que permita a apuração centralizada do imposto pelo contribuinte

definido no inciso II do § 2º do art. 4º desta Lei Complementar, e a emissão das guias de recolhimento, para cada ente da Federação, da diferença entre a alíquota interna do Estado de destino e a alíquota interestadual da operação.

§ 3º Para o cumprimento da obrigação principal e da acessória disposta no § 2º deste artigo, os Estados e o Distrito Federal definirão em conjunto os critérios técnicos necessários para a integração e a unificação dos portais das respectivas secretarias de fazenda dos Estados e do Distrito Federal.

§ 4º Para a adaptação tecnológica do contribuinte, o inciso II do § 2º do art. 4º, a alínea "b" do inciso V do caput do art. 11 e o inciso XVI do caput do art. 12 desta Lei Complementar somente produzirão efeito no primeiro dia útil do terceiro mês subsequente ao da disponibilização do portal de que trata o caput deste artigo.

§ 5º A apuração e o recolhimento do imposto devido nas operações e prestações interestaduais de que trata a alínea "b" do inciso V do caput do art. 11 desta Lei Complementar observarão o definido em convênio celebrado nos termos da Lei Complementar nº 24, de 7 de janeiro de 1975, e, naquilo que não lhe for contrário, nas respectivas legislações tributárias estaduais.

O inciso I do novo parágrafo 8º do artigo 11 da Lei Kandir determina que no serviço de transporte de passageiros, aquele que o tomador é o próprio passageiro, considera-se que o fato gerador ocorreu no estado no início da prestação de serviço, logo, não há DIFAL nessas prestações, devendo ser aplicada a alíquota interna.

"Art. 11. (...)

§ 8º Na hipótese de serviço de transporte interestadual de passageiros cujo tomador não seja contribuinte do imposto:

I – o passageiro será considerado o consumidor final do serviço, e o fato gerador considerar-se-á ocorrido no Estado referido nas alíneas "a" ou "b" do inciso II do caput deste artigo, conforme o caso, não se aplicando o disposto no inciso V do caput e no § 7º deste artigo; e

II – o destinatário do serviço considerar-se-á localizado no Estado da ocorrência do fato gerador, e a prestação ficará sujeita à tributação pela sua alíquota interna.

3.4. MERCADORIAS E SERVIÇOS QUE TÊM ALÍQUOTAS LIMITADAS POR LEI COMPLEMENTAR (ARTIGO 32-A DA LEI KANDIR)

"Art. 32-A. As operações relativas aos combustíveis, ao gás natural, à energia elétrica, às comunicações e ao transporte coletivo, para fins de incidência de imposto de que trata esta Lei Complementar, são consideradas operações de bens e serviços essenciais e indispensáveis, que não podem ser tratados como supérfluos.

> § 1º Para efeito do disposto neste artigo:
>
> I – é vedada a fixação de alíquotas sobre as operações referidas no caput deste artigo em patamar superior ao das operações em geral, considerada a essencialidade dos bens e serviços;
>
> II – é facultada ao ente federativo competente a aplicação de alíquotas reduzidas em relação aos bens referidos no caput deste artigo, como forma de beneficiar os consumidores em geral; e
>
> III – é vedada a fixação de alíquotas reduzidas de que trata o inciso II deste parágrafo, para os combustíveis, a energia elétrica e o gás natural, em percentual superior ao da alíquota vigente por ocasião da publicação deste artigo.
>
> § 2º No que se refere aos combustíveis, a alíquota definida conforme o disposto no § 1º deste artigo servirá como limite máximo para a definição das alíquotas específicas (ad rem) a que se refere a Alínea b do inciso V do caput do art. 3º da Lei Complementar nº 192, de 11 de março de 2022"

Em tese, poderíamos ter visto o artigo 32-A da Lei Kandir que trata da essencialidade do ICMS no primeiro capítulo desta obra. Acontece que o conceito do ICMS monofásico e a definição de alguns tipos de mercadorias como energia elétrica e gás natural foram feitos no capítulo passado. Já o conceito de serviços de comunicação e de transporte foi realizado no presente capítulo, por isso, preferimos explicar esse dispositivo neste momento.

Essa necessidade de definição da essencialidade de determinados produtos nasceu após uma posição do STF, que por meio da publicação do Tema 745, definiu que a alíquota do ICMS sobre a energia elétrica e os serviços de telecomunicação **NÃO PODERIA** ser superior à alíquota base das demais mercadorias e serviços.

Vamos entender isso melhor. Cada estado estabelece suas alíquotas internas. Por exemplo, o estado de Minas Gerais define a alíquota geral de 18%. Assim, se uma mercadoria ou serviço não tiver sua alíquota definida expressamente, incidirão 18% sobre essa mercadoria ou serviço.

O legislador mineiro definiu que a alíquota do serviço de transporte aéreo é 12%, mas não fez definição da alíquota sobre os demais serviços de transporte, nesse caso, aplica-se a alíquota de 18% para os demais serviços de transporte.

Acontece que, em regra, os legisladores estaduais estabelecem uma alíquota para energia elétrica e serviços de telecomunicação maior que a geral. Por exemplo, em 2022, a legislação mineira estabelecia uma alíquota de 27% para os serviços de comunicação, já a alíquota interna sobre a energia elétrica podia chegar até 30%. O STF decidiu que como os serviços de telecomunicação e energia elétrica são essenciais, a alíquota não poderia ser superior à alíquota padrão das demais mercadorias, ou seja, no estado de Minas Gerais, a alíquota de energia elétrica e serviço de telecomunicação não poderia ser superior a 18%, que é sua alíquota para as demais mercadorias e serviços.

Veja, o teto definido pelo STF é o percentual padrão definido por cada estado, Minas Gerais usa 18%, o Espírito Santo usa 17%. Assim, a energia elétrica e o serviço de telecomunicação deveriam ser tributados em 17% quando fornecidos ou prestados em terras capixabas.

Acontece que o Supremo Tribunal Federal sabia o estrago financeiro que essa decisão daria aos estados, logo, ele mitigou sua decisão, e definiu que a decisão só produziria efeitos em 2024.

Ocorre que o legislador federal resolveu pegar essa carona, no entanto, a aplicabilidade do novo texto da Lei Kandir entrou em vigor em uma data festiva para os nordestinos, em pleno São João (24/06/2022).

Inclusive, o legislador federal foi além, não são só a energia elétrica e os serviços de comunicação que obedecem à alíquota geral, a legislação ampliou essa regra para:

1 – Energia Elétrica,

2 – Combustíveis,

3 – Gás Natural,

4 – Serviços de Comunicação (inclusive serviços que não são de telecomunicação),

5 – Serviços de transporte coletivo.

Veja, assim, até 23/06/2022, o fisco mineiro cobrava 27% sobre os serviços de comunicação, mas depois deveria cobrar uma alíquota de 18%. Isso mesmo, o artigo 32-A é aplicado para qualquer serviço de comunicação, seja telecomunicação ou não. Para você ter uma ideia, serviço de televisão a cabo virou essencial.

Já a energia elétrica, que em Minas Gerais poderia ser tributada com uma alíquota de 30%, hoje deve ser tributada com até 18%. A regra abrange o gás natural (GNV), qualquer tipo de combustível, seja ele derivado do petróleo ou não, logo essa regra vale para o etanol. Por fim, abrange o transporte coletivo. Entenda como transporte coletivo o transporte de passageiros cuja característica principal é o transporte conjunto dos passageiros num único meio de transporte.

Perceba, o artigo 32-A da Lei Kandir definiu um teto de alíquota, nada impede que os estados fixem alíquotas inferiores ao teto (inciso II do §1º do artigo 32-A), um exemplo é o estado de São Paulo. O seu teto é 18%, mas a alíquota do serviço de transporte, inclusive o coletivo, é de 12% por definição na própria lei paulista.

Entretanto, se o inciso II do §1º do artigo 32-A da Lei Kandir possibilitou a aplicação de uma alíquota menor que o teto, o inciso III do §1º do artigo 32-A da Lei Kandir vedou uma aplicação de uma alíquota superior ao da publicação da Lei Complementar nº 194/2022, ocorrida em 24/06/2022, pelo menos para combustível, gás natural e energia elétrica.

Vamos exemplificar: Em Minas Gerais, a alíquota do óleo diesel em 24/06/2022 era de 15% e o etanol era 16%. Pode o legislador mineiro subir esses percentuais para 18%, que é o seu padrão? Não pode, por vedação do inciso III do §1º do artigo 32-A da Lei Kandir, logo, o teto para o legislador mineiro é uma alíquota de 15% para o óleo diesel e 16% para o etanol. Já a gasolina tinha alíquota de 31%, logo, a partir de 24/06/2022, deveria ser aplicada a alíquota de 18%.

Agora, essa regra do inciso III do §1º do artigo 32-A da Lei Kandir só vale para as mercadorias, não valendo para os serviços (de comunicação ou de transporte coletivo, por exemplo). Assim, em São Paulo, em 24/06/2022, a alíquota do transporte coletivo era de 12%, logo o legislador paulista poderia deixar a alíquota de 12% ou subir essa alíquota até 18%.

Cabe mencionar que essa regra de alíquota mínima só envolve as mercadorias e serviços discriminados no artigo 32-A da Lei Kandir. Dessa forma, o cigarro, que em Minas Gerais tinha alíquota de 25%, continua submetido a essa alíquota, sem nenhuma alteração.

A tabela a seguir resume a regra do artigo 32-A da Lei Kandir:

SERVIÇO	ALÍQUOTA MÁXIMA	ALÍQUOTA EFETIVA	ALÍQUOTA MÍNIMA
Transporte Coletivo e Serviço de Comunicação	A alíquota geral das mercadorias em geral.	O definido na lei estadual, desde que não supere a alíquota máxima	Não Há

MERCADORIA	ALÍQUOTA MÁXIMA	ALÍQUOTA EFETIVA	ALÍQUOTA MÍNIMA
Energia Elétrica, Gás Natural e Combustíveis	O menor entre alíquota geral das mercadorias em geral ou A alíquota vigente da mercadoria em 24/06/2022	O definido na lei estadual, desde que não supere a alíquota máxima	Não Há

MERCADORIAS E SERVIÇOS	ALÍQUOTA MÁXIMA	ALÍQUOTA EFETIVA	ALÍQUOTA MÍNIMA
Demais mercadorias e serviços	Obedecendo ao princípio do não confisco.	O definido na lei estadual, desde que não supere a alíquota máxima	Não Há

Por fim, falta tratar o parágrafo 2º do artigo 32-A da Lei Kandir. Lembra que a Lei Complementar nº 192/2022 criou o ICMS monofásico para combustível? Segundo a referida lei, por meio de Convênio Confaz, os estados devem criar uma alíquota uniforme em todo território estadual, sendo que essa alíquota será "ad rem".

Após a publicação da LC 192/2022, os estados buscaram fixar uma alíquota fixa que equivalesse ao percentual de 34%, que era o maior percentual de alíquota previsto em uma legislação estadual. Assim, Minas Gerais, que tinha uma alíquota de 31% sobre a gasolina, concederia um desconto de forma que os estados não tivessem perda na arrecadação tributária.

Acontece que o legislador federal resolveu impedir isso. Agora, os estados devem aplicar o percentual das alíquotas das mercadorias em geral para a fixação da alíquota "ad rem" sobre o ICMS monofásico.

Assim, se a alíquota "ad rem" será um valor fixo que deverá obedecer a um percentual de 18% ou 17%, que será definido em Convênio Confaz.

CAPÍTULO IV

HIPÓTESES DE NÃO INCIDÊNCIA

Dentro do Direito Tributário, existem várias correntes que tratam dos institutos da imunidade, não incidência e isenção. Como não é nosso objetivo discorrer sobre as divergências desse tema, tentaremos simplificar a posição da corrente que costuma ser a adotada pelos examinadores.

Quando estudamos a regra matriz de incidência trazemos sua definição como: "o conceito jurídico-legal que tem uma hipótese de incidência tributária definindo um fato social que, se materializado, faz surgir a obrigação tributária."[1] Já o conceito de não incidência seria o fato social que não possui os aspectos essenciais para a exigência do tributo, por exemplo, a prestação de serviço de transporte internacional. A imunidade ocorre quando a Constituição Federal, expressamente, proíbe que sobre determinado fato possa incidir a espécie tributária (impostos, taxas, contribuições), logo, nessa situação pré-definida, não existe a obrigação tributária. Já o fato isento está dentro do campo de incidência e com ele nasce a obrigação tributária, mas o legislador preferiu, por lei, vedar a constituição do crédito tributário, então não há lançamento.

A imunidade é uma clausula pétrea, pois se trata de uma garantia individual, logo as hipóteses de não ocorrência do fato gerador do tributo, previstas na Constituição não podem ser inseridas no campo de incidência do importo, diferente das hipóteses de não incidência que, embora não estejam inseridas no campo que faz nascer a obrigação tributária, podem ser tipificadas por lei. Por fim, a isenção é diferente das outras duas, pois pertence ao campo da incidência, mas há vedação do lançamento do crédito.

No presente capítulo, trataremos primeiramente das imunidades do ICMS e posteriormente da não incidência. Já as isenções não serão tratadas nesse trabalho, pois cada estado tem seu rol de isenções. Alguns desobedecendo a alínea "g" do inciso XII do §2º do artigo 155 da Constituição Federal, que

1. CASTRO, Alexandre Barros. *Noções de Direito Tributário.* 1ª ed., São Paulo: Saraiva, 2008. p. 60/61.

como já mencionado no primeiro capítulo do livro (item 1.5), só poderiam ser concedidas mediante convênio aprovado por todos os estados federados.

No entanto, algumas hipóteses de incidência, mas com benefícios como suspensão e isenção que, além de autorizados por convênio, estão presentes em quase todos os Regulamentos do ICMS, serão citadas ao longo dessa obra, como as já explicadas remessa para exposição em feiras (isenção) e remessa para demonstração (suspensão do lançamento do imposto).

4.1. IMUNIDADES

Na nossa Constituição Federal, tanto os princípios específicos e expressos do Direito Tributário como as imunidades sobre os impostos de competência de todos os entes tributários estão na seção das limitações ao poder de tributar. O inciso VI do artigo 150 da nossa Lei Maior veda os entes públicos de instituírem impostos sobre determinadas pessoas (imunidade subjetiva) ou sobre determinadas coisas (imunidade objetiva).

Sabemos que o ICMS é um imposto de característica real (vide item 1.3), ou seja, incide sobre fatos econômicos, não sobre indivíduos, logo serão as imunidades objetivas a principal limitação à incidência desse imposto estadual. Da leitura do citado inciso VI do artigo 150 da Constituição Federal, veremos que apenas as alíneas "d" e "e" serão aplicadas ao ICMS.

> "**Art. 150** – Sem prejuízo de outras garantias asseguradas ao contribuinte, è vedado à União, aos Estados, ao Distrito Federal e aos Municípios:
>
> (...)
>
> VI – Instituir impostos sobre:
>
> (...)
>
> d) livros, jornais periódicos e o papel destinado a sua impressão."

Salientamos que muitas vezes os fiscos, e até mesmo algumas questões de concurso, chamam as imunidades previstas na Constituição Federal de não incidência. Isso ocorre mais porque a Lei Kandir e alguns Regulamentos do ICMS reproduzem as imunidades em seus textos dentro dos tópicos sobre não incidência. Sendo assim, caso uma questão pergunte expressamente qual opção é uma imunidade, deverá marcá-la, conforme a Constituição Federal. Contudo, caso a questão chame uma imunidade de não incidência sem que isso prejudique a resposta, não enxergue nenhum problema nisso.

Ocorre que o ICMS também possui outros quatro casos de imunidades específicas para esse tributo, que se encontram no inciso X do §2º do artigo

155 da Constituição Federal, dos quais um deles foi alterado e outro inserido pela Emenda Constitucional nº 42/03.

Cabe mencionar que a Lei Kandir vai tratar das hipóteses de não incidência do ICMS no seu artigo 3º, que possui nove incisos, sendo que os quatro primeiros vão, na verdade, mencionar as imunidades do texto constitucional.

Trataremos, em seguida, de cada caso de imunidade.

4.1.1. Sobre livros, jornais, periódicos e o papel destinado a sua impressão (alínea "d" do inciso VI do artigo 150 da CF e inciso I do artigo 3º da Lei Kandir)

> **CF- "Art. 150.** Sem prejuízo de outras garantias asseguradas ao contribuinte, é vedado à União, aos Estados, ao Distrito Federal e aos Municípios:
>
> (...)
>
> VI – instituir impostos sobre:
>
> (...)
>
> d) livros, jornais, periódicos e o papel destinado a sua impressão."
>
> **LC 87/1996 – "Art. 3º** O imposto não incide sobre:
>
> I – operações com livros, jornais, periódicos e o papel destinado a sua impressão;"

É chamada pela doutrina de imunidade "cultural" ou "de imprensa".

O intuito do legislador com esse dispositivo foi incentivar a livre manifestação do pensamento e de comunicação, incentivando a educação, a divulgação cultural e o acesso à informação, sendo como já falado uma garantia individual, logo, uma clausula pétrea.

Pela leitura literal do dispositivo, não haverá incidência de qualquer imposto real sobre livros, jornais, periódicos e papel destinado a sua impressão, pouco importando o conteúdo, ou seja, por exemplo, há imunidade sobre álbum de figurinhas e o papel destinado a sua impressão. E os demais insumos como a tinta da impressão? A posição dominante é que os demais insumos sofrem a incidência do ICMS. Também ficam de fora da imunidade impressões publicitárias como encartes de propaganda que não buscam incentivar a cultura e sim o lucro do anunciante. Estão no campo de incidência do ICMS os livros destinados à escrituração contábil ou os livros simplesmente pautados (como cadernos), pois também não buscam incentivar a cultura.

Depois da modernidade eletrônica, com o crescimento dos livros em mídias, como CD-ROM, nova polêmica surgiu sobre a incidência de impostos na venda do livro em mídia, em CDs ou seu download. Muitos tribunais realizam uma interpretação sistêmica e teleológica sobre esse dispositivo constitucional estendendo a imunidade para esses casos.

Consideram que o intuito do legislador constituinte foi incentivar a livre manifestação do pensamento e de comunicação, incentivando a educação, a divulgação cultural e o acesso à informação, e como o avanço tecnológico criou melhoras ambientais, pelo objetivo da norma constitucional, esses tribunais não têm dúvidas de que livros em CDs ou mídia devem ser imunes aos impostos reais, como o ICMS.

Entretanto, o STF não entendia dessa forma, afirmando que essa imunidade atingia apenas livros, jornais e periódicos em papel. Porém, em março de 2017, o Plenário do STF decidiu que livros digitais têm imunidade sim, incluindo ainda os suportes eletrônicos **exclusivos** para leitura e armazenamento, os chamados "e-readers", como *Kindle* (Amazon), *Leo* (Saraiva) e *Kobo* (Livraria Cultura).

Esse entendimento do STF ficou consolidado na Súmula Vinculante nº 57, de 15/04/2020, que assim dispõe: "A imunidade tributária constante do art. 150, VI, *d*, da CF/88 aplica-se à importação e comercialização, no mercado interno, do livro eletrônico (*e-book*) e dos suportes exclusivamente utilizados para fixá-los, como leitores de livros eletrônicos (*e-readers*), ainda que possuam funcionalidades acessórias."

Contudo, aparelhos eletrônicos que vão muito além de somente oferecerem o suporte para leitura de "e-books", são tributados normalmente, como notebooks, *tablets* e *smartphones*.

As questões sobre esse tema costumam ser cobradas na prova de Direito Tributário e não na de Legislação Tributária, em regra buscando do candidato conhecimentos das súmulas e informativos da nossa Suprema Corte. Entretanto, cabem ainda algumas considerações sobre esse tema para encerrarmos o assunto.

Os "e-books" são imunes ao ICMS. Essa imunidade é extensiva aos suportes eletrônicos como o CD-ROM apenas para leitura do "e-book" e os "e-readers", desde que esses "e-readers" sejam **exclusivamente** suportes para leitura. Caso esses "e-readers" tenham acesso à internet, exclusivamente para *download* de livros e acesso ao dicionário, sua imunidade é mantida. Caso o equipamento eletrônico sirva para tirar fotos, navegação na internet ou acesso a rede sociais, como notebooks, *tablets* e *smartphones*, a operação é tributada.

Então podemos sintetizar o tema da seguinte maneira: sobre livros, jornais, periódicos e papel destinado a sua impressão pouco importa o valor do conteúdo, há imunidade, salvo se for publicidade visando lucros e não fins culturais. O único insumo abrangido pelo benefício constitucional é o papel para sua impressão, não se estendendo a outros. A imunidade é extensiva aos livros digitais e aparelhos eletrônicos, que sirvam exclusivamente para suporte à leitura.

Veja como isso é cobrado em prova:

(Especialista em Regulação de Serviços Públicos de Telecomunicações-ANATEL/Cespe-2014) Acerca das limitações constitucionais ao poder de tributar, das imunidades, das contribuições de intervenção no domínio econômico e do ICMS, julgue o item subsequente.

Segundo o STF, a imunidade tributária sobre livros, jornais, periódicos e o papel destinado a sua impressão alcança álbum de figurinhas e os respectivos cromos adesivos, já que o constituinte não fez distinção de conteúdo, valor artístico ou didático das informações.

C) Certo

E) Errada

Comentário: *Pela jurisprudência do Supremo Tribunal Federal, a imunidade de livros abrange figurinhas e cromos adesivos.*

Resposta: C

4.1.2. Sobre operações que destinem mercadorias ao exterior e sobre serviços prestados a destinatários no exterior (alínea "a" do inciso X do §2º do artigo 155 da CF e inciso II do artigo 3º da Lei Kandir)

> **CF – "Art. 155.** Compete aos Estados e ao Distrito Federal instituir impostos sobre:
>
> (...)
>
> § 2º O imposto previsto no inciso II atenderá ao seguinte:
>
> X – não incidirá:
>
> a) sobre operações que destinem mercadorias para o exterior, nem sobre serviços prestados a destinatários no exterior, assegurada a manutenção e o aproveitamento do montante do imposto cobrado nas operações e prestações anteriores;"
>
> **LC 87/1996 – "Art. 3º.** O imposto não incide sobre:
>
> (...)
>
> II – operações e prestações que destinem ao exterior mercadorias, inclusive produtos primários e produtos industrializados semielaborados, ou serviços"

Essa norma do texto constitucional excluiu do campo da incidência todas as exportações de mercadorias e serviços. Lembrando que no serviço de comunicação prestado no exterior, com tomador no Brasil, há incidência de ICMS (vide item 3.3.3).

Nós encontramos essa imunidade na Lei Complementar 87/96 com o seguinte texto: "operações e prestações que destinem ao exterior mercadorias, inclusive produtos primários e produtos industrializados semielaborados, ou serviços". Se as duas normas excluem do campo da incidência do ICMS todas as operações e prestações destinadas ao exterior, por que o legislador infraconstitucional enfatizou a não incidência dos produtos primários e produtos industrializados semielaborados?

Novamente é necessário entendermos um pouco da nossa história legislativa. O constituinte originário deu a seguinte redação à alínea "a" desse inciso constitucional:

> "X – não incidirá:
>
> a) Sobre **operações** que destinem ao exterior produtos industrializados, excluídos os semielaborados definidos em lei complementar;"

Pela leitura do dispositivo original, notamos que apenas parte das operações destinadas ao exterior ficava isenta de ICMS, excluindo os produtos semielaborados que seriam definidos em lei complementar. Pior, todos os **serviços** de comunicação destinados ao exterior poderiam ser tributados.

No entanto, o constituinte originário deixou uma oportunidade, por meio da alínea "e" do inciso XII do §2º do artigo 155 da Constituição Federal, de exclusão da incidência de ICMS sobre serviços e outros produtos destinados ao exterior, além dos já mencionados na alínea "a" do inciso X, por meio de uma Lei Complementar.

> "**Art. 155**, § 2º O imposto previsto no inciso II atenderá ao seguinte:
>
> (...)
>
> XII – cabe à lei complementar:
>
> (...)
>
> e) excluir da incidência do imposto, nas exportações para o exterior, serviços e outros produtos além dos mencionados no inciso X, "a"."

Foi em 1996, ainda sob vigência com o texto original da nossa Lei Maior, que surgiu a Lei Kandir com intuito muito mais econômico do que normatizador do Direito Tributário (vide item 1.4), excluindo do campo de incidência todas as operações e serviços destinados ao exterior.

Posteriormente, a Emenda Constitucional nº 42/03 alterou o texto original, assim todas as operações, inclusive de produtos semielaborados e produtos primários destinados ao exterior e as prestações de serviços, passaram a ser imunes ao ICMS, conforme o texto a seguir:

> "**Art. 155**, § 2º O imposto previsto no inciso II atenderá ao seguinte:
>
> (...)
>
> X – não incidirá:
>
> (...)
>
> a) sobre operações que destinem mercadorias para o exterior, nem sobre serviços prestados a destinatários no exterior, assegurada a

> manutenção e o aproveitamento do montante do imposto cobrado nas operações e prestações anteriores"

Essa diferença entre o texto da norma da Lei Kandir e a nova norma constitucional é fundamental, pois o primeiro texto (artigo 3º, inciso II da Lei Kandir) pode sugerir que o serviço de transporte que leva a mercadoria a ser exportada para um porto ou aeroporto está fora do campo de incidência do ICMS.

Já o texto constitucional sugere outra coisa. Pela nova redação, o que define a não incidência das operações é o destino da mercadoria, enquanto a não incidência da prestação de serviço é definida pelo local onde se encontra o destinatário do serviço. Assim, fica claro que para fazermos uma interpretação do texto da Lei Kandir, devemos fazer conforme a norma constitucional, logo **INCIDE** o ICMS sobre o serviço de transporte que leva a mercadoria que será exportada para um porto ou aeroporto. Quem está fora do campo de incidência é a operação com a mercadoria que será exportada.

Apesar de tudo isso, em abril de 2021, o STJ editou a Súmula 649 com o seguinte texto: "Não incide ICMS sobre serviço de transporte **interestadual de mercadorias destinadas ao exterior**". Segundo a corte, o objetivo do legislador foi desonerar o exportador de mercadorias, pois o transporte da mercadoria exportada ao porto ou aeroporto representa custos para ele.

O texto da Lei Kandir fala: "operações e prestações que destinem ao exterior mercadorias, inclusive produtos primários e produtos industrializados semielaborados, ou serviços". Para o STJ, se a carga transportada é destinada ao exterior, haverá não incidência de ICMS, mesmo que o transporte efetuado tenha início e fim no território brasileiro.

Cabe, contudo, dois comentários. A Súmula deixa claro que a não incidência envolve transportes INTERESTADUAIS de mercadorias destinadas ao exterior. Assim, pela Súmula, o transporte de mercadorias que serão exportadas de Porto Alegre ao porto de Paranaguá/PR não sofre incidência de ICMS, mas o transporte de Curitiba para o porto de Paranaguá/PR sofre essa incidência.

Por fim, o objetivo foi desonerar o exportador. Assim, haverá não incidência quando o tomador de serviço for o próprio exportador da mercadoria e essa mercadoria já estiver indo para o exterior, ou seja, o transporte interestadual é destinado ao porto ou aeroporto.

Vamos exemplificar: Alfa, empresa comercial localizada em Belo Horizonte, pretende exportar mercadorias. Assim, ele compra a mercadoria de Beta. Meses depois, essa mesma mercadoria é exportada. Alfa contratou Delta para trazer a mercadoria de Beta para Alfa e para levar a mercadoria de Alfa ao Porto de Vitória/ES.

Neste caso, o transporte de Beta para Alfa sofre incidência de ICMS, afinal o destino final dessa mercadoria é o estabelecimento de Alfa. Isso mesmo, há dois contratos de serviços de transporte. O primeiro para levar a mercadoria de Beta para Alfa, logo o destino final da mercadoria neste negócio jurídico é o estabelecimento de Alfa.

Já o segundo contrato de transporte leva a mercadoria para o porto de Vitória/ES, neste caso, o destino final da mercadoria é o exterior. Para esse serviço de transporte, pela Súmula 649 do STJ, não há incidência de ICMS.

Surge, então, a seguinte pergunta: "O que deve ser aplicado em prova?" Leitor, esta Súmula do STJ é muito recente, inclusive, por não ser Súmula Vinculante, os fiscos não a obedecem. Ademais, o STF tem decisões antigas que consideram o transporte de mercadorias ao porto, aeroporto ou armazém alfandegado como prestação tributada. O pior é que, como a discussão versa sobre a Lei Kandir, atualmente, quando o Supremo é provocado sobre o tema, ele decide não conhecer a matéria, pois pela Constituição os conflitos decorrentes de lei federal devem ser decididos pelo STJ.

Assim, sugerimos que você leia a questão com calma e veja se a questão faz referência à jurisprudência do STJ. Caso afirmativo, responda conforme esta Corte. Caso a questão não vincule ao STJ, responda conforme o regulamento mineiro, que determina que incide ICMS na prestação de mercadoria a portos e aeroportos, e aplica a alíquota interna sobre esta prestação de serviço.

Já em relação ao serviço de comunicação, a Emenda Constitucional teve o efeito previsto, a dúvida que surge é sobre a incidência do ICMS na ligação internacional, o DDI. A maioria dos fiscos considera que não há um serviço internacional, mesmo porque tanto o tomador como o prestador de serviço estão no Brasil, logo, incidiria o ICMS. Ocorre que em 2006 o STJ, por unanimidade, alterou o entendimento do TJ de Roraima, e considerou a ligação com DDI imune ao ICMS. Segundo nosso Tribunal Superior, afinal, apesar de o tomador estar no Brasil, o serviço de comunicação é destinado ao exterior.

E o que respondo em prova? Neste caso, deve responder que não incide. Depois dessa decisão as operadoras deixaram de pagar o ICMS sobre o serviço de comunicação para o exterior (DDI) e os estados pararam de cobrar.

Por fim, cabe mencionar que o novo texto após a referida Emenda Constitucional estabeleceu a manutenção do crédito do imposto, mas tal tema será tratado no capítulo sobre crédito.

Veja como isso é cobrado em concursos:

Auditor Fiscal do Distrito Federal-DF/CESPE-2019) ICMS não incide sobre operações que destinem mercadorias para o exterior.

c) Certo

e) Errado

Comentário: *Literalidade do texto constitucional.*

Resposta: C

4.1.3. Sobre operações que destinem a outros estados petróleo, inclusive lubrificantes e combustíveis líquidos e gasosos dele derivados e energia elétrica (alínea "b" do inciso X do §2º do artigo 155 da CF e inciso III do artigo 3º da Lei Kandir)

> **CF – "Art. 155.** Compete aos Estados e ao Distrito Federal instituir impostos sobre:
>
> (...)
>
> § 2º O imposto previsto no inciso II atenderá ao seguinte:
>
> X – não incidirá:
>
> b) sobre operações que destinem a outros Estados petróleo, inclusive lubrificantes, combustíveis líquidos e gasosos dele derivados, e energia elétrica;"
>
> **LC 87 – "Art. 3º** O imposto não incide sobre:
>
> (...)
>
> III – operações interestaduais relativas a energia elétrica e petróleo, inclusive lubrificantes e combustíveis líquidos e gasosos dele derivados, quando destinados à industrialização ou à comercialização"

Esse tipo de imunidade foi tratado no item 2.6.9, quando falamos da incidência do ICMS na entrada no território do estado de petróleo, inclusive lubrificantes e combustíveis líquidos e gasosos dele derivados, e de energia elétrica, quando não destinados à comercialização ou à industrialização, decorrentes de operações interestaduais.

Notamos que o legislador infraconstitucional fez incidir o ICMS na entrada no território do estado, pois não poderia fazer incidir na saída, devido à existência da imunidade constitucional.

A Lei Kandir ao retratar essa forma de não incidência utiliza um texto diferente: "operações interestaduais relativas a energia elétrica e petróleo, inclusive lubrificantes e combustíveis líquidos e gasosos dele derivados quando destinados à industrialização ou à comercialização".

Apesar de parecer restritiva, uma lei complementar não pode reduzir a imunidade prevista na nossa Constituição, logo, pouco importa o destino dado a essas mercadorias, se a saída é interestadual, não haverá incidência de ICMS, por força da imunidade.

Podemos então estabelecer a seguinte regra: na saída de um estado a outro de energia elétrica e petróleo, inclusive lubrificantes e combustíveis líquidos e gasosos dele derivados, a operação é imune ao ICMS, independente do fim dado pelo adquirente. Na entrada interestadual só haverá incidência se não destinadas à industrialização ou à comercialização (inciso III do §1º do artigo 2º da Lei Kandir).

- **Situação 1**

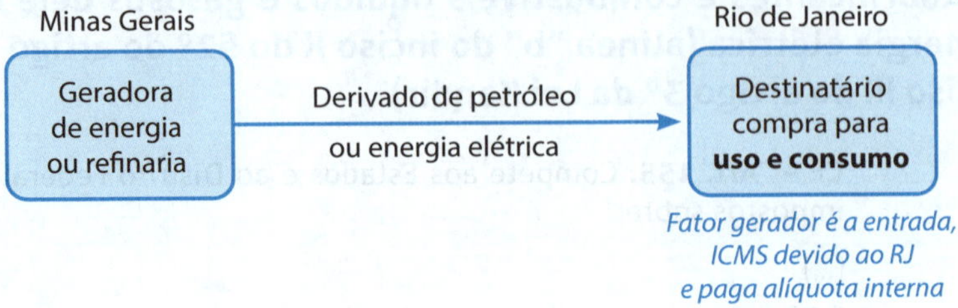

- **Situação 2**

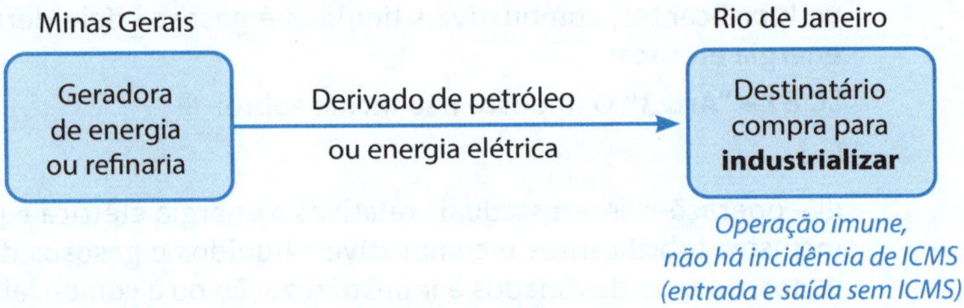

Devido à crise econômica que ocasionou um aumento significativo da alíquota sobre energia elétrica em alguns estados, muitas empresas, localizadas nesses estados, devido à alíquota superior a 30%, vêm comprando energia elétrica de geradoras localizadas em estados vizinhos, para se beneficiarem dessa imunidade, barateando o custo da energia utilizada.

Um exemplo é uma empresa localizada no Rio de Janeiro que adquire energia elétrica de uma geradora mineira. Se a empresa fluminense for indústria, a sua energia adquirida será utilizada na industrialização, pelo menos a maior parte, pois há alguma energia utilizada no setor administrativo. Essa energia utilizada na industrialização é um insumo utilizado na fabricação de mercadorias, logo, não haverá incidência de ICMS tanto na saída como na entrada (vide figura anterior).

Agora, se a empresa do Rio de Janeiro for comercial, sua energia elétrica é despesa e não insumo, haverá incidência de ICMS na entrada do estado e será aplicada a alíquota interna do destino, ou seja, do Rio de Janeiro. Mas se a empresa é comercial, então ela não vai utilizar a energia para comercialização? Não, sua energia é despesa, não é estoque. Quem utiliza energia elétrica adquirida para comercialização é a concessionária de energia elétrica, essa sim, caso compre energia elétrica de outro estado, tal operação não haverá incidência tanto na saída como na entrada.

Por fim, cabe salientar que o etanol (álcool combustível) e o GNV (gás natural veicular) não são derivados do petróleo, logo as saídas interestaduais desses produtos são tributadas pelo ICMS. Já o GLP (gás liquefeito de

petróleo), espécie de combustível usado em fogões, é abrangido por essa imunidade.

(Elaborada pelos Autores – 2020) Uma refinaria localizada no Rio de Janeiro realizou as seguintes vendas de combustíveis:

I. Vendeu gasolina para um posto revendedor de combustíveis localizado em Resende/RJ.
II. Vendeu etanol para um posto de combustíveis localizado em Ubá/MG.
III. Vendeu óleo diesel para uma transportadora, localizada em Juiz de Fora/MG, que só realiza transporte intramunicipal.
IV. Vendeu óleo diesel para uma transportadora, localizada em Queluz/SP, que realiza transportes intermunicipais.
V. Vendeu gasolina para um hospital capixaba que usou o combustível para alimentar o gerador de energia elétrica.

Quantas operações estão fora do campo de incidência do ICMS, ou seja, não são tributadas nem na entrada, nem na saída?

a) 1
b) 2
c) 3
d) 4
e) 5

Comentário:

I. É tributada na saída. É uma venda interna, ou seja, remetente e destinatário estão no mesmo estado.
II. É tributada na saída, etanol não é derivado do petróleo, assim é devido ICMS ao Rio de Janeiro.
III. É tributada na entrada, afinal transporte intramunicipal não está sujeito ao ICMS, para fins de ICMS essa transportadora é consumidora final do combustível, logo é devido ICMS para Minas Gerais.
IV. Não é tributada. O transporte intermunicipal está no campo de incidência do ICMS, assim, o combustível adquirido pela transportadora é considerado um insumo que será usado na sua prestação de serviço de transporte, logo não é devido ICMS nem na origem, nem no destino.
V. É tributada na entrada. Serviço hospitalar está fora do campo de incidência do ICMS, para fins de legislação tributária estadual o hospital é consumidor final. É devido ICMS para o Espírito Santo.

Resposta: A

4.1.4. Sobre o ouro quando definido em lei como ativo financeiro ou instrumento cambial (alínea "c" do inciso X do §2º do artigo 155 da CF e inciso IV do artigo 3º da Lei Kandir)

> CF – "Art. 155. Compete aos Estados e ao Distrito Federal instituir impostos sobre:
>
> (...)

> § 2º O imposto previsto no inciso II atenderá ao seguinte:
>
> X – não incidirá:
>
> c) sobre o ouro, nas hipóteses definidas no art. 153, § 5º;"
>
> LC 87- "Art. 3º O imposto não incide sobre:
>
> (...)
>
> IV – operações com ouro, quando definido em lei como ativo financeiro ou instrumento cambial"

Tal item foi amplamente abordado no item 2.6.12, o qual remetemos o leitor em caso de dúvida, lembrando apenas que quando o ouro não é definido como ativo financeiro ou instrumento cambial, ou seja, quando o ouro é tratado como mercadoria, as operações com esse mineral são tributadas pelo ICMS.

4.1.5. Nas prestações de serviços de comunicação nas modalidades de radiodifusão sonora e de sons e imagens de recepção livre e gratuita (alínea "d" do inciso X do §2º do artigo 155 da CF)

> "Art. 155. Compete aos Estados e ao Distrito Federal instituir impostos sobre:
>
> (...)
>
> § 2º O imposto previsto no inciso II atenderá ao seguinte:
>
> X – não incidirá:
>
> d) nas prestações de serviço de comunicação nas modalidades de radiodifusão sonora e de sons e imagens de recepção livre e gratuita"

Quando tratamos da incidência do ICMS nas prestações onerosas de serviços de comunicação, no item 3.3.2, definimos a radiodifusão como a transmissão por ondas de rádio frequência que se propagam eletromagneticamente, ou seja, radiodifusão sonora seria o rádio e a de sons e imagens seria a televisão.

Como a imunidade ora estudada só abrange as prestações gratuitas, ou seja, sem pagamento pelo usuário, podemos concluir com a definição de radiodifusão mencionada, que estarão imunes ao ICMS as prestações de comunicação das emissoras de rádio AM ou FM e os canais de televisão abertos, ou seja, de recepção livre, que é outra exigência constitucional.

E por que essa imunidade não está no artigo 3º da Lei Kandir? Porque essa imunidade foi incluída em 2003 com a Emenda Constitucional nº 42/03. Assim, em 1996, a Lei Complementar 87/96, excluiu do campo de incidência todas as prestações de serviços de comunicação gratuitas, o que o constituinte originário não fez. Posteriormente, em 2003, a EC nº 42/03, colocou as prestações de serviços de comunicação gratuita de rádio ou TV no campo da imunidade.

Desta forma, concluímos que as prestações de serviços de comunicação nas modalidades de radiodifusão sonora e de sons e imagens de recepção livre e gratuita são imunes. Sobre as demais prestações de serviço de comunicação gratuita, que não tenham recepção livre, não há incidência de ICMS, afinal a Lei Kandir colocou no campo de incidência apenas as prestações de serviço de comunicação onerosas.

Cabe lembrar que a recepção tem de ser livre para existir a imunidade, então não basta uma emissora de TV fechada celebrar um contrato gratuito de prestação de serviço de comunicação, pois sua recepção não é livre, logo não estará imune do ICMS, apenas fora do campo da incidência, por falta de previsão de incidência na Lei Kandir.

Serviços de comunicação		
Tipo de serviço de comunicação	**Incide o ICMS?**	**Previsão legal**
Radiodifusão livre e gratuita	Não, por ser imune	CF, art. 155, § 2º, X, d
Demais comunicações gratuitas	Não, por estar fora do campo de incidência	Por exclusão do art. 2º, III da LC 87/96
Onerosa por qualquer meio	Sim, incide o ICMS	LC 87/96, art. 2º, III

4.1.6. Fonogramas e videofonogramas musicais produzidos no Brasil contendo obras musicais ou literomusicais de autores brasileiros e/ou obras em geral interpretadas por artistas brasileiros bem como os suportes materiais ou arquivos digitais que os contenham, salvo na etapa de replicação industrial de mídias ópticas de leitura a laser (alínea "e" do inciso VI do artigo 150 da CF)

> "**Art. 150.** Sem prejuízo de outras garantias asseguradas ao contribuinte, é vedado à União, aos Estados, ao Distrito Federal e aos Municípios:
>
> (...)
>
> VI – instituir impostos sobre:
>
> (...)
>
> e) fonogramas e videofonogramas musicais produzidos no Brasil contendo obras musicais ou literomusicais de autores brasileiros e/ou obras em geral interpretadas por artistas brasileiros bem como os suportes materiais ou arquivos digitais que os contenham, salvo na etapa de replicação industrial de mídias ópticas de leitura a laser."

Essa imunidade foi criada pela Emenda Constitucional nº 75/13 e teve o objetivo de combater a pirataria de CDs, DVDs e Blu-Rays de músicas nacionais. Perceba que essa alínea foi incluída no inciso VI do artigo 150 da

Constituição Federal, ou seja, trata-se de uma imunidade objetiva (assim como a sobre livros, jornais e periódicos) e não apenas sobre o ICMS.

Para entendermos essa forma de imunidade, antes devemos compreender esse segmento do mercado. Inicialmente (primeira etapa) o artista vai a um estúdio musical gravar seu fonograma (apenas som) ou seu videofonograma (som e imagem). Em seguida (segunda etapa), grava-se a obra musical no meio que será utilizado (CD, DVD ou Blu-Ray). Assim, por exemplo, o CD que estava virgem, após essa gravação, conterá o fonograma a ser reproduzido. Por fim, parte-se para a terceira etapa, que é a distribuição e revenda do material gravado para o consumidor final.

Antes da EC 75/2013, na primeira etapa incidia ISS, na segunda havia a incidência do ICMS e do IPI e na terceira etapa era permitida a cobrança do ICMS. Após a referida Emenda Constitucional, não há mais a incidência do ISS sobre a primeira etapa e ICMS sobre a terceira etapa.

E na segunda etapa, há incidência do ICMS e do IPI? Sim, afinal a alínea é clara na expressão: "**salvo na etapa de replicação industrial de mídias ópticas de leitura a laser**", que nada mais é que a segunda etapa mencionada. Quando a fábrica vende ou remete para as revendedoras o produto resultante da sua industrialização (CDs, DVDs e Blu-Rays) há incidência normalmente. Já a venda da revendedora para o consumidor final é imune.

1ª etapa **ESTÚDIO**	**2ª etapa** **FÁBRICA**	**3ª etapa** **LOJA**
 gravação	 CD	 venda do CD
Antes incidia o ISS, mas agora é imune	Gravação no CD. Na saída da fábrica para a loja incidem ICMS e IPI	Antes incidia o ICMS, mas agora é imune

Então todo CD de obra musical que compro não incide ICMS? Depende, pois incidirá nos CDs não nacionais, uma vez que a imunidade abrange apenas a música nacional.

É oportuno ficar claro que há algumas provas que exigem do(a) candidato(a) a distinção sobre imunidade e não incidência. Assim, apenas as seis formas que falamos até agora são imunidades, as que falaremos a partir de agora são formas de não incidência.

4.2. NÃO INCIDÊNCIA

Primeiramente, falaremos das hipóteses de não incidência que estão no artigo 3º da Lei Kandir. Posteriormente, comentaremos algumas hipóteses de não incidência que se encontram nos Regulamentos dos ICMS de boa parte dos estados.

Essas previsões que não se encontram na Lei Complementar 87/96 e serão comentadas nesse capítulo são reguladas por Convênio Confaz ou pela própria característica da operação, não estão no campo de incidência do ICMS, logo serão comuns a todas as legislações mesmo aquelas que não as colocaram de forma expressa.

4.2.1. Operações relativas a mercadorias que tenham sido ou que se destinem a ser utilizadas na prestação, pelo próprio autor da saída, de serviço de qualquer natureza definido em lei complementar como sujeito ao imposto sobre serviços, de competência dos Municípios, ressalvadas as hipóteses previstas na mesma lei complementar

> "**Art. 3º** O imposto não incide sobre:
>
> (..)
>
> V – operações relativas a mercadorias que tenham sido ou que se destinem a ser utilizadas na prestação, pelo próprio autor da saída, de serviço de qualquer natureza definido em lei complementar como sujeito ao imposto sobre serviços, de competência dos Municípios, ressalvadas as hipóteses previstas na mesma lei complementar"

Quando estudamos o item 2.6.4, falamos que coube a Lei Complementar 116/03 listar os serviços que sofrem a incidência do Imposto sobre Serviços de Qualquer Natureza – ISS, de competência municipal.

O parágrafo 2º do artigo 1º dessa mesma lei complementar deixa claro que os serviços listados, mesmo que envolvam fornecimento de mercadorias, não estarão sujeitos ao ICMS, salvo se houver exceção expressa, é a ressalva que falamos no tópico 2.6.4.

Esse dispositivo legal corrobora com o inciso V do artigo 3º da Lei Kandir. Analisando a Lei Complementar 116/03, notamos que existem os seguintes itens com ressalva, ou seja, suas mercadorias quando aplicadas se sujeitam ao ICMS, ficando os serviços (obrigação de fazer) fora da base de cálculo do imposto estadual, pois estão sujeitos ao ISS:

ISS x ICMS – LC 116/03	
Serviços na LC 116/03	**O ICMS incide sobre**
1.09 – Disponibilização, sem cessão definitiva, de conteúdos de áudio, vídeo, imagem e texto por meio da internet, respeitada a imunidade de livros, jornais e periódicos	distribuição de conteúdos pelas prestadoras de Serviço de Acesso Condicionado
7.02 – Execução, por administração, empreitada ou subempreitada, de obras de construção civil, hidráulica ou elétrica e de outras obras semelhantes, inclusive sondagem, perfuração de poços, escavação, drenagem e irrigação, terraplanagem, pavimentação, concretagem e a instalação e montagem de produtos, peças e equipamentos	fornecimento de mercadorias produzidas pelo prestador de serviços fora do local da prestação dos serviços
7.05 – Reparação, conservação e reforma de edifícios, estradas, pontes, portos e congêneres	
7.06 – Colocação e instalação de tapetes, carpetes, assoalhos, cortinas, revestimentos de parede, vidros, divisórias, placas de gesso e congêneres, com material fornecido pelo tomador	sobre a mercadoria e o serviço se o prestador fornecer tapete, carpete, assoalho, revestimento de parede, vidros, divisórias, placas de gesso e congêneres
9.01 – Hospedagem de qualquer natureza em hotéis, apart-service condominiais, flat, apart-hotéis, hotéis residência, residence-service, suite service, hotelaria marítima, motéis, pensões e congêneres; ocupação por temporada com fornecimento de serviço	alimentação e gorjeta, quando excluídos do preço da diária
13.05 – Composição gráfica, inclusive confecção de impressos gráficos, fotocomposição, clicheria, zincografia, litografia e fotolitografia	destinados a posterior operação de comercialização ou industrialização, ainda que incorporados, de qualquer forma, a outra mercadoria que deva ser objeto de posterior circulação, tais como bulas, rótulos, etiquetas, caixas, cartuchos, embalagens e manuais técnicos e de instrução
14.01 – Lubrificação, limpeza, lustração, revisão, carga e recarga, conserto, restauração, blindagem, manutenção e conservação de máquinas, veículos, aparelhos, equipamentos, motores, elevadores ou de qualquer objeto	peças e partes empregadas
14.03 – Recondicionamento de motores	
14.06 – Instalação e montagem de aparelhos, máquinas e equipamentos, inclusive montagem industrial, prestados ao usuário final, exclusivamente	sobre mercadoria e serviço, se o prestador fornece o material
14.09 – Alfaiataria e costura	sobre mercadoria e serviço, se o prestador fornece o material

ISS x ICMS – LC 116/03	
Serviços na LC 116/03	**O ICMS incide sobre**
17.11 – Organização de festas e recepções; bufê	fornecimento de alimentação e bebidas

Todos esses itens foram explicados no tópico 2.6.5 deste livro, na ocasião, exemplificamos cada item, exceto o item 1.09 que fizemos no tópico 3.3.2. No entanto, faremos novos exemplos dos itens mais cobrados em concurso.

Se o serviço está previsto na lista e a própria lei faz uma ressalva, haverá o ICMS sobre a mercadoria, mas não sobre o serviço. Assim, se Mônica compra placas de gesso para uma empresa instalar na sua merecida casa em Brasília, sobre a placa de gesso há ICMS, mas sobre o serviço de instalação incide o ISS (item 7.06 da lista), conforme mencionado no tópico 2.6.5.

Agora, se o serviço não está previsto na lista, incidirá ICMS sobre o serviço e a mercadoria. Então se Mônica contrata uma empresa para colocar o gesso e a contratada fornece o material, sobre tudo (gesso e serviço) haverá ICMS, seguindo a regra citada no tópico 2.6.4.

Perceba que a exceção do item 7.06 da lista do ISS é diferente, pois a incidência do tributo municipal só ocorre sobre o serviço quando o tomador (no caso concreto, Mônica) for o fornecedor do material.

Outra hipótese de não incidência muito cobrada em prova é a da hospedagem em hotel (item 9.01 da lista). Se você for passar o Réveillon em Copacabana e fechar um pacote com café da manhã ou outra refeição inclusa no valor da diária, sobre todo o valor pago incidirá o ISS. Agora se você fechar uma diária com pagamento de café da manhã à parte, nesse caso sobre o valor cobrado no café da manhã incidirá o ICMS.

Veja como isso é cobrado em concurso:

(AFR-SP/FCC-2013) O Hotel Qbela Praia, localizado no litoral do Estado de São Paulo, possui um restaurante na cobertura, com vista panorâmica, onde são servidos o café da manhã, o almoço e o jantar, e também possui serviço de quarto 24 horas, que serve refeições e bebidas com cardápio e preços diferenciados, e frigobar nos apartamentos de luxo. Considerando estas informações, NÃO há incidência de ICMS

a) no jantar, serviço no restaurante, desde que o hóspede tenha optado pela tarifa de hospedagem que incluía o valor da refeição.

b) no café da manhã, servido no quarto, desde que o pagamento seja realizado no dia de saída do hotel, no momento do fechamento da conta.

c) no almoço, servido no restaurante, desde que o cliente opte pelo buffet de preço fixo e o pagamento seja realizado no dia da saída do hotel.

d) no almoço, servido no restaurante, desde que os insumos utilizados estejam sujeitos à isenção do ICMS e as bebidas estejam no regime de substituição tributária.

e) no café da manhã, servido no restaurante, desde que o cliente opte pelo buffet de preço fixo e as bebidas estejam sujeitas à substituição tributária.

Comentário: *A lista da Lei Complementar 116/03 exclui do campo de incidência do tributo municipal as refeições em diárias de hotel quando cobradas em separado da diária. Sobre essa refeição incide o ICMS. Já a refeição dentro do preço da diária está fora do campo de incidência do tributo estadual. Resposta: A*

Já as mercadorias utilizadas nos demais serviços listados na referida lei não sofrem a incidência do ICMS, caso sejam utilizadas pelos prestadores de serviço. Na verdade, elas deixam de ser mercadorias e passam a ser consideradas materiais aplicados na prestação do serviço. É justamente esse caso que trata o inciso V do artigo 3º da Lei Kandir.

Dessa forma, se o serviço está previsto na Lei Complementar 116/03 e não há qualquer ressalva, não incidirá o ICMS. Por exemplo, em uma sessão de acupuntura, sobre a agulha usada não incidirá ICMS (item 4.05 da lista) e sim ISS sobre tudo. Agora se você compra a agulha em um supermercado, ela é mercadoria e não material aplicado, então sobre essa venda incide o ICMS.

Seguem alguns outros exemplos em que a mercadoria é considerada material aplicado, incidindo ISS sobre tudo:

- 25.01 – serviço de funerais: o caixão é considerado material aplicado;
- 4.12 – serviço de odontologia: o flúor é considerado material aplicado;
- 4.03 – pronto-socorro: o analgésico é considerado material aplicado.

Perceba que esses materiais estão fora do campo de incidência do ICMS quando aplicados no serviço, então se você for a uma farmácia e comprar um analgésico, haverá incidência de ICMS, pois esse medicamento é uma mercadoria para a farmácia e não um material empregado no serviço.

Vale lembrar algumas súmulas que comentamos no capítulo 3 desta obra sobre a não incidência de ICMS no serviço de comunicação:

> Súmula 350 do STJ: "O ICMS não incide sobre o serviço de habilitação de telefone celular".
>
> Súmula 334 do STJ: "O ICMS não incide no serviço dos provedores de acesso à Internet".

O entendimento dessas súmulas é fundamental, afinal esse tema é fortemente cobrado em concursos públicos, veja:

(Especialista em Regulação de Serviços Públicos de Telecomunicações-ANATEL/Cespe-2014) Acerca das limitações constitucionais ao poder de tributar, das imunidades, das contribuições de intervenção no domínio econômico e do ICMS, julgue o item subsequente.

O ICMS, conforme jurisprudência do STJ, não incide no serviço dos provedores de acesso à Internet nem sobre o serviço de habilitação de telefone celular.

C) Certo

E) Errado

Comentário: *A questão cobrou a literalidade das duas súmulas apresentadas.*

Resposta: C

Por fim, cabe uma última colocação. Todas as legislações estaduais previam que a cessão de direitos sobre *software* estaria tributada pelo ICMS. Para os legisladores estaduais, *software* é mercadoria (bem móvel), devendo sofrer a incidência do imposto estadual.

Ocorre que em julgamento de novembro de 2020, o STF entendeu o contrário. Para a Suprema Corte, o simples fato do item 1.07 da Lei Complementar 116 prever a incidência do ISS para "suporte técnico de informática, inclusive instalação", atrai a incidência da cessão de *software* para o imposto municipal.

Enfim, segundo o STF, a cessão de *software* está fora do campo de incidência do ICMS, por ser tributada pelo ISS.

CUIDADO! A decisão do STF foi só para software **CUSTOMIZADO**, ficando de fora os softwares de **PRATELEIRA**. O que é isso?

É simples, quando você vai a uma loja que vende CDs com softwares para você instalar no seu computador, quais softwares você costuma encontrar lá? Bem, vamos exemplificar com softwares para quem não é da área de TI, viu? Windows, Linux, MSOffice. Há sistemas de programação como o R, Python e outros. Todos esses sistemas são sistemas de "prateleira", pois você encontra em prateleiras de lojas. Segundo o STF, sobre as operações com esses sistemas, incide o ICMS, pois esses sistemas são mercadorias.

Agora, existem empresas que têm suas particularidades, elas precisam de sistemas que não são usuais, assim, elas contratam alguém para fazer esses sistemas. Segundo a Suprema Corte, nesses casos, há uma obrigação de fazer, há uma prestação de serviço e como esse serviço está listado na LC 116/2003, ele é sujeito ao ISS.

Acontece que as legislações não fazem essa diferença entre sistema de PRATELEIRA e CUSTOMIZADO.

E respondo o que em prova? Pense sempre o seguinte, quando houver conflito entre a lei estadual e a posição do STJ ou STF, que não seja por meio de Adin ou Súmula Vinculante, responda conforme a legislação, salvo se a pergunta se referir à jurisprudência dos tribunais. Nesse caso, você responderá conforme a jurisprudência. Assim, para esse caso concreto, se o examinador perguntar conforme a legislação, você diz que incide, mas se perguntar conforme a jurisprudência, você diz que não incide quando o software é customizado.

4.2.2. Operações de qualquer natureza de que decorra a transferência de propriedade de estabelecimento industrial, comercial ou de outra espécie

> "**Art. 3º** O imposto não incide sobre:
>
> (..)
>
> VI – operações de qualquer natureza de que decorra a transferência de propriedade de estabelecimento industrial, comercial ou de outra espécie"

No mundo empresarial é natural um grupo econômico comprar um estabelecimento de outro grupo. O legislador infraconstitucional conhecedor de tal situação não deixou passar em branco e colocou que a transferência de propriedade de estabelecimento industrial, comercial ou de outra espécie não se sujeita ao ICMS.

O legislador foi feliz em tal definição, afinal quando alguém transfere a propriedade de um estabelecimento a outra pessoa, na verdade está vendendo um bem (cota ou ação patrimonial), não há qualquer circulação de mercadoria.

Estamos falando de qualquer transferência de titularidade, seja de pessoa física a pessoa física, de pessoa física a jurídica ou entre pessoas jurídicas decorrentes ou não de fusão, cisão ou incorporação. Em todos esses casos não há incidência de ICMS sobre as mercadorias existentes no estabelecimento transferido.

Cabe mencionar que embora a Lei Kandir não expresse, a isenção só permanecerá se houver continuidade do novo titular do estabelecimento, evitando simulação de transferência de propriedade, quando, de fato, pretendia-se adquirir mercadorias.

4.2.3. Operações decorrentes de alienação fiduciária em garantia, inclusive a operação efetuada pelo credor em decorrência do inadimplemento do devedor

> "**Art. 3º** O imposto não incide sobre:
>
> (..)
>
> VII – operações decorrentes de alienação fiduciária em garantia, inclusive a operação efetuada pelo credor em decorrência do inadimplemento do devedor"

Para entendermos essa forma de não incidência, precisamos primeiramente saber o conceito de alienação fiduciária em garantia. Quando alguém vai a uma concessionária de carros adquirir seu veículo, porém não tem dinheiro suficiente e mesmo assim compra o automóvel desejado, utilizando um empréstimo bancário, falamos que houve um financiamento bancário.

Na verdade, pelo Código Civil (art. 1361), o banco passou a ter a propriedade resolúvel do veículo e essa propriedade resolve-se com o adimplemento das prestações. Assim, caso o devedor pague todas as parcelas acertadas, ele se tornará o proprietário do carro. Este instituto chama-se alienação fiduciária.

> "**Art. 1.361.** Considera-se fiduciária a propriedade resolúvel de coisa móvel infungível que o devedor, com escopo de garantia, transfere ao credor".

Vamos imaginar que João Paulo foi a sua concessionária preferida e lá utilizando uma instituição financeira celebrou o negócio jurídico de alienação fiduciária e saiu dirigindo seu carro. Primeiramente, houve um contrato de compra e venda e no momento da aquisição desse veículo, houve a incidência de ICMS sobre o valor total do veículo (operação com mercadoria).

Houve, também, um outro negócio jurídico que foi a alienação fiduciária. O banco se tornou credor fiduciário e ele adquiriu a propriedade resolúvel do automóvel. João Paulo se tornou o devedor fiduciante e terá a posse direta do bem. Enquanto João Paulo utiliza o carro, duas coisas podem acontecer: a primeira é ele quitar a dívida, seja antecipadamente ou no prazo estipulado. Após tal quitação, a propriedade resolve-se e a instituição financeira passa a propriedade a João Paulo. A segunda é João Paulo não conseguir quitar, então o banco fica obrigado a vender o veículo, retém a sua parte do dinheiro e se houver saldo, entrega essa quantia ao devedor.

Seja qual for o destino do carro, se houver a transferência da propriedade do banco a João Paulo ou a venda a terceiros pela instituição financeira, qualquer uma dessas operações está fora do campo de incidência do ICMS.

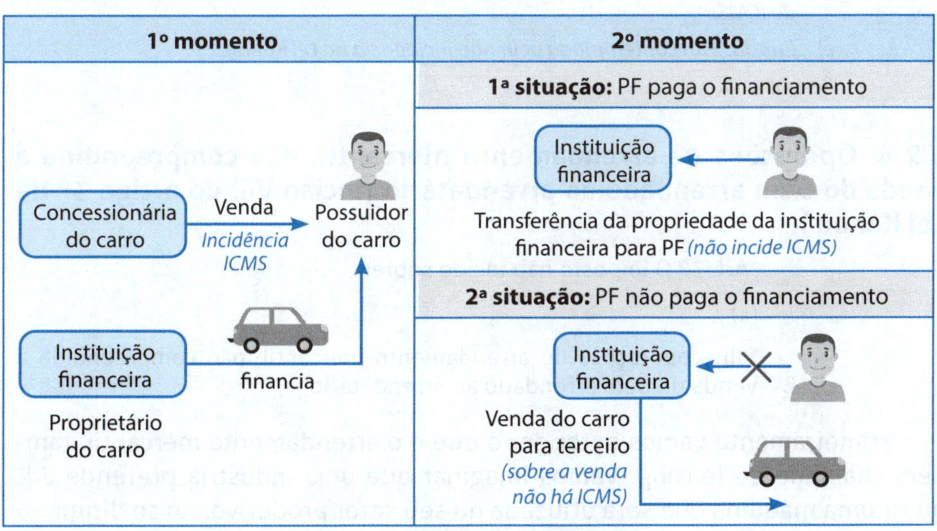

O legislador agiu corretamente, afinal o veículo para o credor fiduciário (instituição financeira) é um bem e não uma mercadoria, logo, sobre sua venda não cabe a cobrança de ICMS.

Observaremos agora uma questão de concurso público sobre o tema não incidência de ICMS:

(AFRE-RJ/FGV–2008) O carro adquirido por José da Silva com alienação fiduciária em garantia foi retomado pelo credor fiduciário em face do inadimplemento daquele. A esse respeito, assinale a afirmativa correta.

a) O ICMS só não incide sobre operação com mercadoria em virtude da alienação fiduciária em garantia, no caso de transmissão do domínio do credor para o devedor, em virtude da extinção, pelo pagamento, da garantia.

b) Tem-se aí hipótese de não-incidência do ICMS, apenas se o credor fiduciário não alienar o veículo.

c) Tem-se aí hipótese de não-incidência do ICMS.

d) Haveria incidência do ICMS caso tivesse havido simplesmente a transmissão de domínio feita pelo devedor fiduciante em favor do credor fiduciário.

e) Tem-se aí hipótese de incidência do ICMS, pois houve transmissão da propriedade do bem.

Comentário: *Após firmada a alienação fiduciária entre a instituição financeira e o fiduciante duas hipóteses podem ocorrer: ou o devedor quita a dívida e o credor transfere a propriedade para o antigo devedor, ou o fiduciante não quita, neste caso o banco aliena o bem e fica com sua parte. Nos dois casos, tanto na transferência do bem para o antigo devedor como a alienação pela inadimplência, não incide o ICMS. (artigo 3º, inciso VII da Lei Kandir)*

a) Errada. Não incide na transmissão do domínio do credor ao devedor.

b) Errada. Não incide mesmo se o credor fiduciário alienar.

c) Correta. Vide comentário.

d) Errada. Não haveria, mesmo porque transferência de domínio não é fato gerador do ICMS.

e) Errada. Está contemplada pela não incidência na Lei Kandir.

Resposta: C.

4.2.4. Operações de arrendamento mercantil, não compreendida a venda do bem arrendado ao arrendatário (inciso VIII do artigo 3º da Lei Kandir)

> "Art. 3º O imposto não incide sobre:
>
> (..)
>
> VIII – operações de arrendamento mercantil, não compreendida a venda do bem arrendado ao arrendatário"

Primeiramente vamos entender o que é o arrendamento mercantil, também chamado de leasing. Vamos imaginar que uma indústria pretende adquirir uma máquina que será utilizada no seu setor produtivo. Ao se dirigir ao fornecedor da máquina, ela percebe que não tem dinheiro para essa compra. Por conta dessa situação, a indústria celebra um contrato de arrendamento mercantil com uma instituição financeira.

Celebrado esse negócio jurídico, ocorrerão três atos: o primeiro é a compra, junto ao fornecedor, da máquina pelo banco. Isso nada mais é do que um contrato de compra e venda, no qual o banco é o adquirente, logo essa operação sofre a incidência do ICMS (circulação de mercadorias). O segundo ato é à locação da máquina, agora pertencente a instituição financeira (arrendador), para a indústria (arrendatário) que utiliza o bem na sua produção, pagando um aluguel.

E justamente esse segundo ato que é tratado no inciso VIII do artigo 3º da Lei Kandir e não sofre incidência de ICMS. E por que não sofre? O arrendamento mercantil é um contrato de prestação de serviço (locação), inclusive com previsão de incidência do ISS pela Lei Complementar 116/03, logo a remessa da máquina para o arrendatário não está sujeita à incidência do ICMS.

E qual seria o terceiro ato? no fim do arrendamento mercantil, existem duas possibilidades: ou a máquina retorna ao arrendador (encerrando a locação), que também está fora do campo de incidência do ICMS, ou o arrendatário faz a opção da compra por um valor residual. Pela literalidade da Lei Kandir, fica claro que a venda do bem ao arrendatário está sujeita à incidência do ICMS, cuja base de cálculo será o valor residual do bem cobrado pelo arrendador.

Inclusive alguns regulamentos do ICMS, como o de São Paulo, colocam a venda do bem arrendado como aspecto material do ICMS, seguindo a Lei Kandir e contrariando boa parte da doutrina. Entretanto, o Convênio ICMS 04/97 autorizou os estados e o Distrito Federal a concederem a isenção na venda do bem arrendado, inclusive o próprio estado de São Paulo concedeu essa isenção.

E se perguntar em prova sobre a venda do bem arrendado? Responda que ela está dentro do campo de incidência do ICMS, estaria de fora apenas a locação do bem arrendado (operações de arrendamento mercantil).

Outro exemplo seria a compra de um veículo usando o arrendamento mercantil em um banco. Perceba a diferença crucial entre o arrendamento mercantil e a alienação fiduciária. No arrendamento mercantil, o veículo pertence ao banco, que aluga para o interessado. Já na alienação fiduciária, o veículo sai da loja em nome do nome do comprador, alienado ao banco (propriedade resolúvel).

Concluindo, a remessa ao arrendatário e o retorno ao arrendador são hipóteses de não incidência do ICMS, já a venda do bem arrendado ao final do contrato de leasing, está no campo de incidência, contudo alguns estados vedam a constituição do crédito tributário, pois concederam isenção.

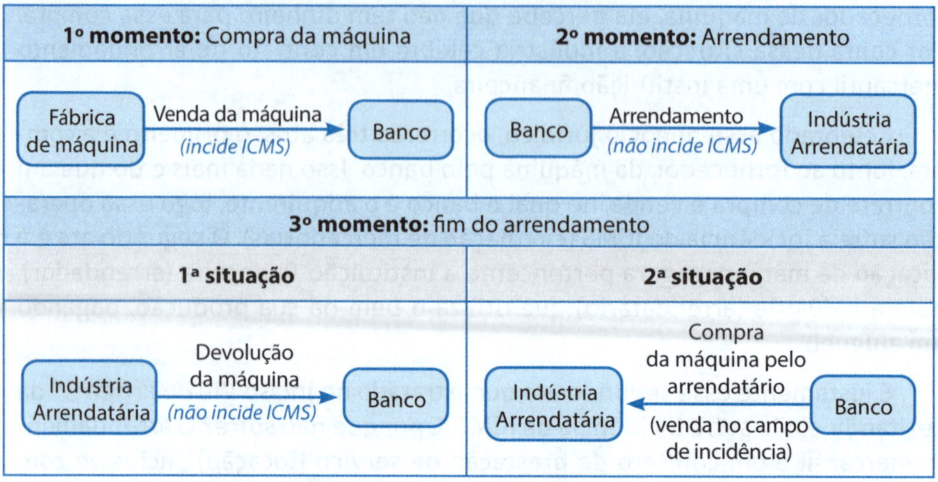

7 (AFTE-PI/ESAF-2001) A empresa ALFA Arrendamento Mercantil, estabelecida no Piauí, adquiriu duas máquinas produzidas em São Paulo, máquina A e máquina B, para arrendá-las pelo prazo de 3 anos à empresa BETA Industrial Ltda., também estabelecida no Piauí. Ao final do prazo de arrendamento, a arrendatária exerceu a opção de compra para a máquina B e devolveu a máquina A.

Considerando as operações descritas, assinale a opção correta.

a) Na saída das máquinas da empresa ALFA para a empresa BETA incide ICMS.

b) No retorno da máquina A para a arrendadora ALFA incide o ICMS sendo a base de cálculo o valor residual garantido (preço estipulado no contrato para exercício da opção de compra).

c) No retorno da máquina A para a arrendadora ALFA incide o ICMS, não podendo a base de cálculo ser inferior ao valor de mercado da máquina.

d) Na venda da máquina B à arrendatária incide ICMS.

e) Em nenhuma das operações (quer de saída das máquinas da arrendadora para a arrendatária, quer do retorno para a arrendadora, quer pelo exercício da opção de compra) incide ICMS, por se tratar de operações especiais sujeitas ao controle do Banco Central.

Comentário: *Na saída de Alfa para Beta (1º ato do arrendamento mercantil) não há incidência. No ato final (fim do arrendamento mercantil) só haverá incidência de ICMS se Beta exercer a opção de compra. No retorno do bem para Alfa, não haverá incidência. Resposta: D.*

4.2.5. Operações de qualquer natureza de que decorra a transferência de bens móveis salvados de sinistro para companhias seguradoras (inciso IX do artigo 3º da Lei Kandir)

> "**Art. 3º** O imposto não incide sobre:
>
> (...)
>
> IX – operações de qualquer natureza de que decorra a transferência de bens móveis salvados de sinistro para companhias seguradoras."

> STF, 2011 – Súmula Vinculante nº 32: "O ICMS não incide sobre alienação de salvados de sinistro pelas seguradoras."

Sabemos que boa parte dos automóveis possuem seguros. Esses contratos protegem o segurado de furtos, roubos, batidas, perda total e outras coisas. Diante dessa tendência de crescimento dos seguros de carros e de outros bens como máquinas, o legislador, prevendo possível conflito entre fiscos e segurados, instituiu a não incidência do ICMS sobre transferência de bens móveis salvados de sinistros.

Toda vez que ocorre a perda total, o segurado recebe da seguradora o dinheiro pelo valor da apólice. Essa devolução está sujeita ao IOF. Por outro lado, os restos que sobraram do veículo serão transferidos para a seguradora. Esses restos são os salvados de sinistro e sobre essa transferência não incide ICMS. O seguro de carro é um mero exemplo, pois qualquer transferência de bens móveis decorrente de resto de sinistro não sofrerá a incidência do ICMS.

Por um bom tempo se discutiu se a venda desses salvados de sinistro das seguradoras para terceiros, como os ferros-velhos, estaria sujeita à incidência do ICMS. Atualmente, o assunto ficou pacificado após a edição da Súmula Vinculante nº 32 do STF já apresentada, determinando que não incide ICMS sobre alienação de salvados de sinistro pelas seguradoras. Segundo a Suprema Corte, os salvados de sinistro constituem recuperação de receitas e não atividade mercantil, logo fica vedada a incidência de ICMS sobre salvado de sinistro.

1º momento: Seguradora paga segurado pelo salvado de sinistro	**2º momento:** Seguradora vende salvado de sinistro para terceiro
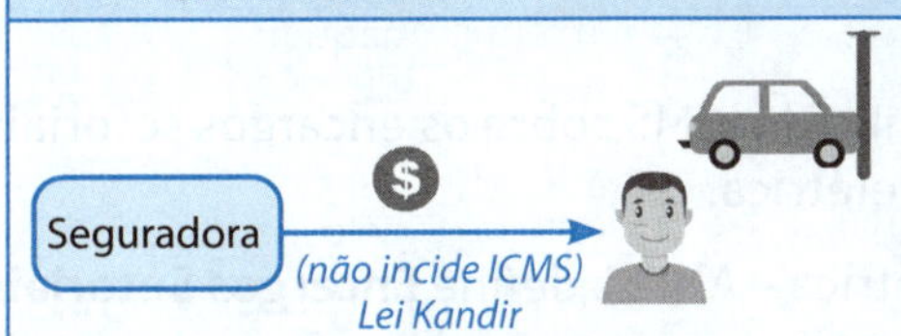	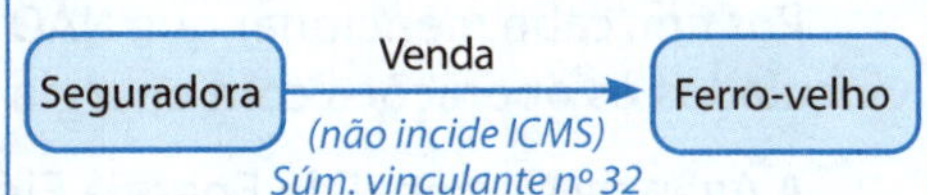

Entretanto, não podemos confundir a situação apresentada neste tópico com as operações de venda de carros e suas peças por ferros-velhos, pois esses praticam essa atividade com habitualidade e intuito comercial e é a sua principal atividade, logo, nesse caso o ICMS incidirá normalmente. Veja então que tanto faz, para fins de cobrança do ICMS, se a mercadoria vendida é nova ou usada.

4.2.6. Serviços de transmissão e distribuição e encargos setoriais vinculados às operações com energia elétrica. (inciso X do artigo 3º da Lei Kandir)

> "**Art. 3º** O imposto não incide sobre:
>
> (...)

X – serviços de transmissão e distribuição e encargos setoriais vinculados às operações com energia elétrica."

Essa forma de não incidência foi incluída em junho de 2022, por meio da Lei Complementar 194/2022. Vimos que, para fins de ICMS, a energia elétrica é mercadoria, logo, sobre a sua circulação incide esse imposto estadual. Contudo, além de fornecerem energia elétrica, as concessionárias de energias realizam os serviços de transmissão e distribuição da energia elétrica.

Por exemplo, todo o custo sobre postes e cabos e linhas de transmissão de energia elétrica são **SERVIÇOS DE TRANSMISSÃO** de energia elétrica. Assim, caso a companhia elétrica cobre do consumidor algum reparo na linha de transmissão de energia elétrica, sobre essa cobrança NÃO INCIDIRÁ o ICMS.

Outro exemplo de serviço de transmissão de energia elétrica ocorre quando o disjuntor externo (ligado ao poste de abastecimento) foi queimado pelo próprio consumidor. Nesse caso, a concessionária cobra para consertá-lo, não incidindo ICMS sobre esse conserto.

Enfim, os exemplos dados de serviços servem para deixar claro que só há ICMS sobre o fornecimento de energia elétrica, mas não sobre o serviço de distribuição e transmissão de energia elétrica.

Esses serviços são cobrados nas suas contas de energia elétrica por meio de tarifas. No serviço de distribuição, cobra-se a TUSD (Tarifa de Uso do Sistema de Distribuição), e no serviço de transmissão, cobra-se a TUST (Tarifa de Uso do Sistema de Transmissão). Antes da publicação da LC 194/2022, essas tarifas integravam a base de cálculo do ICMS, agora já **NÃO INTEGRAM** mais a base de cálculo do imposto estadual.

Por fim, cabe mencionar que NÃO incide ICMS sobre os encargos setoriais vinculados às operações com energia elétrica.

A Agência Nacional de Energia Elétrica – ANEEL define **Encargos Setoriais** como "custos não gerenciáveis suportados pelas concessionárias de distribuição, instituídos por Lei, cujo repasse aos consumidores é decorrente da garantia do equilíbrio econômico-financeiro contratual".

Atualmente, existem pelo menos seis tipos de encargos setoriais que as companhias elétricas arcam e posteriormente cobram dos consumidores. Irei copiar esses encargos regulamentados pela ANEEL apenas para fins didáticos, você não precisa memorizar, ok?

i. Conta de Desenvolvimento Energético – CDE;

ii. Programa de Incentivo às Fontes Alternativas de Energia Elétrica – PROINFA;

iii. Compensação Financeira pela Utilização de Recursos Hídricos – CFURH;

iv. Encargos de Serviços do Sistema – ESS e de Energia de Reserva – EER;

v. Taxa de Fiscalização dos Serviços de Energia Elétrica – TFSEE; e

vi. Pesquisa e Desenvolvimento – P&D e Programa de Eficiência Energética – PEE.

Assim, caso a concessionária de energia elétrica cobre do consumidor a CDE, PROINFA, TFSEE ou qualquer outro encargo, não incidirá ICMS sobre essa cobrança. Assim, podemos concluir que estão fora do campo de incidência do ICMS:

1. **Os serviços de transmissão e distribuição e**
2. **Os encargos setoriais.**

4.2.7. Operações com o fim específico de exportação para o exterior, destinada a empresa comercial exportadora, inclusive tradings ou outro estabelecimento da mesma empresa e armazém alfandegado ou entreposto aduaneiro (parágrafo único do artigo 3º da Lei Kandir)

> "**Art. 3º** O imposto não incide sobre:
>
> (...)
>
> Parágrafo único. Equipara-se às operações de que trata o inciso II a saída de mercadoria realizada com o fim específico de exportação para o exterior, destinada a:
>
> I – empresa comercial exportadora, inclusive tradings ou outro estabelecimento da mesma empresa;
>
> II – armazém alfandegado ou entreposto aduaneiro."

O legislador infraconstitucional criou a exportação indireta, afinal as operações de saídas destinadas a um grupo de empresas ou de locais alfandegados foram equiparadas à exportação de mercadorias.

Após essa equiparação, não sofrem incidência de ICMS **as operações com fim específico de exportação**, destinadas a:

1. comercial exportadora, sejam tradings ou não;
2. estabelecimento da mesma empresa;
3. armazém alfandegado;
4. entreposto aduaneiro.

O que seria a empresa comercial exportadora? A definição de comercial exportadora se encontra no Decreto-Lei nº 1.248/72, mas para simplificar podemos defini-la como empresa comercial que adquire mercadorias no mercado interno com o fim específico de vender ao exterior.

As comerciais exportadoras, que possuem um certificado de registro especial regulamentado pelo já citado Decreto-Lei, são chamadas de "trading company". As demais, sem tais certificados de registro especial são chamadas de empresa comercias exportadoras e constituídas pelas normas do Código Civil. Para fins tributários, pelo menos quanto ao ICMS, não há qualquer diferença entre elas.

Agora para entendermos essa forma de não incidência de ICMS vamos imaginar três situações hipotéticas: na primeira a empresa Alfa vende determinada mercadoria a Delta (empresa comercial exportadora ou trading) para essa exportar a mercadoria adquirida posteriormente. Neste caso concreto, a venda de Delta ao exterior é imune (alínea "a" do inciso X do §2º do artigo 155 da Constituição Federal) e a venda de Alfa a Delta não sofre incidência de ICMS, nos termos do inciso I do parágrafo único do artigo 3º da Lei Kandir.

Já na segunda situação, a mesma empresa Alfa manda sua mercadoria a Beta (um armazém alfandegado ou entreposto aduaneiro) e essa mercadoria posteriormente é exportada. Veja que, diferente do exemplo anterior, não é uma venda e sim uma remessa para armazenagem. Novamente, a exportação será imune, enquanto a remessa para armazenagem é isenta, conforme inciso II do parágrafo único do artigo 3º da Lei Complementar 87/96.

Note que não basta ser armazém geral, tem de ser armazém alfandegado ou entreposto aduaneiro. Um armazém geral só será alfandegado se for reconhecido como tal pela Aduana brasileira. O entreposto aduaneiro também tem de ser reconhecido por esse mesmo órgão.

> "**Art. 3º** O imposto não incide sobre:
>
> (...)
>
> Parágrafo único. Equipara-se às operações de que trata o inciso II a saída de mercadoria realizada com o fim específico de exportação para o exterior, destinada a:
>
> I – empresa comercial exportadora, inclusive tradings ou outro estabelecimento da mesma empresa;
>
> II – armazém alfandegado ou entreposto aduaneiro."

Por fim, a terceira situação. A empresa Alfa transfere a mercadoria para sua filial mais próxima do porto, para posteriormente exportar. A exportação é imune e a transferência não sofre incidência, nos termos do inciso I do parágrafo único do artigo 3º da Lei Kandir.

Nos três casos que ocorrem antes da posterior exportação, seja na venda, na remessa de armazenagem ou na transferência para filial, a nota fiscal que acoberta a operação tem natureza de remessa com fim específico de exportação e não sofre a incidência de ICMS. Segundo o Convênio Confaz 113/96, que regulou as operações com fim específico de exportação, após a saída da mercadoria do estabelecimento do remetente (no caso concreto Alfa), essa mesma mercadoria tem o prazo de 180 (cento e oitenta) dias para ser exportada, do contrário essas operações terão o ICMS cobrado com os acréscimos cabíveis (juros e multa de mora).

<table>
<tr><th>Situação 1: Venda para comercial exportadora</th><th>Situação 2: Remessa a armazém alfandegário</th><th>Situação 3: Remessa a filial</th></tr>
<tr><td>
</td><td>
</td><td>
</td></tr>
<tr><td>Exportação imune e venda SEM incidência de ICMS (inciso I, § único, art. 3º, LC 87/96</td><td>Exportação imune e remessa SEM incidência de ICMS (inciso II, § único, art. 3º, LC 87/96</td><td>Exportação imune e remessa SEM incidência de ICMS (inciso I, § único, art. 3º, LC 87/96</td></tr>
</table>

Perceba que o texto desse parágrafo único do artigo 3º começa estabelecendo o que é equiparado à exportação. Assim, nas quatro hipóteses previstas no parágrafo único do artigo 3º da Lei Kandir o estabelecimento que vendeu à comercial exportadora ou remeteu a mercadoria ao armazém alfandegado ou remeteu para entreposto aduaneiro ou transportou para sua filial terá o direito de manter o crédito das operações anteriores da mesma forma que a mercadoria exportada. Tal tema será mais bem abordado em capítulo específico.

Por fim cabe uma colocação. O serviço de transporte (frete) levando as mercadorias para esses estabelecimentos é tributado normalmente. Note que o dispositivo é claro e fala unicamente em operações e não em prestações. Portanto, se Alfa contratou uma transportadora para levar suas mercadorias para sua filial mais próxima do porto, para posteriormente exportar, a operação (transferência de mercadoria) está fora do campo de incidência do ICMS, no entanto o serviço de transporte sofre a incidência do imposto estadual.

4.2.8. Operações e prestações promovidas pela União, Estados, Municípios e suas autarquias e fundações ou promovidas por templos de qualquer natureza ou partidos políticos, inclusive suas fundações, entidades sindicais de trabalhadores ou instituições de educação ou de assistência social, sem fins lucrativos

Começamos agora a falar dos casos de não incidência que não se encontram na Lei Kandir. O primeiro caso tem uma ligação direta com o texto constitucional. Quando tratamos da imunidade (item 4.1), comentamos que o inciso VI do artigo 150 da nossa Lei Maior veda os entes públicos de instituírem impostos sobre determinadas pessoas (imunidade subjetiva) ou sobre determinadas coisas (imunidade objetiva). Entretanto, como o ICMS é um imposto de característica real (vide item 1.3) que incide sobre fatos econômicos, e não sobre características individuais, estaria submetido principalmente às imunidades objetivas. Na ocasião, concluímos que as alíneas "d" e "e" do referido inciso constitucional, que trata dos livros, jornais, periódicos e o papel destinado a sua impressão e fonogramas e videofonogramas musicais produzidos no Brasil são as principais imunidades aplicadas ao ICMS.

Ocorre que as alíneas "a", "b" e "c" do inciso VI do artigo 150 da Constituição Federal veda a instituição de impostos sobre patrimônio, renda e serviços da União, Estados, Municípios e suas autarquias e fundações ou promovidas por templos de qualquer natureza ou partidos políticos, inclusive suas fundações, entidades sindicais de trabalhadores ou instituições de educação ou de assistência social, sem fins lucrativos.

> "**Art. 150** – Sem prejuízo de outras garantias asseguradas ao contribuinte, é vedado à União, aos Estados, ao Distrito Federal e aos Municípios:
>
> (...)
>
> VI – Instituir impostos sobre:
>
> a) patrimônio, renda ou serviços, uns dos outros;
>
> b) entidades religiosas e templos de qualquer culto, inclusive suas organizações assistenciais e beneficentes; (Redação dada pela Emenda Constitucional nº 132, de 2023)
>
> c) patrimônio, renda ou serviços dos partidos políticos, inclusive suas fundações, das entidades sindicais dos trabalhadores, das instituições de educação e de assistência social, sem fins lucrativos, atendidos os requisitos da lei.
>
> (...)
>
> § 2º A vedação do inciso VI, "a", é extensiva às autarquias e às fundações instituídas e mantidas pelo poder público e à empresa pública prestadora de serviço postal, no que se refere ao patrimônio, à renda e aos serviços vinculados a suas finalidades essenciais ou às delas decorrentes. (Redação dada pela Emenda Constitucional nº 132, de 2023)

Assim, alguns regulamentos do ICMS, obedecendo ao mandamento constitucional, colocam no artigo que trata da não incidência a prestação de serviços (comunicação ou transportes) realizadas por esses sujeitos. Outros RICMS expressam a não incidência de operações, inclusive a remessa e retorno de **bens**, promovidas por essas pessoas jurídicas. Por fim, têm legislações que excluem da incidência tanto essas prestações como essas operações.

Sem dúvida a remessa e o retorno de **bens** pertencentes a essas pessoas jurídicas não estão no campo de incidência do ICMS, afinal os patrimônios desses entes não podem ser tributados. No entanto, dificilmente a União, Estados, Municípios e suas fundações e autarquias realizarão, diretamente, operações com mercadorias ou prestações de serviço, e caso façam, muito provavelmente, estarão explorando atividades econômicas regidas pelas normas aplicáveis a empreendimentos privados, competindo com entes privados, logo, nesse caso incidirá o ICMS.

E o que respondo em prova? Se o regulamento do estado para o qual você presta a prova expressamente exclui do campo de incidência as operações ou prestações de serviços realizadas pelos órgãos da administração, você responde que não incide, do contrário responda que vai incidir.

E quando essas operações de mercadorias ou prestações de serviços forem realizadas por templos de qualquer culto? Não incidirá ICMS se as receitas dessas atividades forem aplicadas na manutenção dos seus objetivos institucionais.

Em relação aos partidos políticos, inclusive suas fundações, entidades sindicais de trabalhadores ou instituições de educação ou de assistência social, sem fins lucrativos, incide ICMS? Se as receitas dessas atividades forem aplicadas na manutenção dos seus objetivos institucionais e cumprirem os três requisitos do artigo 14 do Código Tributário Nacional, certamente não incidirá ICMS sobre essas operações e prestações.

> CTN – "Art. 14. O disposto na alínea c do inciso IV do artigo 9º é subordinado à observância dos seguintes requisitos pelas entidades nele referidas:
>
> I – não distribuírem qualquer parcela de seu patrimônio ou de suas rendas, a qualquer título;
>
> II – aplicarem integralmente, no País, os seus recursos na manutenção dos seus objetivos institucionais;
>
> III – manterem escrituração de suas receitas e despesas em livros revestidos de formalidades capazes de assegurar sua exatidão."

Cabe mencionar que estamos nos referindo às operações e prestações de mercadorias promovidas **por** esses entes e não **para** esses entes.

Exemplificando, se a "Igreja Cristã do Mundo Superior – ICMS" vender mercadorias e a receita obtida for aplicada nas suas atividades, essas operações estarão fora do campo de incidência. Contudo, se a Igreja Cristã do Mundo Superior adquirir mercadorias do fornecedor Gama, sobre a venda de Gama à igreja incidirá o ICMS.

Apesar de essa regra de imunidade envolver apenas as operações promovidas POR esses entes, muitos estados colocam a venda destinada a templos fora do campo de incidência do ICMS. Isso após o julgamento da Adin 3.421/PR. Essa Adin foi ajuizada pelo Governador do Paraná, que pediu que o Supremo Tribunal Federal julgasse inconstitucional uma lei paranaense que concedia isenção de ICMS na venda de energia elétrica por concessionária paranaense aos templos do mesmo estado, desde que esses obedecessem às condições do artigo 14 do CTN.

Segundo o Governador do Paraná, essa isenção só poderia ser concedida por meio de um Convênio Confaz. Já a Assembleia Legislativa do Estado do Paraná alegou que na verdade nem precisava conceder isenção, pois os templos são beneficiados pela imunidade constitucional do artigo 150 da Constituição Federal.

No julgamento, o STF não concordou com nenhuma das duas teses. A Suprema Corte determinou que a exigência de Convênio Confaz, regulado pela Lei Complementar nº 24/1975, tem como objetivo evitar a GUERRA FISCAL entre os estados. Assim, é necessária a autorização de Convênio Confaz quando a isenção beneficia contribuintes de DIREITO, pois são esses contribuintes que vendem para os diversos estados do Brasil, causando a guerra fiscal.

Seguindo essa linha, o STF determinou que a isenção de ICMS sobre a venda de energia elétrica a templos paranaenses feita por concessionária paranaense não causa guerra fiscal, pois essa norma apenas reduz a receita do próprio estado do Paraná, afinal, o real beneficiário da isenção não é o contribuinte de DIREITO (a concessionária de energia elétrica) e sim o contribuinte de FATO (o templo).

Cabe mencionar que a Suprema Corte também não aceitou os argumentos da Assembleia Legislativa do Estado do Paraná, afinal, segundo o STF, a imunidade constitucional só abrange o patrimônio, rendas e serviços dos templos, não abrange as mercadorias vendidas e os serviços prestados a esses. Assim, segundo o STF, a isenção sobre energia elétrica destinada a templos deve ser feita por meio de lei estadual, conforme determina o parágrafo 6º do artigo 150 da Constituição Federal:

> **Art. 150**. Sem prejuízo de outras garantias asseguradas ao contribuinte, é vedado à União, aos Estados, ao Distrito Federal e aos Municípios:

> § 6º Qualquer subsídio ou isenção, redução de base de cálculo, concessão de crédito presumido, anistia ou remissão, relativos a impostos, taxas ou contribuições, só poderá ser concedido mediante lei específica, federal, estadual ou municipal, que regule exclusivamente as matérias acima enumeradas ou o correspondente tributo ou contribuição, sem prejuízo do disposto no art. 155, § 2.º, XII, g.

Por conta disso, muitos estados em vez de colocarem o fornecimento de energia elétrica como operação isenta de ICMS optaram por colocar essa previsão no campo de não incidência do ICMS.

4.2.9. Remessa e retorno para armazém geral ou depósito fechado dentro do mesmo estado e a saída de mercadoria pertencente a terceiro de estabelecimento de empresa de armazém ou de depósito, por conta e ordem do remetente

Quando estudamos o item 2.6.2.3 do capítulo segundo, foi dado o exemplo de remessa para armazém geral ou depósito fechado quando o remetente e quem irá receber a mercadoria para armazenagem estão no mesmo estado. O exemplo era o seguinte: a empresa Alfa remete a mercadoria para o armazém geral ou depósito fechado Beta, ambos situados no mesmo estado da federação, cabendo a Beta armazenar a mercadoria.

Após a mercadoria ficar armazenada no estabelecimento de Beta duas hipóteses podem acontecer. A primeira é Alfa não conseguir vender a mercadoria e esta voltar ao seu estabelecimento, conforme a figura a seguir:

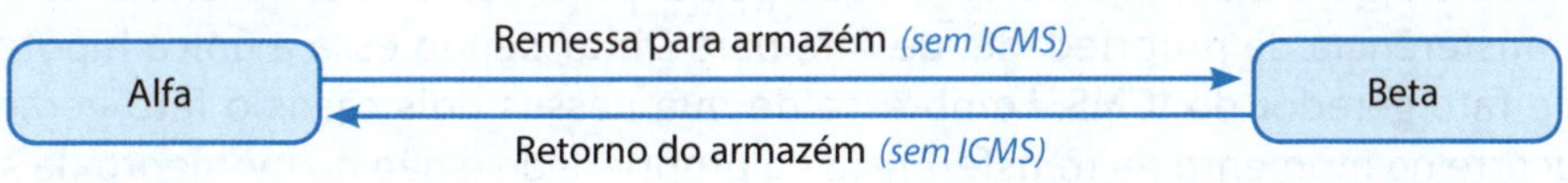

As duas operações, tanto a remessa de Alfa para Beta como o retorno da mercadoria do armazém geral ou depósito fechado para o remetente, não sofrem a incidência de ICMS.

A segunda hipótese seria Alfa conseguir vender a Delta a mercadoria armazenada em Beta, e este entregar direto ao novo adquirente conforme a figura a seguir:

Venda de mercadoria depositada em armazém geral:

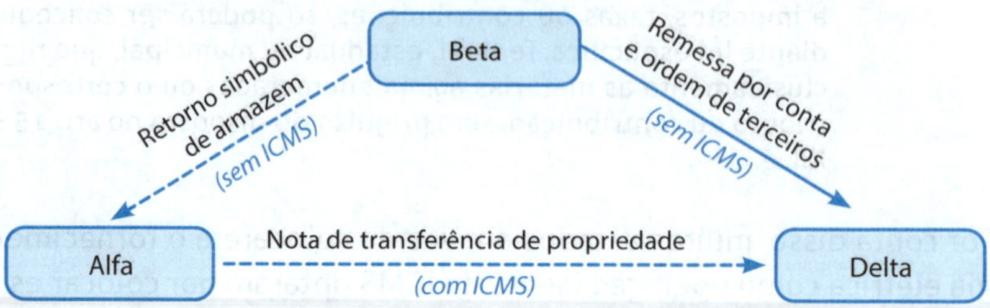

Obs.: As setas tracejadas representam notas fiscais sem circulação de mercadoria.

Nesse segundo caso, o retorno simbólico (sem trânsito de mercadoria) de Beta a Alfa não tem incidência de ICMS. Também não haverá destaque de ICMS na nota fiscal que acompanha o trânsito da mercadoria de Beta para Delta. Perceba que estamos falando de mercadorias, pois o transporte de carga dessa operação sofre a incidência do imposto estadual. Nessa segunda situação, apenas a nota de transferência de propriedade de Alfa para Delta sofrerá incidência de ICMS.

Note que, caso o depositante e o depositário estejam no mesmo estado, as operações de remessa para o armazém geral ou para o depósito fechado, assim como o seu respectivo retorno (simbólico ou físico), não sofrem incidência do ICMS. O mesmo ocorre com a operação de remessa de Beta (armazém) para Delta (adquirente) a mando de Alfa (depositante).

E qual a diferença da remessa por conta e ordem, comentada no item 2.6.2.1, para essa situação? Na primeira, ocorreram duas transferências de propriedade: de Alfa para Beta e de Beta para Delta, logo existiram duas obrigações tributárias. Já na segunda, o armazém é um mero prestador de serviço de armazenagem e a mercadoria em seu poder pertence a Alfa, havendo só uma transferência de propriedade: de Alfa para Delta, sendo essa a única hipótese de fato gerador do ICMS. Lembre-se de que nesses dois casos o fato gerador ocorre no momento da transferência da propriedade e não no momento da saída da mercadoria (vide item 2.6.2 do capítulo 2).

Remessa por Conta e Ordem:

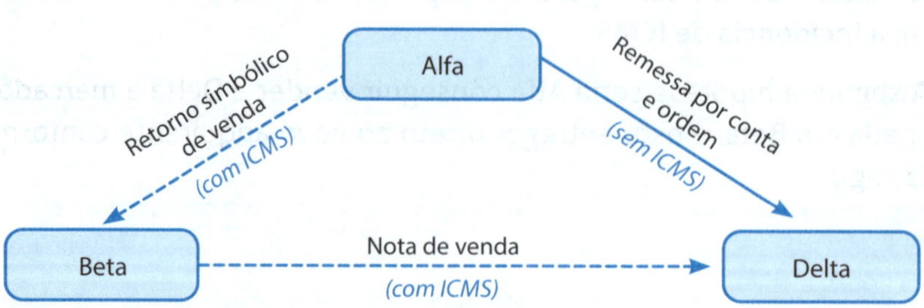

Obs.: As setas tracejadas representam notas fiscais sem circulação de mercadoria.

Cabe também mencionar que no período em que a mercadoria ficou armazenada houve um contrato de prestação de serviço de armazenagem ou depósito (sujeito ao ISS), logo o valor cobrado pelo depositário não constitui fato gerador do ICMS, nem integra sua base de cálculo.

Não podemos encerrar este tópico sem falar que a remessa de mercadoria para um armazém geral situado no mesmo estado do remetente está fora do campo de incidência do ICMS, mas o serviço de transporte que leva essa mercadoria do estabelecimento do depositante para o armazém geral é tributado normalmente.

4.2.10. Saída de ativo imobilizado e de material de uso e consumo

Os legisladores estaduais excluem da incidência do ICMS a circulação de bens do ativo imobilizado e o material de uso e consumo. Tais bens não estão no conceito de mercadoria, logo não devem sofrer a incidência do imposto estadual.

Para efeito de não incidência, pouco importa se houve venda, doação ou transferência para um estabelecimento do mesmo titular. É bem do ativo imobilizado ou material de uso e consumo? Se a resposta é afirmativa, então não surgirá a obrigação tributária.

Inclusive há a Súmula nº 573 do STF neste sentido: "Não constitui fato gerador do imposto de circulação de mercadorias a saída física de máquinas, utensílios e implementos a título de comodato."

O que é comodato? Quando você vai ao banco pegar dinheiro emprestado, você faz um contrato de mútuo. Afinal, você não irá devolver exatamente as cédulas que o banco te emprestou, porque o dinheiro é consumível, ou seja, você devolverá a mesma quantidade e qualidade do dinheiro emprestado (claro, sem entrarmos no mérito dos juros). Já no comodato, a coisa emprestada não é consumível. Assim, quando alguém empresta uma máquina a você, você devolverá a mesma máquina. Esse contrato de empréstimo chama-se comodato.

O que o STF decidiu foi que se houve empréstimo de máquinas, utensílios e implementos, não há fato gerador do ICMS. Veja que essa decisão segue o exposto neste tópico, pois se circulou ativo imobilizado ou material de uso e consumo, não incide o ICMS.

Então se um fabricante de máquinas mandar uma máquina da sua produção em comodato para um outro contribuinte, incidirá o ICMS? Não, porque se ele a mandou em comodato, a máquina passou a ser seu bem e como não estará mais em seu estoque, será parte de seu ativo imobilizado.

Veja uma alternativa de uma questão sobre o tema.

AFRE-RJ/FGV-2010 De acordo com o entendimento do Supremo Tribunal Federal não constitui fato gerador do ICMS a saída física de máquinas e utensílios a título de comodato.

A afirmativa é verdadeira, conforme vimos.

E se um fabricante de máquinas e equipamentos cria outra empresa com CNPJ e atividade econômica diferentes apenas para comprar máquinas, que são registradas como imobilizado, e as revende dois dias após a aquisição? Buscando evitar essas fraudes, várias legislações estabelecem, no próprio regulamento ou por outras normas menores (Portarias ou Comunicados), um prazo mínimo que um bem adquirido tem de permanecer no estabelecimento para ser considerado ativo. Então, no exemplo dado, muito provavelmente, haveria incidência do ICMS, pois dois dias é muito pouco para um ativo imobilizado.

Para evitar essa fraude de vendas de **veículos** com natureza de ativo, há uma regra específica que foi elaborada no Convênio ICMS 64/2006. Por esse Convênio, a cobrança de ICMS sobre vendas de veículos usados só ocorrerá se essa venda ocorrer antes de um ano da data da aquisição do veículo.

Exemplo: A empresa "Compradora de Carros Ltda" adquiriu dois veículos novos em 26/10/2020. No dia 07/10/2021 ela vendeu o primeiro veículo. Já a venda do segundo veículo ocorreu no dia 04/11/2021. Haverá incidência de ICMS sobre as vendas desses bens do ativo imobilizado?

Do primeiro veículo vendido sim, pois ocorreu em um período inferior a um ano da compra. Já sobre o segundo veículo, não ocorrerá a incidência, pois a venda ultrapassou o período de um ano da aquisição.

Os estados seguem a regra do Convênio ICMS 64/2006. Dessa forma, muitas locadoras de veículos passaram a adquirir carros novos, alugavam e poucos dias após o período de um ano da aquisição elas efetuavam a venda desses veículos. Essas empresas, apesar de "locadoras de veículos", passaram a ter receitas de venda de veículos usados superiores à receita de aluguel de veículos.

Você acha justo? Bem, o estado de Pernambuco não achou e autuou as locadoras cobrando o ICMS sobre a venda de veículos usados. Essa discussão foi parar no STF, que, por meio do RE 1.025.986/PE, decidiu que incide ICMS na venda, por locadoras, de AUTOMÓVEIS que integram o ativo imobilizado, independentemente se o prazo entre a venda e a aquisição da locadora for inferior a um ano ou não.

Para a Suprema Corte, o automóvel, enquanto usado para locação, tem natureza de ativo imobilizado, mas ao ser vendido pela locadora, passa a ser mercadoria, incidindo, portanto, o imposto estadual. Assim, ao resolver uma questão sobre o assunto, verifique se ela pede o entendimento do STF ou a não incidência pelo Convênio. É bom também observar se o estado para o qual você presta o concurso prevê isenção ou qualquer outro benefício na venda de veículos usados.

Esse tema foi cobrado antes dessa importante decisão do Supremo, veja como foi:

(Auditor Fiscal da Receita Estadual-AL/CESPE-2019) Pessoa jurídica que tem como objeto e atividade principal a locação de veículos e os vende, após o prazo previsto em lei, é contribuinte do ICMS por ter praticado, por si só, ato comercial e operação de circulação de mercadorias.

c) Certo

e) Errado

Comentário: *Como essa questão foi anterior à decisão do STF, o gabarito oficial colocou como errada. Caso essa afirmativa se repita, marque como correta.*

Resposta: oficial E, atualmente seria C

Após a jurisprudência da Suprema Corte, muitos estados estenderam a regra de um ano ou doze meses para os demais bens do ativo, não só para veículos. Assim, caberá a você ver a legislação do estado onde fará a prova. Caso ele determine que a não incidência só vale após o bem ficar 12 meses no estabelecimento, essa será a regra que você deverá aplicar.

4.2.11. Remessa e retorno para conserto e reparo

É natural a necessidade de manutenção e reparos em bens das pessoas jurídicas. Constatada essa precisão, o proprietário envia o bem para o conserto e o prestador do serviço, após realizar o conserto, retorna o bem ao proprietário.

Tanto a remessa como o retorno não sofrem incidência de ICMS. E as peças utilizadas e o serviço de conserto? Como mencionado no tópico 2.6.5, a Lei Complementar 116/03, no item 14.01 (Limpeza, reparos de máquinas – peças aplicadas sujeitas ao ICMS), colocou as peças utilizadas na prestação de serviço como exceção à regra, logo sobre tais peças incide o ICMS. Assim, o serviço prestado, obrigação de fazer, estará sujeito ao ISS, já as peças empregadas para o conserto estão inseridas no campo de incidência do ICMS.

4.2.12. A transmissão da propriedade de mercadoria a herdeiro ou legatário, em razão de sucessão, por processo de inventário ou arrolamento

Quando um empresário individual falece, a regra é ocorrer a extinção da atividade, e tudo que lhe pertencia, para exercer sua atividade, passará aos seus herdeiros. Lembre que o empresário individual é uma pessoa física e não uma pessoa jurídica.

Ocorre que caso esse empresário exerça a atividade de comércio na data da morte, ele provavelmente possui mercadorias em estoque, logo haverá a transmissão dessas mercadorias estocadas, por meio de inventário ou arrolamento, para os herdeiros da pessoa física falecida.

Essa transmissão não sofre a incidência de ICMS, o imposto estadual que incidirá nesse caso é o Imposto Causa Mortis (ITCD ou ITCMD), que abordaremos em um capítulo específico.

4.2.13. A saída de mercadoria em razão de mudança de endereço do estabelecimento, no mesmo estado

Qualquer empresário tem direito de mudar o endereço do seu estabelecimento. Toda vez que essa mudança ocorre dentro do mesmo estado, seja com alteração ou não do município, no momento da transferência das mercadorias do antigo estabelecimento para o novo não haverá incidência do ICMS.

Caso ocorra mudança de estado, a operação é tributada normalmente, devendo o ICMS ser recolhido ao estado de origem, com direito a crédito do estabelecimento no destino final.

CAPÍTULO V

CADASTRO DE CONTRIBUINTES DO ICMS

Toda empresa costuma elaborar uma relação de seus fornecedores e de seus clientes. Essa relação geralmente contém um banco de dados com telefone, endereço, contato etc. daqueles que negociam com a empresa. As Secretarias das Fazendas Estaduais também têm um banco de dados dos seus "clientes" (contribuintes), que é chamado de cadastro de contribuintes do ICMS.

Existe uma grande diferença entre uma relação de clientes de uma empresa privada e um cadastro de contribuintes do ICMS. Afinal, no cadastro estadual, os próprios "clientes", ou seja, os contribuintes, devem inscrever seus estabelecimentos antes de iniciarem suas atividades e precisam comunicar ao fisco quaisquer alterações de dados declarados que ocorram após o ato da sua inscrição. Outra particularidade do cadastro fiscal é que os estabelecimentos inscritos se submetem a diversas obrigações acessórias.

Não podemos confundir o registro empresarial com o cadastro de contribuintes.

O registro empresarial dá ensejo a determinados efeitos jurídicos, tem finalidade de dar publicidade da constituição da empresa e é constitutivo de direitos. Já o cadastro de contribuintes é eminentemente operacional, com vistas à viabilização da cobrança de tributos.

Havendo conflito de dados constantes no cadastro com os do registro, prevalecem os dados do registro, pois este é o que constitui direitos. Assim, o cadastro de contribuintes deve espelhar os dados do registro empresarial, e não o contrário.

A inscrição estadual é uma licença de operação. Se os requisitos forem atendidos, a inscrição estadual deverá ser concedida, pois é um ato administrativo vinculado. Contudo, dependendo da atividade econômica do contribuinte, o fisco poderá exigir diversos documentos para ter a certeza se a empresa poderá ou não exercer tal atividade corretamente. Por exemplo, o fisco poderá exigir a comprovação de renda dos sócios para verificar se eles possuem patrimônio suficiente para abrir determinada empresa ou se estão utilizando os famosos "laranjas", ou seja, terceiros que estão na sociedade para esconder os verdadeiros sócios. Caso o fisco negue a concessão da inscrição estadual, este ato administrativo necessitará ser motivado, contra o qual o interessado poderá resistir administrativamente e judicialmente.

Efetuado o cadastro, cada estabelecimento recebe um número de inscrição estadual, podemos fazer a seguinte analogia: o CNPJ da pessoa jurídica como o CPF da pessoa física e a inscrição estadual como o RG, mesmo porque essa inscrição só serve de identificação para o fisco estadual que a concedeu.

Inclusive não há uma padronização entre os números de inscrição estadual, pois cada estado adotou o formato que considerou como mais apropriado. Por exemplo, as inscrições estaduais em São Paulo obedecem ao formato XXX.XXX.XXX.XXX; já as do Rio de Janeiro, XX.XXX.XX-X; em Santa Catarina, XXX.XXX.XXX; no Rio Grande do Sul, XXX/XXXXXXX; no Pará, 15-XXXXXX-X e por aí segue.

Após essas informações a primeira questão que surge é: todos os contribuintes devem fazer parte desse cadastro? Antes de respondermos a essa pergunta, devemos relembrar a definição de contribuinte do ICMS tratada no item 2.4 desta obra, quando comentamos sobre o artigo 4º da Lei Kandir que tem o seguinte texto:

> "Art. 4º Contribuinte é qualquer pessoa, física ou jurídica, que realize, com habitualidade ou em volume que caracterize intuito comercial, operações de circulação de mercadoria ou prestações de serviços de transporte interestadual e intermunicipal e de comunicação, ainda que as operações e as prestações se iniciem no exterior.
>
> § 1º. É também contribuinte a pessoa física ou jurídica que, mesmo sem habitualidade ou intuito comercial:
>
> I – importe mercadorias ou bens do exterior, qualquer que seja a sua finalidade;
>
> II – seja destinatária de serviço prestado no exterior ou cuja prestação se tenha iniciado no exterior;
>
> III – adquira em licitação mercadorias ou bens apreendidos ou abandonados;
>
> IV – adquira lubrificantes e combustíveis líquidos e gasosos derivados de petróleo e energia elétrica oriundos de outro Estado, quando não destinados à comercialização ou à industrialização."

Pela leitura do dispositivo legal e por tudo estudado no capítulo 2, sabemos que existem contribuintes habituais e não habituais. Apenas os contribuintes habituais localizados no território de um determinado estado são obrigados a se inscreverem no cadastro de contribuintes desse estado. Dessa forma, uma pessoa física que importa mercadorias esporadicamente ou alguém que adquiriu, por licitação, mercadoria apreendida, ou até mesmo um hospital que adquire, de fornecedores de outro estado, energia elétrica ou combustível derivado de petróleo para seu gerador não têm necessidade de se inscrever no cadastro de contribuintes.

E se um importador não habitual ou prestador de serviços como escolas e hospitais quiser se inscrever no cadastro de contribuintes? Poderá até solicitar, mas terá sua inscrição negada. Ninguém pode fazer parte do cadastro por vontade. A inscrição é um dever do contribuinte, não é um direito. Ocorre que algumas atividades econômicas exigem a inscrição estadual. Caso o contribuinte vá exercer uma dessas atividades econômicas que exigem a inscrição e tenha seu pedido negado pelo fisco, nesse caso sim ele tem o direito do recurso, afinal ele tem o direito de exercer uma atividade econômica, desde que comprove sua regularidade, claro.

Cabe lembrar que a sujeição passiva do Direito Tributário não se restringe à qualidade de contribuinte, estendendo-se ao responsável e ao responsável solidário.

Iremos classificar quem são os responsáveis e os responsáveis solidários do ICMS, e posteriormente concluiremos que muitos desses responsáveis, entre eles os substitutos tributários localizados em outros estados, devem proceder sua inscrição no cadastro de contribuintes estadual. Esse tema será mais bem estudado no capítulo de substituição tributária.

E alguém que não é sujeito passivo do ICMS deve se inscrever no cadastro estadual? Talvez sim, porque veremos ao longo desse capítulo que algumas pessoas jurídicas que não são sujeitos passivos do imposto devem possuir inscrição estadual.

5.1. RESPONSÁVEL TRIBUTÁRIO

A responsabilidade tributária surge quando a lei transfere a responsabilidade pelo pagamento do imposto do contribuinte para outra pessoa (responsável), ainda que esta não esteja diretamente envolvida com a obrigação tributária (no caso do ICMS, com a operação de circulação de mercadoria ou prestação de serviço). Quando surge o responsável tributário, o fisco não irá mais cobrar do contribuinte, cobrará diretamente do responsável.

Um exemplo clássico de responsável tributário previsto nas legislações estaduais é aquele que atribui a responsabilidade ao transportador no flagrante de transporte de mercadorias sem documento fiscal. É também sujeito passivo, na qualidade de responsável tributário, aquele que remete, recebe ou armazena mercadoria sem documento fiscal.

Existe também a responsabilidade solidária. Nesse caso, há mais de um sujeito passivo, que são o contribuinte e o responsável tributário, podendo o fisco cobrar de ambos, sem benefício de ordem, ou seja, pode cobrar primeiro de qualquer um dos dois ou dos dois ao mesmo tempo.

Praticamente todos os RICMS[1] seguem o artigo 5º da Lei Kandir e dedicam alguns artigos para tratar da responsabilidade tributária, colocando os mesmos sujeitos como responsáveis. Ocorre uma pequena diferença quando algumas legislações estabelecem em certos casos a responsabilidade solidária, pois outros estados podem adotar, para a mesma ocasião, a transferência da responsabilidade. Caberá ao leitor quando for prestar o seu concurso verificar no respectivo regulamento do ICMS quais são as responsabilidades solidárias e quais são de transferência de responsabilidade. Inclusive alguns estados colocam a responsabilidade subsidiária em algumas ocasiões, ou seja, só é possível a cobrança do responsável depois de esgotada a possibilidade de cobrança do contribuinte.

> "Art. 5º Lei poderá atribuir a terceiros a responsabilidade pelo pagamento do imposto e acréscimos devidos pelo contribuinte ou responsável, quando os atos ou omissões daqueles concorrerem para o não recolhimento do tributo."

5.1.1. Responsabilidades previstas no CTN e usadas no ICMS

As hipóteses de responsabilidade previstas no Código Tributário Nacional são aplicadas no que couber ao ICMS. Assim, os regulamentos estaduais transcrevem a responsabilidade solidária das pessoas que tiverem interesse comum na situação (fato social) que tiver dado origem à obrigação principal, conforme o artigo 124, inciso I do CTN, e aplicam as responsabilidades previstas no capítulo V do Título II do Livro Segundo do Código Tributário Nacional.

Assim, por exemplo, as legislações estaduais vão retratar a responsabilidade sobre os débitos existentes até o ato da aquisição de quem adquirir de outrem o fundo de comércio, nos termos do artigo 133 do CTN. Mencionam, também, a responsabilidade da pessoa que resultar em fusão, incorporação, cisão e transformação, para os débitos existentes até a data do ato (art. 132 do CTN). Transcrevem a responsabilidade do espólio, pelo débito fiscal do "de cujus", até a data da abertura da sucessão, muito aplicado no caso de firma individual (art. 131 do CTN).

Quanto às responsabilidades previstas no artigo 134 do Código Tributário Nacional, teremos a dos tutores e curadores sobre o tutelado e curatelado,

1. Nota: A responsabilidade tributária é atribuída por lei, no entanto os regulamentos espelham a lei estadual que instituiu o ICMS.

do sócio remanescente ou seu espólio, pelo débito fiscal da pessoa jurídica extinta, quando continuar a respectiva atividade, sob a mesma ou outra razão social ou sob firma individual e a do sócio, no caso de liquidação de sociedade de pessoas, pelo débito fiscal da sociedade.

Baseado nesse mesmo artigo do CTN, aplica-se a responsabilidade do inventariante pelos tributos do espólio e do administrador judicial pelos tributos da massa falida e pela empresa em recuperação judicial.

Caso mandatários, prepostos, empregados e gerentes pratiquem atos com excesso de poderes, será aplicada a responsabilidade do artigo 135 do Código Tributário Nacional sobre os débitos das pessoas jurídicas mandantes, preponentes ou empregadoras.

Entretanto, essas responsabilidades são muito bem estudadas no Direito Tributário, fugindo ao escopo deste livro uma explicação mais profunda.

5.1.2. Responsabilidades próprias da legislação do ICMS

Além desses casos estabelecidos no CTN, teremos as responsabilidades típicas da legislação do ICMS e essas sim precisamos aprofundar o assunto.

A primeira e bem clássica, já estudada no item 2.6.2.3, é a responsabilidade do armazém geral e do depósito fechado.

Ao estudarmos a transferência da propriedade de mercadoria depositada em um armazém geral ou depósito fechado, mencionamos que quando o depositário e o depositante se localizam no mesmo estado, o local da operação é o do estabelecimento do depositante (artigo 11, inciso I, alínea "c" da Lei Kandir), sendo este o contribuinte do imposto.

> "**Art. 11.** O local da operação ou da prestação, para os efeitos da cobrança do imposto e definição do estabelecimento responsável, é:
>
> I – tratando-se de mercadoria ou bem:
>
> (...)
>
> c) o do estabelecimento que transfira a propriedade, ou o título que a represente, de mercadoria por ele adquirida no País e que por ele não tenha transitado;
>
> § 1º O disposto na alínea c do inciso I não se aplica às mercadorias recebidas em regime de depósito de contribuinte de Estado que não o do depositário.
>
> (...)
>
> § 5º Quando a mercadoria for remetida para armazém geral ou para depósito fechado do próprio contribuinte, no mesmo Estado, a posterior saída considerar-se-á ocorrida no estabelecimento do depositante, salvo se para retornar ao estabelecimento remetente.

(...)

Art. 12. Considera-se ocorrido o fato gerador do imposto no momento:

(...)

III – da transmissão a terceiro de mercadoria depositada em armazém geral ou em depósito fechado, no Estado do transmitente;"

Foi explicado também que essa regra não se aplica quando o armazém e o depositário pertencem a estados diferentes, conforme previsto no §1º do artigo 11 da Lei Complementar 87/96. Nesse caso, o local da operação é onde se encontra a mercadoria, ou seja, o armazém geral. Diante de tal circunstância, as legislações estaduais colocam tanto o armazém geral, como o depositário como responsáveis pelo recolhimento do imposto sobre a saída de mercadoria depositada por contribuinte de outro estado ou na transmissão de propriedade de mercadoria remetida por depositante de outro estado da federação. O armazém também será o responsável caso receba a mercadoria sem documentação fiscal.

- **1º momento – remessa para armazém em outro Estado**

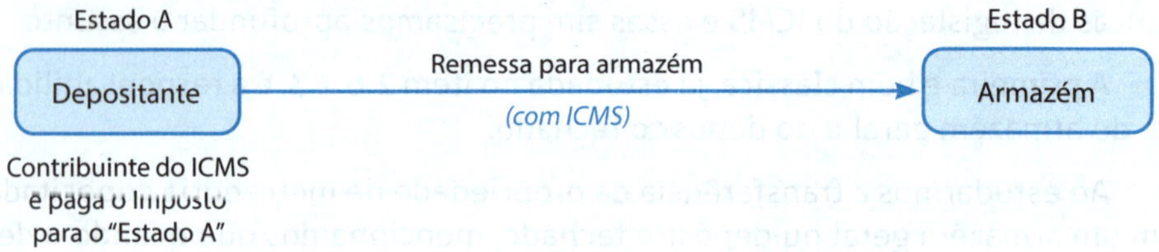

- **2º momento – venda da mercadoria depositada para terceiro**

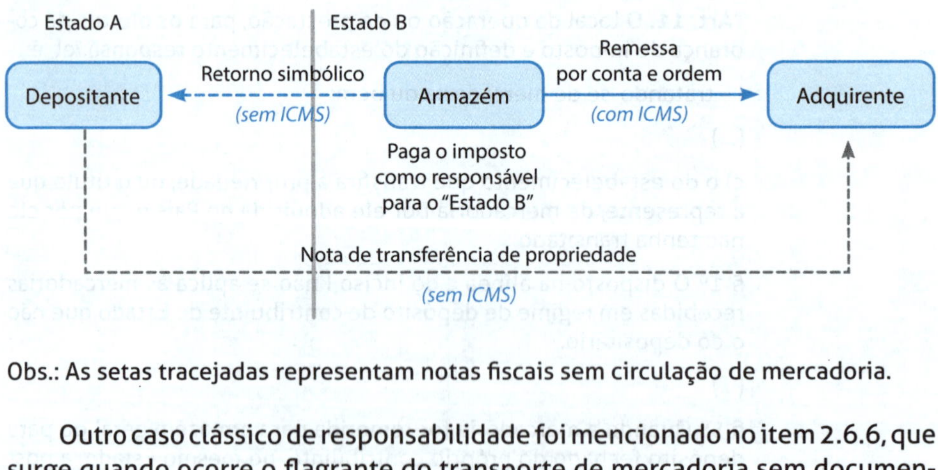

Obs.: As setas tracejadas representam notas fiscais sem circulação de mercadoria.

Outro caso clássico de responsabilidade foi mencionado no item 2.6.6, que surge quando ocorre o flagrante do transporte de mercadoria sem documentação fiscal. Nessa ocasião, a lei atribui a responsabilidade ao transportador que aceitou transportar a mercadoria sem documentação fiscal, ou a entregou com qualquer erro na documentação, como destinatário diverso ou incerto. Por fim, os RICMS atribuem a responsabilidade pelo pagamento do tributo ao transportador caso negocie a mercadoria durante seu transporte.

No item 2.6.8, foi mencionado que o adquirente da mercadoria apreendida em licitação, mesmo que sem habitualidade, é o contribuinte do ICMS. Para garantir que irá receber o imposto sobre a mercadoria licitada, o fisco atribui a responsabilidade pelo recolhimento do ICMS ao leiloeiro (seja leilão físico ou virtual), assim, ao realizar o leilão, ele já toma as devidas precauções para o recolhimento, cobrando no ato da entrega o ICMS sobre a mercadoria leiloada.

Existem também leilões extrajudiciais que não são realizados pela Receita Federal, mas em que são vendidas mercadorias. Esses leilões são regulados pelo Convênio ICMS 08/2015, que atribui ao leiloeiro a responsabilidade pelo pagamento do ICMS quando a mercadoria for adquirida por leilão, cabendo ao leiloeiro emitir nota fiscal e escriturar livros. Isso mostra que os leiloeiros devem se inscrever no cadastro de contribuintes.

Naquele mesmo item 2.6.8, mencionamos que alguns regulamentos estaduais colocam a saída de mercadoria em hasta pública como hipótese de incidência do ICMS. Seria o caso da mercadoria penhorada do comerciante devedor e posteriormente vendida, judicialmente, para satisfazer o crédito do credor, que nada mais é do que uma venda de mercadoria. Nesse caso, embora quem pratique o fato gerador seja o comerciante executado, os RICMS colocam como responsável pelo pagamento o arrematante da mercadoria.

Também visando garantir o recebimento do tributo, algumas legislações atribuem a responsabilidade do despachante aduaneiro ou empresas concessionárias ou permissionárias de portos e aeroportos alfandegados no caso de mercadoria entregue àquele que não tiver importado. Esses sujeitos também respondem caso remetam mercadorias ao exterior sem documentação fiscal.

As empresas concessionárias de portos e aeroportos, são responsáveis pela mercadoria importada e entregue sem documentação fiscal ou desembaraçadas sem autorização da Receita Federal.

Os legisladores perceberam o crescimento da figura do representante comercial, mandatário, comissário ou gestor de negócio no mundo comercial. Diante de tal situação, foi atribuída a responsabilidade a esses sujeitos sobre as operações e prestações que intermediarem. Também haverá responsabilidade, caso essas pessoas realizem intermediação comercial com remetentes em situações irregulares.

Existem empresas beneficiárias de uma isenção ou não incidência sob determinados requisitos. Caso essas empresas não deem a correta destinação ou desvirtuar as finalidades dos requisitos exigidos, serão responsáveis solidários pelo imposto exigido.

As comerciais exportadoras ou *tradings companys* que receberem mercadoria com fim específico para exportação sem a posterior exportação, caso não exportem as mercadorias recebidas em 180 dias, são solidariamente responsáveis pelo recolhimento do ICMS (vide item 4.2.7).

Se a Comercial exportadora **não exportou**:

- a **Empresa A** deve como **contribuinte** e
- a **Comercial** deve como **responsável solidária**,
- o fisco pode cobrar sem benefício de ordem.

São igualmente responsáveis todas as empresas de tecnologia de informação que gerenciam o controle de ambientes virtuais exigidos pelo fisco, como Escrituração Fiscal Digital e Livros Fiscais (esse tema será estudado no capítulo de livros fiscais) ou qualquer software de controle fiscal, utilizados por contribuinte.

Seguindo a mesma linha do último parágrafo, houve atribuição de responsabilidade a quem tenha licenciado, cedido, fornecido, instalado, alterado ou prestado serviço de manutenção a programas, aplicativos ou ao "software" básico do equipamento Emissor de Cupom Fiscal – ECF (também será estudado mais à frente), capacitando-o a fraudar o registro de operações ou prestações, pelo débito fiscal decorrente de sua utilização pelo contribuinte.

É responsável quem remeta, receba, deposite, transporte ou qualquer outro ato com mercadorias sem documentação fiscal.

Por fim, será responsável tributário todo aquele que concorra com a sonegação fiscal, seja sonegação isolada ou com prática de fraude fiscal estruturada.

Segue uma questão sobre o tema:

(AFTE-RN/FESPERN-2002) O que distingue o contribuinte do responsável tributário é o seguinte:

a) O fato de um ser sujeito ativo e outro sujeito passivo.

b) O primeiro tem relação pessoal e direta com fato gerador.

c) O segundo responde em juízo por todos os atos praticados pelo sujeito passivo.

d) Não há distinção, pois a Fazenda Pública pode escolher entre cobrar o tributo de um ou de outro, conforme a situação.

Comentário: *A definição de contribuinte e responsável está no artigo 121 do Código Tributário Nacional. Por esse dispositivo legal, os dois são sujeitos passivos, mas o contribuinte tem relação pessoal e direta com a situação que constitua o respectivo fato gerador, já o responsável é aquele que sem revestir a condição de contribuinte, sua obrigação decorra de disposição expressa de lei. Resposta: B.*

5.2. OBRIGATORIEDADE DE INSCRIÇÃO NO CADASTRO DE CONTRIBUINTES

Neste tópico, falaremos daqueles que têm obrigação de se inscrever no cadastro de contribuintes. Começaremos por aqueles que são contribuintes habituais do ICMS e que devido a essa condição são obrigados a se inscreverem no cadastro de contribuintes. Depois veremos que há algumas empresas que por serem responsáveis pela obrigação tributária também deverão possuir inscrição estadual. Por último, os estabelecimentos que, embora não sejam sujeitos passivos, deverão possuir inscrição estadual.

Cabe lembrar o que já foi falado no início do capítulo, que os contribuintes não habituais, ou seja, importador, adquirente em leilão da Receita Federal, adquirente de combustível e derivados do petróleo, em operações interestaduais não destinadas a comercialização ou industrialização etc. não são obrigados a solicitar sua inscrição no cadastro de contribuintes.

5.2.1. Contribuintes habituais

Como mencionado no início deste capítulo, dentre os contribuintes do ICMS, apenas aqueles que praticam o fato gerador do imposto com habitualidade devem inscrever seu estabelecimento no cadastro estadual antes do início das atividades e consequentemente obter uma inscrição estadual que serve de controle para o fisco. Assim, já podemos concluir que são obrigados a se inscrever o industrial, o comerciante, o produtor, o gerador e a concessionária de energia elétrica, afinal são eles que praticam a circulação e transferência de propriedade das mercadorias.

O fornecimento de alimentação e bebidas é um aspecto material da incidência do ICMS (item 2.6.3), logo o fornecedor de alimentação, bebidas e outras mercadorias tem a obrigação de solicitar sua inscrição estadual, afinal pratica de forma habitual operações com fato gerador desse imposto.

Pouco importa se o industrial, o comerciante, o produtor, o gerador de energia elétrica e o fornecedor de alimentação, bebidas e outras mercadorias utiliza propriedade própria ou alheia para promover saídas. Seja imóvel próprio, alugado ou uma sala comercial sem qualquer estoque por que as mercadorias ficam armazenadas em armazém geral, mesmo assim o contribuinte deve fazer parte do cadastro estadual.

Como o ICMS incide não só sobre mercadorias, mas também sobre serviços, podemos concluir que o prestador de serviço de transporte interestadual ou intermunicipal ou de comunicação e a concessionária ou permissionária de serviço público dessa mesma natureza também praticam fato gerador do ICMS com habitualidade, logo têm sua inscrição obrigatória no cadastro de contribuintes.

Novamente, é irrelevante se a prestação de serviço é com utilização de bem próprio ou pertencente a terceiro. Caso o serviço prestado por essas concessionárias, permissionárias ou pelo prestador seja de transporte interestadual ou intermunicipal ou comunicação, o estabelecimento deverá ser inscrito no cadastro estadual.

Por conta do que foi estudado nos itens 2.6.4 e 2.6.5 do capítulo 2, podemos afirmar que também praticam de forma habitual o fato gerador do ICMS o prestador de serviço não compreendido na competência tributária do município, quando envolver fornecimento de mercadoria (item 2.6.4) e o prestador de serviço compreendido na competência tributária do município, quando envolver fornecimento de mercadoria, com incidência do imposto estadual ressalvada em lei complementar (item 2.6.5), logo tais empresas são obrigadas solicitar sua inclusão no cadastro estadual.

Para exemplificar o comentado no último parágrafo, podemos mencionar que o estabelecimento que apenas industrializa mercadorias para terceiros tem que possuir inscrição estadual, afinal tanto as mercadorias usadas como o serviço de industrialização são tributados pelo ICMS (vide item 2.6.4). As empresas que consertam máquinas e as oficinas que consertam carros também devem possuir inscrição estadual, pois as peças utilizadas nos serviços são sujeitas ao imposto estadual (vide 2.6.5).

5.2.2. Não contribuintes obrigados a se inscreverem no cadastro de contribuintes

Muitas pessoas têm dúvidas se as empresas de construção civil são contribuintes do ICMS. Ocorre que as empresas de construção civil executam obras de construção que se enquadram pela Lei Complementar 116/03 nos itens 7.02 – Empreitada, 7.04 – Demolição e 7.05 – Reparação e reforma. Os itens 7.02 e 7.05 preveem a incidência do ICMS caso o fornecimento de mercadorias produzidas pelo prestador seja fora do local da prestação. Como a grande maioria das empresas de construção civil apenas executam obras com mercadorias produzidas por terceiros, elas, em regra, não são contribuintes do ICMS, devendo recolher apenas o ISS.

Na prática, apesar da maioria das empresas de construção civil não serem contribuintes, os estados obrigam a inscrição delas no cadastro, inclusive devendo cumprir todas as obrigações acessórias exigidas de qualquer contribuinte do ICMS. O mesmo ocorre com as concessionárias de rodovias, pois como utilizam o Emissor de Cupom Fiscal – ECF, devem possuir inscrição estadual, mesmo não sendo contribuintes do ICMS, conforme previsto no Convênio ECF nº 2 de 2012.

Os armazéns gerais, os depósitos e as transportadoras que prestam serviço de transporte de carga intramunicipal ou internacional (sem incidência de ICMS) devem efetuar seu cadastro no banco de dados estaduais. Não podia ser diferente, afinal os armazéns e os depósitos em muitas ocasiões recolhem o imposto estadual por responsabilidade atribuída em lei. Já o prestador, mesmo transportando carga apenas dentro do mesmo município ou para fora do país, corre o risco de ser responsável pelo ICMS da mercadoria caso esteja desacompanhada de documentação fiscal ou com erro no destinatário, conforme mencionado no item 5.1.

As prestadoras de serviço de comunicação gratuitas têm inscrição estadual, mesmo porque caso passem a prestar serviços onerosos, passarão à condição de contribuintes habituais.

É oportuno lembrar que todas as empresas que costumar realizar operações de venda de mercadorias ou prestações de serviço de comunicação imunes devem possuir inscrição estadual.

Os regulamentos estaduais costumam obrigar algumas empresas a se inscreverem no cadastro estadual desde que pratiquem com habitualidade operação ou prestação com fato gerador do ICMS.

A primeira hipótese é a inscrição da cooperativa. A cooperativa é uma sociedade de pessoas com interesse comum que visam à produção, comercialização ou prestação de serviços. Como comentamos, os regulamentos exigem a inscrição no cadastro estadual da cooperativa desde que esta venha a realizar com habitualidade operações e prestações com incidência de ICMS, afinal isso ocorrendo, a cooperativa passa a ser contribuinte do ICMS.

Diante de tal exigência, podemos concluir que as cooperativas criadas para venda de produtos ou mercadorias ou prestações de serviços de transporte ou comunicação, deverão se inscrever no cadastro de contribuintes antes do início das suas atividades. Dessa forma, a cooperativa criada por produtores de leite para venda da sua produção terá inscrição estadual, o mesmo será exigido da cooperativa de caminhoneiros criada para realização de fretes. Já a cooperativa que aluga mão de obra assalariada não participará do cadastro estadual, pois não pratica de forma habitual prestações sujeitas ao fato gerador do ICMS.

Existe a obrigatoriedade para instituição financeira e seguradora realizarem a inscrição estadual, caso pratiquem com habitualidade o fato gerador do ICMS. Primeiramente, cabe mencionar que sobre serviços bancários incide o ISS, logo a maioria das instituições financeiras não precisam se inscrever no cadastro estadual.

No entanto, quando estudamos o item 4.2.4, no capítulo 4, falamos que o arrendamento mercantil não sofre incidência do ICMS, pois, como é uma locação, está sujeito ao ISS. Ocorre que no momento da venda do bem arrendado, quando o arrendatário faz a opção da compra, surge a obrigação tributária, no entanto por isenção é vedado o lançamento do tributo. Quem faz operações isentas tem de cumprir todas as obrigações acessórias, logo as instituições financeiras que vendem com habitualidade o bem arrendado devem se inscrever no cadastro de contribuintes.

Quanto à seguradora, lembramos que no item 4.2.5 do capítulo 4 foi explicado que a transferência de bens móveis salvados de sinistro para seguradoras está fora do campo de incidência do ICMS. No entanto, a não incidência da venda da seguradora para terceiros só foi pacificada após a Súmula Vinculante nº 32 do STF. Como as obrigações acessórias, impostas pela legislação estadual, devem ser cumpridas por quem pratica operações de vendas com habitualidade, a seguradora que vende com frequência o salvado de sinistro deve se inscrever no cadastro estadual.

As legislações estaduais exigem a inscrição no cadastro de contribuintes da sociedade simples de fim econômico. Essa sociedade é aquela que não age de forma organizada, logo não é empresarial, embora vise ao lucro. A outra diferença é o seu Registro no Cartório Civil de Pessoas Jurídicas e não na Junta Comercial, como é exigido da sociedade empresarial.

Caso essas sociedades comercializem mercadorias ou prestem serviços de transportes ou comunicação com habitualidade, devem para fazer parte do cadastro de contribuintes do ICMS. Não haverá necessidade de inscrição da sociedade simples que apenas presta serviços que estão no campo de incidência do ISS.

Existem também as sociedades simples sem fins econômicos, que costumam ser chamadas de associações. Tais entidades não distribuem lucro e se associam com fins educacionais, recreativos etc. Ocorre que muitas dessas associações realizam operações com mercadorias visando manter suas atividades fins, em tais casos haverá necessidade de proceder seu cadastro no banco de dados da Secretaria da Fazenda.

Por conta disso, os RICMS exigem a inscrição das sociedades simples de fim não econômico que explorem estabelecimento de extração de substância mineral ou fóssil, de produção agropecuária, industrial, ou que comercializem mercadorias que, para esse fim, adquirir ou produzir.

No item 4.2.8 tratamos da não incidência das operações ou prestações praticadas por órgãos da Administração Pública, suas autarquias e fundações ou promovidas por templos de qualquer natureza ou partidos políticos, inclusive suas fundações, entidades sindicais de trabalhadores ou instituições de educação ou de assistência social, sem fins lucrativos.

No entanto, qualquer instituição que praticar de forma habitual operações ou prestações de serviços de transportes e comunicação com não incidência do ICMS deve cumprir todas as obrigações acessórias impostas pela legislação. Dessa forma, caso pratiquem operações de mercadorias ou prestações de serviços de transportes interestadual ou intermunicipal ou comunicação, esses entes serão obrigados a proceder a inscrição no cadastro estadual.

Cabe mencionar que apesar dessa obrigatoriedade expressa nos RICMS, em regra, os órgãos da Administração Pública, suas autarquias e fundações, os templos de qualquer natureza, os partidos políticos, inclusive suas fundações, entidades sindicais de trabalhadores ou instituições de educação ou de assistência social, não realizam operações com mercadorias nem prestações de serviços de transporte interestadual ou intermunicipal ou comunicação, logo esses entes não costumam possuir inscrição estadual.

Atualmente, existem muitas empresas de representação comercial que, além do serviço fim (representação comercial), revendem mercadorias. Assim, muitos regulamentos do ICMS obrigam essas empresas a se inscreverem no cadastro de contribuintes. Já o representante e mandatário que se limita a obter pedidos de compra entre o estabelecimento representado e o comprador e o agenciador e corretor que apenas realiza a intermediação na prestação de serviços, embora possa ser responsável pelo pagamento do imposto, conforme falado no item 5.1, não precisa possuir inscrição estadual.

Cabe mencionar que a obrigatoriedade da inscrição no cadastro de contribuintes independe do porte da empresa, logo devem se inscrever o microempreendedor individual, a microempresa, a Empresa de Pequeno Porte, a média ou grande empresas e a multinacional. Também pouco importa o número de estabelecimentos de cada pessoa jurídica, assim se a empresa Alfa tem 5 (cinco) estabelecimentos, cada um dos cinco deve ter a sua própria inscrição estadual.

O fisco não é obrigado a aceitar o pedido de inscrição, devendo inclusive negá-la, caso o solicitante não cumpra os requisitos impostos pela legislação. Poderá cassar, suspender ou conceder a prazo determinado a inscrição estadual desde que faça com a devida fundamentação.

Vale relembrar o que foi falado no capítulo 2 sobre a responsabilidade de cada estabelecimento:

> "**Art. 11** (...)
>
> § 3º Para efeito desta Lei Complementar, estabelecimento é o local, privado ou público, edificado ou não, próprio ou de terceiro, onde

> pessoas físicas ou jurídicas exerçam suas atividades em caráter temporário ou permanente, bem como onde se encontrem armazenadas mercadorias, observado, ainda, o seguinte:
>
> I – na impossibilidade de determinação do estabelecimento, considera-se como tal o local em que tenha sido efetuada a operação ou prestação, encontrada a mercadoria ou constatada a prestação;
>
> II – é autônomo cada estabelecimento do mesmo titular;
>
> III – considera-se também estabelecimento autônomo o veículo usado no comércio ambulante e na captura de pescado;
>
> IV – respondem pelo crédito tributário todos os estabelecimentos do mesmo titular."
>
> § 4º (VETADO)
>
> § 5º Quando a mercadoria for remetida para armazém geral ou para depósito fechado do próprio contribuinte, no mesmo Estado, a posterior saída considerar-se-á ocorrida no estabelecimento do depositante, salvo se para retornar ao estabelecimento remetente.

O caput do § 3º do artigo 11 da Lei Kandir deixa claro que o estabelecimento pode ser:

1 – público ou privado;

2 – edificado ou não;

3 – próprio ou de terceiro.

No entanto, esse local (estabelecimento) deve ser usado por pessoas físicas ou jurídicas para um dos seguintes fins:

1 – exercer suas atividades de caráter temporário ou não OU

2 – armazenar mercadorias.

O inciso I do mesmo dispositivo legal estende o conceito de estabelecimento, assim, não conseguindo determinar o estabelecimento, será considerado como tal o local onde ocorreu o fato gerador do ICMS. Melhor explicando, o local onde ocorreu o critério espacial de todas as formas de incidência do ICMS.

Já o inciso III deste parágrafo 3º do artigo 11 da Lei Kandir determina que se considere autônomo o **veículo usado no comércio ambulante e na captura de pescado**.

Você lembra que cada estabelecimento do contribuinte é considerado autônomo? Isto é, se uma pessoa jurídica tem três filiais (A, B e C), cada filial será um estabelecimento autônomo (inciso II do parágrafo 3º). Assim, cada um terá de cumprir sua obrigação acessória. Cada um terá sua inscrição estadual, terá de emitir notas nas suas operações, terá de prestar informações ao fisco, terá de enviar Escrituração Fiscal Digital etc. (veremos isso em capítulos futuros).

Dessa forma, se a filial "A" vendeu mercadorias, o local da cobrança do fato gerador é o do estabelecimento "A", embora todos os estabelecimentos do mesmo titular (A, B e C) respondam pelo crédito tributário (inciso IV do §3º do artigo 11 da Lei Kandir). Assim, constituído o crédito tributário, o fisco pode cobrar dos três estabelecimentos (A, B e C).

Perceba que não há nada de antagônico nos incisos II e IV, o inciso II concede autonomia para cada estabelecimento, logo cada um terá de cumprir sua obrigação acessória, porém o inciso IV estabelece a responsabilidade de todos quanto à obrigação principal, ou seja, nascendo a obrigação tributária ou constituído o crédito tributário, o Fisco pode cobrar de todos.

E aquela indústria que tem um escritório meramente administrativo, esse escritório tem de ter inscrição estadual? Sim, o escritório meramente administrativo de pessoa obrigada à inscrição está também obrigado à inscrição no Cadastro de Contribuintes do ICMS.

Existem diversas propriedades rurais que estão situadas no território de mais de um Município. Nesse caso, as legislações estaduais determinam que a inscrição é concedida para o Município da sede. Isso é muito importante para saber qual município ficará com o repasse do ICMS. Há casos ainda em que uma propriedade rural ultrapassa a divisa do estado, ou seja, tem uma parte da propriedade em cada estado. O ICMS é devido ao estado da sede.

O parágrafo 3º do artigo 24 do RICMS/RJ você já sabe do que se trata, é quando a mercadoria destinada a armazém geral ou depósito fechado não é sujeita ao ICMS. Podemos definir o depósito fechado como o estabelecimento que o contribuinte mantenha exclusivamente para armazenamento de **SUAS** mercadorias. Caso o contribuinte tenha um local que armazena mercadorias suas e de terceiros, haverá um **depósito aberto**. O depósito aberto é um estabelecimento sujeito às regras de ICMS como qualquer contribuinte, o que não ocorre com o **depósito fechado**, que segue a regra de incidência igual ao do armazém geral.

Note, o **depósito aberto** é um estabelecimento autônomo, já o depósito fechado é considerado um prolongamento do estabelecimento da mesma titularidade, afinal, por sua natureza, o depósito fechado não pode realizar operações por conta própria, destinando-se exclusivamente ao armazenamento das mercadorias pertencentes a estabelecimentos do mesmo titular. Os dois tipos de depósitos são sujeitos à inscrição estadual de forma diferente.

O conceito de estabelecimento é importantíssimo, pois se uma empresa tem 10 estabelecimentos autônomos, ela terá de providenciar dez inscrições estaduais e cada um responde solidariamente pelos débitos dos outros. Esse conceito é tão importante que costuma ser cobrado em concurso.

Auditor Fiscal da Receita Estadual-ES/Cespe – 2013) No que se refere ao estabelecimento para fins de cobrança do ICMS, assinale a opção correta.

a) Depósito de mercadorias encontrado ao lado de estabelecimento comercial, sendo ambos do mesmo titular, não pode ser considerado estabelecimento autônomo, ainda que seja depósito aberto.

b) Cada estabelecimento comercial responde por seu crédito tributário, ainda que o mesmo titular possua vários estabelecimentos.

c) Qualquer lugar público ou privado que sirva para reuniões de pessoas físicas ou jurídicas é considerado estabelecimento para fins fiscais.

d) Se um titular possuir vários estabelecimentos em seu nome, cada um será considerado de forma autônoma para os fins fiscais.

e) Por ser meio de transporte, o veículo usado no comércio ambulante não pode ser considerado como estabelecimento autônomo para os fins fiscais.

Comentário:

a) Errada. O depósito aberto sempre é considerado um estabelecimento autônomo, ainda que esteja no lado do estabelecimento do mesmo titular. Já o depósito fechado é considerado um prolongamento do estabelecimento principal.

b) Errada. Vimos que o inciso IV do parágrafo 3º do artigo 3º da Lei Kandir determina que todos os estabelecimentos do mesmo titular respondem pelo crédito de todos.

c) Errada. Para um local ser estabelecimento, terá de acontecer uma dessas das hipóteses: ou as pessoas físicas e jurídicas exercem suas atividades OU o local armazena mercadoria. Imagine que em sua casa as pessoas se reúnem para jogar baralho. Sua casa não será estabelecimento, não é?

d) Correta. É isso que está no inciso II do parágrafo 3º do artigo 11 da Lei Kandir.

e) Errada. O inciso III do parágrafo 3º do artigo 11 da Lei Kandir deixa claro que é considerado estabelecimento autônomo o veículo usado no comércio ambulante.

Resposta: "d".

5.3. OBRIGAÇÕES DE QUEM POSSUI INSCRIÇÃO NO CADASTRO DE CONTRIBUINTES

No início do capítulo, falamos que as próprias empresas devem inscrever seus estabelecimentos antes de iniciarem suas atividades e precisam comunicar ao fisco quaisquer alterações de dados declarados que ocorram no ato da sua inscrição, além de se submeter a diversas obrigações acessórias. Caso não procedam sua inscrição ou alteração cadastral, o fisco poderá efetuar de ofício, além de aplicar uma multa.

Todas as outras obrigações acessórias impostas e não cumpridas pelas empresas inscritas no cadastro estadual, sejam contribuintes ou não, estão sujeitas a multas.

E quais são essas obrigações? As empresas devem emitir documentos fiscais, escriturar todas as suas operações de saídas e entradas, elaborando os livros fiscais ou Escrituração Fiscal Eletrônica – EFD. É necessária também a entrega da guia de informação fiscal, que apura o imposto devido. Os contribuintes devem prestar informações quando solicitadas pelo fisco e guardar sua documentação pelo prazo decadencial.

Outra obrigação acessória imposta àqueles que estão inseridos no cadastrado do ICMS é consultar a situação cadastral daqueles com quem negocia (compra e venda), sob pena de ser responsabilizados pelos tributos não pagos por esses.

Poderão surgir outras obrigações acessórias, dependendo da atividade daquele que está inscrito no cadastro de contribuintes, como o pedido de utilização de Emissor de Cupom Fiscal, solicitação de autorização de impressão de documentos fiscais ou outra obrigação típica da atividade econômica do cadastrado.

O descumprimento de qualquer uma das obrigações acessórias se converte em principal, ou seja, obrigação pecuniária, além de se sujeitar, dependendo da gravidade, ao processo administrativo de cassação da inscrição estadual.

5.4. INFORMAÇÕES EXISTENTES NO CADASTRO DE CONTRIBUINTES

O cadastro de contribuintes de cada estado nada mais é do que um banco de dados mantido pela Secretaria da Fazenda Estadual que possui informações gerais de todos os cadastrados.

Trataremos agora quais são essas informações.

Existem informações gerais como nome, endereço, CNPJ, inscrição estadual, porte da empresa (micro, EPP ou não), regime de apuração do imposto (optante pelo simples nacional ou não), contador responsável, endereço dele, atividade da empresa (industrial, atacadista, varejista) e qual ramo de atividade (setor de bebidas, alimentícios etc.).

Conterá ainda informações dos sócios, e o valor do Capital Social. Atualmente, os cadastros estaduais são sincronizados com o da Receita Federal do Brasil e com as juntas comerciais dos seus estados. Assim, por exemplo, o cadastro da Sefaz/SP é sincronizado com a Jucesp, já o da Sefaz/BA é sincronizado com a Juceb, além da Receita Federal do Brasil.

Outra informação é a situação cadastral, podendo estar ativa, suspensa (a pedido ou de ofício), baixada (a pedido ou de ofício), cassada ou nula, dependendo da nomenclatura dada por cada legislação estadual.

Muitas dessas informações os fiscos disponibilizam no site do Sintegra (www.sintegra.gov.br), servindo de consulta pública, inclusive para outros contribuintes verificarem a situação cadastral daqueles com quem contrata. Outras informações estão protegidas pelo sigilo fiscal, sendo consultadas apenas pelos funcionários da Secretaria da Fazenda detentora do cadastro de contribuintes do ICMS.

CAPÍTULO VI

CRÉDITO DO ICMS E ESTORNO DE CRÉDITO

Como foi comentado no item 1.2.1 desta obra, o ICMS obedece ao princípio da não cumulatividade, expresso no inciso I, § 2°, do artigo 155 da Constituição Federal. O artigo 19 da Lei Kandir irá reescrever esse mandamento constitucional, determinando a compensação do que for **cobrado** em cada operação relativa à circulação de mercadorias ou prestação de serviços de transporte interestadual e intermunicipal e de comunicação com o montante cobrado nas operações anteriores pelo mesmo ou por outro estado.

> "**Art. 155**, § 2º O imposto previsto no inciso II atenderá ao seguinte:
>
> (...)
>
> I – será não-cumulativo, compensando-se o que for devido em cada operação relativa à circulação de mercadorias ou prestação de serviços com o montante **cobrado** nas anteriores pelo mesmo ou outro Estado ou pelo Distrito Federal;" (grifo nosso)

No presente capítulo, buscaremos detalhar como funciona a sistemática desse princípio tão importante para a redução do impacto da carga tributária nos setores da indústria, comércio, serviços (transportes e comunicação) e na produção rural.

6.1. DIREITO A CRÉDITO

Inicialmente, utilizaremos o exemplo do próximo parágrafo para ilustrar o funcionamento da compensação do imposto recolhido na operação anterior.

Uma indústria fabrica um aparelho celular e vende para um atacadista por R$ 1.000,00, sobre essa saída é aplicada uma alíquota de 18%. O ICMS devido nessa operação é R$ 180,00 (1.000 x 0,18). Posteriormente, esse atacadista vende o mesmo celular para um estabelecimento varejista por R$ 3.000,00. O ICMS devido nessa operação é R$ 540,00 (3.000 x 0,18). Por fim, o estabelecimento varejista vende para um consumidor pelo preço de R$ 4.000,00.

O ICMS devido nessa operação é R$ 720,00 (4.000 x 0,18).

Considerando que todas essas operações ocorreram dentro do mês, calcule o ICMS devido para cada estabelecimento.

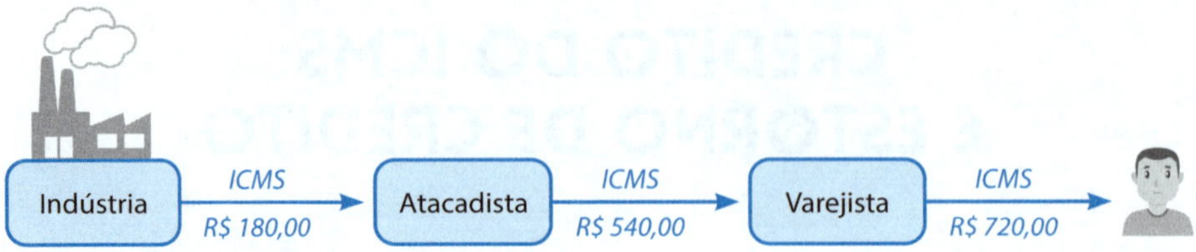

a) ICMS devido pela Indústria:

Nesse mês a indústria só teve uma saída, com valor do ICMS de R$ 180,00. Assim, a indústria deverá pagar o valor de R$ 180,00.

b) ICMS devido pelo atacadista:

O atacadista teve uma saída com ICMS devido de R$ 540,00, porém terá direito ao crédito de R$ 180,00, cobrado do seu fornecedor (indústria). Assim, o valor devido pelo estabelecimento atacadista é de R$ 360,00 (540 – 180).

c) ICMS devido pelo varejista:

O varejista teve uma saída com ICMS devido de R$ 720,00, porém terá direito ao crédito de R$ 540,00, cobrado do seu fornecedor (atacadista). Assim, o valor devido pelo estabelecimento atacadista é de R$ 180,00 (720–540).

Se somarmos o valor pago por cada um dos contribuintes, chegaremos ao valor total de R$ 720,00 de ICMS pago.

Agora imagine se não houvesse crédito de ICMS, quanto cada um pagaria? Indústria (180,00), atacadista (540,00) e varejista (720,00), totalizando um valor recolhido de R$ 1.440,00. Observe como a não cumulatividade desonera uma cadeia produtiva.

Ocorre que a vida não é tão simples como o exemplo anterior. Todos os meses, os contribuintes do ICMS recebem diversas operações e prestações de entrada que lhe permitem o crédito. Simultaneamente, todos os meses há diversas saídas tributadas pelo mesmo contribuinte. Assim, o contribuinte, no final do mês, totaliza o ICMS devido sobre suas saídas, totaliza o ICMS creditado sobre suas entradas e calcula a diferença entre o ICMS devido sobre as saídas e o ICMS creditado sobre as entradas, apurando o montante do ICMS a pagar.

Como em concursos as questões são mais complexas do que o do exemplo inicial, partiremos para algo mais bem aprimorado, buscando um melhor entendimento sobre a sistemática do crédito.

Vamos supor que um produtor rural venda frutas para uma indústria utilizá-las como matéria-prima do seu suco. Essa fábrica comprou, de outra empresa, o material para embalar esse suco e contratou uma transportadora para trazer as frutas e as embalagens ao seu estabelecimento. Por fim, o produto acabado será vendido para o atacado, que distribuirá a redes de supermercados para, finalmente, ser consumido por pessoas físicas.

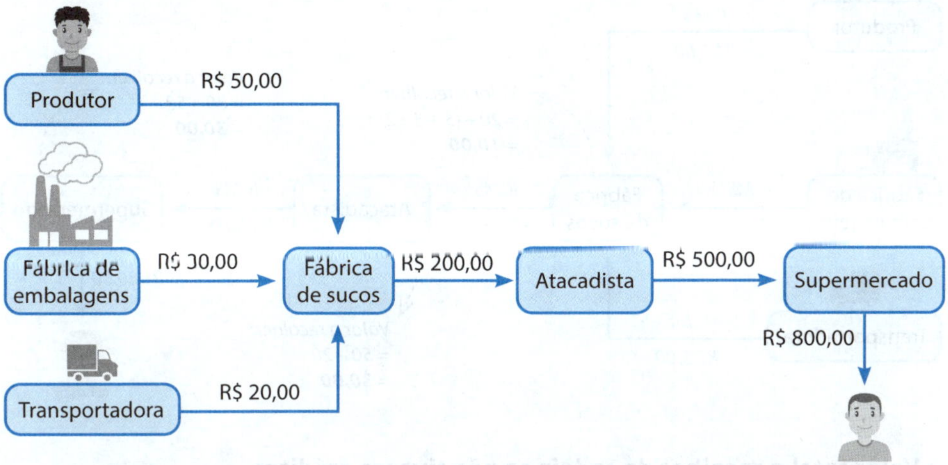

Considerando todas as operações tributadas com alíquota de 10% (para fins didáticos), teremos a seguinte situação. A fabricante de suco, além de adquirir as frutas, operação que teve R$ 5,00 de imposto recolhido pelo produtor (50 x 10%), comprou o material de embalagem, que teve um pagamento de R$ 3,00 (30 x 10%) de ICMS pelo vendedor. Por fim, essa indústria foi a tomadora do serviço de transporte, prestação que teve R$ 2,00 (20 x 10%) de imposto pago pela transportadora.

Quando a indústria vendeu (R$ 200,00) seu produto acabado para o atacadista, o imposto decorrente dessa operação foi de R$ 20,00 (200 x 10%). Ocorre que a fabricante de suco tem o direito ao crédito das operações e prestações anteriores a essa venda. O montante cobrado de ICMS das duas operações (frutas e material de embalagem) e a prestação de serviço de transporte permite o direito ao crédito de R$ 10,00 (5+3+2), dessa forma o estabelecimento industrial terá de pagar a diferença entre o imposto devido da sua venda e o montante creditado das operações e prestações anteriores, que totaliza: 20 – 10 = R$ 10,00.

Já o atacadista que comprou da indústria e vendeu ao supermercado terá que pagar a diferença entre o imposto devido da sua venda pelo imposto cobrado da indústria na sua aquisição, totalizando R$ 30,00 (R$ 50 – R$ 20).

Por fim, o supermercado, ao vender sua mercadoria, teve um débito de R$ 80,00 (800 x 10%). Contudo, como adquiriu do atacadista, terá um crédito de R$ 50,00 (500 x 10%), totalizando R$ 30,00 (80–50) de ICMS devido.

Perceba que, no final da cadeia, o estado receberá R$ 80,00 de imposto. Caso não houvesse o princípio da não cumulatividade, o fisco receberia ao todo R$ 160,00, mostrando que esse princípio é fundamental para desonerar toda a cadeia produtiva.

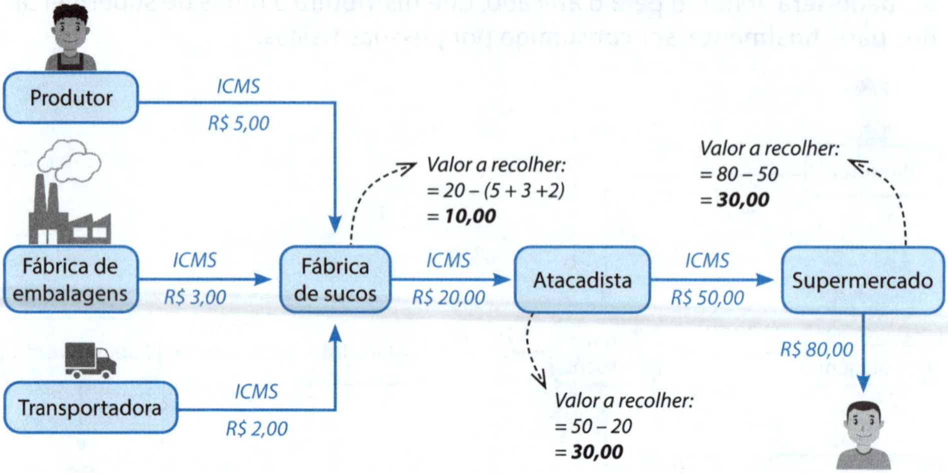

- **Valor total a recolher da cadeia se não tivesse crédito:**

Produtor	Fábrica de embalagens	Transportadora	Fábrica de sucos	Atacadista	Supermercado	Total a recolher da cadeia
R$ 5,00	R$ 3,00	R$ 2,00	R$ 20,00	R$ 50,00	R$ 80,00	**R$ 160,00**

- **Valor total recolhido com crédito**

Produtor	Fábrica de embalagens	Transportadora	Fábrica de sucos	Atacadista	Supermercado	Total a recolher da cadeia
R$ 5,00	R$ 3,00	R$ 2,00	R$ 10,00	R$ 30,00	R$ 30,00	**R$ 80,00**

Sujeito passivo	Valor da venda	Débito de ICMS	Crédito de ICMS	ICMS a pagar
Produtor rural	50,00	5,00	-	5,00
Empresa de embalagens	30,00	3,00	-	3,00
Transportadora (frete)	20,00	2,00	-	2,00
Indústria	200,00	20,00	10,00	10,00
Atacadista	500,00	50,00	20,00	30,00
Supermercado	800,00	80,00	50,00	30,00
Total	**1.600,00**	**160,00**	**80,00**	**80,00**

Se você entendeu o princípio da não cumulatividade, você já consegue resolver algumas questões:

Auditor do Tribunal de Contas-AM/FCC-2007) O princípio da não cumulatividade, em relação ao Imposto Sobre Operações relativas à Circulação de Mercadorias e sobre Prestações de Serviços de Transporte Interestadual e Intermunicipal e Comunicação (ICMS), significa que o

a) Fisco não poderá exigir, cumulativamente com o ICMS, qualquer outro tributo em tese incidente sobre a mesma operação.

b) contribuinte poderá descontar, do valor devido em cada operação de circulação de mercadorias ou prestação de serviços de transporte interestadual e intermunicipal, o montante do tributo cobrado em operações anteriores.

c) contribuinte tem o direito à redução progressiva do montante a recolher a título de ICMS, conforme o número de operações realizadas desde o início de suas atividades.

d) Fisco deverá excluir o IPI ou o ISS da base de cálculo do ICMS, sempre que qualquer daqueles dois tributos for exigido concomitantemente com este.

e) contribuinte tem o direito à redução progressiva da alíquota do ICMS, conforme o número de operações realizadas em determinado espaço de tempo.

Comentário:

a) Errada. Em muitas operações que têm incidência de ICMS, há também a incidência de outros tributos federais, como o IPI, o PIS e a CONFINS.

b) Correta. É exatamente isso que significa o princípio da não cumulatividade.

c) Errada. Não existe qualquer direito à redução progressiva decorrente do número de operações realizadas.

d) Errada. Há operações nas quais o IPI integra a base de cálculo do ICMS.

e) Errada. Vide alternativa "c".

Resposta: B.

6.1.1. Requisitos para o direito ao crédito

Cabe mencionar que o artigo 23 da Lei Kandir condiciona o direito ao crédito à idoneidade da documentação e, se for o caso, à escrituração nos prazos e condições estabelecidos na legislação.

> "Art. 23. O direito de crédito, para efeito de compensação com débito do imposto, reconhecido ao estabelecimento que tenha recebido as mercadorias ou para o qual tenham sido prestados os serviços, está condicionado à idoneidade da documentação e, se for o caso, à escrituração nos prazos e condições estabelecidos na legislação.
>
> Parágrafo único. O direito de utilizar o crédito extingue-se depois de decorridos cinco anos contados da data de emissão do documento."

6.1.1.1. Crédito dentro de cinco anos da data da emissão do documento fiscal e entrada da mercadoria ou prestação de serviço no estabelecimento

As condições de idoneidade da documentação impostas pelas legislações estaduais são a cobrança pelo fisco do imposto ao emitente da nota fiscal e a existência de documento fiscal destinado ao adquirente da mercadoria ou tomador de serviço. O parágrafo único desse mesmo dispositivo legal estabelece o prazo de cinco anos para utilizar o crédito contados da emissão do documento.

Exemplificando: uma indústria adquiriu matéria-prima com uma nota fiscal emitida em 28/05/18. Se a mercadoria entrou no seu estabelecimento em 30/05/18, até quando a indústria poderá efetuar o crédito do imposto devido na operação? O prazo final para a indústria efetuar o crédito é 27/05/2023 (cinco anos após a data da emissão).

Agora cuidado, o tempo ad quo (início) para efetuar o crédito é a partir da data de entrada do estabelecimento. Por que? Imagine se o fornecedor emite a nota de saída, mas a mercadoria extravia no caminho. Não houve entrada de mercadoria no adquirente, logo não é permitido o crédito dessa compra. Sendo assim, vemos que realmente há motivos para as legislações estabelecerem que o contribuinte só poderá se creditar após a entrada da mercadoria em seu estabelecimento.

Diante disso, o destinatário poderá se creditar do ICMS cobrado do seu fornecedor a partir (termo ad quo) da data da entrada da mercadoria no estabelecimento do destinatário. No entanto, o prazo final (termo ad quem) para efetuar esse crédito (caso tenha se esquecido de creditar no momento da entrada) será até 5 (cinco) anos da data da emissão do documento.

Dessa forma, voltando ao exemplo anterior, o destinatário poderá creditar o ICMS a partir de 30/05/2018 (data da entrada em seu estabelecimento) até 27/05/2023 (5 anos após a emissão do documento).

6.1.1.2. Documento idôneo

Em relação à idoneidade do documento fiscal, embora algumas legislações estaduais mencionem "pagamento", isso não significa o efetivo recolhimento. Se o contribuinte de fato existe (não é uma empresa fantasma) e declarou o imposto destacado no documento fiscal, então o crédito é permitido. Para ter o crédito basta o imposto ser **cobrado** pelo fisco de uma empresa existente e ter sido destacado no documento fiscal pelo emitente, o contribuinte não precisa ter efetivamente recolhido o ICMS para fazer jus ao crédito.

Essa afirmação de que basta a possibilidade de cobrança do imposto é corroborada com o texto do artigo 19 da Lei Kandir que buscou reproduzir o princípio constitucional da não cumulatividade.

> LC 87
>
> "**Art. 19.** O imposto é não-cumulativo, compensando-se o que for devido em cada operação relativa à circulação de mercadorias ou prestação de serviços de transporte interestadual e intermunicipal e de comunicação com o montante cobrado nas anteriores pelo mesmo ou por outro Estado."

Ocorre que, em muitas ocasiões, o adquirente de mercadorias acobertadas por nota inidônea está de boa-fé. É aquele caso em que o contribuinte adquire mercadoria de um fornecedor inidôneo sem saber que seu fornecedor está nessa condição. Você acha justo esse contribuinte de boa-fé ser multado?

O STJ não acha, logo essa corte Superior publicou a Súmula 509, transcrita a seguir.

> "É lícito ao comerciante de boa-fé aproveitar os créditos de ICMS decorrentes de nota fiscal posteriormente declarada inidônea, quando demonstrada a veracidade da compra e venda".

E respondo o que em prova? Pode ter certeza que se o examinador falou em boa-fé e documento inidôneo, então ele quer saber o conhecimento da Súmula 509 do STJ, então responda conforme essa jurisprudência.

Comprove isso:

(Titular de Serviço de Notas e Registro-MG/CONSULPLAN-2017) É lícito ao comerciante de boa-fé aproveitar os créditos de ICMS decorrentes de nota fiscal posteriormente declarada inidônea, quando demonstrada a veracidade da compra e venda.

c) certa

e) errada

***Comentário:** Está correta a afirmativa, é uma simples cópia da Súmula 509 do STJ.*

6.1.1.3. Crédito no valor nominal e até o montante devido

O crédito só poderá ser efetuado em seu valor nominal, ou seja, sem juros e multa de mora, caso seja recolhido com esses acréscimos. Caso o emitente destaque um valor maior do que o devido, o destinatário só poderá creditará o valor correto. Por exemplo, vamos supor que Beta adquiriu R$ 100,00 em mercadorias de Alfa, com alíquota de 18%, mas Alfa aplicou a alíquota errada de 25%, logo destacou R$ 25,00 de ICMS. Independentemente do valor pago por Alfa, Beta só creditará R$ 18,00 (valor devido ou cobrado da operação). E a diferença que Alfa pagou a mais? Ela que a solicite ao fisco.

6.1.1.4. Imposto devidamente destacado no documento fiscal

Agora, caso Alfa tivesse aplicado a alíquota de 12%, ou seja, menor do que o imposto devido, Beta só poderia creditar R$ 12,00. Caso queira fazer jus à diferença, Beta deverá solicitar a seu fornecedor uma nota fiscal complementar com o destaque da diferença devida.

- **1ª situação – Destaque a maior do fornecedor**

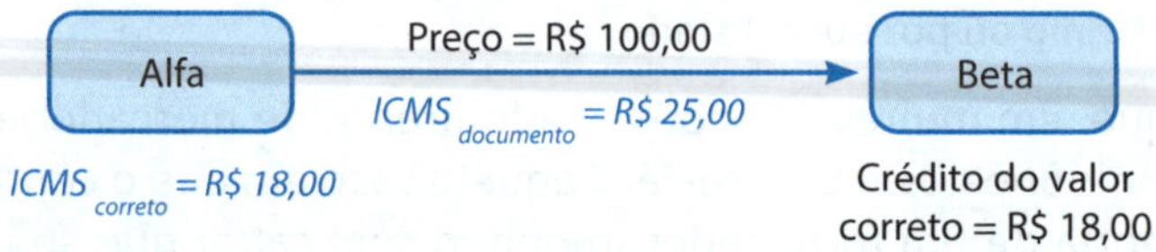

- **2ª situação – Destaque menor que o devido**

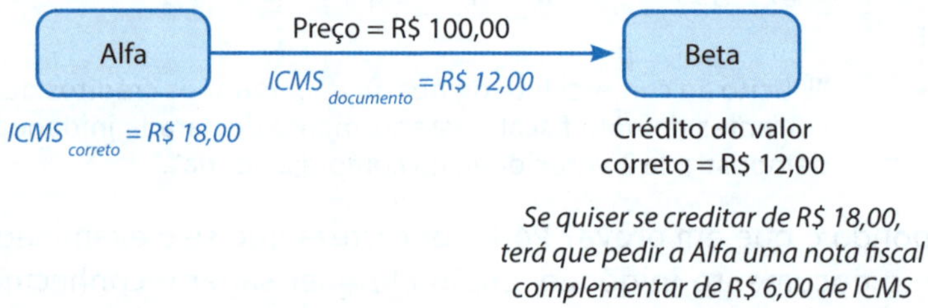

6.1.2. Outros aspectos sobre o direito ao crédito

Para efeito de crédito, pouco importa o estado de origem, pois seja operação interna ou interestadual, haverá crédito de ICMS. Assim se Beta, empresa de Roraima, adquiriu de Alfa, localizada no mesmo estado, Beta terá direito a crédito. Se a compra foi procedente de Delta, situada no Amazonas, Beta também poderá creditar, mas nesse caso obedecendo à alíquota interestadual.

Para o adquirente ou tomador de serviço ter direito a crédito, o documento fiscal deverá ter como destinatário aquele que realiza o crédito. O emitente do documento fiscal deverá estar inscrito no cadastro de contribuintes do estado ao qual ele pertence, além de ser contribuinte ou responsável pelo pagamento do imposto (vide capítulo 5).

Assim, voltando ao último exemplo: se Beta, empresa de Roraima, adquiriu de Alfa, localizada no mesmo estado, Beta terá direito a crédito, desde que Alfa seja contribuinte ou responsável pelo pagamento do imposto e esteja inscrita no cadastro de contribuintes do estado de Roraima. Se a compra foi procedente de Delta, situada no Amazonas, Beta também poderá creditar, desde que Delta seja contribuinte ou responsável pelo pagamento do imposto e esteja inscrita no cadastro de contribuintes amazonense, mas nesse caso obedecendo à alíquota interestadual.

Dessa forma, se um hospital, que não é inscrito no cadastro de contribuintes, mandar medicamentos para Beta, o destinatário não poderá creditar o ICMS, mesmo porque esse imposto não deve ter sido pago, afinal o Hospital não realiza operações com mercadorias de modo habitual, pelo contrário, ele realiza prestações de serviços sujeitas ao ISS.

As operações de importação também dão direito a crédito, logo se uma empresa importou mercadoria para revenda e pagou R$ 200,00 de ICMS no momento do desembaraço, poderá creditar esse ICMS que incidiu na importação. O crédito do imposto ocorre no momento da entrada da mercadoria, essa é a regra, no entanto, no caso de importação, alguns estados permitem ao importador efetuar o crédito após o pagamento da importação, mesmo antes da entrada da mercadoria.

E todos podem creditar o imposto anteriormente cobrado? Não, as empresas optantes do Simples Nacional (Lei Complementar 123/06) não fazem jus ao crédito, afinal elas recolhem uma pequena porcentagem sobre o total faturado e não sobre cada operação.

Essa vedação não é contrária ao mandamento constitucional (direito ao crédito)? Não é uma vedação porque é uma opção. A empresa com um faturamento menor do que o limite estabelecido na referida Lei Complementar pode optar em pagar menos impostos, desde que abra mão do seu direito a crédito (mais detalhes sobre o Simples Nacional serão tratados no capítulo específico).

Existem outros regimes opcionais ao contribuinte que, aderindo, fica vedado o crédito das operações e prestações anteriores, um exemplo é o recolhimento a título de ICMS de um pequeno percentual sobre o faturamento bruto de bares e restaurantes, que a grande maioria dos estados concedem.

Existe outra vedação ao crédito para aqueles que optam pelo crédito presumido. O que seria isso?

Quando um estado concede crédito presumido ou crédito outorgado (para fins de concurso público consideraremos a mesma coisa), ele presume um crédito para o contribuinte no lugar do crédito sobre a entrada de mercadorias e serviços. Esse crédito permitido pela legislação (após autorizado pelo convênio Confaz) pode ser uma porcentagem sobre o valor da saída ou sobre o montante do imposto a ser pago na saída. Vamos exemplificar.

Exemplo 1: O Convênio ICMS 106/96 concedeu ao estabelecimento prestador de serviço de transporte, exceto o aéreo, o direito de creditar-se da importância correspondente a 20% (vinte por cento) do valor do imposto devido na prestação. Assim, se a transportadora realizar um frete interestadual de R$ 1.000,00, com alíquota interestadual de 7%, ele debitará R$ 70,00 (1.000 x 0,07) e em vez de creditar sobre o combustível adquirido (o contribuinte abre a mão desse direito), ele efetua um crédito de R$ 14,00 (20% do imposto devido, ou seja, 20% de R$ 70,00). Dessa forma, ele pagará apenas R$ 56,00 (70 – 14).

Exemplo 2: O Convênio ICMS 91/2016 permitiu que o estado do Rio Grande do Sul conceda crédito presumido na saída interna (dentro do Rio Grande do Sul), realizada pelo fabricante de azeite de oliva fabricado com azeitonas produzidas no país, de forma que a carga tributária fique igual a 7%. Consequentemente, se o fabricante gaúcho vender dentro do Rio Grande do Sul o azeite por R$ 1.000,00, ele debitará R$ 180,00 (alíquota interna é de 18%) e creditará 11% sobre a saída, ou seja, R$ 110,00 (11% de 1.000), ficando com uma carga de 7% (R$ 70,00 a pagar).

Perceba que aquele que opta pelo crédito presumido abre mão do seu direito ao crédito sobre as operações e prestações anteriores.

Todas as operações que estão no campo de incidência do ICMS, como compra de ativo imobilizado, materiais de uso e consumo, energia elétrica, serviços de comunicação podem ser creditadas? Não, veremos o que poderá ser creditado nos próximos tópicos.

6.2. VEDAÇÕES AO CRÉDITO

Os parágrafos §1º a 3º do artigo 20 da Lei Complementar 87/96 estabelecem situações que vedam os créditos de ICMS. Ocorre que os regulamentos estaduais, quando vão dispor sobre essas vedações, colocam outras situações, as quais iremos comentar ainda nesse tópico.

> "**Art. 19.** O imposto é não-cumulativo, compensando-se o que for devido em cada operação relativa à circulação de mercadorias ou prestação de serviços de transporte interestadual e intermunicipal e de comunicação com o montante cobrado nas anteriores pelo mesmo ou por outro Estado."
>
> "**Art. 20.** Para a compensação a que se refere o artigo anterior, é assegurado ao sujeito passivo o direito de creditar-se do imposto anteriormente cobrado em operações de que tenha resultado a entrada de mercadoria, real ou simbólica, no estabelecimento, inclusive a destinada ao seu uso ou consumo ou ao ativo permanente, ou o recebimento de serviços de transporte interestadual e intermunicipal ou de comunicação.
>
> § 1º Não dão direito a crédito as entradas de mercadorias ou utilização de serviços resultantes de operações ou prestações isentas ou não tributadas, ou que se refiram a mercadorias ou serviços alheios à atividade do estabelecimento.
>
> § 2º Salvo prova em contrário, presumem-se alheios à atividade do estabelecimento os veículos de transporte pessoal.
>
> § 3º É vedado o crédito relativo a mercadoria entrada no estabelecimento ou a prestação de serviços a ele feita:
>
> I – para integração ou consumo em processo de industrialização ou produção rural, quando a saída do produto resultante não for tributada ou estiver isenta do imposto, exceto se tratar-se de saída para o exterior;

> II – para comercialização ou prestação de serviço, quando a saída ou a prestação subseqüente não forem tributadas ou estiverem isentas do imposto, exceto as destinadas ao exterior.
>
> § 4º Deliberação dos Estados, na forma do art. 28, poderá dispor que não se aplique, no todo ou em parte, a vedação prevista no parágrafo anterior.
>
> (...)
>
> § 6º Operações tributadas, posteriores a saídas de que trata o § 3º, dão ao estabelecimento que as praticar direito a creditar-se do imposto cobrado nas operações anteriores às isentas ou não tributadas sempre que a saída isenta ou não tributada seja relativa a:
>
> I – produtos agropecuários;
>
> II – quando autorizado em lei estadual, outras mercadorias."

O parágrafo primeiro do artigo 20 da Lei Kandir proíbe o crédito de ICMS nas entradas de mercadorias ou utilização de serviços resultantes de operações ou prestações isentas ou não tributadas, ou que se refiram a mercadorias ou serviços alheios à atividade do estabelecimento.

6.2.1. Sobre operações de mercadorias ou prestações de serviços isentos ou não tributados

Aparecem logo duas hipóteses de vedação, a primeira é a entrada de mercadoria ou a utilização de serviços, decorrente de operações e prestações isentas de ICMS, obedecendo à alínea "a" do inciso II do §2º do artigo 155 da nossa Lei Maior.

> "Art. 155, § 2º O imposto previsto no inciso II atenderá ao seguinte:
>
> (...)
>
> II – a isenção ou não-incidência, salvo determinação em contrário da legislação:
>
> a) não implicará crédito para compensação com o montante devido nas operações ou prestações seguintes;
>
> b) acarretará a anulação do crédito relativo às operações anteriores;"

Vamos supor que uma determinada livraria venha adquirir livros de uma editora para posterior revenda. Essa operação não sofre incidência de ICMS, decorrente de uma imunidade constitucional (vide item 4.1.1). Como na operação de saída dos livros não houve pagamento de ICMS, a livraria ao adquirir essa mercadoria não poderá efetuar o crédito, conforme artigo 155, §2º, inciso II, alínea "a" da Constituição Federal.

O mesmo ocorre com a aquisição de mercadorias ou prestação de serviços isentos do imposto. Nessa ocasião há a obrigação tributária, mas como não houve cobrança de impostos, o lançamento do crédito é vedado, como não houve cobrança de imposto, não haverá crédito.

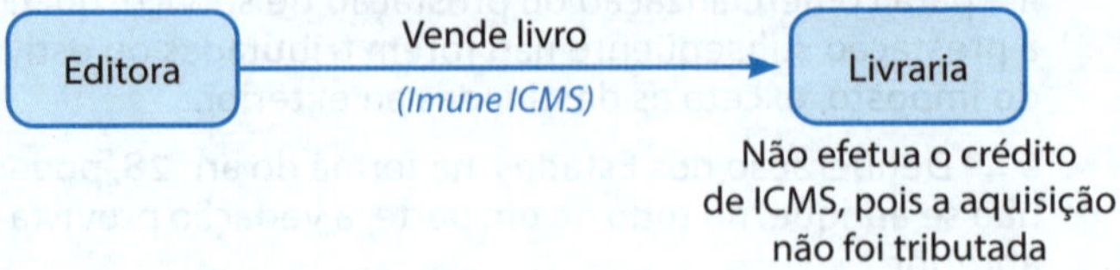

E se ao vender o livro, a editora por um equívoco destacou e pagou o ICMS, a livraria poderá se creditar dele? Não, a operação continua sem incidência de ICMS, a editora que busque a devolução com o fisco.

A alínea "b" do inciso II, §2º do artigo 155 da nossa Lei Maior será comentada um pouco mais à frente.

6.2.2. Sobre mercadorias ou serviços alheios à atividade do estabelecimento

Existe também outra vedação prevista no parágrafo primeiro do artigo 20 da Lei Kandir que trata das operações e prestações que se refiram a mercadorias ou serviços alheios à atividade do estabelecimento. Já o parágrafo segundo deste mesmo artigo presume que os veículos pessoais são bens alheios à atividade do estabelecimento, salvo prova em contrário.

Isso significa que se uma indústria do setor farmacêutico adquire veículos para transportar seus medicamentos, poderá creditar o imposto cobrado da concessionária quando comprou os automóveis. Contudo, se esses carros foram adquiridos para uso pessoal da administração da empresa, então o ICMS não pode ser creditado, porque serviço administrativo não é atividade fim do estabelecimento, é atividade meio.

Outro exemplo seria a compra de peças de computadores por uma fabricante de eletroeletrônicos. Se usadas para produzir computadores para vendê-los, é permitido o crédito; no entanto, se adquiridas para a máquina de uso administrativo, é vedado o aproveitamento do ICMS.

- **1ª Situação – Carro para transporte de mercadoria**

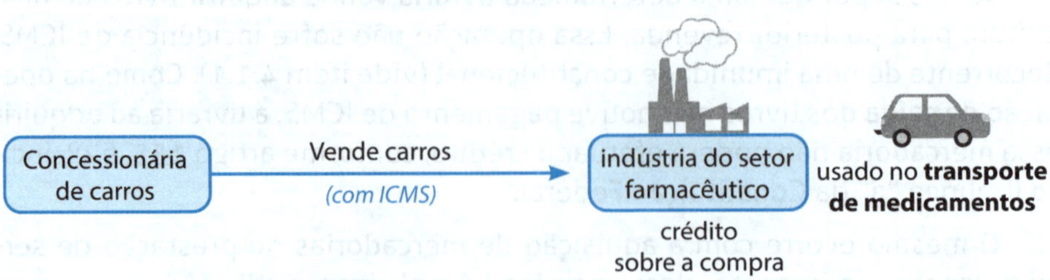

• **2ª Situação – Carro usado pela administração da empresa**

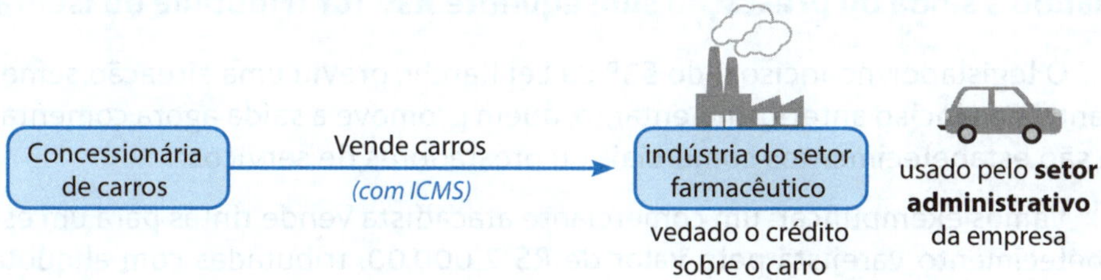

6.2.3. Sobre entrada integrada ou consumida em processo de industrialização, quando a saída do produto resultante for não tributada ou isenta

O legislador infraconstitucional, por meio do inciso I do §3º do artigo 20 da Lei Kandir, impõe a vedação ao crédito de aquisições de mercadorias, matéria-prima, embalagens e utilizações de serviços que tenham suas saídas resultantes não tributadas ou isentas de imposto.

Perceba que esse inciso só se refere à entrada no estabelecimento industrial, o inciso seguinte falará da entrada em estabelecimento comercial ou prestador de serviço.

Podemos ilustrar com o seguinte exemplo: a "Indústria Embalo Tudo Ltda." comprou dez embalagens, sobre o total das compras foi cobrado R$ 100,00 de ICMS. Ocorre que a saída resultante dessa aquisição da "Indústria Embalo Tudo Ltda." é isenta, pois a saída do produto resultante da aquisição da embalagem, da matéria-prima e do processo industrial tem sua operação isenta, assim, a "Indústria Embalo Tudo Ltda." não poderá creditar o ICMS sobre a entrada.

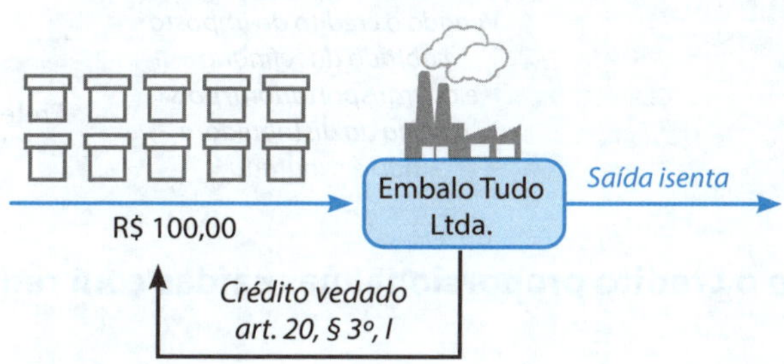

6.2.4. Sobre entrada para comercialização ou prestação de serviço, quando a saída ou prestação subsequente não for tributada ou isenta

O legislador, no inciso II do §3º da Lei Kandir, previu uma situação semelhante à do inciso anterior, no entanto, quem promove a saída agora comentada são estabelecimentos comerciais ou prestadores de serviços.

Vamos exemplificar: um comerciante atacadista vende tintas para um estabelecimento varejista pelo valor de R$ 2.000,00, tributadas com alíquota de 18%. Ocorre que a venda do estabelecimento varejista para o consumidor final é isenta de imposto[1]. Assim, o varejista não poderá creditar o ICMS de R$ 360,00 (2.000 x 0,18) cobrado do atacadista.

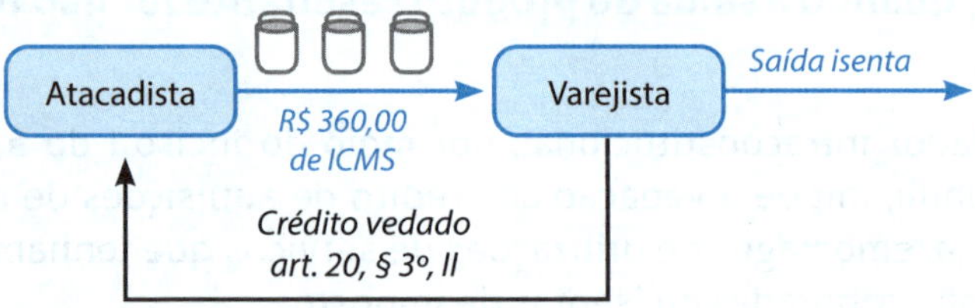

Outro exemplo: uma distribuidora de gasolina utiliza serviço de transporte para levar combustíveis nas suas vendas interestaduais. Ocorre que as operações interestaduais de derivados de petróleo têm imunidade constitucional (vide item 4.1.3), logo a contratação de uma transportadora para levar uma mercadoria em operação sem incidência do imposto não permite o crédito do ICMS. Inclusive a distribuidora não efetuará o crédito sobre o combustível que entrou no seu estabelecimento para ser, posteriormente, vendido a outro estado.

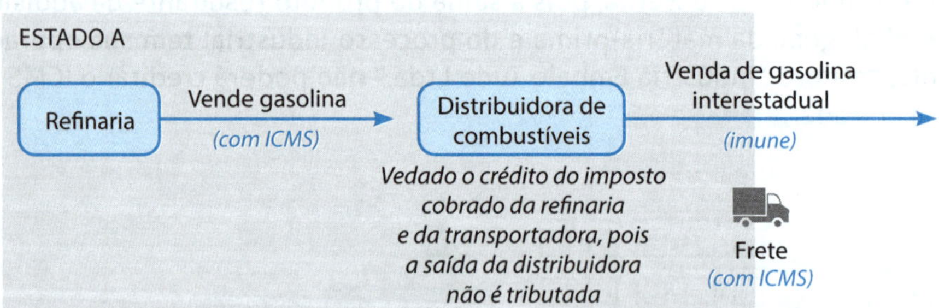

6.2.5. Vedado o crédito proporcional nas saídas com redução de base de cálculo

Encontraremos nas leis estaduais e na lei distrital a previsão da vedação proporcional do crédito de ICMS nas saídas com redução da base de cálculo. O

1. Isenção criada pelos autores, para fins didáticos.

que seria isso? Vamos supor que determinado comerciante varejista adquira, de uma indústria, bolas de futebol para revenda. Agora vamos imaginar que a Lei Estadual conceda uma redução da base de cálculo na saída de bolas de futebol[2] do estabelecimento varejista. A redução concedida é de 30%.

Assim, caso esse varejista venda as bolas de futebol por R$ 2.000,00, ele terá uma isenção parcial de 30%, ou seja, não terá incidência de ICMS sobre R$ 600,00 (30% de R$ 2.000,00). Isto é, a redução da base de cálculo nada mais é que uma isenção parcial. E qual a ligação disso tudo com o crédito do ICMS?

É simples, como a redução de base de cálculo é uma isenção parcial o crédito será parcial. Então, considerando que sobre a aquisição das bolas do varejista teve uma cobrança de R$ 100,00 de ICMS, então o comerciante só poderá creditar R$ 70,00 do valor cobrado (70% de R$ 100,00), ficando vedado o crédito sobre os 30% isentos.

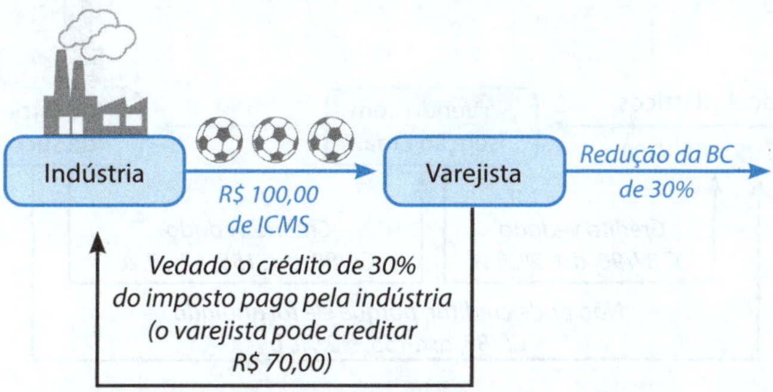

Tudo que foi exposto neste tópico é corroborado pela decisão do STF no RE 635.688/RS, publicada em 2014, nos seguintes termos: "A redução da base de cálculo de ICMS equivale à isenção parcial, o que acarreta a anulação proporcional de crédito relativo às operações anteriores, salvo disposição em lei estadual em sentido contrário".

6.2.6. Anulação do crédito anterior da operação isenta

A alínea "b" do inciso II, §2º do artigo 155 da Constituição Federal remete a outra consequência da isenção. Para o bom entendimento dessa alínea, utilizaremos um exemplo.

A empresa "Só Vendo Com Isenção Ltda." adquiriu sacos plásticos para ensacar suas frutas que são vendidas com isenção de ICMS[3]. Na aquisição desses sacos, houve incidência de ICMS no valor de R$ 40,00. Como a saída

2. Redução de base de cálculo criada pelos autores, para fins didáticos.
3. Isenção criada pelos autores para fins didáticos, embora em muitas legislações haja previsão de isenção sobre frutas.

da "Só Vendo Com Isenção Ltda." é isenta, ela não poderá efetuar o crédito, devido ao já explicado artigo 20, §3º da Lei Kandir.

O que a alínea "b" do inciso II, §2º do artigo 155 da Constituição Federal determina é que o crédito será anulado, ou seja, nem a "Só Vendo Com Isenção Ltda." nem sua futura cliente poderá creditar o ICMS sobre o saco plástico.

Assim, caso a "Só Vendo Com Isenção Ltda." venda suas frutas para uma indústria de suco, que posteriormente venderá mercadorias com incidência de ICMS, a indústria adquirente não poderá creditar na venda da "Só Vendo Com Isenção Ltda." (alínea "a" do inciso II, §2º do artigo 155 da Constituição Federal), nem sobre o saco plástico adquirido pelo seu fornecedor, afinal ocorreu a anulação desse crédito (alínea "b" do inciso II, §2º do artigo 155 da Constituição Federal).

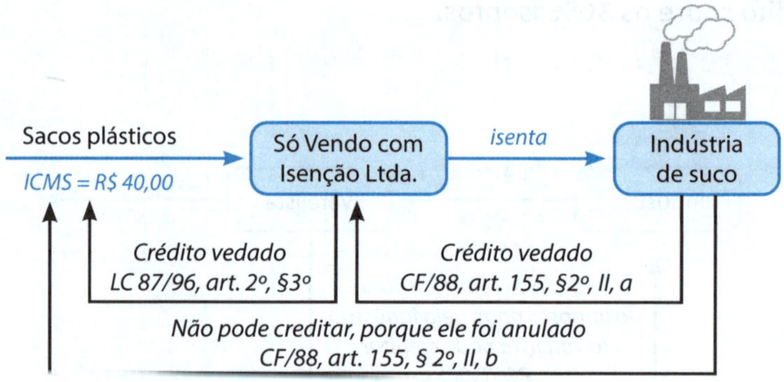

6.2.7. Manutenção do crédito nas operações e prestações para o exterior

Existe a previsão Constitucional, por meio da alínea "a" do inciso X do §2º do artigo 155 da Constituição Federal, assegurando a manutenção do crédito do imposto retido nas operações anteriores a exportação. Mandamento obedecido pela LC 87/96, conforme §3º do artigo 20.

> "**CF – Art. 155.** Compete aos Estados e ao Distrito Federal instituir impostos sobre:
>
> (...)
>
> § 2º O imposto previsto no inciso II atenderá ao seguinte:
>
> X – não incidirá:
>
> a) sobre operações que destinem mercadorias para o exterior, nem sobre serviços prestados a destinatários no exterior, **assegurada a manutenção e o aproveitamento do montante do imposto cobrado nas operações e prestações anteriores;**"
>
> **LC 87/96 – "Art. 20.** Para a compensação a que se refere o artigo anterior, é assegurado ao sujeito passivo o direito de creditar-se do imposto anteriormente cobrado em operações de que tenha resultado

> a entrada de mercadoria, real ou simbólica, no estabelecimento, inclusive a destinada ao seu uso ou consumo ou ao ativo permanente, ou o recebimento de serviços de transporte interestadual e intermunicipal ou de comunicação.
>
> (...)
>
> § 3º É vedado o crédito relativo a mercadoria entrada no estabelecimento ou a prestação de serviços a ele feita:
>
> I – para integração ou consumo em processo de industrialização ou produção rural, quando a saída do produto resultante não for tributada ou estiver isenta do imposto, **exceto se tratar-se de saída para o exterior**;
>
> II – para comercialização ou prestação de serviço, quando a saída ou a prestação subseqüente não forem tributadas ou estiverem isentas do imposto, **exceto as destinadas ao exterior.**

Por conta de tais normas, caso uma indústria compre matéria-prima por operações tributadas, e posteriormente venda seu produto resultante ao exterior, além de não pagar ICMS sobre a exportação, mantém o direito ao crédito sobre o que foi cobrado na entrada das matérias-primas. O mesmo ocorre nas operações equiparadas a exportação, aquelas destinadas a comerciais exportadoras e armazém alfandegados (vide item 4.2.7).

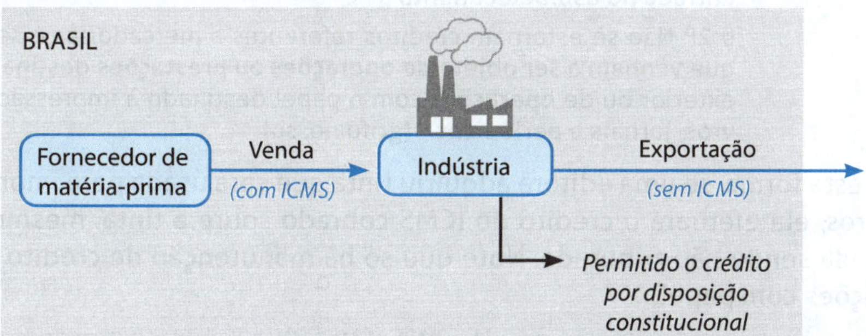

E no caso de serviço de transporte destinado ao exterior, o contribuinte pode manter o crédito? O curioso é que serviço de transporte internacional não é uma prestação imune, e sim uma prestação fora do campo de incidência do ICMS (vide item 3.3.1). Assim, as prestações de serviço de transporte internacionais, mesmo que destinadas ao exterior, não mantêm o crédito de ICMS.

E a manutenção do crédito sobre o transporte interestadual de mercadorias destinadas ao exterior? Bem, vimos no tópico 4.1.2 desta obra que a Súmula 649 do STJ excluiu do campo de incidência do ICMS o transporte interestadual de mercadorias destinadas ao exterior. Poderá o transportador efetuar o crédito do ICMS pago sobre o combustível?

Esse é o problema dessas jurisprudências, nossas cortes esquecem que o ICMS é um imposto não cumulativo. Explicamos no tópico 4.1.2 que a Súmula 649 interpreta o inciso II do artigo 3º da Lei Kandir.

Acontece que quem mantém o crédito do ICMS na exportação é o texto do artigo 155, § 2º, inciso X, alínea "a" da Constituição Federal, logo, deveria o STJ enfrentar esse tema. Creio que como o objetivo foi uma desoneração do exportador, o objetivo da corte superior era manter o crédito, mas fique tranquilo, certamente o examinador fugirá desse ponto polêmico.

Já as prestações de serviços de comunicação destinadas ao exterior são imunes ao ICMS, ou seja, sobre essas prestações não há incidência de ICMS, mas o prestador pode manter o crédito sobre as operações e prestações anteriores.

6.2.8. Manutenção do crédito nas operações e prestações com livro, papéis e periódicos

Apesar de a Constituição Federal assegurar a manutenção de crédito apenas na exportação, em 2005, o legislador infraconstitucional, se adequando a uma liminar do STF, alterou o §2º do artigo 21 da Lei Kandir e possibilitou a manutenção do crédito sobre **operações** com o papel destinado à impressão de livros, jornais e periódicos.

> "**Art. 21.** O sujeito passivo deverá efetuar o estorno do imposto de que se tiver creditado sempre que o serviço tomado ou a mercadoria entrada no estabelecimento
>
> § 2º Não se estornam créditos referentes a mercadorias e serviços que venham a ser objeto de **operações ou prestações** destinadas ao exterior ou de **operações** com o papel destinado à impressão de livros, jornais e periódicos." (grifo nosso)

Desta forma, se uma editora adquiriu tinta que será usada para impressão de livros, ela efetuará o crédito do ICMS cobrado sobre a tinta, mesmo com sua saída sendo não tributada. Note que só há manutenção de crédito sobre **operações** com papel.

Você pode estar se perguntando: "A Lei Kandir menciona manutenção do crédito sobre operações de PAPÉIS destinados a impressão do livro, então por que esse exemplo foi dado com a saída do livro e não com a saída do papel?".

Lembre-se do que foi comentado no capítulo 4 desta obra. Essa imunidade foi estendida pela jurisprudência. Tudo que vale para papel, vale para livros, periódicos e jornais. O insumo do papel é o eucalipto, não é? Então a empresa que vende papéis pode creditar o ICMS pago sobre o eucalipto que ela adquiriu.

A jurisprudência entendeu que o que vale para papéis vale para livros, jornais e periódicos, mesmo porque o objetivo dessa imunidade é a propagação da cultura e a propagação da cultura não surge com o papel, ela surge com os livros, jornais e periódicos.

Então existe imunidade sobre livros? Sim, existe, na compra deste livro não houve incidência de ICMS, consequentemente, todo o ICMS que foi pago sobre os insumos usados na impressão deste livro pode ser creditado.

E no caso de transporte de papel? Esse é mais um ponto controvertido na legislação tributária. Para a maioria dos estados, a imunidade prevista na Constituição abrange apenas as operações de papel. Dessa forma, o transportador que realiza serviço de transporte de papel deverá pagar o ICMS sobre o serviço de transporte, consequentemente ele terá direito ao crédito sobre o combustível adquirido para a realização desse serviço de transporte, afinal a sua prestação de serviço é tributada.

No entanto, alguns estados, como São Paulo, resolveram colocar o serviço de transporte de papel fora do campo de incidência do ICMS. Sendo assim, para o fisco paulista, o transportador que presta serviço de transporte de papel não irá pagar ICMS, no entanto, **NÃO** poderá efetuar o crédito do ICMS pago sobre o combustível usado nesse serviço de transporte.

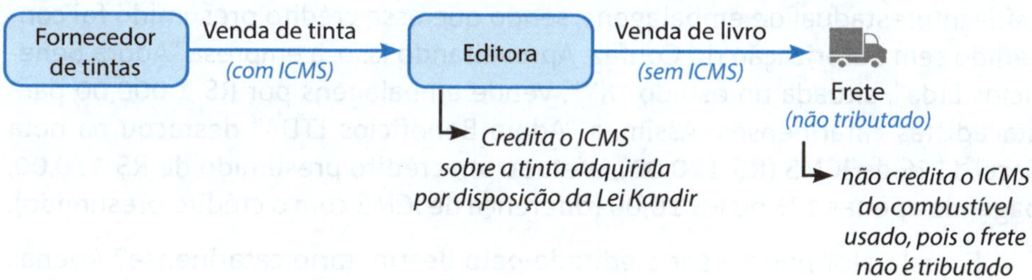

Obs: A situação da figura só ocorre nos estados que não tributam o frete de papel.

6.2.9. Valor do imposto destacado sem obedecer à Lei Complementar nº 24/75

Veremos, em capítulo específico, que existe a Lei Complementar nº 24/75. Essa lei regulamenta como os estados podem conceder isenções, crédito presumido e outros benefícios fiscais.

Ocorre que, mesmo assim, muitos estados concedem benefícios fiscais sem obedecer a essa norma, assim, se uma operação interestadual foi acobertada por um documento fiscal que o valor do imposto, destacado utiliza benefício concedido por outra Unidade da Federação, em desacordo com o disposto na Lei Complementar nº 24 de 1975, então será vedado ao destinatário efetuar esse crédito.

Fique tranquilo, explicaremos isso melhor e com exemplos no capítulo da Lei Complementar nº 24/75, de qualquer forma, daremos uma pincelada agora.

Entre os benefícios fiscais que devem ser concedidos por meio dos procedimentos da Lei Complementar 24/1975 está o crédito presumido. Quando um estado concede crédito presumido sobre o valor da saída de determinada mercadoria, ele está reduzindo o ICMS a ser pago pelo seu contribuinte. Como isso pode ocasionar prejuízos a outros estados, um estado só pode conceder benefícios fiscais com autorização dos demais estados, conforme veremos em capítulo futuro.

Para exemplificar com valores, quando um estado concede crédito presumido de 10% sobre o valor da saída de carne, sempre que houver uma venda de R$100,00 de carne, o contribuinte terá o direito ao crédito de R$ 10,00 (10% de 100). Assim, se a alíquota da carne é de 12%, ele debita R$ 12,00 (12% de 100) e credita R$10,00 (10% de 100), enfim, só será pago R$ 2,00 de ICMS (12 – 10).

Agora que você entendeu como funciona o crédito presumido, vamos supor que o estado "XY" conceda 11% de crédito presumido sobre o valor da saída interestadual de embalagens, sendo que esse crédito presumido foi concedido sem autorização do Confaz. Aproveitando isso, a empresa "Adora Benefícios Ltda", situada no estado "XY", vende embalagens por R$ 1.000,00 para atacadistas catarinenses. Assim, a "Adora Benefícios LTDA" destacou na nota fiscal 12% de ICMS (R$ 120,00), efetuou um crédito presumido de R$ 110,00, pagando apenas 1% ou R$ 10,00 (diferença de ICMS com o crédito presumido).

E qual valor poderá ser creditado pelo destinatário catarinense? Apenas o 1% realmente pago (R$10,00), afinal os outros 11% (R$ 110,00) foram concedidos sem a autorização do Confaz, logo é vedado o crédito desse valor de R$ 110,00.

E se houvesse a autorização do Confaz para esse crédito presumido? Então o destinatário catarinense poderia creditar todo o montante de ICMS destacado no documento, ou seja, R$ 120,00.

6.2.10. Outros pontos sobre vedação do crédito

Cabe afirmar que ao conceder isenções fiscais, os estados costumam optar por permitir, por norma expressa, a manutenção do crédito das operações anteriores. Eles usam norma expressa para permitir o crédito devido ao §4º do artigo 20 da Lei Kandir.

Assim, se a norma que concedeu a isenção não tocou no assunto do crédito das operações anteriores, tal compensação não será permitida, porém se a norma expressamente permitir a manutenção, o crédito poderá ser efetuado.

> "**Art. 20.** Para a compensação a que se refere o artigo anterior, é assegurado ao sujeito passivo o direito de creditar-se do imposto anteriormente cobrado em operações de que tenha resultado a entrada de mercadoria, real ou simbólica, no estabelecimento, inclusive a

> destinada ao seu uso ou consumo ou ao ativo permanente, ou o recebimento de serviços de transporte interestadual e intermunicipal ou de comunicação.
>
> (...)
>
> § 4º Deliberação dos Estados, na forma do art. 28, poderá dispor que não se aplique, no todo ou em parte, a vedação prevista no parágrafo anterior.

Para fins de concurso público, se o examinador falar em isenção, mas não mencionar se há ou não norma expressa de manutenção do crédito do ICMS, então considere que o contribuinte não pode manter o crédito do ICMS sobre as operações anteriores, conforme explicado no item 6.2.1.

O §6º do artigo 20 da Lei Complementar 87/96 permite a manutenção do crédito para o adquirente de operações isentas e não tributadas do crédito não utilizado pelo vendedor das operações isentas, desde que sejam produtos agropecuários ou quando autorizado por lei estadual, nos demais casos.

> "**Art. 20.** Para a compensação a que se refere o artigo anterior, é assegurado ao sujeito passivo o direito de creditar-se do imposto anteriormente cobrado em operações de que tenha resultado a entrada de mercadoria, real ou simbólica, no estabelecimento, inclusive a destinada ao seu uso ou consumo ou ao ativo permanente, ou o recebimento de serviços de transporte interestadual e intermunicipal ou de comunicação.
>
> (...)
>
> §6º Operações tributadas, posteriores a saídas de que trata o § 3º, dão ao estabelecimento que as praticar direito a creditar-se do imposto cobrado nas operações anteriores às isentas ou não tributadas sempre que a saída isenta ou não tributada seja relativa a:
>
> I – produtos agropecuários;
>
> II – quando autorizado em lei estadual, outras mercadorias."

Vamos imaginar a seguinte situação: um produtor rural comprou um defensivo agrícola de uma indústria. Porém, a fruta vendida por esse produtor é beneficiada por isenção que não permite a manutenção do crédito. Ao vender essa fruta, com isenção[4], para o fabricante de suco, o produtor rural não efetuará o crédito do ICMS cobrado sobre o defensivo agrícola. O imposto não utilizado pelo produtor rural, poderá ser aproveitado pela indústria de sucos. Apesar da permissão, isso dificilmente ocorre na prática, pois poucas empresas confiam no controle de crédito do seu fornecedor.

4. Isenção criada, para fins didáticos, embora em muitas legislações haja previsão de isenção sobre frutas.

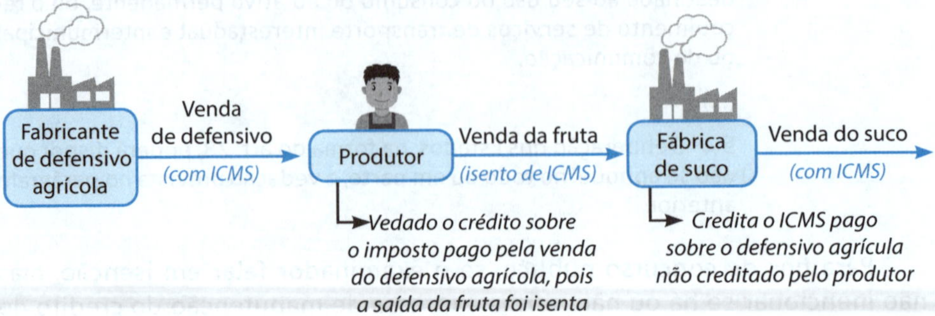

No início deste tópico, falamos que os regulamentos do ICMS enumeram outras situações de vedação de crédito do imposto. Na verdade, são hipóteses já mencionadas no item 6.1 deste capítulo, como o caso de destaque a maior, a falta de destaque do imposto pelo emitente da nota fiscal e a existência de documento fiscal não destinado ao adquirente da mercadoria ou tomador de serviço.

É verdade que alguns regulamentos vão citar as vedações temporárias previstas no artigo 33 da Lei Complementar 87/96, mas como essas proibições não são permanentes e dependem do uso das mercadorias e da atividade empresarial do adquirente, comentaremos no próximo tópico.

Por fim, o artigo 20-A da Lei Kandir criou uma nova vedação de crédito. Segundo esse dispositivo, os créditos das operações anteriores não podem ser abatidos do DIFAL devido ao estado de destino.

Art. 20-A. Nas hipóteses dos incisos XIV e XVI do caput do art. 12 desta Lei Complementar, o crédito relativo às operações e prestações anteriores deve ser deduzido apenas do débito correspondente ao imposto devido à unidade federada de origem.

Vamos exemplificar: A empresa GAMA, situada em Santa Catarina, comprou 20 mil em mercadorias sujeitas só ao ICMS de 18%. Qual o montante do crédito? Acertou, R$ 3.600,00 (20.000 x 0,18).

Depois Gama vendeu essa mercadoria por R$ 40.000,00 para um consumidor final, não contribuinte, situado na Bahia.

Poderá Gama abater o crédito de R$ 3.600,00 do ICMS devido? Ela poderá abater do ICMS devido ao estado de origem, ou seja, em Santa Catarina, mas não poderá abater o DIFAL devido à Bahia.

Assim, o cálculo será o seguinte:

ICMS para Santa Catarina

ICMS = 40000 x 0.07 – 3.600

ICMS = saldo credor de R$800,00.

Esse crédito não poderá ser abatido do DIFAL devido à Bahia, devendo, para fins de recolhimento do DIFAL, ser efetuado o cálculo explicado no segundo capítulo desta obra.

Segue um exemplo de questão sobre o tema abordado nesse capítulo:

(AFR-SP/FCC-2009) Segundo o princípio da não cumulatividade do ICMS, é correto afirmar:

a) A isenção, salvo determinação em contrário da legislação, implicará crédito para compensação com o montante devido nas operações ou prestações seguintes.

b) A não-incidência, salvo determinação em contrário da legislação, não acarretará a anulação do crédito relativo às operações anteriores.

c) Compensa-se o que for devido em cada operação relativa à circulação de mercadorias ou prestação de serviços com o montante cobrado nas anteriores pelo mesmo ou outro Estado ou pelo Distrito Federal.

d) Compensa-se o que for devido em cada operação relativa à circulação de mercadorias ou prestação de serviços com o montante pago nas anteriores pelo mesmo ou outro Estado ou pelo Distrito Federal.

e) Compensa-se o que for restituído em cada operação relativa à circulação de mercadorias ou prestação de serviços com o montante pago nas anteriores pelo mesmo ou outro Estado ou pelo Distrito Federal.

Comentário:

a) Errada, é justamente o contrário. Na saída isenta, em regra, não será permitido o crédito, salvo determinação em contrário da legislação.

b) Errada, a regra é justamente o contrário, logo operações sem incidência acarretará a anulação do crédito, conforme artigo 155, §2º, inciso II, alínea "b" da Constituição Federal.

c) Correta, conforme o artigo 19 da Lei Kandir.

d) Errada, a questão trocou montante cobrado por montante pago. Cobrado é o que é devido na operação. Se o vendedor não pagou o ICMS, o adquirente pode creditar o imposto caso esteja destacado no documento. Da mesma forma, se o vendedor destacou e pagou mais do que o devido, o destinatário só creditará o montante correto e não o destacado.

e) Errada, imposto restituído é aquele pago incorretamente e devolvido pelo fisco. Esse imposto restituído não permite o crédito.

Resposta: C.

6.3. AQUISIÇÕES DE MERCADORIAS E UTILIZAÇÕES DE SERVIÇOS QUE PERMITEM O CRÉDITO

> **"Art. 20.** Para a compensação a que se refere o artigo anterior, é assegurado ao sujeito passivo o direito de creditar-se do imposto anteriormente cobrado em operações de que tenha resultado a entrada de mercadoria, real ou simbólica, no estabelecimento, inclusive a destinada ao seu uso ou consumo ou ao ativo permanente, ou o recebimento de serviços de transporte interestadual e intermunicipal ou de comunicação.

Pela leitura do *caput* do artigo 20 da Lei Kandir, entendemos que é possível creditar-se do imposto anteriormente cobrado em operações de que tenham resultado a entrada de mercadoria, real ou simbólica, no estabelecimento, inclusive a destinada ao seu uso ou consumo ou ao ativo permanente, ou o recebimento de serviços de transporte interestadual e intermunicipal ou de comunicação.

Apesar da compensação parecer ampla, esse mesmo diploma legal em seu artigo 33 estabelece as condições para o crédito dependendo da natureza das aquisições. Trataremos agora de cada situação.

6.3.1. Permitido o crédito sobre matéria-prima, material de embalagens, mercadoria para revenda e serviço de transporte

A compra de matéria-prima, material de embalagens e mercadoria para revenda, desde que utilizadas na atividade fim, permitem o crédito. O conceito de matéria-prima não se restringe ao estabelecimento industrial. Por exemplo, o defensivo agrícola é matéria-prima do produtor rural; já o óleo diesel é matéria-prima da transportadora.

O crédito é permitido não só pela entrada física, mas, também, pela entrada simbólica de mercadorias. Lembra-se do exemplo dado do Armazém Geral (item 2.6.2.3)? Naquele exemplo, após enviada a mercadoria de Alfa para Beta armazená-la, houve a venda para Delta, que preferiu mantê-la no armazém. Não houve entrada física em Delta e sim entrada simbólica, mesmo assim Delta poderá creditar o imposto cobrado de Alfa na nota de transferência de propriedade.

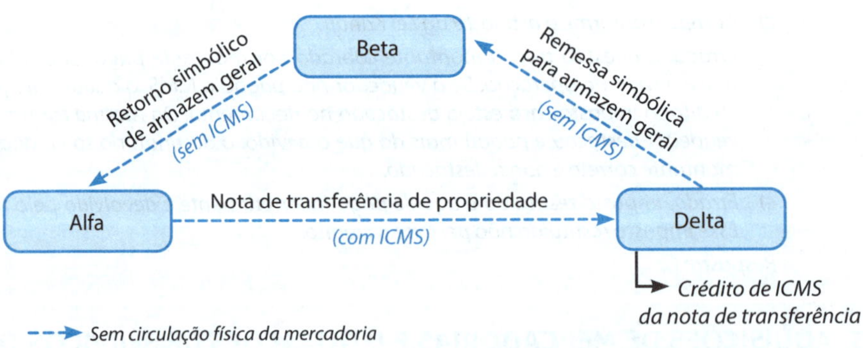

Todo contribuinte que seja tomador de serviços de transporte pode efetuar o crédito do imposto cobrado da transportadora, desde que utilizada na atividade fim do estabelecimento. Um exemplo é uma empresa de prestação de serviço de comunicação na modalidade de banda larga. Se ela contratou uma transportadora para levar toda fiação, modem e outros equipamentos para determinada cidade onde está surgindo uma grande demanda de clientes, então o crédito sobre o ICMS cobrado no frete é permitido. Agora, se o serviço de transporte foi contratado para trazer computadores para o setor administrativo, o crédito é vedado, pois setor administrativo não é atividade fim deste estabelecimento, sua atividade fim é a prestação de serviço de comunicação.

- **1ª situação:** Frete para atividade-fim

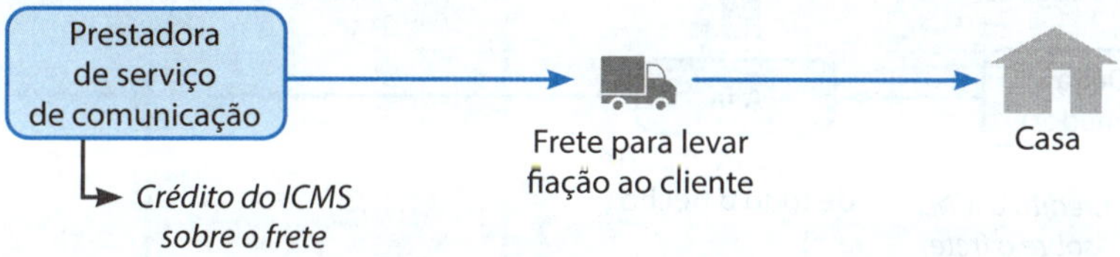

- **2ª situação:** Frete setor administrativo

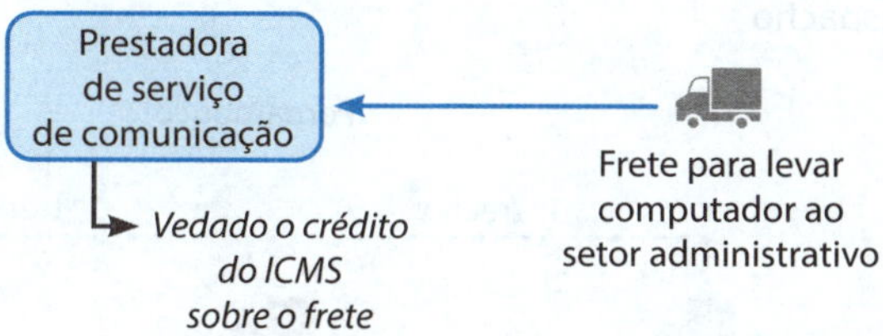

E uma transportadora, pode creditar o ICMS cobrado de outro transportador? Se ela for tomadora de serviço pode, afinal serviço de transporte é sua atividade fim. E em quais ocasiões uma transportadora é tomadora do serviço de transporte? Quando ela contrata uma outra transportadora para realizar parte do frete (redespacho – vide item 3.3.1) ou quando ela contrata um outro prestador de serviço para realizar todo frete que fora contratada (subcontratação).

Para explicar melhor, podemos adotar o seguinte exemplo prático: Delta, empresa alagoana, contratou a transportadora Alfa, por R$ 200,00, para levar mercadorias suas de Maceió/AL a João Pessoa/PB. Como esse frete está relacionado com a atividade comercial de Delta, então ela poderá creditar o ICMS cobrado de Alfa (12% de R$ 200,00 – alíquota interestadual). Já o prestador de serviço de transporte tem direito ao crédito sobre o imposto que incidiu sobre o óleo diesel utilizado no trajeto.

Nesse primeiro momento, Alfa só pode creditar o ICMS cobrado sobre o óleo diesel, afinal ela não contratou qualquer prestador de serviço, ou seja, não há nesse caso nem o redespacho, nem a subcontratação.

No entanto, caso Alfa venha realizar o frete até Recife/PE e contrate a transportadora Beta, por R$ 100,00, para realizar o restante da viagem, a sistemática do crédito ocorrerá da seguinte maneira: Delta continua tendo direito ao mesmo crédito, afinal a transportadora Alfa que ela contratou cobrou o mesmo valor de R$ 200,00 (12% de R$ 200,00 – alíquota interestadual).

Já a Alfa irá creditar o imposto que incidiu sobre o óleo diesel do trajeto de Maceió/AL até Recife/PE e o ICMS cobrado de Beta, pelo segundo trecho (Recife/PE a João Pessoa/PB).

- **1ª situação:** Frete direto

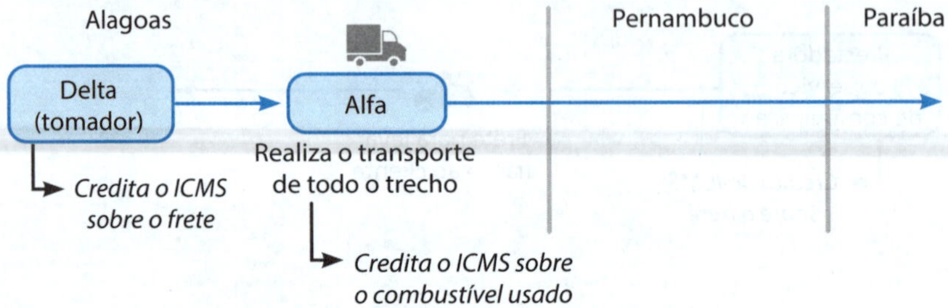

- **2ª situação:** Redespacho

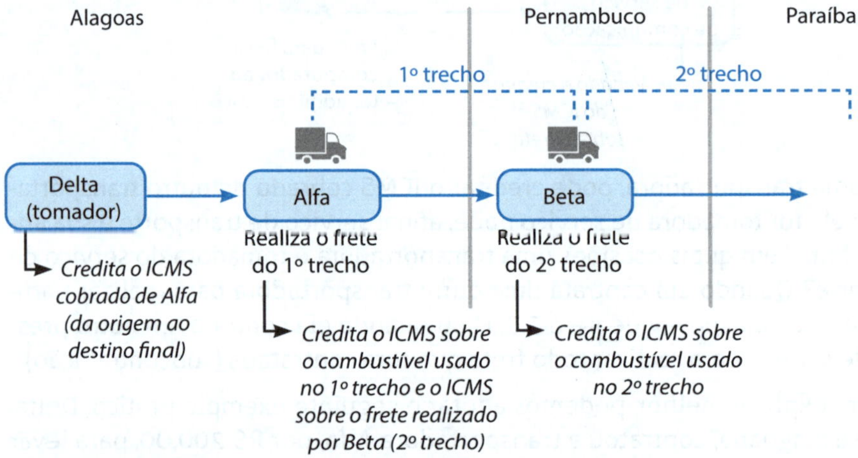

Isso mesmo, no caso de redespacho (vide item 3.1.1), a transportadora tomadora (Alfa), credita o imposto sobre o óleo diesel que usou no trajeto realizado e o ICMS cobrado sobre o frete prestado pela transportadora contratada (Beta), esta poderá creditar o imposto pago sobre o óleo diesel no segundo trecho.

Agora vamos imaginar que Alfa não tem caminhão disponível e por isso contratou Beta para realizar todo o trajeto, ou seja, de Maceió/AL até João Pessoa/PB. Nesse caso de subcontratação, Alfa (subcontratante) credita apenas o ICMS sobre o serviço prestado por Beta (subcontratada)[5].

5. Veremos no capítulo de Substituição Tributária que muitos estados colocam o tomador de serviço como substituto tributário em alguns casos de redespacho e subcontratação.

- **3ª situação:** Subcontratação

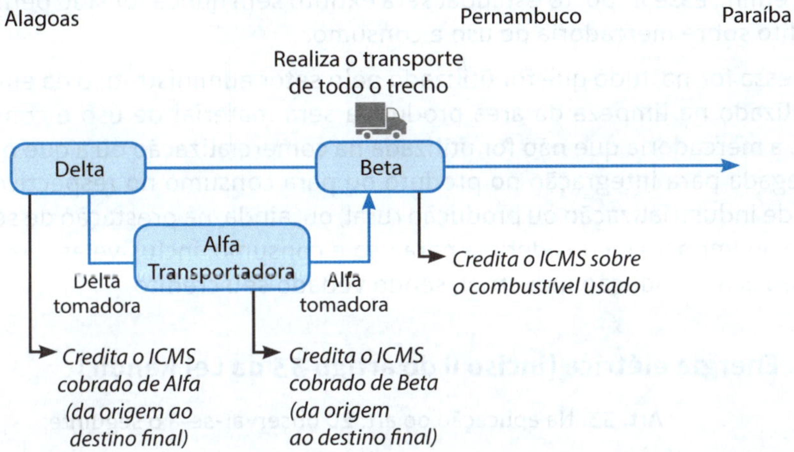

Perceba que a subcontratante não poderá creditar o imposto que incidiu sobre o óleo diesel, mesmo porque ela não gastou nenhum combustível, quem realiza esse crédito é a subcontratada que realizou a viagem e utilizou combustível em seu caminhão. É oportuno lembrar que alguns estados colocam a subcontratação no rol de prestações sujeitas ao regime da substituição tributária (esse caso será detalhado em capítulo específico, pois o sistema de crédito será diferente).

Por fim, o ICMS cobrado em serviços de transportes, assim como na aquisição de matéria-prima, material de embalagens e mercadoria para revenda, desde que utilizados na atividade fim, poderá ser creditado pelo tomador ou adquirente, inclusive se o tomador for uma outra transportadora.

6.3.2. Material de uso e consumo (inciso I do artigo 33 da Lei Kandir)

> "**Art. 33.** Na aplicação do art. 20 observar-se-á o seguinte:
>
> I – somente darão direito de crédito as mercadorias destinadas ao uso ou consumo do estabelecimento nele entradas a partir de 1º de janeiro de 2033;"

O inciso I do artigo 33 da Lei Complementar 87/96 coloca um termo na aplicabilidade do crédito de materiais de uso e consumo, previsto no artigo 20 do mesmo diploma legal. O crédito sobre o imposto pago na compra de material de uso e consumo só é permitido a partir de 01 de janeiro de 2033.

O curioso é que o texto original da Lei Kandir permitia o crédito a partir de 01 de janeiro de 1998. Depois disso, sete leis complementares prorrogaram o prazo da aplicabilidade dessa norma.

Assim, por enquanto, podemos garantir que até o final de 2032 não é possível o crédito sobre o material de uso e consumo, seja o adquirente industrial, comercial, prestador etc. O curioso é que com a promulgação da Emenda

Constitucional 132/2023 (reforma tributária), o ICMS deixará de existir em 2033, enfim, esse imposto estadual será extinto sem nunca ter sido permitido o crédito sobre mercadoria de uso e consumo.

Dessa forma, tudo que for utilizado pelo setor administrativo da empresa ou utilizado na limpeza da área produtiva será material de uso e consumo. Enfim, a mercadoria que não for utilizada na comercialização ou a que não for empregada para integração no produto ou para consumo no respectivo processo de industrialização ou produção rural, ou, ainda, na prestação de serviço sujeita ao imposto é considerada para uso e consumo, inclusive as ferramentas usadas na produção industrial, sendo vedado seu crédito.

6.3.3. Energia elétrica (inciso II do artigo 33 da Lei Kandir)

> "**Art. 33.** Na aplicação do art. 20 observar-se-á o seguinte:
>
> (...)
>
> II – somente dará direito a crédito a entrada de energia elétrica no estabelecimento:
>
> a) quando for objeto de operação de saída de energia elétrica;
>
> b) quando consumida no processo de industrialização;
>
> c) quando seu consumo resultar em operação de saída ou prestação para o exterior, na proporção destas sobre as saídas ou prestações totais; e
>
> d) a partir de 1º de janeiro de 2033 nas demais hipóteses;"

O inciso II do artigo 33 da Lei Complementar 87/96 possui quatro alíneas, sendo que as alíneas "a" a "c" permitem o crédito nas seguintes situações:

6.3.3.1. Quando quem adquiriu foi concessionária de energia elétrica (alínea "a")

Quando o objeto da saída for energia elétrica, ou seja, a atividade da empresa é geração, transformação, distribuição ou outra atividade fim com energia elétrica, qualquer aquisição de energia poderá ser creditada.

O legislador não poderia agir diferente, afinal energia elétrica é a principal matéria-prima dessas empresas.

6.3.3.2. Quando quem adquiriu foi indústria e utilizou em processo industrial (alínea "b")

A energia elétrica utilizada no processo de industrialização tem seu crédito permitido. A maioria das máquinas utilizadas em um processo industrial é alimentada por energia elétrica, logo a energia elétrica utilizada nesse processo industrial é tratada como insumo, então pode ter o imposto creditado.

Ocorre que toda indústria além de usar a energia elétrica como insumo, também a utiliza na parte administrativa (computadores, lâmpadas etc.). Dessa forma, cabe ao estabelecimento industrial separar qual a parte da energia elétrica da sua fatura será de fato utilizada na atividade industrial, vedado o crédito sobre o restante. Em sua futura atividade como fiscal, provavelmente lavrará autos de infração para empresas que não respeitam essa separação, creditando-se da energia elétrica dos setores administrativos da fábrica.

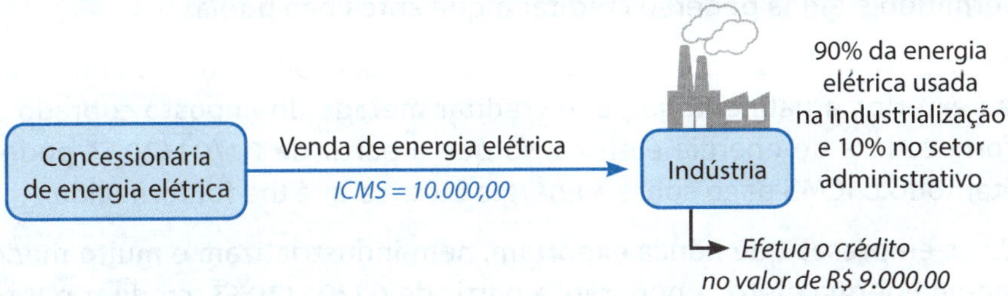

Ainda, o STJ julgou válido o crédito do ICMS sobre a aquisição de energia elétrica feita por empresas de telecomunicação necessária à realização de seus serviços essenciais. O STJ afirmou que essas empresas realizam uma atividade industrial por equiparação, logo, assim como vimos neste tópico em relação às indústrias, o crédito seria permitido para atender ao princípio da não cumulatividade.

6.3.3.3. Quando quem adquiriu promoveu operações ou prestações para o exterior (alínea "c")

A alínea "c" do artigo 33 da Lei Kandir permite o crédito da energia elétrica que resultar operação de saída ou prestação ao exterior. Vamos supor que uma empresa atacadista venda cerca de 50% das suas mercadorias ao exterior, ela poderá creditar metade do imposto cobrado da sua fornecedora de energia elétrica. Essa mesma regra se aplica à prestadora de serviço de comunicação ao exterior. Já as prestadoras de serviços de transportes, conforme já falado no item 6.2.7, não têm direito à manutenção do crédito quando realiza transporte internacional, afinal esse transporte está fora do campo de incidência do ICMS (item 3.3.1).

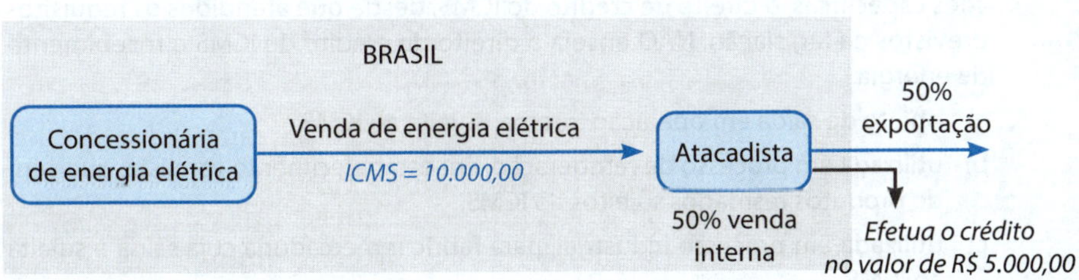

6.3.3.4. Demais empresas a partir de 01/01/2033 (alínea "d")

Finalmente, a alínea "d" permite o crédito aos demais estabelecimentos só a partir de 1º de janeiro de 2033.

Todas as empresas poderão creditar o ICMS pago na energia elétrica, inclusive as que estão nas alíneas "a" a "c" poderão continuar creditando após 01/01/2033? Sim, as que já podiam continuarão podendo creditar o que já era permitido e ainda poderão creditar o que antes não podia.

Exemplificando: o atacadista que vende cerca de 50% das suas mercadorias ao exterior, atualmente já pode creditar metade do imposto cobrado da sua fornecedora de energia elétrica, só que a partir de 01/01/2033 poderá creditar todo o ICMS pago sobre a energia elétrica que lhe foi fornecida.

Já as empresas que nunca exportam, nem industrializam e muito menos revendem energia elétrica poderão, a partir de 01/01/2033, creditar o ICMS pago sobre a energia elétrica consumida.

Pelo menos é assim que determina o texto da lei, no entanto, é bom lembrar que o ICMS deixará de existir em 2033.

Crédito do ICMS sobre energia elétrica	
Sujeito passivo	**Pode creditar o ICMS?**
Empresa de energia elétrica	Sim
Indústria	Setor industrial: Sim
	Setor administrativo: Não
Empresa que realize exportações	Sim, proporcionalmente às saídas ou prestações para o exterior
Qualquer contribuinte após 01/01/2033	Sim

Veja como isso é cobrado em prova:

(AFR-SP/FCC-2013) Conforme a legislação vigente, a entrada de energia elétrica no estabelecimento de contribuinte do ICMS pode ensejar, em algumas situações específicas, o direito de crédito do ICMS, desde que atendidos os requisitos previstos na legislação. NÃO enseja o direito de crédito de ICMS o recebimento de energia

a) objeto de saída em operação interna, sujeita ao ICMS.

b) utilizada em processo de refrigeração, em estabelecimento varejista, que vende produtos resfriados sujeitos ao ICMS.

c) utilizada em processo industrial, para fabricar mercadoria cuja saída é sujeita ao ICMS.

d) utilizada em processo de produção rural de fruta (irrigação) destinada à exportação.

e) utilizada em usina de reciclagem, que transforma resíduos (lixo) em matéria-prima, para a produção de papel e de plástico.

Comentário: *As hipóteses de permissão de crédito nas operações de entrada de energia elétrica estão no artigo 33, inciso II da Lei Kandir. Na alternativa "a" é permitido o crédito, afinal trata-se da alínea "a" do referido inciso, ou seja, objeto de posterior saída de energia elétrica. As alternativas "c" e "e" também permitem crédito, afinal referem-se à energia elétrica usada no processo industrial, conforme alínea "b" do inciso II do artigo citado. A alternativa "d" também dá direito ao crédito, conforme alínea "c" do inciso II, do artigo 33 da Lei Kandir, que se refere à saída de mercadoria para exportação. Já a alternativa "b" não permite crédito, porque comerciante não pode se creditar de energia elétrica. Resposta: B*

6.3.4. Serviços de comunicação (inciso IV do artigo 33 da Lei Kandir)

> "**Art. 33.** Na aplicação do art. 20 observar-se-á o seguinte:
>
> (...)
>
> IV – somente dará direito a crédito o recebimento de serviços de comunicação utilizados pelo estabelecimento:
>
> a) ao qual tenham sidos prestados execução de serviços da mesma natureza;
>
> b) quando seu consumo resultar em operação de saída ou prestação para o exterior, na proporção destas sobre as saídas ou prestações totais; e
>
> c) a partir de 1º de janeiro de 2033 nas demais hipóteses;"

O imposto cobrado sobre os serviços de comunicação, diferentemente do cobrado na energia elétrica, não pode ser creditado por estabelecimentos industriais, afinal serviços de comunicação não são considerados insumos do processo industrial.

Só podem creditar o imposto cobrado no serviço de comunicação as prestadoras de serviço de comunicação (alínea "a") e empresas exportadoras na proporção das saídas ou prestações ao exterior (alínea "b").

Podemos exemplificar a segunda hipótese com a indústria siderúrgica que realiza 30% das suas vendas ao exterior. Ela poderá creditar 30% do ICMS cobrado do seu prestador de serviço de comunicação. Já os outros 70% do imposto que incidiu na prestação de serviço de comunicação, entram na regra geral (alínea "c"), como as demais empresas, ou seja, só será possível o crédito a partir de 01 de janeiro de 2033, porém a Reforma Tributária não vai permitir esse crédito.

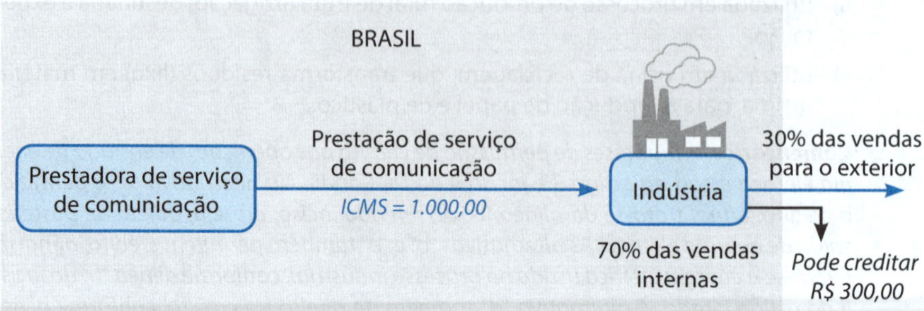

Crédito do ICMS sobre comunicações	
Sujeito passivo	**Pode creditar o ICMS?**
Empresa de comunicações	Sim
Empresa que realize exportações	Sim, proporcionalmente às saídas ou prestações para o exterior
Qualquer contribuinte após 01/01/2033	Sim

6.3.5. Ativo imobilizado (inciso III do artigo 33 c/c §5º do artigo 20, ambos da Lei Kandir)

> "**Art. 20.** Para a compensação a que se refere o artigo anterior, é assegurado ao sujeito passivo o direito de creditar-se do imposto anteriormente cobrado em operações de que tenha resultado a entrada de mercadoria, real ou simbólica, no estabelecimento, inclusive a destinada ao seu uso ou consumo ou ao ativo permanente, ou o recebimento de serviços de transporte interestadual e intermunicipal ou de comunicação.
>
> (...)
>
> § 5º Para efeito do disposto no *caput* deste artigo, relativamente aos créditos decorrentes de entrada de mercadorias no estabelecimento destinadas ao ativo permanente, deverá ser observado:
>
> I – a apropriação será feita à razão de um quarenta e oito avos por mês, devendo a primeira fração ser apropriada no mês em que ocorrer a entrada no estabelecimento;
>
> II – em cada período de apuração do imposto, não será admitido o creditamento de que trata o inciso I, em relação à proporção das operações de saídas ou prestações isentas ou não tributadas sobre o total das operações de saídas ou prestações efetuadas no mesmo período;
>
> III – para aplicação do disposto nos incisos I e II deste parágrafo, o montante do crédito a ser apropriado será obtido multiplicando-se o valor total do respectivo crédito pelo fator igual a 1/48 (um quarenta e oito avos) da relação entre o valor das operações de saídas e

> prestações tributadas e o total das operações de saídas e prestações do período, equiparando-se às tributadas, para fins deste inciso, as saídas e prestações com destino ao exterior ou as saídas de papel destinado à impressão de livros, jornais e periódicos;
>
> IV – o quociente de um quarenta e oito avos será proporcionalmente aumentado ou diminuído, pro rata die, caso o período de apuração seja superior ou inferior a um mês;
>
> V – na hipótese de alienação dos bens do ativo permanente, antes de decorrido o prazo de quatro anos contado da data de sua aquisição, não será admitido, a partir da data da alienação, o creditamento de que trata este parágrafo em relação à fração que corresponderia ao restante do quadriênio;
>
> VI – serão objeto de outro lançamento, além do lançamento em conjunto com os demais créditos, para efeito da compensação prevista neste artigo e no art. 19, em livro próprio ou de outra forma que a legislação determinar, para aplicação do disposto nos incisos I a V deste parágrafo;
>
> VII – ao final do quadragésimo oitavo mês contado da data da entrada do bem no estabelecimento, o saldo remanescente do crédito será cancelado."
>
> (...)
>
> "**Art. 33.** Na aplicação do art. 20 observar-se-á o seguinte:
>
> (...)
>
> III – somente darão direito de crédito as mercadorias destinadas ao ativo permanente do estabelecimento, nele entradas a partir da data da entrada desta Lei Complementar em vigor."

Segundo os conceitos contábeis, o ativo imobilizado é o conjunto de bens tangíveis utilizados na produção, aluguel, administração e prestação de serviços. No entanto, apenas os ativos destinados à produção da atividade fim da empresa, ou seja, bens de permanência duradoura utilizados na prestação de serviços, industrialização ou comercialização de mercadorias, têm permissão de crédito na legislação do ICMS.

Novamente, voltamos ao critério da atividade fim, ou seja, bens adquiridos para os setores administrativos não podem ter direito ao crédito de ICMS, mesmo que sejam, contabilmente, considerados ativo imobilizado.

Pela leitura do artigo 20 da Lei Kandir, vemos que o crédito do imposto sobre o ativo, diferentemente das outras aquisições, não é efetuado uma única vez, ele é creditado na proporção de 1/48 por mês. Isso mesmo, uma máquina adquirida hoje irá demorar quatro anos para ter todo o seu crédito efetuado. Vamos entender todo §5º do artigo 20 por meio de um exemplo.

Vamos imaginar que um atacadista adquira uma frota de caminhões para distribuir suas mercadorias. O ICMS cobrado sobre toda frota foi de R$ 96.000,00.

O crédito que o atacadista tem direito é, em regra, de R$ 2.000,00 (96.000/48) por mês.

Usamos a expressão "em regra" porque, segundo o inciso II do §5º do artigo 20 da Lei Kandir, em cada mês não será admitido o creditamento do 1/48, em relação à proporção das operações de saídas ou prestações isentas ou não tributadas sobre o total das operações de saídas ou prestações efetuadas no mesmo período.

Vamos supor que, no primeiro mês após a aquisição do ativo, a empresa realizou apenas operações tributadas, logo ela poderá creditar R$ 2.000,00 nesse mês, ou seja, um quarenta e oito avos do imposto incidente sobre sua aquisição. Ocorre que se no mês seguinte o atacadista realizar 30% de suas saídas com não incidência de ICMS, então o crédito possível será de 2.000 x 70% = R$ 1.400,00. Afinal, apenas 70% das suas operações são tributadas, sobre os outros 30% não é possível o crédito.

E esses R$ 600,00 a menos poderão ser creditados mais à frente? Não, suas saídas não permitiam crédito, logo a empresa não tem direito de compensar esse valor. Decorridos os quatro anos da aquisição, o saldo remanescente, se houver, será cancelado (inciso VII do §5º do artigo 20 da Lei Kandir).

- **1º momento:** Aquisição da frota de caminhões

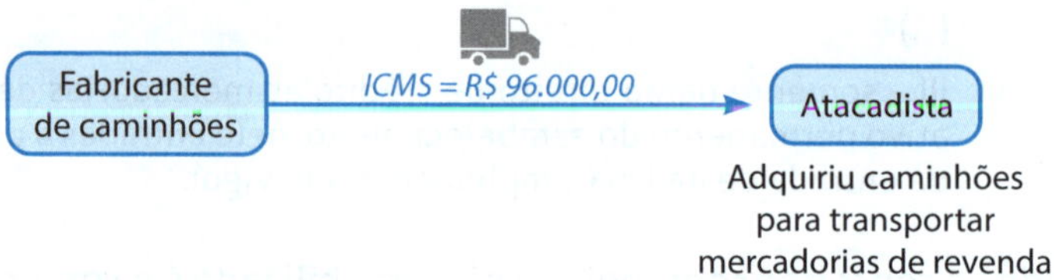

- **1º mês após a aquisição** (100% das vendas tributadas)

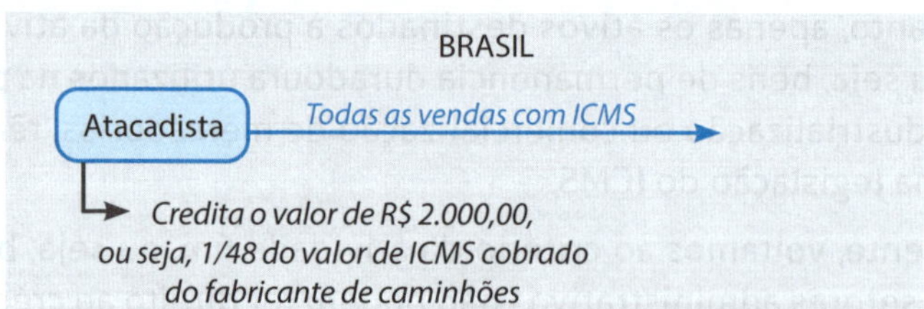

- **2º mês após a aquisição** (30% das vendas sem incidência ICMS)

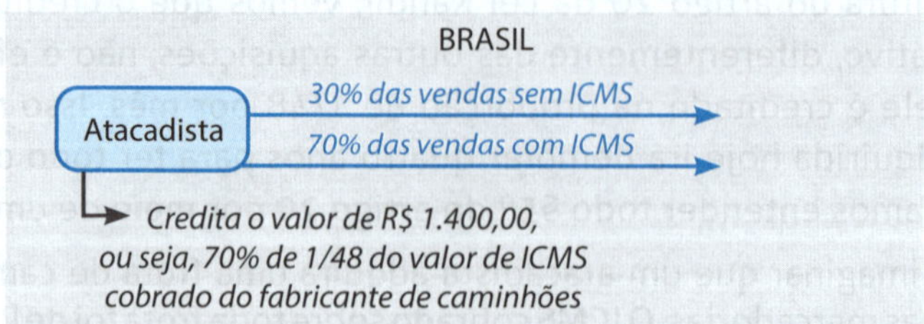

- **3º mês após a aquisição** (10% das vendas sem incidência ICMS e 30% ao exterior)

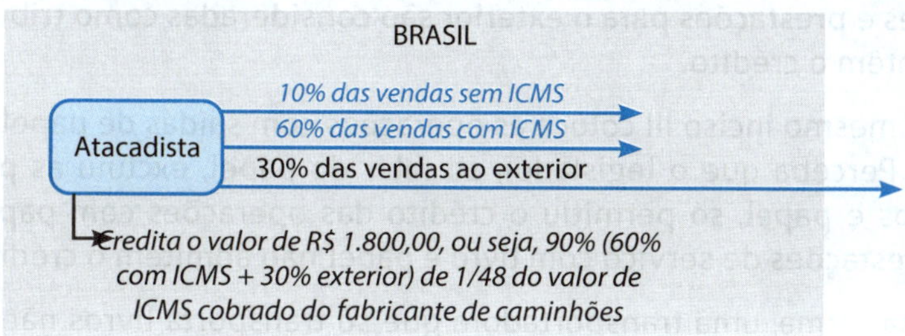

- **4º mês após a aquisição** (novamente 100% das vendas tributadas)

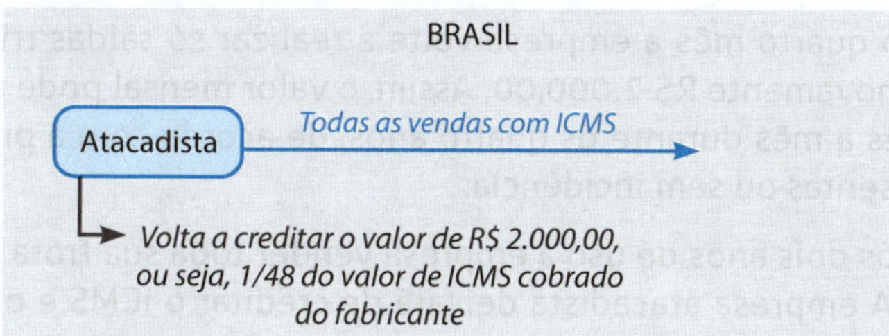

- **Após 2 anos da aquisição**

– 1ª situação: venda da frota para transportadora

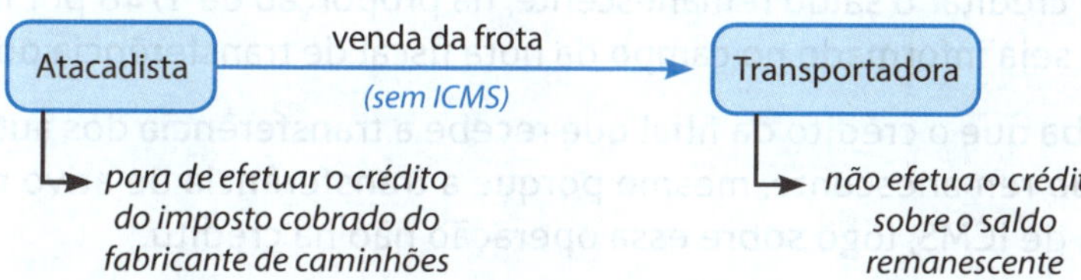

– 2ª situação: transferência da frota para uma filial

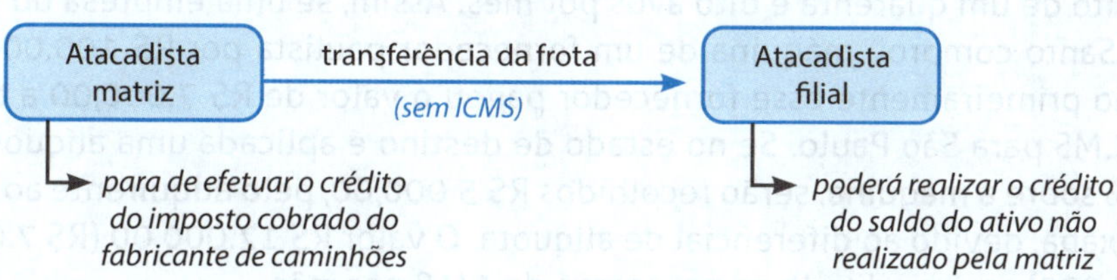

Já no terceiro mês, a empresa vende 10% sem incidência de imposto, 30% ao exterior e o restante de operações tributadas. Poderá creditar o valor de 2.000 x 90% = R$ 1.800,00, excluindo apenas os 10% sem incidência de imposto. Isso ocorre porque segundo o inciso III do mesmo parágrafo, as operações e prestações para o exterior são consideradas como tributadas, ou seja, mantêm o crédito.

Esse mesmo inciso III coloca as operações com saídas de papel como tributadas. Perceba que o legislador, ao falar do papel, excluiu as prestações com livros e papel, só permitiu o crédito das operações com papel. Sendo assim, prestações de serviço com livro e papel não admitem o crédito.

Dessa forma, uma transportadora que só transporta livros não terá suas prestações de serviços tributadas, mas não poderá efetuar o crédito, nem sobre o ativo nem sobre o combustível adquirido.

Caso no quarto mês a empresa volte a realizar só saídas tributadas, ela irá creditar novamente R$ 2.000,00. Assim, o valor mensal pode aumentar ou diminuir mês a mês durante os quatro anos, de acordo com a proporção das operações isentas ou sem incidência.

E se após dois anos de uso a empresa vender toda sua frota a uma transportadora? A empresa atacadista deixará de creditar o ICMS e o saldo remanescente não poderá ser creditado pela transportadora, afinal não há transferência de saldo remanescente na venda de ativo imobilizado.

E se em vez de vender o atacadista transferir sua frota a sua filial? O estabelecimento que transferiu deixa de creditar o ICMS, já a filial que recebeu a frota pode creditar o saldo remanescente, na proporção de 1/48 por mês, caso esse saldo seja informado no campo da nota fiscal de transferência do ativo.

Perceba que o crédito da filial que recebe a transferência dos automóveis será o saldo remanescente, mesmo porque a transferência de ativo não sofre incidência de ICMS, logo sobre essa operação não há crédito.

E se a compra do ativo for interestadual e o adquirente tiver que pagar o diferencial de alíquota (vide item 2.6.10)? Esse diferencial de alíquota será somado ao imposto pago pelo fornecedor e sobre esse montante haverá o crédito de um quarenta e oito avos por mês. Assim, se uma empresa do Espírito Santo comprou máquina de um fornecedor paulista por R$ 100.000,00, então primeiramente esse fornecedor pagou o valor de R$ 7.000,00 a título de ICMS para São Paulo. Se no estado de destino é aplicada uma alíquota de 12% sobre a máquina, serão recolhidos R$ 5.000,00, pelo adquirente ao fisco capixaba, devido ao diferencial de alíquota. O valor R$ 12.000,00 (R$ 7.000+ R$ 5.000) será creditado na proporção de 1/48 por mês.

E como o contribuinte realiza todo o controle desse ativo? Por meio do CIAP – Controle de Crédito do ICMS do Ativo Permanente. Caso o contribuinte tenha interesse em creditar seu ativo, deverá ter o CIAP. Adiantamos a você que as indústrias que possuem muitas máquinas e as transportadoras que possuem muitos caminhões não abrem mão do CIAP. Mais detalhes serão tratados no capítulo de livros fiscais.

6.3.6. Operações e prestações decorrente de empresas optantes do Simples Nacional (artigo 23, §1º da Lei Complementar 123/06)

No item 6.1.2 deste capítulo, falamos que as empresas optantes pelo Simples Nacional não podem realizar o crédito de ICMS sobre suas aquisições, porque essas empresas efetuam o pagamento de ICMS sobre uma parcela de sua receita bruta.

As operações com mercadorias efetuadas por empresas optantes pelo Simples Nacional permitem ao adquirente o crédito no valor devido de ICMS sobre a operação. No capítulo específico sobre o Simples nacional, mostraremos como calcular esse valor.

Por enquanto, cabe ao leitor saber que só é permitido o crédito sobre o valor devido, pela empresa do Simples Nacional, nas operações com mercadorias, mesmo assim se a aquisição for sobre insumo, embalagens, mercadorias de revenda, ou seja, tudo que é permitido crédito. Já as prestações de serviços efetuadas por empresas do Simples Nacional, não podem ser creditadas pelo tomador de serviço.

6.3.7. Devolução e retorno interestadual (Convênio ICMS 54/00)

> "Cláusula primeira – Na operação interestadual de devolução, total ou parcial, de mercadoria ou bem, inclusive recebido em transferência, aplicar-se-á a mesma base de cálculo e a mesma alíquota constante do documento que acobertar a operação anterior de recebimento da mercadoria ou bem."

Vamos imaginar que uma empresa mineira revenda mercadoria para uma fábrica do Acre. Tal mercadoria saiu com a alíquota interestadual de Minas Gerais para o Acre que é de 7%. A empresa acreana recebeu a mercadoria e creditou o imposto cobrado na sua aquisição, mas logo em seguida percebeu que havia um defeito na mercadoria e emitiu uma nota fiscal de devolução. Se fôssemos aplicar a alíquota interestadual do Acre para Minas Gerais, a empresa do norte deveria emitir a nota fiscal de devolução e recolher 12% de ICMS.

Ocorre que a empresa acreana ficaria com um saldo a pagar referente à diferença das alíquotas (12% – 7% = 5%), ao passo que o revendedor mineiro ficaria com saldo credor, pois debitou 7% e iria se creditar de 12%. Para evitar essa situação, os regulamentos estaduais seguem ao Convênio ICMS

54/00 e preveem que na entrada de mercadoria ou bem decorrente de operação interestadual de devolução ou retorno, inclusive em caso de devolução de transferência, o direito ao crédito fica limitado ao valor do imposto destacado no documento fiscal relativo à remessa para o outro estado.

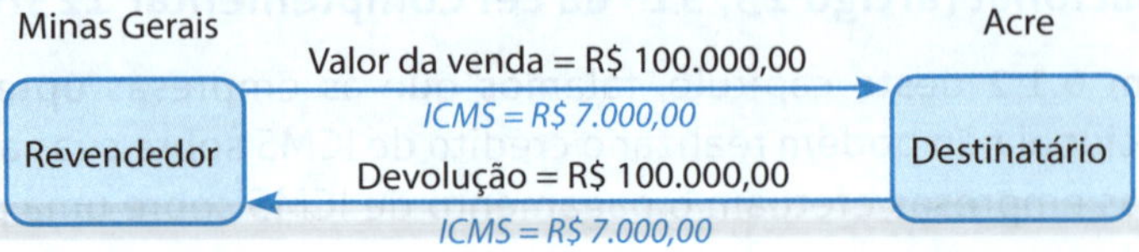

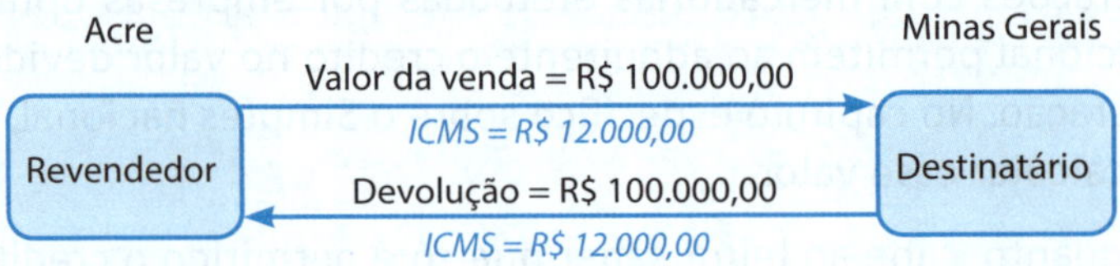

Assim, no exemplo adotado, caberia à empresa acreana devolver a mercadoria com o mesmo percentual de 7% utilizado na remessa do fornecedor mineiro. Caso o exemplo fosse o contrário, ou seja, a venda partiu do Acre para Minas Gerais, a empresa mineira devolveria com a mesma alíquota da remessa, ou seja, 12%.

Note que o Convênio ICMS 54/00 impõe, nos casos de devoluções, a mesma alíquota e a mesma base de cálculo da operação anterior.

6.3.8. Devolução e recusa do recebimento

Em síntese, depois que alguém vende uma mercadoria para o cliente, há três situações possíveis. A primeira é o adquirente receber a mercadoria, não encontrar defeitos e ficar com ela. Nesse caso, se o recebedor é contribuinte do ICMS, ele poderá creditar o imposto, obedecendo a todos os requisitos falados nesse capítulo.

Existe uma segunda opção, que é a do cliente receber a mercadoria e depois de poucos dias devolvê-la ao vendedor por algum motivo. Caso o adquirente seja contribuinte do ICMS, ele emite uma nota de devolução destacando o valor do imposto da operação de origem, "anulando o efeito tributário da operação anterior".

Vamos exemplificar. Uma fábrica de móveis vende mesas para um atacadista, sobre essa operação tem um débito de R$ 300,00 de ICMS. Ao receber as mesas, o atacadista credita o ICMS da operação. Contudo, alguns dias após a aquisição, o atacadista nota defeitos nas mesas, então ele emite uma nota de devolução com a mesma alíquota e base de cálculo (independente da operação ser interna ou interestadual), ou seja, o atacadista debita os mesmos R$ 300,00 que serão creditados pelo fabricante.

E se a devolução fosse parcial? O atacadista emitiria uma nota fiscal com o ICMS referente às mesas devolvidas, ou seja, se a devolução foi de metade das mesas, o ICMS destacado na nota de devolução será de R$ 150,00 (300/2).

Agora vamos imaginar que o fabricante de móveis venda cadeiras para uma escola, debitando R$ 200,00 de ICMS. Como a escola não é contribuinte, não revenderá as cadeiras, pois são materiais para uso nas suas atividades, então não haverá crédito por parte do adquirente.

Ocorre que alguns dias depois essas cadeiras foram devolvidas por qualquer motivo. Então a fábrica de móveis emitirá uma nota fiscal de entrada com destaque de R$ 200,00 de ICMS e a fábrica creditará esse imposto "anulando a operação anterior." Mas como assim faz o crédito, se o remetente das cadeiras é uma escola que não é inscrita no cadastro de contribuintes? Verdade, mas o **emitente** da nota será a fábrica de móveis, que é inscrita no cadastro de contribuintes. O crédito é permitido se o **emitente** for inscrito no cadastro de contribuintes e não o **remetente**.

Existe ainda uma terceira situação. Suponha que a fábrica de móveis vende mesas, com R$ 300,00 de ICMS, seja para contribuinte ou não, e ao chegar ao destino o cliente da fábrica se recusa a receber a mercadoria por algum motivo plausível. Nesse caso, o fabricante deverá exigir que seu cliente ou o transportador anote a recusa no verso da nota fiscal. Assim, com uma nota de entrada, o fabricante anulará a operação anterior. E por que o cliente da fábrica de móveis não emite uma nota de devolução? Porque a mercadoria não entrou no seu estabelecimento, logo ele não pode dar saída dessa mercadoria.

6.3.9. Crédito de transportadora e sobre o transporte

Ao longo de todo o capítulo falamos do crédito de transportadora. Contudo, devido a algumas particularidades inerentes ao serviço de transporte, achamos melhor abrir aqui um tópico sobre o tema e resumir o que já foi comentado.

Primeiramente, cabe esclarecer que as prestadoras de serviços de transporte podem efetuar o crédito basicamente sobre três coisas:

1. Combustível usado no transporte (geralmente óleo diesel);
2. Ativo imobilizado (veículo usado no transporte, na proporção de 1/48);
3. Serviços de transporte que ela seja tomadora (vide item 6.3.1).

Ocorre que uma mesma transportadora pode realizar, dentro de um mesmo mês, serviços de transporte intramunicipal, intermunicipal, interestadual e internacional, no entanto, pela própria previsão constitucional (artigo 155, inciso II da CF), apenas os serviços de transportes intermunicipal e interestadual estão no campo de incidência do ICMS.

> "**Art. 155.** Compete aos Estados e ao Distrito Federal instituir impostos sobre:
>
> (...)
>
> II – operações relativas à circulação de mercadorias e sobre prestações de serviços de transporte **interestadual e intermunicipal** e de comunicação, ainda que as operações e as prestações se iniciem no exterior; (grifo nosso)"

Isso significa que o crédito sobre o óleo diesel, ativo imobilizado e serviço de transporte que a transportadora seja tomadora não será possível quando o transporte for intramunicipal ou internacional. Afinal, pelo artigo 155, §2º, inciso II, alínea "b" da CF as prestações sem incidência acarretam a anulação do crédito das operações e prestações antecedentes.

> "**Art. 155**, § 2º – O imposto previsto no inciso II atenderá ao seguinte:
>
> (...)
>
> II – a isenção ou não-incidência, salvo determinação em contrário da legislação:
>
> a) não implicará crédito para compensação com o montante devido nas operações ou prestações seguintes;
>
> b) acarretará a anulação do crédito relativo às operações anteriores;"

Serviço de transporte	Pode efetuar crédito?	Regra de incidência
Intramunicipal	Vedado	Incide ISS
Intermunicipal	Permitido	Incide ICMS
Interestadual	Permitido	Incide ICMS
Internacional	Vedado	NÃO INCIDÊNCIA

Assim, se uma transportadora de São Paulo realiza um frete da capital paulista a Buenos Aires, não haverá incidência de ICMS e a transportadora não poderá realizar o crédito sobre o óleo diesel utilizado.

Mas o artigo 155, §2º, inciso X, alínea "a" não fala que as prestações de serviços destinadas ao exterior terão seus créditos mantidos? Fala, mas ele está se referindo às prestações de serviço no campo de incidência do ICMS, ou seja, refere-se às prestações onerosas de comunicação.

> "**Art. 155.** Compete aos Estados e ao Distrito Federal instituir impostos sobre:
>
> (...)

> § 2º O imposto previsto no inciso II atenderá ao seguinte:
>
> X – não incidirá:
>
> a) sobre operações que destinem mercadorias para o exterior, nem sobre serviços prestados a destinatários no exterior, **assegurada a manutenção e o aproveitamento do montante do imposto cobrado nas operações e prestações anteriores;**"

Assim se a transportadora "Eu Garanto a Entrega Ltda." realizar, em um determinado mês, 30% dos seus fretes dentro de um mesmo município, então ela só poderá efetuar 70% do crédito sobre o ativo naquele mês (obedecendo à proporção de 1/48), conforme explicado no item 6.3.5.

Agora vamos imaginar a seguinte situação: uma transportadora do Mato Grosso leva soja, que será exportada, do seu estado para o Porto de Paranaguá/PR. Essa prestação está no campo de incidência do ICMS (devido ao Mato Grosso), afinal o transporte de Mato Grosso ao Paraná é interestadual. Não confunda operação imune (da soja para o exterior) com a prestação tributada (dentro do país).

A transportadora mato-grossense efetuará o crédito do ICMS cobrado sobre o óleo diesel. Ocorre que o retorno desse caminhão do Paraná para o Mato Grosso é muito caro, assim, para evitar custos, a transportadora consegue retornar transportando milho do interior paranaense até Cuiabá/MT.

A prestação de retorno é tributada normalmente, porém o ICMS é devido ao Paraná. A transportadora mato-grossense tem toda a sua escrita fiscal (esse tema será mais bem detalhado no capítulo de livros fiscais) no seu estado. E é para o Mato Grosso que ela costuma recolher o ICMS. Dessa forma, ela não poderá efetuar o crédito sobre essa prestação. A transportadora deverá efetuar o crédito do óleo diesel usado nas prestações que são devidas ICMS ao seu estado, no caso concreto, o Mato Grosso.

- **Viagem de ida:**

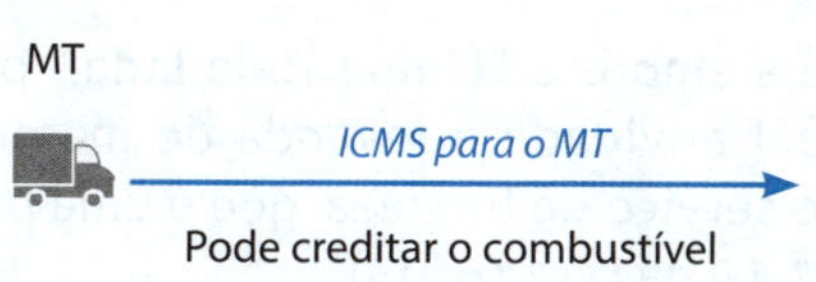

- **Viagem de volta:**

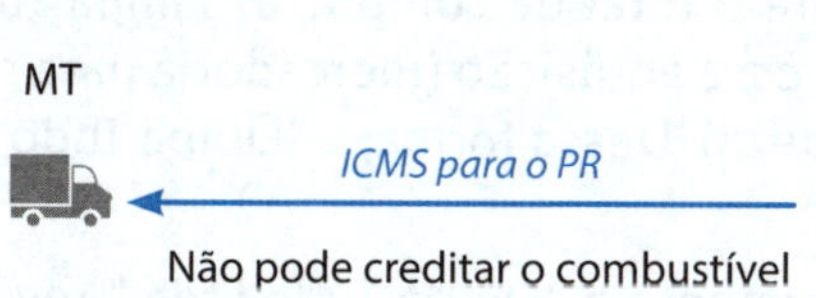

Por fim, cabe uma observação: quem realiza o crédito do serviço de transporte é sempre o tomador de serviço quando usar o transporte para sua atividade fim. Lembra-se de que no item 3.3.1 foi falado que no serviço de transporte há três personagens (remetente, destinatário e transportador)? O tomador é aquele que realiza o contrato de serviço de transporte com o transportador.

Exemplificando, se o remetente enviar uma mercadoria por meio de um transportador contratado pelo destinatário, quem poderá creditar o ICMS sobre o serviço de transporte? Basta você perguntar quem é o tomador do serviço de transporte, ou seja, quem contratou a transportadora. Nesse caso foi o destinatário, cabendo a ele o direito do crédito do ICMS sobre o serviço de transporte.

6.4. ESTORNO DE CRÉDITO

No item 6.2 falamos dos casos de aquisições em que o crédito do ICMS não é permitido. Como exemplos temos a posterior saída isenta do produto resultante (item 6.2.3) ou a mercadoria utilizada com o fim alheio à atividade do estabelecimento (item 6.2.2).

Ocorre que no mundo empresarial é muito normal uma indústria receber suas matérias-primas ou um estabelecimento comercial adquirir mercadorias para estoque, sem saber qual destino será dado a essa aquisição.

Diante dessa situação, os estabelecimentos efetuam o crédito do imposto sobre suas aquisições e ocorrendo uma das situações que proíbem o crédito do ICMS, o imposto creditado deverá ser estornado. Vamos exemplificar.

6.4.1. Objeto de saída ou prestação não tributada ou isenta (inciso I do artigo 21)

Vamos imaginar que a empresa "Limpa Tudo Ltda." possui duas atividades, sendo a sua principal atividade a revenda de material de limpeza e a segunda é a prestação de serviço de limpeza, que é uma prestação de serviço tributada pelo ISS (item 7.10 da LC 116/03).

Ao adquirir dez caixas de produtos de limpeza, com o valor do ICMS cobrado de R$ 100,00 sobre o total da compra, a "Limpa Tudo Ltda." não sabe qual destino será dado a essa aquisição (mercadoria para revenda ou material usado no serviço de limpeza). Dessa forma, a "Limpa Tudo Ltda." efetua o crédito de R$ 100,00.

Ocorre que posteriormente a "Limpa Tudo Ltda." revende sete caixas de produto de limpeza, já as outras três são utilizadas como material no serviço de limpeza. Ora, o material usado no produto de limpeza está fora do campo de incidência do ICMS (item 4.2.1). Assim, o valor creditado sobre essas três caixas deverá ser estornado, ou seja, R$ 30,00 (100 x 3/10).

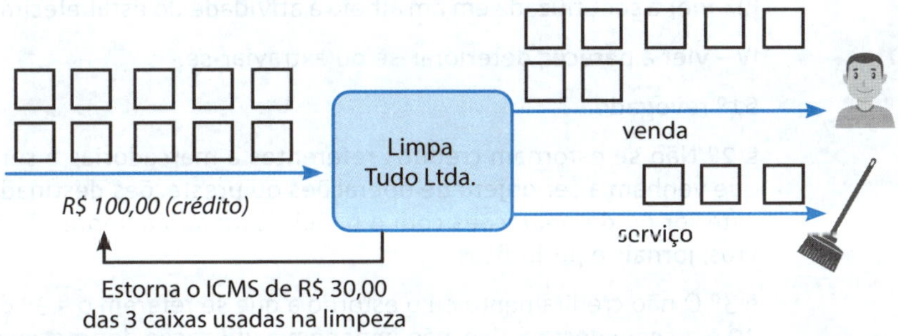

E como esse estorno é efetuado? Lança-se um débito no Livro de Apuração do ICMS (será mais bem detalhado no capítulo de livros fiscais). E por que a empresa não adquiriu sem o crédito? Porque no momento da aquisição ela não podia prever que a mercadoria seria usada como material de prestação de serviços de limpeza.

Essa é a grande diferença entre o estorno de crédito e a vedação do crédito, afinal o que já se sabe que não poderá ser compensado é vedado o crédito e o que não era possível saber, no ato da compra, primeiro credita-se e depois estorna-se.

Vedado	Estornado
Ao entrar a mercadoria, o contribuinte sabe que o crédito não é permitido	Ao entrar, o contribuinte não sabe qual destino da aquisição

Existem quatro hipóteses de estorno de crédito previstas no artigo 21 da Lei Kandir. A primeira é justamente o exemplo citado, ou seja, a entrada de mercadoria, matéria-prima ou material de embalagens e utilização de serviços quando o objeto da saída é isento ou não tributado, sendo essa circunstância imprevisível na data da entrada da mercadoria ou da utilização do serviço. Já as operações ou prestações com redução de base de cálculo terão o estorno do ICMS proporcional à redução concedida.

> "**Art. 21.** O sujeito passivo deverá efetuar o estorno do imposto de que se tiver creditado sempre que o serviço tomado ou a mercadoria entrada no estabelecimento:
>
> I – for objeto de saída ou prestação de serviço não tributada ou isenta, sendo esta circunstância imprevisível na data da entrada da mercadoria ou da utilização do serviço;

II – for integrada ou consumida em processo de industrialização, quando a saída do produto resultante não for tributada ou estiver isenta do imposto;

III – vier a ser utilizada em fim alheio à atividade do estabelecimento;

IV – vier a perecer, deteriorar-se ou extraviar-se.

§1º revogado.

§ 2º Não se estornam créditos referentes a mercadorias e serviços que venham a ser objeto de operações ou prestações destinadas ao exterior ou de operações com o papel destinado à impressão de livros, jornais e periódicos.

§ 3º O não creditamento ou o estorno a que se referem o § 3º do art. 20 e o *caput* deste artigo, não impedem a utilização dos mesmos créditos em operações posteriores, sujeitas ao imposto, com a mesma mercadoria."

6.4.2. Mercadoria integrada ou consumida em processo de industrialização, quando a saída do produto resultante for não tributada ou isenta (inciso II do artigo 21)

O inciso I do artigo 21 da Lei Kandir refere-se a estabelecimento comercial ou prestador de serviço, mas o inciso II da mesma lei refere-se ao produto, ou seja, trata-se de indústria.

Vamos imaginar que a "Indústria Embalo Tudo Ltda." tem dois seguimentos de produção, o produto "A", carro chefe da empresa, que tem suas operações de saídas tributadas normalmente e o produto "B", que tem suas saídas isentas, sem manutenção do crédito.

A "Indústria Embalo Tudo Ltda." comprou dez embalagens, sobre as quais foram cobrados R$ 10,00 de ICMS por cada embalagem, sem saber para qual produto serão usadas. Posteriormente, verificou-se que oito das dez embalagens foram utilizadas no produto "A" e duas no produto "B". Dessa forma, o ICMS referente a essas duas embalagens deverá ser estornado.

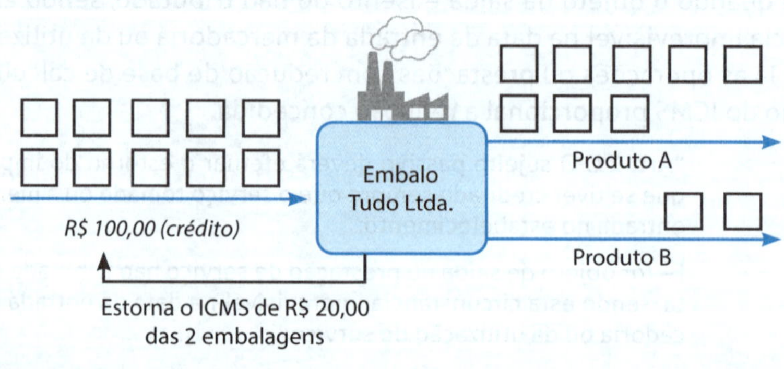

6.4.3. Mercadoria que vier ser utilizada em fim alheio à atividade do estabelecimento (inciso III do artigo 21)

A terceira hipótese de estorno prevista na Lei Complementar 87/96 é sobre o crédito decorrente de mercadoria ou serviço utilizado em fim alheio à atividade do estabelecimento. Vamos imaginar que um atacadista de eletroeletrônicos venha adquirir um mouse para ser revendido. Nesse instante foi efetuado o crédito do imposto. Ocorre que antes da peça ser revendida, esse mouse foi utilizado no computador do departamento de recursos humanos. Esse uso não será para a atividade fim, logo o crédito efetuado no ato da compra deverá ser estornado.

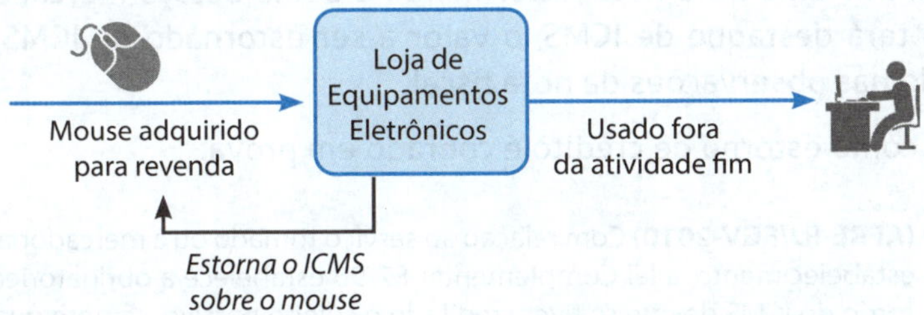

6.4.4. Mercadoria que vier a perecer, deteriorar-se ou extraviar-se (inciso IV do artigo 21)

O último caso de estorno previsto pela Lei Kandir é quando a mercadoria adquirida vier a perecer, deteriorar ou extraviar. Não houve saída, sem circulação de mercadoria não há fato gerador, no entanto, o prejuízo da empresa é "dobrado", pois ela perde a mercadoria estragada e ainda estorna o imposto anteriormente creditado.

Assim, se um açougue adquirir carne para revenda e esse alimento, após dias sem ser vendido, vier a se deteriorar, o crédito sobre a aquisição da carne deverá ser estornado.

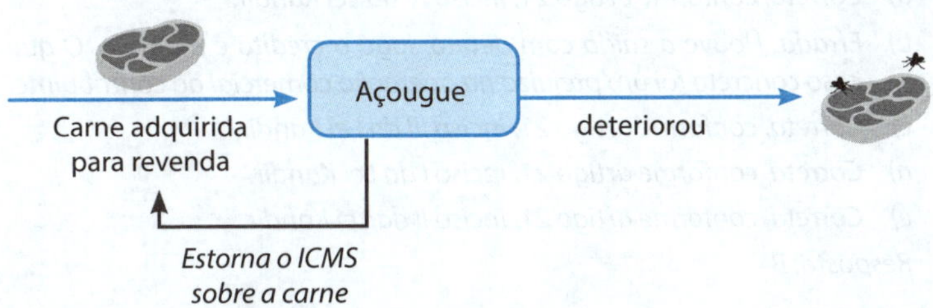

Cuidado, esse estorno é obrigatório se a mercadoria perecer, deteriorar ou extraviar dentro do estabelecimento. Contudo, se o açougue do exemplo anterior mandar a carne para seu cliente, porém a carga for roubada no caminho, não haverá estorno. Por que não? A mercadoria saiu do estabelecimento, então ocorreu o momento do fato gerador, logo ele pagará o ICMS sobre a saída e manterá o direito do crédito sobre a entrada. Devemos imaginar qual foi o motivo do legislador ter sido tão cruel assim. De imediato, podemos pensar: "Que absurdo! O empresário é roubado e ainda terá que pagar o ICMS sobre o produto que foi roubado?". Infelizmente sim, caso contrário, ocorreriam muitas fraudes de contribuintes que fingiriam que foram roubados para não terem que pagar o ICMS. Infelizmente, a malandragem de alguns prejudica os demais.

Por fim, cabe comentar só mais uma coisa, se a mercadoria pereceu ou extraviou, então ela saiu do estoque; como saiu do estoque, o contribuinte terá de emitir uma nota fiscal informando a baixa dessas mercadorias. Esta nota não terá destaque de ICMS, o valor a ser estornado de ICMS pode ser informado nas observações da nota fiscal.

Veja como estorno de crédito é cobrado em prova:

(AFRE-RJ/FGV-2010) Com relação ao serviço tomado ou à mercadoria entrada no estabelecimento, a lei Complementar 87/96 estabelece a obrigatoriedade do estorno do ICMS de que se tiver creditado o sujeito passivo, sempre que ocorrerem os fatos apresentados a seguir, à exceção de um. Assinale-o.

a) A mercadoria vier a perecer, deteriorar-se ou extraviar-se.

b) A mercadoria for alienada por importância inferior ao valor que serviu de base de cálculo na operação de que decorreu sua entrada no estabelecimento.

c) A mercadoria vier a ser utilizada em fim alheio à atividade do estabelecimento.

d) A mercadoria ou o serviço for objeto de saída ou prestação não tributada ou isenta, sendo esta circunstância imprevisível na data da entrada da mercadoria ou da utilização do serviço.

e) A mercadoria for integrada ou consumida em processo de industrialização, quando a saída do produto resultante não for tributada ou estiver isenta do imposto.

Comentário:

a) Correta, conforme artigo 21, inciso IV da Lei Kandir.

b) Errada. Houve a saída com débito, logo o crédito é mantido. O que ocorreu no caso concreto foi um prejuízo na operação comercial do contribuinte.

c) Correta, conforme artigo 21, inciso III da Lei Kandir.

d) Correta, conforme artigo 21, inciso I da Lei Kandir.

e) Correta, conforme artigo 21, inciso II da Lei Kandir.

Resposta: B

6.4.5. Outras previsões do artigo 21 da Lei Kandir

Os créditos referentes a mercadorias e serviços que venham a ser objeto de operações ou prestações destinadas ao exterior ou de operações com o papel destinado à impressão de livros, jornais e periódicos podem ser mantidos, não precisam ser estornados (vide itens 6.2.7 e 6.2.8).

> "Art. 21. O sujeito passivo deverá efetuar o estorno do imposto de que se tiver creditado sempre que o serviço tomado ou a mercadoria entrada no estabelecimento:
>
> §3º O não creditamento ou o estorno a que se referem o § 3º do art. 20 e o *caput* deste artigo, não impedem a utilização dos mesmos créditos em operações posteriores, sujeitas ao imposto, com a mesma mercadoria."

O parágrafo 3º desse artigo 21 da Lei Kandir, remete ao exemplo dado no item 6.2.10. Naquela ocasião, o produtor rural tinha adquirido defensor agrícola para sua produção sem efetuar o crédito do imposto cobrado sobre essa operação, pois a venda da sua fruta ao fabricante de suco seria isenta. O que esse dispositivo legal prevê é o aproveitamento pela indústria de suco do imposto cobrado na venda do defensivo agrícola, pelo não creditamento do produtor ou, caso ele tenha creditado e posteriormente tenha estornado.

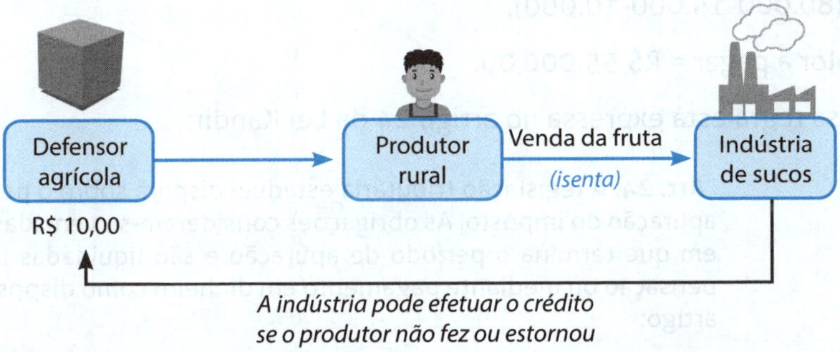

Por fim, cabe lembrar que algumas legislações estaduais dispensam do estorno a venda interestadual de derivados de petróleo e energia elétrica, ampliando a dispensa da Lei Kandir, que é apenas sobre operações e prestações ao exterior e operações com o papel destinado à impressão de livros, jornais e periódicos.

6.5. APURAÇÃO NO FIM DO MÊS

A legislação estadual determina como deverá ser feita a apuração do ICMS, geralmente mensal, confrontando os créditos (entradas) com os débitos (saídas) e apurando o valor de ICMS a pagar, se o saldo desse confronto for devedor, ou o valor a transportar como crédito para o mês seguinte, se o saldo for credor. Essa forma de apuração é conhecida como "conta gráfica".

6.5.1. Transferência de um crédito de um mês para outro

Já sabemos que mensalmente o contribuinte totaliza o montante debitado e subtrai do total creditado. Vamos a um exemplo: imagine que, no mês de março de 2019, o estabelecimento "Recolho o Devido Ltda." apure um débito de ICMS no valor de R$ 50.000,00 e um crédito no montante de R$ 20.000,00. Logo, o total devido ao fisco é R$ 30.000,00 (50.000 – 20.000).

Agora vamos imaginar que esse mesmo estabelecimento tenha auferido em abril de 2019 um total de débito de R$ 20.000,00 e um montante de crédito de R$ 30.000,00. Logo, ele não pagará nada, pelo contrário, terá um direito de R$ 10.000,00 (30.000 – 20.000) de crédito de ICMS que transportará para o mês seguinte.

Assim, caso no mês de maio de 2019 a "Recolho o Devido Ltda." efetue um débito de R$ 80.000,00 e um crédito de R$ 15.000,00, quanto ela deverá recolher? O valor a pagar será de R$ 55.000,00 (débito – crédito – saldo credor a transportar), pois:

Valor a pagar = (débito – crédito – saldo credor a transportar)

= (80.000-15.000-10.000).

Valor a pagar = R$ 55.000,00.

Essa regra está expressa no artigo 24 da Lei Kandir:

> "**Art. 24.** A legislação tributária estadual disporá sobre o período de apuração do imposto. As obrigações consideram-se vencidas na data em que termina o período de apuração e são liquidadas por compensação ou mediante pagamento em dinheiro como disposto neste artigo:
>
> I – as obrigações consideram-se liquidadas por compensação até o montante dos créditos escriturados no mesmo período mais o saldo credor de período ou períodos anteriores, se for o caso;
>
> II – se o montante dos débitos do período superar o dos créditos, a diferença será liquidada dentro do prazo fixado pelo Estado;
>
> III – se o montante dos créditos superar os dos débitos, a diferença será transportada para o período seguinte."

Cuidado, esse crédito, assim como o crédito do documento fiscal, deve ser realizado pelo valor nominal, ou seja, não podem incidir juros. Inclusive no Agravo de Instrumento 388.888/SP o Supremo tomou a seguinte decisão corroborando esse entendimento:

> "Processual Civil. Agravo Regimental. Constitucional. ICMS. Não-Cumulatividade. Créditos Escriturais. Transposição de créditos

acumulados de um período ao período sucessivo. Correção Monetária Dependência de Lei Autorizadora." (decisão de 2010, baseada em jurisprudência firme do STF).

Vamos traduzir essa decisão. Caso em um determinado mês uma empresa termine com saldo credor de R$ 10.000,00 e a inflação do mês tenha sido de 1%, o contribuinte só poderá compensar no mês seguinte o valor de R$ 10.000,00, não poderá corrigi-lo pela inflação. Não existe hipótese de corrigir? Existem duas. A primeira se houver essa previsão na lei estadual, mas adiantamos que desconhecemos essa existência. A segunda é que, conforme o STF, o contribuinte poderá atualizar pela correção monetária se o atraso na escrituração do crédito tiver sido por culpa do Fisco.

Eis mais um trecho de decisão do STF pertinente a esse assunto, extraída do RE 391.098/PR: "Não há violação aos princípios da não-cumulatividade e da isonomia no fato de a legislação estadual desautorizar a correção monetária de créditos escriturais e saldos credores de ICMS". Entende-se por "crédito escritural" o crédito que deve ser escriturado no respectivo mês de competência.

Inclusive essa decisão do STF foi objeto de cobrança no concurso para Procurador do Distrito Federal de 2004, elaborado pela banca ESAF, com o seguinte texto, considerado correto: "A vedação de incidência de correção monetária de créditos escriturais do ICMS não constitui violação dos princípios constitucionais da não-cumulatividade e da isonomia".

E se o contribuinte recebeu a mercadoria e venha a creditar apenas quatro anos depois? Também não poderá corrigir pela inflação.

Essa decisão do Supremo pode ser cobrada em prova, como foi no concurso para Auditor Fiscal do Ceará, vejamos:

(AFRE-CE/ESAF-2006) Em relação aos créditos escriturais do Imposto sobre a Circulação de Mercadorias e Serviços, da competência estadual e do Distrito Federal, é correto afirmar-se que sobre eles não incide a correção monetária quando a legislação estadual não contiver tal previsão.

Comentário: *Está correta a afirmativa, é uma simples cópia da decisão do STF.*

6.5.2. Crédito entre estabelecimentos do mesmo sujeito passivo, localizados no mesmo estado

Vamos imaginar que uma determinada empresa tenha dois estabelecimentos no mesmo estado. O estabelecimento "A" ficou com um saldo credor de R$ 10.000,00. Já o estabelecimento "B" ficou com um saldo devedor de R$

30.000,00. Poderá o estabelecimento "B" compensar o crédito do estabelecimento "A" pagando apenas R$ 20.000,00 (30.000 – 20.000)?

Pode sim, pois está expresso na Lei Kandir:

> "**Art. 25.** Para efeito de aplicação do disposto no art. 24, os débitos e créditos devem ser apurados em cada estabelecimento, compensando-se os saldos credores e devedores entre os estabelecimentos do mesmo sujeito passivo localizados no Estado.
>
> §1º Saldos credores acumulados a partir da data de publicação desta Lei Complementar por estabelecimentos que realizem operações e prestações de que tratam o inciso II do art. 3º e seu parágrafo único podem ser, na proporção que estas saídas representem do total das saídas realizadas pelo estabelecimento:
>
> I – imputados pelo sujeito passivo a qualquer estabelecimento seu no Estado;
>
> II – havendo saldo remanescente, transferidos pelo sujeito passivo a outros contribuintes do mesmo Estado, mediante a emissão pela autoridade competente de documento que reconheça o crédito.
>
> §2º Lei estadual poderá, nos demais casos de saldos credores acumulados a partir da vigência desta Lei Complementar, permitir que:
>
> I – sejam imputados pelo sujeito passivo a qualquer estabelecimento seu no Estado;
>
> II – sejam transferidos, nas condições que definir, a outros contribuintes do mesmo Estado."

Perceba que a Lei Kandir autoriza a transferência do saldo credor entre estabelecimentos da mesma empresa, desde que no mesmo estado. Já o §1º permite que o saldo remanescente decorrente de exportação seja transferido a outros contribuintes também do mesmo estado. Claro que essas transferências seguem regras de específicas cada ente.

E um estabelecimento com saldo credor pode transferir o saldo para sua filial em outro estado? Não. Como cada estado é um sujeito ativo, ele não pode ser obrigado a receber um direito de crédito em relação a outro sujeito ativo.

Esse tema inclusive já foi questão de prova:

(AFRE-RJ/FGV-2010) Nos termos da Lei Complementar 87/96, no caso de um estabelecimento da sociedade empresária apurar saldo credor do ICMS, ao final de um período:

a) pode compensar com saldo devedor verificado em outro estabelecimento da mesma empresa, sem qualquer restrição.

b) pode compensar com saldo devedor verificado em outro estabelecimento da mesma empresa, localizado neste Estado, desde que ambos tenham o mesmo Código de Atividade Econômica.

c) pode compensar com saldo devedor verificado em outro estabelecimento da mesma empresa, localizado neste Estado.

d) pode compensar com saldo devedor verificado em outro estabelecimento da mesma empresa, localizado neste Estado, se a atividade de ambos os estabelecimentos for agroindustrial.

e) não pode compensar com saldo devedor verificado em outro estabelecimento do sujeito passivo, localizado neste ou em outro Estado.

Comentário:

a) Errada. Há restrições para a transferência do saldo credor, por exemplo, os estabelecimentos têm que ser no mesmo estado.

b) Errada. Não existe essa exigência de que os dois estabelecimentos tenham a mesma classe econômica.

c) Correta. Literalidade do artigo 25 da Lei Kandir.

d) Errada. Não existe essa exigência de que os dois estabelecimentos sejam agroindustriais.

e) Errada. Não pode compensar o saldo devedor de um estabelecimento de outro estado.

Resposta: C.

6.6. OUTRAS FORMAS DE APURAÇÃO DO ICMS

Sabemos que a forma mais comum de apuração do ICMS devido é pela conta gráfica, ou seja, o confronto dos créditos e débitos, visto nos artigos 24 e 25 da Lei Kandir. Contudo, essa lei possibilita outras formas de apuração do imposto em seu artigo 26. Vejamos.

> **Art. 26.** Em substituição ao regime de apuração mencionado nos arts. 24 e 25, a lei estadual poderá estabelecer:
>
> I – que o cotejo entre créditos e débitos se faça por mercadoria ou serviço dentro de determinado período;
>
> II – que o cotejo entre créditos e débitos se faça por mercadoria ou serviço em cada operação;
>
> III – que, em função do porte ou da atividade do estabelecimento, o imposto seja pago em parcelas periódicas e calculado por estimativa, para um determinado período, assegurado ao sujeito passivo o direito de impugná-la e instaurar processo contraditório.
>
> § 1º Na hipótese do inciso III, ao fim do período, será feito o ajuste com base na escrituração regular do contribuinte, que pagará a diferença apurada, se positiva; caso contrário, a diferença será compensada com o pagamento referente ao período ou períodos imediatamente seguintes.

> § 2º A inclusão de estabelecimento no regime de que trata o inciso III não dispensa o sujeito passivo do cumprimento de obrigações acessórias.

Se a regra é apurar o débito e o crédito dentro de cada mês, o inciso I possibilita que o sujeito passivo faça essa apuração por um período maior (por exemplo, três meses) ou menor (por exemplo, quinze dias). Já o inciso II determina que o contribuinte apure o débito e o crédito por mercadoria. Por exemplo, uma empresa vende refrigerante e cerveja, ele pode apresentar um saldo credor no refrigerante e um saldo devedor na cerveja, sendo que o crédito do refrigerante não pode ser usado para abater o crédito da cerveja. Na verdade, esses dois incisos não têm utilidade pratica, pois os fiscos não costumam implementar esses regimes.

Portanto, o ICMS também poderá ser apurado de forma individualizada por mercadoria ou serviço em determinado período de tempo, ou por operação ou, ainda, pelo regime de estimativa.

O STF já decidiu que a apuração do ICMS pelo regime de estimativa é válida, desde que implementado por lei, e não por decreto. Mas o que seria o tal regime de estimativa? Por esse regime o fisco estabelece um valor fixo a ser pago pelo contribuinte de acordo com sua atividade econômica. No final de um período, em regra semestral, o contribuinte compara o valor recolhido com o montante que deveria ter sido pago, se realizasse a apuração normal como as demais empresas.

Se a diferença é favorável ao fisco, ele recolhe, sem juros. Se favorável ao contribuinte, ele solicita a restituição dos valores, que serão devolvidos sem juros. Outra possibilidade é o contribuinte solicitar seu desenquadramento do regime de estimativa e efetuar o crédito do excesso pago.

Lembre-se de que essas hipóteses do artigo 26 da Lei Kandir são opcionais e só poderão existir se previstas nas legislações estaduais. O contribuinte poderá aderir ou não. Por isso que o STF já as considerou constitucionais. Ainda existem esses regimes? Existiram por muito tempo, mas entraram em desuso, atualmente há previsão do regime no regulamento do Estado do Mato Grosso. No entanto, cabe sempre a memorização do artigo 26 da Lei Kandir, por ser uma norma geral.

6.7. CRÉDITO APÓS TRANSFERÊNCIA DA MERCADORIA PARA OUTRO ESTABELECIMENTO DO MESMO TITULAR EM OPERAÇÕES INTERESTADUAIS (§4º DO ARTIGO 12 DA LEI KANDIR)

Vimos no segundo capítulo desta obra que não incide ICMS sobre a transferência de mercadoria entre estabelecimentos do mesmo titular.

Agora vamos imaginar a seguinte situação, Alfa tem dois estabelecimentos, um localizado no Tocantins e outro localizado no Pará. O estabelecimento do Tocantins compra matéria-prima no valor de R$300,00 (compras dentro do estado). Industrializa e, após a industrialização, o custo da mercadoria (mão de obra, custos indiretos e matéria-prima) fica no valor de R$400,00.

Agora vamos imaginar que Alfa transfira essa mercadoria da filial tocantinense para a filial paraense. O valor da transferência é o preço do custo, ou seja, R$400,00, mas sobre esse valor não houve incidência de ICMS.

Por fim, vamos supor que a filial paraense venda essa mercadoria para um cliente localizado no Pará pelo valor de R$500,00.

Considerando que a alíquota interna tanto do Tocantins e do Pará é de 17%, o valor de ICMS a ser recolhido nessas operações seria o seguinte:

> Evento I – Compra de matéria-prima pelo estabelecimento do Tocantins no valor de R$300,00. Crédito efetuado pelo estabelecimento do Tocantins de R$51,00 (17% de 300).
>
> Evento II – Transferência da filial do Tocantins para a filial do Pará, não incide ICMS e a filial do Pará não faz crédito.
>
> Evento III – Venda interna da filial paraense, ICMS debitado pela filial paraense no valor de R$85,00 (17% de 500).

Veja, a filial tocantinense ficaria com um saldo zerado, pois fez um crédito de R$51,00 com o evento I e não teve débito com o evento II, logo esse crédito deveria ser estornado.

Por outro lado, a filial do Pará ficaria com um saldo devedor de R$85,00, pois não houve crédito com o evento II e houve débito de R$85,00 com o evento III.

Note que essa regra seria prejudicial para o contribuinte, pois teria de pagar um valor alto para o estado do Pará e perderia seu crédito feito no Tocantins.

Por conta disso, o legislador criou o parágrafo 4º do artigo 12 da Lei Kandir com o seguinte texto:

> "Art. 12. (...)
>
> § 4º Não se considera ocorrido o fato gerador do imposto na saída de mercadoria de estabelecimento para outro de mesma titularidade, mantendo-se o crédito relativo às operações e prestações anteriores em favor do contribuinte, inclusive nas hipóteses de transferências interestaduais em que os créditos serão assegurados:

> I – pela unidade federada de destino, por meio de transferência de crédito, limitados aos percentuais estabelecidos nos termos do inciso IV do § 2º do art. 155 da Constituição Federal, aplicados sobre o valor atribuído à operação de transferência realizada;
>
> II – pela unidade federada de origem, em caso de diferença positiva entre os créditos pertinentes às operações e prestações anteriores e o transferido na forma do inciso I deste parágrafo."

Veja que pela regra do inciso I do parágrafo 4º as transferências interestaduais de mercadorias não sofrem incidência de ICMS, porém, o valor que seria debitado deverá ser transferido em crédito.

Assim, como houve transferência da filial do Tocantins para a filial do Pará no valor de R$400,00, deverá ser aplicado o percentual de 12% sobre esse valor da transferência a título de transferência de crédito. Dessa forma, aqueles créditos de R$51,00 feitos pelo estabelecimento do Tocantins, R$48,00 serão transferidos para o estabelecimento do Pará.

Por que esse percentual de 12%? Porque a alíquota interestadual definida pelo Senado Federal para as operações entre os estados do Tocantins e do Pará é de 12%. Caso essa transferência ocorresse entre o Rio de Janeiro e o Espírito Santo, a transferência de crédito seria de R$28,00 (7% de 400,00).

Note, o crédito sobre a compra de matéria-prima foi de R$51,00, porém só foi transferido para a filial do Pará o valor de R$48,00. O que acontecerá com a diferença de R$3,00? Será mantido o crédito no estabelecimento de origem, ou seja, na filial tocantinense. É isso que está escrito no inciso II do parágrafo 4º do artigo 12 da Lei Kandir.

Enfim, com a redação do parágrafo 4º do artigo 12 da Lei Kandir, a regra fica a seguinte: Pelo evento I, a filial do Tocantins credita R$51,00. Pelo evento II, a filial do Tocantins transfere para a filial paraense o valor de R$48,00, logo a filial do Tocantins fica com um saldo credor de R$3,00.

Já a filial paraense recebe um saldo credor no valor de R$48,00 decorrente do evento II e debita R$85,00 devido à venda do evento III, logo o saldo credor fica com um saldo devedor de R$37,00.

Veja como a situação ficou melhor para o contribuinte, pois em vez de pagar R$85,00, ele paga R$37,00 e ainda fica com um crédito de R$3,00 no estado de origem. A figura a seguir resume o exemplo exposto:

Filial Tocantins

Filial Pará

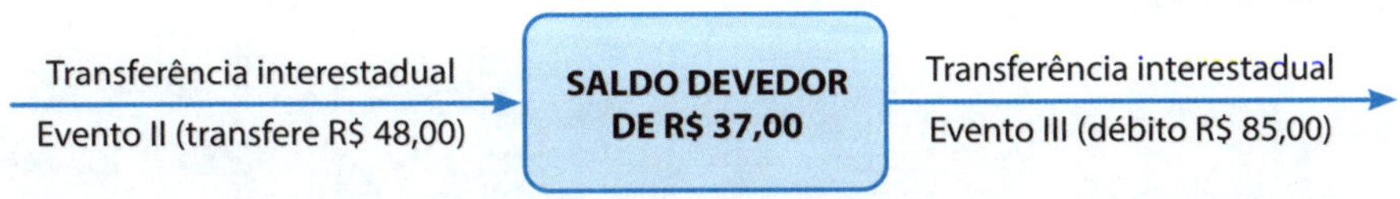

Por fim, cabe mencionar que essa regra é apenas para transferências interestaduais, afinal nas transferências dentro do mesmo estado poderá ser transferido o saldo credor entre as filiais, conforme determina o artigo 25 da Lei Kandir.

CAPÍTULO VII

SUBSTITUIÇÃO TRIBUTÁRIA

O assunto substituição tributária (ST) é, com certeza, o mais complicado no estudo do ICMS por parte dos concursandos e em sua aplicação no dia a dia pelas empresas e por nós, do outro lado, fiscalizando os contribuintes sujeitos a ela. Buscaremos explicá-la da melhor forma possível, preocupando-nos mais em ensinar o suficiente para acertar as questões de prova, mas saiba que quando você for fiscal, suas dificuldades com a tal da "ST" serão muitas. Só que aí você já estará aqui deste lado, bem melhor que estar do seu lado, convenhamos. Então vamos ajudá-lo a vir para o time de cá.

Já mencionamos que o ciclo normal de uma mercadoria é percorrer várias etapas da cadeia produtiva. Há produtos, como os pescados, que são extraídos pelos produtores, que negociam com a indústria, que transforma seus insumos em enlatados, que posteriormente vende o produto resultante ao atacadista, que distribui aos supermercados (varejistas) até essas mercadorias chegarem ao consumidor final. Seja qual for a cadeia produtiva de uma mercadoria, ela possivelmente passará por vários contribuintes do ICMS.

Agora vamos imaginar quantos produtores de pescados existem. Certamente mais do que o número de funcionários dos fiscos. Isso se estende ao número de indústrias, atacadistas e varejistas, assim surge a primeira pergunta: como o fisco verificaria todos esses contribuintes?

É humanamente impossível a fiscalização de todos, o ideal é concentrar o maior número de trabalhos fiscais naqueles que mais recolhem e é justamente essa a principal função da substituição tributária, a de restringir a quantidade das empresas fiscalizadas.

Observamos um exemplo típico no mercado de veículos, no qual o número de montadoras é muito menor do que o de concessionárias, então a legislação determina que as montadoras paguem não só o imposto da sua venda à concessionária, como também o imposto do resto da cadeia produtiva. Assim, a fiscalização se concentrará nas montadoras, e nesse momento será verificado se há o pagamento do imposto sobre todo o ciclo econômico.

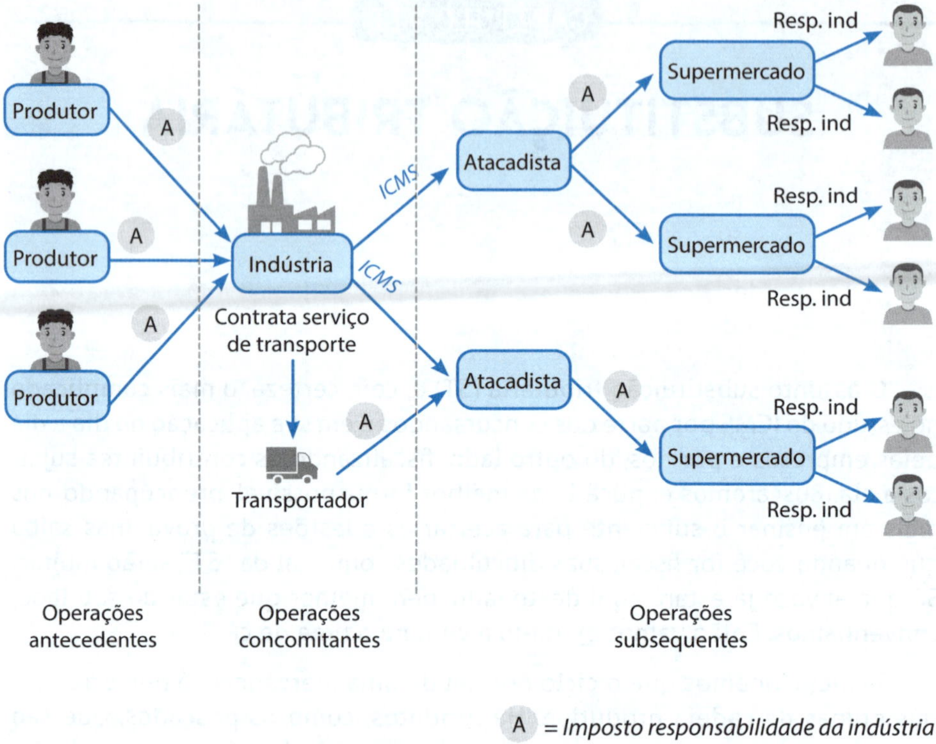

Outra função importante da substituição tributária é a confiabilidade de quem paga. Por exemplo, quando tratamos do mercado de bebidas, sabemos que é muito mais fácil o fisco fiscalizar e, eventualmente, executar um fabricante de refrigerantes do que o barzinho da esquina. Dessa forma, não seria muito melhor para o estado se o fabricante pagasse não só o seu imposto como também o do distribuidor e os dos inúmeros bares que venderão mais à frente?

Pensando assim que há décadas os estados e o DF instituíram a substituição tributária, fazendo com que poucas empresas pagassem o ICMS por boa parte da cadeia produtiva. Assim, no exemplo apresentado, o fabricante de bebidas pagaria seu ICMS como contribuinte e os seus distribuidores e bares como substituto tributário. Ressaltamos que não existe só essa forma de ST, conforme veremos ainda.

Por conta da importância da substituição tributária nas finanças estaduais e na alocação dos trabalhos fiscais, a importância desse tema cresceu muito nos últimos anos, logo, poderá ser ainda mais cobrado em provas.

Até meados da década de 90, os estados implantavam a ST com base no artigo 121 do CTN, a seguir reproduzido:

> **Art. 121.** Sujeito passivo da obrigação principal é a pessoa obrigada ao pagamento de tributo ou penalidade pecuniária.
>
> Parágrafo único. O sujeito passivo da obrigação principal diz-se:
>
> I – contribuinte, quando tenha relação pessoal e direta com a situação que constitua o respectivo fato gerador;
>
> II – responsável, quando, sem revestir a condição de contribuinte, sua obrigação decorra de disposição expressa de lei.

Assim, poderia ser transferida a tarefa de recolher o ICMS a um responsável, chamado de substituto tributário. Contudo, essa responsabilidade era objeto de muita discussão no Judiciário. Isso perdurou até as promulgações da Emenda Constitucional nº 03/93 e da Lei Complementar nº 87/96 (Lei Kandir), que passaram a prever a ST expressamente, a seguir reproduzidas:

> "**Art. 150, § 7º, CF/88** – A lei poderá atribuir a sujeito passivo de obrigação tributária a condição de responsável pelo pagamento de imposto ou contribuição, cujo fato gerador deva ocorrer posteriormente, assegurada a imediata e preferencial restituição da quantia paga, caso não se realize o fato gerador presumido."
>
> "**Art. 155, § 2º, CF/88** – O imposto previsto no inciso II *(ICMS)* atenderá ao seguinte:
>
> (...)
>
> XII – cabe à lei complementar:
>
> (...)
>
> b) dispor sobre substituição tributária;"
>
> "**Art. 6º, LC 87/96** – Lei estadual poderá atribuir a contribuinte do imposto ou a depositário a qualquer título a responsabilidade pelo seu pagamento, hipótese em que assumirá a condição de substituto tributário.
>
> § 1º – A responsabilidade poderá ser atribuída em relação ao imposto incidente sobre uma ou mais operações ou prestações, sejam antecedentes, concomitantes ou subsequentes, inclusive ao valor decorrente da diferença entre alíquotas interna e interestadual nas operações e prestações que destinem bens e serviços a consumidor final localizado em outro Estado, que seja contribuinte do imposto."

Dessa forma, os estados e o DF passaram a ter uma base legal muito mais sólida para implementarem o regime de substituição tributária nos mais diversos produtos.

Perceba pela leitura do artigo 6º que qualquer regime de substituição depende de lei em sentido estrito, ou seja, ele não pode ser criado por meio de um decreto, por exemplo.

Assim, podemos definir substituição tributária como a transferência da obrigação do **recolhimento** de um imposto de uma ou várias pessoas que estão em uma cadeia de produção, chamados de substituídos, para outra pessoa jurídica, chamada de substituto tributário. Portanto, apenas o substituto será o responsável pelo recolhimento do ICMS de toda a cadeia produtiva.

A partir de agora, chamaremos o ICMS da substituição tributária pela sigla ICMS-ST, para diferenciá-lo do ICMS próprio do contribuinte.

O recolhimento do ICMS-ST é uma antecipação ou postergação do ICMS total que toda a cadeia produtiva pagaria até a chegada do produto ao consumidor final. Não há aumento ou diminuição do total do ICMS resultante de todas as operações mercantis envolvidas, somente a concentração de todo o pagamento em um único momento por uma única pessoa jurídica. O substituto não terá uma despesa maior com seu ICMS, ele somente pegará o ICMS que seria devido pelos demais envolvidos e o recolherá para o Estado.

Vamos fazer uma analogia grosso modo, bem grosso modo mesmo, convenhamos, entre um churrasco com seus amigos e a ST. Em um churrasco com seus amigos, geralmente não cabe a um colega organizar a festa, juntando o dinheiro de todos para comprar a carne e a cerveja no mercado? Sempre aparece um bom samaritano para executar essa tarefa. Ele teve alguma despesa a mais com isso? Não, ele juntou a grana da galera, a famosa vaquinha, rateio ou ratatá, dependendo da sua região, e a repassou ao mercado. Contudo, teve um trabalho a mais, certo? Agora vamos comparar com a ST. O substituto tributário é este bom colega que junta o dinheiro dos demais para pagar a quem é devido, o Estado. Veja que ele também não terá nenhuma despesa a mais com o ICMS, somente trabalho a mais. E se não houvesse o pagamento no caso do churrasco, pois voltou o famoso cheque Jesus ("Ele voltará"), muito utilizado por concurseiros, o mercado iria cobrar a dívida de todos os envolvidos ou do rapaz que juntou o dinheiro deles e foi ao mercado fazer as compras? Do rapaz, claro. É a mesma coisa na ST, pois se o substituto não pagar o ICMS devido, ele que será cobrado pelo Estado, pois ele que era o responsável pelo seu pagamento.

Como nossa Constituição Federal passou a determinar após a EC nº 03/93 que caberia a uma lei complementar dispor sobre substituição tributária, dentre outras funções, logo após veio a Lei Kandir, que tipificou três tipos de substituição tributária, podendo ela ser para operações antecedentes, concomitantes ou subsequentes (§1º do artigo 6º Lei Kandir), as quais detalharemos nos próximos tópicos.

7.1. SUBSTITUIÇÃO TRIBUTÁRIA DAS OPERAÇÕES ANTECEDENTES (DIFERIMENTO)

Também é chamada de substituição tributária "para trás" ou "regressiva", afinal, no diferimento, o substituto paga o ICMS das operações anteriores às suas.

Podemos explicar o conceito de substituição tributária das operações antecedentes, chamadas nos regulamentos de ICMS de "diferimento", com o exemplo do pescado do início do capítulo. Depois de extrair o pescado, o produtor vende para a indústria, mas como nem todos os produtores rurais são obrigados a escriturar livros fiscais, os estados preferem transferir a sujeição passiva para a indústria, que deverá pagar o imposto sobre a venda do pescado que ela adquiriu.

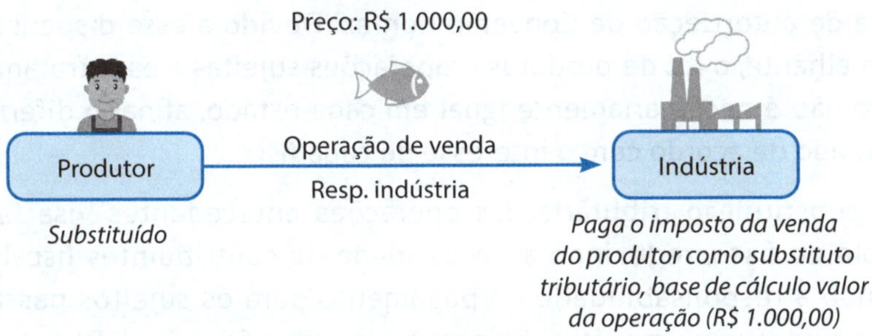

Acredite, você acerta questões apenas entendendo o conceito de diferimento e gravando o nome dessa substituição tributária:

(AFRE-RS/Cespe–2018) Determinada lei estadual transferiu para momento posterior o pagamento de tributo referente à saída de mercadoria de produção própria entre um produtor e uma cooperativa.
Nessa situação hipotética, verifica-se hipótese de responsabilidade por

a) transferência progressiva.
b) transferência de terceiros.
c) substituição regressiva.
d) transferência regressiva.
e) substituição progressiva.

Comentário: *A lei determinou que o ICMS do produtor fosse pago pela cooperativa. Enfim, a cooperativa vai pagar o ICMS de uma operação que já aconteceu, ou seja, uma operação anterior à sua. Isso é o nosso diferimento, também conhecido como "substituição regressiva" ou "substituição para trás".*

Resposta: C

Outro exemplo bem elucidativo seria o das indústrias fabricantes de borracha que recolhem o ICMS devido por diversos seringueiros que fazem a extração do látex espalhados no meio de uma floresta. Você, futuro fiscal, preferirá fiscalizar a indústria ou adentrar no mato atrás dos seringueiros?

Portanto, o diferimento nada mais é do que "a transferência da responsabilidade tributária para um contribuinte que participa de uma das subsequentes etapas da circulação de mercadorias".[1]

Veja que somente a última pessoa envolvida na cadeia produtiva é que pagará o ICMS de toda a cadeia, integralmente.

Percebe-se pelo próprio conceito do diferimento, que este instituto tributário não se trata de um benefício fiscal, pois a operação diferida não sai do campo de incidência do ICMS, há apenas a postergação do momento do lançamento tributário. Desse modo, podemos concluir que o diferimento não precisa de autorização de Convênio Confaz. Devido a essa dispensa, apesar de semelhante, o rol de produtos e operações sujeitas a esse tratamento tributário não é necessariamente igual em cada estado, afinal o diferimento é implantado de acordo com o interesse de cada fisco.

A substituição tributária das operações antecedentes visa facilitar o controle do fisco, reduzindo a necessidade de contribuintes fiscalizados e passando a responsabilidade do pagamento para os sujeitos passivos que em regra possuem uma situação econômica mais favorável. Por conta disso, podemos imaginar que praticamente todos os estados utilizam o diferimento sobre as operações de venda do produtor rural e de alguns produtos agropecuários como café e cana de açúcar. Usam o diferimento também sobre sucata (restos de produção industrial), máquinas agrícolas e mão de obra na industrialização.

O momento da transferência da responsabilidade do pagamento ao adquirente está previsto no §1º do artigo 8º da Lei Kandir, agora transcrito:

> "Art. 8º A base de cálculo, para fins de substituição tributária, será:
>
> I – em relação às operações ou prestações antecedentes ou concomitantes, o valor da operação ou prestação praticado pelo contribuinte substituído;
>
> (...)
>
> § 1º Na hipótese de responsabilidade tributária em relação às operações ou prestações antecedentes, o imposto devido pelas referidas operações ou prestações será pago pelo responsável, quando:

1. ROSA, José Roberto. *Substituição Tributária no ICMS*. 2ª ed., Itu/SP: Ottoni Editoras, 2009. p. 11.

> I – da entrada ou recebimento da mercadoria, do bem ou do serviço;
>
> II – da saída subsequente por ele promovida, ainda que isenta ou não tributada;
>
> III – ocorrer qualquer saída ou evento que impossibilite a ocorrência do fato determinante do pagamento do imposto."

Perceba que esse dispositivo legal trata do instante da transferência da responsabilidade do pagamento das operações diferidas (momento do pagamento), mas não do elemento temporal do fato gerador, que no exemplo do pescado continua sendo a saída do produtor rural.

A responsabilidade pelo pagamento do adquirente nasce quando ocorre uma das três ocasiões estabelecidas no §1º do art. 8º.

- **1ª situação (Pago pelo responsável na entrada – inciso I, §1º do art. 8º da Lei Kandir):**

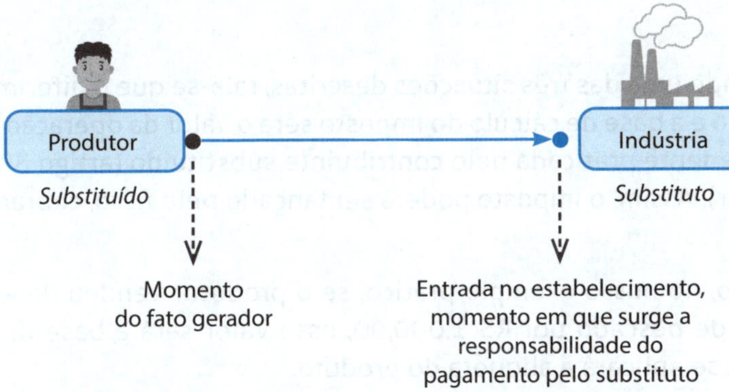

- **2ª situação (Pago pelo responsável na saída subsequente – inciso II, §1º do art. 8º da Lei Kandir):**

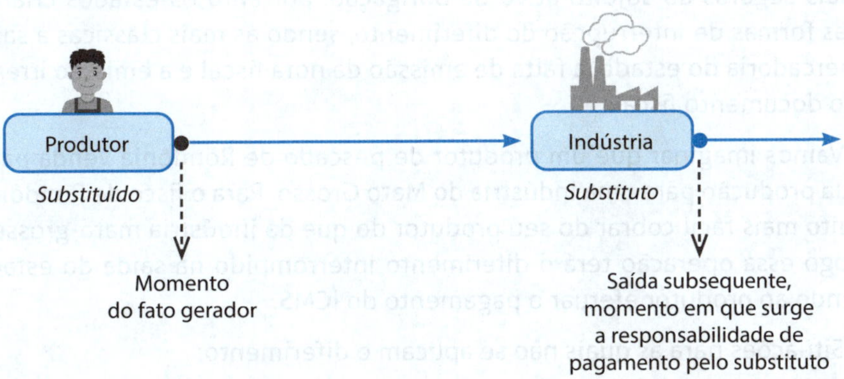

- **3ª situação (Pago pelo responsável com saída ou EVENTO que impossibilite a ocorrência do fato gerador – inciso III, §1º do art. 8º da Lei Kandir):**

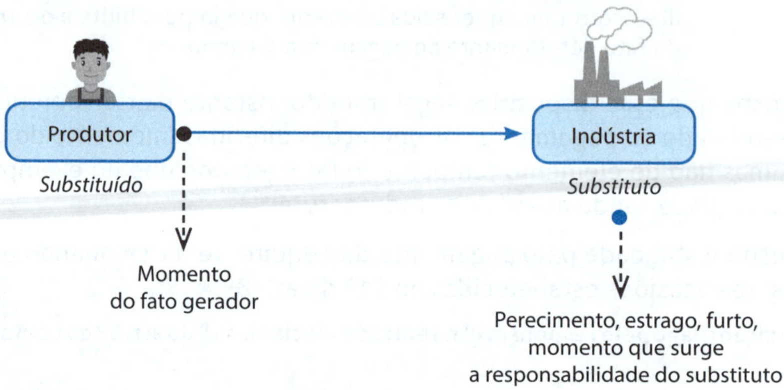

Ocorrendo uma das três situações descritas, fala-se que o diferimento foi interrompido e a base de cálculo do imposto será o valor da operação ou prestação antecedente praticada pelo contribuinte substituído (artigo 8º, inciso I da Lei Kandir). Assim, o imposto poderá ser lançado pelo fisco, cobrando-o do substituto.

Portanto, no nosso exemplo prático, se o produtor vendeu determinada quantidade de pescado por R$ 1.000,00, esse valor será a base de cálculo, sobre a qual se aplicará a alíquota do produto.

Cabe lembrar que o legislador infraconstitucional previu essas três hipóteses de encerramento do diferimento, que costumam ser a regra geral seguida pelos regulamentos do ICMS. No entanto, nem sempre tais situações são as mais seguras ao sujeito ativo da obrigação, portanto os estados criaram outras formas de interrupção do diferimento, sendo as mais clássicas a saída da mercadoria do estado, a falta de emissão da nota fiscal e a emissão irregular do documento fiscal.

Vamos imaginar que um produtor de pescado de Rondônia venda parte de sua produção para uma indústria do Mato Grosso. Para o fisco de Rondônia, é muito mais fácil cobrar do seu produtor do que da indústria mato-grossense, logo essa operação terá o diferimento interrompido na saída do estado, cabendo ao produtor efetuar o pagamento do ICMS.

Situações para as quais não se aplicam o diferimento:

- **1ª situação: Venda para outro Estado**

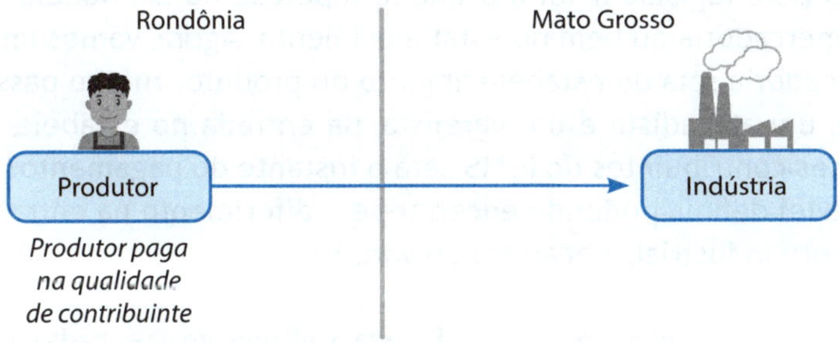

- **2ª situação: Venda para pessoa física**

Saiba que nem toda saída de produtor ou de determinado produto será diferida. Um exemplo ocorre quando um contribuinte do ICMS vende qualquer mercadoria sujeita ao diferimento para o consumidor final, pois nesse caso não há a substituição tributária para operações antecedentes, uma vez que o estado não teria como cobrar o adquirente da mercadoria, sendo mais fácil cobrar do vendedor.

Já sabemos quando se transfere a responsabilidade do pagamento ao substituto (momento do pagamento) e a base de cálculo da operação sujeita ao ICMS-ST, resta entendermos de que forma tais pagamentos serão efetuados, o que trataremos agora.

7.1.1. Encerramento do diferimento na entrada ou recebimento da mercadoria, do bem ou do serviço (inciso I do §1º do artigo 8º da Lei Kandir)

O inciso I do §1º do artigo 8º da Lei Complementar 87/96 prevê, como a primeira forma de encerramento do diferimento, a entrada ou recebimento da mercadoria ou bem no estabelecimento. Do mesmo modo que cada legislação estadual irá definir quais mercadorias estão sujeitas ao diferimento, cabe a elas definirem qual o meio (entrada, saída subsequente, impossibilidade do fato gerador, saída do território do estado) de encerramento desse diferimento.

Em algumas operações, o momento do pagamento do imposto diferido escolhido pelo legislador foi a primeira hipótese da Lei Kandir, ou seja, ao entrar a mercadoria ou bem no estabelecimento. Agora, vamos imaginar que uma mercadoria saia do estabelecimento do produtor rural e passe por uma indústria, um atacadista e um varejista, na entrada no estabelecimento de qual desses contribuintes do ICMS será o instante do pagamento? Novamente, cabe à lei definir, podendo encerrar-se o diferimento na entrada do estabelecimento industrial, atacadista ou varejista.

Determinação da legislação do Estado "X"	Produto "A"	Encerra o diferimento na entrada da indústria
	Produto "B"	Encerra o diferimento na entrada do atacado
	Produto "C"	Encerra o diferimento na entrada do varejo

- **1ª situação: Produto "A"**

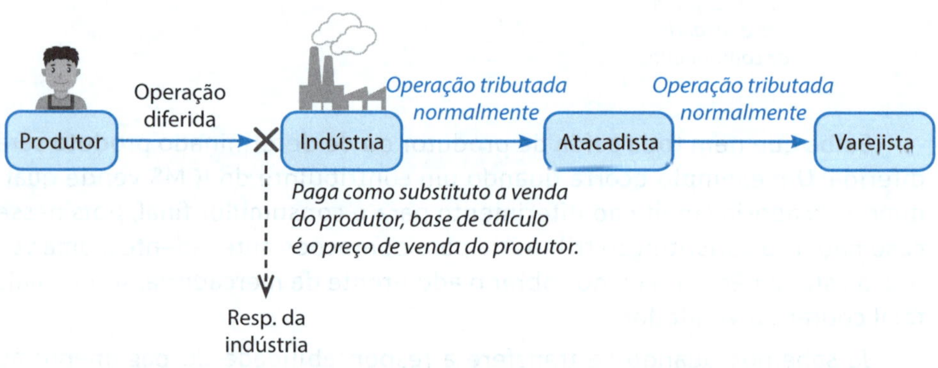

- **2ª situação: Produto "B"**

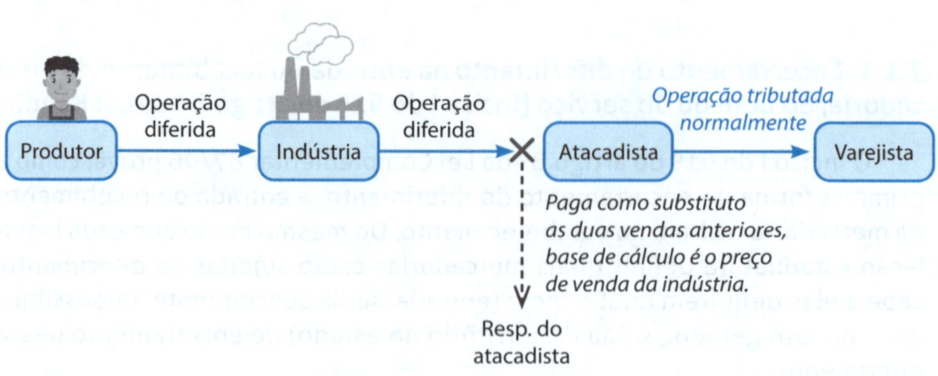

- **3ª situação: Produto "C"**

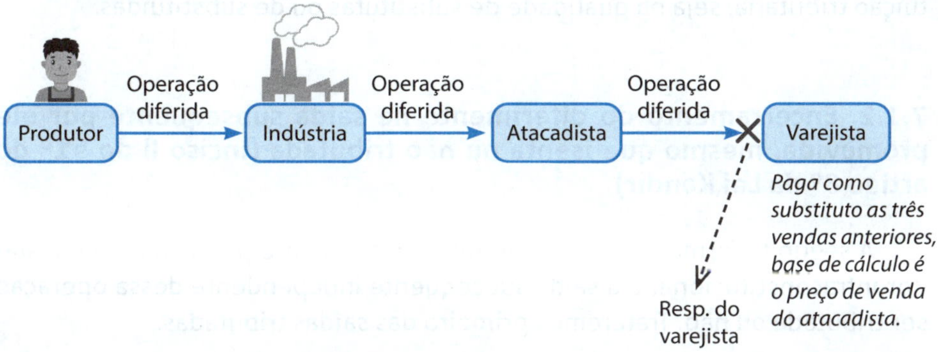

Estudaremos de forma mais detalhada os livros fiscais em capítulo próprio, no momento o que devemos conhecer é que a maioria dos contribuintes do ICMS deve possuir o Livro de Registro de Apuração do ICMS, que registra o total de débitos e créditos do ICMS em um período determinado.

É justamente por meio desse livro, quando tratamos dessa forma de encerramento do diferimento, que o substituto tributário faz o lançamento do pagamento do imposto da venda do seu fornecedor. Por exemplo, um produtor paulista vende lenha para uma indústria alimentícia situada nesse mesmo estado, por R$ 1.000,00. Tal indústria efetuará, no seu livro de apuração, o crédito e o débito do imposto da operação do produtor, ou seja, lançará um débito para pagar a operação antecedente e um crédito para fazer jus ao princípio da não cumulatividade.

Considerando para a venda do parágrafo anterior uma alíquota de 18%, a indústria alimentícia efetuará um débito de R$ 180,00 e um crédito de mesmo valor. Se analisarmos com calma, veremos que nesse caso concreto o custo para a indústria é nulo, afinal ela efetuou o crédito e o débito pelo mesmo valor. Já o produtor teve um ganho, pois ao vender seu produto, ele não embutiu o preço do imposto, afinal sobre o valor da sua venda ele nada deverá recolher ao fisco estadual.

E se a indústria adquirente fosse optante pelo Simples Nacional, haveria diferimento? Em regra, sim, o contrário só ocorreria se a própria legislação estadual vedasse o diferimento para venda a empresas optantes do recolhimento simplificado, mesmo porque pela alínea "a" do inciso XII do §1º do artigo 13 da LC 123/06, as optantes do Simples Nacional devem excluir do pagamento simplificado o ICMS sujeito ao regime de substituição tributária.

Veremos o procedimento de substituição tributária envolvendo empresas do Simples Nacional no capítulo específico, por enquanto, cabe mencionarmos que as empresas do Simples Nacional devem obedecer ao regime de substituição tributária, seja na qualidade de substitutas ou de substituídas.

7.1.2. Encerramento do diferimento na saída subsequente por ele promovida, mesmo que isenta ou não tributada (inciso II do §1º do artigo 8º da Lei Kandir)

A segunda forma de encerramento do diferimento prevista pelo legislador infraconstitucional é a saída subsequente independente dessa operação ser tributada ou não. Trataremos primeiro das saídas tributadas.

Vamos imaginar que um produtor rural fluminense vende café cru para uma indústria de torrefação situada no mesmo estado. Nessa primeira operação de saída não haverá débito, afinal o imposto é diferido. O café entra no estabelecimento e sofre a torrefação sem qualquer pagamento do imposto sobre a operação anterior. Quando a indústria vender seu produto resultante, pagará o imposto da sua operação e como não efetuou o crédito do tributo da venda anterior, estará pagando o imposto sobre a operação diferida, ou seja, embutido no seu imposto pago.

Por exemplo, um produtor vendeu o café cru por R$ 100,00, o comprador industrializa a mercadoria adquirida e vende o produto resultante por R$ 200,00, pagando R$ 36,00 de imposto (supondo ICMS de 18%). Perceba que se a venda do produtor não fosse diferida, ele pagaria R$ 18,00 e a indústria desembolsaria o mesmo valor (ICMS = 36 – 18 = 18), devido ao direito ao crédito. Concluímos que o fisco receberia o mesmo valor (R$ 36,00) se a venda não fosse diferida, conforme a figura a seguir:

- **1ª situação (Com diferimento)**

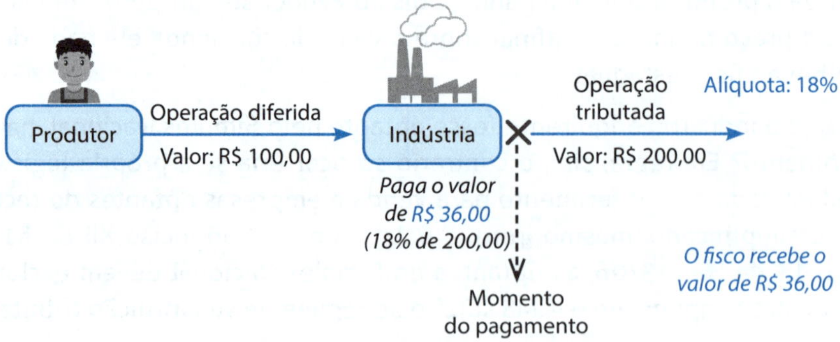

- **2ª situação (Sem diferimento)**

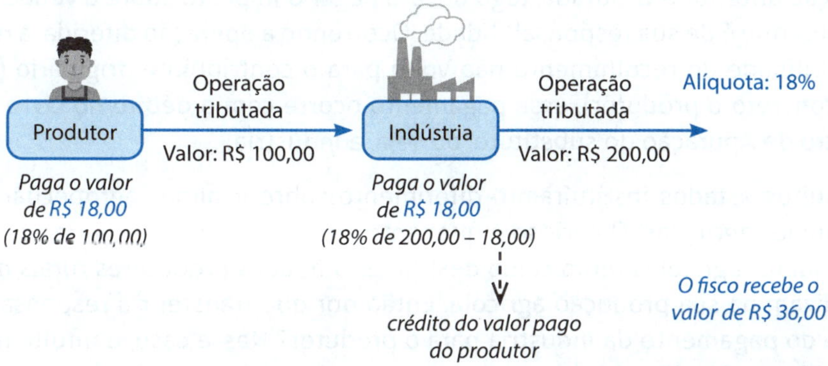

E quando a operação subsequente é isenta? Teremos duas hipóteses. Se a saída com benefício fiscal prever a manutenção do crédito, como em uma exportação, a indústria não paga qualquer valor de ICMS e não efetua o crédito, logo é considerada paga a venda realizada pelo produtor. Agora se a saída for sem previsão de manutenção de crédito, por exemplo, em vez de industrializar o adquirente revende o mesmo café à Zona Franca de Manaus ou Área de Livre Comércio, nesse caso ele não pagará sobre sua saída, mas deverá pagar sobre a venda do produtor sem efetuar o crédito deste imposto.

- **1ª situação (Manutenção do crédito)**

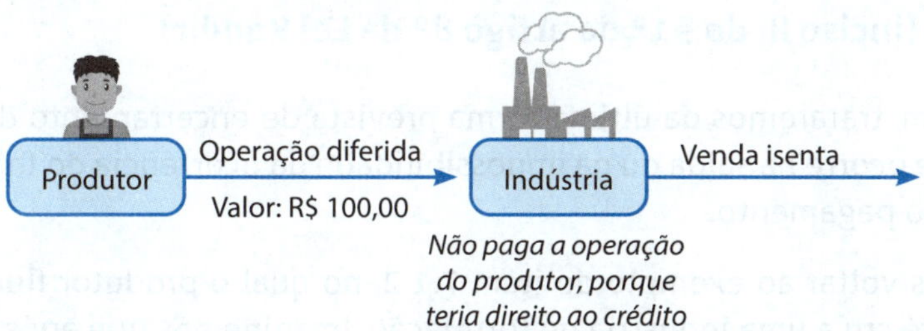

- **2ª situação (Sem manutenção)**

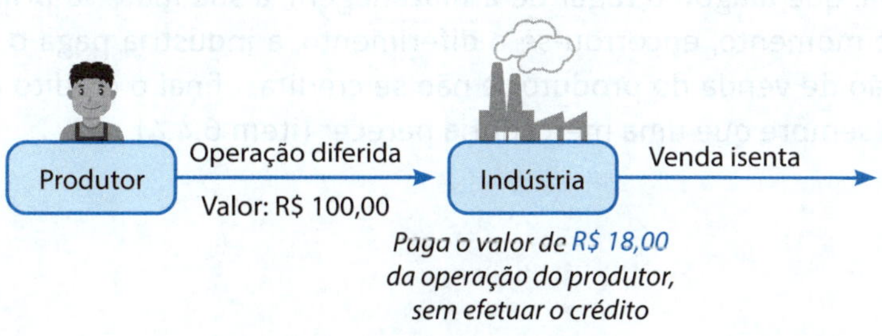

Exatamente isso, a indústria não tem que pagar sobre sua venda, mas a operação anterior é tributada, logo deverá pagar o imposto sobre a venda do produtor que é de sua responsabilidade. Ocorrendo a operação diferida, a responsabilidade do recolhimento não volta para o contribuinte originário (no caso concreto o produtor), esse pagamento ocorre com o débito no Livro de Registro de Apuração do substituto, ou seja, a indústria.

Muitos estados instituíram o diferimento sobre insumos agropecuários e máquinas agrícolas. O curioso é que tanto os insumos agropecuários como as máquinas agrícolas terão como destinatário final os produtores rurais que os utilizam na sua produção agrícola. Então por que transferir a responsabilidade do pagamento da indústria para o produtor? Nesse caso, o intuito não foi facilitar a fiscalização ou concentrar o pagamento em um grupo menor, a finalidade da norma foi apenas incentivar a produção rural.

Tanto no caso dos insumos agropecuários como das máquinas agrícolas o diferimento é encerrado com a saída do produto resultante. O insumo agropecuário é a matéria-prima do produtor e a máquina é seu ativo utilizado na produção. Logo, se um produtor rural comprou fertilizantes e máquinas colhedoras com diferimento, estará pagando o mesmo valor na saída da sua produção, conforme o exemplo dado da indústria de café.

7.1.3. Encerramento do diferimento quando ocorrer qualquer saída ou evento que impossibilite a ocorrência do fato determinante do pagamento (inciso III do §1º do artigo 8º da Lei Kandir)

Por fim, trataremos da última forma prevista de encerramento do diferimento que ocorre na saída ou na impossibilidade da ocorrência do fato determinante do pagamento.

Vamos voltar ao exemplo do item 7.1.2, no qual o produtor fluminense vendia café cru a uma indústria de torrefação. Imaginemos que após adquirir o café, sem destaque de imposto, a indústria o estocou, porém devido a uma forte chuva, que alagou o lugar de armazenagem, a sua matéria-prima pereceu. Nesse momento, encerrou-se o diferimento, a indústria paga o imposto da operação de venda do produtor e não se credita, afinal o crédito deve ser estornado sempre que uma mercadoria perecer (item 6.4.4).

- **1ª situação (Previa-se o encerramento do diferimento na saída, mas ocorreu evento que impossibilitou)**

- **2ª situação (Diferimento encerrou na entrada, mas mercadoria pereceu)**

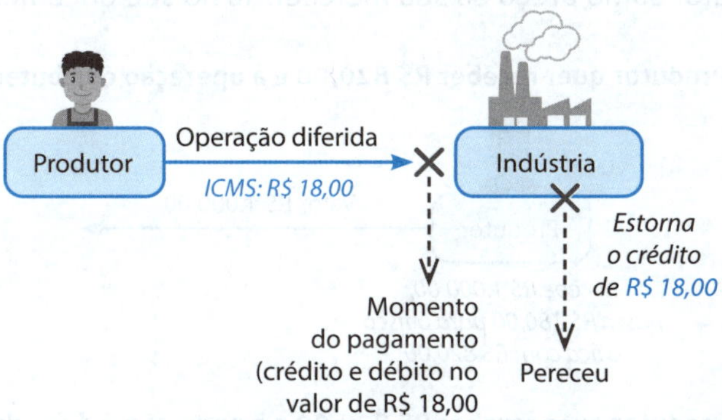

Se ocorrer qualquer uma das hipóteses previstas de estorno (item 6.4) ou vedação de crédito (item 6.2) antes da saída da mercadoria, encerrará o diferimento e o ICMS da operação anterior deverá ser pago, sem qualquer crédito.

Essa sistemática é diferente da que ocorreu quando o diferimento se encerrou na entrada, como no caso do produtor paulista que vendia lenha a indústria de produtos alimentícios. Na ocasião, o produtor não pagou o imposto, pois houve a transferência da responsabilidade do pagamento. A indústria efetuou o crédito e o débito. Caso a lenha sofra deterioração, então caberá o estorno do crédito efetuado.

Lembre-se de que não houve encerramento do diferimento que já ocorrera na entrada da mercadoria, apenas o estabelecimento industrial deverá proceder o estorno do crédito por surgir uma circunstância imprevisível no momento da aquisição (item 6.4).

7.1.4. Outras considerações sobre diferimento

Não poderíamos concluir o assunto substituição sobre operações antecedentes sem mencionar algumas características típicas das operações com pagamento de imposto diferido.

Vamos supor que um determinado contribuinte venda uma mercadoria com alíquota de 18% de ICMS e queira receber pela sua venda o valor de R$ 820,00. Ele emite o documento fiscal com o preço de R$ 1.000,00 para sua mercadoria, afinal será retido o valor de R$ 180,00, que será recolhido ao fisco estadual. É justamente aí que surge a primeira característica do diferimento, quando o comerciante promove a saída da sua mercadoria submetida ao regime jurídico da substituição tributária para operações antecedentes, há a emissão da nota fiscal com o preço livre de impostos. Dessa forma, se o vendedor quer receber R$ 820,00 por um determinado negócio jurídico, deverá colocar esse valor como preço da sua mercadoria no seu documento fiscal.

- **1ª situação (Produtor quer receber R$ 820,00 e a operação é tributada)**

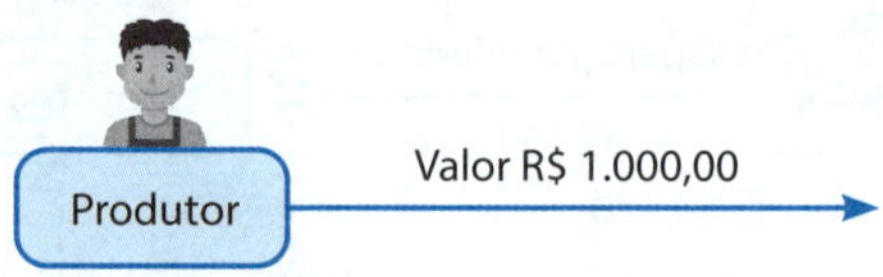

Recebe R$ 1.000,00, passa R$ 180,00 para o fisco e fica com R$ 820,00

- **2ª situação (Produtor quer receber R$ 820,00 e a operação é diferida)**

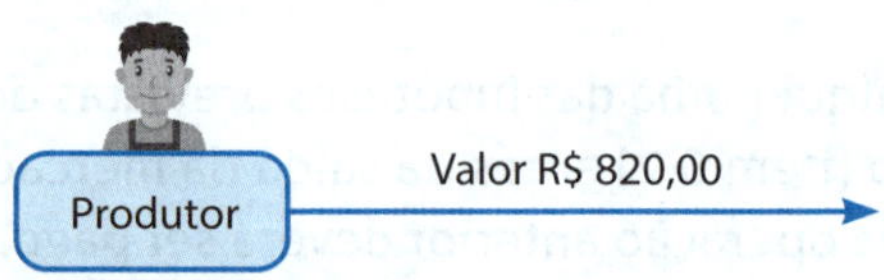

Recebe R$ 820,00 e fica com todo o valor

Com o objetivo de ilustramos as outras características das operações diferidas, vamos imaginar que uma indústria de máquinas compre insumos tributados pelo ICMS, com o objetivo de fabricar e posteriormente vender equipamentos agrícolas (operações diferidas) para comerciantes, que depois revendem tais mercadorias para produtores rurais, todos situados no mesmo estado. Lembre que, no caso de máquinas agrícolas, o pagamento ocorrerá na saída do produto resultante, efetuado pelo produtor.

A indústria, ao adquirir sua matéria-prima (determinada peça para fabricação da máquina agrícola), efetuou o crédito do imposto, porém vendeu a máquina sem qualquer débito, pois houve a transferência da responsabilidade do pagamento para o comerciante. A primeira pergunta que vem a nossa mente é: A indústria terá que estornar o crédito sobre o imposto cobrado da sua matéria-prima? A resposta é negativa, pois operações diferidas são tributadas, não há a isenção nem total nem parcial, logo o crédito sobre as operações anteriores é mantido, afinal é um direito constitucional.

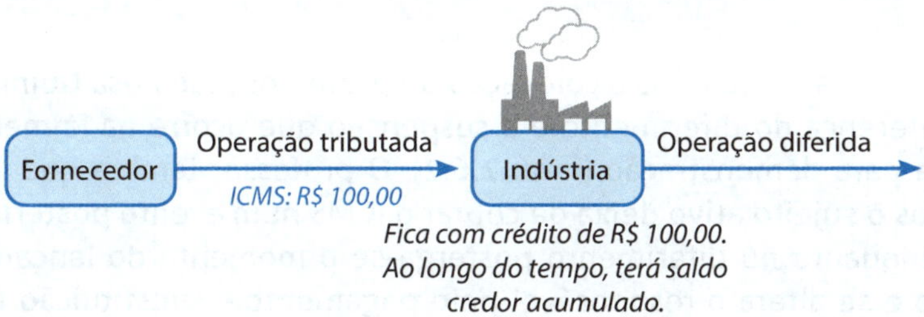

Ocorre que a saída do comerciante, que adquiriu essa máquina sem débito do imposto, também é diferida, então duas hipóteses podem ocorrer: a primeira é o comerciante vender a máquina para o produtor rural. Assim, quando o produtor vender seus produtos (produzidos com a máquina agrícola), pagará o ICMS de toda a cadeia. Como? Debitando sobre o valor da operação, afinal, não foi efetuado o crédito da entrada diferida.

A segunda hipótese é a máquina ser furtada, estragada ou qualquer outra coisa que impossibilite a venda da máquina agrícola pelo comerciante. Nesse caso, não ocorreu o fato gerador da saída do comerciante, mas houve incidência do ICMS da venda da indústria para o comércio. Esse ICMS da venda efetuada pelo estabelecimento industrial deverá ser pago pelo comerciante.

Perceba que se a máquina seguir seu destino final, caberá ao produtor rural pagar o ICMS (dele, do comerciante e da indústria). Contudo, se ocorrer algum imprevisto no estabelecimento do comerciante ou alguma operação que encerre o diferimento (falta de emissão de documento, documento irregular, venda a não contribuinte ou saída para outro ente federado), caberá ao comerciante pagar o ICMS da saída do estabelecimento industrial, pois o pagamento sobre esse fato gerador será de sua responsabilidade.

Existem alguns estados que concedem diferimento parcial, ou seja, transfere a responsabilidade do pagamento a uma parte do imposto, como sobre um terço da base de cálculo. Seria o caso de uma indústria vender uma mercadoria por R$ 900,00 com diferimento parcial de um terço da base de cálculo. Nesse caso, a nota terá o destaque sobre o valor de R$ 600,00 e o adquirente terá a responsabilidade pelo pagamento dos outros R$ 300,00.

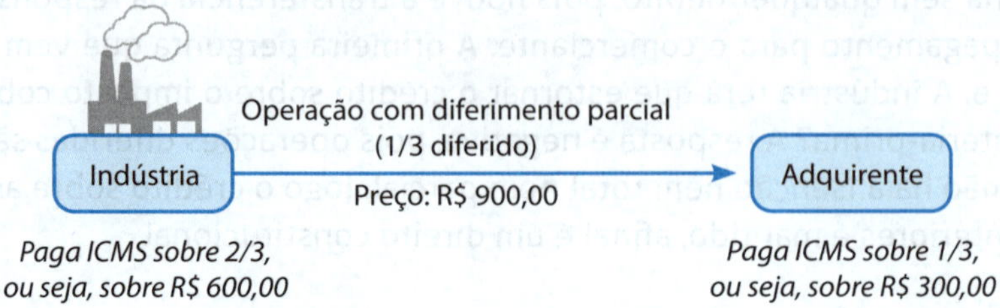

Por fim, cabe citarmos a colocação do professor José Rosa Guimarães sobre a diferença do diferimento e a suspensão que ocorre na já mencionada remessa para demonstração (item 2.6.2). O professor lembra que "nos dois institutos o sujeito ativo deixa de cobrar o ICMS num evento posterior. Entretanto, enquanto no diferimento posterga-se o momento do lançamento do imposto e se altera o responsável pelo pagamento – substituição tributária – na suspensão, posterga-se, também, o momento do pagamento, mas não se altera a pessoa responsável pelo pagamento, continuando a responsabilidade para aquele que realizou a saída com suspensão."[2]

Segue uma questão sobre diferimento:

AFTE-PE/FCC-2022) O diferimento, para fins de tributação pelo ICMS, conforme estabelece a Lei no 15.730, de 17 de março de 2016,

a) quando previsto na legislação específica, não se suspende ou interrompe, pela ocorrência de qualquer fato relativo à operação ou da prestação, antes do momento fixado para o recolhimento do imposto diferido

b) tem natureza de favor fiscal, e pode deixar de ser aplicado pelo contribuinte, ou por outro sujeito passivo distinto do contribuinte que tenha realizado o fato gerador, sempre que isto lhe favorecer.

c) Não há previsão do recolhimento do ICMS ser efetuado pelo adquirente da mercadoria, no momento da compra.

d) quando aplicável, resulta no dever de o adquirente da mercadoria adicionar o valor do ICMS diferido ao valor do ICMS relativo à saída subsequente, e de recolher a soma destes valores, em GUIA específica.

e) é a categoria tributária por meio da qual o momento do recolhimento do imposto devido na operação ou prestação é transferido para outro indicado na legislação tributária.

Comentário:

a) Errada, encerra o diferimento quando ocorrer qualquer saída ou evento que impossibilite a ocorrência do fato determinante do pagamento (inciso III do §1º do artigo 8º da Lei. Kandir).

b) Errada, o diferimento não é favor fiscal, não é benefício fiscal. A operação é tributada normalmente, mas a responsabilidade do recolhimento é atribuída a outro.

2. ROSA, José Roberto. *Substituição Tributária No ICMS.* 2ª ed., Itu/SP: Ottoni Editoras, 2009. p. 16.

c) *Errada, há sim essa previsão, conforme inciso I do §1º do artigo 8º da Lei Kandir.*

d) *Errada, o recolhimento por GUIA pode ocorrer na entrada, mas nunca na saída. Quando o responsável pelo ICMS diferido paga o imposto na sua saída, ele simplesmente debita o ICMS, sem efetuar o crédito sobre sua aquisição.*

e) *Correta, é justamente esse o conceito de diferimento.*

Resposta: "e"

7.2. SUBSTITUIÇÃO TRIBUTÁRIA DAS OPERAÇÕES CONCOMITANTES

Podemos explicar o conceito de substituição tributária das operações concomitantes como a transferência da responsabilidade tributária para um contribuinte sem alteração do momento do lançamento do tributo, pois as duas operações (a do substituto e a do substituído) ocorrem simultaneamente e o recolhimento acontece no momento do fato gerador.

Para melhor ilustrarmos esse modelo de substituição, vamos retornar ao exemplo do pescado do início do capítulo. Depois de extraído, o produtor vende para a indústria, operação que obedecerá às regras do diferimento. Simultaneamente, suponhamos que a indústria contratou um transportador autônomo para realizar o frete da mercadoria da propriedade rural até o seu estabelecimento.

Como esse transportador autônomo não é obrigado a escriturar livros fiscais, os fiscos preferem cobrar o ICMS do seu tomador de serviço, nesse caso a indústria alimentícia. O pagamento é realizado da mesma forma do diferimento, ou seja, é encerrado no momento em que o tomador utiliza o serviço prestado, devendo ele efetuar o débito e o crédito no Livro de Apuração do ICMS (item 7.1.1). Perceba que o pagamento ocorre no mesmo momento do fato gerador (prestação de serviço de transporte), por isso chama-se substituição tributária de operações concomitantes.

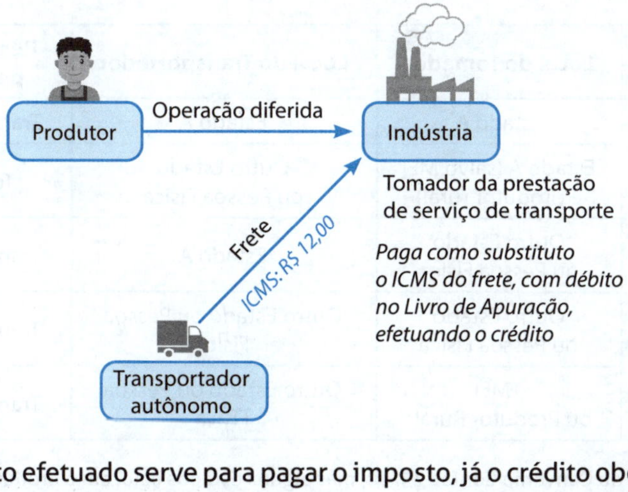

O débito efetuado serve para pagar o imposto, já o crédito obedece ao princípio da não cumulatividade. Note que no caso concreto o crédito foi permitido, pois o pescado é matéria-prima da indústria alimentícia. Caso essa indústria contrate um transportador autônomo para realizar o frete dos computadores do seu setor administrativo, não haverá o direito de crédito, ocorrerá só o débito, pois setor administrativo não é atividade fim da empresa (item 6.3.1).

A base de cálculo da operação sujeita à substituição tributária concomitante é a mesma da operação diferida, ou seja, o valor da operação ou prestação concomitante praticada pelo contribuinte substituído (artigo 8º, inciso I da Lei Kandir).

Atualmente, os regulamentos do ICMS colocam como operações sujeitas à substituição tributária concomitantes apenas os fretes iniciados em seu território e prestados por transportadores autônomos ou por transportadoras localizadas em outros Estados da Federação. Alguns estados também colocam como prestações sujeitas à substituição tributária concomitante o caso da subcontratação (quando uma transportadora contrata outra transportadora para prestar o serviço de transporte de todo o percurso). Esse último caso, por não ser comum a todos os estados e ser pouco cobrado em prova, não comentaremos.

E quem irá efetuar o pagamento do frete realizado por esses contribuintes substituídos? A resposta é encontrada na cláusula segunda do Convênio ICMS 25/90, que estabelece como substituto o tomador de serviço se localizado no estado onde se inicia o frete, salvo se esse for microempreendedor individual ou produtor rural. Apesar da previsão do Convênio, lembramos que o regime jurídico da substituição tributária não é um benefício fiscal, logo os estados não precisam de autorização do Confaz, por conta disso encontraremos algumas legislações que incluem o produtor rural como substituto.

A tabela a seguir resume o que vimos:

<table>
<tr><th>Início do Frete</th><th>Local do Tomador</th><th>Local do Transportador</th><th>Responsável pelo ICMS</th></tr>
<tr><td rowspan="5">Estado A</td><td>Estado A</td><td>Estado A</td><td>Transportador</td></tr>
<tr><td>Estado A (salvo MEI e produtor rural)</td><td>Outro Estado ou Pessoa Física</td><td>Tomador</td></tr>
<tr><td>Outro Estado ou Pessoa Física</td><td>Estado A</td><td>Transportador</td></tr>
<tr><td>Outro Estado ou Pessoa Física</td><td>Outro Estado ou Pessoa Física</td><td>Transportador</td></tr>
<tr><td>1MEI ou Produtor Rural*</td><td>Outro Estado ou Pessoa Física</td><td>Transportador</td></tr>
</table>

(*) Essa é a regra do Convênio Confaz 25/90, mas alguns estados colocam o produtor rural como substituto quando o transportador é autônomo ou situado em outro estado.

Vamos exemplificar para facilitar a situação. Um atacadista da capital sergipana irá remeter mercadorias para um revendedor do Rio Grande do Norte, ou seja, o frete irá iniciar em Aracaju/SE. A primeira situação que consideraremos é a realização do frete por uma transportadora localizada e inscrita no estado de Sergipe. Nesse caso, pouco importa quem será o tomador, se o comerciante sergipano ou o revendedor potiguar, porque não haverá a substituição tributária, logo o imposto deverá ser pago pela transportadora sergipana.

- **1ª situação (Transportador sergipano)**

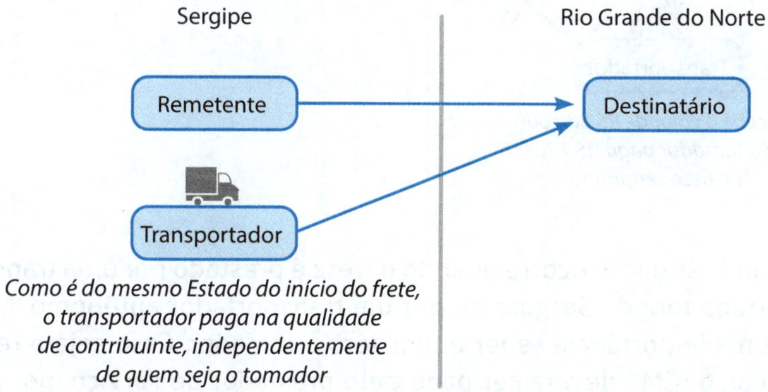

- **2ª situação (Transportadora fora de Sergipe ou transportador autônomo e tomador para Empresa potiguar)**

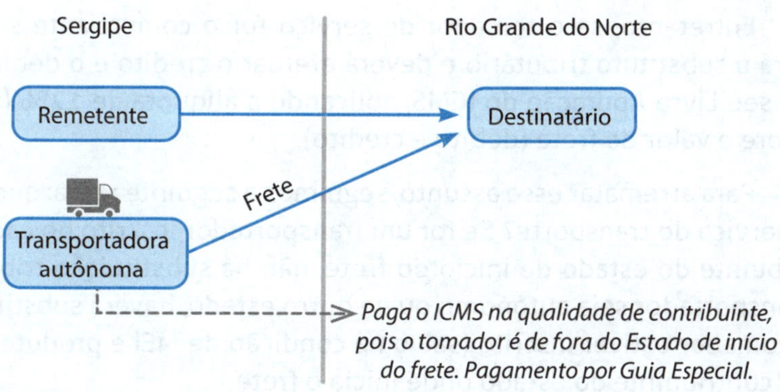

- **3ª situação (Transportadora de fora de Sergipe ou transportador autônomo e tomador a Empresa sergipana)**

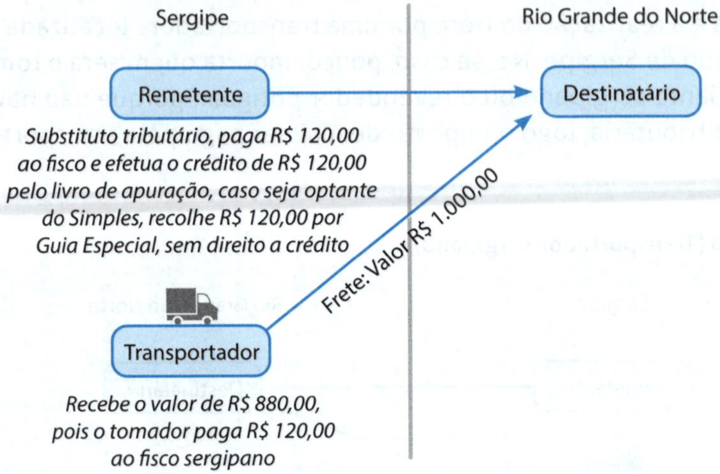

Já a segunda situação ocorre quando o frete é prestado por uma transportadora localizada fora de Sergipe ou por um transportador autônomo. Nesse caso, é de suma importância saber quem será o tomador. Caso seja o revendedor potiguar, o ICMS deverá ser pago pelo prestador de serviço, por meio da Guia de Recolhimento, aplicando a alíquota de 12% sobre o valor do frete. Afinal, o tomador não está localizado no território do sujeito ativo da obrigação, logo não faz sentido algum transferir a responsabilidade pelo pagamento, ou seja, novamente não haverá a substituição tributária.

Entretanto, se o tomador de serviço for o comerciante sergipano, este será o substituto tributário e deverá efetuar o crédito e o débito do imposto no seu Livro Apuração do ICMS, aplicando a alíquota de 12% (interestadual) sobre o valor do frete (débito e crédito).

Para arrematar esse assunto, seguimos a seguinte regra: quem vai realizar o serviço de transporte? Se for um transportador inscrito no cadastro de contribuinte do estado de início do frete, não há substituição tributária. Caso o transportador seja autônomo ou de outro estado, haverá substituição quando o tomador estiver inscrito (salvo na condição de MEI e produtor) no cadastro de contribuinte do estado onde inicia o frete.

7.3. SUBSTITUIÇÃO TRIBUTÁRIA DAS OPERAÇÕES SUBSEQUENTES

Também é chamada de substituição para frente ou progressiva, afinal, nessa substituição, o substituto paga o ICMS das operações posteriores as suas. Ela é comum nas operações de cigarros, bebidas, alimentos, produtos de higiene, materiais de construção e vários outros segmentos econômicos.

A substituição tributária das operações subsequentes passou a ter previsão constitucional após a Emenda 03/93, que criou o §7º ao artigo 150 da nossa Lei Maior com o seguinte texto:

> "**CF/88 – Art. 150**
>
> (...)
>
> § 7º A lei poderá atribuir a sujeito passivo de obrigação tributária a condição de responsável pelo pagamento de imposto ou contribuição, cujo fato gerador deva ocorrer posteriormente, assegurada a imediata e preferencial restituição da quantia paga, caso não se realize o fato gerador presumido."

A referida emenda, além de acabar com a polêmica jurisprudencial, afinal os estados utilizavam a substituição tributária há anos e os tribunais julgavam ora favorável ao fisco e ora favorável aos comerciantes, definiu o conceito de substituição tributária das operações subsequentes, que nada mais é que a atribuição, por lei, de um sujeito passivo responsável pelo pagamento do ICMS cujo fato gerador deva ocorrer posteriormente.

Como a instituição da substituição tributária nunca precisou de autorização do Confaz, cada estado, por meio de lei estadual, criava um rol de mercadorias sujeitas ao regime jurídico de substituição tributária. Tal situação gerava muitos transtornos principalmente às grandes empresas que vendiam em todos os estados brasileiros, dificultando a aplicabilidade da legislação tributária para elas, pois cada estado fazia de um jeito.

Diante de tal situação, surgiu o Convênio ICMS 92/2015, que a partir de 01/01/16 criou, em todo o território nacional, um rol único de mercadorias sujeitas ao regime jurídico de substituição tributária. Atualmente, esse rol de mercadorias sujeitas ao regime jurídico de substituição tributária está elencado no Convênio ICMS 142/2018, que buscou estabelecer normas gerais a serem aplicadas aos regimes de substituição tributária e de antecipação do ICMS das operações subsequentes.

O referido Convênio substituiu o Convênio ICMS 52/2017, que tinha o mesmo fim do Convênio ICMS 142/2018, ou seja, relacionava um rol único de mercadorias sujeitas ao regime jurídico de substituição tributária e estabelecia normas gerais a serem aplicadas aos regimes de substituição tributária e de antecipação do ICMS das operações subsequentes.

Apesar da boa intenção do Confaz de estabelecer normas gerais por convênio, sabemos que na ausência de lei complementar federal cabe aos próprios estados estabelecerem as normas gerais para atender as suas particularidades (artigo 24, §3º da CF).

> "**Art. 24.** Compete à União, aos Estados e ao Distrito Federal legislar concorrentemente sobre:
>
> I – direito tributário, financeiro, penitenciário, econômico e urbanístico
>
> (...)
>
> § 3º Inexistindo lei federal sobre normas gerais, os Estados exercerão a competência legislativa plena, para atender a suas peculiaridades."

Ocorre que o novo convênio estabelece normas para as operações interestaduais, desde que os estados celebrem um acordo específico, cabendo a cada ente criar suas regras para as operações internas, que de modo geral são semelhantes às estipuladas no mencionado convênio. Assim, o referido Convênio não altera as normas das operações internas sujeitas ao ICMS/ST. Já nas operações interestaduais, continuam em vigor as normas das leis estaduais, que de modo geral foram espelhadas no Convênio ICMS 142/2018, havendo pequenas divergências entre as leis estaduais e o Convênio, divergências essas que serão comentadas nos tópicos 7.3.4.2 e 7.3.4.3. E no caso de divergência entre o Convênio e a lei estadual, qual devemos aplicar? Sem dúvida alguma, deverá ser aplicada a lei estadual.

Nos próximos tópicos discorreremos sobre as operações nas quais se aplicam ou não a substituição tributária para operações subsequentes.

7.3.1. Substitutos e substituídos quando ambos estão situados no mesmo estado

Antes de definirmos quem são os sujeitos passivos do regime jurídico da substituição tributária, ou seja, os substitutos tributários, devemos nos lembrar do que foi exposto no início do capítulo. Na ocasião, falamos que uma das funções da substituição tributária é diminuir o número de contribuintes fiscalizados.

Na maioria dos segmentos comerciais, o número de indústrias é inferior ao número de comerciantes, então o primeiro substituto atribuído pela legislação é o estabelecimento industrial, ou seja, o fabricante da mercadoria.

Ocorre que em algumas ocasiões o ciclo da mercadoria tem início com o estabelecimento comercial importador, dessa forma, mesmo que o importador ou o arrematante da mercadoria apreendida (item 2.6.8) não seja indústria, ele será o substituto tributário.

Lembre-se de que pela já mencionada previsão da alínea "a" do inciso XII do §1º do artigo 13 da Lei Complementar 123/06, as empresas optantes do Simples Nacional estão sujeitas ao regime jurídico da substituição tributária, logo se a indústria ou o importador pertencer ao regime simplificado, eles também serão substitutos tributários.

E se a indústria está situada em um estado diferente do que se localiza o comerciante que receberá a mercadoria? Nesse caso, devemos lembrar novamente do que foi falado no início do capítulo, de que uma outra função importante da substituição tributária é a confiabilidade de quem paga. Como o imposto da substituição tributária das operações subsequentes é pago ao ente de destino e nem sempre é confiável atribuir a responsabilidade ao industrial localizado em outro estado, nesse caso a indústria só será substituta se houver convênio entre os entes ou acordo específico entre os estados do remetente e destinatário. Trataremos desse ponto ainda neste capítulo.

Os substituídos da obrigação tributária serão os comerciantes que adquirirem desses substitutos. Notem que um importador pode ser ao mesmo tempo substituto e substituído, basta ele importar mercadorias do exterior e revender mercadorias fabricadas por uma indústria nacional. Quando importar, será substituto. Já quando revender, será substituído.

Por fim, para encerrar esse subtópico, cabe uma diferenciação. A substituição tributária subsequente nada tem a ver com o ICMS monofásico. No ICMS monofásico, apenas uma operação está sujeita à incidência de ICMS. Explicaremos essa diferença por meio de um exemplo.

No tópico 2.6.9.1. desta obra, vimos o seguinte exemplo de ICMS monofásico: "Se a refinaria produz gasolina, no momento da venda da refinaria para a distribuidora incide o ICMS, que será o **ÚNICO** momento da cadeia produtiva que ele incidirá, logo não haverá incidência de ICMS nas demais vendas. Diante disso, podemos concluir que não há incidência de ICMS na venda da distribuidora para o posto de combustíveis, nem na venda do posto de combustível para o consumidor final."

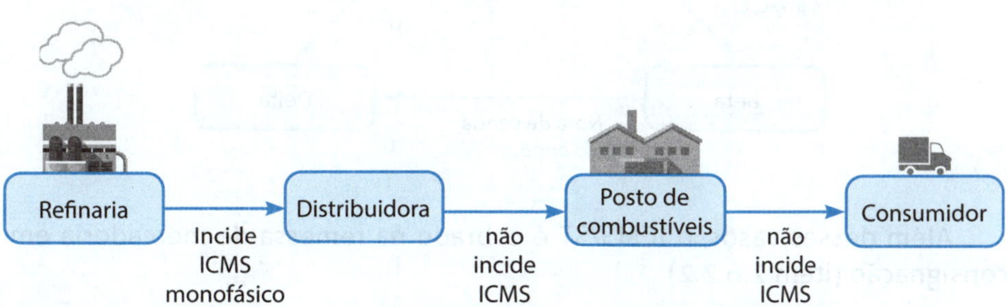

Já a substituição tributária subsequente funciona da seguinte maneira. O fabricante de materiais de construção vende sua mercadoria para um atacadista, que vende sua mercadoria para um comerciante varejista que, por fim, vende ao consumidor final. Neste caso, incide o ICMS nas três operações, mas o fabricante já pagou o ICMS sobre as demais vendas.

Não podemos encerrar este subtópico sem comentar o artigo 7º da Lei Kandir:

> **Art. 7º, LC 87/96** – Para efeito de exigência do imposto por substituição tributária, inclui-se, também, como fato gerador do imposto, a entrada de mercadoria ou bem no estabelecimento do adquirente ou em outro por ele indicado."

Pela leitura do dispositivo legal, fica claro que o ICMS/ST pode ser cobrado na entrada de mercadoria ou bem no estabelecimento do adquirente ou de outro por ele indicado. Dessa forma, concluímos que o ICMS/ST pode ser cobrado no diferencial de alíquota de operações interestaduais (vide tópico 2.6.10 do capítulo 2), na venda por conta e ordem ou na venda de mercadoria armazenada em armazém geral.

Vamos exemplificar a incidência do ICMS/ST por conta e ordem da seguinte forma: Beta, estabelecimento comercial, liga para Alfa, estabelecimento industrial, e fala: "Alfa, venda 30 sacos de cimento para mim, mas entregue diretamente para meu cliente Delta, pois eu já vendi esses 30 sacos para ele e não quero gastar com dois transportes".

Ora, Alfa é industrial, né? Então ele terá de pagar o ICMS na qualidade de substituto, independentemente da mercadoria ir para o estabelecimento do adquirente (Beta) ou do terceiro por ele indicado. Isso vale na operação por conta e ordem, na industrialização por encomenda e na remessa do armazém geral.

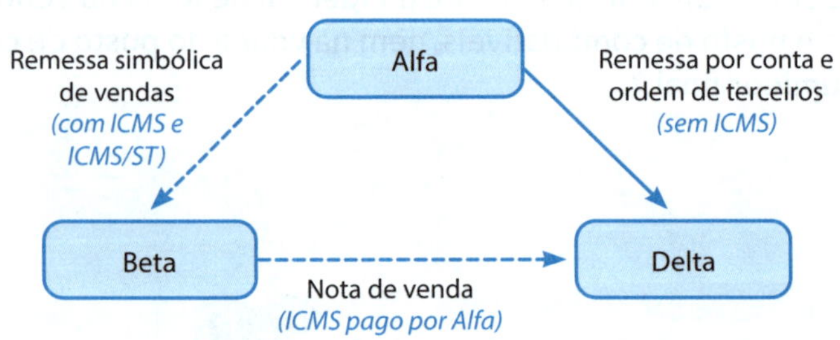

Além desses casos, o ICMS/ST é cobrado na remessa de mercadoria em consignação (item 2.6.2.2).

7.3.2. Base de cálculo das operações com substituição tributária subsequente

O legislador federal tratou da determinação da base de cálculo do imposto retido sob o regime jurídico da substituição tributária no artigo 8º da Lei

Kandir, no qual previu quatro formas de apuração da base de cálculo para a ST das operações subsequentes.

> "**Art. 8º** A base de cálculo, para fins de substituição tributária, será:
>
> (...)
>
> II – em relação às operações ou prestações subseqüentes, obtida pelo somatório das parcelas seguintes:
>
> a) o valor da operação ou prestação própria realizada pelo substituto tributário ou pelo substituído intermediário;
>
> b) o montante dos valores de seguro, de frete e de outros encargos cobrados ou transferíveis aos adquirentes ou tomadores de serviço;
>
> c) a margem de valor agregado, inclusive lucro, relativa às operações ou prestações subseqüentes.
>
> (...)
>
> § 2º Tratando-se de mercadoria ou serviço cujo preço final a consumidor, único ou máximo, seja fixado por órgão público competente, a base de cálculo do imposto, para fins de substituição tributária, é o referido preço por ele estabelecido.
>
> § 3º Existindo preço final a consumidor sugerido pelo fabricante ou importador, poderá a lei estabelecer como base de cálculo este preço.
>
> § 4º A margem a que se refere a alínea c do inciso II do caput será estabelecida com base em preços usualmente praticados no mercado considerado, obtidos por levantamento, ainda que por amostragem ou através de informações e outros elementos fornecidos por entidades representativas dos respectivos setores, adotando-se a média ponderada dos preços coletados, devendo os critérios para sua fixação ser previstos em lei.
>
> § 5º O imposto a ser pago por substituição tributária, na hipótese do inciso II do caput, corresponderá à diferença entre o valor resultante da aplicação da alíquota prevista para as operações ou prestações internas do Estado de destino sobre a respectiva base de cálculo e o valor do imposto devido pela operação ou prestação própria do substituto.
>
> § 6º Em substituição ao disposto no inciso II do caput, a base de cálculo em relação às operações ou prestações subseqüentes poderá ser o preço a consumidor final usualmente praticado no mercado considerado, relativamente ao serviço, à mercadoria ou sua similar, em condições de livre concorrência, adotando-se para sua apuração as regras estabelecidas no § 4º deste artigo."

Antes de comentarmos sobre cada uma das formas de apuração de base de cálculo, é oportuno lembrar que quando se calcula a base de cálculo das operações subsequentes, o fisco busca abranger todas as vendas do restante da cadeia, ou seja, calcula-se a base de cálculo da última venda, que é a do comerciante varejista ao consumidor final.

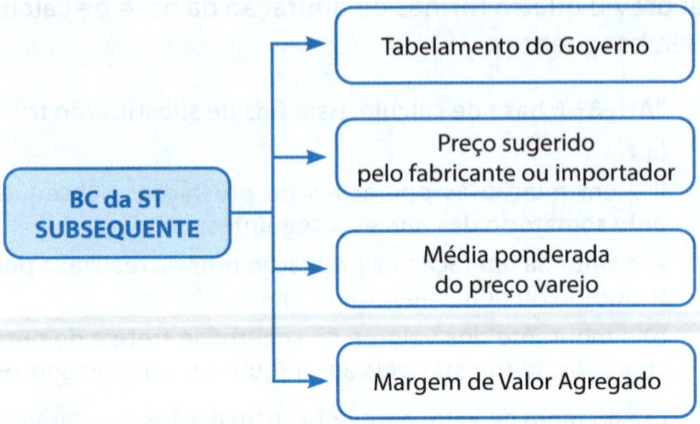

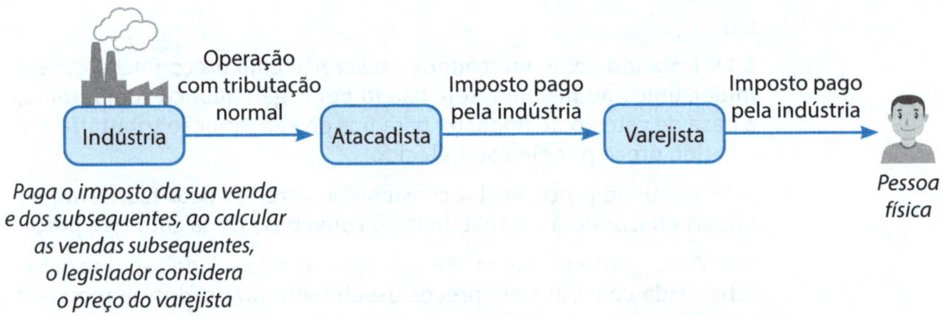

Salientamos que as quatro alternativas apresentadas deverão ser escolhidas nessa ordem. Assim, por exemplo, se determinado produto tiver seu preço sugerido pelo fabricante ou importador e for aceito pelo estado, o contribuinte não poderá adotar como base de cálculo a terceira ou a quarta alternativa, pois a segunda já foi estabelecida para o produto. Em suma, se houver previsão de uma das alternativas superiores, as que estiverem abaixo dela no desenho estarão automaticamente excluídas. A lista das quatro opções respeita uma ordem a ser seguida, o contribuinte não pode escolher uma das quatro para adotar como base de cálculo se já tiver uma superior pré-determinada.

7.3.2.1. Preço final a consumidor fixado por órgão público competente – Tabelamento do Governo *(art. 8º, §2º)*

> **LC 87/96, art. 8º**, §2º – "Tratando-se de mercadoria ou serviço cujo preço final a consumidor, único ou máximo, seja fixado por órgão público competente, a base de cálculo do imposto, para fins de substituição tributária, é o referido preço por ele estabelecido."

A primeira hipótese de base de cálculo está prevista no §2º do artigo 8º da Lei Kandir. Esse dispositivo determina que quando houver um preço destinado a consumidor, único ou máximo, fixado por autoridade competente (órgão do governo), ele servirá como base de cálculo da substituição tributária.

Atualmente, não existem mais mercadorias com seus preços pré-fixados por autoridade competente, mas no passado existiram, logo o legislador achou prudente manter tal previsão. Caso volte a existir essa forma de apuração da base de cálculo, não caberá à Secretaria da Fazenda discutir o preço, afinal esse preço será imposto por outro órgão público.

7.3.2.2. Preço final a consumidor sugerido pelo fabricante ou importador *(art. 8º, §3º)*

> LC 87/96, art. 8º, §3º – "Existindo preço final a consumidor sugerido pelo fabricante ou importador, poderá a lei estabelecer como base de cálculo este preço."

A segunda forma de apuração da base de cálculo coloca o preço final sugerido pelo fabricante ou importador como a base de cálculo do ICMS da substituição tributária. Esse meio de apuração da base de cálculo é muito utilizado nas operações com veículos automotores, afinal os fabricantes costumam sugerir para as concessionárias um preço de venda delas ao consumidor final. Também é o que vemos no caso dos cigarros, nos quais os preços sugeridos pelos fabricantes vêm na própria embalagem.

Não basta o fabricante e o importador sugerirem o preço, esse valor deverá ser aceito pelo fisco, afinal se o fabricante de veículos estabelecesse um determinado montante e a concessionária vendesse por uma quantia maior, o fisco teria prejuízo.

Apesar de a LC nº 87/96 falar que cabe à lei fixar a base de cálculo da substituição tributária quando há preço sugerido pelo fabricante, as leis estaduais costumam delegar essa fixação para atos do poder executivo estadual. Inclusive, os examinadores perguntam se essa fixação ocorre por ato do poder executivo, nesse caso, responda que sim.

7.3.2.3. Preço a consumidor final usualmente praticado no mercado considerado, relativamente ao serviço, à mercadoria ou sua similar, em condições de livre concorrência *(art. 8º, §6º)*

> **LC 87/96, art. 8º**, §6º – "Em substituição ao disposto no inciso II do caput, a base de cálculo em relação às operações ou prestações subsequentes poderá ser o preço a consumidor final usualmente praticado no mercado considerado, relativamente ao serviço, à mercadoria ou sua similar, em condições de livre concorrência, adotando-se para sua apuração as regras estabelecidas no §4º deste artigo."

A terceira forma de apuração da base de cálculo foi implementada pela Lei Complementar nº 114/02. Já havia previsão pelo §4º do artigo 8º da Lei Kandir, que dizia "com base em preços usualmente praticados no mercado considerado, obtidos por levantamento, ainda que por amostragem ou por informações e outros elementos fornecidos por entidades representativas dos respectivos setores, adotando-se a média ponderada dos preços coletados", pela qual se calculava a margem agregada do fabricante ao varejista. Esse caso será a quarta hipótese de cálculo da base de cálculo, que comentaremos com mais profundidade no próximo tópico.

Com a inclusão do §6º, em vez de a Secretaria da Fazenda realizar nesses termos a pesquisa da margem de valor agregada, ela já realiza a pesquisa para estipular o preço vendido do varejo ao consumidor final. Mas essa não é a primeira regra de tabelamento? Não, pois o tabelamento é realizado pelo governo federal e tem objetivos econômicos (evitar inflação, muito comum no passado, ou evitar preços muito baixos para um segmento do mercado). O preço médio ponderado pode ser fixado por cada Secretaria da Fazenda Estadual e tem fins apenas tributários, ou seja, para estabelecer a base de cálculo do ICMS/ST.

Também chamada de "pauta fiscal" ou "pauta de valores", conforme o estado. Nada mais é que uma tabela de preços de venda ao consumidor final. Salientamos que os valores estabelecidos não são para fixar os preços de venda (como o tabelamento do governo federal), na verdade são valores mínimos aceitáveis pela fiscalização para fins de cálculo do ICMS dos produtos nelas contidos.

Não deixe de memorizar que é utilizada a <u>média ponderada</u> dos preços. Não é a média aritmética simples, OK?

Em 2010 o STJ tornou ilegal a pauta fiscal, editando a Súmula 431: "É ilegal a cobrança de ICMS com base no valor da mercadoria submetido ao regime de pauta fiscal". Entretanto, não confunda as pautas. Essa pauta que foi declarada ilegal é a pauta fiscal das operações próprias, a pauta da ST não é ilegal e está prevista na Lei Kandir. No tópico 2.6.1.3 do capítulo 2, demos o exemplo do café e comentamos que a pauta fiscal para operações próprias tinha perdido o efeito após a edição dessa Súmula do STJ.

7.3.2.4. Aplicação da Margem de Valor Agregada (MVA) ao custo de aquisição *(art. 8º, II)*

Essa última forma de apuração da base de cálculo, apesar de residual, ou seja, só aplicada quando não houver nenhuma das outras três, costuma ser a regra. É calculada da seguinte forma: soma-se o valor da operação ou prestação própria realizada pelo substituto tributário com os valores pagos de seguro, frete e outros encargos cobrados ou transferíveis aos adquirentes ou tomadores de serviço e aplica-se a margem de valor agregada calculada nos termos do §4º do artigo 8º da Lei Kandir.

Como cada estado tem o poder de legislar sobre o seu ICMS, cada um define quanto vai cobrar de ICMS. Assim, os estados poderão estabelecer MVAs diferentes um do outro para uma mesma mercadoria. O que é o mais lógico, pois os preços das mercadorias diferenciam entre os estados, principalmente devido ao transporte e tributos envolvidos. O grande problema fica para as empresas que vendem nacionalmente, pois necessitam verificar a MVA de cada estado.

Perceba que na terceira hipótese o fisco estabelece o preço final de venda ao consumidor, sendo este adotado como base de cálculo. Contudo, e se houvesse uma inflação alta ou simples reajuste dos preços para menor ou maior? O preço final ficaria totalmente fora da realidade, certo? Portanto, o mais prático e justo, na maioria dos casos, seria o fisco estabelecer um percentual a ser aplicado em cima do valor original como o valor a ser pago pelo consumidor final. Por exemplo, o fisco pode estabelecer que para determinada mercadoria a MVA será de 60%, assim o substituto sempre adotará como base de cálculo o valor do produto original acrescido de 60%. Se o fabricante reajustar seu preço, o preço final também será reajustado no mesmo percentual, acrescido de 60%.

Sendo assim, é preferível ao fisco calcular a margem de valor agregada a calcular o preço de venda final do varejo, porque com a MVA qualquer reajuste na venda do fabricante já haveria um reajuste no preço estipulado na venda do varejista.

O procedimento de cálculo do ICMS retido a título de substituição tributária será detalhado no próximo item com um caso concreto, no qual mostraremos quais os procedimentos a serem adotados pelos contribuintes substitutos e substituídos.

A Margem de Valor Agregada (MVA) é o percentual a ser acrescentado à mercadoria para chegarmos ao valor de venda dela ao consumidor final. Para chegarmos a este valor, basta multiplicarmos o valor da mercadoria por (1 + MVA), que é o chamado Índice de Valor Agregado ou Índice de Valor Adicionado, o IVA. Por exemplo, se a MVA for de 30%, o IVA será de 1,3. Assim, se uma mercadoria custar R$ 100,00 e sua MVA for de 30%, basta multiplicar os 100,00 por 1,3 para encontrarmos o preço de venda ao consumidor final, R$ 130,00, que será a base de cálculo da ST.

Veja como isso é cobrado em prova:

(AFR-SP/FCC-2013) A legislação paulista relativa à substituição tributária com retenção antecipada do imposto estabelece critérios para a fixação da base de cálculo da substituição. NÃO representa um critério válido para a definição da base de cálculo o preço

a) praticado pelo sujeito passivo, acrescido de encargos transferíveis ao consumidor e de margem de valor agregado.

b) máximo ao consumidor, autorizado por autoridade competente.

c) médio ponderado ao consumidor, praticado no mercado.

d) mínimo, fixado por pauta pela Secretaria da Fazenda.

e) sugerido ao consumidor por fabricante ou importador.

Comentário: *Nos termos do artigo 8º da Lei Kandir, a base de cálculo para a retenção antecipada ou para as operações subsequentes segue esta ordem: 1) preço único ou máximo ao consumidor, autorizado por autoridade competente; 2) preço sugerido pelo fabricante; 3) preço médio ponderado, praticado pelo consumidor e 4) o preço praticado pelo sujeito passivo adicionado aos encargos e a MVA. Não há previsão de preço mínimo por pauta da Secretaria da Fazenda. Resposta: D.*

7.3.3. Exemplo de cálculo do ICMS/ST e procedimentos de escrituração e emissão de documentos dos contribuintes substitutos e substituídos situados no mesmo estado

Exemplificaremos o sistema de substituição tributária com substituto e substituído dentro do mesmo estado. Para melhor ilustramos, vamos voltar ao exemplo do início do capítulo, no qual a indústria, após adquirir o pescado do produtor, transformou seus insumos em conservas de peixes e vende, por R$ 1.000,00, o produto resultante ao atacadista, que distribui aos supermercados (varejistas) até as mercadorias chegarem ao consumidor final.

Como os produtos alimentícios estão no rol do Convênio ICMS 142/2018, a indústria será substituta tributária e, além de recolher o imposto da sua venda, pagará o imposto sobre todos os fatos geradores previstos até a mercadoria chegar ao consumidor final, calculando da seguinte forma, caso exista algum preço definido para venda do varejo (itens 7.3.2.1, 7.3.2.2 ou 7.3.2.3):

Vendeu por R$ 1.000,00, aplica-se a alíquota interna (18%) sobre esse valor para calcular o imposto sobre sua própria venda. Vamos imaginar que o preço sugerido da venda ao varejo é R$ 1.600,00, então esse valor será a base de cálculo do ICMS/ST e sobre ele aplica-se 18%. O montante a ser recolhido do ICMS/ST será a diferença dos dois, afinal caso não houvesse a substituição tributária, o adquirente teria o direito ao crédito do imposto recolhido na operação anterior.

$$ICMS_{próprio} = 1.000 \times 0{,}18 = R\$\ 180{,}00$$

$$ICMS_{ST} = 1.600 \times 0{,}18 - 180 = 288 - 180 = R\$\ 108{,}00$$

ST sobre Preço Sugerido	
Valor da mercadoria	1.000
ICMS próprio (18% x 1.000)	180
Preço sugerido de venda ao varejo	1.600
ICMS Total (18% x 1.600)	288
ICMS-ST (288 – 180)	108

OU

ST sobre Preço Sugerido	
Valor da mercadoria	1.000
ICMS próprio (18% x 1.000)	180
Preço sugerido de venda ao varejo	1.600
ICMS-ST (18% x 1.600 – 180)	108

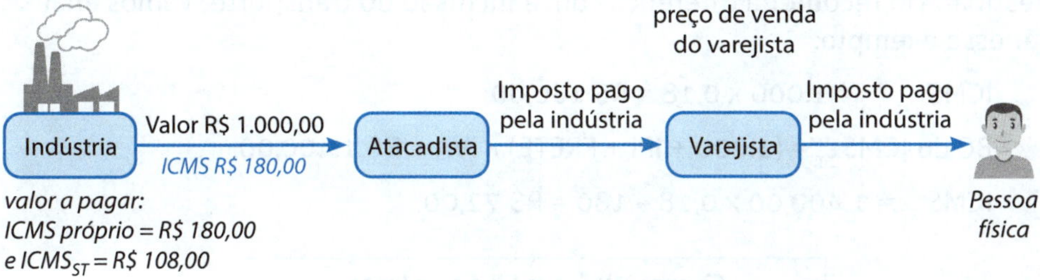

Obs.:

a) órgão competente (público) estipulou a venda do varejista pelo preço de R$ 1.600,00

b) o fabricante do produto sugere o preço de venda do varejista de R$ 1.600,00 e esse preço foi aceito pelo fisco.

c) pesquisa realizada pela Secretaria da Fazenda estabeleceu o preço médio praticado pelo varejista de R$ 1.600,00

Agora, vamos imaginar que não existe qualquer preço sugerido, a MVA publicada pelo fisco é de 40%, a operação de venda do industrial não sofreu incidência de IPI e o custo do frete para levar a mercadoria ao estabelecimento do destinatário foi de R$ 200,00.

ICMS $_{\text{próprio}}$ = 1.000 x 0,18 = R$ 180,00;

BC do ICMS $_{ST}$ = (1.000 + IPI + FRETE) x IVA = (1.000 + 0 + 200) x 1,4 = (1.200) x 1,4 = R$ 1.680,00.

ICMS $_{ST}$ = 1.680 x 0,18 – 180 = 302,4 – 180 = R$ 122,40

ST com MVA sem IPI e com Frete	
Valor da mercadoria	1.000
ICMS próprio (18% x 1.000)	180
IPI	0
Frete	200
BC-ICMS-ST (1.000 + 0 + 200) x 1,4	1.680
ICMS-ST (18% x 1.680 – 180)	122,40

Os pagamentos do último exemplo ocorrerão nos livros fiscais. Explicaremos o procedimento em capítulo específico.

Note que esse preço de venda foi CIF, por conta do remetente, afinal ele contratou a transportadora para realizar o frete e, certamente, cobrou do seu cliente, logo esse frete faz parte do custo do adquirente e sobre ele será aplicado a MVA. Caso a venda seja FOB, ou seja, transporte por conta do destinatário, o remetente (substituto tributário) não saberá o valor do frete, assim não poderá incluí-lo no custo da aquisição. Nesse caso, cabe ao destinatário recolher a diferença com a inclusão do transporte. Vamos analisar esse exemplo:

$ICMS_{próprio}$ = 1.000 x 0,18 = R$ 180,00;

BC do $ICMS_{ST}$ = (1.000 + IPI + FRETE) x IVA = R$ 1.400,00.

$ICMS_{ST}$ = 1.400,00 x 0,18 – 180 = R$ 72,00.

ST com MVA sem IPI e sem Frete	
Valor da mercadoria	1.000
ICMS próprio (18% x 1.000)	180
IPI	0
Frete	0
BC-ICMS-ST (1.000 + 0 + 0) x 1,4	1.400
ICMS-ST (18% x 1.400 – 180)	72,00

Perceba que R$ 72,00 será o valor pago de ICMS-ST pelo remetente. Caso o frete contratado pelo destinatário custe os mesmos R$ 200,00, caberá ao adquirente incluir o frete no custo do cálculo da ST, achando os R$ 122,40 da questão anterior, e pagar a diferença de R$ 50,40. Dessa forma, concluímos que o valor de ICMS a ser pago antecipadamente é R$ 122,40, mas resta sabermos ainda quem pagará o frete no custo, se o destinatário ou o remetente.

Como seria o cálculo se o fabricante fosse optante do Simples Nacional? Esse assunto (substituição tributária com empresa do Simples Nacional) é complexo e pouco cobrado em prova, falaremos do tema no último tópico do capítulo do Simples Nacional. Como quase nunca é cobrado em prova, caberá ao leitor decidir se está apto para se aprofundar ou não no tema.

De qualquer forma, adiantamos que haverá uma ficção jurídica, pois, apesar de o substituto recolher seu ICMS próprio, pelo regime simplificado, conforme determina a Lei Complementar 123/06, no momento do cálculo do ICMS por substituição ele deverá abater o valor do imposto a que estaria sujeito se não pertencesse ao regime simplificado, ou seja, 18%. Da seguinte forma:

$ICMS_{próprio}$ = por DAS, lei complementar 123/06

BC do $ICMS_{ST}$ = (1.000+IPI+FRETE) x IVA = (1.000 + 0 + 200) x 1,4 = (1.200) x 1,4 = R$ 1.680,00.

$ICMS_{ST}$ = 1.680 x 0,18 – 180 = R$ 122,40.

Veja como esse tema vem sendo cobrado em concurso público:

(AFR-SP/FCC-2006) Um certo fabricante, substituto tributário pela legislação do ICMS do estado de São Paulo, remeteu para um atacadista estabelecido dentro do estado, uma partida de mercadorias de sua fabricação, com o ICMS retido antecipadamente. Os dados dessa operação foram os seguintes:

- valor da mercadoria – FOB: R$ 10.000,00
- valor do IPI: R$ 2.000,00
- valor do frete efetuado por terceiro e pago pelo atacadista: R$ 1.000,00
- margem de valor agregado fixado para a mercadoria na legislação: 45%
- alíquota do produto nas operações internas: 18%

Com base na legislação do ICMS, a base de cálculo da substituição tributária e o valor do imposto retido por antecipação, nessa ordem, são:

a) R$ 18.850,00 e R$ 1.233,00
b) R$ 18.850,00 e R$ 1.593,00
c) R$ 18.850,00 e R$ 1.332,00
d) R$ 17.400,00 e R$ 972,00
e) R$ 11.000,00 e R$ 180,00

Comentário:

Cálculo da Base de Cálculo do ICMS/ST:

BC do ICMS $_{ST}$ *= (Mercadoria + IPI + Frete) x (1 + MVA) = R$ 18.850,00*
Cálculo do ICMS/ST:

ICMS $_{ST}$ *= BC* $_{ST}$ *x alíquota – mercadoria x alíquota = 18.850 x 18% – 10.000 x 18% = 3.393 – 1.800 = R$1.593,00*

Note que a base de cálculo e o imposto a ser retido por substituição tributária são os valores encontrados, no entanto, como o preço é FOB, resta sabermos quem vai incluir o frete no custo, se o remetente (que então pagaria tudo) ou o destinatário, que se responsabilizaria pelo pagamento da diferença. Resposta: B.

7.3.4. Quando não se aplica a substituição tributária

Mesmo que uma determinada mercadoria esteja relacionada no Convênio ICMS 142/2018, pode ocorrer que uma venda realizada por um fabricante ou um importador não seja submetida ao regime jurídico da substituição tributária.

Alguns casos dessa não aplicabilidade não estão previstos nas legislações estaduais, por exemplo, quando o comerciante adquire a mercadoria, mas não irá revendê-la. Por exemplo, caso um fabricante de eletroeletrônicos venda aparelhos celulares para um comerciante que os utilizará no setor administrativo, não haverá necessidade de recolhimento do ICMS na condição de substituto.

Também não será aplicada a substituição tributária na venda de mercadoria que será aplicada na prestação de serviço, seja este serviço tributado ou não pelo ICMS. Portanto, se uma fábrica de materiais de construção vende cimento para uma construtora, não se aplica o regime jurídico da substituição tributária.

Cabe mencionar que cada legislação estadual coloca, expressamente, as situações nas quais não se aplica o regime jurídico da substituição tributária.

Lembre-se de que o fisco necessita apenas da lei estadual para impor a substituição tributária, sendo dispensada a autorização do Confaz. Apesar da dispensa, os estados, recentemente, celebraram o Convênio ICMS 142/2018, que estabelece, na sua cláusula nona, regras de não aplicabilidade da substituição tributária em operações interestaduais.

Conforme comentamos, esse convênio tem dez cláusulas com eficácia suspensa e a cláusula nona é uma delas, ocorre que essas previsões foram inspiradas nas regras de não aplicabilidade do regime de substituição tributária das operações internas existentes nas leis estaduais, que como já mencionado no item 7.3, estabeleceram as normas gerais para atender as suas particularidades. Enfim, embora essa cláusula não esteja em vigor, para fins didáticos, podemos nos basear nela.

É oportuno esclarecer que algumas legislações colocam a venda para outro estado como uma hipótese de não aplicabilidade. Afinal, a retenção antecipada deverá ser recolhida ao estado do destinatário, logo será a legislação do local do destino que deverá determinar se alguma aquisição interestadual obedecerá ou não ao regime jurídico da substituição tributária.

Trataremos das aquisições interestaduais em tópico mais à frente.

7.3.4.1. Mercadoria que irá integrar processo de industrialização

> Convênio ICMS 142/2018, cláusula 9ª – "O regime de substituição tributária não se aplica:
>
> III – às operações interestaduais que destinem bens e mercadorias a estabelecimento industrial para emprego em processo de industrialização como matéria-prima, produto intermediário ou material de embalagem, desde que este estabelecimento não comercialize o mesmo bem ou mercadoria;"

Vamos imaginar que um comerciante de autopeças, após importar mercadorias, revenda para uma montadora de veículo que usará as peças adquiridas na fabricação de veículos. Isto é, as peças vendidas pelo importador não serão revendidas pelo adquirente, apenas integrarão o processo produtivo. Nesse caso, não se aplica o regime da substituição tributária.

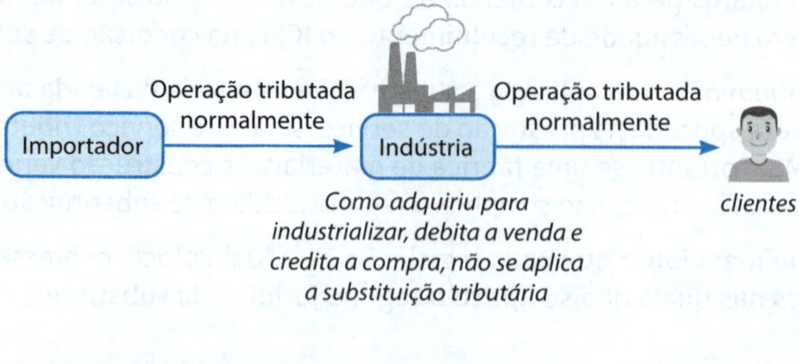

Portanto, o comerciante apenas destaca o imposto sobre a sua transação, a montadora credita esse imposto e após vender o veículo para seu cliente, destaca o ICMS da sua operação. Se for o caso, retém o imposto na qualidade de substituto.

Perceba que a venda do importador obedecerá à regra normal, ou seja, sem recolhimento do imposto antecipado.

7.3.4.2. *Transferência para estabelecimento não varejista*

> Convênio ICMS 142/2018, cláusula 9ª – "O regime de substituição tributária não se aplica:
>
> II – às transferências interestaduais promovidas entre estabelecimentos do remetente, exceto quando o destinatário for estabelecimento varejista;"

O segundo caso de vedação da aplicabilidade do regime jurídico da ST ocorre na transferência entre estabelecimentos da mesma empresa quando o destinatário não é varejista. Assim, caso um fabricante de medicamentos transfira parte da sua produção para um estabelecimento atacadista seu, não haverá retenção do ICMS por substituição tributária.

O legislador acertou com essa previsão, afinal em uma transferência entre estabelecimentos da mesma empresa, a mercadoria sai com preço de custo, sem cobrança de qualquer lucro por parte da indústria. Se houvesse aplicação do MVA, o preço da saída do varejista ficaria subestimado, acarretando prejuízo ao fisco.

Agora, se houver transferência da indústria para o estabelecimento varejista, deve-se ser aplicado o regime jurídico da substituição tributária. E por que essa opção pela aplicabilidade da substituição tributária na transferência para o varejo? é porque há a possibilidade de existirem vários estabelecimentos varejistas, logo o fisco prefere concentrar a fiscalização no fabricante.

Cabe mencionar que o §4º da cláusula segunda do Convênio ICMS 142/2018 diz: "Os acordos firmados entre as unidades federadas poderão estabelecer normas específicas ou complementares às estabelecidas neste convênio".

Dessa forma, as legislações estaduais da Bahia, Minas Gerais e Paraíba substituíram o disposto no inciso II pelo seguinte texto: "O regime de que trata o caput não se aplica quando promovidas entre estabelecimentos do industrial fabricante, exceto quando destinada a estabelecimento varejista."

Assim, segundo as legislações desses estados, ficam excluídas do regime jurídico da ST apenas as transferências promovidas entre estabelecimentos do industrial (seja de indústria a indústria ou da indústria ao atacado). Dessa forma, nesses três estados, além da aplicabilidade da substituição tributária quando o destinatário da transferência for varejista, aplica-se também quando uma grande rede atacadista realiza uma transferência entre estabelecimentos atacadistas. Nesse caso concreto, o remetente da mercadoria deverá efetuar o recolhimento antecipado.

- **1ª situação (Regra geral de não aplicabilidade da substituição tributária, na transferência de mercadorias)**

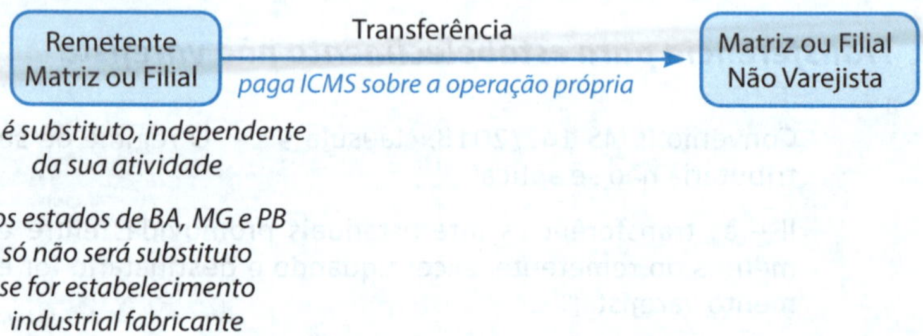

- **2ª situação (Aplicabilidade da substituição tributária nas transferências de mercadorias)**

  Apenas nos Estados de BA, MG e PB

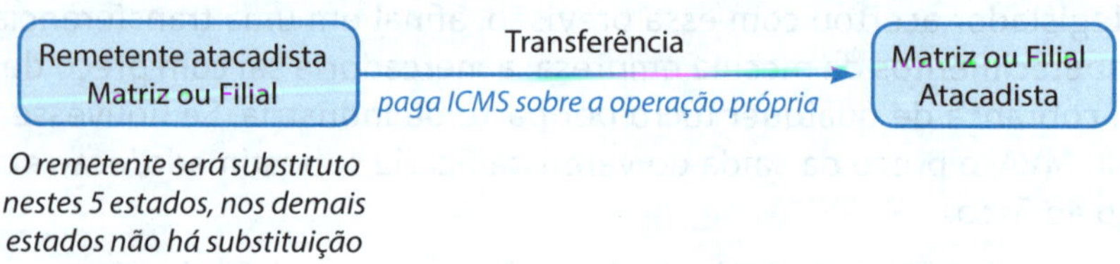

- **3ª situação (Aplicabilidade da substituição tributária em todos os Estados)**

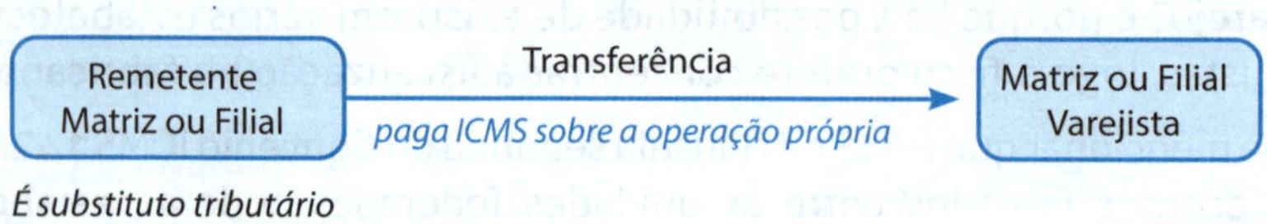

- **4ª situação (Não aplicabilidade da substituição tributária em todos os ESTADOS)**

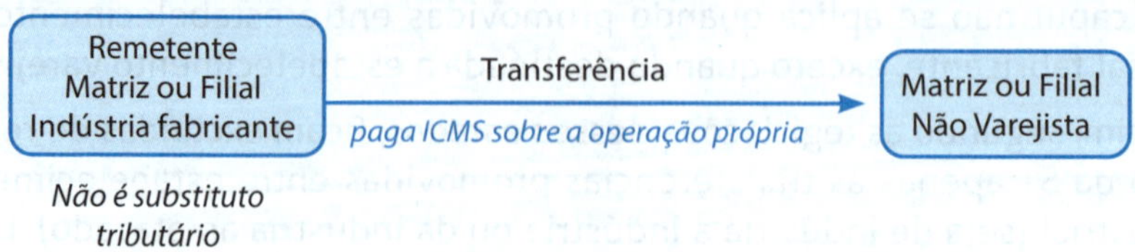

7.3.4.3. Venda a estabelecimento fabricante e responsável tributário da mesma mercadoria

> Convênio ICMS 142/2018, cláusula 9ª – "O regime de substituição tributária não se aplica:
>
> I – às operações interestaduais que destinem bens e mercadorias submetidas ao regime de substituição tributária a estabelecimento industrial fabricante do mesmo bem e mercadoria"

Para explicarmos essa disposição do Convênio Confaz, precisamos saber que todas as mercadorias vendidas têm um Código Especificador da Substituição Tributária" chamado de CEST. Esse CEST serve para estabelecer uma sistemática de uniformização e identificação das mercadorias e bens que são passíveis de substituição tributária. Para uma mercadoria ser sujeita à ST, tem que possuir um código CEST. Por exemplo, o CEST 03.021.00 é o próprio para cerveja. Logo, como existe um CEST associado a esse produto tão vital à nossa existência, os estados e o DF poderão estabelecer o regime de substituição tributária para ele, caso queiram.

Imaginemos que Alfa, fabricante de materiais de construção, mais especificamente de argamassas (CEST 10.002.00), esteja recebendo muitos pedidos de compra. Como sua produção não será suficiente para suprir a demanda dos seus clientes, Alfa decide comprar argamassas (CEST 10.002.00) e cal (CEST 10.001.00) da indústria Beta para depois revender.

Nesse caso concreto, Beta vende sem aplicar a substituição tributária na argamassa e realiza o recolhimento antecipado da cal, afinal Alfa é fabricante da mesma mercadoria vendida (argamassa), mas não industrializa a cal, entenda mesma mercadoria como o mesmo CEST.

Quando Alfa for revender a argamassa comprada de Beta, caberá a ele aplicar a substituição tributária, enquanto que a cal ele vende sem destaque do imposto, como substituído tributário, porque o ICMS foi pago por Beta, substituto da cal.

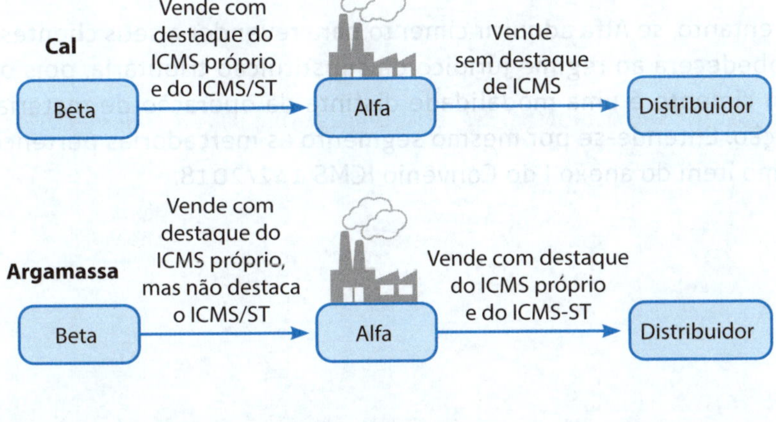

E se Alfa não fosse fabricante e sim o importador de argamassa? Em regra, haveria substituição tributária.

Mas por que em regra? Porque a legislação de alguns estados não autoriza o estabelecimento destinatário atacadista a receber, sem a retenção antecipada do imposto, mercadoria de outro contribuinte responsável por tal retenção. Assim, nesses estados, se um importador de materiais de construção adquirir de um fabricante a mesma mercadoria, receberá com retenção antecipada (cabe ao concursando observar essa divergência em seu estado na época do concurso). Esse é um dos pontos em que a legislação da substituição tributária não é uniforme nos estados.

Por fim, cabe relembrarmos que o §4º da cláusula segunda do Convênio ICMS 142/2018 diz: "Os acordos firmados entre as unidades federadas poderão estabelecer normas específicas ou complementares às estabelecidas neste convênio".

Assim, a legislação do estado de São Paulo, em vez de utilizar o previsto na cláusula nona do Convênio ICMS 142/2018, utiliza a seguinte redação: "Não se aplica o regime de substituição tributária nas operações interestaduais destinadas a estabelecimento industrial localizado no estado de São Paulo que seja fabricante de bem e mercadoria pertencentes ao mesmo segmento".

Dessa forma, voltando ao exemplo anterior, caso o fabricante de argamassa Alfa se localize em São Paulo, receberá de Beta não só a argamassa, como também a cal já sem o recolhimento antecipado (ICMS/ST), afinal Alfa industrializa outra mercadoria da mesma modalidade de substituição (cal), pois tanto a cal como a argamassa pertencem à modalidade de materiais de construção. Em termos fiscais a mesma modalidade é caracterizada com o número inicial do CEST, para materiais de construção esse número é o 10 (dez).

No entanto, se Alfa adquirir cimento para revender a seus clientes, essa venda obedecerá ao regime jurídico da substituição tributária, pois operação com cimento é uma modalidade distinta da operação de materiais de construção. Entende-se por mesmo segmento as mercadorias pertencentes ao mesmo item do anexo I do Convênio ICMS 142/2018.

- **1ª situação (Todos estados, exceto São Paulo)**

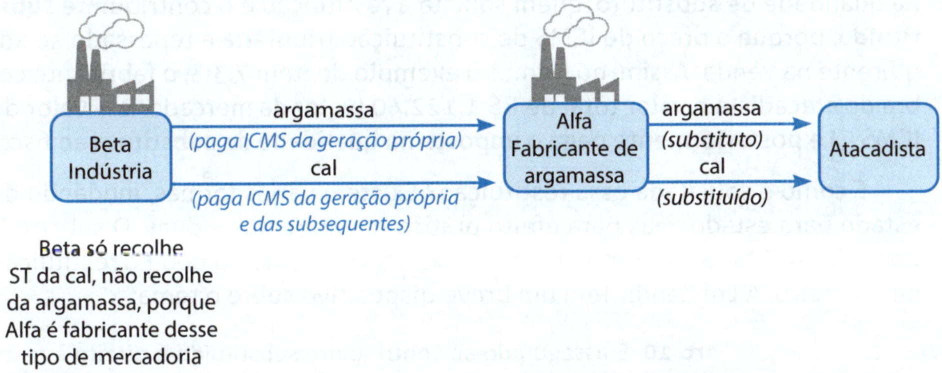

- **2ª situação (São Paulo)**

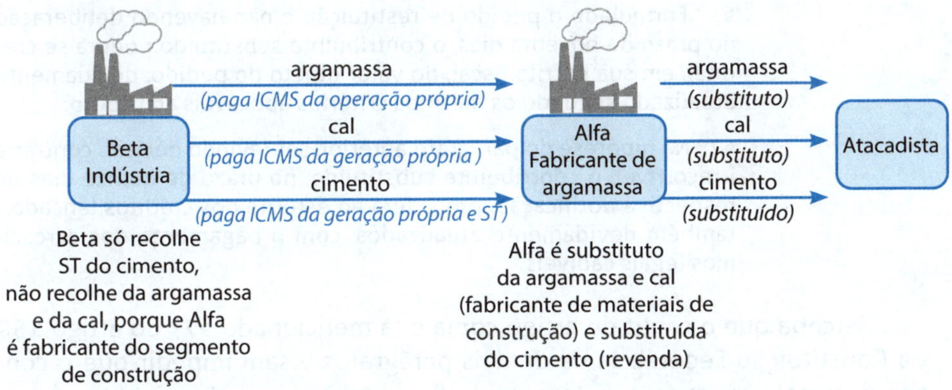

7.3.5. Quando não ocorre a venda do varejista após a aplicação da ST

Não é anormal um determinado produto ser vendido da indústria para o atacadista com retenção do imposto na qualidade de substituto tributário, no entanto, por algum motivo alheio, a mercadoria não seguir o ciclo normal, ou seja, não acontecer a venda do varejista ao consumidor final.

Seguindo a literalidade do §7º do Artigo 150 da Constituição Federal, o fato gerador presumido não realizado deve ser restituído (algumas legislações chamam de ressarcimento). Porém, nem sempre é assim, então discorreremos uma a uma começando pelas hipóteses que não exigem a restituição.

> "Art. 150, § 7º – A lei poderá atribuir a sujeito passivo de obrigação tributária a condição de responsável pelo pagamento de imposto ou contribuição, cujo fato gerador deva ocorrer posteriormente, assegurada a imediata e preferencial restituição da quantia paga, caso não se realize o fato gerador presumido."

No caso em que o sujeito passivo pode ser restituído do imposto retido na qualidade de substituto, quem solicita a restituição é o contribuinte **substituído**, porque o preço do ICMS de substituição tributária é repassado ao adquirente na venda. Assim, no primeiro exemplo do item 7.3.3, o fabricante cobra do atacadista o valor total de R$ 1.122,40 (valor da mercadoria + valor do ICMS $_{ST}$) e posteriormente paga o imposto na qualidade de substituto ao fisco.

E como é solicitada essa restituição? Existem várias formas, mudando de estado para estado, mas para efeito prático resumiremos a duas. O substituído pode creditar o montante que lhe deve ser restituído ou pedir a restituição em dinheiro. A Lei Kandir tem um breve dispositivo sobre o tema:

> "**Art. 10.** É assegurado ao contribuinte substituído o direito à restituição do valor do imposto pago por força da substituição tributária, correspondente ao fato gerador presumido que não se realizar.
>
> §1º Formulado o pedido de restituição e não havendo deliberação no prazo de noventa dias, o contribuinte substituído poderá se creditar, em sua escrita fiscal, do valor objeto do pedido, devidamente atualizado segundo os mesmos critérios aplicáveis ao tributo.
>
> §2º Na hipótese do parágrafo anterior, sobrevindo decisão contrária irrecorrível, o contribuinte substituído, no prazo de quinze dias da respectiva notificação, procederá ao estorno dos créditos lançados, também devidamente atualizados, com o pagamento dos acréscimos legais cabíveis."

Perceba que o caput do artigo copia o já mencionado §7º do artigo 150 da Constituição Federal. Já os demais parágrafos visam impedir que o contribuinte seja onerado por demora do fisco. Assim, caso depois de noventa dias do protocolo do pedido, o fisco ainda não tenha se pronunciado, então o contribuinte **SUBSTITUÍDO** poderá creditar o imposto a ser restituído em sua escrita fiscal.

E se depois do crédito a decisão for contrária ao contribuinte? Então ele deverá aplicar a regra do parágrafo segundo, estornando o crédito lançado, nesse caso com os acréscimos cabíveis.

Preste atenção, quem solicita o pedido de restituição ou ressarcimento é o contribuinte SUBSTITUÍDO, inclusive é justamente o substituído que efetua o crédito, caso o pedido não seja deferido no prazo de noventa dias. Cuidado que o examinador coloca o substituto como requerente ou como a empresa que efetuará o crédito em caso de demora do pronunciamento do fisco.

7.3.5.1. Transferência entre estabelecimentos do substituído

Vamos voltar ao velho exemplo do início do capítulo, no qual a indústria alimentícia vendeu pescado para um atacadista situado no seu mesmo estado. Agora, imaginemos que em vez do adquirente vender ao supermercado, ele transfira para suas filiais dentro do seu próprio estado.

Essa transferência será sem destaque do imposto, a filial que receber a mercadoria não poderá creditar e quando ela for revendida, o comerciante também não debitará o ICMS. Não haverá restituição do imposto pago anteriormente por substituição tributária, porque o ciclo da mercadoria ainda não acabou, apenas ficou mais longo, e ela poderá ser vendida a um varejista e esse a vender a um consumidor final.

- **1ª situação (Transferência do substituído)**

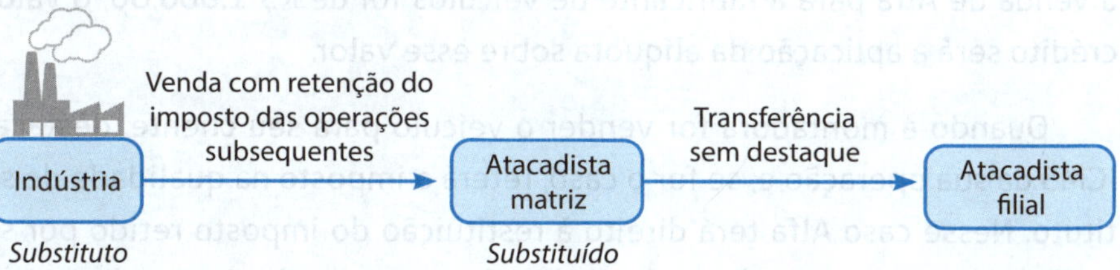

- **2ª situação (Venda direta a consumidor final)**

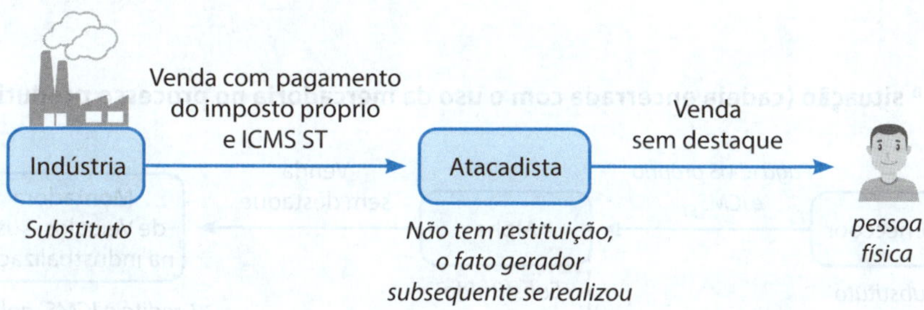

Também não haverá restituição se esse atacadista vender diretamente a um consumidor final, pois nesse caso o ciclo foi encerrado, apenas antecipadamente.

7.3.5.2. Venda pelo substituído da mercadoria para ser integralizada em processo produtivo, ou utilizada como ativo imobilizado ou material de uso e consumo pelo seu cliente

Quando uma montadora de veículo adquire uma peça para sua fabricação de um comerciante Alfa substituído, essa nota fiscal será emitida sem qualquer destaque de imposto, afinal o fornecedor de Alfa já reteve o ICMS de toda a cadeia.

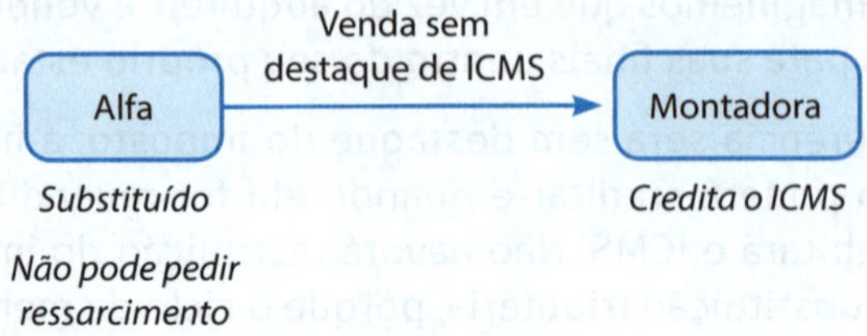

Apesar da falta de destaque, a montadora poderá creditar o imposto, mesmo porque a sua aquisição é uma operação tributada. Dessa forma, se a venda de Alfa para a fabricante de veículos foi de R$ 1.000,00, o valor do crédito será a aplicação da alíquota sobre esse valor.

Quando a montadora for vender o veículo para seu cliente, destacará o ICMS da sua operação e, se for o caso, reterá o imposto na qualidade de substituto. Nesse caso Alfa terá direito à restituição do imposto retido por substituição do seu fornecedor? Não, pois o fato gerador da sua venda ocorreu, a montadora seguiu a regra normal, como se não houvesse substituição tributária, então nada deve ser restituído.

- **1ª situação (cadeia encerrada com o uso da mercadoria no processo produtivo)**

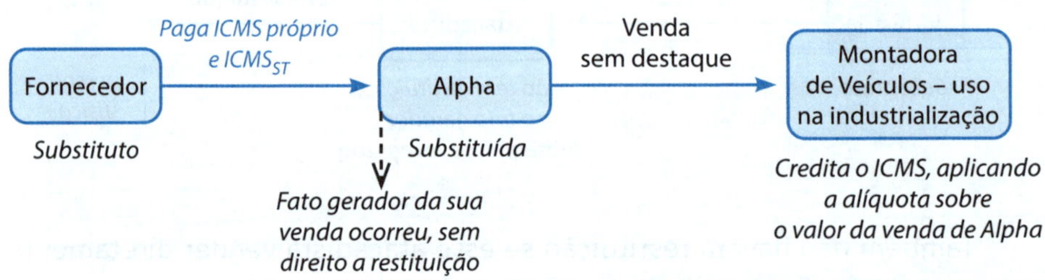

- **2ª situação (cadeia encerrada após a venda do substituído para uso e consumo do adquirente)**

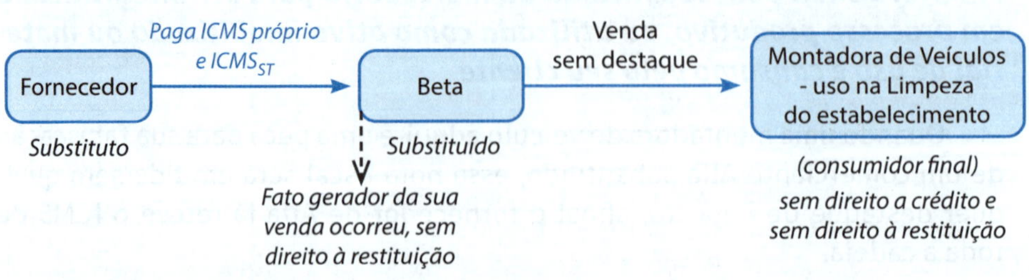

Agora vamos imaginar que essa mesma montadora de veículos adquira materiais de limpeza de Beta, comerciante substituído, para usar como material de uso e consumo. A nota fiscal emitida por Beta será sem destaque de imposto, como a nota de qualquer contribuinte substituído. Já a montadora não efetuará crédito, pois material de uso e consumo não permite crédito de ICMS.

Por fim, vamos supor que um fabricante de medicamentos compre um automóvel de uma concessionária e utilize o veículo na distribuição de sua produção. Como a concessionária é substituída, nao haverá destaque de imposto. O automóvel é um ativo imobilizado, usado no seu setor produtivo, logo o fabricante poderá creditar o imposto cobrado da concessionária, aplicando a alíquota da mercadoria sobre o valor da venda, na proporção de um quarenta e oito avos (item 6.3.5).

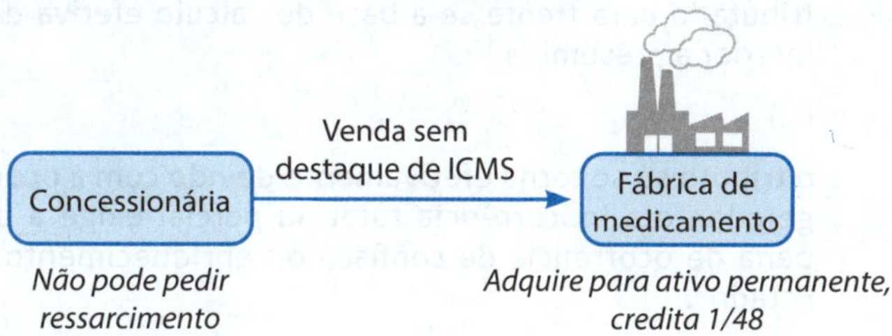

Tanto no caso do material de limpeza como no do automóvel, não devemos falar em restituição, pelo mesmo motivo exposto no caso da venda da peça utilizada na produção industrial.

Perceba que nesses casos o substituído chegou a vender sua mercadoria sem destaque de ICMS. Em todos os casos o fato gerador presumido ocorreu, só que o consumidor final não foi uma pessoa física e sim outra pessoa jurídica. Por isso é que não cabe o ressarcimento. Veremos mais na frente o caso, em que o próprio substituído usa a mercadoria adquirida para revenda, pois nesse caso ele terá direito ao ressarcimento.

7.3.5.3. Venda da mercadoria por preço divergente (maior ou menor) do calculado no momento da retenção antecipada

Retornaremos ao exemplo do item 7.3.3, no qual o fabricante de produtos alimentícios vendeu enlatados de peixes e fez o recolhimento antecipado aplicando a base de cálculo de R$ 1.680,00. Agora vamos imaginar que, após essa mercadoria chegar ao estabelecimento varejista, foi revendida por R$ 1.800,00. O fisco poderia cobrar a diferença?

Esse ponto causou muita controvérsia. No primeiro momento, praticamente todas as legislações tinham a previsão da cobrança desse ICMS complementar, porém, em 2002, o STF julgou inconstitucional, por meio da ADIn 1.851/AL e os estados revogaram essa disposição legal.

Acontece que outra pergunta nascia com o tema. E se em vez de vender por preço maior, o contribuinte vender por preço menor do que a base de cálculo calculada, por exemplo R$1.500,00, haverá restituição?

Na mesma ADIn o Supremo tinha adotado posição contrária à restituição, no entanto em 19/10/2016 no julgamento das ADIn 2.675/PE e 2.777/SP, a Corte se posicionou favorável à restituição. Os julgamentos finais dessas ADIns ocorreram na mesma data do julgamento do RE 593.849/MG, tema 201 de repercussão geral, que teve a seguinte decisão:

> "É devida a restituição da diferença do Imposto sobre Circulação de Mercadorias e Serviços – ICMS pago a mais no regime de substituição tributária para frente se a base de cálculo efetiva da operação for inferior à presumida
>
> (...)
>
> o tributo só se torna efetivamente devido com a ocorrência do fato gerador, e a inocorrência total ou parcial exige a devolução, sob pena de ocorrência de confisco ou enriquecimento sem causa do Estado".

Ocorre que prevendo tal posição e antes da decisão proferida, os estados revogaram esse dispositivo legal que determinava a restituição da venda por preço menor. Atualmente, a previsão da devolução do dinheiro existe em algumas legislações.

Então só os estados que têm essa previsão devem obedecer à decisão judicial? Na verdade, esses estados obedecem à decisão judicial e à sua própria legislação. Já os demais estados, mesmo sem previsão na legislação, também são obrigados a ressarcir se houver venda com preço menor, afinal, como isso foi decidido por Adin, essa decisão tem efeito vinculante aos fiscos. Esse efeito vinculante fica caracterizado no momento que a Suprema Corte, por meio do RE 593.849/MG, impôs o ressarcimento ao estado de Minas Gerais, cuja legislação já não tinha a previsão de restituição dos valores pagos a menor e dita: "sob pena de enriquecimento sem causa do Estado".

O pior foi que a ação dos estados para mitigar os efeitos contrários não pararam por aí, além de revogarem o dispositivo que autoriza a restituição do fato gerador realizado a menor, os estados opuseram embargos de declaração no final do julgamento das ADIn 2.675/PE e 2.777/SP (aquelas que autorizaram a restituição ao contribuinte). Contudo, o referido embargo foi rejeitado sem julgamento do mérito, por questões processuais.

Diante disso, os fiscos entenderam que como o STF autorizou a restituição, ele também autorizou o complemento. Dessa forma, após o ano de 2016, quase todas as legislações estaduais voltaram a prever o complemento do fato gerador realizado a menor.

E o que respondo em prova? Em relação ao ressarcimento, se for para os estados que têm essa previsão, diga que tem que ressarcir. Nos demais estados, devemos ver a pergunta, pois se falar em previsão legal, responda que não deve ressarcir, mas se falar em decisão judicial ou jurisprudência (o que vem sendo a tendência dos examinadores), a resposta é que deve ressarcir.

Já no caso do complemento, o raciocínio é semelhante, porém no sentido contrário. Se não houver previsão de complemento, diga que não tem de complementar; mas se tiver essa previsão, veja se a pergunta é conforme a legislação ou a jurisprudência e responda conforme a pergunta.

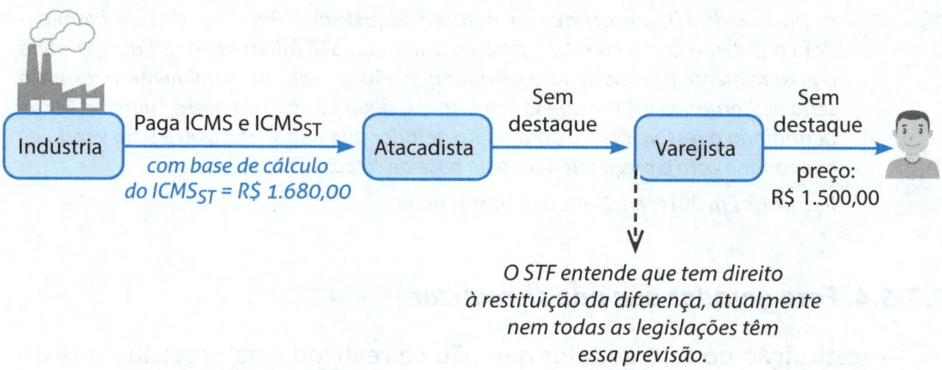

(Juiz Substituto-Tribunal de Justiça-AM/CESPE–2016) Lei ordinária estadual do estado do Amazonas instituiu o regime de substituição tributária do ICMS na fabricação de alimentos congelados, ficando a entidade industrial responsável pelo tributo devido pelo varejista nas vendas ao consumidor final.

A indústria de congelados G Ltda. recolheu o valor devido por suas operações e pelas operações do varejista, sendo o tributo correspondente a esta última etapa equivalente a R$ 0,50. Em razão de prolongada falta de luz, o supermercado S Ltda. perdeu metade de seu estoque de alimentos congelados, tendo sido, ainda, obrigado a vender o restante do estoque por metade do valor arbitrado, como base de cálculo da substituição.

Considerando essa situação hipotética, assinale a opção correta acerca da substituição tributária.

a) Como o fato gerador não ocorreu ou ocorreu com valor menor que o presumido, é permitido ao supermercado S pleitear a restituição do valor pago a maior, de modo que tanto as vendas frustradas como as vendas com desconto lhe gerarão crédito, já que se trata de substituição tributária subsequente.

b) Por se tratar de substituição tributária subsequente, a inocorrência do fato gerador ou a sua ocorrência com valor menor que o presumido, permite à indústria G pleitear a restituição do valor pago a maior, de modo que tanto as vendas frustradas como as em que houve desconto lhe gerarão crédito..

c) Como em caso de substituição tributária subsequente, apenas a inocorrência do fato gerador permite ao substituto, a indústria G, pleitear a restituição do valor pago a maior, não podendo pleitear a restituição para os casos em que houve desconto.

d) Lei que trate de substituição tributária atribui a responsabilidade pelo crédito tributário a terceira pessoa, vinculada ao fato gerador da respectiva obrigação, não podendo criar fatos geradores presumidos, sob pena de tornar inválida a substituição tributária subsequente, como ocorre na situação apresentada.

e) Por se tratar de substituição tributária subsequente, apenas a inocorrência absoluta do fato gerador permitiria ao supermercado S, o substituído, pleitear a restituição do valor pago a maior, não sendo possível pleitear-se a restituição para os casos de desconto.

Comentário: *Essa prova foi aplicada em março de 2016, ou seja, antes da mudança de posição do STF, que ocorreu em outubro daquele ano. Por conta disso, o examinador considerou como correta a posição antiga do STF (alternativa "e") que permitia o ressarcimento apenas do fato gerador que não se realizou. Atualmente, a resposta seria a alternativa "a", em que se transcreve a nova posição da nossa Suprema Corte, permitindo o ressarcimento para o fato gerador que não se realizou e para venda de mercadoria com o preço inferior ao da base de cálculo do ICMS/ST.*

Resposta: Em 2016, era E. Atualmente, seria A.

7.3.5.4. Fato gerador que não se realizar

A restituição do fato gerador que não se realizou está prevista no texto constitucional (§7º, art. 150). Respeitando o texto da nossa Lei Maior, todas as legislações fazem essa mesma previsão.

O que seria a inocorrência do fato gerador? Uma ótima definição está no regulamento fluminense, que diz: "O fato gerador não realizado caracteriza-se pela inocorrência de operação subsequente por motivo de perda, roubo, quebra, extravio, inutilização ou consumo de mercadoria".

Perceba que o uso e consumo aqui é do próprio substituído e não do seu cliente, como no caso da montadora de veículos (item 7.3.5.2). No caso do item 7.3.5.2, ocorre a venda do substituído, o fato gerador acontece, diferente deste caso. Por exemplo, uma revendedora de materiais de limpeza adquire vassouras para revender com ICMS/ST retido. Posteriormente, ela usa a vassoura para limpeza do seu estabelecimento. Nesse caso, após o recolhimento do ICMS/ST não ocorreu o fato gerador.

Dessa forma, após determinada mercadoria entrar em um estabelecimento comercial, com o imposto retido pelo regime jurídico da substituição tributária, e ocorrer uma das hipóteses previstas no último parágrafo, o contribuinte substituído poderá solicitar a restituição do imposto.

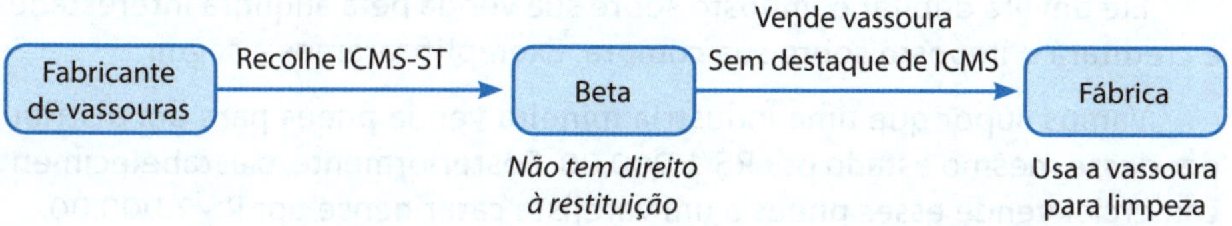

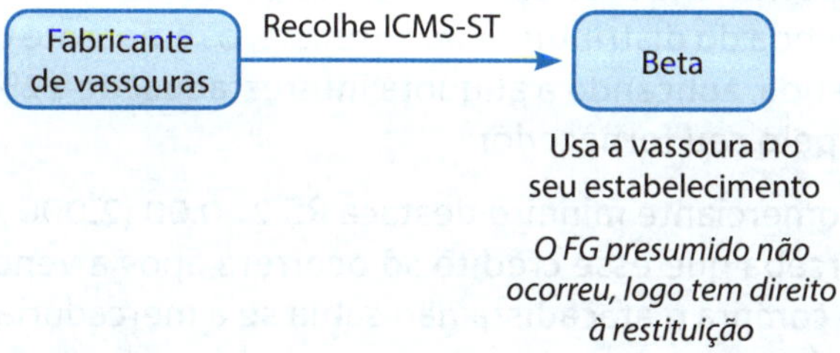

Agora, vamos imaginar a seguinte situação: Um contribuinte substituído recebeu uma mercadoria que teve o ICMS-ST pago pelo seu fornecedor. Melhor explicando, o ICMS da operação própria do fornecedor foi R$100,00 e o ICMS-ST foi de R$80,00.

Acontece que esta mercadoria extraviou ou pereceu. Ele poderá solicitar a restituição ou ressarcimento do ICMS-ST? Poderá, afinal o fato gerador presumido não ocorreu. Assim, caso ele peça e não seja deferido no prazo de noventa dias, poderá o contribuinte substituído creditar o ICMS-ST (R$ 80,00) pago pelo seu fornecedor.

Agora, ele deverá estornar o crédito do ICMS da operação própria do fornecedor (R$ 100,00)? Não, porque na qualidade de substituído, ele não efetuou o crédito desta mercadoria. O estorno de crédito sobre a mercadoria que pereceu ou extraviou que vimos no capítulo passado deve ocorrer para os contribuintes que efetuaram este crédito, o contribuinte substituído não efetua estorno de crédito, porque ele não efetuou o crédito. Muitos candidatos fazem confusão nisto.

7.3.5.5. Venda para outro estado

Quando um determinado fabricante vende sua produção a um estabelecimento atacadista, é calculado o imposto a título de substituição tributária, levando em consideração que toda a cadeia seguirá no estado em que está localizado o adquirente atacadista. Contudo, e se o adquirente vender para um contribuinte situado em outro ente federado?

Ele deverá debitar o imposto sobre sua venda pela alíquota interestadual e creditará o imposto sobre sua compra. Exemplificaremos a seguir.

Vamos supor que uma indústria mineira venda pneus para um distribuidor desse mesmo estado por R$ 1.000,00. Posteriormente, o estabelecimento comercial vende esses pneus a um varejista catarinense por R$ 2.000,00.

Na primeira venda, a indústria recolheu o imposto da operação própria (R$ 180,00, supondo alíquota de 18%) e o imposto pelo regime jurídico antecipado. Já na venda do distribuidor ao varejista, o remetente destaca o imposto sobre sua venda, aplicando a alíquota interestadual de 12% e se credita do imposto pago pelo seu fornecedor.

Assim, o comerciante mineiro destaca R$ 240,00 (2.000 x 12%) e credita R$ 180,00. Perceba que esse crédito só ocorrerá após a venda interestadual, pois no ato da compra o atacadista não sabia se a mercadoria seguiria ou não em terras mineiras.

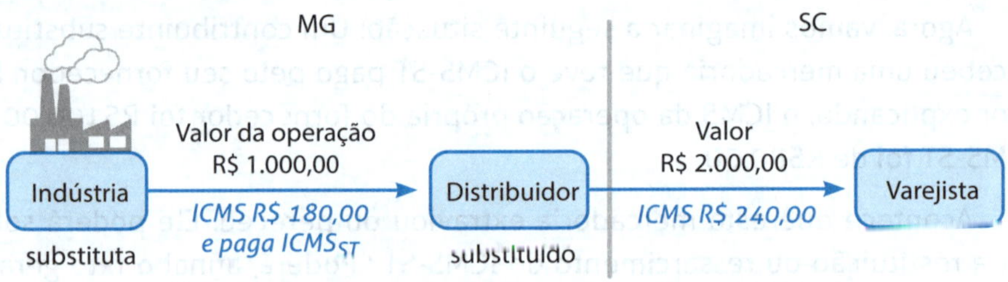

Debita o valor de R$ 240,00 da sua venda e credita R$ 180,00 do imposto da operação própria do seu fornecedor. Tem direito à restituição, pois foi presumido o fato gerador das operações posteriores dentro do território mineiro

E o comerciante de Minas Gerais terá direito a restituição? Sim, pois o fato gerador presumido, dentro do território mineiro, não se realizou. Quando o contribuinte fez o débito e o crédito, ele transformou sua operação no regime normal, sem substituição tributária, então deverá solicitar sua restituição pelo imposto pago por seu fornecedor. Pede a qual estado? A Minas Gerais, pois foi para o fisco mineiro que houve o recolhimento do ICMS/ST.

7.3.5.6. Venda com isenção

No momento em que ocorre a retenção do imposto sujeito ao regime jurídico da substituição tributária, paga-se o ICMS antecipadamente, considerando que todas as operações subsequentes serão tributadas. Contudo, e se no meio do ciclo alguma operação tiver o benefício da isenção, haverá o substituído direito a crédito sobre a operação anterior? Sim, caso essa isenção permita manutenção do crédito, caso contrário não será permitido o creditamento.

Exemplificando, uma indústria paulista de autopeças vendeu parte da sua produção a um comerciante local por R$ 1.000,00, com imposto retido por substituição tributária. Metade foi revendida para a Zona Franca de Manaus, já o restante do seu estoque revendido para o metrô paulista.

As duas vendas são isentas, segundo a legislação paulista. Entretanto, revenda para a Zona Franca de Manaus não há manutenção do crédito, já em operações internas para o metrô há manutenção, logo o comerciante paulista só efetuará o crédito sobre metade das suas compras (R$ 500,00), creditando 18% sobre esse valor, ou seja, R$ 90,00. A outra metade relativa à venda para a ZFM não poderá se creditar.

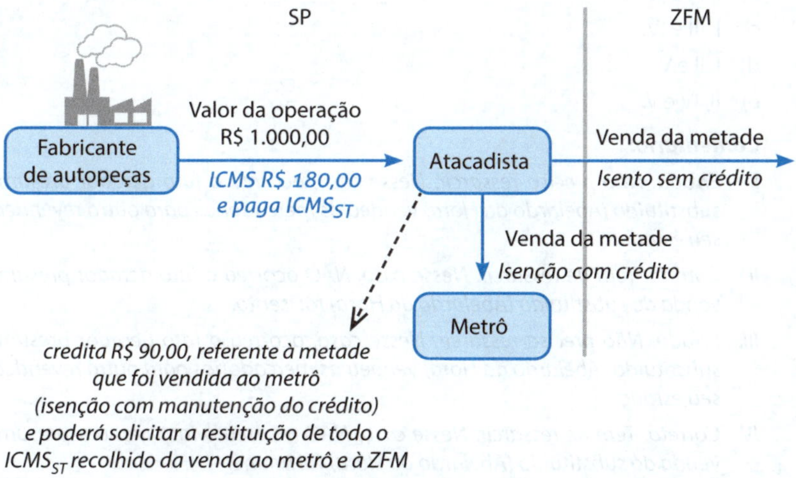

Em relação ao comerciante paulista, ele fará jus à restituição do imposto retido por seu fornecedor? Embora na isenção ocorra o fato gerador presumido, estando vedado apenas o lançamento do imposto, certamente o comerciante paulista poderá solicitar o seu ressarcimento. Não faria sentido algum existir um benefício fiscal se o tratamento fosse diverso. Ainda mais se o Supremo entende que se deve restituir a venda a menor, então não temos qualquer dúvida sobre seu entendimento em uma venda com benefício fiscal. Em regra, a possibilidade de restituição nesse caso de venda posterior isenta está prevista nas legislações estaduais.

Veja como o ressarcimento/restituição de ICMS/ST costuma ser muito cobrado em provas:

(AFTE-PE/FCC–2014) A empresa atacadista Abelardo da Hora, de São Lourenço da Mata – PE, adquiriu mercadorias sujeitas à substituição tributária das operações subsequentes com o ICMS retido pelos remetentes. Em relação a essas mercadorias, aconteceram as situações adiante descritas:

I. Vendeu para o atacadista revendedor Pedro de Lara, de Bom Conselho – PE.

II. Vendeu, ao abrigo de isenção, para o atacadista Boto Cor-de-Rosa, da Zona Franca de Manaus.

III. Vendeu para o varejista revendedor Geraldo Azevedo, de Petrolina – PE.

IV. Exportou parte da mercadoria para o Suriname.

V. Vendeu para consumidor final por valor inferior ao valor da base de cálculo do imposto anteriormente retido por substituição tributária.

De acordo com a Lei nº 11.408/1996, lhe asseguram direito à restituição do ICMS retido por substituição tributária, em seu valor total ou parcial, APENAS as situações

a) II, III e IV.

b) I, III e V.

c) I, III e IV.

d) I, II e V.

e) II, IV e V.

Comentário:

I. Errada. Não precisa ressarcir. Nesse caso, ocorreu o fato gerador presumido, o substituído (Abelardo da Hora) vendeu as mercadorias para outro revendedor do seu estado.

II. Correta. Tem de ressarcir. Nesse caso, NÃO ocorreu o fato gerador presumido. A venda do substituído (Abelardo da Hora) foi isenta.

III. Errada. Não precisa ressarcir. Nesse caso, ocorreu o fato gerador presumido, o substituído (Abelardo da Hora) vendeu as mercadorias para outro revendedor do seu estado.

IV. Correta. Tem de ressarcir. Nesse caso, NÃO ocorreu o fato gerador presumido. A venda do substituído (Abelardo da Hora) foi imune.

V. Correta. Tem de ressarcir. Apesar da questão ser antes da decisão de 2016 do STF, a legislação pernambucana prevê o ressarcimento da operação com venda a preço inferior.

Resposta: E

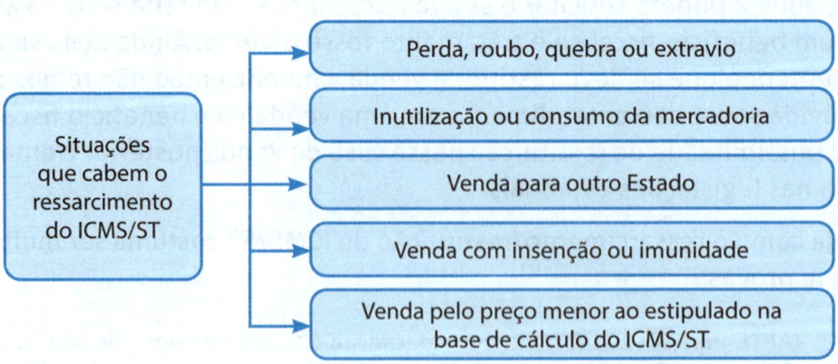

7.3.6. Substituição tributária quando remetente e comerciante destinatário estão em estados diferentes

No início do capítulo, mencionamos que os dois principais fatores que facilitam a vida do fisco com a aplicação do regime jurídico da substituição tributária são a concentração da fiscalização em um número menor de contribuintes e a confiabilidade de quem paga.

Diante de tais pontos, surgem as seguintes perguntas: em termos de logística, será que é melhor fiscalizar um fabricante de outro estado? É mais seguro receber ou cobrar de um sujeito passivo localizado fora do seu território?

Pode ter certeza que os setores estratégicos das Secretarias das Fazendas se debatem com essas perguntas e a resposta é que depende do produto comercializado, do porte do vendedor e dos adquirentes.

Como o tamanho dos adquirentes de cada estado é diverso, nem sempre os entes chegam à mesma conclusão se é válido ou não cobrar o imposto na qualidade de substituto tributário do remetente situado em outra unidade da federação. Ocorre que para certas mercadorias, como cigarros, bebidas (refrigerantes e cervejas), veículos, sorvetes e alguns poucos segmentos, praticamente todos os entes federados concordam que é melhor cobrar dos fabricantes do que dos destinatários, sejam esses barracas de revistas, barzinhos ou concessionárias.

Dessa forma, para alguns tipos de mercadorias, os estados estabelecem entre si convênios ou protocolos que atribuem a responsabilidade pelo pagamento ao remetente, mesmo que situado em unidade da federação diversa do destinatário.

Com uma ressalva, pela cláusula oitava do Convênio ICMS 142/2018 (que estabelece normas gerais sobre o tema), "o contribuinte remetente que promover operações interestaduais com bens e mercadorias especificadas em convênio ou protocolo que disponha sobre o regime de substituição tributária poderá ser o responsável, na condição de sujeito passivo por substituição, pela retenção e recolhimento do ICMS relativo às operações subsequentes devido à unidade federada de destino, mesmo que o imposto tenha sido retido anteriormente".

Assim, nas operações internas, apenas o importador e o fabricante são substitutos tributários; já nas operações interestaduais, qualquer remetente pode ser substituto, mesmo que ele tenha recebido a mercadoria como substituído (mesmo que o imposto tenha sido retido anteriormente).

Dessa forma, caso os estados do Maranhão e do Piauí firmem protocolo para operações de cimento e um comerciante maranhense venda parte de seu estoque para um comerciante piauiense, estoque esse que adquiriu mercadorias de um fabricante maranhense, na qualidade de substituído tributário, caberá ao remetente (comerciante maranhense) efetuar o pagamento do ICMS como substituto tributário.

Nesse caso, o remetente maranhense solicita uma inscrição estadual na Secretaria da Fazenda do Piauí. Mas o contribuinte do Maranhão não tem inscrição? Tem, mas no estado do Maranhão. Lembre-se de que foi explicado no início do Capítulo 5 que o número da inscrição estadual serve de controle do fisco que a concedeu e que cada estado tem o seu formato? Nesse caso concreto, como há um protocolo entre os estados e o remetente será sujeito passivo por substituição tributária, então deverá ter inscrição estadual no estado de destino, o Piauí.

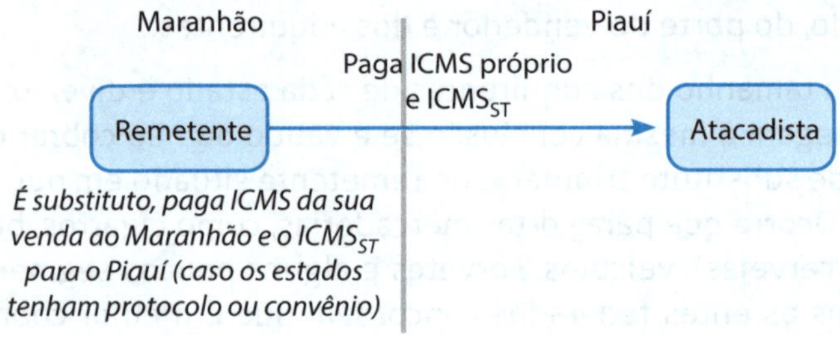

O substituído será o adquirente da mercadoria, nesse caso concreto o comerciante piauiense.

E se no último exemplo, após a aplicação da substituição tributária, o comerciante piauiense não vender para o varejista do seu estado ou a venda ao consumidor final ocorrer com preço diverso da base de cálculo retida? Ocorrerão as mesmas consequências elencadas no item 7.3.5, inclusive a referente à restituição do imposto pago como substituto tributário pelo estabelecimento.

Então nada muda em relação às operações com substituição quando substituto e substituído estão no mesmo estado? Além da mudança de quem pode ser substituto (qualquer remetente, não só fabricante, importador ou arrematante de mercadoria apreendida) muda-se, na operação interestadual, a aplicação da margem de valor agregada (MVA). Isso ocorre porque se o comerciante piauiense comprasse de um fornecedor do seu estado, sobre o preço estaria embutida a alíquota interna de 17%. Já a aquisição proveniente do Maranhão embutiu 12%. Evitando favorecer aquisições interestaduais, aplica-se a seguinte fórmula para ajustar o MVA:

$$MVA_{ajustado} = (1 + MVA_{original}) \times \left(\frac{1 - \text{alíquota interestadual}}{1 - \text{alíquota interna}} \right) - 1$$

Vamos analisar essa fórmula com um exemplo, porque sabemos que ela causará calafrios em alguns leitores.

Voltando ao exemplo do item 7.3.3, imaginando que o vendedor de outro estado aplicou a alíquota interestadual de 12% sobre sua venda de R$ 1.000,00 (operação sem incidência de IPI), com frete cobrado do destinatário de R$ 200,00 e no estado do adquirente a conserva de peixes tem alíquota de 18% e um MVA de 40%, chegaremos aos seguintes valores:

$MVA_{ajustado} = (1 + 0,40) \times [(1 - 0,12) / (1 - 0,18)] - 1 = 50,24$

$ICMS_{próprio} = 1.000 \times 0,12 = R\$ 120,00$

BASE DE CÁLCULO $ICMS_{ST} = (1.000 + IPI + FRETE) \times IVA_{ajustado}$

BASE DE CÁLCULO $ICMS_{ST} = (1.000 + 0,00 + 200,00) \times 1,5024 = R\$ 1.802,93$

$ICMS_{ST} = 1.802,93 \times 0,18 - 120 = R\$ 204,53.$

E se o remetente fosse optante do Simples Nacional? Nesse caso, sempre que o remetente for optante do Simples Nacional não se aplica o MVA ajustado, aplica-se o MVA original. Já no cálculo do ICMS por substituição, deve-se abater o valor do imposto a que ele estaria sujeito se não pertencesse ao regime simplificado, ou seja, 12%.

$ICMS_{próprio}$ = por DAS, lei complementar 123/06

BASE DE CÁLCULO $ICMS_{ST} = (1.000 + IPI + FRETE) \times IVA = R\$ 1.680,00$

$ICMS_{ST} = 1.680 \times 0,18 - 120 = R\$ 182,40$

Diferenças entre ST com empresas no mesmo estado ou em estados diferentes	**Mesmo estado**	**Estados diferentes**
Quem é o substituto?	Fabricante e importador	Qualquer remetente
MVA	Não ajusta	Ajusta

Por fim, cabe a ressalva de mesmo que o substituto do outro estado não pague o ICMS/ST, ou pague a menor, os fiscos podem cobrar o destinatário da mercadoria. Exemplificando: um atacadista do Tocantins remete cimento para ser revendido em Goiás. Caso o remetente não pague o imposto, a legislação prevê a cobrança do destinatário.

Aliás, isso vale para qualquer substituição antecedente, estejam remetente e destinatário no mesmo estado ou não, afinal o substituído quando recebe uma mercadoria sujeita ao ICMS/ST ele poderá ver, na nota fiscal, se o substituto efetuou o recolhimento do ICMS/ST correto.

Veja como isso é cobrado em concurso:

(Auditor Fiscal da Receita Estadual-AL/CESPE-2002) Julgue o item subsequente, relativo ao imposto sobre operações relativas à circulação de mercadorias e sobre prestação de serviços de transporte interestadual e intermunicipal e de comunicações (ICMS).

A substituição tributária não exclui a responsabilidade do contribuinte substituído, na hipótese de o documento fiscal próprio não indicar o valor do imposto, objeto da substituição, quando o respectivo destaque for exigido pela legislação tributária.

( ) Certo

( ) Errado

Comentário: *Afirmativa correta, pois os fiscos podem cobrar o destinatário da mercadoria caso o substituto do outro estado não pague o ICMS/ST ou pague a menor. Isso pode ser observado pelo substituído no documento fiscal emitido pelo substituto.*

Resposta: C

7.3.7. Aquisições interestaduais de mercadorias sujeitas ao regime jurídico da substituição tributária quando não existir convênio entre os estados – Antecipação do imposto nas operações interestaduais

Como explicado no item anterior, nem sempre os entes federados realizam Convênios ou Protocolos para todos os segmentos de mercadorias que estão submetidas ao regime jurídico da substituição tributária.

Diante de tal situação, é muito comum alguns estados implementarem a substituição tributária para algumas mercadorias, mas não aceitarem que o remetente situado fora do seu território realize o pagamento na condição de substituto tributário. Nesses casos, quando o adquirente compra com o intuito de revender a mercadoria, ele será o próprio substituto tributário e realizará o pagamento na entrada do seu estabelecimento, por meio de guia de recolhimento. As legislações chamam de antecipação do imposto nas operações interestaduais.

Após o recolhimento antecipado, o adquirente emitirá seus documentos para as futuras vendas como substituído, sem destaque do imposto, pois já foi recolhido antecipadamente. O adquirente não efetua o crédito do imposto sobre a entrada, exatamente como substituído. E quando não é aplicada a substituição tributária nesses casos? Quando ocorrer uma das hipóteses elencadas no item 7.3.4.

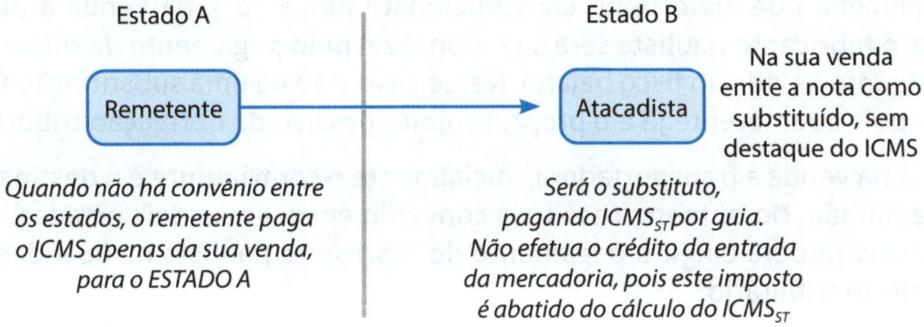

Depois do pagamento do imposto antecipado, pode ocorrer algum caso de restituição? Sim, mesmo porque ocorrerão as mesmas consequências elencadas no item 7.3.5, inclusive a referente à restituição do imposto pago como substituto tributário pelo estabelecimento.

O cálculo do imposto a ser retido quando o vendedor não pertence ao Simples Nacional será o mesmo do item 7.3.6, independente do destinatário pertencer ao Simples Nacional ou não. Assim, calcularemos o MVA ajustado e encontraremos, em condições idênticas, o mesmo valor a ser recolhido do primeiro exemplo do item anterior ($ICMS_{ST}$ = R$ 204,53).

7.3.8. Substituição tributária do diferencial de alíquota

No item 2.6.10, estudamos que quando houver uma venda interestadual e a mercadoria for destinada a uso e consumo ou ativo imobilizado, incidirá o diferencial de alíquota. Muitos estados celebraram convênios determinando que quando incidir esse diferencial, o remetente recolherá essa diferença ao fisco do destino, na qualidade de substituto tributário.

Aqui já cabe o primeiro alerta. Vamos imaginar que um fabricante de veículos paulista venda dois caminhões para a Bahia. O primeiro é destinado a uma transportadora que o utilizará nos seus serviços de transporte. Já o segundo é destinado a uma pessoa física (transportador autônomo), que provavelmente também irá utilizá-lo em serviços de transporte.

Relembremos o que determina nossa Lei Magna:

> **Art. 155.** "Compete aos Estados e ao Distrito Federal instituir impostos sobre:
>
> §2º – O imposto previsto no inciso II atenderá ao seguinte:
>
> VIII – a responsabilidade pelo recolhimento do imposto correspondente à diferença entre a alíquota interna e a interestadual de que trata o inciso VII será atribuída:
>
> a) ao destinatário, quando este for contribuinte do imposto;
>
> b) ao remetente, quando o destinatário não for contribuinte do imposto;"

Perceba que, pelo texto constitucional (alínea "b"), na venda à pessoa física, o fabricante paulista será o responsável pelo pagamento do diferencial de alíquota devido ao fisco baiano. Nesse caso, não há uma substituição tributária, pois o remetente já é o próprio sujeito passivo da obrigação tributária.

Já na venda à transportadora, inicialmente o contribuinte é o destinatário do caminhão. No entanto, caso haja convênio entre esses dois estados, o fisco baiano poderá exigir o pagamento do fabricante paulista na qualidade de substituto tributário.

- **1ª situação (venda a não contribuinte)**

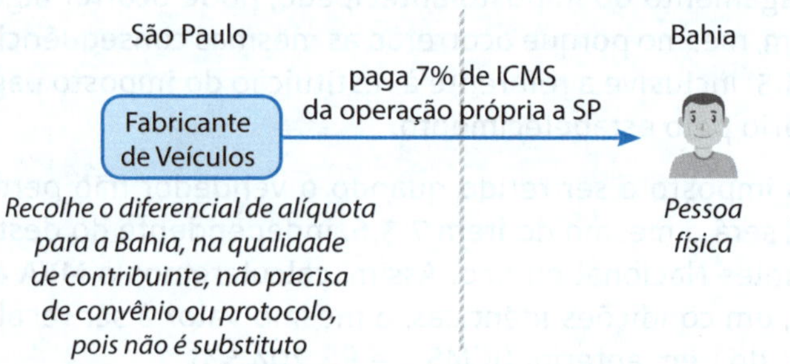

- **2ª situação (venda a contribuinte)**

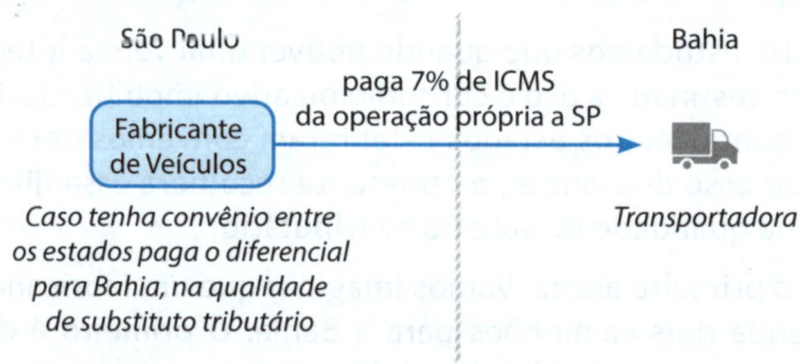

Apesar do exemplo mencionar um fabricante paulista, no caso de substituição com operações interestaduais, qualquer remetente, mesmo não sendo indústria ou importador, pode ser substituto tributário.

E caso os estados não tenham convênio, quem será o substituto? Ninguém, a operação segue a regra normal, cabendo no nosso exemplo à transportadora pagar o diferencial de alíquota, nos termos do art. 155, §2º, inciso VIII, alínea "a" da Constituição Federal. O cálculo do ICMS do diferencial de alíquota deve obedecer ao comentado no item 2.6.10.

E o cálculo do ICMS ST DIFAL, ou seja, quando o destinatário é contribuinte do ICMS e por convênio cabe ao remetente do outro estado recolher? Sempre foi feito da mesma forma do diferencial de alíquota explicado no item

2.6.10. Assim, se um fabricante paulista vendeu, por R$ 100.000,00, um caminhão para um contribuinte baiano, e sabendo que a alíquota interestadual é 7% e a alíquota interna no estado da Bahia é superior a 7%, caberia ao fabricante recolher o diferencial de alíquota, procedendo com o cálculo que vimos no estudo no DIFAL no item 2.6.10 desta obra.

Agora, vamos imaginar que o remetente seja optante do Simples Nacional. O cálculo ocorrerá da mesma forma, pois embora o remetente pague o imposto da sua operação sobre o faturamento, para efeitos de abatimento, será aplicada a alíquota interestadual da operação.

Por fim, falta considerarmos o destinatário, no caso concreto a transportadora baiana, como optante do Simples Nacional. Nada mudará, pois o valor a ser pago pelo substituto continuará o mesmo e a forma de recolhimento (livros fiscais ou guia de pagamento) será a mesma dependendo apenas se o remetente é ou não optante do SN.

7.4. NÃO RECOLHER O ICMS-ST É CRIME?

Vejamos o que diz a Lei 8.137/90 em seu artigo 2º, inciso II:

> "**Art. 2°** Constitui crime da mesma natureza (*contra a ordem tributária*):
>
> (...)
>
> II – deixar de recolher, no prazo legal, valor de tributo ou de contribuição social, descontado ou cobrado, na qualidade de sujeito passivo de obrigação e que deveria recolher aos cofres públicos;"
>
> (...)
>
> Pena – detenção, de 6 (seis) meses a 2 (dois) anos, e multa.

Sendo assim, perceba que reter o ICMS-ST de outra pessoa jurídica e não o recolher ao estado configura crime contra a ordem tributária, pois realizou uma apropriação indébita. Não cabe nem mesmo parcelar o débito de ICMS-ST, o substituto deverá recolher à vista e dentro do prazo.

Note que o substituto cobrou o ICMS-ST do substituído, ele já o recebeu, mas este valor é do Estado, e não do substituto, logo, se não o recolher dentro do prazo, estará se apropriando indevidamente.

Lembra-se do exemplo do rateio do churrasco com os amigos lá do início do capítulo? se o rapaz que pegou o dinheiro dos amigos para comprar a carne e a cerveja no mercado não o pagasse, não seria uma espécie de "crime" com seus amigos e o açougue? a mesma coisa acontece na ST, só que aqui é crime mesmo. Ficou com os recursos financeiros dos envolvidos e não pagou a quem deveria.

Analise o seguinte: se não houvesse a ST, o substituto receberia o valor acrescido do ICMS do substituído em sua venda? Não, porque receberia o valor constante na Nota Fiscal, sem a ST. Então por que, no caso de haver ST, se o substituto recebeu o valor de ICMS do substituído, não o deveria repassar a quem de direito, o Estado? O contribuinte está claramente se financiando indevidamente do dinheiro de um terceiro.

Em seu futuro trabalho como fiscal, você encontrará diversos contribuintes se locupletando indevidamente deste valor e caberá a você autuar a empresa e denunciar o crime ao Ministério Público, caso o contribuinte não o pague. Obviamente, haverá diversos escritórios de advocacia defendendo a tese de que tal delito não configura o crime previsto da Lei 8.137/90. Contudo, caberá à Procuradoria defender o seu Auto de Infração nessa disputa judicial, sua parte foi feita.

CAPÍTULO VIII

DOCUMENTOS FISCAIS

Todos nós já compramos mercadorias, já utilizamos serviços prestados e recebemos, ou pelo menos deveríamos ter recebido, documentos fiscais relativos a esses negócios jurídicos. É verdade que em algumas situações recebemos cupons fiscais, em outras notas fiscais em papel, em certas ocasiões um documento auxiliar do documento eletrônico. Dependendo do negócio jurídico prestado teremos um determinado modelo de documento fiscal emitido.

Essa emissão está diretamente ligada à fiscalização do ICMS, pois o documento fiscal irá retratar a operação ou prestação, permitindo ao fisco analisar se houve o recolhimento correto dos tributos. Diante de tamanha importância, todos os regulamentos estaduais tratam sobre o tema e as Secretarias das Fazendas Estaduais regulamentam o assunto em reuniões do Confaz, por meio de Convênios, Ajustes SINIEF (Sistema Nacional de Informações Fiscais) e Ajustes COTEPE (Comissão Técnica Permanente).

O Convênio s/nº de 15/12/1970 e o Convênio SINIEF nº 06 de 21/02/89 deram a base para a elaboração dos documentos fiscais, ambos já alterados por dezenas de outros convênios e ajustes.

Cada negócio jurídico, realizado por contribuintes do ICMS, será retratado por um documento fiscal que obedecerá ao layout ou modelo elaborado por um Ajuste COTEPE (Comissão Técnica Permanente).

Há alguns anos, em pleno século XXI, ainda predominavam os documentos em formato papel, elaborados manualmente ou impressos.

Os documentos fiscais em formato papel são os seguintes:

- Nota Fiscal, modelo 1 ou 1-A;
- Nota Fiscal de Venda a Consumidor, modelo 2;
- Cupom Fiscal, modelo 3, emitido por Equipamento Emissor de Cupom Fiscal – ECF;
- Nota Fiscal de Produtor, modelo 4;
- Nota Fiscal/Conta de Energia Elétrica, modelo 6;
- Nota Fiscal de Serviço de Transporte, modelo 7;
- Conhecimento de Transporte Rodoviário de Cargas, modelo 8;

- Conhecimento de Transporte Aquaviário de Cargas, modelo 9;
- Conhecimento Aéreo, modelo 10;
- Conhecimento de Transporte Ferroviário de Cargas, modelo 11;
- Bilhete de Passagem Rodoviário, modelo 13;
- Bilhete de Passagem Aquaviário, modelo 14;
- Bilhete de Passagem e Nota de Bagagem, modelo 15;
- Bilhete de Passagem Ferroviário, modelo 16;
- Despacho de Transporte, modelo 17;
- Resumo de Movimento Diário, modelo 18;
- Ordem de Coleta de Carga, modelo 20;
- Nota Fiscal de Serviço de Comunicação, modelo 21;
- Nota Fiscal de Serviço de Telecomunicações, modelo 22;
- Manifesto de Carga, modelo 25;
- Conhecimento de Transporte Multimodal de Cargas, modelo 26;
- Nota Fiscal de Serviço de Transporte Ferroviário, modelo 27.

A maioria desses modelos não está mais em vigor.

Salientamos que não precisa decorar o número do modelo com o respectivo documento, somente entender para que serve cada documento, que veremos adiante.

Com o avanço da tecnologia digital, o fisco buscou se adequar à nova era. Não poderia ser diferente, afinal os documentos em papel dificultam a fiscalização, são facilmente adulterados, além de aumentarem a burocracia e o custo operacional dos contribuintes. Assim, um novo rol com documentos fiscais digitais surgiu já em pleno século XXI, que são:

- Nota Fiscal Eletrônica – NF-e, modelo 55;
- Cupom Fiscal Eletrônico – CF-e-SAT, modelo 59;
- Nota Fiscal de Consumidor Eletrônica – NFC-e, modelo 65;
- Conhecimento de Transporte Eletrônico – CT-e, modelo 57;
- Manifesto Eletrônico de Documentos Fiscais – MDF-e, modelo 58;
- Nota Fiscal/Conta de Energia Elétrica, modelo 6;
- Nota Fiscal de Serviço de Comunicação, modelo 21;
- Nota Fiscal de Serviço de Telecomunicações, modelo 22;
- Nota Fiscal de Serviços de Transporte pelo CT-e OS, modelo 67.

Alguns desses documentos eletrônicos precisam de documentos auxiliares que serão entregues ao consumidor final e acobertarão o trânsito das mercadorias ou o serviço prestado, assim denominados: Documento Auxiliar da Nota Fiscal Eletrônica – DANFE, Documento Auxiliar do Conhecimento de Transporte Eletrônico – DACTE, Documento Auxiliar do Manifesto Eletrônico de Documentos Fiscais – DAMDFE, Documento Auxiliar da Nota Fiscal de Consumidor Eletrônica – DANFE-NFC-e e Extrato de Emissão do Cupom Fiscal Eletrônico – CF-e-SAT.

Trataremos de cada tipo de documento, no entanto, como a tendência do primeiro grupo (documentos em papel) é cair em desuso, falaremos deles de forma mais simplificada. Inclusive, existem alguns modelos em formato papel que, além de estarem em desuso, nunca foram objeto de prova, logo, não comentaremos esses antigos modelos.

Como a Nota Fiscal/Conta de Energia Elétrica, modelo 6, a Nota Fiscal de Serviço de Comunicação, modelo 21 e a Nota Fiscal de Serviço de Telecomunicações, modelo 22 são tanto documentos em papel como documentos eletrônicos, deixaremos para tratá-las no final do capítulo.

Antes de prosseguirmos, devemos lembrar o que diz os artigos 195 e 174 do CTN:

> **Art. 195.** Para os efeitos da legislação tributária, não têm aplicação quaisquer disposições legais excludentes ou limitativas do direito de examinar mercadorias, livros, arquivos, documentos, papéis e efeitos comerciais ou fiscais, dos comerciantes industriais ou produtores, ou da obrigação destes de exibi-los.
>
> **Parágrafo único.** Os livros obrigatórios de escrituração comercial e fiscal e os comprovantes dos lançamentos neles efetuados serão conservados até que ocorra a prescrição dos créditos tributários decorrentes das operações a que se refiram.
>
> **Art. 174.** A ação para a cobrança do crédito tributário prescreve em cinco anos, contados da data da sua constituição definitiva.

Sendo assim, note que os livros e documentos fiscais deverão ser conservados pelo contribuinte pelo prazo mínimo de cinco anos.

8.1. DOCUMENTOS FISCAIS EM PAPEL

Como explicado, a tendência é os documentos em papel entrarem em desuso, contudo, eles devem ainda existir por algum tempo, afinal os documentos eletrônicos dependem da utilização da internet e esse tipo de serviço nem sempre funciona bem em alguns municípios brasileiros e principalmente na zona rural do nosso país.

Esses documentos em papel precisam da autorização do fisco para serem impressos, e cada autorização, chamada AIDF (Autorização de Impressão de Documentos Fiscais) tem uma numeração. Apenas certas gráficas, autorizadas pelas Secretarias da Fazenda, estão aptas a confeccionar esses documentos.

Pode olhar alguma Nota Fiscal que tenha em casa que verá no rodapé o número da AIDF e a gráfica onde ela foi confeccionada. Entre os documentos em papel, apenas o Cupom Fiscal, modelo 3, a Nota Fiscal/Conta de Energia Elétrica, modelo 6, o Bilhete de Passagem e Nota de Bagagem, modelo 15, Bilhete de Passagem Ferroviário, modelo 16 e o Manifesto de Carga, modelo 25, não têm necessidade de AIDF. Resumindo:

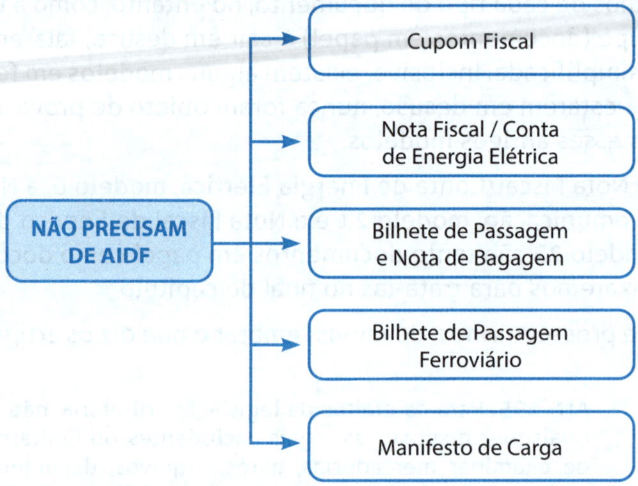

Cabe mencionar que sempre que uma operação esteja beneficiada por isenção ou amparada por imunidade, não-incidência, diferimento ou suspensão do recolhimento do Imposto sobre Produtos Industrializados e/ou do Imposto de Circulação de Mercadorias, essa circunstância será mencionada no documento fiscal, indicando-se o dispositivo legal respectivo, conforme previsão do artigo 9º do Ajuste Sinief S/N de 15/12/1970.

Analisaremos agora cada um desses documentos fiscais. Primeiramente, começaremos pelos documentos em papel e, posteriormente, os eletrônicos.

8.1.1. Nota Fiscal, modelo 1 ou 1-A

Todo contribuinte do ICMS, exceto o produtor rural, que realizar operações com mercadorias deverá emitir a nota fiscal, modelo 1 ou modelo 1-A. Percebam que não é apenas os estabelecimentos industriais e comerciais que sofrem essa obrigatoriedade, por exemplo, se uma transportadora vender seu caminhão, deverá emitir uma Nota Fiscal. Se um prestador de serviço de comunicação doar um brinde, como bonés, a seus clientes, também deverá cumprir essa obrigação acessória.

Pouco importa se a operação é tributada ou não, pois se houver saída de mercadoria, o documento fiscal deverá ser emitido. A nota fiscal modelo 1 terá o formato retrato a seguir:

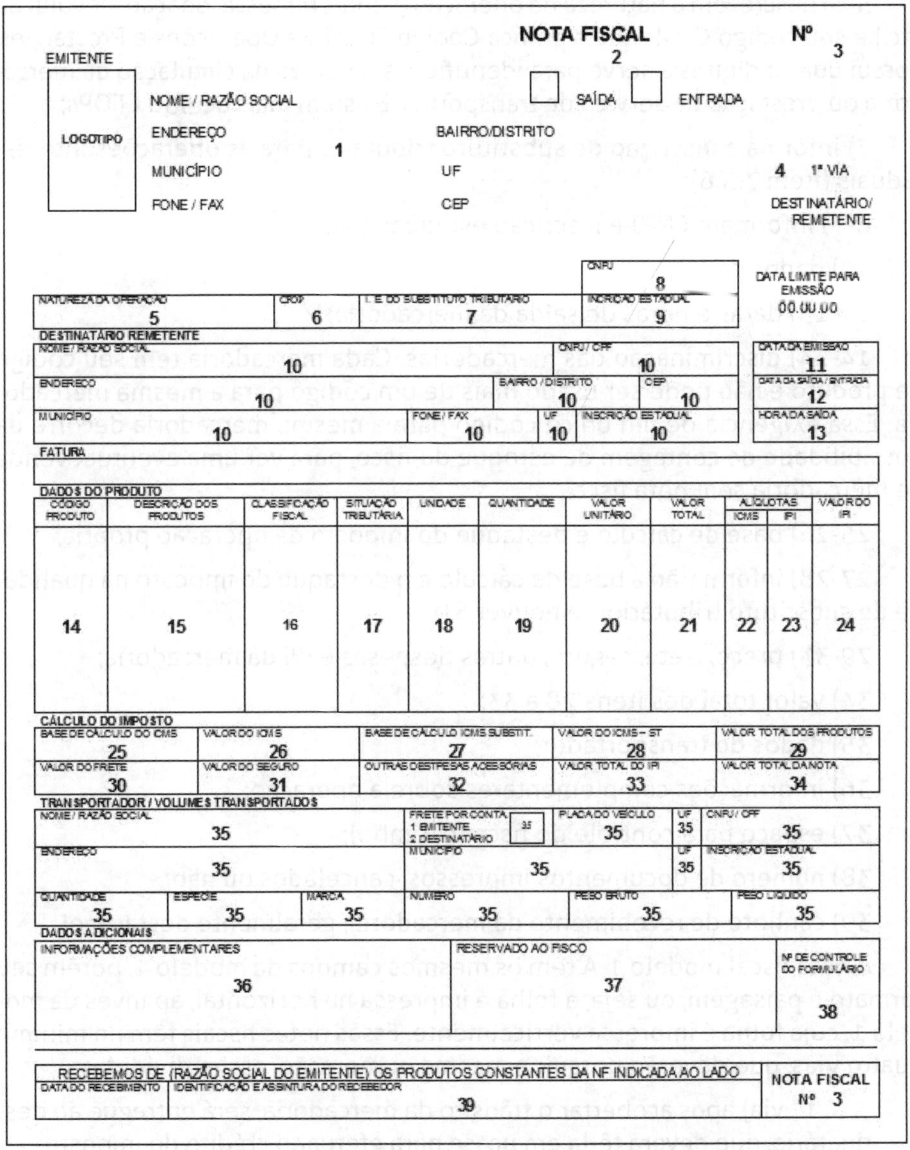

Vamos analisar o que contém cada campo da Nota Fiscal modelo 1:

1) endereço do emitente, que geralmente já é impresso pela própria gráfica, após a autorização da AIDF;

2) informa se a operação é de entrada ou saída da mercadoria;

3) número da nota fiscal;

4) número da via e a quem pertence;

5-6) descrevem a natureza da operação (venda, remessa, doação, devolução etc.) e seu código CFOP, que significa Código Fiscal de Operações e Prestações, possui quatro dígitos e serve para identificar a natureza da circulação da mercadoria ou prestação de serviço de transportes. Existem mais de 550 CFOPs;

7) informa a inscrição de substituto tributário para as operações interestaduais (item 7.3.6);

8-9) informam CNPJ e inscrição estadual do emitente;

10) dados do cliente;

11-13) datas e horas de saída da mercadoria;

14-24) discriminação das mercadorias. Cada mercadoria tem seu código de produto e não pode ser usado mais de um código para a mesma mercadoria. Essa exigência de um único código para a mesma mercadoria decorre da possibilidade de contagem de estoque do fisco, para ver uma eventual venda de mercadoria sem nota fiscal;

25-26) base de cálculo e destaque do imposto da operação própria;

27-28) informarão a base de cálculo e o destaque do imposto na qualidade de substituto tributário, se houver ST;

29-33) preço, frete, seguro, outras despesas e IPI da mercadoria;

34) valor total dos itens 28 a 33;

35) dados do transportador;

36) informações complementares sobre a operação;

37) espaço para controle do fisco (carimbo);

38) número de documentos impressos, cancelados ou não;

39) canhoto de recebimento da mercadoria, geralmente destacável.

A nota fiscal modelo 1-A tem os mesmos campos da modelo 1, porém seu formato é paisagem, ou seja, a folha é impressa na horizontal, ao invés da modelo 1, cuja folha é impressa verticalmente. Essas notas fiscais têm no mínimo quatro vias, que deverão possuir a mesma numeração, assim divididas:

> 1ª via) após acobertar o trânsito da mercadoria, será entregue ao destinatário, que deverá tê-la em posse para efetuar o crédito do imposto;
>
> 2ª via) não acompanha a mercadoria, fica no estabelecimento do emitente;
>
> 3ª via e 4ª via) acompanham o produto e pertencem ao fisco de destino e origem, respectivamente.

Inclusive, segundo o artigo 8º do Ajuste Sinief S/N de 15/12/1970: "As diversas vias dos documentos fiscais não se substituirão em suas respectivas funções e a sua disposição obedecerá à ordem sequencial que as diferencia, vedada a intercalação de vias adicionais."

8.1.2. Nota Fiscal de Venda a Consumidor, modelo 2 e Cupom Fiscal, modelo 3, emitido por Equipamento Emissor de Cupom Fiscal – ECF

Na época em que predominavam os documentos em papel, exigir que o contribuinte varejista emitisse a nota fiscal modelo 1, seria muito oneroso. O comerciante varejista, em regra, obtém seu lucro devido à grande quantidade de vendas que realiza diariamente.

Se toda vez que sair uma mercadoria de pequeno valor do estabelecimento do varejista, o comerciante emitir uma nota fiscal com quatro vias com diversos campos a preencher, além de prejudicar a parte operacional, acarretará um alto custo para empresa.

Justamente para evitar tais problemas, foi criada a Nota Fiscal de Venda a Consumidor, modelo 2, documento fiscal utilizado na venda a consumidor final quando este próprio transportar sua mercadoria adquirida ou consumi-la no próprio estabelecimento. Percebam que uma pessoa jurídica pode ser consumidor final, inclusive os maiores consumidores de produtos de limpeza são pessoas jurídicas, por exemplo.

Este documento, além de conter, geralmente, apenas duas vias (primeira via entregue ao consumidor e a segunda retida pelo vendedor), necessita de menos informações, apenas dados do emitente, número do documento e da AIDF e descrição das mercadorias. É emitido manualmente e tem o seguinte formato:

NOTA FISCAL DE VENDA A CONSUMIDOR - Modelo 2

(Dados relativos à Firma emitente)

Endereço

Inscrição Estadual n° ....CNPJ ....

SÉRIE " "

NOTA FISCAL DE VENDA A CONSUMIDOR
1ª Via – Consumidor

N° ....

Data da emissão ..../........../..........

Quant.	Discriminação das mercadorias	Preço Unit.		Total	
		TOTAL			

DADOS DA AIDF E DO IMPRESSOR

E para que serve o número de série? Primeiramente, cabe lembramos que os documentos fiscais têm uma numeração que deve ser seguida. Vamos imaginar que você vá a uma loja varejista e um dos dez vendedores do balcão o atenda. Os outros nove vendedores estarão atendendo outras pessoas. Acontece que no momento em que você fecha sua compra, outro cliente também está fechando seu negócio jurídico com outro vendedor. Você acha que o vendedor que está atendendo esse outro cliente vai esperar que seja emitida a nota fiscal modelo consumidor para você?

E se um terceiro vendedor também fecha uma venda, será que ele vai gritar no balcão: "Quem emitiu a última nota? Qual o número da nota que devo emitir?".

O número de série serve justamente para isso, a empresa tem de seguir a sequência da numeração da nota dentro de determina série. Assim, a nota 35 da série 2 tem de ser emitida antes da nota 36 da mesma série, mas pode ser emitida depois da nota 40 da série 3. Cada vendedor pode ficar com um talão de determinada série, emitindo a nota fiscal sem se preocupar com a venda dos demais vendedores.

Agora vamos imaginar que um grande varejista, como uma famosa rede de supermercados, seja obrigado a emitir para cada cliente uma Nota Fiscal de Venda Consumidor, manualmente, descrevendo mercadoria por mercadoria. Além de prejudicar a parte operacional, dificultaria bastante o trabalho de fiscalização das Secretarias das Fazendas Estaduais.

Por conta disso, todos os estabelecimentos, com receita bruta anual superior a um valor determinado por cada legislação estadual, que efetuem operação com mercadoria ou prestação de serviços a consumidor final, devem usar o Emissor de Cupom Fiscal.

O ECF, também conhecido como impressora fiscal, deve ser autorizado pelo fisco. A impressora fiscal ou ECF possui alguns componentes necessários que não têm nas impressoras não fiscais. Um desses componentes é o lacre, para evitar qualquer intervenção que não seja por empresa credenciada pela Secretaria da Fazenda.

Os outros componentes que estão indissociáveis da estrutura do ECF são a memória fiscal, que armazena os dados de cupons fiscais em sua totalidade, e a Memória de Fita-Detalhe, que emite relatórios fiscais consolidados (redução Z e leitura x). Essas memórias identificam o contribuinte usuário.

Uma impressora fiscal todos nós estamos cansados de ver nas lojas varejistas, são como esta:

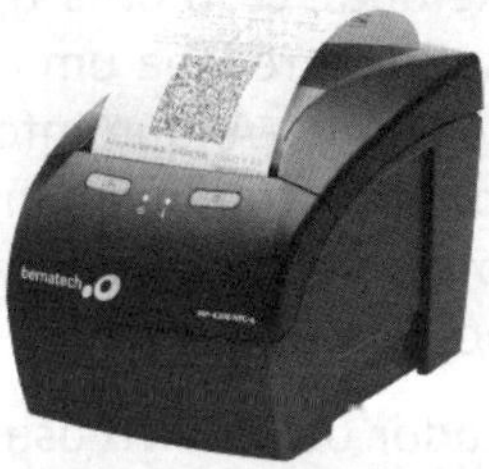

No final do dia, o comerciante extrai a Redução Z e zera o movimento diário imprimindo os valores que serão escriturados no livro fiscal. Caso, no meio do expediente, o gerente deseje saber o movimento até aquele instante, imprime a leitura X, que informará os mesmos valores sem zerar o caixa.

Tanto a redução Z quanto a leitura X são papéis impressos pela impressora fiscal, contendo um resumo do movimento do dia, como nesta foto:

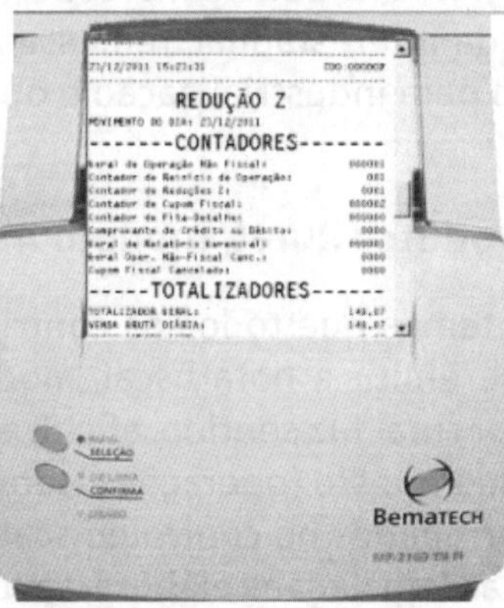

O Cupom Fiscal tem o seguinte formato:

```
----------------------------------------------------
                   CUPOM FISCAL
ITEM CÓDIGO DESCRIÇÃO QTD.UN.VL_UNIT( R$) ST VL_
ITEM( R$)
----------------------------------------------------
001 0000004458                     Boneco do Batman
        1 X 152,42         I1               152,42g
002 0000007786       Helicóptero Comandos em Ação
        1 X 127,42         I1               127,42g
003 0000007785                            Bate-Bate
        1 X 25,12          I1                25,12g
TOTAL  R$                                    304,96
Dinheiro                                     310,00
TROCO  R$                                      5,04
----------------------------------------------------
Obrigado, volte sempre!
----------------------------------------------------
BEMATECH          MP-2100 TH FI             ECF-IF
VERSÃO:01.00.01                   ECF:001 LJ:0001
QQQQQQQQQQQQQUYWI             13/07/2007 15:09:38
FAB EMULADOR                                     BR
```

É oportuno mencionar que o Cupom fiscal não permite o crédito do imposto, mesmo porque em regra o comprador está adquirindo material para uso e consumo. Agora, por exemplo, caso uma transportadora compre combustíveis de um posto de gasolina e receba um cupom fiscal, ela deverá solicitar uma nota fiscal, modelo 1 ou 1-A, que informará os cupons emitidos, permitindo assim o crédito sobre os combustíveis. Enfim, caso o adquirente deseje creditar-se do imposto da mercadoria adquirida, deverá solicitar uma Nota Fiscal modelo 1 ou 1-A ao vendedor.

E quando é que um prestador de serviço usa o ECF? Quando uma transportadora vende o seu Bilhete de Passagem para o consumidor final, muito usado nas rodoviárias do Brasil. Dependendo do faturamento do transportador, o Bilhete de Passagem, modelo 13, deve ser emitido pela impressora fiscal.

Por fim, cabe mencionar que assim como a Nota Fiscal de Venda a Consumidor, modelo 2, o Cupom Fiscal é utilizado para venda a consumidor final, logo não serve para acobertar entrada de mercadoria, remessa para demonstração, transferência, venda interestadual, remessa para depósito no estado, simples remessa, remessa para industrialização e outras.

8.1.3. Nota Fiscal do Produtor Rural, modelo 4

No item 8.1.1 comentamos que todos os contribuintes, exceto o produtor, estavam obrigados de emitir a nota fiscal, modelo 1 ou 1-A. Dispensar essa obrigação ao produtor rural faz sentido, afinal, em regra, ele comercializa produtos sem destaque de imposto (operações isentas ou diferidas), além de não ter funcionários encarregados no controle fiscal, e trabalha com margem de lucro reduzida. Assim, as legislações elaboraram um outro documento que deve ser emitido por este contribuinte, trata-se da Nota Fiscal do Produtor Rural (NFPR).

Cabe ressaltar que toda vez que um produtor rural vender a um contribuinte do ICMS, o destinatário da mercadoria deverá emitir uma Nota Fiscal de entrada para acompanhar a NFPR. No entanto, quando o produtor vender a outro produtor ou a uma pessoa física, a NFPR será o único documento a acobertar a operação.

A Nota Fiscal de Produtor Rural contém quatro vias, no mínimo, e o destino de cada uma delas seguirá a mesma regra da Nota Fiscal, modelo 1 ou 1-A. Segue o seu formato:

NOTA FISCAL DE PRODUTOR – Modelo 4

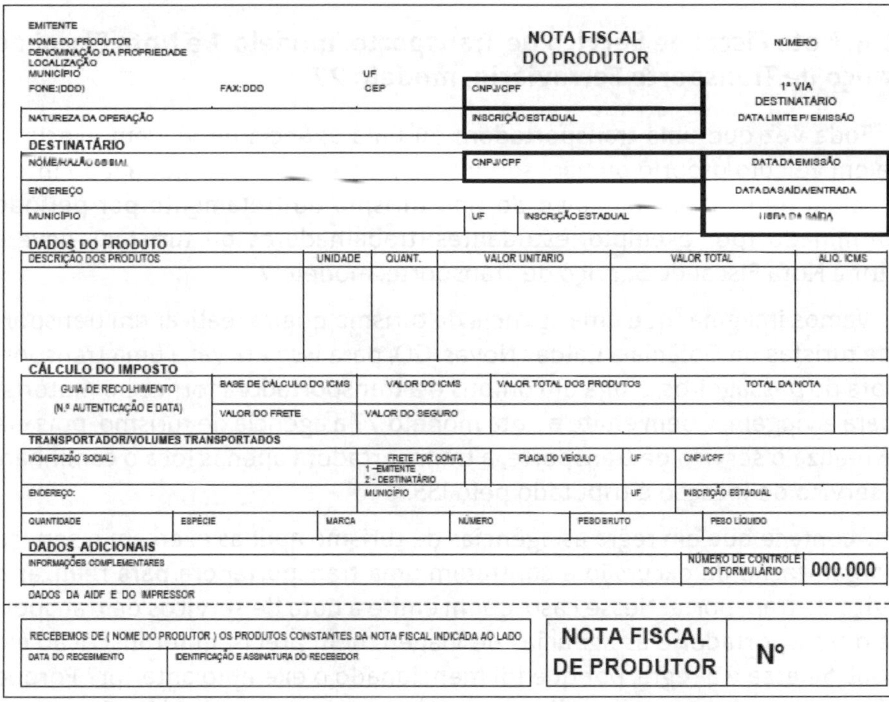

EMITENTE
NOME DO PRODUTOR
DENOMINAÇÃO DA PROPRIEDADE
LOCALIZAÇÃO
MUNICÍPIO | UF
FONE:(DDD) | FAX: DDD | CEP

NOTA FISCAL DO PRODUTOR | NÚMERO
CNPJ/CPF | 1ª VIA DESTINATÁRIO
NATUREZA DA OPERAÇÃO | INSCRIÇÃO ESTADUAL | DATA LIMITE P/ EMISSÃO

DESTINATÁRIO
NOME/RAZÃO SOCIAL | CNPJ/CPF | DATA DA EMISSÃO
ENDEREÇO | DATA DA SAÍDA/ENTRADA
MUNICÍPIO | UF | INSCRIÇÃO ESTADUAL | HORA DA SAÍDA

DADOS DO PRODUTO

DESCRIÇÃO DOS PRODUTOS	UNIDADE	QUANT.	VALOR UNITARIO	VALOR TOTAL	ALIQ. ICMS

CÁLCULO DO IMPOSTO

GUIA DE RECOLHIMENTO (N.º AUTENTICAÇÃO E DATA)	BASE DE CÁLCULO DO ICMS	VALOR DO ICMS	VALOR TOTAL DOS PRODUTOS	TOTAL DA NOTA
	VALOR DO FRETE	VALOR DO SEGURO		

TRANSPORTADOR/VOLUMES TRANSPORTADOS

NOME/RAZÃO SOCIAL:	FRETE POR CONTA 1 – EMITENTE 2 - DESTINATÁRIO	PLACA DO VEÍCULO	UF	CNPJ/CPF
ENDEREÇO:	MUNICÍPIO		UF	INSCRIÇÃO ESTADUAL

QUANTIDADE	ESPÉCIE	MARCA	NÚMERO	PESO BRUTO	PESO LÍQUIDO

DADOS ADICIONAIS
INFORMAÇÕES COMPLEMENTARES | NÚMERO DE CONTROLE DO FORMULÁRIO 000.000
DADOS DA AIDF E DO IMPRESSOR

RECEBEMOS DE (NOME DO PRODUTOR) OS PRODUTOS CONSTANTES DA NOTA FISCAL INDICADA AO LADO
DATA DO RECEBIMENTO | IDENTIFICAÇÃO E ASSINATURA DO RECEBEDOR
NOTA FISCAL DE PRODUTOR | Nº

Perceba que a quantidade de informação contida não é muito distinta da Nota Fiscal modelo 1.

Alguns estados admitem a impressão de uma nota fiscal avulsa, usada bastante por produtores rurais. Assim, o produtor ou microempreendedor individual (MEI) que necessita de poucas notas fiscais em sua atividade tem seu custo bastante reduzido por não precisar imprimir talões em uma gráfica. A impressão da nota fiscal avulsa deve ser feita pela própria repartição fiscal ou emitida pelo próprio remetente, como no Rio de Janeiro, desde que usando o software da Secretaria da Fazenda. Contudo, alguns estados, como São Paulo, já acabaram com esse tipo de documento fiscal.

Quando você estiver se preparando para um concurso de determinado fisco, é muito importante saber se nele existe ainda a nota fiscal avulsa ou não e, caso havendo, em que casos ela poderá ser utilizada, pois isso rotineiramente é perguntado em prova. Como depende da legislação específica de cada estado ou DF, não iremos comentar nesta obra.

Por fim, cabe mencionar que a nota fiscal de produtor, como todas as outras em papel, deverá ao longo do tempo deixar de existir. No entanto, como o serviço de internet do Brasil ainda deixa a desejar, principalmente nas áreas rurais, talvez entre as de formato papel, essa nota seja a que tenha a vida mais longa.

8.1.4. Nota Fiscal de Serviço de Transporte, modelo 7 e Nota Fiscal de Serviço de Transporte Ferroviário, modelo 27

Toda vez que uma transportadora ou uma agência de viagem executar, seja em veículo próprio ou não, serviço de transporte interestadual ou intermunicipal de pessoas, tal como do tipo turismo ou fretamento por período determinado (por exemplo, estudantes, trabalhadores ou turistas), deverá emitir a Nota Fiscal de Serviço de Transporte, modelo 7.

Vamos imaginar que uma agência de turismo queira realizar um transporte de turistas de Goiânia a Caldas Novas/GO, para isso ela vai a uma transportadora de passageiros, aluga um ônibus e a transportadora fornece o motorista para a viagem. Quem emite a nota modelo 7? a agência de turismo, pois ela que realiza o serviço de transporte, a transportadora apenas loca o caminhão, e o serviço de locação é tributado pelo ISS.

Acontece que em regra as agências de turismo apenas exercem o serviço de organização da excursão e contratam uma transportadora para realizar o serviço de transporte. Nesse caso, quem emite a nota de serviços de transporte é o transportador e as agências de viagem nem precisam ter inscrição estadual. Se essa é a regra, por que foi mencionado o exemplo anterior? Porque muitas provas seguem a literalidade da lei e o artigo 10, inciso I do Convênio/SINIEF 06/89 define que a Nota Fiscal de Serviço de Transporte será emitida pelo transportador e agência de viagens e os regulamentos do ICMS copiam esse texto.

Estamos tratando do serviço de transportes de pessoas, que não se confunde com o serviço de transporte de passageiros. No primeiro, o tomador contrata o prestador para transportar pessoas. Muito usado quando a empresa de turismo contrata um prestador de serviço de transporte para levar seus clientes ou uma empresa contrata um transportador para executar serviços de transportes dos seus empregados em transporte intermunicipal ou interestadual. Se for intramunicipal, será sujeito ao ISS.

Já o transporte de passageiros, geralmente acordado por contrato de adesão, é aquele em que o próprio tomador será transportado. Nesse tipo de prestação de serviço, o documento fiscal chama-se Bilhete de Passagem, que ainda veremos mais adiante.

Caso o prestador do serviço de transporte de pessoas seja uma empresa de transporte ferroviário de carga, ela pode substituir a Nota Fiscal de Serviço de Transporte, modelo 7, pela Nota Fiscal de Serviço de Transporte Ferroviário, modelo 27.

A Nota Fiscal de Serviço e Transporte, modelo 7, terá no mínimo três vias se for transporte intermunicipal ou quatro vias se for interestadual.

A Nota Fiscal de Serviço de Transporte Ferroviário, modelo 27, exige informações semelhantes ao da Nota Fiscal de Serviços de Transportes, modelo 7 e contém no mínimo duas vias, sendo a primeira entregue ao tomador e a segunda ficando com o emitente para ser apresentada ao fisco, caso exigido.

Lembramos que o ICMS é devido ao estado onde se iniciou o transporte.

Vamos ver uma questão inédita sobre o tema:

(Elaborada pelos autores) Analise as seguintes situações:

1. Alex contratou uma empresa de turismo para levar seus colegas flamenguistas e corintianos de Jundiaí-SP à Rocinha, no RJ.
2. A empresa Baêa Ltda contratou uma empresa de ônibus para levar diariamente seus funcionários residentes em Salvador para a sede da empresa, localizada no município de Lauro de Freitas/BA.
3. Zé Andarino toda segunda vai à rodoviária de Palmas/TO e compra uma passagem para Imperatriz/MA.
4. Um grupo de estudantes da capital federal contratou uma empresa de transporte para levar estudantes, de segunda a sexta, da asa sul de Brasília à asa norte também em Brasília.
5. Uma agência de viagens contrata regularmente uma transportadora para levar turistas de Foz do Iguaçu/PR à Cidade do Leste, no Paraguai.

Acerca desses serviços, assinale quantos são tributados pelo ICMS e devem ser acobertados pela Nota Fiscal de Transporte, modelo 7:

a) 0

b) 1

c) 2

d) 3

e) 4

Comentário:

I – Correta. Trata-se de transporte de pessoas, o tomador contrata a transportadora para transportar terceiros (emissão de nota fiscal de transporte, modelo 7). É um transporte interestadual, logo sujeito ao ICMS.

II – Correta. Trata-se de transporte de pessoas, o tomador contrata a transportadora para transportar terceiros (emissão de nota fiscal de transporte, modelo 7). É um transporte intermunicipal, logo dentro do campo de incidência do ICMS.

III – Errada. Por ser transporte interestadual, está no campo de incidência do ICMS, no entanto, trata-se de transporte de passageiros (o tomador será transportado), então o documento fiscal é o Bilhete de Passageiros, modelo 13.

IV – Errada. O transporte é acobertado pela nota fiscal de transporte, modelo 7, mas por ser transporte intramunicipal, é sujeito ao ISS.

V – Errada. É um transporte internacional, fora do campo de incidência do ICMS.

Resposta: C.

8.1.5. Conhecimento de Transporte Rodoviário de Cargas, modelo 8; Conhecimento de Transporte Aquaviário de Cargas, modelo 9; Conhecimento Aéreo, modelo 10; Conhecimento de Transporte Ferroviário de Cargas, modelo 11

Trataremos agora dos transportes de coisas. Como o meio de transporte mais utilizado no Brasil é o Rodoviário, o Conhecimento de Transporte Rodoviário de Cargas – CTRC, modelo 8, é o mais emitido.

Sempre que um transportador rodoviário for realizar um transporte de cargas, deverá emitir o CTRC, modelo 8, em quatro vias, no mínimo, que terão os mesmos destinos da Nota Fiscal, modelo 1.

O CTRC deverá ser preenchido com os dados do emitente (transportador), remetente (aquele que enviou a mercadoria), destinatário (o destino final da mercadoria), consignatário (tomador de serviço) e deve descrever a mercadoria transportada, qual nota fiscal está acobertando a operação de mercadoria que está sendo transportada, além da base de cálculo e imposto devido sobre o frete etc.

Os Conhecimentos de Transporte Aquaviário de Cargas, Aéreo e de Transporte Ferroviário de Cargas serão utilizados quando o transporte de carga for executado pelos modais aquaviário (mar ou rio), aéreo ou por ferrovia, respectivamente. Esses documentos devem conter basicamente as mesmas informações do CTRC e também são emitidos em quatro vias, no mínimo.

É oportuno registrar que nos casos de subcontratação, alguns estados dispensam o subcontratado de emitir o Conhecimento de Transporte (desde que essa prestação esteja sujeita à substituição tributária concomitante), ficando apenas o subcontratante obrigado à emissão.

Vamos exemplificar: A transportadora "NÃO TEMOS CAMINHÃO LTDA" foi contratada para levar uma mercadoria de Ribeirão Preto/SP para Franca/SP. Como a referida transportadora não tem frota própria, ela contrata a transportadora Beta. No estado de São Paulo esse frete é sujeito à substituição tributária, cabendo à contratante ("NÃO TEMOS CAMINHAO LTDA") pagar o ICMS sobre a prestação. Nesse caso, Beta está dispensada de emitir o CTRC e realizará o transporte de carga pelo CTRC emitido pela contratante. E se Beta quiser emitir o CTRC? Poderá emitir, mas não deverá destacar o ICMS, afinal o responsável é a "NÃO TEMOS CAMINHÃO LTDA".

- **Estado com ST**

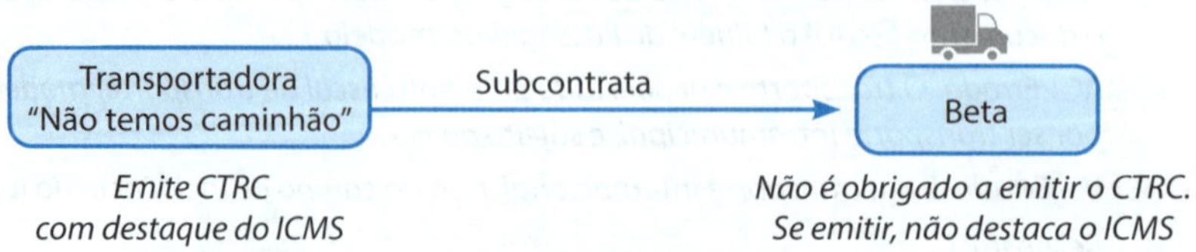

• **Estado sem ST**

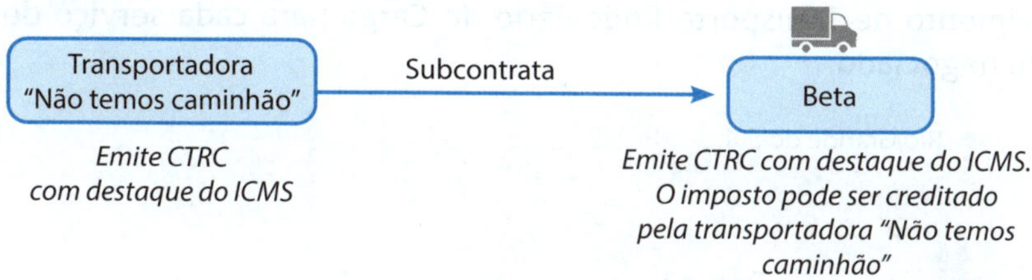

E se houver subcontratação em um estado que não tem substituição tributária? Os dois emitirão o CTRC. Cada um destacará o ICMS da sua prestação.

8.1.6. Bilhete de Passagem Rodoviário, modelo 13; Bilhete de Passagem Aquaviário, modelo 14; Bilhete de Passagem e Nota de Bagagem, modelo 15 e Bilhete de Passagem Ferroviário, modelo 16

No transporte de passageiros, assim como no transporte de cargas, o tipo do documento fiscal depende do meio de transporte adotado. Se o modal for rodoviário, será emitido o Bilhete de Passagem Rodoviário, modelo 13. O Bilhete de Passagem Aquaviário, modelo 14, acoberta o transporte de passageiro aquaviário (mar ou rio). Nas viagens de avião, são impressos o Bilhete de Passagem e Nota de Bagagem, modelo 15. Por último, se o percurso ocorrer por ferrovias, será utilizado o Bilhete de Passagem Ferroviário, modelo 16.

Os quatro documentos fiscais devem ter informações semelhantes, como o percurso contratado, local e data da emissão e da viagem e valor da prestação. São emitidos em duas vias, sendo que a primeira fica com emitente para futura exibição ao fisco e a segunda com o passageiro.

É oportuno lembrar que dependendo do faturamento anual do prestador de serviço, ele deverá utilizar o Emissor de Cupom Fiscal para imprimir seus bilhetes de passagem.

8.1.7. Manifesto de Carga, modelo 25

Vamos imaginar que um fabricante de móveis do Rio Grande do Sul, negocie com um consumidor nordestino e contrate uma transportadora que, inicialmente, utilizando uma Ordem de Coleta de Carga, leve o móvel vendido ao seu estabelecimento. Ocorre que o transporte de um único móvel sairia muito caro para percorrer tão longa distância, assim o transportador aguarda a chegada de mais mercadorias do mesmo remetente ou de outros.

Após certo período, o transportador já tem várias mercadorias armazenadas no seu estabelecimento com destino ao nordeste brasileiro, permitindo o início da viagem. Perceba que teremos em um único veículo, muitas mercadorias (carga fracionada), acobertadas com diversas notas fiscais que provavelmente tenham emitentes e destinatários diferentes, e com um Conhecimento de Transporte Rodoviário de Carga para cada serviço de transporte negociado.

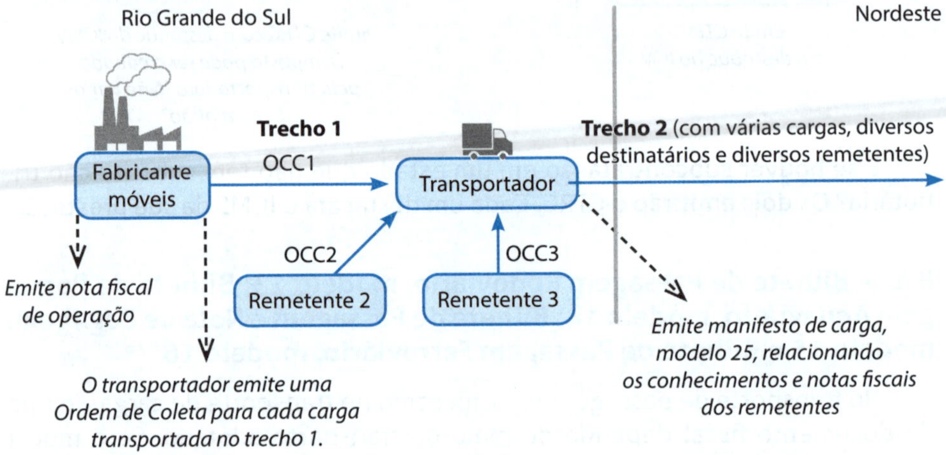

Nesse caso, o transportador emitirá um Manifesto de Carga, em duas vias, no mínimo, sendo a primeira mantida com o transportador até o final da viagem e a(s) outra(s) via(s) conforme a legislação do estado emitente.

O Manifesto de Carga servirá como um resumo de todas as mercadorias que estão sendo transportadas, relacionando cada Conhecimento de Transporte com as respectivas notas fiscais, remetentes e destinatários. Assim, você, fiscal do futuro, se vier a trabalhar um dia em uma divisa de estados e fiscalizar um caminhão com carga fracionada, pergunte logo pelo Manifesto de Carga, para facilitar seu trabalho de conferência das mercadorias transportadas.

8.2. DOCUMENTOS ELETRÔNICOS

Optamos por detalhar mais essa parte porque, pelos últimos editais, há uma tendência que esse tema seja mais cobrado nas provas a partir de 2021, por ser mais recente.

Como falamos no início do capítulo, com a chegada da era digital, já estava na hora de acabarmos, ou pelo menos reduzirmos, com os documentos em formato papel. Atualmente, praticamente todos os servidores dos fiscos e os contribuintes preferem trabalhar com os documentos fiscais eletrônicos. A fiscalização torna-se muito mais fácil, reduz o custo de impressão, as empresas não precisam reservar áreas enormes para armazenar papel etc.

Com esses novos documentos, não há necessidade de Autorização para Impressão de Documentos Fiscais (AIDF), mesmo porque o documento fiscal não é impresso e após emitido ele estará nos Bancos de Dados das Secretarias da Fazendas interessadas (origem e destino), cabendo à Secretaria da Fazenda de origem enviar à Receita Federal do Brasil.

Note, quando falamos de documentos fiscais eletrônicos, não podemos imaginá-los impressos, ou seja, nós nunca veremos uma Nota Fiscal Eletrônica impressa. O que recebemos em formato papel é o Documento Auxiliar da Nota Fiscal Eletrônica – DANFE, que acompanha a mercadoria no percurso entre a origem e o destino.

Falaremos de cada espécie de documento eletrônico e do seu respectivo documento auxiliar, no entanto, como as sistemáticas de emissão destes documentos são semelhantes, trataremos antes das suas formas de emissão.

8.2.1. Formas de emissão de documentos eletrônicos

A autorização da Secretaria para emissão de um documento eletrônico ocorre no momento da emissão. Para isso, além do certificado digital, é necessário o uso da internet por parte do contribuinte.

Caso tudo funcione, a nota fiscal é emitida rapidamente, no entanto, podem ocorrer vários problemas, como falha na internet, não funcionamento do servidor da Secretaria da Fazenda e até a não autorização pelo fisco. Prevendo esses problemas, os estados, por meio do Confaz, autorizaram três formas de emissão alternativas para casos de contingência. Começaremos com a emissão normal e prosseguiremos com as três formas possíveis de emissão a serem utilizadas na impossibilidade da emissão normal.

8.2.1.1. Emissão normal

O primeiro passo para o contribuinte emitir um documento eletrônico é gerar um arquivo em formato XML e assiná-lo com seu certificado digital. Cada arquivo possui uma chave de identificação do documento fiscal. Após assinado, esse arquivo é enviado, via internet, à Secretaria da Fazenda do contribuinte emitente, que efetua a consulta do status do remetente e do destinatário, autorizando a emissão e devolvendo o arquivo ao contribuinte com um número de recibo.

Por fim, o contribuinte gera um novo arquivo XML com o número do recibo, que é enviado ao ambiente Sefaz, que devolverá com o protocolo de autorização. Autorizado, imprime-se uma única via do documento auxiliar, em folha de papel comum A4, que acobertará o trânsito da mercadoria. Esse documento terá o código de identificação do Documento Fiscal Eletrônico, ou seja, a chave de acesso.

Após concluído o processo, o emitente tem de enviar ao destinatário o arquivo XML, que deve ser retido pelo período decadencial, tanto pelo fornecedor como pelo cliente.

Perceba, se o contribuinte enviar o arquivo, não existe mais a autuação por não apresentar documento eletrônico, pois caso o fiscal deseje obtê-lo, basta baixá-lo no banco de dados da Secretaria da Fazenda. E por que guardar o arquivo XML? Como meio de defesa em eventual autuação, para comprovar a veracidade da operação e também porque a legislação obriga. Caso notificado a apresentar o arquivo XML, o contribuinte pode ser autuado por não atendimento à notificação caso não o apresente. Note que o contribuinte passa a guardar um arquivo eletrônico, e não mais uma enorme quantidade de papéis.

8.2.1.2. Emissão em Contingência via Scan (Sistema de Contingência do Ambiente Nacional)

A empresa obrigada a emitir nota fiscal eletrônica (NF-e) não poderá, em nenhuma hipótese, emitir notas fiscais modelo 1 ou 1-A em substituição à NF-e. Entretanto, o que fazer em caso de internet sem conexão ou com conexão indo e voltando, por exemplo? Vejamos.

O melhor dos mundos é uma emissão normal, mas para esse procedimento funcionar corretamente, deve estar em funcionamento a internet e o provedor da Sefaz. Como poderá haver problemas em um desses dois lados da transmissão, foram previstas outras formas de emissão em contingência. A primeira delas é o envio pelo Scan – Sistema de Contingência do Ambiente Nacional.

O Scan possui a mesma estrutura de recepção da Sefaz, é a melhor forma de emissão quando o problema se encontra no provedor da Secretaria da Fazenda onde se encontra o emitente e funciona de forma semelhante à emissão normal, mas quem realiza a autorização é a Receita Federal.

Vamos entender melhor quando o Scan é utilizado. Se uma determinada Sefaz precisar fazer uma manutenção em seu sistema de autorização de NF-e ou se ocorrer alguma falha em seu funcionamento, ela deverá avisar a RFB, para que não sejam prejudicadas as empresas que necessitarem emitir NF-e durante o período de instabilidade no site da Sefaz.

Se o site da Sefaz estiver no ar, ela avisará nele a impossibilidade da emissão normal de NF-e e, por isso, as empresas deverão utilizar o Scan para emitirem suas NF-e.

Enquanto o site da Sefaz estiver fora do ar, a RFB passará a autorizar as NF-e que forem enviadas pelas empresas via Scan e transmitirá essas NF-e às Sefaz de origem e destino assim que a Sefaz com problemas em seu site o regularizar, claro.

Perceba então que o Scan só poderá ser utilizado quando a Sefaz assim permitir, por impossibilidade dela de efetuar a transmissão da NF-e. Não é uma escolha do contribuinte, como serão os próximos dois casos que analisaremos.

Como essa forma de envio por contingência só pode ser realizada com o uso da internet, ela só supre o envio normal nos casos de problemas no provedor da Sefaz.

As notas fiscais autorizadas pelo Scan terão números de série de 900 a 999, que são as numerações reservadas à contingência e que nunca poderão ser usadas pela NF-e normal, para que não haja a possibilidade de haver coincidência de numeração na mesma empresa de uma NF-e normal com outra autorizada pelo Scan.

8.2.1.3. Emissão em Contingência via EPEC (Evento Prévio de Emissão em Contingência)

Sabe aqueles momentos em que sua internet ainda funciona, mas com quedas frequentes? Essas quedas inviabilizam ou dificultam bastante o envio pelas formas estudadas anteriormente. Quando esse é o problema, a melhor forma de envio é solicitar uma autorização por meio de um Evento Prévio de Emissão em Contingência – EPEC, que é uma evolução da antiga DPEC (Declaração Prévia de Emissão em Contingência), anteriormente utilizada.

Assim, o contribuinte solicita ao Sistema de Ambiente Nacional um EPEC, enviando, por webservice ou por upload, um arquivo com informações simplificadas da nota fiscal. O Sistema de Ambiente Nacional não autorizará a emissão da nota, e sim apenas da emissão prévia por contingência.

Quando mencionamos que a autorização de contingência é pelo Sistema de Ambiente Nacional, significa que uma Sefaz diferente da Secretaria da Fazenda que o emitente está subordinado vai autorizar a emissão por contingência. Por exemplo, a Secretaria da Fazenda de Roraima autoriza a emissão por contingência de uma NF-e de um contribuinte situado no Pará.

Após essa autorização, o contribuinte deverá emitir duas vias do DANFE, em folha papel A4 comum, com a primeira via acompanhando a mercadoria e a segunda sendo retida pelo emitente.

Após o sistema de emissão da empresa voltar à normalidade, o contribuinte deverá imediatamente enviar à Sefaz todas as notas fiscais emitidas pela contingência via EPEC e seus arquivos XML para os respectivos destinatários e transportadores.

8.2.1.4. Emissão em Contingência via FS (Formulário de Segurança)

E se não houver internet, como poderá ser emitida a nota fiscal? Por contingência via Formulário de Segurança – FS. Nessa forma de emissão, o contribuinte emite o DANFE em duas vias, com uma acompanhando a mercadoria e a outra sendo retida para futura apresentação ao fisco, se necessário.

Esse formulário de segurança é feito em "Papel-Moeda", deve conter uma "marca d'água" e só pode ser confeccionado por gráficas credenciadas.

Perceba assim que não é uma solução imediata para o contribuinte, pois depende de pedir autorização para impressão ao fisco e esperar a gráfica confeccionar o documento. Assim, é uma forma de se precaver para eventuais problemas futuros na emissão normal. Além de não sair barato, pois o FS costuma ser bem mais caro que uma nota fiscal comum, por conter marca d´água, o papel ser bem melhor etc.

Assim como a emissão via EPEC, após o sistema voltar à normalidade, o contribuinte deverá enviar a Sefaz todas as notas fiscais emitidas por contingência via FS e seus arquivos XML para os respectivos destinatários e transportadores.

Quando o problema for no site da Sefaz, a empresa poderá usar qualquer uma das três formas de contingência, não há uma ordem a ser seguida, ou seja, não precisa fazer via Scan antes das outras duas, por exemplo.

Entretanto, fica claro que realizar a contingência pelo Scan poupará o trabalho de reenvio dos dados à Sefaz, posteriormente, e provavelmente será a opção escolhida na maioria dos casos.

O quadro a seguir resumirá as três formas de emissão em contingência.

EMISSÃO EM CONTINGÊNCIA DE NF-e				
Tipo de contingência	**Quando pode utilizar?**	**Necessita de acesso à internet?**	**Impressão do DANFE**	**Momento da autorização da NF-e**
SCAN	Somente quando a Sefaz avisar previamente à RFB que está com algum problema ou realizando manutenção em seu site	SIM	Papel A4 comum (impressão opcional)	Na transmissão, assim como ocorre na emissão normal
EPEC	A qualquer momento, desde que a empresa esteja com algum problema que impossibilite a emissão normal	SIM	Papel A4 comum (impressão opcional)	Quando a empresa enviar à Sefaz as NFs emitidas via EPEC
FS	A qualquer momento, desde que a empresa esteja com algum problema que impossibilite a emissão normal	NÃO	Formulário de Segurança (impressão obrigatória)	Quando a empresa enviar à Sefaz as NFs emitidas via FS

8.2.2. Espécies de documentos eletrônicos

Falaremos de cada documento eletrônico e do seu documento auxiliar, informando quais documentos em papel devem ser substituídos pelos novos modelos, contudo, cabe antes informarmos quais contribuintes do ICMS devem emitir Notas Fiscais Eletrônicas e quando deve ocorrer a emissão dos documentos eletrônicos.

Vamos começar justamente pelo momento de emissão dos documentos eletrônicos. No caso de uma venda, a emissão deverá ocorrer ANTES da saída da mercadoria. Já no caso de fornecimento de alimentação, a emissão do documento fiscal deve ocorrer NO MOMENTO do fornecimento. E no caso de remessa por conta e ordem ou qualquer outra operação em que o fato gerador ocorra com a transmissão da mercadoria? Nesse caso, a nota fiscal deverá ser emitida ANTES da tradição real ou simbólica da mercadoria.

Tradição real significa a entrega física da mercadoria, já a tradição simbólica pode ser exemplificada com o caso que "Alfa" transmite a propriedade de uma mercadoria sua a "Beta", sem que a mercadoria saia do armazém geral onde está depositada.

E no caso dos documentos que acobertam prestação de serviços, quando eles devem ser emitidos? A regra é antes da prestação de serviço, mas as notas fiscais de comunicação, telecomunicação e a conta de energia elétrica são emitidas no momento do faturamento.

Em relação a quem deve emitir os documentos fiscais, podemos começar afirmando que não é permitido ao microempreendedor individual emitir documentos eletrônicos. Perceba que estamos falando em falta de permissão e não de falta de obrigação, ou seja, o microempreendedor não pode chegar à repartição fiscal e falar que deseja emitir nota fiscal eletrônica, pois é vedada a emissão de documentos eletrônicos para o microempresário individual.

Já os produtores rurais, em regra, não estão obrigados a emitir o documento eletrônico, no entanto, eles podem aderir à emissão digital se possuírem CNPJ e inscrição estadual. A obrigatoriedade das empresas optantes do Simples Nacional depende da legislação de cada estado. Aquelas empresas que ainda não são obrigadas podem solicitar a adesão ao sistema eletrônico de processamento de dados, afinal, para um contribuinte emitir um documento eletrônico, ele é obrigado a usar o sistema eletrônico de processamento de dados.

Assim, apenas os contribuintes que aderiram ao sistema eletrônico de processamento de dados podem se credenciar para emitir documentos eletrônicos. E quem faz esse credenciamento? A própria administração tributária da unidade federada onde o contribuinte estiver jurisdicionado.

Por fim, quase a totalidade das demais empresas já emitem documentos digitais.

8.2.2.1. Nota Fiscal Eletrônica, modelo 55 e Documento Auxiliar da Nota Fiscal Eletrônica (DANFE) (Ajuste Sinief 07/05)

A Nota Fiscal Eletrônica (NF-e), modelo 55, foi o primeiro documento fiscal eletrônico a ser implementado e surgiu com o objetivo de substituir as Notas Fiscais, modelo 1 e 1-A e a Nota Fiscal do Produtor Rural, modelo 4.

Todo contribuinte do ICMS, inclusive o produtor rural, que realizar operações com mercadorias, deveria emitir a Nota Fiscal Eletrônica. Por que deveria? Porque os estados estão dispensando muitos produtores dessa obrigação, por conta da já mencionada dificuldade de conexão em certas áreas rurais, inclusive a regra ainda é o produtor emitir a Nota Fiscal do Produtor Rural, modelo 4.

E os estados podem dispensar os contribuintes de emissão de nota fiscal eletrônica? Podem sim, a resposta a essa pergunta está no §2º da cláusula primeira do Ajuste Sinief 07/05, que tem a seguinte redação:

> § 2º Ficam as unidades federadas autorizadas a estabelecer a obrigatoriedade da utilização da NF-e, a qual será fixada por intermédio de Protocolo ICMS, o qual será dispensado na hipótese de contribuinte inscrito no cadastro do ICMS de uma única unidade federada.

Devemos lembrar que não são apenas os estabelecimentos industriais e comerciais que sofrem essa obrigatoriedade, pois, por exemplo, se uma transportadora vender seu caminhão, deverá emitir nota fiscal eletrônica. Atualmente, a maioria das empresas já emitem a NF-e, inclusive são raros os contribuintes que ainda emitem as notas fiscais modelo 1 e 1-A.

Ainda, segundo o Protocolo 42/09, assinado por todos os estados e o DF, ficam obrigados a emitir Nota Fiscal Eletrônica – NF-e, modelo 55, em substituição à Nota Fiscal, modelo 1 ou 1-A, a partir de 1º de dezembro de 2010, os contribuintes que, independentemente da atividade econômica exercida, realizem operações:

> I – destinadas à Administração Pública direta ou indireta, inclusive empresa pública e sociedade de economia mista, de qualquer dos Poderes da União, dos Estados, do Distrito Federal e dos Municípios;
>
> II – com destinatário localizado em unidade da Federação diferente daquela do emitente;
>
> III – de comércio exterior.

Conforme Ajuste SINIEF 07/05, cláusula primeira, § 1º: "*Considera-se Nota Fiscal Eletrônica – NF-e o documento emitido e armazenado eletronicamente, de existência apenas digital, com o intuito de documentar operações e prestações, cuja validade jurídica é garantida pela assinatura digital do emitente e autorização de uso pela administração tributária da unidade federada do contribuinte, antes da ocorrência do fato gerador*".

Uma nota fiscal eletrônica não pode ser tocada, rasgada etc., pois ela é um documento virtual, o documento que você recebe nas compras pela internet que acompanha a mercadoria é o DANFE, trataremos dele em breve. Já o verdadeiro documento que representa digitalmente a nota fiscal é o arquivo fiscal XML. O arquivo fiscal da nota fiscal eletrônica (arquivo XML) só poderá ser utilizado como documento fiscal quando ocorrerem duas coisas:

A nota fiscal ser transmitida eletronicamente à administração tributária e ter seu uso autorizado por meio de Autorização de Uso da NF-e.

A transmissão do arquivo digital da NF-e deverá ser efetuada via Internet, por meio de protocolo de segurança ou criptografia, com utilização de software desenvolvido ou adquirido pelo contribuinte. Já a concessão da Autorização de Uso da NF-e depende que a Sefaz de origem do contribuinte defira a concessão de uso, após verificar os seguintes elementos:

I – a regularidade fiscal do emitente;

II – o credenciamento do emitente, para emissão de NF-e;

III – a autoria da assinatura do arquivo digital da NF-e;

IV – a integridade do arquivo digital da NF-e;

V – a observância ao leiaute do arquivo estabelecido no MOC;

VI – a numeração do documento.

Como vimos no início do tópico, a autorização de uso poderá ser concedida pela administração tributária da unidade federada emitente por meio da infraestrutura tecnológica da Secretaria da Receita Federal do Brasil – RFB ou de outra unidade federada, na condição de contingência.

No momento do pedido de autorização da emissão da nota fiscal, a Secretaria da Fazenda pode autorizá-la, rejeitá-la ou denegá-la. A rejeição surge por erro de conexão, duplicidade de emissão, assinatura digital desconhecida etc. Já a denegação é feita pelo fisco previamente à emissão da NF-e, por problemas na regularidade cadastral do contribuinte (emitente ou destinatário).

O manual de orientação do contribuinte explica bem estes conceitos:

> I – Rejeição – a NF-e será descartada, não sendo armazenada no Banco de Dados, podendo ser corrigida e novamente transmitida;
>
> II – Autorização de uso – a NF-e será armazenada no Banco de Dados;
>
> III – Denegação de uso – a NF-e será armazenada no Banco de Dados; esse status nos casos de irregularidade fiscal do emitente.

Situação da NF-e	Operação	Causa do Erro	Consequência ao Emitente	Banco de Dados
Rejeitada	Inexistente	Emissão da nota	Deve emitir novamente	Não Gravar
Denegada	Irregular	Status do Emitente	A operação não será realizada	Gravar
Autorizada	Regular	Regular	Operação Autorizada	Gravar

Em caso de erros simples na emissão da nota fiscal eletrônica, pode-se emitir uma Carta de Correção eletrônica (CC-e), mas o que seria erro simples? Bem, o Ajuste Sinief 07/2005 faz justamente o contrário, ele define o que não é simples, ou seja, o que não pode sofrer alteração por meio da Carta de Correção Eletrônica:

> Cláusula décima quarta-A Após a concessão da Autorização de Uso da NF-e, de que trata a cláusula sétima, o emitente poderá sanar erros em campos específicos da NF-e, por meio de Carta de Correção Eletrônica – CC-e, transmitida à administração tributária da unidade federada do emitente, desde que o erro não esteja relacionado com:
>
> I – as variáveis que determinam o valor do imposto tais como: base de cálculo, alíquota, diferença de preço, quantidade, valor da operação ou da prestação;
>
> II – a correção de dados cadastrais que implique mudança do remetente ou do destinatário;
>
> III – a data de emissão ou de saída.
>
> IV – campos da NF-e de exportação informados na Declaração Única de Exportação – DU-E;
>
> V – a inclusão ou alteração de parcelas de vendas a prazo.

Note que qualquer coisa que for alterar a base de cálculo do imposto a ser recolhido não poderá sofrer alteração por Carta de Correção (aspecto material). Não pode sofrer alteração as informações quanto a remetente e destinatário do documento fiscal (aspecto pessoal), nem a data de emissão ou de saída (elemento temporal), os campos da Nota Fiscal de Exportação também não podem ser alterados, mesmo porque isso afetaria o aspecto material do ICMS (exportação não sofre incidência). Por fim, as condições de prazo de pagamento não podem ser alteradas, melhor explicando, não podem ser acrescentadas ou alteradas parcelas.

Agora vamos imaginar que para qualquer documento fiscal eletrônico (Nota Fiscal Eletrônica, Conhecimento de Transporte Eletrônico), o contribuinte emitiu mais de uma carta de correção, como ele deve proceder? Neste caso, o emitente deverá consolidar, na última carta de correção, todas as informações anteriormente retificadas.

E houver um erro na nota fiscal, mas esse erro não puder ser corrigido por meio de uma carta de correção? Nesse caso a nota fiscal autorizada poderá ser cancelada, desde que não haja circulação de mercadoria. Perceba, para uma nota fiscal ser cancelada, **NÃO PODE TER TIDO** circulação de mercadoria; se a mercadoria circulou e a venda foi cancelada, deverá o emitente emitir uma nota fiscal de entrada. Uma nota fiscal denegada pode ser cancelada? Não pode, apenas nota fiscal autorizada pode ser cancelada.

O cancelamento da nota fiscal pode ser realizado pelo próprio contribuinte no prazo de até 24 horas após a emissão. Passado esse prazo, o contribuinte não conseguirá efetuar o cancelamento sem a autorização da repartição fiscal.

Depois de autorizada pela Sefaz, uma NF-e não poderá sofrer qualquer alteração, então o emissor somente poderá:

- cancelar a NF-e em até 24h. Após esse prazo, só poderá cancelar se a Sefaz autorizar;
- sanar erros simples em alguns campos específicos, por meio da CC-e;
- emitir uma NF-e complementar, para corrigir o preço ou a quantidade de mercadorias, por exemplo.

A mercadoria deve ser acompanhada pelo Documento Auxiliar da NF-e – DANFE, que possui o seguinte formato:

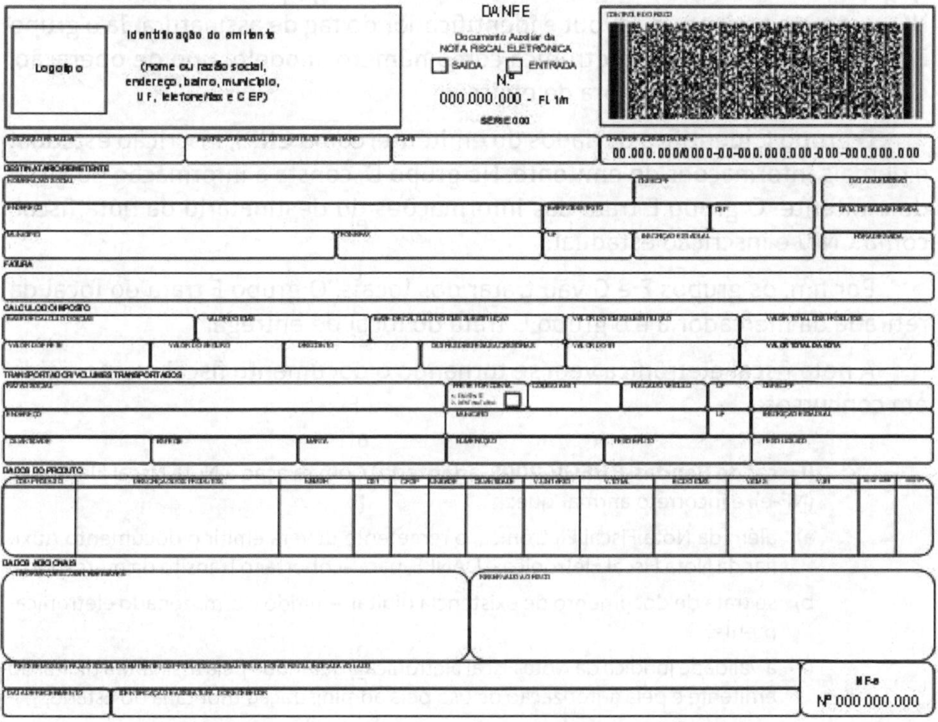

Lembre-se de que o DANFE retrata as informações da nota fiscal eletrônica, que serão parecidas com as dos campos narrados na Nota Fiscal, modelo 1 (item 8.1.1). Não se trata de uma cópia da NF-e, pois os documentos eletrônicos não têm forma, não são físicos, são apenas virtuais.

Assim, a NF-e não se confunde com o DANFE. A NF-e é o documento fiscal propriamente dito, com validade jurídica e existência exclusivamente digital (arquivo XML). O DANFE é apenas uma representação gráfica da NF-e impressa em papel, que tem como únicas funções acompanhar o trânsito das mercadorias acobertadas pela NF-e e facilitar a consulta da NF-e.

No canto superior direito do DANFE, observamos uma barra com o código de acesso que permite a leitura da nota fiscal com o leitor óptico. Abaixo dessa barra, temos a chave de acesso. Com esse número podemos visualizar o DANFE em sites gratuitos, salvá-lo em PDF e acessar as informações constantes no documento fiscal.

Além de acobertar a mercadoria durante o trânsito, o DANFE serve nos casos de emissão por contingência (DPEC e FS) e deve ser entregue à pessoa física quando este é o destinatário da carga. E para os demais clientes? Não tem necessidade, porque eles receberão o arquivo XML do emitente.

A nota fiscal eletrônica tem sete grupos de informação (Grupos A a G). Os grupos A e B se referem à nota fiscal eletrônica. O grupo A trata dos dados da NF-e, como a assinatura, layout e identificador do tag de assinatura. Já o grupo B identifica a nota fiscal eletrônica como número, modelo, tipo de operação, origem e destino, data e hora de emissão.

O grupo C identifica os dados do emitente, como CNPJ, inscrição estadual e demais informações do emitente. No grupo D, consta a informação do Fisco do emitente. O grupo E trata das informações do destinatário da nota fiscal, como CNPJ e inscrição estadual.

Por fim, os grupos F e G vão tratar dos locais. O grupo F trata do local da retirada da mercadoria e o grupo G trata do local de entrega.

A nota fiscal eletrônica vem se tornando o documento fiscal mais exigido em concursos:

(Fiscal de Rendas-RJ/FGV-2008-adaptada) Com relação à Nota Fiscal Eletrônica (NF-e), é incorreto afirmar que:

a) além da Nota Fiscal Eletrônica, o remetente deverá emitir o documento Auxiliar da Nota Fiscal Eletrônica – DANFE, para acobertar o trânsito da mercadoria.

b) se trata de documento de existência digital, emitido e armazenado eletronicamente.

c) a validade jurídica da Nota Fiscal Eletrônica é garantida pela assinatura digital do emitente e pela autorização de uso pela administração tributária do Estado.

d) são obrigados a utilizar Nota Fiscal Eletrônica as empresas industriais e os estabelecimentos atacadistas, ficando dispensado do uso as transportadoras de cargas que emitem o Conhecimento eletrônico de Transporte de Cargas.

e) os contribuintes que utilizarem Nota Fiscal Eletrônica ficam obrigados ao uso do sistema eletrônico de processamento de dados.

Comentário:

a) Correta. A nota fiscal eletrônica é um documento de existência apenas virtual, assim, para acobertar o trânsito de mercadorias, o contribuinte deverá emitir o Danfe, que é um retrato da nota fiscal eletrônica.

b) Correta. A nota fiscal eletrônica é um documento de existência apenas virtual, ela não existe de modo físico.

c) *Correta. A assinatura digital e a autorização do fisco garantem a validade jurídica da nota fiscal eletrônica.*

d) *Errada. As transportadoras devem emitir o conhecimento eletrônico de transporte de cargas para as prestações de serviços de transportes de cargas, no entanto, as transportadoras vendem caminhões, entregam brindes a funcionários, nesses casos, ela deverá emitir a nota fiscal eletrônica.*

e) *Correta. Os contribuintes que usam documentos eletrônicos são obrigados ao uso do sistema eletrônico de processamento de dados.*

Resposta: D

8.2.2.2. Nota Fiscal de Consumidor Eletrônica – NFC-e, modelo 65 e Documento Auxiliar da Nota Fiscal Eletrônica para Consumidor Final (DANFE-NFC-e) (Ajuste Sinief 19/16)

A Nota Fiscal de Consumidor Eletrônica (NFC-e), modelo 65, foi implementada para substituir a Nota Fiscal de Venda a Consumidor, modelo 2, o Cupom Fiscal emitido por equipamento Emissor de Cupom Fiscal (ECF) e o Cupom Fiscal Eletrônico – SAT (CF-e-SAT).

Essa nota abrange apenas as notas fiscais de operações comerciais, dentro do estado, de venda de mercadoria a consumidores finais (pessoa física ou jurídica). Não é permitido crédito ao destinatário.

Se a venda for para fora do estado ou para adquirente que não seja consumidor final, deverá ser emitida a NF-e, e não a NFC-e.

A critério de cada estado, poderá ser vedada a emissão da NFVC, modelo 2, ou de cupom fiscal por meio de ECF ou por qualquer outro meio quando o contribuinte for credenciado à emissão de NFC-e. São Paulo, por exemplo, proíbe a utilização de cupom fiscal por meio de ECF se o contribuinte for obrigado ao uso da NFC-e.

Durante uma venda presencial, para emitir a NFC-e não precisa informar os dados do adquirente. No entanto, essa informação é obrigatória quando for uma entrega no domicílio do adquirente, como nas vendas realizadas por pizzarias, lanchonetes, farmácias etc.

Quando o comprador não é informado, a NFC-e só poderá ser emitida até o valor de R$ 10.000,00, já quando os dados do destinatário forem informados, seu limite aumenta para R$ 200.000,00. Acima desse valor, não poderá ser emitida a NFC-e, o vendedor terá que emitir uma NF-e. Esses limites poderão ser alterados a critério de cada estado.

O cancelamento poderá ocorrer no prazo de 30 minutos a 24 horas, dependendo da legislação estadual. Cometido um erro, diferente da NF-e, não é permitida a carta de correção. Caso haja devolução da mercadoria, o contribuinte deverá emitir uma Nota Fiscal eletrônica, modelo 55, para registrar a retorno da venda.

Deverá ser entregue ao consumidor final o Documento Auxiliar da Nota Fiscal Eletrônica para Consumidor Final – DANFE – NFC-e. Segue o seu layout:

NFC-e

DANFE NFC-e - Documento Auxiliar
da Nota Fiscal Eletrônica para Consumidor Final
Não permite aproveitamento de crédito de ICMS

Codigo	Descricao	Qtd	Un	VlUnit.	VlTotal
085033	GRELHA ALUM.FIXA P/CX SIF.RED.				
		1	PC	10.90	10.90

Qtd. Total de Itens	1
Valor Total R$	10.90
Forma de Pagamento	Valor Pago
DINHEIRO	10.90

Informação dos Tributos Totais Incidentes
(Lei Federal 12.741/2012) 3,73

Consulta via leitor de QR Code

Protocolo Autorização: [illegible]0000000010 04/11/2014 10:03:37

Perceba que o DANFE – NFC-e possui uma chave de acesso para que a NFC-e seja consultada no site da Sefaz e um QR Code, que com a ajuda de um leitor de QR Code poderão ser visualizadas as informações da Nota Fiscal, modelo 65. Esse código pode ser lido por um celular com algum aplicativo instalado nele para leitura do QR Code.

Apesar da semelhança na aparência do DANFE – NFC-e com o Cupom Fiscal, modelo 3, para a emissão da NFC-e não precisa do ECF, nem de uma impressora fiscal. Na verdade, não pode nem usar uma impressora fiscal. Isso representa uma economia para o comerciante, que poderá comprar uma impressora não fiscal térmica ou a laser por uns R$ 400,00, em vez da impressora fiscal para ECF, sempre acima dos R$ 1.000,00. Imagine um supermercado com vários caixas, será uma economia considerável. E ainda foge da burocracia e do gasto de lacrar a impressora fiscal, pedir autorização para mexer na impressora etc., pois não há essa necessidade.

Outras vantagens desse documento são o fim da Redução Z e da leitura X e da colocação de lacres por técnicos autorizados. Então a tendência é o ECF acabar? Sim, mas ainda não em alguns estados, pois, por exemplo, uma forma de contingência prevista em alguns deles é a utilização do ECF ou o Sistema Autenticador e Transmissor – SAT, que é um conjunto de hardware e software. Poderá também transmitir, por contingência, solicitando uma autorização ao Evento Prévio de Emissão de Contingência. Em São Paulo, por exemplo, quem aderir à NFC-e não poderá usar o ECF, somente poderá usar o SAT nas contingências.

Os estados também poderão autorizar o uso de contingência off-line para a NFC-e, que consiste, grosso modo, em permitir que o contribuinte, sem prévia autorização da Sefaz, na impossibilidade de transmitir a NFC-e por não possuir comunicação temporária com a internet, primeiramente imprimir o DANFE da NFC-e e entregar uma via ao consumidor e guardar a outra. Assim que possível, deverá enviar o arquivo XML para autorização da Sefaz. Para evitar fraudes, essa transferência deverá ser feita até o final do primeiro dia útil subsequente contado a partir da emissão e não poderá ser feita rotineiramente sem justificativa aceitável pelo fisco. Por fim, a contingência off-line só poderá ser autorizada em algum estado para a NFC-e, nunca para a NF-e, que não admite essa possibilidade de forma alguma. Então, cuidado, porque um estado poderá autorizar a emissão off-line para a NFC-e, mas nunca para a NF-e.

8.2.2.3. Cupom Fiscal Eletrônico – SAT (CF-e-SAT), modelo 59 e Extrato do CF-e-SAT (Ajuste Sinief 11/10)

No âmbito do Confaz, quando escrevemos este livro, apenas os estados de Alagoas, Ceará, Minas Gerais, Paraná e São Paulo estão autorizados a utilizar o Cupom Fiscal Eletrônico – SAT (CF-e-SAT), modelo 59, em substituição à Nota Fiscal de Venda a Consumidor, modelo 2, o Cupom Fiscal, modelo 3, e os Bilhetes de Passagem de todos os modais, modelos 13 a 16.

Assim como a NFC-e, também não utiliza uma impressora fiscal.

O CF-e-SAT será emitido por meio do Sistema de Autenticação e Transmissão de Cupom Fiscal eletrônico (SAT) e é um documento fiscal eletrônico cuja emissão e armazenamento são exclusivamente eletrônicos.

Com a posterior implementação da Nota Fiscal de Consumidor Eletrônica (NFC-e), modelo 65, o recém-chegado SAT ganhou outra atribuição nas vendas ao varejo, podendo ser utilizado para a emissão de contingência da NFC-e. Assim, alguns estados que adotam o SAT, como São Paulo, e permitem seus contribuintes usarem a NFC-e, exigem o uso do SAT em caso de contingência.

Enfim, embora o SAT tenha surgido para as operações com consumidor final e prestações de serviços de transportes de passageiros, a tendência é que esse documento eletrônico seja utilizado apenas no transporte, já que a expectativa de adesão à NFC-e é maior na venda ao varejo. Inclusive o ajuste SINIEF 19/2016 previu a substituição do SAT pela NFC-e. Em São Paulo, por exemplo, o Cupom Fiscal – SAT é mais utilizado que a NFC-e.

O documento auxiliar do Cupom Fiscal eletrônico é o Extrato do CF-e-SAT, que deve ser entregue ao adquirente e tem o seguinte formato:

LOGOMARCA
Nome Fantasia
Razão Social
Endereço

CNPJ 22.222.222/2222-22 IE 223.233.344.233 IM 2323.222.333.233

Extrato No. 876578
CUPOM FISCAL ELETRÔNICO - SAT

CPF/CNPJ do Consumidor: 222.222.222-99

| COD | DESC | QTD | UN | VL UNIT R$ | ST | ALIQ | VL ITEM R$

001 789554423356 Item comercializado 1 cx X 2,59 T 18% 2,59
002 789554423357 Item comercializado 1 cx X 2,59 T 18% 2,59
desconto -0,59
2,00
003 789554423358 Item comercializado com descrição longa
1 cx X 3,15 T 18% 3,15
002 789554423359 Item comercializado 1 cx X 2,59 T 18% 2,59

Subtotal 10,92
Descontos -0,59
TOTAL R$ 10,33

Vale Refeição/Alimentação (em papel) 5,00
Dinheiro 7,00
Troco R$ 1,67

"ICMS a ser recolhido conforme LC 123/2006 - Simples Nacional"

DEST
Nome do adquirente
Endereço do destinatário

SAT No. 000.000.036
30/07/2010 - 16:03:10

9999 9999 9999 9999 9999 9999 9999 9999 9999 9999 9999

Forma completa

LOGOMARCA
Nome Fantasia
Razão Social
Endereço

CNPJ 22.222.222/2222-22 IE 223.233.344.233 IM 2323.222.333.233

Extrato No. 876578
CUPOM FISCAL ELETRÔNICO - SAT

CPF/CNPJ do Consumidor: 222.222.222-99
TOTAL R$ 10,33

DEST
Nome do adquirente
Endereço do destinatário

SAT No. 000.000.036
30/07/2010 - 16:03:10

9999 9999 9999 9999 9999 9999 9999 9999 9999 9999 9999

Forma reduzida

O extrato do CF-e-SAT possui uma leitura QR Code, que é lida da mesma forma do DANFE – NFC-e. Cabe registrar que para sua emissão não precisa do ECF, nem da impressora fiscal.

8.2.2.4. Conhecimento de Transporte Eletrônico (CT-e), modelo 57, e Documento Auxiliar de Conhecimento de Transporte Eletrônico – DACTE (Ajuste Sinief 09/07)

O Conhecimento de Transporte eletrônico – CT-e, modelo 57, serve para acobertar o transporte de cargas e o de pessoas. Assim, esse documento eletrônico substitui os seguintes documentos em papel:

- Conhecimento de Transporte Rodoviário de Cargas, modelo 8;
- Conhecimento de Transporte Aquaviário de Cargas, modelo 9;
- Conhecimento Aéreo, modelo 10;
- Conhecimento de Transporte Ferroviário de Cargas, modelo 11;
- Conhecimento de Transporte Multimodal de Cargas – CTMC, modelo 26;
- Nota Fiscal de Serviço de Transporte[1], modelo 7; e
- Nota Fiscal de Serviço de Transporte Ferroviário de Cargas, modelo 27.

Portanto, o CT-e substitui todos os modais (tipos de transporte), tendo um modelo único. Acontece que embora o Ajuste Sinief 09/07 faça a previsão do uso do CT-e no transporte de pessoas, muitos estados só regulamentaram seu uso no transporte de cargas. Assim, a Nota Fiscal de Serviço de Transporte, modelo 7, continua sendo muito usada, no entanto, no final do ano de 2017, muitos transportadores começaram a substituir a Nota Fiscal de Serviços de Transporte pelo CT-e OS, modelo 67. O Conhecimento de Transporte Eletrônico para Outros Serviços – CT-e OS é utilizado em prestações de transporte intermunicipal, interestadual e internacional de pessoas, assim como para empresas de transporte de valores e excesso de bagagem.

Enquanto o Ajuste Sinief 09/07 tratou do CT-e, modelo 57, o Ajuste Sinief 10/16 criou o CT-e OS, modelo 67, utilizado pelas seguintes atividades:

- agência de viagem ou transportador, sempre que executar, em veículo próprio ou afretado, serviço de transporte intermunicipal, interestadual ou internacional, de pessoas;
- transporte de valores para englobar, em relação a cada tomador de serviço, as prestações realizadas, desde que dentro do período de apuração do imposto;
- transporte de passageiro para englobar, no final do período de apuração do imposto, os documentos de excesso de bagagem emitidos durante o mês.

Assim como os demais documentos eletrônicos, o CT-e será armazenado eletronicamente, tendo existência apenas digital.

1. Nota: A Nota Fiscal de Serviços de Transportes de Passageiros, modelo 7, para transporte de pessoas, só pôde ser substituída pelo CT-e a partir de setembro de 2016, logo ainda tem pouca aplicabilidade.

O Documento Auxiliar de Conhecimento de Transporte Eletrônico – DACTE serve para acompanhar a carga durante o transporte e para facilitar a consulta ao CT-e. Servirá para todos os tipos de modais, somente distinguindo o tipo de transporte em sua parte inferior (rodoviário, aéreo etc.).

Além de informações sobre a prestação do serviço e a nota fiscal da mercadoria transportada, são necessárias as seguintes informações: emitente (o prestador de serviço), expedidor (quem entregou a carga ao prestador), recebedor (aquele que vai receber a carga do prestador), destinatário (o destino final da carga) e remetente (aquele que promoveu a saída inicial da carga).

O DACTE só poderá ser emitido depois que a Sefaz autorizar o uso do respectivo CT-e, quando o transporte poderá ser iniciado.

Caso haja erro na emissão, deve-se corrigir via carta de correção digital. O prazo para cancelamento pelo próprio contribuinte é de até 24 horas, do contrário, será necessária autorização do fisco.

Este desenho[2] mostra como funciona o CT-e:

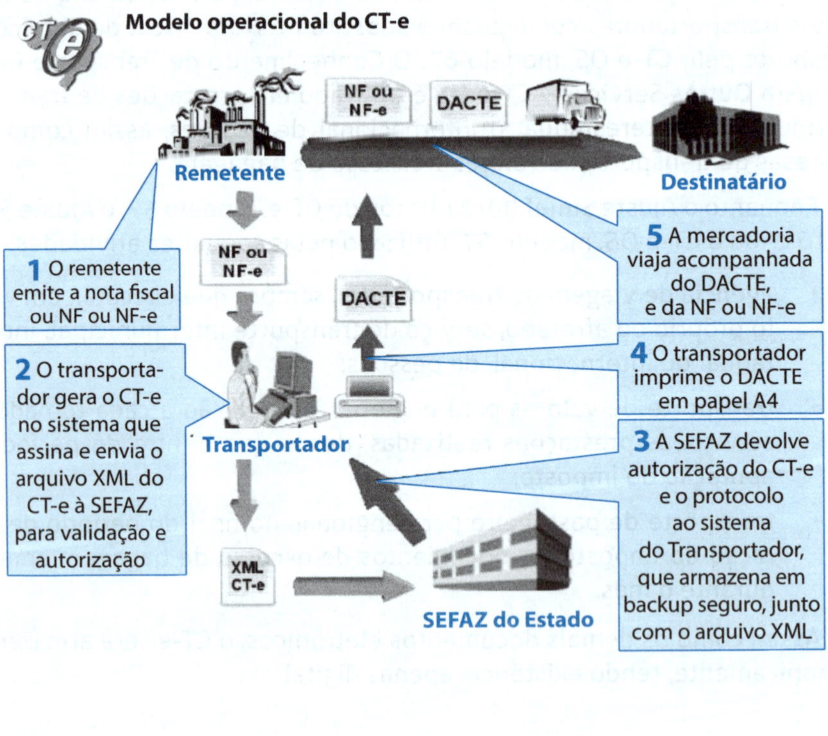

2. Adaptado de http://www.datamex.com.br/blog/como-funciona-o-conhecimento-de-transporte-eletronico-ct-e/.

8.2.2.5. Manifesto Eletrônico de Documentos Fiscais (MDF-e), modelo 58 e Documento Auxiliar do Manifesto Eletrônico de Documentos Fiscais – DAMDFE (Ajuste Sinief 21/10)

O Manifesto Eletrônico de Documentos Fiscais (MDF-e), modelo 58, surgiu em substituição ao velho Manifesto de Carga, modelo 25. Apesar da sua essência ser a emissão na carga fracionada, ou seja, muitas mercadorias com várias notas fiscais e diversos conhecimentos em um único veículo, esse novo documento eletrônico deverá ser emitido também em um leque maior de situações.

Suas principais vantagens são: economia de papel e de custo de armazenagem e redução do tempo de parada nos postos de fiscalização de divisas dos estados.

Aumentou-se também o número de contribuintes que podem emitir o novo documento fiscal. Enquanto a versão papel só podia ser emitida pelo transportador, agora, com o modelo eletrônico, caso o remetente ou o destinatário das notas fiscais execute o transporte das mercadorias sem contratar uma transportadora, ou seja, em veículo próprio ou com transportador autônomo, caberá a ele emitir o Manifesto Eletrônico.

A quantidade de informações necessárias no novo documento ampliou, agora se deve informar o estado de carregamento, a unidade da federação de descarregamento, os estados onde transitará a mercadoria ao longo do percurso etc. Assim, se o caminhão é carregado no Rio de Janeiro, com cargas para serem descarregadas no Paraná e Santa Catarina, haverá a emissão de dois manifestos eletrônicos, pois temos duas unidades de descarregamento, diferente da versão papel que sempre emitia um por veículo. Os dois manifestos deverão informar que São Paulo é um estado de percurso, pois o caminhão passará por esse estado no meio do caminho.

Caso no trajeto ocorra algum transbordo (troca de veículos sem trocar o transportador), redespacho, subcontratação, novo carregamento de mercadorias, então deve-se emitir novo ou novos MDF-e. O Documento Auxiliar do Manifesto Eletrônico de Documentos Fiscais – DAMDFE faz a função do DANFE, acobertando o transporte.

O prazo para cancelamento é de 24h, desde que ainda não tenha ocorrido o fato gerador, ou seja, em regra, o transporte não tenha iniciado.

Este desenho[3] mostra como funciona o MDF-e:

3. Adaptado de: *Manual de Orientação do Contribuinte*. Disponível em: https://portal.fazenda.sp.gov.br/servicos/mdfe/Downloads/Manual_MDFe_v1.00a.pdf.

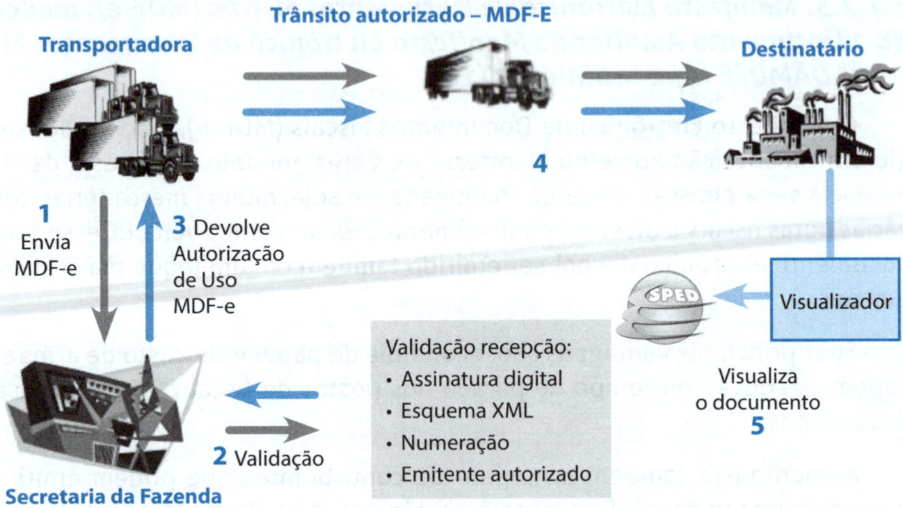

O MDF-e foi criado em 2010. Meses antes, havia sido criado um documento chamado Capa de Lote Eletrônica. A função dessa capa de lote é semelhante à função do MDF-e. Assim, caso o contribuinte emita o MDF-e, fica vedada a emissão da capa de lote eletrônica. Na prática, a capa de lote não é emitida, os contribuintes preferem emitir o MDF-e

8.3. DOCUMENTOS FISCAIS EXISTENTES EM FORMATO PAPEL E ELETRÔNICO (CONVÊNIO ICMS 115/03)

São estes os seguintes documentos fiscais que poderão existir em ambos os formatos:

- Nota Fiscal/Conta de Energia Elétrica, modelo 6;
- Nota Fiscal de Serviço de Comunicação, modelo 21; e
- Nota Fiscal de Serviço de Telecomunicações, modelo 22.

A Nota Fiscal/Conta de Energia Elétrica, modelo 6, a Nota Fiscal de Serviço de Comunicação, modelo 21 e a Nota Fiscal de Serviço de Telecomunicações, modelo 22 são emitidas pela concessionária ou permissionária na circulação de energia elétrica, na prestação de serviço de comunicação e na prestação de serviço de telecomunicações, respectivamente.

Esses três documentos fiscais têm uma característica diferente dos demais documentos, afinal, enquanto todos os outros são emitidos antes do início da operação de mercadoria ou da prestação de serviço, os documentos agora comentados são emitidos no momento do faturamento pelo fornecimento de energia elétrica ou pela prestação de serviço de comunicação ou telecomunicação. Até esse detalhe é cobrado em prova:

(Fiscal de Rendas-RJ/FGV-2008) Assinale a alternativa que indique o documento fiscal do ICMS que não é normalmente emitido antes da saída da mercadoria ou do início da prestação.

a) Nota fiscal de serviço de comunicação.

b) Conhecimento aéreo

c) Cupom Fiscal emitido por ECF.

d) Nota fiscal, modelo 1-A

e) Conhecimento de Transporte Rodoviário de Carga

Comentário: *O conhecimento aéreo e o conhecimento de transporte de carga são emitidos antes do início da prestação de serviço de transporte. O cupom fiscal e a nota fiscal modelo 1-A são emitidos antes do início da operação de circulação de mercadoria. Assim, a resposta é a nota fiscal de serviço de comunicação.*

Resposta: A

A Nota Fiscal/Conta de Energia Elétrica, modelo 6, quando emitida em formato papel, deve ser emitida em duas vias. Já as outras duas notas fiscais, quando emitidas em formato papel, devem possuir duas vias, quando acobertar prestações internas ou internacionais e três vias quando acobertarem prestações interestaduais.

Esses três documentos eletrônicos não contêm qualquer documento auxiliar e sua forma de emissão é completamente diferente dos demais documentos eletrônicos.

Todos esses documentos na versão papel são emitidos em duas vias, a primeira ficando com o adquirente da energia elétrica ou tomador de serviço nos demais casos. A segunda via é retida pelo emitente, podendo ser solicitada pelo fisco. Os três documentos devem informar dados do emitente, destinatário, valor do serviço ou produto, base de cálculo, destaque do imposto e alíquota aplicada. Já as notas que acobertam prestações de serviços deverão informar a descrição dos serviços prestados.

A emissão da versão eletrônica dessas três notas está regulada no Convênio ICMS 115/03. Tais documentos fiscais são emitidos em via única, no mesmo formato da versão papel (por isso o modelo é o mesmo) e não utilizam arquivo XML nem Documento Auxiliar.

A validade jurídica desses documentos digitais é garantida por uma chave gerada pelo código MD5, acrescentado ao corpo da nota fiscal. Com esse código é possível consultar ou emitir uma segunda via eletrônica, após registradas as notas no site do fisco.

O registro no site da SEFAZ ocorre da seguinte maneira: o contribuinte grava o arquivo eletrônico em CDs não regraváveis e o entrega à Secretaria da Fazenda do estado onde estão situados.

A não exigência de arquivo XML não tira a natureza de documento eletrônico, afinal, além do certificado digital, o emitente precisa ter o programa de emissão de notas atualizado e com o recurso de Nota Fiscal Eletrônica e precisa ter instalado os programas de validação e transmissão dos arquivos de NF-e em um computador com acesso à internet.

CAPÍTULO IX

LIVROS FISCAIS

O assunto livros fiscais é bem menos complicado de entender e memorizar que o anterior, de documentos fiscais. Dada essa boa notícia, vamos ao seu estudo.

A emissão dos documentos fiscais não encerra as obrigações tributárias dos contribuintes, afinal, após a emissão, ainda não é possível saber qual valor mensal é devido ao fisco. A Secretaria da Fazenda não acessa os documentos eletrônicos, nem solicita os documentos em papel de cada sujeito passivo, para determinar quanto deve ser pago. O ICMS é um imposto de lançamento por homologação, devendo ao contribuinte declarar e pagar o montante devido.

A totalização das mercadorias recebidas e serviços utilizados e das operações de saídas e serviços prestados é realizada nos livros fiscais. Isto é, os documentos fiscais discriminam as operações, que serão escrituradas nos livros fiscais para compor um determinado período de apuração do imposto.

A apuração do imposto é timidamente mencionada pelo legislador infraconstitucional nos artigos 24 a 26 da Lei Kandir. Por conta dessa quase ausência de normas gerais, os estados utilizam a normatização realizada no âmbito do Confaz, mais precisamente pelo Convênio Sinief S/Nº de 15 de dezembro de 1970, que determina a apuração do imposto mensal no final de cada mês, cabendo ao sujeito passivo totalizar o montante devido ao fisco de ICMS.

Assim como aconteceu com os documentos fiscais, em pleno século XXI ainda predominavam os livros em formato papel, elaborados manualmente ou impressos. Cada livro possui um modelo próprio, como também ocorre com os documentos fiscais.

Os livros em formato papel são os seguintes:

- Registro de Entradas, modelo 1 ou 1-A;
- Registro de Saídas, modelo 2 ou 2-A;
- Registro de Controle da Produção e do Estoque, modelo 3;

- Registro do Selo Especial de Controle, modelo 4;
- Registro de Impressão de Documentos Fiscais, modelo 5;
- Registro de Utilização de Documentos Fiscais e Termos de Ocorrências, modelo 6;
- Registro de Inventário, modelo 7;
- Registro de Apuração do IPI, modelo 8;
- Registro de Apuração do ICMS, modelo 9; e
- Livro de Movimentação de Combustíveis – LMC (não possui um modelo associado).

Cabe mencionar que existe também um documento Controle de Crédito de ICMS do Ativo Permanente – CIAP, que não tem status de livro fiscal, mas os fiscos estaduais exigem e é bastante utilizado para o controle de crédito dos bens do ativo imobilizado na proporção de um quarenta e oito avos (item 6.3.5).

Com o avanço da tecnologia, os estados resolveram se adequar à nova realidade digital e implementaram a Escrituração Fiscal Digital – EFD, que veio substituir diversos livros em formato papel.

Os livros Registro do Selo Especial de Controle, modelo 4 e Registro de Apuração do IPI, modelo 8 são utilizados para fiscalização do IPI, logo não trataremos deles nesta obra. Contudo, saiba que apesar de tratarem do IPI e serem de pouca utilização por parte da fiscalização do ICMS, os regulamentos estaduais de ICMS exigem que os contribuintes sujeitos ao IPI os tenham e os apresentem ao fisco caso solicitados.

Como o Livro de Movimentação de Combustíveis – LMC é fiscalizado por órgãos federais, também não será abordado. Já os livros Registro de Controle da Produção e do Estoque e Registro de Impressão de documentos fiscais nunca foram cobrados em prova, assim, tratemos dos demais livros fiscais, do CIAP e da EFD.

9.1. LIVROS EM PAPEL

Os livros em formato papel têm algumas formalidades em comum. Todos devem ser encadernados e autenticados, para evitar a adulteração. A numeração deve seguir a ordem cronológica de página da menor para a maior. Esses livros não podem ter rasuras e serão escriturados em tinta.

Os livros possuem termo de abertura e de encerramento. Se determinado contribuinte tiver mais de um estabelecimento, fará a escrituração em cada um deles com livros fiscais distintos, vedada a sua centralização, salvo se concedido um regime especial pelo fisco.

O microempreendedor individual não é obrigado a escriturar livros fiscais, já os produtores rurais têm a obrigatoriedade dependendo da legislação do seu estado.

As empresas optantes do Simples Nacional estão obrigadas a escriturar os seguintes livros fiscais:

- Registro de Entradas, modelo 1 ou 1-A;
- Registro de Inventário, modelo 7;
- Registro de Selo Especial de Controle, modelo 4; e
- caso seja gráfica que confecciona documentos fiscais, deverá escriturar o livro Registro de Impressão de Documentos Fiscais, modelo 5.

Todos os demais que forem inscritos no cadastro de contribuintes devem escriturar os livros fiscais, independentemente das suas operações serem tributadas ou não. Assim, uma construtora, mesmo que apenas efetue serviços de engenharia tributados pelo ISS, deve escriturar os livros fiscais.

Por fim, cabe mencionar que todas as legislações estaduais determinam que os livros fiscais devem ser guardados pelo prazo de cinco anos.

9.1.1. Livro Registro de Entradas, modelo 1 ou modelo 1-A

O livro Registro de Entradas é utilizado para escriturar a entrada, a qualquer título, de mercadoria no estabelecimento ou de serviço que o contribuinte seja tomador. Isto é, todas as mercadorias, a qualquer título, devem ser escrituradas, pouco importando a sua natureza. Se a entrada é uma compra, então deve ser escriturada, se for uma devolução, doação, ou mesmo uma remessa, devem ser registradas nesse livro fiscal.

É irrelevante o destino dado à aquisição, seja insumo, estoque para revenda, material de uso e consumo, ativo imobilizado, enfim, qualquer que seja a finalidade da mercadoria, o documento fiscal que acoberta a operação deve ser escriturado. A espécie de entrada não tem qualquer importância, ou seja, haverá escrituração da entrada real (física) ou a entrada simbólica no estabelecimento. Dessa forma, se Alfa compra de Beta e pede para entregar diretamente a Delta, Alfa deverá escriturar a sua compra no Livro Registro de Entradas, mesmo sem o ingresso físico da mercadoria no seu estabelecimento.

O registro nesse livro fiscal não se restringe a mercadorias, ou seja, se o comerciante é tomador de serviço de transporte ou de comunicação, então os documentos fiscais relativos a tais serviços devem ser escriturados, somente fica dispensado da escrituração dos serviços tributados pelo ISS.

Os contribuintes que são sujeitos passivos do ICMS e do IPI, como as indústrias, devem utilizar o livro modelo 1. Já aqueles que são apenas contribuintes do ICMS, devem escriturar os livros modelo 1-A.

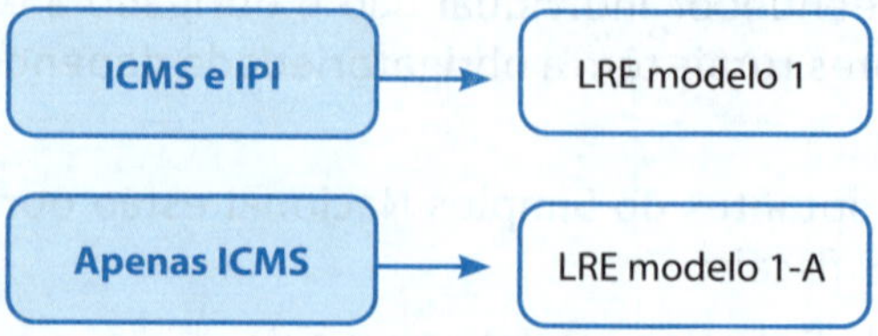

Quer um jeito simples de decorar isso e não esquecer mais? Se for apenas ICMS, é o 1-A (lembre-se do "A" de apenas).

Perceba que todos os contribuintes do ICMS devem confeccionar o Livro Registro de Entradas.

Esse livro fiscal conterá as seguintes informações fiscais: data da entrada, número do documento e data de emissão, com dados (CNPJ e Inscrição estadual) do remetente, estado de procedência, valor da operação, classificação da operação (remessa, compra etc.), base de cálculo, alíquota, crédito de ICMS (se houver), valores de IPI (se houver) e observações.

No final do mês, há uma folha totalizando os valores das operações escrituradas no mês, que são separadas pela natureza da operação (doação, devolução, compra, remessa) e pela natureza tributária (isenta, diferida, tributada). Há também a soma dos créditos efetuados no mês. Esse valor do crédito totalizado será transportado para o Livro Registro de Apuração do ICMS, modelo 9.

Os créditos que serão escriturados no Livro Registro de Entradas obedecem ao que foi explicado no capítulo 6 deste livro. Assim, caso seja compra de mercadoria para revenda ou insumo ou serviços de transporte relacionados à atividade fim, haverá o crédito no Livro Registro de Entradas. Se for material de uso e consumo, mesmo que o documento tenha destaque de ICMS, não haverá crédito do imposto. Os serviços de comunicação só terão direito a crédito se ocorrer uma das condições previstas na legislação (item 6.3.4). Já o ativo imobilizado não é registrado com crédito, pois esse controle será realizado no CIAP.

9.1.2. Livro Registro de Saídas, modelo 2 ou modelo 2-A

O Livro Registro de Saídas é destinado à escrituração da saída de mercadoria ou bem, a qualquer título, ou da prestação de serviço. Assim, qualquer saída de mercadoria ou prestação de serviço, seja isenta, sem incidência de imposto ou tributada, deve ser escriturada nesse livro fiscal.

Na saída, assim como ocorre na entrada, independentemente da natureza do negócio jurídico, o contribuinte deverá escriturar o documento fiscal, logo não importa se a operação é uma venda, devolução, remessa, doação, amostra grátis, ou seja, qualquer saída será escriturada.

Também é pouco relevante saber se a mercadoria vai ingressar fisicamente ou não no estabelecimento, logo, se Alfa compra de Beta e pede para ele entregar diretamente a Delta, seu cliente, Alfa deverá escriturar a sua venda à Delta no Livro Registro de Saídas, mesmo sem o trânsito da mercadoria no seu estabelecimento.

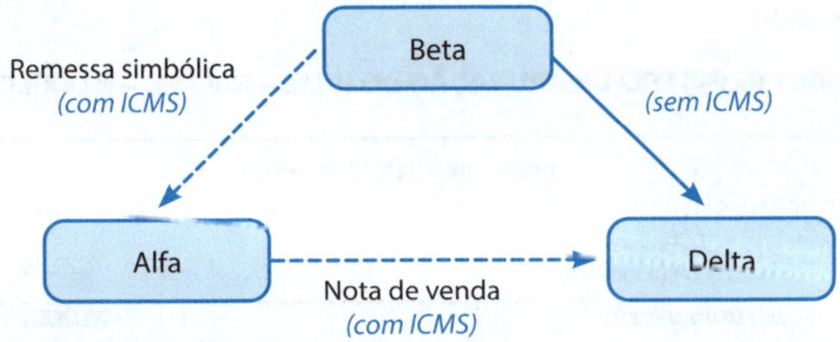

As saídas registradas não se restringem somente a operações de mercadorias. Por exemplo, se uma indústria transfere sua máquina do ativo (bem) para uma filial, essa nota deve ser escriturada.

Os contribuintes que são sujeitos passivos do ICMS e do IPI, como as indústrias, devem utilizar o livro modelo 2. Já aqueles que são apenas contribuintes do ICMS, como as transportadoras, devem escriturar o livro modelo 2-A.

O Livro Registro de Saídas deve ser escriturado por todos que têm inscrição estadual e segue o modelo.

Esse livro fiscal conterá as seguintes informações fiscais: data da saída e emissão do documento e o seu respectivo número, com dados (CNPJ e Inscrição estadual) do destinatário ou tomador de serviço, estado de destino, valor da operação, classificação da operação (remessa, venda etc.), base de cálculo, alíquota, débito de ICMS (se houver), valores de IPI (se houver) e observações.

Assim como no Livro Registro de Entradas, no final do mês, há uma folha totalizando os valores das operações escrituradas, que são separadas pela natureza da operação (doação, devolução, venda, remessa, transferência etc.) e pela natureza tributária (isenta, diferida, tributada). Haverá também a soma do débito efetuado no mês. Esse valor do débito totalizado será transportado para o Livro Registro de Apuração do ICMS, modelo 9.

No Livro Registro de Saídas deve também ser informado o ICMS retido na qualidade de substituto tributário, por documento fiscal, cuja soma será transportada para o Livro Registro de Apuração do ICMS.

9.1.3. Livro Registro de Apuração do ICMS, modelo 9

Quando falamos dos Livros Registro de Entradas e Registro de Saídas mencionamos no final de cada tópico que os valores totalizados do crédito e do débito, respectivamente, seriam transportados para o Livro Registro de Apuração do ICMS, modelo 9.

Esse livro de apuração é utilizado da seguinte forma: ele recebe o valor do débito totalizado no Livro Registro de Saídas e abate desse valor o montante de crédito escriturado no Livro Registro de Entradas, calculando o ICMS devido (se o débito for maior que o crédito) ou o saldo credor a transportar para o próximo mês (caso o crédito seja maior que o débito). O Livro Registro de Apuração tem o seguinte layout:

LIVRO REGISTRO DE APURAÇÃO DO ICMS – RAICMS – MODELO P9

RESUMO DA APURAÇÃO DO IMPOSTO

FIRMA:
INSC. EST.: CGC(MF):
FOLHA: MÊS OU PERÍODO/ANO:

	DÉBITO DO IMPOSTO	VALORES – COLUNA AUXILIAR	VALORES – SOMAS
D	001 – POR SAÍDAS /PRESTAÇÕES COM DÉBITO DO IMPOSTO		
É	002 – OUTROS DÉBITOS (DISCRIMINAR ABAIXO)		
B	XXXXXXXXXXXXXXXXXXXXXXXXXXXXXXXXXXXXXXXXXXXXXXXXXXXXXXXXXXX		999.999.999,99
I	XXXXXXXXXXXXXXXXXXXXXXXXXXXXXXXXXXXXXXXXXXXXXXXXXXXXXXXXXXX		
T	003 – ESTORNO DE CRÉDITOS (DISCRIMINAR ABAIXO)	999.999.999,99	999.999.999,99
O	XXXXXXXXXXXXXXXXXXXXXXXXXXXXXXXXXXXXXXXXXXXXXXXXXXXXXXXXXXX	999.999.999,99	999.999.999,99
	XXXXXXXXXXXXXXXXXXXXXXXXXXXXXXXXXXXXXXXXXXXXXXXXXXXXXXXXXXX		
	004 – SUBTOTAL	999.999.999,99	
		999.999.999,99	999.999.999,99
			999.999.999,99

	CRÉDITO DO IMPOSTO	VALORES – COLUNA AUXILIAR	VALORES – SOMAS
C	005 – POR ENTRADAS/AQUISIÇÕES COM CRÉDITO DO IMPOSTO		999.999.999,99
R	006 – OUTROS CRÉDITOS (DISCRIMINAR ABAIXO)		
É	XXXXXXXXXXXXXXXXXXXXXXXXXXXXXXXXXXXXXXXXXXXXXXXXXXXXXXXXXXXX	999.999.999,99	
D	XXXXXXXXXXXXXXXXXXXXXXXXXXXXXXXXXXXXXXXXXXXXXXXXXXXXXXXXXXXX	999.999.999,99	999.999.999,99
I	007 – ESTORNO DE DÉBITOS (DISCRIMINAR ABAIXO)		
T	XXXXXXXXXXXXXXXXXXXXXXXXXXXXXXXXXXXXXXXXXXXXXXXXXXXXXXXXXXXX	999.999.999,99	999.999.999,99
O	08 – SUBTOTAL		999.999.999,99
	009 – SALDO CREDOR DO PERÍODO ANTERIOR		999.999.999,99
	010 – TOTAL		999.999.999,99
			999.999.999,99

	APURAÇÃO DO SALDO	VALORES – COLUNA AUXILIAR	VALORES – SOMAS
S	011 – SALDO DEVEDOR (DÉBITO MENOS CRÉDITO)		999.999.999,99
A	012 – DEDUÇÕES (DISCRIMINAR ABAIXO)		
L	XXXXXXXXXXXXXXXXXXXXXXXXXXXXXXXXXXXXXXXXXXXXXXXXXXXXXXXXXXXX	999.999.999,99	
D	XXXXXXXXXXXXXXXXXXXXXXXXXXXXXXXXXXXXXXXXXXXXXXXXXXXXXXXXXXXX	999.999.999,99	999.999.999,99
O	013 – IMPOSTO A RECOLHER		999.999.999,99
	014 – SALDO CREDOR (CRÉDITO MENOS DÉBITO) A TRANSPORTAR P/O PERÍODO SEGUINTE		99/9.999.999,99

INFORMAÇÕES COMPLEMENTARES

GUIAS DE RECOLHIMENTO – NÚMERO	DATA	VALOR	ÓRGÃO ARRECADADOR	GUIAS DE INFORMAÇÃO – DATA DA ENTREGA	LOCAL DA ENTREGA (BANCO/REPARTIÇÃO)
999999999999	99/99/99	99.999.999,99	XXXXXXXXXXXXXXXX	99/99/99	XXXXXXXXXXXXXXXXXXXXXXXXXXXXXXXXXXXX
999999999999	99/99/99	99.999.999,99	XXXXXXXXXXXXXXXX		
999999999999	99/99/99	99.999.999,99	XXXXXXXXXXXXXXXX		

OBSERVAÇÕES: XXXXXXXXXXXXXXXXXXXXXXXXXXXXXXXXXXXXXXXXXXXXXXXXXXXXXXXXXXXXXXXXXXXXXXXXXXXXXXXXXXXXXXX
XXXXXXXXXXXXXXXXXXXXXXXXXXXXXXXXXXXXXXXXXXXXXXXXXXXXXXXXXXXXXXXXXXXXXXXXXXXXXXXXXXXXXXX
XXXXXXXXXXXXXXXXXXXXXXXXXXXXXXXXXXXXXXXXXXXXXXXXXXXXXXXXXXXXXXXXXXXXXXXXXXXXXXXXXXXXXXX
XXXXXXXXXXXXXXXXXXXXXXXXXXXXXXXXXXXXXXXXXXXXXXXXXXXXXXXXXXXXXXXXXXXXXXXXXXXXXXXXXXXXXXX
XXXXXXXXXXXXXXXXXXXXXXXXXXXXXXXXXXXXXXXXXXXXXXXXXXXXXXXXXXXXXXXXXXXXXXXXXXXXXXXXXXXXXXX

O montante do débito calculado pelo Livro Registro de Saídas é colocado na coluna somas na linha 001, ou seja, trata-se da soma do ICMS destacado em todos os documentos fiscais de saídas no período apurado. A linha 002 aborda os débitos não destacados em documentos fiscais, como o valor a ser recolhido de diferencial de alíquota sobre compra de ativo ou material de uso e consumo nas operações interestaduais e o pagamento do imposto diferido até a entrada do estabelecimento (vide item 7.1.1). A linha 003 engloba o estorno de crédito do período (item 6.4). Somando as três linhas, calcularemos o total de débito do mês (linha 004).

O valor transferido do Livro Registo de Entradas encontra-se na soma da linha 005, ou seja, é todo o crédito proveniente de escrituração de documentos fiscais no período. A linha 006 refere-se a qualquer crédito do período que não foi proveniente de documento fiscal, por exemplo, uma compensação de uma guia paga em duplicidade. Já a linha 007, engloba os valores de estorno de débito, por exemplo, um débito equivocado de ICMS em uma nota que não deveria ter destaque de imposto. Somando as quatro linhas, calcularemos o total de débito do mês (linha 008). A linha 009 é o crédito transportado do mês anterior, por exemplo, se no mês de maio a empresa apresentou um montante de crédito maior do que o de débito, a diferença (saldo credor) será transportada para o mês de junho, nessa linha 009. A linha 010 é a soma das duas linhas anteriores e totaliza o direito de crédito do contribuinte.

A diferença entre o total de débito (linha 004) e crédito (linha 010) será preenchida no campo 011, se houver dedução de imposto a pagar ou crédito decorrente de benefício fiscal, deve-se preencher o campo 012. A diferença entre o campo 011 e 012 será o montante recolhido de ICMS.

Essa apuração refere-se ao ICMS, das operações próprias, ou seja, aquelas em que o estabelecimento promoveu e sobre as quais ele é o contribuinte da obrigação tributária. Haverá também o Livro Apuração do ICMS das operações em que o estabelecimento é substituto tributário. O montante do débito, na qualidade de substituto, é transportado do Livro Registro de Saídas.

Após elaborado o Livro Registro de Apuração do ICMS, o contribuinte presta uma informação econômica-fiscal ao fisco, declarando quando de fato deve. Essa informação transcreve o Livro de Apuração do ICMS, assim, se o total de crédito for R$ 1.000,00 e o total de débito for R$ 5.000,00, então ele está declarando um débito de R$ 4.000,00 (5.000-1.000).

Lembre que o ICMS é um imposto por homologação, então esse débito declarado já é o lançamento do crédito tributário, ou seja, neste caso o crédito acumulado está constituído, independentemente de qualquer notificação do fisco. Isso é cobrado em concurso. Inclusive esse débito poderá ser inscrito em dívida ativa sem qualquer lavratura de Auto de Infração e sem qualquer notificação.

(Auditor Fiscal da Receita Estadual-AL/CESPE-2019) A declaração de obrigação tributária pelo sujeito passivo em documentos de informações econômico-fiscais importa confissão de dívida, constituindo-se o crédito tributário somente após prévia notificação.

c) Certo

e) Errado

Comentário: *O que deixa a afirmativa errada é a expressão: "constituindo-se o crédito tributário somente após prévia notificação". Como o ICMS é um imposto por homologação, ele é considerado lançado com a declaração do sujeito passivo, sem nenhuma necessidade de notificação prévia.*
Resposta: E

9.1.4. Livro Registro de Inventário, modelo 7

O Livro Registro de Inventário, modelo 7, destina-se a arrolar mercadorias, matérias-primas, produtos intermediários, materiais de embalagem, produtos manufaturados e produtos em fabricação, existentes no estabelecimento na época do balanço.

O Registro de Inventário discrimina os valores de todo o estoque do contribuinte no final do exercício, que em regra é 31 de dezembro. Devem-se ser informados o material de terceiros em poder do contribuinte (possuidor), como nos casos em que ele recebe insumos para industrializar para terceiros, e o material do contribuinte em poder de terceiros (proprietário sem posse direta), como nos casos em que ele deposita em armazém geral; além do material que o contribuinte é o proprietário e possuidor.

Perceba que esse livro não é elaborado mensalmente, e sim anualmente. Segundo o §7º do artigo 76 do Convênio Sinief S/Nº de 15 de dezembro de 1970, sua escrituração deve ser efetivada dentro de 60 dias após a data do balanço. Como as empresas costumam estipular sua data do balanço em 31 de dezembro, o Registro de Inventário deve ser apresentado até 60 dias após essa data.

No inventário só entram insumos e mercadorias para revenda; os materiais de uso e consumo e os bens do ativo não são registrados nesse livro, que segue este modelo:

REGISTRO DE INVENTÁRIO - Modelo 7

REGISTRO DE INVENTÁRIO

ESTOQUES EXISTENTES EM ....DE ....DE ....

MODELO 7

CLASSIFICAÇÃO FISCAL	DISCRIMINAÇÃO	QUANTIDADE	UNIDADE	VALOR			OBSERVAÇÕES
				UNITÁRIO	PARCIAL	TOTAL	

Caso um dia você venha a trabalhar como fiscal de ICMS e atue na área de auditoria fiscal nas empresas, provavelmente lavrará algumas multas ao encontrar "furos" no estoque do contribuinte ao analisar esse livro.

Exemplo: A "Indústria Devo e Não Pago, Nego Quando Puder Ltda." apresentava um estoque inicial de 1.000 cadeiras, adquiriu mais 5.000 durante o ano, vendeu 3.000 e escriturou somente 2.000 em seu estoque final. Fica claro que deixou de escriturar 1.000 cadeiras em seu estoque, provavelmente porque as vendeu sem nota fiscal. Nesse caso, haverá uma multa. Cada estado tem uma terminologia própria para essa acusação. Por exemplo, Alagoas e São Paulo chamam de falta de pagamento por meio de levantamento fiscal, o Rio de Janeiro acusa por omissão de receita. Certamente você enquadrará algum contribuinte de acordo com a legislação do estado em que trabalhará.

9.1.5. Documento Controle de Crédito de ICMS do Ativo Permanente – CIAP

O ativo imobilizado é escriturado no Livro Registro de Entradas sem qualquer crédito de ICMS. Caso esse bem seja destinado à atividade fim da empresa, será permitido o crédito, na proporção de um quarenta e oito avos, do imposto cobrado na aquisição.

Esses ativos destinados à atividade fim da empresa serão registrados no CIAP, que é o documento apropriado para controlar o crédito mensal sobre bens do ativo. O controle do crédito deve obedecer a tudo que foi exposto no item 6.3.5 deste livro. Dessa forma, é o CIAP que controlará a proporção das operações tributadas sobre o valor total das operações, além de outros controles referentes ao ativo, como sua venda antes das 48 (quarente e oito) parcelas a serem creditadas.

Terminado o mês, o montante de ativo imobilizado a ser creditado será escriturado no Livro Registro de Entradas por meio de uma Nota Fiscal de Entrada que o contribuinte emitirá para ele mesmo, com esta natureza da operação: "Lançamento do crédito relativo à compra de bem para o ativo imobilizado".

9.1.6. Livro Registro de Controle da Produção e do Estoque, modelo 3

O Livro Registro de Controle da Produção e do Estoque, modelo 3, (LRCPE) destina-se à escrituração dos documentos fiscais e dos documentos de uso interno do estabelecimento, correspondentes às entradas e saídas, à produção e às quantidades referentes aos estoques de mercadorias.

Esse livro deve ser utilizado por estabelecimento industrial ou a ele equiparado pela legislação federal, e por atacadista, podendo, a critério do fisco, ser exigido de estabelecimento de contribuinte de outro setor, com as adaptações necessárias.

Os lançamentos no LRCPE devem ser feitos operação por operação, escriturando-se não só os documentos de saídas e entradas como também os documentos de uso interno do estabelecimento, ou seja, documentos não fiscais. Cada folha do livro será utilizada para determinada espécie, marca e tipo de mercadoria.

Esse livro, embora não apure diretamente o ICMS, possibilita ao fisco controlar toda a movimentação de cada item do estoque, conhecendo o processo produtivo da empresa.

9.1.7. Registro de Utilização de Documentos Fiscais e Termos de Ocorrências, modelo 6

O Livro Registro de Utilização de Documentos Fiscais e Termos de Ocorrências (RUDFTO), modelo 6, é dividido em duas partes bem distintas. A primeira corresponde ao registro de utilização de documentos fiscais. A segunda, aos termos de ocorrências. Vejamos cada uma.

A primeira parte é destinada ao registro da confecção de documentos fiscais em papel. Era comum a gráfica, após confeccionar a nota fiscal, entregar ao seu cliente, que anota no seu livro modelo 6. Também é necessário anotar extravio, inutilização ou algo semelhante com os documentos em papel, contudo, essa função da primeira parte do livro perdeu importância após a era digital dos documentos fiscais.

Na segunda parte, a destinada aos termos de ocorrências, o contribuinte pode anotar qualquer informação que ache necessária para o fisco, inclusive facilitando a fiscalização. É como se fosse um caderno de anotações.

Por outro lado, o fisco também o utiliza como meio de informação, ajudando inclusive a própria Secretaria da Fazenda, quando, por exemplo, um funcionário do estado lê uma anotação anterior de outro colega, pois é muito utilizado para a fiscalização anotar termos de início e conclusão de determinado trabalho, geralmente de auditoria fiscal, além de outras observações que considerar pertinentes.

Seguem os modelos das duas partes deste livro:

REGISTRO DE UTILIZAÇÃO DE DOCUMENTOS FISCAIS E TERMOS DE OCORRÊNCIAS – MODELO 6

ESPÉCIE	SÉRIE E SUBSÉRIE	TIPO	FINALIDADE DA UTILIZAÇÃO

AUTORIZAÇÃO DE IMPRESSÃO NÚMERO	IMPRESSOS		FORNECEDOR				RECEBIMENTO					OBSERVAÇÕES
	NUMERAÇÃO		NOME	ENDEREÇO	INSCRIÇÃO		DATA			NOTA FISCAL		
	DE	A			ESTADUAL	CNPJ	DIA	MÊS	ANO		NÚMERO	

TERMOS DE OCORRÊNCIAS

9.2. ESCRITURAÇÃO FISCAL DIGITAL – EFD

A era digital não chegou apenas na emissão de documentos fiscais, atingindo também a emissão dos livros fiscais. A partir do ano de 2009, muitos estabelecimentos passaram a enviar para os bancos de dados das Secretarias da Fazenda um arquivo em formato TXT, nascendo assim a Escrituração Fiscal Digital – EFD, que substitui os seguintes livros fiscais, além do CIAP:

- Registro de Entradas, modelo 1 ou 1-A;
- Registro de Saídas, modelo 2 ou 2-A;
- Registro de Controle da Produção e do Estoque, modelo 3;
- Registro de Inventário, modelo 7;
- Registro de Apuração do IPI, modelo 8; e
- Registro de Apuração do ICMS, modelo 9.

Essa substituição já vem sendo cobrada em provas:

(Contador Júnior da Liquigás- CESGRANRIO-2018) Os livros fiscais físicos de Registro de Entradas, Registro de Saída e Registro de Inventário foram substituídos, no Sistema Público de Escrituração Digital (SPED), pela(o)

a) Conhecimento de Transporte Eletrônico
b) Controle Fiscal Contábil de Transição
c) Lalur
d) Escrituração Contábil Digital
e) Escrituração Fiscal Digital.

Comentário: *É a Escrituração Fiscal Digital – EFD que substituiu os livros mencionados no enunciado da questão.*
Resposta: E.

Esse arquivo txt, que representa a Escrituração Fiscal Digital – EFD do contribuinte, não é utilizado apenas pelos estados, pois a Receita Federal do Brasil e os fiscos municipais utilizam esse arquivo nos seus trabalhos de fiscalização, logo as prestações de serviços sujeitas à incidência de ISS também devem ser escrituradas pelo estabelecimento.

A instituição da Escrituração Fiscal Digital – EFD, doravante chamada EFD, foi regrada pelo ajuste Sinief 02/09. A cláusula 4 desse ajuste define quais informações devem estar na EFD:

> "Cláusula quarta O arquivo digital da EFD será gerado pelo contribuinte de acordo com as especificações do leiaute definido em Ato COTEPE e conterá a totalidade das informações econômico-fiscais e contábeis correspondentes ao período compreendido entre o primeiro e o último dia do mês.

> § 1º Para efeito do disposto no caput, considera-se totalidade das informações:
>
> I – as relativas às entradas e saídas de mercadorias bem como aos serviços prestados e tomados, incluindo a descrição dos itens de mercadorias, produtos e serviços;
>
> II – as relativas a quantidade, descrição e valores de mercadorias, matérias-primas, produtos intermediários, materiais de embalagem, produtos manufaturados e produtos em fabricação, em posse ou pertencentes ao estabelecimento do contribuinte declarante, ou fora do estabelecimento e em poder de terceiros;
>
> III – qualquer informação que repercuta no inventário físico e contábil, na apuração, no pagamento ou na cobrança de tributos de competência dos entes conveniados ou outras de interesse das administrações tributárias.
>
> § 2º Qualquer situação de exceção na tributação do ICMS ou IPI, tais como isenção, imunidade, não-incidência, diferimento ou suspensão do recolhimento, também deverá ser informada no arquivo digital, indicando-se o respectivo dispositivo legal.
>
> § 3º As informações deverão ser prestadas sob o enfoque do declarante."

Perceba que como a EFD substitui os livros registro de entradas e registro de saídas, ela deve conter a TOTALIDADE das informações de entradas e saídas de mercadorias e serviços tomados pelo contribuinte.

A EFD deve servir de base para a fiscalização realizar uma eventual contagem de estoque, logo, a EFD tem de ter informações sobre quantidades e descrições de mercadorias e informações sobre o estoque (livro inventário) do contribuinte, enfim, deve ser informada a quantidade de suas mercadorias em posse dele próprio, em posse de terceiros e a de terceiros que está em seu poder.

Vamos exemplificar: Alfa é uma indústria e uma parte das suas matérias-primas está dentro do seu estabelecimento e outra parte está armazenada em Beta (armazém-geral). Além disso, Gama, cliente de Alfa, mandou mercadorias para Alfa industrializar, ou seja, Alfa tem mercadorias de Gama em seu poder.

Assim, pela cláusula quarta do ajuste Sinief 02/2019, Alfa deverá informar:

1. A parte da matéria-prima que está em seu estabelecimento (quantidade de suas mercadorias em posse dele próprio).
2. A parte da matéria-prima armazenada em Beta (quantidade de suas mercadorias em posse de terceiros).
3. A quantidade de mercadorias de Gama que está em seu estabelecimento (quantidade de mercadorias de terceiros que está em seu poder).

Cabe mencionar que o exemplo foi com quantidade, mas além da quantidade devem ser informados valores e descrições das mercadorias.

Bem, sabemos que a regra é que as operações com mercadorias são tributadas, por conta disso, se a operação envolver uma isenção, imunidade, não incidência, diferimento ou suspensão do recolhimento deverá sempre ser informada.

Agora que sabemos quais informações devem conter no arquivo da EFD, devemos saber como essas informações chegam ao fisco. Vimos que o primeiro passo é o contribuinte elaborar um arquivo TXT que deve obedecer a um determinado layout, estabelecido por Ajuste COTEPE.

Depois de gerado esse arquivo, ele deverá ser submetido à validação de consistência de leiaute efetuada pelo software denominado Programa de Validação e Assinatura da Escrituração Fiscal Digital – PVA-EFD, disponibilizado pela Receita Federal. Caso o arquivo não seja validado, ou seja, não seja aprovado na verificação da consistência, a EFD não é nem assinada pelo contribuinte.

Será também nesse programa que, após validado, o contribuinte irá assiná-lo digitalmente e enviará o arquivo ao Sistema Público de Escrituração Digital – SPED.

No Brasil, as empresas obtêm seus certificados digitais em alguma Autoridade Certificadora – AC credenciada pela Infraestrutura de Chaves Públicas Brasileira – ICP-Brasil, órgão vinculado à Casa Civil da Presidência da República, que exerce a função de autoridade gestora de políticas de certificação digital.

Após esta assinatura, o arquivo será transmitido com a extensão "txt". Após a transmissão, o programa gera um recibo de entrega, com o mesmo nome do arquivo, com a extensão "rec", gravando-o no mesmo diretório. Pronto, agora, basta o contribuinte guardar o arquivo acompanhado do recibo da transmissão pelo prazo previsto na legislação.

Enfim, a sequência correta é:

1. Gerar o arquivo;
2. Submeter o arquivo ao programa validador;
3. Verificar consistência (validação);
4. Assinar o arquivo;
5. Transmitir o arquivo com a extensão "txt";
6. Gerar o recibo de entrega, com o mesmo nome do arquivo, com a extensão "rec";

Guardar o arquivo no prazo determinado pela legislação.

Reproduzimos a seguir algumas perguntas e respostas sobre certificação e assinatura digital retiradas do site do ITI – Instituto Nacional de Tecnologia da Informação[1], que consideramos autoexplicativas e úteis para seu conhecimento. Fizemos somente pequenas adaptações na redação de algumas respostas.

1) Como funciona o certificado digital ICP-Brasil?

Na prática, o certificado digital ICP-Brasil funciona como uma identidade virtual que permite a identificação segura e inequívoca do autor de uma mensagem ou transação feita em meios eletrônicos, como a web. Esse documento eletrônico é gerado e assinado por uma terceira parte confiável, ou seja, uma Autoridade Certificadora – AC que, seguindo regras estabelecidas pelo Comitê Gestor da ICP-Brasil, associa uma entidade (pessoa, processo, servidor) a um par de chaves criptográficas.

2) O que é assinatura digital?

Como a assinatura realizada em papel, trata-se de um mecanismo que identifica o remetente de determinada mensagem eletrônica. No âmbito da ICP-Brasil, a assinatura digital possui autenticidade, integridade, confiabilidade e o não-repúdio, seu autor não poderá, por forças tecnológicas e legais, negar que seja o responsável por seu conteúdo. A assinatura digital fica de tal modo vinculada ao documento eletrônico que, caso seja feita qualquer alteração no documento, a assinatura se torna inválida. A técnica permite não só verificar a autoria do documento, como estabelece também uma "imutabilidade lógica" de seu conteúdo, pois qualquer alteração do documento, como a inserção de mais um espaço entre duas palavras, invalida a assinatura.

3) Assinatura digital é o mesmo que assinatura digitalizada?

Não. A assinatura digitalizada é a reprodução da assinatura de próprio punho como imagem, o que não garante a autoria e integridade do documento eletrônico. Neste caso, não existe associação inequívoca entre o assinante e o texto digitalizado, uma vez que ela pode ser facilmente copiada e inserida em outro documento.

4) O documento assinado eletronicamente é reconhecido da mesma forma que um documento assinado de forma manuscrita?

Os documentos eletrônicos assinados digitalmente com o uso de certificados emitidos no âmbito da ICP-Brasil têm a mesma validade jurídica que os documentos em papel com assinaturas manuscritas.

Após a apresentação dessas perguntas e respostas, continuemos.

1. www.iti.gov.br/perguntas-frequentes/41-perguntas-frequentes.

O SPED é um sistema, administrado pela Receita Federal, que unifica as atividades de recepção, validação, armazenamento e autenticação de livros e documentos digitais. Além da EFD, são armazenados no SPED: o EFD – Contribuições, o ECD – Escrituração Contábil Digital e os documentos digitais estudados no capítulo anterior.

Após a transmissão por parte do contribuinte, o arquivo TXT é armazenado no SPED e a Secretaria da Fazenda vinculada tem acesso ao arquivo. Com a posse desse arquivo, qualquer autoridade fiscal poderá visualizar os livros fiscais em versão PDF, por meio do PVA, que é um programa disponibilizado pelo SPED.

Para cada mês, haverá um arquivo TXT, que deverá ser enviado até o dia 25 do mês subsequente, ou seja, a EFD com a escrituração das operações de março deve ser enviada até o dia 25 de abril. O livro Registro de Inventário deverá ser preenchido na EFD até o mês de fevereiro do ano posterior, ou seja, o estoque constante no estabelecimento da empresa Alfa em 31 de dezembro de 2018 poderá estar dentro do arquivo EFD da referência de dezembro de 2018 a fevereiro de 2019. Em regra, as empresas colocam no mês de fevereiro.

A implantação da EFD trouxe diversas vantagens, principalmente facilitou a fiscalização, pois como os livros podem ser visualizados digitalmente em formato PDF, a procura da escrituração de determinados documentos fiscais se tornou muito mais fácil.

A Escrituração Fiscal Digital ainda não alcançou os microempreendedores individuais nem os produtores rurais. Quanto as optantes do Simples Nacional a situação é diferente, pois o §4º-A do artigo 26 da Lei Complementar 123/06 veda a exigência da Escrituração Fiscal Digital para os contribuintes que realizam o recolhimento simplificado, salvo se houver autorização do Conselho Gestor do Simples Nacional e os estados disponibilizarem o aplicativo gratuito para o uso dessas empresas.

Como ainda não há a autorização do CGSN, as optantes do Simples Nacional poderão aderir à Escrituração Fiscal Digital se assim desejarem.

9.3. ESTRUTURA DA ESCRITURAÇÃO FISCAL DIGITAL – EFD

Mencionamos que o arquivo "txt" que representa a EFD deve obedecer ao layout criado por um Ato Cotepe. Assim, coube ao ATO COTEPE/ICMS Nº 9, de 18 de abril de 2008, criar o layout desse arquivo.

O arquivo "txt" é organizado em blocos, sendo que dentro de cada bloco há os registros. Trataremos primeiro dos blocos, depois dos registros.

Os blocos do arquivo "txt" são:

Bloco 0 – Abertura, Identificação e Referências.

Bloco B – Usado apenas para contribuintes do Distrito Federal, afinal o Distrito Federal tem competência cumulativa, ou seja, o fisco distrital fiscaliza o ISS também, então este bloco é para os contribuintes do ISS do DF.

Bloco C – Documentos Fiscais I – Mercadorias (ICMS/IPI).

Bloco D – Documentos Fiscais II Serviços (ICMS).

Bloco E – Apuração do ICMS e do IPI.

Bloco G – Controle do Crédito de ICMS do Ativo Permanente – CIAP.

Bloco H – Inventário Físico.

Bloco K – Controle da Produção e do Estoque.

Bloco 1 – Outras Informações.

Bloco 9 – Controle e Encerramento do Arquivo Digital.

Vamos utilizar algumas dicas de memorização. Os números naturais se iniciam com o ZERO, assim, o Bloco 0 vai abrir a EFD, identificar o contribuinte e informar a referência da Escrituração Fiscal Digital, enfim, este arquivo abrange as operações de qual período? Maio de 2021? Junho de 2021? Enfim, cabe ao Bloco 0 definir isso.

Letra "B" de Brasília, assim o Bloco B só interessa ao fisco distrital, que é preenchido pelos contribuintes do ISS de lá.

O Bloco C tem a cara do ICMS, "C" de circulação. Enfim, esse bloco vai conter as entradas e saídas de mercadorias. Alguns documentos são informados nele. Quais documentos? Aqueles que acobertam operações com MERCADORIAS (serviço não!).

Enfim, são informados nesse bloco as Notas Fiscais modelo 1 e 1-A, a Nota Fiscal Eletrônica, modelo 55, a Nota Fiscal de Produtor, modelo 4 e a Nota fiscal eletrônica para consumidor final, modelo 65. O modelo da nota é o código usado pela EFD, assim, o arquivo txt utiliza o código 55 para identificar uma nota fiscal eletrônica.

Não ache que me esqueci da Nota Fiscal de Venda a Consumidor, modelo 2, nem do Cupom Fiscal, modelo 3. Sempre que um contribuinte adquire mercadoria por esses documentos fiscais, vai acontecer uma das duas situações: O próprio adquirente emite uma nota fiscal de entrada (modelo 1, 1-A ou 55) ou o adquirente pede para o vendedor emitir uma nota fiscal de "Lançamento efetuado em decorrência de emissão de documento fiscal relativo à operação ou prestação também registrada em equipamento Emissor de Cupom Fiscal – ECF".

Assim, a Nota Fiscal de Venda a Consumidor, modelo 2, o Cupom Fiscal, modelo 3, e a nota fiscal avulsa (existente em algumas legislações) não são lançadas na EFD, cabendo o contribuinte lançar a nota fiscal que irá substituir esses documentos fiscais.

E nas saídas, estes documentos fiscais não são escriturados? Não, o cupom não é escriturado, quem é escriturado no lugar é a redução "Z". Já a nota fiscal Venda a Consumidor é totalizada no final do dia por uma nota fiscal, modelo 1, 1-A ou 55.

Bem, se o Bloco C representa as mercadorias, entenda que o Bloco D representa o "Demais", ou seja, as aquisições e prestações de serviços. Assim, são registrados neste Bloco a Nota Fiscal de Serviço de Transporte (modelo 07) e todos os conhecimentos de transportes, sejam eles em formato papel ou eletrônico.

Se os Blocos C e D representam as entradas e saídas de mercadorias e serviços, o bloco que irá apurar o ICMS devido será o bloco seguinte, ou seja, o Bloco E. Podemos então concluir que estarão neste bloco o Registro de Apuração do ICMS e o Registro de Apuração do IPI.

Quando você pensa em uma aquisição GRANDE (em tamanho) para um contribuinte, certamente você pensa em uma compra de ativo. Há máquinas enormes. Assim, concluímos que o Bloco G trata do Controle do Crédito de ICMS do Ativo Permanente – CIAP.

Agora, podemos brincar que quem fez o Ato Cotepe, ora estudado, não conhece a língua portuguesa, afinal, ele pensa que INVENTÁRIO começa com "H". Enfim, brincadeiras à parte, o Bloco H representa o "Hinventário" físico.

Já com a EFD em vigor, surgiu o Bloco K, que trata do Controle da Produção e do Estoque. Você pode memorizá-lo como "Kontrole". Qualquer outra informação entra no penúltimo bloco, que é o Bloco 1. O Bloco 9 encerra o arquivo txt.

Cada bloco é composto por vários registros, cada um dividido em níveis. Veja o exemplo a seguir, que trata do Registro "E":

Bloco	Descrição	Registro	Nível	Ocorrência	Obrigatoriedade do registro (contribuinte IPI Pernambuco e Distrito Federal)
E	Abertura do Bloco E	E001	1	1	O
E	Período de Apuração do ICMS	E100	2	V	O
E	Apuração do ICMS – Operações Próprias	E110	3	1:1	O

Bloco	Descrição	Registro	Nível	Ocorrência	Obrigatoriedade do registro (contribuinte IPI Pernambuco e Distrito Federal)
E	Ajuste/Benefício/ Incentivo da Apuração do ICMS	E111	4	1:N	OC
E	Informações Adicionais dos Ajustes da Apuração do ICMS	E112	5	1:N	OC
E	Informações Adicionais dos Ajustes da Apuração do ICMS – Identificação dos documentos fiscais	E113	5	1:N	DISPENSADO
E	Informações Adicionais da Apuração do ICMS – Valores Declaratórios	E115	4	1:N	DISPENSADO
E	Obrigações do ICMS a Recolher – Obrigações Próprias	E116	4	1:N	OC
E	Período de Apuração do ICMS – Substituição Tributária	E200	2	V	OC

Veja que o primeiro registro do Bloco E é o registro E001, que tem nível 1. Assim, os registros de nível 2 abaixo dele são registros filhos do E001. Assim, o Registro E001, que tem nível 1, é um registro PAI dos registros E100 e E200, que têm nível 2. Por outro lado, o Registro E110 tem nível 3, logo ele é um registro filho do Registro de nível 2 acima dele (E100).

Então, os registros de nível 4 abaixo do Registro E110 são filhos dele? Exatamente, os Registros E111, E115 e E116 são registros filhos do Registro E110. Perceba que os registros E112 a E116 não terão filhos, pois abaixo deles há registros com nível maior ou igual ao deles.

Os registros filhos só podem existir se houver o registro pai. Assim, se uma EFD não teve informação preenchida no Registro E111 (nível 4), então ela não terá os registros E112 e E113 (nível 5 abaixo do E111). Cabe mencionar que todos os blocos começam e terminam com Registros de nível 1, conforme o registro a seguir:

Bloco	Descrição	Registro	Nível	Ocorrência	Obrigatoriedade do registro (Todos contribuintes)
H	Abertura do Bloco H	H001	1	1	O
H	Totais do Inventário	H005	2	V	OC
H	Inventário	H010	3	1:N	OC
H	Informação complementar do Inventário	H020	4	1.N	OC
H	Encerramento do Bloco H	H990	1	1	O

Por fim, cabe comentar que pode ser que determinado bloco só tenha preenchido dois registros, que são os registros de nível 1 (de abertura e encerramento). Por exemplo, uma transportadora que não tem caminhões e apenas subcontrata terceiros não terá mercadorias em estoque e nem terá ativo imobilizado. Neste caso, os Blocos G e H das suas EFDs só terão os registros de abertura e encerramento.

Caro leitor, agora que estamos concluindo este capítulo, cabem algumas observações não só sobre livros digitais eletrônicos, mas também sobre documentos fiscais eletrônicos, que vimos no capítulo anterior. As questões sobre esses dois assuntos estão crescendo nas provas. Acontece que esses dois temas são muito grandes, sendo impossível esgotá-los nesta obra.

O conhecimento do layout da Nota Fiscal eletrônica e dos registros da EFD pode aparecer em provas, devendo esses dois temas terem uma atenção especial, principalmente se no edital estiverem expressos.

O assunto layout de nota fiscal eletrônica é gigantesco. Quanto à EFD, há diversas tabelas para serem memorizadas e, pior, cada tabela tem uma infinidade de registros. Se eu for falar de cada um desses registros ocuparemos muito o seu tempo, além de o livro ficar com um número de páginas enorme.

Assim, fica uma dica. Quando sair o edital do seu concurso, veja se os convênios ou ajustes Sinief que tratam da nota fiscal eletrônica, do conhecimento de transporte eletrônico e da escrituração fiscal digital aparecem no edital. Se aparecerem, certamente esse tema será mais detalhado em uma bibliografia específica de Legislação Tributária Estadual do estado do certame.

Outra hipótese é você pesquisar na internet o layout da nota fiscal eletrônica e os registros da EFD. Não tem sentido nós deixarmos esses dois capítulos monótonos escrevendo: "O registro do bloco que tem objetivo de informar mercadorias, serviços e produtos é o registro 0200." Decorebas inúteis que são absurdamente cobradas em prova, infelizmente, pois as bancas poderiam cobrar assuntos muito mais inteligentes e úteis. E elas cobram mesmo em provas, por incrível que pareça, conforme a questão a seguir:

(Auditor Fiscal da Receita Estadual-AP/FCC-2022) O registro do Bloco 0 da EFD-ICMS/IPI que tem por objetivo informar mercadorias, serviços, produtos ou quaisquer outros itens concernentes às transações fiscais é o

a) 0200.

b) 0500.

c) 0190.

d) 0600.

e) 0150

Comentário: *O registro do bloco que tem o objetivo de informar mercadorias, serviços e produtos é o registro 0200.*
Resposta: A.

Assim, preste atenção no edital e veja o custo benefício de memorizar todos esses registros e o layout da nota fiscal eletrônica.

Por fim, outra dica. Na prova de Legislação Tributária Estadual, as questões sobre nota fiscal eletrônica e EFD são corriqueiras nos concursos para fiscos da região Norte do Brasil.

Isso acontece porque os estados do Acre, Amapá, Amazonas, Rondônia e Roraima têm municípios na Área de Livre Comércio e na Zona Franca de Manaus. Como essas áreas envolvem um benefício fiscal, esses estados têm uma legislação específica e um controle muito específico sobre a nota fiscal eletrônica e EFD.

Assim, se você for fazer prova para um desses cinco estados, devore os temas EFD e Nota Fiscal Eletrônica.

Você pode estar perguntando: "E o Pará e o Tocantins não cobram esses dois assuntos?". Bem, o concurso do Tocantins é igual a "orelha de cobra", todo mundo sabe que existe, mas ninguém viu, pois não tem concurso há trinta anos.

Já o Pará segue a regra dos demais estados, como ele não tem cidades na Área de Livre Comércio nem na Zona Franca de Manaus, esses temas quando cobrados entram na prova de Auditoria Tributária e quase sempre com perguntas mais gerais e menos decorebas sobre o tema.

Explicado isso, deixamos para você tomar a melhor decisão para sua preparação.

CAPÍTULO X

LEI COMPLEMENTAR 24/1975 E LEI COMPLEMENTAR 160/2017

10.1. LEI COMPLEMENTAR 24/1975

Cada estado tem competência para instituir seus impostos, estabelecendo as alíquotas do ICMS. No entanto, a criação de alguns benefícios fiscais por determinado ente da federação, como isenção, redução da base de cálculo, concessão de crédito presumido ou qualquer outro benefício fiscal, pode prejudicar os demais estados.

Para notarmos como tais benefícios podem causar danos aos demais estados, vamos imaginar que o estado "XY" conceda uma isenção nas saídas interestaduais de embalagens plásticas sem autorização do Conselho Nacional de Política Fazendária – Confaz.

Ora, com esse benefício, todas as empresas fabricantes de embalagens plásticas vão querer se instalar no estado "XY". Os demais estados, além de perderem em arrecadação de imposto, perderão nos aspectos econômicos, como na geração de empregos. Sabendo dessa possibilidade e buscando diminuir a guerra fiscal, o constituinte originário fez a seguinte previsão legal:

> "**Art. 155**, § 2º O imposto previsto no inciso II atenderá ao seguinte:
>
> (...)
>
> XII – cabe à lei complementar:
>
> (...)
>
> g) regular a forma como, mediante deliberação dos Estados e do Distrito Federal, isenções, incentivos e benefícios fiscais serão concedidos e revogados."

Por conta da citada norma constitucional, a Lei Complementar 24/75 foi recepcionada e continua regulando a mencionada matéria.

Veja como isso é cobrado em prova:

(AFRE-RJ/FGV– 2009) A respeito da norma concessiva de isenção de ICMS expressa, unilateralmente, na Constituição do Estado, assinale a alternativa correta.

a) É válida, apenas no caso de a Constituição Estadual haver sido editada após a promulgação da Constituição Federal de 1988.

b) Não é válida, pois a concessão e revogação de isenções, incentivos e benefícios fiscais do ICMS exigem lei complementar.

c) É válida, pois as Constituições estaduais ganham, em hierarquia, das leis complementares e das leis ordinárias

d) Não é válida, pois a concessão e revogação de isenções, incentivos e benefícios fiscais do ICMS decorrem obrigatoriamente de deliberação dos Estados e do Distrito Federal.

e) Não é válida, salvo se a norma concessiva de isenção do ICMS constar do texto originário da Constituição Estadual.

Comentário: *O inciso XII do §2º do artigo 155 da Constituição Federal estabelece que cabe à Lei Complementar regular a forma como, mediante deliberação dos estados e do Distrito Federal, isenções, incentivos e benefícios fiscais serão concedidos e revogados. A lei Complementar nº 24/75 regula esse dispositivo constitucional. Assim, qualquer incentivo fiscal como isenção, redução da base de cálculo ou crédito presumido só poderá ser concedido após aprovação dos estados Federados.*

a) Errada – Pouco importa se a Constituição Estadual foi editada antes ou depois da CF/88, a isenção só deverá ser concedida após deliberação e aprovação de todos os estados representados na reunião do Confaz.

b) Errada – Cabe à Lei complementar regulamentar a forma da isenção ser concedida. O ato de confirmação de um estado membro da isenção aprovada no Confaz não precisa ser realizado por lei complementar, inclusive, em regra, uma isenção é aprovada por lei ordinária.

c) Errada – A Constituição Estadual não ganha em hierarquia de leis complementares federais nem ordinárias.

d) Correta – Conforme já mencionado.

e) Errada – Não existe qualquer previsão de norma concessiva em texto originário da Constituição Estadual.

Resposta: D.

A seguir apresentamos o texto integral da lei, seguida de comentários dos seus principais trechos para efeito de concurso público.

"**Art. 1º** – As isenções do imposto sobre operações relativas à circulação de mercadorias serão concedidas ou revogadas nos termos de convênios celebrados e ratificados pelos Estados e pelo Distrito Federal, segundo esta Lei.

Parágrafo único – O disposto neste artigo também se aplica:

I – à redução da base de cálculo;

II – à devolução total ou parcial, direta ou indireta, condicionada ou não, do tributo, ao contribuinte, a responsável ou a terceiros;

III – à concessão de créditos presumidos;

IV – à quaisquer outros incentivos ou favores fiscais ou financeiro-fiscais, concedidos com base no Imposto de Circulação de Mercadorias, dos quais resulte redução ou eliminação, direta ou indireta, do respectivo ônus;

V – às prorrogações e às extensões das isenções vigentes nesta data.

Art. 2º – Os convênios a que alude o art. 1º, serão celebrados em reuniões para as quais tenham sido convocados representantes de todos os Estados e do Distrito Federal, sob a presidência de representantes do Governo federal.

§ 1º – As reuniões se realizarão com a presença de representantes da maioria das Unidades da Federação.

§ 2º – A concessão de benefícios dependerá sempre de decisão unânime dos Estados representados; a sua revogação total ou parcial dependerá de aprovação de quatro quintos, pelo menos, dos representantes presentes.

§ 3º – Dentro de 10 (dez) dias, contados da data final da reunião a que se refere este artigo, a resolução nela adotada será publicada no Diário Oficial da União.

Art. 3º – Os convênios podem dispor que a aplicação de qualquer de suas cláusulas seja limitada a uma ou a algumas Unidades da Federação.

Art. 4º – Dentro do prazo de 15 (quinze) dias contados da publicação dos convênios no Diário Oficial da União, e independentemente de qualquer outra comunicação, o Poder Executivo de cada Unidade da Federação publicará decreto ratificando ou não os convênios celebrados, considerando-se ratificação tácita dos convênios a falta de manifestação no prazo assinalado neste artigo.

§ 1º – O disposto neste artigo aplica-se também às Unidades da Federação cujos representantes não tenham comparecido à reunião em que hajam sido celebrados os convênios.

§ 2º – Considerar-se-á rejeitado o convênio que não for expressa ou tacitamente ratificado pelo Poder Executivo de todas as Unidades da Federação ou, nos casos de revogação a que se refere o art. 2º, § 2º, desta Lei, pelo Poder Executivo de, no mínimo, quatro quintos das Unidades da Federação.

Art. 5º – Até 10 (dez) dias depois de findo o prazo de ratificação dos convênios, promover-se-á, segundo o disposto em Regimento, a publicação relativa à ratificação ou à rejeição no Diário Oficial da União.

Art. 6º – Os convênios entrarão em vigor no trigésimo dia após a publicação a que se refere o art. 5º, salvo disposição em contrário.

Art. 7º – Os convênios ratificados obrigam todas as Unidades da Federação inclusive as que, regularmente convocadas, não se tenham feito representar na reunião.

Art. 8º – A inobservância dos dispositivos desta Lei acarretará, cumulativamente:

I – a nulidade do ato e a ineficácia do crédito fiscal atribuído ao estabelecimento recebedor da mercadoria;

II – a exigibilidade do imposto não pago ou devolvido e a ineficácia da lei ou ato que conceda remissão do débito correspondente.

Parágrafo único – As sanções previstas neste artigo poder-se-ão acrescer a presunção de irregularidade das contas correspondentes ao exercício, a juízo do Tribunal de Contas da União, e a suspensão do pagamento das quotas referentes ao Fundo de Participação, ao Fundo Especial e aos impostos referidos nos itens VIII e IX do art. 21 da Constituição Federal.

Art. 9º – É vedado aos Municípios, sob pena das sanções previstas no artigo anterior, concederem qualquer dos benefícios relacionados no art. 1º no que se refere à sua parcela na receita do imposto de circulação de mercadorias.

Art. 10 – Os convênios definirão as condições gerais em que se poderão conceder, unilateralmente, anistia, remissão, transação, moratória, parcelamento de débitos fiscais e ampliação do prazo de recolhimento do imposto de circulação de mercadorias.

Art. 11 – O Regimento das reuniões de representantes das Unidades da Federação será aprovado em convênio.

Art. 12 – São mantidos os benefícios fiscais decorrentes de convênios regionais e nacionais vigentes à data desta Lei, até que revogados ou alterados por outro.

§ 1º – Continuam em vigor os benefícios fiscais ressalvados pelo § 6º do art. 3º do Decreto-Lei nº 406, de 31 de dezembro de 1968, com a redação que lhe deu o art. 5º do Decreto-Lei nº 834, de 8 de setembro de 1969, até o vencimento do prazo ou cumprimento das condições correspondentes.

§ 2º – Quaisquer outros benefícios fiscais concedidos pela legislação estadual considerar-se-ão revogados se não forem convalidados pelo primeiro convênio que se realizar na forma desta Lei, ressalvados os concedidos por prazo certo ou em função de determinadas condições que já tenham sido incorporadas ao patrimônio jurídico de contribuinte. O prazo para a celebração deste convênio será de 90 (noventa) dias a contar da data da publicação desta Lei.

§ 3º – A convalidação de que trata o parágrafo anterior se fará pela aprovação de 2/3 (dois terços) dos representantes presentes, observando-se, na respectiva ratificação, este quórum e o mesmo processo do disposto no art. 4º.

Art. 13 – O art. 178 do Código Tributário Nacional (Lei nº 5.172, de 25 de outubro de 1966), passa a vigorar com a seguinte redação:

> "Art. 178 – A isenção, salvo se concedida por prazo certo e em função de determinadas condições, pode ser revogada ou modificada por lei, a qualquer tempo, observado o disposto no inciso III do art. 104."

Art. 14 – Sairão com suspensão do Imposto de Circulação de Mercadorias:

I – as mercadorias remetidas pelo estabelecimento do produtor para estabelecimento de Cooperativa de que faça parte, situada no mesmo Estado;

> II – as mercadorias remetidas pelo estabelecimento de Cooperativa de Produtores, para estabelecimento, no mesmo Estado, da própria Cooperativa, de Cooperativa Central ou de Federação de Cooperativas de que a Cooperativa remetente faça parte.
>
> § 1º – O imposto devido pelas saídas mencionadas nos incisos I e II será recolhido pelo destinatário quando da saída subsequente, esteja esta sujeita ou não ao pagamento do tributo.
>
> § 2º – Ficam revogados os incisos IX e X do art. 1º da Lei Complementar nº 4, de 2 de dezembro de 1969.
>
> **Art. 15** – O disposto nesta Lei não se aplica às indústrias instaladas ou que vierem a instalar-se na Zona Franca de Manaus, sendo vedado às demais Unidades da Federação determinar a exclusão de incentivo fiscal, prêmio ou estimulo concedido pelo Estado do Amazonas.
>
> **Art. 16** – Esta Lei entrará em vigor na data de sua publicação, revogadas as disposições em contrário."

Segundo o artigo 1º da referida Lei Complementar, as isenções, as reduções de base de cálculo (espécie de isenção parcial), os créditos presumidos, outros benefícios fiscais e as prorrogações e extensões de isenções vigentes à época serão concedidos ou revogados por convênios no âmbito do Confaz.

Como exemplo, tivemos o Convênio Confaz 142/2011, que estabeleceu regras para isenção e suspensão do ICMS nas atividades relativas à Copa do Mundo de Futebol realizada no Brasil em 2014. Quer outro exemplo? Sabe aquelas lojas francas situadas em aeroportos ("Duty Free"), que possuem isenção do ICMS? Elas são isentas do nosso querido imposto graças ao Convênio 91/91.

Algumas questões cobram a literalidade desse artigo 1º, então é importante que o memorize bem.

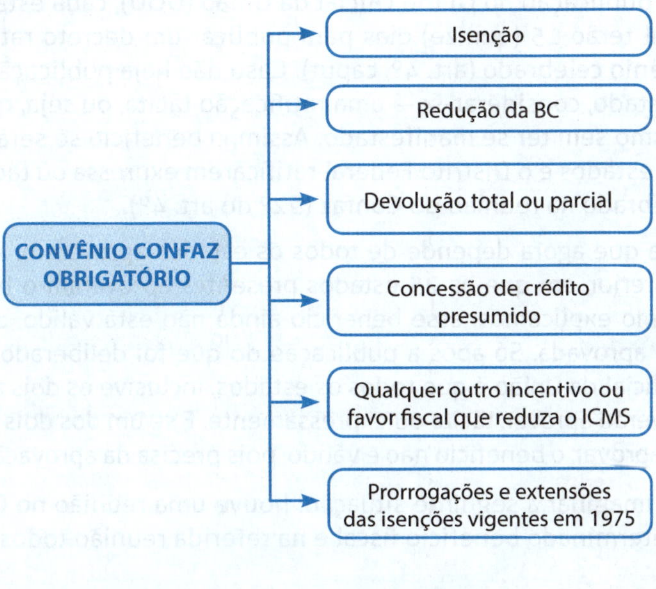

Conforme o artigo 2º, as reuniões do Confaz serão presididas por representantes do governo federal. Para a realização de uma reunião que decida sobre algum convênio, os representantes de todos os estados e do Distrito Federal devem ser convocados.

Apesar da exigência de convocação de todos os estados, as reuniões serão realizadas se houver a presença de representantes da maioria das Unidades da Federação, ou seja, 14 dos 27 entes (§1º do art. 2º). O benefício fiscal só será aprovado na reunião se TODOS os estados presentes concordarem, já a aprovação na reunião da revogação total ou parcial de um benefício fiscal ocorrerá com a concordância de quatro quintos dos presentes (§2º do art. 2º).

Perceba que estamos falando da aprovação ou rejeição na reunião, nesse momento os estados ausentes não se manifestaram, o quórum de todos os presentes para a aprovação do benefício fiscal ou de quatro quintos dos presentes para revogação, valida a reunião. Nesse momento, o que foi deliberado no Confaz ainda não foi aprovado, validou-se apenas a reunião, mas para o convênio ser válido precisará de outra etapa que daqui a pouco comentaremos.

Assim, caso uma reunião tenha representantes de 25 estados, para a aprovação de um benefício, os vinte e cinco têm que aprovar nessa reunião. Agora, se a deliberação trata da revogação de um benefício já concedido, 4/5 dos presentes têm que concordar. Assim, no nosso exemplo com 25 presentes, seriam 20 dos 25 (4/5). E os outros dois estados? Eles não estão na reunião, então ainda não votaram, mas os votos deles serão determinantes mais à frente.

A publicação do que foi resolvido no âmbito do Confaz, seja concedendo ou revogando benefício fiscal, ocorrerá em até 10 (dez) dias da data final da reunião e em Diário Oficial da União (§3º do art. 2º).

Após a publicação no Diário Oficial da União (DOU), cada estado e o Distrito Federal terão 15 (quinze) dias para publicar um decreto ratificando ou não o convênio celebrado (art. 4º, caput). Caso não haja publicação por parte de algum estado, considerar-se-á uma ratificação tácita, ou seja, que ele concordou mesmo sem ter se manifestado. Assim, o benefício só será concedido se todos os estados e o Distrito Federal ratificarem expressa ou tacitamente o que foi celebrado na reunião do Confaz (§2º do art. 4º).

Perceba que agora depende de todos os estados aprovarem. Voltando ao exemplo anterior, em que os 25 estados presentes aprovaram o benefício na reunião. Como explicamos, esse benefício ainda não está válido, apenas teve sua reunião aprovada. Só após a publicação do que foi deliberado na reunião no Diário Oficial da União é que todos os estados, inclusive os dois ausentes na reunião, deverão aprovar, tácita ou expressamente. E se um dos dois estados ausentes não aprovar, o benefício não é válido, pois precisa da aprovação de todos.

Vamos imaginar a seguinte situação: houve uma reunião no Confaz concedendo determinado benefício fiscal e na referida reunião todos os estados presentes concordaram, apenas o estado "XY" não estava presente. Após quinze dias da publicação da resolução do convênio no DOU, nenhum estado se manifestou, então o benefício foi ratificado, tacitamente, por todos eles. Contudo, e se o estado "XY" publicar um decreto, dentro do prazo de 15 dias, contrário ao benefício? Nesse caso, o benefício não será concedido, pois sua aprovação não foi unânime. Afinal, o §1º do artigo 4º exige que todos os estados e o Distrito Federal ratifiquem, independentemente de estarem presentes ou não na reunião em que foi deliberada a concessão do benefício fiscal.

E no caso de revogação de benefício? O procedimento será o mesmo, só que a reunião no Confaz precisará da aprovação de quatro quintos dos presentes; já a ratificação, expressa ou tácita, deverá ter pelo menos quatro quintos das unidades da federação (§2º do art. 4º). Note que não precisará ser unânime, como na concessão de um benefício, e sim de 4/5 (80%) dos estados e do Distrito Federal, ou seja, 22 dos 27 entes.

Depois de passados os quinzes dias para ratificação de cada estado, a União terá 10 (dez) dias para publicar no DOU informando se houve ratificação ou rejeição do convênio (art. 5º, *caput*). Os convênios entrarão em vigor no trigésimo dia após a publicação, salvo disposição em contrário, e obrigará todas as Unidades da Federação, independente de terem sido representadas na reunião ou não (art. 7º, *caput*).

Resumindo, o procedimento de concessão de benefício fiscal seguirá os passos a seguir:

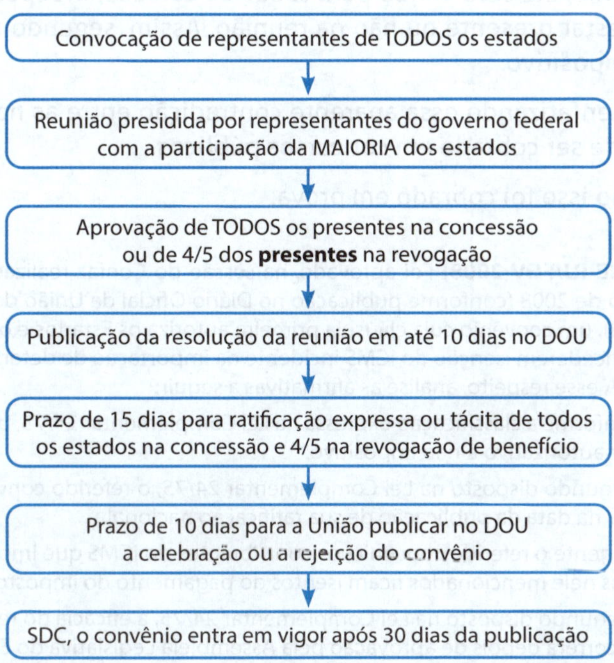

Observações sobre o esquema apresentado:

1. Decore que os dois prazos para publicação no DOU são de 10 (dez) dias e somente eles. Os outros dois prazos são de 15 e 30 dias.
2. SDC = salvo disposição em contrário.

Sempre se discutiu na doutrina se o convênio aprovado pelo Confaz é impositivo (impõe a todos os estados) ou autorizativo (não obriga o estado, apenas o autoriza a conceder a isenção). No ano de 1983, o STF, por meio do RE 96.545/SP, colocou um fim nessa discussão, ao afirmar que o convênio Confaz, conforme exposto no artigo 7º da LC 24/75, é impositivo, obrigando a todos os estados.

Entretanto, em 2001 foi publicada a LC nº 101, a chamada Lei de Responsabilidade Fiscal. Segundo ela, a concessão de um benefício só é possível após sua previsão orçamentária. Assim, o convênio Confaz passou a ser autorizativo, não obrigando o estado a conceder o benefício autorizado. Dessa forma, após cumpridos todos os requisitos para a concessão de um benefício, a isenção deferida pelo Confaz só entrará em vigor no estado "XY" se esse estado fizer a previsão orçamentária, ou seja, nenhum estado é obrigado a conceder a isenção deferida pelo Confaz. Essa posição foi ratificada pelo STF, por meio da ADI 5.929/DF.

Cabe afirmar que, segundo o artigo 7º da Lei Complementar 24/75, aprovado o convênio, ele será válido para todos os estados, independentemente de o estado estar presente ou não na reunião. Assim, segundo a LC 24/75, o convênio é impositivo.

Estamos enfatizando essa aparente contradição entre as normas porque o assunto pode ser cobrado em concursos públicos.

Veja como isso foi cobrado em prova:

(AFRE-RJ/FGV-2008) Foi aprovado, na sessão do Confaz realizada no dia 30 de julho de 2008 (conforme publicação no Diário Oficial da União de 31 de julho de 2008), um convênio cuja cláusula primeira autoriza os Estados e o Distrito Federal a concederem isenção do ICMS incidente na importação de determinados produtos. A esse respeito, analise as afirmativas a seguir:

I. Conforme a classificação expressa na Lei Complementar 24/75, o referido convênio é autorizativo e não impositivo.

II. Segundo disposto na Lei Complementar 24/75, o referido convênio entrou em vigor na data da publicação de sua ratificação nacional.

III. Vigente o referido convênio, os contribuintes do ICMS que importarem os produtos nele mencionados ficam isentos do pagamento do imposto respectivo.

IV. Segundo disposto na Lei Complementar 24/75, a eficácia do referido convênio só ocorrerá depois de aprovação pela Assembleia Legislativa do Estado.

V. O referido convênio não se aplica no Estado do Rio de Janeiro, porque este não se fez representar, embora regularmente convocado, na sessão que aprovou a isenção lá estatuída.

VI. O referido convênio pode ter estabelecido que a produção de seus efeitos se daria a partir de 1º de janeiro de 2008.

Assinale:

a) se nenhuma afirmativa estiver correta.

b) se somente uma afirmativa estiver correta.

c) se somente duas afirmativas estiverem corretas.

d) se somente três afirmativas estiverem corretas.

e) se todas as afirmativas estiverem corretas.

Comentário:

I. Errada. O item menciona "conforme a classificação expressa na LC 24/75". Pela LC 24/75, o convênio é impositivo (artigo 7º). Se a questão apenas falasse que o convênio é autorizativo (não obrigando a todos), sem mencionar a LC 24/75, a questão estaria correta, por previsão da LC 101/2001 – Lei de Responsabilidade Fiscal.

II. Errada. Essa afirmativa contradiz o artigo 6º da LC 24/75. Por esse artigo, os convênios entrarão em vigor no trigésimo dia após a publicação da ratificação do convênio no DOU, salvo disposição em contrário.

III. Correta. No convênio da questão, os contribuintes do ICMS que importarem os produtos nele mencionados ficarão isentos do pagamento do imposto respectivo.

IV. Errada. Pela LC 24/75, o convênio não precisa de aprovação da Assembleia Legislativa, pois é impositivo.

V. Errada. Pela LC 24/75 (artigo 7º), o convênio é impositivo.

VI. Errada. Não há, na Lei Complementar, previsão de efeitos anteriores.

Resposta: B.

E na revogação de benefício? Isso sempre foi e continua sendo impositivo (artigo 7º). Mesmo porque se o Confaz revogar um benefício e um estado continuar o concedendo, então os demais sofrerão as consequências econômicas comentadas no início desse capítulo. Assim, se a revogação do benefício for aprovada, será válida para todos os estados, independentemente de ele ter participado ou não da reunião, ter aprovado ou rejeitado a revogação do convênio.

Vamos exemplificar: em determinada reunião do Confaz, 25 estados estavam presentes. Vinte e um deles aprovaram uma revogação de isenção e os estados "A", "B", "C" e "D" rejeitaram a revogação, ou seja, queriam manter a isenção. Após a publicação no DOU, esses quatro estados e o estado "E", que não foi à reunião, rejeitaram o convênio de forma expressa, mas os demais entes aprovaram, isto é, queriam acabar com a isenção. Como houve a rejeição da revogação da isenção por parte de cinco estados, mas 22 aprovaram a revogação, como precisava de 4/5, esse convênio é válido, ou seja, a revogação foi aprovada e a isenção não será mais válida. Esse benefício não poderá mais ser concedido, nem nesses cinco estados ("A" a "E") que queriam que a isenção permanecesse.

Agora vamos imaginar que determinado estado precise conceder isenção fiscal para certo segmento, sob risco de as empresas situadas no seu território entrarem em colapso. Tal isenção terá que ser aprovada pelo Confaz, no entanto, ela só será aplicada para o referido estado. Isso é o que consta no art. 3º, caput, o qual prevê que determinado benefício, ou até mesmo uma cláusula, possa ser concedido somente a um ou alguns estado(s).

Os convênios definirão as condições gerais em que se poderão conceder, unilateralmente, anistia, remissão, transação, moratória, parcelamento de débitos fiscais e ampliação do prazo de recolhimento do ICMS (art. 10, *caput*).

Para ajudar a decorar as hipóteses mencionadas, alterando um pouco a ordem, obtemos com a palavra TRAMPA, que significa "trabalha" em "paulistês", correspondendo a: Transação, Remissão, Anistia, Moratória, Parcelamento e Ampliação do prazo de recolhimento.

Por exemplo, suponhamos que o estado do Mato Grosso pretende anistiar algumas multas aplicadas por ele. Para isso, necessitará de um convênio que determine até que data o Mato Grosso poderá conceder, unilateralmente, a anistia de suas multas e para fatos geradores ocorridos até uma data específica. É o que vemos ocorrer quando saem esses programas de "anistia" (remissão) que vários estados fazem em alguns anos, com perdão de parte das multas e dos juros e com possibilidade de parcelamentos prolongados. O estado não pode elaborar esses programas de "anistia" sem a devida autorização do Confaz.

Importante também é memorizar boa parte do artigo 8º, que diz que a inobservância dos dispositivos mencionados na LC 24/75 acarretará, **cumulativamente**:

1º) a nulidade do ato e a ineficácia do crédito fiscal atribuído ao estabelecimento recebedor da mercadoria;

2º) a exigibilidade do imposto não pago ou devolvido e a ineficácia da lei ou ato que conceda remissão do débito correspondente.

Veja que a própria lei declara nulo (*ex tunc* e sem possibilidade de convalidação) o benefício (não a lei), pois não respeitou o Confaz. Isso é diferente de afirmar que o ato é anulável, pois quando um ato é declarado anulado, seu efeito é *ex-nunc* e ainda poderia ser convalidado pela autoridade competente. O Confaz não tem o poder de declarar a norma como irregular ou inexistente, muito menos tem o poder de anulá-la, mas seus efeitos (por exemplo, um benefício concedido) ficam sem eficácia, por expressa determinação legal. E é muito importante decorar a palavra "ineficaz", pois perceba como ela foi cobrada em provas de forma quase literal:

(ARE-AC/Cespe-2006) Na hipótese de o chefe do Poder Executivo do estado do Acre editar um decreto que estabeleça uma isenção do ICMS não prevista em qualquer convênio celebrado entre as unidades da Federação, surgirão automáticas consequências jurídicas.

Essas consequências não incluem a

a) anulabilidade do decreto.
b) ineficácia do crédito fiscal atribuído ao estabelecimento recebedor da mercadoria e beneficiado com o decreto.
c) exigibilidade de eventual imposto não pago em razão do decreto.
d) exigibilidade de eventual imposto devolvido em razão do decreto.

Comentário: *As consequências automáticas da lei são sua nulidade (diferente de anulabilidade), ineficácia do crédito fiscal concedido, exigibilidade do imposto não pago ou de eventual imposto devolvido.*

Resposta: A.

(AFTE-AM/NCE-2005) A inobservância do Diploma Legal que dispõe sobre os convênios para a concessão de isenções do ICMS acarretará:

a) ineficácia da lei que concede remissão;
b) inconstitucionalidade da lei que concede remissão;
c) inexistência da lei que concede remissão;
d) irregularidade da lei que concede remissão;
e) ineficiência da lei que concede remissão.

Comentário: *Conforme comentamos na questão anterior, as consequências automáticas da concessão do benefício sem a aprovação do Confaz tornam a lei ineficaz, mas não têm poder para torná-la inconstitucional, irregular, ineficiente ou inexistente.*

Resposta: A.

Apesar de tais penalidades, quase todos os estados da federação concedem incentivos fiscais ao arrepio (sem aprovação) do Confaz, fazendo surgir uma verdadeira guerra fiscal entre os entes federados.

Assim, vamos supor que o estado "XY" conceda 11% de crédito presumido sobre a saída interestadual de embalagens. Aproveitando isso, a empresa "Adora Benefícios LTDA", situada no estado "XY", vende embalagens por R$ 1.000,00 para atacadistas catarinenses. Perceba que a "Adora Benefícios LTDA" destacou na nota fiscal 12% de ICMS (R$ 120,00), efetuou um crédito presumido de R$ 110,00, pagando apenas 1% ou R$ 10,00 (diferença de ICMS com o crédito presumido).

Para embolar ainda mais, o destinatário, localizado em Santa Catarina, creditou os 12% (R$ 120,00) que constam na nota fiscal. Você acha que o fisco catarinense gostou? Claro que não, certamente o fiscal foi lá e glosou o montante do crédito presumido (R$ 110,00).

Isso pode ser cobrado em prova, como você pode observar na questão a seguir:

(AFR-SP/FCC-2006) C. Lopes Ltda., contribuinte paulista estabelecido em Santos – SP, adquire e recebe em seu estabelecimento mercadoria em operação originada em estado localizado na região centro-oeste do país. No documento fiscal emitido pelo vendedor, consta destaque do valor do ICMS calculado a 12%, por se tratar de operação realizada entre contribuintes. Considerando que tal operação foi realizada ao abrigo de ato normativo concessivo de benefício fiscal não-autorizado por convênio celebrado nos termos da Lei Complementar nº 24, de 7/1/1975, e que redundou em carga tributária efetiva inferior ao imposto destacado no documento fiscal, cabe ao fisco paulista

a) lavrar AIIM (auto de infração e imposição de multa) contra C. Lopes Ltda, relativamente ao crédito do imposto que superar o montante em que o imposto tenha sido efetivamente cobrado pelo Estado de origem.
b) lavrar AIIM (auto de infração e imposição de multa) ao contribuinte do Estado de origem, relativamente ao crédito do imposto que superar o montante em que o imposto efetivamente lhe seja cobrado.
c) denunciar a situação ao Confaz.
d) admitir o crédito fiscal em sua integralidade, desde que o Estado de origem da operação admita a irregularidade e requeira formalmente ao Confaz convênio que, nos termos da Lei Complementar nº 24/75, o permita instituir o benefício fiscal em questão.
e) declarar a nulidade da operação.

Comentário: *O imposto efetivamente pago foi a diferença entre o destacado no documento fiscal e o crédito e o benefício fiscal. Sobre essa diferença cabe ao fisco cobrar por meio do Auto de Infração (alternativa "a"). Não pode cobrar do contribuinte da origem, pois esse imposto é devido ao fisco de origem (alternativa "b"). O artigo 8º da LC 24 já considera o ato nulo, não cabe denúncia ao Confaz (alternativa "c"). Não podemos admitir o crédito todo (alternativa "d"). A operação existiu, só não teve seu imposto corretamente recolhido, então não pode considerar a operação nula, pois nulo é o benefício (alternativa "e").*

Resposta: A.

Ocorre que, embora os fiscos estaduais lavrem seus Autos de Infração, seguindo o entendimento mencionado na questão anterior (entendimento esse que você deve adotar em prova), o STF tem uma posição diferente, vejamos:

> "Não é dado ao Estado de destino, mediante glosa à apropriação de créditos nas operações interestaduais, negar efeitos aos créditos apropriados pelos contribuintes.
>
> Conforme já destacado na decisão recorrida, o Estado de Minas Gerais pode arguir a inconstitucionalidade do benefício fiscal concedido pelo Estado de Goiás em sede de Ação Direta de Inconstitucionalidade, sendo certo que este Supremo Tribunal tem conhecido e julgado diversas ações envolvendo tais conflitos entre Estados, do que é exemplo a ADI 2.548, rel. Min. Gilmar Mendes, FJ 15.6.2007.
>
> Mas a pura e simples glosa dos créditos apropriada é descabida, porquanto não se compensam as inconstitucionalidades, nos termos do que decidiu este tribunal quando apreciou a ADI 2.377-MC, DJ

> 7.11.2003, cujo relator foi o Min. Sepúlveda Pertence (AC nº 2611/MT – Rel. Ellen Gracie)"

Antes de comentarmos essa decisão, cabe uma informação. O STF já decidiu por diversas vezes que a concessão de qualquer benefício fiscal referente ao ICMS, sem autorização do Confaz, é inconstitucional. Apesar desse entendimento, nossa Suprema Corte adota a posição da decisão do AC nº 2.611/MT – Rel. Ellen Gracie. Portanto, o estado que se sentir prejudicado deve ingressar com uma ADI e após declarada a inconstitucionalidade, o seu fisco poderá glosar o crédito. O curioso é que com a velocidade do nosso judiciário, a espera na declaração de inconstitucionalidade muitas vezes acarretará na decadência do direito de glosar o crédito. Dessa forma, a guerra fiscal continua.

Em alguns momentos, essa guerra é mitigada com normas que buscam solucionar os conflitos, geralmente tomando decisão favorável a uma das partes. Tais normas podem ser Resoluções do Senado Federal, Leis Complementares ou Emendas Constitucionais.

Em mais uma tentativa para diminuir esse conflito, em agosto de 2017, surgiu a Lei Complementar 160/17, com o seguinte texto:

> "**Art. 1º.** Mediante convênio celebrado nos termos da Lei Complementar nº 24, de 7 de janeiro de 1975, os Estados e o Distrito Federal poderão deliberar sobre:
>
> I – a remissão dos créditos tributários, constituídos ou não, decorrentes das isenções, dos incentivos e dos benefícios fiscais ou financeiro-fiscais instituídos em desacordo com o disposto na alínea "g" do inciso XII do §2º do art. 155 da Constituição Federal por legislação estadual publicada até a data de início de produção de efeitos desta Lei Complementar;
>
> II – a reinstituição das isenções, dos incentivos e dos benefícios fiscais ou financeiro-fiscais referidos no inciso I deste artigo que ainda se encontrem em vigor.
>
> **Art. 2º.** O convênio a que se refere o art. 1º desta Lei Complementar poderá ser aprovado e ratificado com o voto favorável de, no mínimo:
>
> I – 2/3 (dois terços) das unidades federadas; e
>
> II – 1/3 (um terço) das unidades federadas integrantes de cada uma das 5 (cinco) regiões do País.
>
> (...)
>
> **Art. 6º.** Ressalvado o disposto nesta Lei Complementar, a concessão ou a manutenção de isenções, incentivos e benefícios fiscais ou financeiro-fiscais em desacordo com a Lei Complementar nº 24, de 7 de janeiro de 1975, implica a sujeição da unidade federada responsável aos impedimentos previstos nos incisos I, II e III do §3º do art. 23 da Lei Complementar nº 101, de 4 de maio de 2000, pelo prazo

> em que perdurar a concessão ou a manutenção das isenções, dos incentivos e dos benefícios fiscais ou financeiro-fiscais."
>
> **LC 101/00, art. 23**, §3º – "Não alcançada a redução no prazo estabelecido, e enquanto perdurar o excesso, o ente não poderá:
>
> I – receber transferências voluntárias;
>
> II – obter garantia, direta ou indireta, de outro ente;
>
> III – contratar operações de crédito, ressalvadas as destinadas ao refinanciamento da dívida mobiliária e as que visem à redução das despesas com pessoal."

Como já mencionado, ao longo dos anos, muitos estados concederam benefícios fiscais unilateralmente, ou seja, sem obedecer ao texto constitucional. A Lei Complementar 160/2017 buscou passar "uma borracha" nos erros do passado. Assim, poderão ser concedidas remissões do crédito tributário relativo aos benefícios inconstitucionais (inciso I do artigo 1º) ou ainda serem restituídas as isenções inconstitucionais (inciso II do artigo 1º) que ainda estavam em vigor na data da publicação da Lei Complementar nº 160/2017.

Portanto, após a publicação dessa norma, os estados podem , por meio de convênio, os estados podem conceder a remissão (perdão da dívida, inclusive do tributo) dos créditos tributários, constituídos ou não, com um quórum de 2/3, ou seja, diferente da unanimidade prevista na LC 24/75.

Além do quórum de 2/3 das unidades federadas, a restituição da isenção ainda em vigor e a remissão do crédito dependem da aprovação de um terço dos estados de cada região do país. Veja que os quóruns de um terço e dois terços são **CUMULATIVOS**.

Ainda, em seu artigo 6º, estabeleceu que a concessão ou manutenção de benefícios fiscais que não respeitem seus mandamentos e os da LC 24/75 sujeitará o estado às sanções previstas no artigo 23 da Lei de Responsabilidade Fiscal (LC 101/00), ou seja, não poderá receber transferências voluntárias, obter garantias e contratar certas operações de crédito.

Foi justamente obedecendo à Lei Complementar 160/17 que logo em dezembro de 2017 foi celebrado o Convênio Confaz 190/17. Por meio desse convênio, todos os créditos efetuados até 8 de agosto de 2017 (data da publicação da Lei Complementar 160/17) foram beneficiados pela remissão. Fez mais, cumpriu o disposto no inciso II do artigo 16 da LC 160/17, ou seja, autorizou os estados a restituírem a isenção concedida ao arrepio do Confaz.

Vamos voltar ao exemplo desse capítulo, no qual o estado "XY" concedeu 11% de crédito presumido sobre a saída interestadual de embalagens. Aproveitando isso, a empresa "Adora Benefícios Ltda.", situada no estado "XY", vendeu embalagens por R$ 1.000,00 para atacadistas catarinenses. Após o Convênio 160/17, o Auto de Infração lavrado pelo fisco catarinense foi objeto de remissão (perdoado, inclusive o imposto) e o estado "XY" pôde até 28/12/18 restituir (voltar a valer) essa isenção que valerá até 2032, 2025 ou 2022, dependendo do segmento adotado.

Cabe mais uma colocação, três estados (Amazonas, Paraná e São Paulo) foram contrários a esse convênio, no entanto como o quórum era de 2/3, o Convênio foi aprovado. E esses estados têm que obedecer ao Convênio? Sim, porque o artigo 4º da Lei Complementar 160/17 fala que não se aplica a restrição do artigo 14 da Lei de Responsabilidade Fiscal, ou seja, esse benefício de remissão não precisa de autorização orçamentária, sendo, portanto, impositivo.

É oportuno registrar que o referido convênio nada menciona sobre futuras isenções, devendo todos os futuros benefícios fiscais obedecerem à regra da Lei Complementar 24/75. O convênio praticamente convalidou todas as isenções anteriores, inclusive aquelas já declaradas inconstitucionais pelo Poder Judiciário.

Voltando a nossa LC 24/75, você lembra que os municípios recebem 25% de repasse do ICMS, certo? Pois bem, o artigo 9º da LC 24/75 determina que eles não poderão conceder nenhum dos benefícios relacionados no artigo 1º em relação a esses repasses, nem mesmo sobre os 25% a que têm direito.

Existe possibilidade de um benefício fiscal concedido por lei estadual ser convalidado sem observar o Confaz? Há sim, é o que está previsto no §2º do artigo 12 da LC 24/75.

Esse dispositivo determina que se um benefício fiscal for concedido unilateralmente por uma lei estadual e não ocorrer a CONVALIDAÇÃO dessa lei no primeiro Convênio Confaz após a sua publicação, então o benefício fiscal será considerado REVOGADO. O prazo para essa convalidação é de 90 dias contados da publicação da lei estadual, dessa forma, caso não haja nenhum convênio nos 90 dias seguintes à publicação da lei estadual, o benefício também será considerado REVOGADO.

O artigo 14 da Lei Complementar 24/1975 passou a ser cobrado em prova, logo, iremos comentá-lo. Veremos no próximo capítulo que o fato gerador do ICMS ocorre na saída da mercadoria. Assim, uma vez remetida a mercadoria, nasce a obrigação de pagamento por parte do remetente. Contudo, o artigo 14 cria duas hipóteses de suspensão do ICMS, vamos entendê-las.

Em todos os estados existem produtores pequenos que se venderem suas mercadorias isoladamente, estarão vulneráveis ao mercado, melhor explicando, não terão poder de barganha. Assim, esses produtores formam uma cooperativa, tornando-se associados dela.

Cada produtor encaminha (remetendo ou até mesmo vendendo) seus produtos para a cooperativa, que irá vender essas mercadorias para terceiros. Note que, nesse caso, os produtores concentram na cooperativa uma quantidade maior de produtos comercializados, aumentando seu poder de barganha.

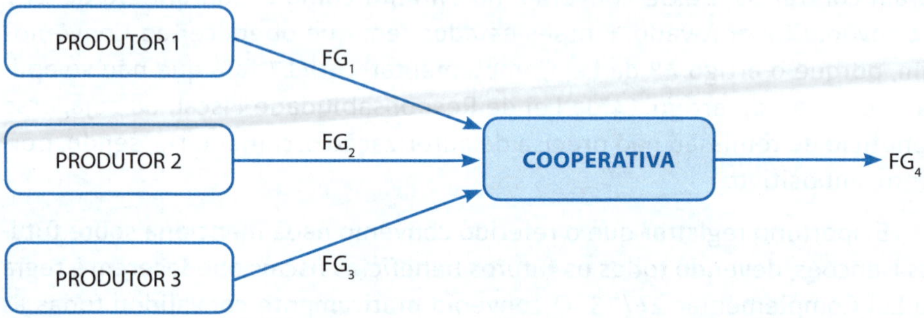

Note que, no desenho anterior, a cooperativa só é contribuinte do Fato Gerador4, mas o inciso I do artigo 14 da Lei Complementar 24/1975 a coloca como responsável pelos fatos geradores dos seus associados, ou seja, a cooperativa é a responsável pelo pagamento do ICMS decorrente dos outros três fatos geradores.

Agora vamos continuar essa cadeia, imagine que todos esses produtores são de Colatina/ES e essa cooperativa esteja nesse mesmo município. Imaginemos que ocorra o mesmo nas cidades de Linhares/ES e de Fundão/ES. No entanto, todas essas cooperativas remetem as mercadorias para a cooperativa central localizada em Vitória/ES:

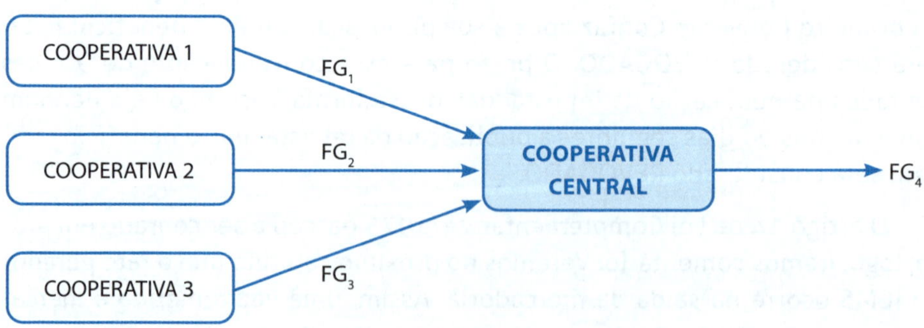

O raciocínio será o mesmo, a cooperativa central só é contribuinte do Fato Gerador4, mas o caput do inciso II do artigo 14 da Lei Complementar 24/1975 a coloca como responsável pelos fatos geradores das demais cooperativas, ou seja, a cooperativa central é a responsável pelo pagamento do ICMS decorrente dos outros três fatos geradores.

Já o §1º desse artigo 14 determina que a cooperativa ou a cooperativa central será responsável pelo pagamento do ICMS das operações dos seus associados ou das suas cooperativas regionais, mesmo que sua saída subsequente seja isenta ou fora do campo da incidência do ICMS. Perceba que essa regra do artigo 14 só é válida quando produtores e cooperativas estão no mesmo estado.

Como último artigo digno de ser explicado, analisemos o artigo 15. Ele menciona uma exceção ao Confaz, pois o estado do Amazonas poderá conceder incentivos fiscais às indústrias da Zona Franca de Manaus sem autorização do Confaz. Assim, os demais estados não poderão pedir a exclusão de tais benefícios. Perceba que o Amazonas não poderá conceder determinado benefício fiscal a uma empresa que não seja da ZFM sem convênio que o autorize, pois a exceção do artigo 15 delimita muito bem as condições em que não será necessário convênio.

Após a análise dos principais artigos da lei, por último, vamos aprender a diferença entre convênio e protocolo no âmbito do Confaz. Quando algo vale para todos os estados, temos um convênio, já quando é válido somente entre determinados estados ou o DF, temos um protocolo. Sobre os convênios já discutimos bastante neste capítulo, então vejamos agora um pouco sobre os protocolos.

Os protocolos são bastante comuns em operações envolvendo substituição tributária entre estados. Por exemplo, existe o Protocolo ICMS 13/18, que trata da ST de produtos alimentícios, válido entre AL, AP, MT, MG, PA, RJ, RS e SC. Existe também o Protocolo ICMS 04/18 entre Mato Grosso e Minas Gerais sobre industrialização por encomenda.

Elaborado determinado protocolo entre alguns estados, cada um desses expedirá um decreto alterando o seu regulamento conforme o estabelecido no protocolo.

Enfim, são inúmeros protocolos existentes, por exemplo, somente em 2016 foram 80; em 2017, 54. Ainda assim, bem menos que os convênios, que foram 234 em 2017 e 143 em 2016, a título de comparação. Mas fique tranquilo, você não precisa se preocupar com eles para fins de prova, somente quando for fiscal e precisar verificar uma operação sujeita a um deles.

Agora vamos comentar sobre a concessão de isenções do ICMS por meio de tratados e acordos internacionais. Sabemos do Direto Tributário que a União não pode instituir isenções sobre tributos estaduais ou municipais, por força do artigo 151 da CF/88, a seguir reproduzido:

> **Art. 151.** É vedado à União:
>
> (...)
>
> III – instituir isenções de tributos da competência dos Estados, do Distrito Federal ou dos Municípios.

São as chamadas isenções heterônomas, que são proibidas. Entretanto, tratados e acordos internacionais podem isentar tributos estaduais e municipais, com a União sendo somente a representante do país. Assim, não é a União que concede essas isenções, pois, como vimos, não seria permitido.

Inclusive, como exemplo, o STF publicou esta Súmula 575: "À mercadoria importada de país signatário do GATT, ou membro da ALALC, estende-se a isenção do imposto sobre circulação de mercadorias concedida a similar nacional."

10.2. LEI COMPLEMENTAR Nº 160/2017

A cada ano vem crescendo o número de questões sobre a Lei Complementar 160/2017. Por conta disso, resolvemos abrir um tópico para tratar de todos os oito artigos dessa lei. Veremos que alguns dispositivos já foram comentados quando estudamos a Lei Complementar 24/1975, já outros dispositivos serão comentados neste momento.

> **Lei Complementar 160/2017 – Art. 1º** Mediante convênio celebrado **nos termos da Lei Complementar nº 24, de 7 de janeiro de 1975**, os Estados e o Distrito Federal poderão deliberar sobre:
>
> I – **a remissão dos créditos tributários, constituídos ou não, decorrentes das isenções, dos incentivos e dos benefícios fiscais ou financeiro-fiscais instituídos em desacordo com o disposto na alínea "g" do inciso XII do § 2o do art. 155 da Constituição Federal** por legislação estadual publicada até a data de início de produção de efeitos desta Lei Complementar;
>
> II – **a reinstituição das isenções, dos incentivos e dos benefícios fiscais ou financeiro-fiscais referidos no inciso I** deste artigo que ainda se encontrem em vigor.

Esse artigo 1º já foi comentado, ele trata justamente do objetivo da Lei Complementar 160/2017. O primeiro objetivo é conceder **REMISSÃO** (perdão) dos créditos tributários constituídos ou não decorrentes de isenções, incentivos e outros benefícios fiscais.

Vamos exemplificar: O estado "X" concedeu benefício fiscal sem celebração de Convênio Confaz. Sabemos que esse benefício é INCONSTITUCIONAL. Agora vamos imaginar que a empresa "Compro Mercadoria com Convênio Ilegal Ltda", situada no estado "Y", comprou mercadorias de empresas situadas no estado "X", sendo que o ICMS da operação não foi pago, pois os fornecedores usaram o benefício fiscal ilegal. Diante dessa situação, o estado "Y" lavra um auto de infração por crédito indevido.

O que o inciso I do artigo 1º da Lei Complementar 160/2017 permite é que os estados celebrem um convênio, obedecendo aos requisitos da Lei

Complementar 24/1975, e perdoem esse crédito tributário (Auto de Infração). Esse convênio foi o Convênio 190/2017.

E se o Auto de Infração não tivesse sido lavrado, haveria remissão? Sim, o dispositivo permite a remissão do crédito tributário CONSTITUÍDO ou NÃO.

Já o inciso II do artigo 1º da Lei Complementar 160/2017 permite a **RESTITUIÇÃO** das isenções e dos benefícios que ainda ESTEJAM em vigor na data da celebração do Convênio. Enfim, esse dispositivo simplesmente permite que os estados, por meio de um convênio, nos termos da Lei Complementar 24/1975, **CONVALIDEM** as isenções inconstitucionais, desde que essas isenções estejam em vigor.

Note que o convênio da Lei Complementar 160/2017 só serve para conceder **REMISSÃO** de crédito tributário ou **RESTITUIÇÃO** de benefício fiscal. Esse convênio não pode anistiar, conceder isenções ou nenhum outro benefício fiscal. Caso um estado queira conceder um novo benefício, ele deverá obedecer aos trâmites da Lei Complementar 24/1975.

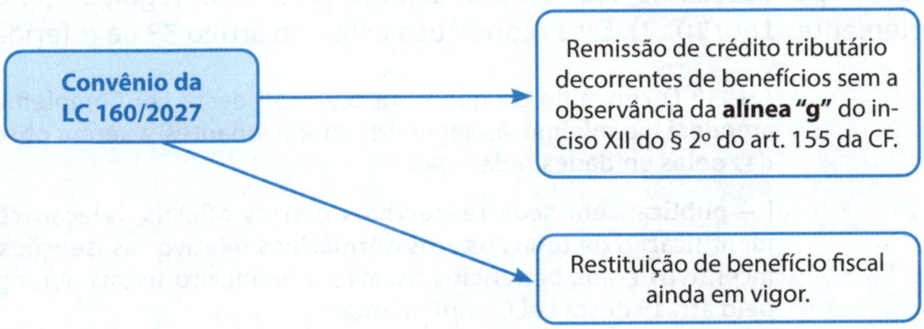

Acontece que o quórum para aprovação e ratificação do convênio que trata a Lei Complementar 160/2017 é diferente do quórum da Lei Complementar 24/1975, pois para esse convênio ser aprovado, basta o voto de 2/3 das unidades federadas, sendo 1/3 das unidades federadas de cada estado:

> Art. 2º O convênio a que se refere o art. 1º desta Lei Complementar poderá ser aprovado e ratificado com o voto favorável de, no mínimo:
>
> I – 2/3 (dois terços) das unidades federadas; e
>
> II – 1/3 (um terço) das unidades federadas integrantes de cada uma das 5 (cinco) regiões do País.

Ocorre que essa não é a única diferença. Vimos que, com o surgimento da Lei de Responsabilidade Fiscal, os convênios regidos pela Lei Complementar 24/1975 deixaram de ser impositivos e passaram a ser autorizativos. Contudo, o convênio regulado pelo Lei Complementar 160/2017 é IMPOSITIVO, pois ele não precisa obedecer ao dispositivo da Lei de Responsabilidade

Fiscal que impõe que a concessão de um benefício só é possível após sua previsão orçamentária:

> Art. 4º São afastadas as restrições decorrentes da aplicação do art. 14 da Lei Complementar no 101, de 4 de maio de 2000, que possam comprometer a implementação das disposições desta Lei Complementar.

As únicas diferenças entre os convênios regulados pela Lei Complementar 24/1975 e o pela Lei Complementar 160/2017 são o quórum (artigo 2º) e a imposição (artigo 4º), os demais requisitos são idênticos:

> Art. 7º Para fins de aprovação e de ratificação do convênio previsto no art. 1º desta Lei Complementar, aplicam-se os demais preceitos contidos na Lei Complementar nº 24, de 7 de janeiro de 1975, que não sejam contrários aos dispositivos desta Lei Complementar.

Se tratamos até aqui do rito do convênio regulado pela Lei Complementar 160/2017, resta tratarmos das **CONDIÇÕES** que cada estado deverá cumprir após a publicação do Convênio 190/2017 (Convênio regulado pela Lei Complementar 160/2017). Essas condições estão no artigo 3º da referida lei:

> Art. 3º O convênio de que trata o art. 1º desta Lei Complementar atenderá, no mínimo, às seguintes condicionantes, a serem observadas pelas unidades federadas:
>
> I – **publicar, em seus respectivos diários oficiais**, relação com a identificação de **todos os atos normativos** relativos às isenções, aos incentivos e aos benefícios fiscais ou financeiro-fiscais abrangidos pelo art. 1º desta Lei Complementar;
>
> II – **efetuar o registro e o depósito**, na Secretaria Executiva do Conselho Nacional de Política Fazendária (Confaz), da documentação comprobatória correspondente aos atos concessivos das isenções, dos incentivos e dos benefícios fiscais ou financeiro-fiscais mencionados no inciso I deste artigo, que serão publicados no Portal Nacional da Transparência Tributária, que será instituído pelo Confaz e disponibilizado em seu sítio eletrônico.
>
> § 1º O disposto no art. 1º desta Lei Complementar não se aplica aos **atos relativos às isenções, aos incentivos e aos benefícios fiscais ou financeiro-fiscais vinculados ao Imposto sobre Operações Relativas à Circulação de Mercadorias e sobre Prestações de Serviços de Transporte Interestadual e Intermunicipal e de Comunicação (ICMS)** cujas exigências de publicação, registro e depósito, nos termos deste artigo, não tenham sido atendidas, devendo ser revogados os respectivos atos concessivos.

Veja que para ocorrer a REMISSÃO dos créditos tributários ou a RESTITUIÇÃO do benefício fiscal, deverá cada estado publicar no seu diário oficial todos os atos normativos que concederam esses benefícios fiscais (inciso I), além de efetuar o registro e o depósito desses atos na Secretaria Executiva do Confaz. Se algum benefício fiscal não obedecer a esses requisitos, a remissão e a restituição não serão aplicadas a ele (§1º).

Agora vamos imaginar que um estado concedeu benefício fiscal ao arrepio do Confaz e esse benefício foi convalidado (restituído) pelo Convênio 190/2017, você acha justo esse benefício durar eternamente? O legislador não achou, assim, os benefícios duram determinado tempo após a publicação do Convênio, conforme o parágrafo a seguir:

> Art. 3º (...)
>
> § 2º A unidade federada que editou o ato concessivo relativo às isenções, aos incentivos e aos benefícios fiscais ou financeiro-fiscais vinculados ao ICMS de que trata o art. 1o desta Lei Complementar cujas exigências de publicação, registro e depósito, nos termos deste artigo, foram atendidas é autorizada a concedê-los e a prorrogá-los, nos termos do ato vigente na data de publicação do respectivo convênio, não podendo seu prazo de fruição ultrapassar:
>
> I – 31 de dezembro do décimo quinto ano posterior à produção de efeitos do respectivo convênio, quanto àqueles destinados ao fomento das atividades agropecuária e industrial, inclusive agroindustrial, e **ao investimento em infraestrutura rodoviária, aquaviária, ferroviária, portuária, aeroportuária e de transporte urbano, bem como quanto àqueles destinados a templos de qualquer culto e a entidades beneficentes de assistência social**;
>
> II – 31 de dezembro do décimo quinto ano posterior à produção de efeitos do respectivo convênio, quanto àqueles destinados à manutenção ou ao incremento das atividades portuária e aeroportuária vinculadas ao comércio internacional, **incluída a operação subsequente à da importação, praticada pelo contribuinte importador**;
>
> III – 31 de dezembro do décimo quinto ano posterior à produção de efeitos do respectivo convênio, **quanto àqueles destinados à manutenção ou ao incremento das atividades comerciais, desde que o beneficiário seja o real remetente da mercadoria;**
>
> IV – 31 de dezembro do décimo quinto ano posterior à produção de efeitos do respectivo convênio, quanto àqueles destinados às operações e **às prestações interestaduais com produtos agropecuários e extrativos vegetais in natura**;
>
> V – 31 de dezembro do primeiro ano posterior à produção de efeitos do respectivo convênio, quanto aos demais.

Perceba que se os benefícios são ligados a desenvolvimento de área portuária (inciso I) ou importação (inciso II), ou operações interestaduais ligadas a produtos agropecuários (inciso IV), ou ainda destinados à manutenção das atividades comerciais, desde que o real beneficiário seja o remetente da mercadoria, então esses benefícios durarão até 31 de dezembro de 2032 (15 anos após a publicação do Convênio). Já os demais benefícios foram convalidados somente até 31 de dezembro de 2018 (inciso V).

Acontece que mesmo os benefícios fiscais que ficarão em vigor até o fim de 2032 terão seus efeitos modulados, isso mesmo, esses benefícios serão reduzidos em 20%, a partir de 1º de janeiro do décimo segundo ano após a vigência do Convênio 190/2017, ou seja, a partir de 1º de janeiro de 2029:

> Art. 3º (...)
>
> § 2º-A. A partir de 1º de janeiro do décimo segundo ano posterior à produção de efeitos do respectivo convênio, a concessão e a prorrogação de que trata o § 2º deste artigo deverão observar a redução em 20% (vinte por cento) ao ano com relação ao direito de fruição das isenções, dos incentivos e dos benefícios fiscais ou financeiros-fiscais vinculados ao ICMS destinados à manutenção ou ao incremento das atividades comerciais, às prestações interestaduais com produtos agropecuários e extrativos vegetais in natura e à manutenção ou ao incremento das atividades portuária e aeroportuária vinculadas ao comércio internacional
>
> § 3º Os atos concessivos cujas exigências de publicação, de registro e de depósito, nos termos deste artigo, foram atendidas permanecerão vigentes e produzindo efeitos como normas regulamentadoras nas respectivas unidades federadas concedentes das isenções, dos incentivos e dos benefícios fiscais ou financeiro-fiscais vinculados ao ICMS, nos termos dos §§ 2º e 2º-A deste artigo.

Agora vamos imaginar que o estado "X" teve seu benefício convalidado (restituído), porém, antes do final de 2032, ele não quer mais fazer jus a esse benefício, ele poderá revogar? Pode sim, pode revogar, reduzir, modificar, só **NÃO PODERÁ AMPLIAR** o benefício fiscal:

> Art. 3º (...)
>
> § 4º A unidade federada concedente poderá revogar ou modificar o ato concessivo ou reduzir o seu alcance ou o montante das isenções, dos incentivos e dos benefícios fiscais ou financeiro-fiscais antes do termo final de fruição.
>
> § 5º O disposto no § 4o deste artigo não poderá resultar em isenções, incentivos ou benefícios fiscais ou financeiro-fiscais em valor superior ao que o contribuinte podia usufruir antes da modificação do ato concessivo.

CUIDADO, essa ampliação que é vedada pelo parágrafo 5º do artigo 3º da Lei Complementar 160/2017 é ampliação do VALOR DO BENEFÍCIO, no entanto, o estado pode ESTENDER o benefício fiscal a outros contribuintes situados em seu território, desde que o benefício obedeça às mesmas condições do teor convalidado:

> Art. 3º (...)
>
> § 7º As unidades federadas poderão estender a concessão das isenções, dos incentivos e dos benefícios fiscais ou financeiro-fiscais referidos no § 2º deste artigo a outros contribuintes estabelecidos em seu território, sob as mesmas condições e nos prazos-limites de fruição.

Agora vamos imaginar que o estado de Pernambuco concedeu uma isenção ao arrepio do Confaz e essa isenção foi convalidada pelo Convênio 190/2017, poderá a Bahia e o Espirito Santo aderirem a essa isenção? A Bahia pode, o Espírito Santo não, afinal, a adesão a um benefício fiscal concedido por outra unidade federada só é possível se elas pertencerem à mesma região do país:

> Art. 3º (...)
>
> § 8º As unidades federadas poderão aderir às isenções, aos incentivos e aos benefícios fiscais ou financeiro-fiscais concedidos ou prorrogados por outra unidade federada da mesma região na forma dos §§ 2º e 2º-A deste artigo, enquanto vigentes.

Por fim, o parágrafo 6º do artigo 3º da Lei Complementar 160/2017 determina que os estados devem prestar informações sobre as isenções, os incentivos e os benefícios fiscais ou financeiro-fiscais vinculados ao ICMS e mantê-las atualizadas no Portal Nacional da Transparência Tributária:

> Art. 3º (...)
>
> § 6º As unidades federadas deverão prestar informações sobre as isenções, os incentivos e os benefícios fiscais ou financeiro-fiscais vinculados ao ICMS e mantê-las atualizadas no Portal Nacional da Transparência Tributária a que se refere o inciso II do caput deste artigo.

Vimos que a inobservância dos dispositivos mencionados na LC 24/75 acarretará, cumulativamente: a nulidade do ato e a ineficácia do crédito fiscal atribuído ao estabelecimento recebedor da mercadoria e a exigibilidade do imposto não pago ou devolvido e a ineficácia da lei ou ato que conceda remissão do débito correspondente. Entretanto, uma vez concedida a remissão do crédito tributário, essas sanções são afastadas:

> Art. 5º A remissão ou a não constituição de créditos concedidas por lei da unidade federada de origem da mercadoria, do bem ou do serviço afastam as sanções previstas no art. 8º da Lei Complementar nº 24, de 7 de janeiro de 1975, retroativamente à data original de concessão da isenção, do incentivo ou do benefício fiscal ou financeiro-fiscal, vedadas a restituição e a compensação de tributo e a apropriação de crédito extemporâneo por sujeito passivo.

Caso seja concedido algum benefício fiscal sem obedecer às regras da Lei Complementar 24/1975 ou sem ser convalidado pelo Convênio 190/2017, deverá o estado concedente sofrer sanções previstas na Lei de Responsabilidade Fiscal:

> Art. 6º Ressalvado o disposto nesta Lei Complementar, a concessão ou a manutenção de isenções, incentivos e benefícios fiscais ou financeiro-fiscais em desacordo com a Lei Complementar nº 24, de 7 de janeiro de 1975, implica a sujeição da unidade federada responsável aos impedimentos previstos nos incisos I, II e III do § 3º do art. 23 da Lei Complementar nº 101, de 4 de maio de 2000, pelo prazo em que perdurar a concessão ou a manutenção das isenções, dos incentivos e dos benefícios fiscais ou financeiro-fiscais.
>
> § 1º A aplicação do disposto no caput deste artigo é condicionada ao acolhimento, pelo Ministro de Estado da Fazenda, de representação apresentada por Governador de Estado ou do Distrito Federal.
>
> § 2º Admitida a representação e ouvida, no prazo de 30 (trinta) dias, a unidade federada interessada, o Ministro de Estado da Fazenda, em até 90 (noventa) dias:
>
> I – determinará o arquivamento da representação, caso não seja constatada a infração;
>
> II – editará portaria declarando a existência da infração, a qual produzirá efeitos a partir de sua publicação.
>
> § 3º Compete ao Tribunal de Contas da União verificar a aplicação, pela União, da sanção prevista no caput deste artigo.

Para ocorrer essa sanção, algum Governador de estado ou do Distrito Federal deverá fazer a representação ao Ministério da Fazenda. A unidade federada que concedeu o benefício reclamado será ouvida em 30 dias, depois desse prazo, o Ministro da Fazenda tem 90 dias para arquivar a representação ou editar portaria declarando a infração. Cabe ao Tribunal de Contas da União verificar se a União aplicou a sanção.

O prazo para a publicação do convênio era de 180 dias contados da publicação da Lei Complementar 160/2017, sob pena de ficar sem eficácia a referida lei (o Convênio 190/2017 foi publicado dentro desse prazo):

> Art. 8º O convênio de que trata o art. 1o desta Lei Complementar deverá ser aprovado pelo Confaz no prazo de 180 (cento e oitenta) dias, a contar da data de publicação desta Lei Complementar, sob pena de perderem eficácia as disposições dos arts. 1º a 6º desta Lei Complementar.

Vamos partir para uma questão para vermos se entendemos bem essa lei:

(AFTE-PE/FCC-2022) A Lei complementar n. 160, de 7 de agosto de 2017, que dispõe sobre convênio que permite aos Estados e ao Distrito Federal deliberar sobre a remissão dos créditos tributários, estabelece:

a) As unidades federadas deverão prestar informações sobre as isenções, os incentivos e os benefícios fiscais ou financeirofiscais vinculados ao ICMS e mantê-las atualizadas no site das respectivas Secretarias de Fazenda, com acesso livre a qualquer pessoa, pelo prazo de vinte anos contados da publicação referida lei.

b) A partir de 1º de janeiro de 2027 a concessão e a prorrogação de benefícios fiscais relativos ao ICMS deverão observar a redução em 20% ao ano com relação ao direito de fruição das isenções, reduções de base de cálculo, créditos outorgados e dos demais benefícios fiscais ou financeiro-fiscais vinculados ao ICMS.

c) As unidades federadas poderão estender a concessão das isenções, dos incentivos e dos benefícios fiscais ou financeirofiscais aprovados por quaisquer convênios no âmbito do Confaz a outros contribuintes estabelecidos em seu território, sob as mesmas condições e limites de prazo de fruição.

d) A unidade federada concedente do favor fiscal poderá revogar ou modificar o ato concessivo ou reduzir o seu alcance ou o montante das isenções, dos incentivos e dos benefícios fiscais ou financeiro-fiscais antes do termo final de fruição.

e) Após sua publicação, o quórum para aprovação e ratificação de convênios sobre benefícios fiscais entre os Estados será obtido com o voto favorável de 2/3 das unidades federadas e de 1/4 das unidades federadas integrantes de cada uma das cinco regiões do País.

Comentário: *Questão bem decoreba e cheia de pegadinhas.*

a) Errada, o parágrafo 6º do artigo 3º da Lei Complementar 160/2017 determina que as unidades federadas deverão prestar informações sobre as isenções, os incentivos e os benefícios fiscais ou financeiro-fiscais vinculados ao ICMS e mantê-las atualizadas no Portal Nacional da Transparência Tributária. A afirmativa está errada porque menciona no site da Secretaria da Fazenda. Outro erro da afirmativa é a estipulação do prazo de 20 anos para essa informação. Não há esse prazo.

b) Errada, o parágrafo 2º-A do artigo 3º da Lei Complementar 160/2017 determina que a partir de 1º de janeiro do décimo segundo ano posterior à produção de efeitos do respectivo convênio, a concessão e a prorrogação de que trata o § 2º deste artigo deverá observar a redução em 20% (vinte por cento) ao ano com relação ao direito de fruição das isenções. Convênio 190/2017 é do ano de 2017, logo esse efeito é a partir de primeiro de janeiro de 2029 e não 2027, como coloca a afirmativa.

c) Errada, essa extensão só é permitida para os benefícios abrangidos pela Lei Complementar 160/2017 e não qualquer convênio, como coloca a afirmativa. Essa previsão está no parágrafo 7º do artigo 3º da Lei Complementar 160/2017.

d) Correta, literalidade do parágrafo 4º do artigo 3º da Lei Complementar 160/2017.

e) Errada, não é 1/4 das unidades federadas integrantes de cada uma das 5 (cinco) regiões do País, é 1/3, conforme previsto no inciso II do artigo 2º da Lei Complementar 160/2017.

Resposta: "d".

CAPÍTULO XI

SIMPLES NACIONAL

Ao longo deste livro já foi mencionado o tratamento dado a empresas optantes pelo Simples Nacional. Nos capítulos da Regra Matriz de Incidência, Crédito e Estorno de crédito e Substituição Tributária, citamos as diferenças de tratamento para as optantes do Simples Nacional. Neste capítulo, comentaremos outros aspectos que são característicos das empresas optantes do regime de recolhimento simplificado e aprofundaremos alguns pontos já abordados anteriormente.

Cabe ressaltar que a legislação do Simples Nacional, apesar do nome, não tem nada se simples. É uma lei extensa e complicada e na fiscalização são poucos os Auditores Fiscais que se sentem à vontade de trabalhar com optantes do Simples Nacional. Como boa notícia, podemos afirmar que as questões sobre o tema em concurso são fáceis, muitas delas exigindo do candidato somente alguma memorização. Vamos ao seu estudo!

11.1. ASPECTOS HISTÓRICOS

O legislador Constituinte Originário fez a seguinte previsão, no capítulo da ordem econômica e financeira:

> "**Art. 179.** A União, os Estados, o Distrito Federal e os Municípios dispensarão às microempresas e às empresas de pequeno porte, assim definidas em lei, tratamento jurídico diferenciado, visando a incentivá-las pela simplificação de suas obrigações administrativas, tributárias, previdenciárias e creditícias, ou pela eliminação ou redução destas por meio de lei."

Note que o artigo 179 da Constituição Federal está no capítulo da ordem econômica, logo, como seu próprio texto determina, a empresa optante do Simples terá não apenas vantagens tributárias, como também vantagens administrativas, previdenciárias e creditícias.

Buscando seguir esse mandamento constitucional, o governo federal instituiu o Simples Federal. Diversos estados instituíram o seu respectivo simples, então havia os simples mineiro, paranaense, paraibano, baiano e etc. Existiam, também, os simples municipais. E cada um com suas peculiaridades.

O pior não era essa quantidade de simples e sim que uma determinada empresa poderia aderir ao simples federal sem aderir ao estadual ou municipal. Outras optavam pela adesão estadual, mas não nas outras esferas. Dessa forma, uma indústria poderia realizar o recolhimento simplificado do IPI e ao mesmo tempo permanecer no regime normal de recolhimento do ICMS em seu estado.

Até mesmo as empresas que optavam nas três esferas deveriam realizar um recolhimento simplificado para cada ente tributante.

Diante dessas divergências de legislações, das exigências dos entes tributantes, além da evidente necessidade de unificação da legislação, surgiu, por meio da Emenda Constitucional 42/03, o seguinte texto no capítulo do Sistema Tributário Nacional:

> "**Art. 146.** Cabe à lei complementar:
>
> (...)
>
> III – estabelecer normas gerais em matéria de legislação tributária, especialmente sobre:
>
> d) definição de tratamento diferenciado e favorecido para as microempresas e para as empresas de pequeno porte, inclusive regimes especiais ou simplificados no caso dos impostos previstos nos arts. 155, II, e 156-A, das contribuições sociais previstas no art. 195, I e V, e § 12 e da contribuição a que se refere o art. 239. (Redação dada pela Emenda Constitucional nº 132, de 2023)
>
> § 1º. A lei complementar de que trata o inciso III, d, também poderá instituir um regime único de arrecadação dos impostos e contribuições da União, dos Estados, do Distrito Federal e dos Municípios, observado que:
>
> I – será opcional para o contribuinte;
>
> II – poderão ser estabelecidas condições de enquadramento diferenciadas por Estado;
>
> III – o recolhimento será unificado e centralizado e a distribuição da parcela de recursos pertencentes aos respectivos entes federados será imediata, vedada qualquer retenção ou condicionamento;
>
> IV – a arrecadação, a fiscalização e a cobrança poderão ser compartilhadas pelos entes federados, adotado cadastro nacional único de contribuintes."

Como podemos notar pela leitura do novo texto constitucional, caberia a uma Lei Complementar Federal instituir um regime **único** de arrecadação simplificada dos impostos. E esse regime deveria conter as seguintes regras:

1. Ser opcional para o contribuinte, então ninguém deve ser obrigado a aderir ao Simples Nacional.
2. O recolhimento unificado deverá ter parcelas para cada ente tributário. Isso não é um imposto único, é um pagamento mensal único com parcelas de cada tributo.

3. A arrecadação, fiscalização e cobrança **poderão** ser compartilhadas (faculdade).
4. **Poderão** ser estabelecidas condições de enquadramento por estado (faculdade).

Apesar da medida adotada pelo constituinte reformador, a situação não foi inicialmente alterada e cada ente continuou tendo seu simples. Isto é, continuou tudo complicado.

Foi então que no ano de 2006 foi publicada a Lei Complementar 123, que entrou em vigor em julho de 2007. Somente três meses depois do concurso dos autores deste livro, para alívio deles. A partir da vigência dessa norma, foi implantado o Simples Nacional, que instituiu os requisitos previstos no parágrafo único do artigo 146 da nossa Lei Maior.

Assim, desde julho de 2007, o contribuinte tem a opção de aderir ao Simples Nacional, que valerá para todos os entes tributários e terá um recolhimento único com parcela devida a cada sujeito passivo.

Veja como isso é cobrado em concurso:

(Analista Judiciário da Procuradoria Geral Estadual-PE/CESPE-2019) Julgue a afirmativa a seguir: "Tratamento favorável às empresas de pequeno porte será estabelecido por lei complementar, que poderá instituir regime único e obrigatório de arrecadação de impostos e contribuições para empresas contribuintes dessa natureza."

c) certo

e) errado

Comentário: *A adesão ao regime do Simples Nacional não pode ser uma obrigação, pelo contrário, é opcional. Em breve, trataremos como é efetuada essa opção.*

Resposta: E.

11.2. CARACTERÍSTICAS DO SIMPLES NACIONAL

Quando a Lei Complementar 123/06 entrou em vigor, todos aqueles simples (federal, estaduais e municipais) deixaram de existir, para alívio geral dos contabilistas, mas não dos concurseiros, que antes só precisavam estudar o simples estadual do seu concurso, que com certeza era menos complicado que o simples nacional.

Assim, hoje não falamos mais "simples paranaense" ou "simples paraibano", pois só existe o "Simples Nacional", chamado de "Simples" ou por sua sigla, "SN".

Caso o contribuinte opte pela adesão ao Simples Nacional, deverá recolher pelo regime simplificado todos os tributos que fazem parte desse regime. Esses impostos estão elencados no artigo 13 da referida Lei:

> "**Art. 13.** O Simples Nacional implica o recolhimento mensal, mediante documento único de arrecadação, dos seguintes impostos e contribuições:
>
> I – Imposto sobre a Renda da Pessoa Jurídica – IRPJ;
>
> II – Imposto sobre Produtos Industrializados – IPI, observado o disposto no inciso XII do §1º deste artigo;
>
> III – Contribuição Social sobre o Lucro Líquido – CSLL;
>
> IV – Contribuição para o Financiamento da Seguridade Social – COFINS, observado o disposto no inciso XII do §1º deste artigo;
>
> V – Contribuição para o PIS/Pasep, observado o disposto no inciso XII do §1º deste artigo;
>
> VI – Contribuição Patronal Previdenciária – CPP para a Seguridade Social, a cargo da pessoa jurídica, de que trata o art. 22 da Lei nº 8.212, de 24 de julho de 1991, exceto no caso da microempresa e da empresa de pequeno porte que se dedique às atividades de prestação de serviços referidas no § 5º-C do art. 18 desta Lei Complementar;
>
> VII – Imposto sobre Operações Relativas à Circulação de Mercadorias e Sobre Prestações de Serviços de Transporte Interestadual e Intermunicipal e de Comunicação – ICMS;
>
> VIII – Imposto sobre Serviços de Qualquer Natureza – ISS."

Perceba que dos impostos estaduais apenas o ICMS tem o seu recolhimento feito pelo Simples Nacional. Dessa forma, se uma empresa optante do Simples Nacional tiver veículos, deverá pagar o IPVA normalmente como qualquer contribuinte.

Preciso gravar os impostos que não são estaduais? Precisa, pois muitas vezes a pergunta é apenas sobre quais impostos estão no Simples Nacional.

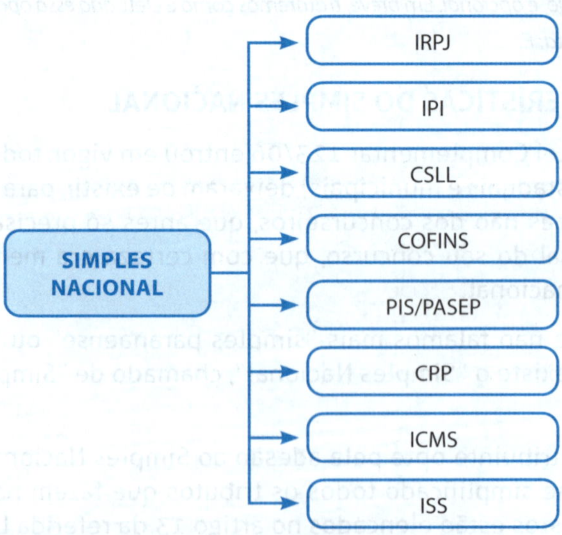

A mera memorização desses tributos abrangidos pelo Simples Nacional já faz você acertar algumas questões, afinal, isso é amplamente cobrado em concurso público:

(Juiz Substituto do Tribunal de Justiça-BA/CESPE-2019) Observados os requisitos legais, o SIMPLES Nacional permite o recolhimento mensal, mediante documento único de arrecadação, entre outros.

a) do imposto de importação, do ISSQN e do IOF.

b) do IOF, da COFINS e do ITR.

c) da CSLL, do ISSQN e do IRPJ.

d) da COFINS, da CSLL e da contribuição para o FGTS.

e) do ITR, da contribuição para o PIS/PASEP e da contribuição para o FGTS.

Comentário:

a) Errada. Os impostos alfandegários como Imposto de Importação e Imposto de exportação não fazem parte do regime do Simples. Também não faz parte do Simples o IOF.

b) Errada. Os impostos sobre patrimônio, como ITR, IPVA e IPTU, não fazem parte do simples. Também não faz parte do Simples o IOF.

c) Correta. Esses três tributos (CSLL, ISS e IRPJ fazem parte do regime do Simples Nacional.

d) Errada. A contribuição do FGTS não faz parte do regime do Simples Nacional, mesmo porque a jurisprudência do STF é pacífica no sentido que a natureza dessa contribuição é trabalhista e não tributária ou previdenciária.

e) Errada. Como já falado anteriormente, ITR e contribuição do FGTS não fazem parte do recolhimento simplificado.

Resposta: C

Qualquer recolhimento de ICMS é realizado pelo Simples Nacional? Não, o parágrafo 1º desse mesmo artigo menciona quais impostos não são pagos pelo regime simplificado. Trataremos apenas da parte do ICMS, que se encontra no inciso XIII:

> "§ 1º O recolhimento na forma deste artigo não exclui a incidência dos seguintes impostos ou contribuições, devidos na qualidade de contribuinte ou responsável, em relação aos quais será observada a legislação aplicável às demais pessoas jurídicas:
>
> XIII – ICMS devido:
>
> a) nas operações sujeitas ao regime de substituição tributária, tributação concentrada em uma única etapa (monofásica) e sujeitas ao regime de antecipação do recolhimento do imposto com encerramento de tributação, envolvendo combustíveis e lubrificantes; energia elétrica; cigarros e outros produtos derivados do fumo; bebidas; óleos e azeites vegetais comestíveis; farinha de trigo e misturas de farinha de trigo; massas alimentícias; açúcares; produtos lácteos; carnes e suas preparações; preparações à base de cereais; chocolates; produtos de padaria e da indústria de bolachas e biscoitos; sorvetes e

preparados para fabricação de sorvetes em máquinas; cafés e mates, seus extratos, essências e concentrados; preparações para molhos e molhos preparados; preparações de produtos vegetais; rações para animais domésticos; veículos automotivos e automotores, suas peças, componentes e acessórios; pneumáticos; câmaras de ar e protetores de borracha; medicamentos e outros produtos farmacêuticos para uso humano ou veterinário; cosméticos; produtos de perfumaria e de higiene pessoal; papéis; plásticos; canetas e malas; cimentos; cal e argamassas; produtos cerâmicos; vidros; obras de metal e plástico para construção; telhas e caixas d'água; tintas e vernizes; produtos eletrônicos, eletroeletrônicos e eletrodomésticos; fios; cabos e outros condutores; transformadores elétricos e reatores; disjuntores; interruptores e tomadas; isoladores; para-raios e lâmpadas; máquinas e aparelhos de ar-condicionado; centrifugadores de uso doméstico; aparelhos e instrumentos de pesagem de uso doméstico; extintores; aparelhos ou máquinas de barbear; máquinas de cortar o cabelo ou de tosquiar; aparelhos de depilar, com motor elétrico incorporado; aquecedores elétricos de água para uso doméstico e termômetros; ferramentas; álcool etílico; sabões em pó e líquidos para roupas; detergentes; alvejantes; esponjas; palhas de aço e amaciantes de roupas; venda de mercadorias pelo sistema porta a porta; nas operações sujeitas ao regime de substituição tributária pelas operações anteriores; e nas prestações de serviços sujeitas aos regimes de substituição tributária e de antecipação de recolhimento do imposto com encerramento de tributação;

b) por terceiro, a que o contribuinte se ache obrigado, por força da legislação estadual ou distrital vigente;

c) na entrada, no território do Estado ou do Distrito Federal, de petróleo, inclusive lubrificantes e combustíveis líquidos e gasosos dele derivados, bem como energia elétrica, quando não destinados à comercialização ou industrialização;

d) por ocasião do desembaraço aduaneiro;

e) na aquisição ou manutenção em estoque de mercadoria desacobertada de documento fiscal;

f) na operação ou prestação desacobertada de documento fiscal;

g) nas operações com bens ou mercadorias sujeitas ao regime de antecipação do recolhimento do imposto, nas aquisições em outros Estados e Distrito Federal:

1. com encerramento da tributação, observado o disposto no inciso IV do §4º do art. 18 desta Lei Complementar;

2. sem encerramento da tributação, hipótese em que será cobrada a diferença entre a alíquota interna e a interestadual, sendo vedada a agregação de qualquer valor;

h) nas aquisições em outros Estados e no Distrito Federal de bens ou mercadorias, não sujeitas ao regime de antecipação do recolhimento do imposto, relativo à diferença entre a alíquota interna e a interestadual;"

A leitura do inciso XIII é bastante complicada, assim vamos explicar cada alínea.

11.2.1. ICMS por substituição tributária

As alíneas "a" e "g" tratam do ICMS no regime de substituição tributária, seja nas operações internas, seja nas aquisições interestaduais em que o destinatário seja obrigado pelo recolhimento do imposto, por falta de convênio entre os estados (item 7.3.7).

O recolhimento desse último caso é efetuado normalmente, como se a empresa não fosse optante do Simples Nacional, ou seja, calcula-se a base de cálculo do ICMS/ST e desconta-se o ICMS pago na operação anterior, conforme explicamos no capítulo 7.

Quando falarmos da forma de pagamento, explicaremos como é efetuado o cálculo do ICMS devido do optante do Simples em relação às operações em que ele é substituído. Também apresentaremos no fim do capítulo formas de cálculo quando o optante do Simples Nacional é o substituto tributário.

11.2.2. ICMS devido por terceiro que foi atribuída a responsabilidade a empresa do Simples Nacional

A alínea "b" fala do ICMS devido por terceiro. Podem ser os casos de diferimento, substituição tributária concomitante ou qualquer outra forma de transferência de responsabilidade atribuída pela lei tributária estadual.

11.2.3. ICMS devido na entrada, no território do Estado ou do Distrito Federal, de petróleo, inclusive lubrificantes e combustíveis líquidos e gasosos dele derivados, bem como energia elétrica, quando não destinados à comercialização ou industrialização

O imposto devido na entrada interestadual de combustíveis líquidos e gasosos derivados do petróleo e da energia elétrica, desde que não destinados à comercialização ou industrialização, também é pago normalmente como qualquer contribuinte (vide item 2.6.9).

11.2.4. ICMS de operação ou prestação de mercadoria desacompanhada de documentação fiscal

As alíneas "e" e "f" excluem do Simples Nacional as operações ou prestações desacompanhadas de documento fiscal, seja no trânsito ou armazenagem e estoque (vide item 2.6.6).

11.2.5. ICMS devido no desembaraço aduaneiro

O ICMS devido na importação de mercadorias é recolhido normalmente (vide item 2.6.7). Isso envolve também o ICMS devido na aquisição em leilão promovido pela Receita Federal (vide item 2.6.8).

11.2.6. ICMS devido na entrada de qualquer mercadoria proveniente de outro estado

A alínea "h" colocou uma forma de incidência que só ocorre nas empresas do Simples Nacional. No item 2.6.11 chegamos a comentar essa forma de incidência.

E qual a diferença da incidência ora tratada, com a estudada no item 2.6.10? A diferença é que, no presente caso, a diferença entre a alíquota interna e a interestadual do ICMS irá incidir mesmo que a empresa do simples compre para revender ou industrializar. Logo, no aspecto material haverá uma pequena diferença, pois será a entrada de mercadoria ou bem oriunda de operações interestaduais, independente do seu fim. Por isso que esse diferencial de alíquota é conhecido como DIFAL – Simples Nacional, pois incide ainda que a mercadoria seja adquirida para revenda ou para industrialização.

Você acha certo as empresas optantes do Simples Nacional pagarem um DIFAL que as empresas não optantes do Simples Nacional não pagam? Essa questão foi discutida no Supremo Tribunal Federal, por meio do RE 970821/RS. Inclusive, essa decisão tornou-se o Tema 517.

Em síntese, a maioria dos ministros entendeu que a cobrança do DIFAL – Simples Nacional é constitucional, afinal, a Lei Complementar 123/2006 regulamenta a matéria. Além disso, segundo o Relator (Ministro Edson Fachin), a adesão ao Simples é facultativa, devendo o contribuinte arcar com o ônus e o bônus da escolha, logo, quem optou por usar o recolhimento simplificado terá o seu bônus e o seu ônus.

Inclusive energia elétrica, derivados do petróleo etc.? Essas mercadorias quando oriundas de outro estado da federação e desde que não destinadas à comercialização ou industrialização, também estão excluídas do recolhimento simplificado, por força da alínea "c" do inciso XIII do §1º do artigo 13 da referida Lei Complementar. Nesse caso, não se trata de diferencial de alíquota, e sim da própria incidência prevista no inciso I do §1º do artigo 2º da Lei Kandir, seguindo a tudo que foi explicado no tópico 2.6.9.

Já na aquisição interestadual de energia elétrica e dos derivados de petróleo destinados à comercialização ou industrialização, não há incidência alguma, pois a saída é imune, nos termos da alínea "b" do inciso X do §2º do artigo 155 da Constituição Federal. Se a operação de origem está fora do campo de incidência, não há diferencial de alíquota. Lembre-se de que o diferencial de alíquota só existe quando a operação é tributada na origem.

Ainda cabe uma colocação final antes de esgotarmos o elemento material deste caso. Essa incidência de ICMS sobre o diferencial de alíquota prevista no Estatuto da Microempresa e Empresa de Pequeno Porte só incide sobre mercadorias ou bens, nunca sobre serviços. Então, se uma microempresa receber um serviço prestado, não terá diferencial de alíquota? Haverá sim, desde que não esteja vinculada a operação ou prestação subsequente, conforme visto no tópico 3.3.4.

Todos os demais aspectos da regra matriz de incidência do ICMS (temporal, espacial, pessoal e dimensional) obedecem às regras de aquisição de mercadorias para uso e consumo ou ativo imobilizado de contribuinte explicados no tópico 2.6.10.

11.2.7. ICMS devido na prestação de serviço de transporte iniciado em unidade da federação diversa do transportador

Vamos imaginar que um comerciante paulista contrate uma transportadora potiguar, optante do Simples Nacional, para levar suas mercadorias de São Paulo ao Rio Grande do Norte. Como mencionado no item 7.2, caberá ao contribuinte paulista recolher o ICMS sobre o frete da transportadora.

Agora vamos imaginar que a empresa destinatária da mercadoria, localizada em Natal/RN, contrate esse transportador potiguar, optante do Simples Nacional, para levar mercadorias de São Paulo ao seu estabelecimento. Não haverá a substituição tributária, logo caberá ao transportador pagar o ICMS ao fisco paulista.

E qual o valor a ser pago? Aplicará a alíquota interestadual (7%) sobre o valor da prestação. Isso mesmo, se o prestador for optante do Simples Nacional e se localizar em outro estado diferente do início do frete, no caso concreto São Paulo, efetuará o pagamento do ICMS igual a qualquer transportador localizado em outro estado não optante do modelo simplificado, ou seja, por meio da Guia de Recolhimento, aplicando a alíquota de interestadual sobre o valor do frete. Assim, uma transportadora do Simples Nacional só recolhe a pequena parcela sobre o faturamento nos fretes iniciados em seu estado.

11.3. OPÇÃO PELO SIMPLES NACIONAL

Antes de falarmos da opção ao regime do Simples Nacional, cabe afirmar que o legislador infraconstitucional imaginou dificuldades e conflitos entre os entes tributantes. Por conta dessa situação, foi criado um Comitê Gestor do Simples Nacional (CGSN) para gerir aspectos tributários do Simples Nacional (artigo 2º). Esse Comitê, vinculado ao Ministério da Fazenda, hoje Ministério da Economia, é composto por quatro representantes da Receita Federal do Brasil, dois representantes dos estados e Distrito Federal e dois representantes dos municípios.

Esse Comitê, por meio de Resoluções, regulamenta diversas obrigações impostas às empresas optantes do Simples Nacional. Uma dessas obrigações regulamentadas pelo Comitê está prevista no artigo 16 da Lei Complementar nº 123/06, que deixou claro que o ingresso no Simples Nacional é opcional e dar-se-á na forma a ser estabelecida em ato do Comitê Gestor, sendo irretratável para todo o ano-calendário.

A opção existe para qualquer tipo de empresa optante do regime simplificado, ou seja, é opcional tanto para Microempresa como para Empresa de Pequeno Porte (daqui a pouco explicaremos a diferença de ambas). Essa opção é irretratável até o fim do exercício que foi feita a opção.

Dessa forma, se uma empresa aderiu ao Simples Nacional em 2021, então a empresa não pode abrir mão dessa opção no ano de 2021. Significa que ela terá de ser Simples Nacional até 31 de dezembro de 2021? Sim, salvo se ocorrer, ainda em 2021, uma das hipóteses de exclusão de ofício ou o estouro do limite da receita (ainda explicaremos ambas).

E em qual instante a empresa pode optar por aderir ao Simples Nacional? Para a empresa que iniciou suas atividades no ano da opção, há um prazo regulamentado pelo Comitê Gestor do Simples Nacional (CGSN). Se ocorrida dentro do prazo estipulado, então essa opção produzirá efeitos a partir da data do início das atividades da empresa.

Agora, a empresa que já existia, deverá efetuar a sua opção pelo Simples Nacional até o último dia útil de janeiro, e uma vez realizada essa opção dentro do prazo, ela produzirá efeitos desde o primeiro dia do ano-calendário da opção. Vamos exemplificar:

A empresa "Sonho em Ser Simples LTDA" foi criada em 2020, mas não optou pelo regime simplificado. No dia 29 de janeiro de 2021 (sexta-feira), ela optou pelo regime simplificado. Então a opção dela pelo simples retroagiu a 1º de janeiro de 2021 (primeiro dia do ano calendário da opção), ela não poderá mais se retratar dessa opção no ano de 2021.

Ano da opção	Prazo para realizar	Produção de Efeitos	Características
No ano da abertura	Dentro do prazo regulamentado pelo CGSN	Na data da abertura	Irretratável até o fim do exercício da opção e nunca é obrigatória
Anos posteriores à abertura	Até o último dia útil de janeiro	Primeiro de janeiro do ano da opção	

O parágrafo 1-A do artigo 16 da Lei Complementar 123/2006 estabelece mais alguns efeitos que o contribuinte que opta pelo Regime do Simples Nacional tem de se submeter:

> Art. 16. A opção pelo Simples Nacional da pessoa jurídica enquadrada na condição de microempresa e empresa de pequeno porte dar-se-á na forma a ser estabelecida em ato do Comitê Gestor, sendo irretratável para todo o ano-calendário.
>
> (...)
>
> § 1º-A. A opção pelo Simples Nacional implica aceitação de sistema de comunicação eletrônica, destinado, dentre outras finalidades, a:
>
> I – cientificar o sujeito passivo de **quaisquer tipos de atos administrativos**, incluídos os relativos ao indeferimento de opção, à exclusão do regime e a ações fiscais;
>
> II – encaminhar notificações e intimações; e
>
> III – expedir avisos em geral.

Perceba, caso o contribuinte opte pelo Simples Nacional, ele estará ACEITANDO o sistema de comunicação eletrônica. Esse sistema cientifica o sujeito passivo de quaisquer atos administrativos (judiciais não) e serve para encaminhar notificações e intimações e expedir avisos em geral.

11.4. REQUISITOS PARA ADERIR AO SIMPLES NACIONAL

Entre os requisitos para uma empresa aderir ao regime simplificado há o faturamento anual da empresa e algumas vedações previstas na própria Lei Complementar 123/06, comentaremos agora esses dois requisitos.

11.4.1. Limite da receita bruta

As empresas que possuem uma receita bruta **anual** inferior a 4,8 milhões poderão aderir ao Simples Nacional. Aquelas que têm uma receita bruta **anual** inferior a R$ 360.000,00 são enquadradas como microempresas. As demais como empresa de pequeno porte.

> "Art. 3º Para os efeitos desta Lei Complementar, consideram-se microempresas ou empresas de pequeno porte, a sociedade empresária, a sociedade simples, a empresa individual de responsabilidade limitada e o empresário a que se refere o art. 966 da Lei nº 10.406, de 10 de janeiro de 2002 (Código Civil), devidamente registrados no Registro de Empresas Mercantis ou no Registro Civil de Pessoas Jurídicas, conforme o caso, desde que:

> I – no caso da microempresa, aufira, em cada ano-calendário, receita bruta igual ou inferior a R$ 360.000,00 (trezentos e sessenta mil reais); e
>
> II – no caso de empresa de pequeno porte, aufira, em cada ano-calendário, receita bruta superior a R$ 360.000,00 (trezentos e sessenta mil reais) e igual ou inferior a R$ 4.800.000,00 (quatro milhões e oitocentos mil reais
>
> §1º Considera-se receita bruta, para fins do disposto no caput deste artigo, o produto da venda de bens e serviços nas operações de conta própria, o preço dos serviços prestados e o resultado nas operações em conta alheia, não incluídas as vendas canceladas e os descontos incondicionais concedidos."

Cabe mencionar que em 2016 houve a criação do artigo 13-A, e em janeiro de 2018 ficou vigente o seguinte texto:

> "Art. 13-A. Para efeito de recolhimento do ICMS e do ISS no Simples Nacional, o limite máximo de que trata o inciso II do caput do art. 3º será de R$ 3.600.000,00 (três milhões e seiscentos mil reais), observado o disposto nos §§ 11, 13, 14 e 15 do mesmo artigo, nos §§ 17 e 17-A do art. 18 e no § 4º do art. 19."

Então podemos concluir que a empresa que tenha uma receita bruta superior a 3,6 milhões e inferior a 4,8 milhões só fará o recolhimento simplificado dos tributos federais, em relação ao ICMS e ao ISS, o recolhimento será normal, como se não pertencesse ao regime simplificado do tributo.

E o que seria a receita bruta? Essa resposta se encontra no parágrafo primeiro do artigo 3º da LC 123/06. É considerado receita bruta:

1. o produto da venda de bens e serviços nas operações de conta própria;
2. o resultado nas operações em conta alheia.

Quando o legislador coloca que é considerada receita bruta a venda de bens e serviços de conta própria, exclui-se o ICMS/ST. Quando uma empresa vende uma mercadoria por R$ 1.000,00 e recolhe o ICMS/ST de R$ 180,00, seu cliente paga R$ 1.180,00 (mil reais sobre a compra e mais o valor do imposto das futuras vendas). O imposto sobre as futuras vendas não são produto de venda de operações próprias, devendo ser excluídos.

Já o resultado nas operações em conta alheia nada mais é que as comissões pela intermediação de negócios. É quando uma empresa aproxima as partes (vendedor e comprador) e recebe uma importância por essa aproximação.

Estão excluídas da receita bruta os descontos incondicionais e as vendas canceladas.

Por fim, cabe mais uma colocação: o artigo 19 da LC nº 123/06 estabelece um limite facultativo para o estado ou Distrito Federal que tenha uma participação no PIB de até 1%. Qual limite é esse? R$ 1.800.000,00. O legislador infraconstitucional pode fazer isso? Sim, afinal, o inciso II do parágrafo único do artigo 146 da Constituição Federal estabelece que a lei pode estabelecer condições de enquadramento diferenciadas por estado.

Caso o estado faça essa opção, as empresas instaladas no seu respectivo território, que faturem mais de R$ 1.800.000,00, deverão recolher o ICMS e o ISS pela regra normal, ou seja, fora do regime simplificado.

> Art. 19. Sem prejuízo da possibilidade de adoção de todas as faixas de receitas previstas nos Anexos I a V desta Lei Complementar, os Estados cuja participação no Produto Interno Bruto brasileiro seja de até 1% (um por cento) poderão optar pela aplicação de sublimite para efeito de recolhimento do ICMS na forma do Simples Nacional nos respectivos territórios, para empresas com receita bruta anual de até R$ 1.800.000,00 (um milhão e oitocentos mil reais).
>
> § 1º A participação no Produto Interno Bruto brasileiro será apurada levando em conta o último resultado divulgado pelo Instituto Brasileiro de Geografia e Estatística ou outro órgão que o substitua.
>
> § 2º A opção prevista no caput produzirá efeitos somente para o ano-calendário subsequente, salvo deliberação do CGSN.
>
> § 3º O disposto neste artigo aplica-se ao Distrito Federal.
>
> § 4º Para os Estados que não tenham adotado sublimite na forma do caput e para aqueles cuja participação no Produto Interno Bruto brasileiro seja superior a 1% (um por cento), para efeito de recolhimento do ICMS e do ISS, observar-se-á obrigatoriamente o sublimite no valor de R$ 3.600.000,00 (três milhões e seiscentos mil reais).

11.4.1.1. Limite de receita bruta proporcional

Agora vamos imaginar a seguinte situação: a empresa "Serei Sempre Simples Ltda." iniciou suas atividades em outubro de 2018. No mês de abertura nada faturou, mas nos dois meses seguintes ela faturou o total de R$ 3.000.000,00. Você acha que o faturamento dessa empresa em 2019 será inferior ao teto do Simples Nacional (R$ 4.800.000,00)? Muito provavelmente não.

Sabendo disso, o legislador infraconstitucional fez a seguinte previsão:

> **Art. 3º** Para os efeitos desta Lei Complementar, consideram-se microempresas ou empresas de pequeno porte, a sociedade empresária, a sociedade simples, a empresa individual de responsabilidade limitada e o empresário a que se refere o art. 966 da Lei nº 10.406, de 10 de janeiro de 2002 (Código Civil), devidamente registrados no Registro de Empresas Mercantis ou no Registro Civil de Pessoas Jurídicas, conforme o caso, desde que:

> I – no caso da microempresa, aufira, em cada ano-calendário, receita bruta igual ou inferior a R$ 360.000,00 (trezentos e sessenta mil reais); e
>
> II – no caso de empresa de pequeno porte, aufira, em cada ano-calendário, receita bruta superior a R$ 360.000,00 (trezentos e sessenta mil reais) e igual ou inferior a R$ 4.800.000,00 (quatro milhões e oitocentos mil reais
>
> (...)
>
> § 2º No caso de início de atividade no próprio ano-calendário, o limite a que se refere o caput deste artigo será proporcional ao número de meses em que a microempresa ou a empresa de pequeno porte houver exercido atividade, inclusive as frações de meses."

Pela leitura do parágrafo segundo do artigo 3º, percebemos que o legislador colocou um limite parcial no ano de abertura da empresa. Considerando que o limite anual é de R$ 4.800.000,00 e que temos 12 meses por ano, podemos utilizar o valor mensal de R$ 400.000,00 (4.800.000/12).

Assim se a empresa "Serei Sempre Simples Ltda." iniciou suas atividades em 01 de outubro de 2018, ela terá três meses no ano de abertura. Dessa forma, o valor permitido para seu faturamento é o número de meses x valor mensal, ou seja, 3 x 400.000,00 = R$ 1.200.000,00.

E se a empresa "Serei Sempre Simples Ltda." iniciar suas atividades em 31 de outubro de 2018? Ela só poderá faturar os mesmos R$ 1.200.000,00, afinal o artigo fala inclusive as frações de meses e um dia é fração de um mês.

Note que o faturamento de R$ 400.000,00 é apenas para facilitar o cálculo, nada impede que a "Serei Sempre Simples Ltda." apenas adquira estoque em outubro, fature R$ 200.000,00 em novembro e no mês do Natal aproveite as vendas faturando R$ 1.000.000,00. Seu faturamento nos três meses foi de R$ 1.200.000,00, logo a "Serei Sempre Simples Ltda." poderá aderir ao regime simplificado, mas somente a nível federal, pois para os estados e municípios o limite permitido é de R$ 3.600.000,00 por ano, ou seja, o limite máximo permitido seria de R$ 900.000,00 nesses três meses (§2º do artigo 12 da Resolução CGSN nº 140/18).

O mesmo ocorrerá no exercício seguinte se em janeiro e fevereiro a "Serei Sempre Simples Ltda." faturar R$ 1.500.000,00, ficar oito meses fechada e voltar a faturar nos últimos dois meses o mesmo valor de R$ 1.500.000,00. Assim, seu faturamento total no ano é de R$ 3.000.000,00, ficando no simples.

Perceba que analisamos nesse tópico o estouro de faturamento somente no ano de abertura da empresa. Depois de incluída no SN, nos anos que não o de abertura da empresa, não haverá essa preocupação em não estourar o limite em determinado período do ano, e sim somente precisará respeitar o limite anual.

11.4.1.2. Limite de receita bruta exportação

Visando incentivar a exportação, o legislador criou limites de receita bruta independentes para as operações no mercado interno e para as exportações. Essa previsão está no §14 do artigo 3º da Lei Complementar 123/06.

> **Art. 3º.**
>
> (...)
>
> §14. Para fins de enquadramento como microempresa ou empresa de pequeno porte, poderão ser auferidas receitas no mercado interno até o limite previsto no inciso II do caput ou no §2º, conforme o caso, e, adicionalmente, receitas decorrentes da exportação de mercadorias ou serviços, inclusive quando realizada por meio de comercial exportadora ou da sociedade de propósito específico prevista no art. 56 desta Lei Complementar, desde que as receitas de exportação também não excedam os referidos limites de receita bruta anual.

Vamos exemplificar: A nossa querida empresa "Serei Sempre Simples Ltda." faturou, no ano de 2019, R$ 3.500.000,00 no mercado interno e exportou R$ 3.200.000,00. Apesar do faturamento total da empresa "Serei Sempre Simples Ltda." superar o limite de R$ 4.800.000,00, ela poderá permanecer no Simples Nacional, afinal o faturamento de exportação ou importação não ultrapassou o limite de R$ 4.800.000,00 para cada um.

Perceba que ela não precisa estourar o faturamento nas duas ocasiões, basta um ou outro, assim se a empresa só vender para fora do Brasil e faturar o montante de R$ 5.000.000,00 decorrentes de exportação, haverá estouro do faturamento.

11.4.1.3. Estouro da receita bruta

Caso uma empresa ultrapasse o limite de receita bruta anual, quando ela será excluída do Simples Nacional? Nesse caso, há duas situações distintas. Há o caso de a empresa ter iniciado suas atividades no ano do estouro e o caso de a empresa ter estourado o limite em qualquer ano que não seja o de abertura das suas atividades. Vamos explicar cada um desses casos.

11.4.1.3.1. Estouro da receita bruta no ano da abertura das atividades

Como já explicado no item 11.4.1.1, a empresa que iniciou suas atividades deve, nesse ano de abertura, ter um faturamento proporcional de acordo com os meses em que exerceu as atividades.

Estourando o limite proporcional, poderão ocorrer duas situações, vejamos.

"Art. 3º.

(...)

§10. A empresa de pequeno porte que no decurso do ano-calendário de início de atividade ultrapassar o limite proporcional de receita bruta de que trata o §2º estará excluída do tratamento jurídico diferenciado previsto nesta Lei Complementar, bem como do regime de que trata o art. 12 desta Lei Complementar, com efeitos retroativos ao início de suas atividades.

(...)

§12. A exclusão de que trata o §10 não retroagirá ao início das atividades se o excesso verificado em relação à receita bruta não for superior a 20% (vinte por cento) do respectivo limite referido naquele parágrafo, hipótese em que os efeitos da exclusão dar-se-ão no ano-calendário subsequente.

Caso uma empresa estoure o valor proporcional do Simples Nacional, deveremos ver em quanto o limite foi superado. Caso o valor da receita bruta auferida supere 20% do limite proporcional, a empresa será excluída do Simples desde a data da abertura (§10). Caso a receita bruta da empresa supere até 20% do limite, só será excluída no ano seguinte (§12).

Vamos exemplificar: a empresa Beta abriu suas atividades em 25 de agosto de 2023. Logo, ela poderá faturar até R$ 2.000.000,00 (5 x 400.000). Caso ao longo desses cinco meses de 2023 a empresa fature R$ 2.500.000,00, então Beta será desenquadrada do Simples desde sua abertura. Afinal, 20% de R$ 2.000.000,00 são R$ 400.000,00 e como a empresa faturou R$ 500.000,00 a mais que o limite, ela entra no caso do §10, sendo excluída do SN a partir da sua abertura.

Agora, se a empresa Beta faturar R$ 2.300.000,00, então ela não superou o limite de 20%, logo se aplica o §12 e a empresa é excluída do SN a partir de primeiro de janeiro do ano seguinte, ou seja, 01/01/2024.

Estouro do Limite no Ano da Abertura	
Estouro superior a 20%	**Estouro até 20%**
Desenquadramento no início das atividades	Desenquadramento no ano seguinte

11.4.1.3.2. Estouro da receita bruta em ano diferente do ano da abertura das atividades

Caso a receita bruta estoure o limite em um ano diverso do ano de abertura, deveremos novamente ver se o estouro superou 20%, mas as consequências são diferentes.

"Art. 3º.

(...)

§ 9º. A empresa de pequeno porte que, no ano-calendário, exceder o limite de receita bruta anual previsto no inciso II do caput deste artigo fica excluída, no mês subsequente à ocorrência do excesso, do tratamento jurídico diferenciado previsto nesta Lei Complementar, incluído o regime de que trata o art. 12, para todos os efeitos legais, ressalvado o disposto nos §§ 9º-A, 10 e 12.

§ 9º-A. Os efeitos da exclusão prevista no § 9º dar-se-ão no ano-calendário subsequente se o excesso verificado em relação à receita bruta não for superior a 20% (vinte por cento) do limite referido no inciso II do caput."

Assim, se uma empresa estourar o valor total do SN, deveremos ver em quanto o limite foi superado. Caso o valor da receita bruta auferida supere 20% do limite legal, a empresa é excluída do SN no mês subsequente a esse estouro (§ 9º). Caso a receita bruta da empresa supere até 20% do limite, só será excluída no ano seguinte (§ 9º-A).

Vamos mostrar um caso concreto: Gama faturou de janeiro a agosto de 2019 o valor de R$ 6.000.000,00. Nesse caso, Gama será desenquadrada do Simples Nacional em 01/09/2023 (§ 9º). Afinal, o limite de até 20% é de R$ 5.760.000,00 (4.800.000 x 1,2).

Agora, se Gama, de janeiro a outubro de 2019, faturar R$ 5.000.000,00, veja que ela ainda não estourou o limite de 20%, então ela só será desenquadrada em janeiro de 2024. Se em novembro ela faturar mais do que R$ 760.000,00, aí sim estourará os 20% e já será desenquadrada em 01/12/2023, ou seja, no mês seguinte ao estouro dos 20%. Mas enquanto estiver abaixo do limite de 20%, só será desenquadrada em 1º de janeiro do ano seguinte.

Estouro do limite em ano diferente do ano da abertura	
Estouro superior a 20%	**Estouro até 20%**
Desenquadramento no mês seguinte ao estouro	Desenquadramento no ano seguinte

Caso uma empresa seja desenquadrada do Simples Nacional por conta do faturamento, ela deverá ficar pelo menos um ano fora do regime simplificado. Exemplificando, caso a empresa Gama seja excluída do simples em 2023, ela deverá ficar fora do regime simplificado em 2024. No entanto, poderá retornar no ano de 2025, desde que sua receita bruta em 2020 não supere o limite de R$ 4.800.000,00, conforme previsto na Resolução CGSN 140/2018.

11.4.1.4. Microempreendedor Individual – MEI

Foi buscando minimizar essa situação que, no ano de 2008 (com vigência a partir de julho de 2009), nasce a figura do MEI – Microempreendedor Individual, que é aquele empresário individual que exerce suas atividades por conta própria ou com no máximo um empregado. Para ser MEI, deve obedecer a todos os requisitos da LC 123/06. Um dos requisitos é que o faturamento anual seja de até R$81.000,00 (valor estipulado em 2018 e válido ainda em 2025), valor este que poderá ser alterado com o tempo, claro.

Inclusive, em 2021, foi criado o artigo 18-F, que estabeleceu um limite de faturamento anual de R$251.600,00 (duzentos e cinquenta e um mil e seiscentos reais) para o **TRANSPORTADOR AUTÔNOMO**. Isso mesmo, agora temos dois limites de faturamento para o MEI, o limite de R$81.000,00 anuais para as atividades em geral, e o limite de R$251.600,00, quando o empresário exerce a atividade de transporte autônomo de carga ou de passageiros. O microempreendedor não pode ter sócio, aliás, ele tem de ser empresário individual.

O empresário individual é um instituto do Direito Empresarial, é a pessoa física que exerce a atividade de empresa, que tem um CNPJ, mas como sua responsabilidade pelas dívidas da empresa é ILIMITADA, então ela não pode ser LTDA, nem mesmo S/A. Enfim, a sua forma de constituição chama-se empresário individual.

O salário do seu único empregado deve ser o piso da categoria. O Microempreendedor Individual também não pode ter mais de um estabelecimento, ou seja, não pode ter nenhuma filial. E se ele tiver um faturamento inferior a R$ 81.000,00, mas tiver dois estabelecimentos? Poderá ser enquadrado como microempresa do Simples, mas não como MEI.

Não pode ser MEI quem é constituído em forma de startup. O que é startup? É a empresa em fase inicial que possui uma proposta de negócio inovadora e com um grande potencial de crescimento. Elas podem atuar em qualquer área ou tipo de mercado e, normalmente, utilizam a tecnologia como base para suas operações.

O recolhimento do MEI é fixo, ou seja, caso em determinado mês o microempreendedor não tenha receita, mesmo assim deverá pagar o seu valor fixo, ou seja, o valor a ser pago no mês é sempre o mesmo, e independe do valor faturado pelo contribuinte nesse mês. Esses valores são muito inferiores ao do microempresário e da empresa de pequeno porte, mesmo porque o MEI só recolhe uma pequena parcela sobre contribuição social para seguridade social, ICMS (se contribuinte do imposto) e ISS (se contribuinte do imposto).

Para você ter uma ideia, no ano de 2018, o valor que o MEI deveria pagar mensalmente de ICMS foi fixado em R$ 1,00 e de ISS, R$ 5,00.

Caso uma empresa que seja enquadrada em MEI ultrapasse o limite legal, deverá se enquadrar em microempresa ou empresa de pequeno porte, obedecendo à regra do estouro de 20% para definir quando é excluído da situação do MEI.

Cabe mencionar que a regra do estouro da receita obedece ao limite proporcional de meses do ano da abertura que vimos no tópico 11.4.3.1 deste capítulo. Assim, se a MEI foi aberta em outubro do ano 20xx, ela poderá ter uma média de faturamento mensal de R$6.750,00 (81.000/12), ou seja, um faturamento anual de R$20.250,00 (6.750 x 3), afinal, houve três meses de faturamento (outubro a dezembro). Lembrando que o empresário individual pode não faturar nada em outubro e novembro e faturar o valor de R$20.250,00 no mês de dezembro que não vai ocorrer o estouro do MEI. Caso o MEI exerça a atividade de transportador autônomo, o seu limite de média mensal será de R$20.966,67 (251.600/12).

E se o empresário individual não obedecer a esse limite, ou seja, estourar o valor do faturamento? Nesse caso, ele deixará de ser MEI e passará a ser microempresa e recolherá os valores obedecendo às regras do Simples em geral, enfim, o ICMS a ser recolhido será superior ao valor de R$1,00 mensal. Essa previsão está no parágrafo 9º do artigo 18-A da Lei Complementar 123/2006.

Por conta dessa previsão, sempre se discutiu se o MEI era uma modalidade de Microempresa ou não. Essa discussão foi encerrada no ano de 2014, pois foi incluído o parágrafo 3º do artigo 18-E da Lei Complementar 123/2006, que colocou de forma expressa que o MEI é uma modalidade de Microempresa.

Outra discussão que sempre se teve é se a figura do MEI tem caráter eminentemente econômico ou fiscal. Acreditamos que essa discussão não tinha sentido, mesmo porque o MEI é segurado da previdência oficial, logo, há um caráter previdenciário também. Apesar disso, precisou o parágrafo 1º do artigo 18-E da Lei Complementar 123/2006 deixar claro que a formalização do MEI NÃO tem caráter eminentemente econômico ou fiscal.

Seguindo essa linha de que o caráter não é meramente econômico ou fiscal, o parágrafo 5º do artigo 18-E da Lei Complementar 123/2006 determina que o empreendedor que exerce as atividades de industrialização, comercialização e prestação de serviços de âmbito rural que efetuar seu registro como MEI NÃO perderá a condição de segurado especial da previdência social. Claro, a ideia do MEI era ajudar e não atrapalhar.

Por fim, para garantir as vantagens da MEI, o parágrafo 4º do artigo 18-E da Lei 123/2006 determina que é vedado impor restrições ao MEI em razão de exercício de profissão ou participação de licitação, independentemente do tipo de serviço prestado.

Apesar de os fiscos não costumarem fiscalizar MEI, questões sobre Microempreendedor Individual – MEI aparecem em concursos, logo, leia os artigos 18-A a 18-F da Lei Complementar 123/2006, para você não ser surpreendido, conforme as questões a seguir:

(Analista Judiciário do TRT da 8º Região (PA e AP)/CESPE-2016) Com relação às contribuições previdenciárias do microempreendedor individual (MEI) retidas ou recolhidas pelos órgãos da administração pública federal direta, assinale a opção correta.

a) O órgão público deve reter 15% sobre o valor total da remuneração paga ou creditada ao MEI.

b) Em se tratando de prestação de serviços mediante cessão de mão de obra, a retenção se dá sobre o valor bruto do recibo emitido.

c) Retêm-se 11% sobre o valor bruto do recibo de prestação de serviços executados mediante empreitada.

d) Devem ser recolhidos 20% sobre o valor da remuneração paga ou creditada pelo órgão público no caso de contratação de MEI para a prestação de serviços de hidráulica, eletricidade, pintura, alvenaria, carpintaria e de manutenção ou reparo de veículos.

e) A retenção da contribuição previdenciária do MEI deve ser realizada pelo órgão público até o limite do valor fixo mensal estipulado pela lei.

Comentário: *Nessa questão, o examinador apenas exigiu que o(a) candidato(a) soubesse que a contribuição do MEI é fixa e independente da remuneração. As quatro primeiras alternativas colocam percentuais sobre a remuneração ou valor bruto recebido, apenas a alternativa "e" menciona valor fixo mensal.*

Resposta: E

(Auditor Fiscal da Receita Estadual-MG/FGV-2022) É sabido que o instituto do MEI (Microempreendedor Individual) é uma política pública que tem por objetivo a formalização de pequenos empreendimentos e a inclusão social e previdenciária. Sobre o MEI, assinale a alternativa correta.

a) É vedado impor restrições ao MEI relativamente ao exercício de profissão ou participação em licitações, em função da sua natureza jurídica, exceto quando for contratado para prestar serviços de hidráulica, eletricidade, pintura, alvenaria, carpintaria e de manutenção ou reparo de veículos.

b) A formalização de MEI tem caráter eminentemente econômico ou fiscal.

c) O MEI é modalidade de microempresa.

d) O empreendedor que exerce atividades de industrialização, comercialização e prestação de serviços no âmbito rural e efetuar seu registro como MEI, perderá a condição de segurado especial da Previdência Social.

e) Para o transportador autônomo de cargas inscrito como MEI, o limite de receita bruta anual será de R$ 81.000,00 (oitenta e um mil reais).

Comentário:

a) Errada, essa afirmativa exige o conhecimento do parágrafo 4º do artigo 18-E da Lei 123/2006. Por esse dispositivo, é vedado impor restrições a MEI em razão de exercício de profissão ou participação de licitação. O que coloca a afirmativa

INCLUSIVE se prestar serviços de hidráulica, elétrica, pintura etc. O erro da afirmativa está na expressão "EXCETO".

b) Errada, a formalização na MEI NÃO tem caráter eminentemente econômico ou fiscal, conforme parágrafo 1º do artigo 18-E da Lei Complementar 123/2006.

c) Correta, a MEI é uma empresa da modalidade de microempresa, conforme parágrafo 3º do artigo 18-E da Lei Complementar 123/2006.

d) Errada, o empreendedor rural que efetuar o seu registro como MEI não perde a sua condição de segurado especial, conforme o parágrafo 5º do artigo 18-E da Lei Complementar 123/2006.

e) Errada, o transportador autônomo de carga é uma exceção à regra do faturamento de R$81.000,00, o seu limite é de R$251.600,00, conforme artigo 18-F da Lei Complementar 123/2006.

Resposta: "c".

11.4.2. Vedações ao Simples Nacional

O faturamento não é o único requisito para aderir ao Simples Nacional. O parágrafo 4º do artigo 3º da Lei Complementar 123/06 estabelece algumas vedações:

> "Art. 3º Para os efeitos desta Lei Complementar, consideram-se microempresas ou empresas de pequeno porte, a sociedade empresária, a sociedade simples, a empresa individual de responsabilidade limitada e o empresário a que se refere o art. 966 da Lei nº 10.406, de 10 de janeiro de 2002 (Código Civil), devidamente registrados no Registro de Empresas Mercantis ou no Registro Civil de Pessoas Jurídicas, conforme o caso, desde que:
>
> (...)
>
> §4º Não poderá se beneficiar do tratamento jurídico diferenciado previsto nesta Lei Complementar, incluído o regime de que trata o art. 12 desta Lei Complementar, para nenhum efeito legal, a pessoa jurídica:
>
> I – de cujo capital participe outra pessoa jurídica;
>
> II – que seja filial, sucursal, agência ou representação, no País, de pessoa jurídica com sede no exterior;
>
> III – de cujo capital participe pessoa física que seja inscrita como empresário, ou seja, sócia de outra empresa que receba tratamento jurídico diferenciado nos termos desta Lei Complementar, desde que a receita bruta global ultrapasse o limite de que trata o inciso II do caput deste artigo;
>
> IV – cujo titular ou sócio participe com mais de 10% (dez por cento) do capital de outra empresa não beneficiada por esta Lei Complementar, desde que a receita bruta global ultrapasse o limite de que trata o inciso II do caput deste artigo;
>
> V – cujo sócio ou titular seja administrador ou equiparado de outra pessoa jurídica com fins lucrativos, desde que a receita bruta global ultrapasse o limite de que trata o inciso II do caput deste artigo;

> VI – constituída sob a forma de cooperativas, salvo as de consumo;
>
> VII – que participe do capital de outra pessoa jurídica;
>
> VIII – que exerça atividade de banco comercial, de investimentos e de desenvolvimento, de caixa econômica, de sociedade de crédito, financiamento e investimento ou de crédito imobiliário, de corretora ou de distribuidora de títulos, valores mobiliários e câmbio, de empresa de arrendamento mercantil, de seguros privados e de capitalização ou de previdência complementar;
>
> IX – resultante ou remanescente de cisão ou qualquer outra forma de desmembramento de pessoa jurídica que tenha ocorrido em um dos 5 (cinco) anos-calendário anteriores;
>
> X – constituída sob a forma de sociedade por ações.
>
> XI – cujos titulares ou sócios guardem, cumulativamente, com o contratante do serviço, relação de pessoalidade, subordinação e habitualidade.
>
> (...)
>
> §6º Na hipótese de a microempresa ou empresa de pequeno porte incorrer em alguma das situações previstas nos incisos do § 4º, será excluída do tratamento jurídico diferenciado previsto nesta Lei Complementar, bem como do regime de que trata o art. 12, com efeitos a partir do mês seguinte ao que incorrida a situação impeditiva."

Pela leitura desse dispositivo, notamos que uma das vedações ao enquadramento no Simples Nacional é a forma na qual a pessoa jurídica é constituída, pois é vedada a adesão de empresa constituída em S/A (inciso X) e cooperativa, salvo a de consumo (inciso VI).

Outras formas de vedação se referem ao quadro societário, pois a optante do Simples Nacional não pode participar do quadro societário de outra pessoa jurídica (inciso VII), independente do regime jurídico dessa, nem ter no seu quadro societário outra pessoa jurídica (inciso I). Os sócios pessoas físicas não podem participar do quadro societário de outra empresa que também seja do Simples Nacional (inciso III), desde que a soma da receita das duas empresas ultrapasse o limite de 4,8 milhões.

Logo, se Rodrigo é sócio das empresas A e B, ambas optantes do Simples Nacional e o faturamento anual de "A" é 3 milhões e o faturamento anual de "B" é 1,5 milhões, nada impede que essas empresas continuem no simples nacional, pois a soma dos seus faturamentos é inferior a 4,8 milhões.

Ainda falando do quadro societário, notamos que o sócio pessoa física não pode ser sócio com mais de 10% de outra empresa com faturamento maior que 4,8 milhões (inciso IV), nem administrador de uma pessoa jurídica com faturamento nas mesmas condições (inciso V).

Outro critério de vedação é a empresa ser filial, agência ou algo semelhante a uma empresa com sede no exterior (inciso II). Existe ainda uma vedação diretamente ligada à atividade da empresa como banco, arrendamento mercantil, previdência privada ou no setor financeiro (inciso VIII).

Buscando evitar fraudes criativas, o legislador vedou que empresa resultante de desmembramento nos últimos cinco anos possa optar pelo regime simplificado (inciso IX). Também é vedado o ingresso de empresas com sócios com relação de pessoalidade e subordinação com a contratante do serviço da optante do Simples (inciso XI).

Todas essas empresas não podem ingressar no regime do Simples e caso já estejam no Simples Nacional, deverão sair do regime simplificado no mês seguinte à ocorrência do fato (§6º do artigo 3º da LC 123/06). Desse modo, se a empresa Alpha, optante do Simples nacional, adquirir cotas de outra empresa, em março de 2024, ela deverá sair do regime simplificado em 01/04/24.

Esse artigo 3º é um dos preferidos dos examinadores:

(Inspetor de Rendas da Prefeitura de Guarulhos-SP/VUNESP-2019) Considere a seguinte situação hipotética: A empresa "Transportando Pessoas XPTO S/A", prestadora de serviço de transporte coletivo municipal de trabalhadores, na modalidade fretamento contínuo, é responsável por transportar empregados de companhia sediada na região central do município residentes nos bairros periféricos. De acordo com a legislação em vigor, essa empresa.

a) poderá ser optante do Simples Nacional, independentemente de se enquadrar no conceito legal de microempresa ou empresa de pequeno porte.
b) não poderá ser optante do Simples Nacional, em razão da sua forma de constituição.
c) poderá usufruir dos benefícios tributários do Simples Nacional, ainda que não seja optante, em razão da natureza do serviço prestado.
d) poderá usufruir apenas dos benefícios não tributários do Simples Nacional, mesmo que seja optante.
e) não poderá ser optante do Simples Nacional, porque não realiza transporte de estudantes de baixa renda.

Comentário:

a) Errada. A empresa XPTO S/A está constituída em forma de sociedade de ações. O inciso X do §4º do artigo 3º da Lei Kandir veda a participação de empresa constituída em forma de sociedade de ações.

b) Correta. O inciso X do §4º do artigo 3º da Lei Kandir veda a participação de empresa constituída em forma de sociedade de ações.

c) Errada. Não há nenhuma previsão de uma empresa não enquadrada no Simples Nacional usufruir os benefícios não tributários.

d) Errada. A vedação do artigo 3º da Lei Complementar 123/06 é total, proibindo o ingresso no simples. Existe a vedação do artigo 17 que falaremos a seguir. Esse sim, veda o recolhimento, mas permite que a empresa usufrua dos benefícios não tributários, mas não é o caso da XPTO S/A, afinal ela é constituída em forma de ações.

e) Errada. A XPTO S/A é constituída em forma de ações, dessa forma pouco importa a natureza do serviço de transporte que ela realiza, pois não poderá optar pelo Simples Nacional.

Resposta: B

Além da vedação do artigo 3º, há a vedação do artigo 17 da Lei Complementar 123/06, que permite o ingresso, mas proíbe o recolhimento pelo regime do Simples.

"**Art. 17.** Não poderão recolher os impostos e contribuições na forma do Simples Nacional a microempresa ou a empresa de pequeno porte:

I – que explore atividade de prestação cumulativa e contínua de serviços de assessoria creditícia, gestão de crédito, seleção e riscos, administração de contas a pagar e a receber, gerenciamento de ativos (asset management), compras de direitos creditórios resultantes de vendas mercantis a prazo ou de prestação de serviços (factoring);

II – que tenha sócio domiciliado no exterior;

III – de cujo capital participe entidade da administração pública, direta ou indireta, federal, estadual ou municipal;

IV – (Revogado)

V – que possua débito com o Instituto Nacional do Seguro Social – INSS, ou com as Fazendas Públicas Federal, Estadual ou Municipal, cuja exigibilidade não esteja suspensa;

VI – que preste serviço de transporte intermunicipal e interestadual de passageiros, exceto quando na modalidade fluvial ou quando possuir características de transporte urbano ou metropolitano ou realizar-se sob fretamento contínuo em área metropolitana para o transporte de estudantes ou trabalhadores;

VII – que seja geradora, transmissora, distribuidora ou comercializadora de energia elétrica;

VIII – que exerça atividade de importação ou fabricação de automóveis e motocicletas;

IX – que exerça atividade de importação de combustíveis;

X – que exerça atividade de produção ou venda no atacado de:

a) cigarros, cigarrilhas, charutos, filtros para cigarros, armas de fogo, munições e pólvoras, explosivos e detonantes;

b) bebidas não alcoólicas a seguir descritas:

1. (Revogado);

2. (Revogado);

3. (Revogado);

4. cervejas sem álcool;

c) bebidas alcoólicas, exceto aquelas produzidas ou vendidas no atacado por:

1. micro e pequenas cervejarias;

2. micro e pequenas vinícolas;

3. produtores de licores;

4. micro e pequenas destilarias;

XI – (Revogado);

XII – que realize cessão ou locação de mão-de-obra;

XIII – (Revogado);

XIV – que se dedique ao loteamento e à incorporação de imóveis.

XV – que realize atividade de locação de imóveis próprios, exceto quando se referir a prestação de serviços tributados pelo ISS.

XVI – com ausência de inscrição ou com irregularidade em cadastro fiscal federal, municipal ou estadual, quando exigível."

E qual a vantagem de aderir ao SN sem o direito ao recolhimento simplificado dos impostos? É porque as empresas que pertencem ao Simples Nacional possuem vantagens de créditos e outras transações financeiras com o governo, ou seja, possuem benefícios não tributários.

Essas vedações do artigo 17 são chamadas de vedações parciais. O ideal é você memorizar os casos de vedações totais (artigo 3º, §4º) e do artigo 17 memorizar os casos de dívida (inciso V) e algumas atividades muito ligadas ao ICMS, como os incisos VI e IX e os três primeiros incisos. Com isso, você já acerta muitas questões:

(Assessor Jurídico do Tribunal de Contas Estadual-RN/CESPE-2015) Julgue o item a seguir: "Pessoa jurídica que se dedica à atividade de compra de direitos creditórios resultantes de vendas mercantis a prazo ou de prestação de serviços (factoring), ou que tenha sócio domiciliado no exterior, não pode recolher impostos nem contribuições que compõem o simples nacional, por força de expressa vedação legal."

c) Certo

e) Errado

Comentário: *A afirmativa cobrou a literalidade dos dois primeiros incisos do artigo 17 da Lei Complementar nº 123/06. Pessoa jurídica que se dedica à atividade de compra de direitos creditórios resultantes de vendas mercantis a prazo ou de prestação de serviços (factoring) não pode RECOLHER pelo simples (inciso I do art. 17), o mesmo ocorre com a empresa que tem sócio domiciliado no exterior (inciso II do art. 17). Lembre que não podem* ***RECOLHER****, mas podem participar do Simples Nacional.*

Resposta: C

Por fim, há uma última vedação prevista no artigo 24 da Lei Complementar 123/06:

"Art. 24. As microempresas e as empresas de pequeno porte optantes pelo Simples Nacional não poderão utilizar ou destinar qualquer valor a título de incentivo fiscal."

Pela leitura do dispositivo, concluímos que as empresas do Simples Nacional não podem utilizar qualquer valor de incentivo fiscal. De qualquer imposto? Não, apenas dos impostos que têm seu recolhimento pelo regime simplificado. Dessa forma, se uma transportadora do Simples Nacional receber isenção de IPVA, ela poderá continuar no Simples Nacional.

11.5. METODOLOGIA DE RECOLHIMENTO

Cabe mencionar que este tópico é muito mais ilustrativo de como recolher o imposto pelo Simples Nacional, nunca vimos uma questão de concurso pedido este cálculo.

Antes de realizar o recolhimento mensal, a empresa optante do Simples Nacional deve calcular o seu faturamento total nos últimos 12 meses anteriores ao mês do faturamento. Dessa forma, caso a empresa venda em julho de 2024, ela deverá, no momento do recolhimento, verificar seu faturamento de julho de 2023 a junho de 2024.

Após verificado o seu faturamento anual, ela aplica o percentual de recolhimento que se encontra no anexo I (Comércio) da Lei Complementar 123/06, a seguir reproduzido.

Salientamos que o leitor não precisa memorizar essas faixas de valores, incluímos somente para podermos explicar os cálculos dos nossos futuros exemplos. O Anexo I se refere a empresas somente de comércio, o Anexo II se refere a indústrias, indo até o Anexo V, com determinados serviços. Se o leitor tivesse que decorar todos aqueles valores, que ainda por cima atualizam com o tempo, seria melhor chamar o Mike Tyson para uma briga.

Tabela do Simples Nacional – Anexo I (Comércio) – Vigência: 01/01/2018.

Receita Bruta em 12 meses (em R$)	Alíquota	Valor a deduzir (em R$)
1ª Faixa – De R$ 0,00 a R$ 180.000,00	4,00%	–
2ª Faixa – De R$ 180.000,01 a R$ 360.000,00	7,30%	5.940,00
3ª Faixa – De R$ 360.000,01 a R$ 720.000,00	9,50%	13.860,00
4ª Faixa – De R$ 720.000,01 a R$ 1.800.000,00	10,70%	22.500,00
5ª Faixa – De R$ 1.800.000,01 a R$ 3.600.000,00	14,30%	87.300,00
6ª Faixa – De R$ 3.600.000,01 a R$ 4.800.000,00	19,00%	378.000,00

Percentual de Repartição dos Tributos						
Faixas	**IRPJ**	**CSLL**	**COFINS**	**PIS**	**CPP**	**ICMS**
1ª Faixa	5,50%	3,50%	12,74%	2,76%	41,50%	34,00%
2ª Faixa	5,50%	3,50%	12,74%	2,76%	41,50%	34,00%
3ª Faixa	5,50%	3,50%	12,74%	2,76%	42,00%	33,50%
4ª Faixa	5,50%	3,50%	12,74%	2,76%	42,00%	33,50%
5ª Faixa	5,50%	3,50%	12,74%	2,76%	42,00%	33,50%
6ª Faixa	13,50%	10,00%	28,27%	6,13%	42,10%	(*)

(*) Nessa faixa o contribuinte não pode recolher o ICMS pelo SN.

Assim, se a empresa "ALPHA" faturou nos últimos 12 meses R$800.000,00, ela se encontra na faixa 4. A partir daí, ela terá de calcular sua alíquota efetiva com a seguinte fórmula:

Alíquota efetiva = [(RBT x ALIQ) – PD]/RBT

Em que RBT = A receita bruta dos últimos 12 meses.

ALIQ = a alíquota do Anexo I, dentro da faixa do contribuinte

PD = a parcela dedutível, no Anexo I dentro da faixa do contribuinte.

No nosso exemplo, a receita bruta do contribuinte nos doze meses é R$800.000,00, logo RBT = R$ 800.000,00.

A alíquota no Anexo I dentro da faixa 4 é 10,70%, logo, ALIQ = 10,70%. E a parcela dedutível no Anexo I dentro da faixa 4 é R$ 22.500,00, logo PD = R$22.500,00.

Assim, a alíquota efetiva será:

Alíquota efetiva = [(800.000,00 x 0,1070) – 22.500,00]/800.000,00 = 0,078875 = 7,8875%

Caso o faturamento mensal seja de R$100.000,00, o recolhimento será de R$7.887,50 (100.000 x 0,078875). A parcela de ICMS será de 33,50% desse valor, logo, R$3.584,50 serão repassados ao estado a título de ICMS. Esses R$2.642,31 correspondem a 2,642% do faturamento mensal, percentual muito infe-rior às alíquotas internas vigentes às empresas não enquadradas no SN.

Perceba que a definição da faixa do contribuinte e se ele pode ser enquadrado no regime simplificado é pela receita bruta anual, mas o recolhimento do mês é sobre o faturamento mensal.

Caso o contribuinte venda mercadoria ou preste serviço com uma das formas de isenção ou não incidência estudadas no capítulo 4 ou que tenha o recolhimento do ICMS da mesma forma que as outras pessoas jurídicas (conforme inciso anterior), deverá ter o valor dessa operação excluída.

Também são excluídas do recolhimento do ICMS as operações com mercadorias, quando a optante do Simples Nacional é o contribuinte substituído do regime de substituição tributária e quando ele efetua o pagamento antecipado do ICMS/ST de operação interestadual (vide item 11.2.1).

Voltando ao exemplo acima da empresa "ALFA", que faturou, nos últimos 12 meses, R$ 800.000,00. Suponhamos que seu faturamento mensal foi de R$ 100.000,00, sendo que o valor das operações nas quais Alfa foi substituída tributária totaliza R$ 10.000,00, e o valor das operações imunes ao ICMS é de R$ 5.000,00. Assim, a parcela de ICMS sobre o faturamento mensal será de 3,5845% de R$ 85.000,00 (100.000 – 10.000 – 5.000). Totalizando um montante de ICMS a recolher de R$ 3.046,83. Note que é um valor menor que os R$ 3.584,50 do exemplo anterior, afinal, não entraram no cálculo do SN as operações nas quais o contribuinte é substituído e as imunes.

E as operações nas quais o contribuinte é substituto tributário são excluídas? Não, essas operações entram, mas é excluído o valor pago a título de ICMS/ST. Lembre o que explicamos no tópico 11.4.1. deste capítulo, que iremos copiar aqui: "Quando uma empresa vende uma mercadoria por R$ 1.000,00 e recolhe o ICMS/ST de R$ 180,00, seu cliente paga R$ 1.180,00 (mil reais sobre a compra e mais o valor do imposto das futuras vendas). O imposto sobre as futuras vendas não são produto de venda de operações próprias, devendo ser excluídos".

Nesse caso, a parcela de ICMS a recolher só incidirá sobre o valor de R$ 1.000,00, não incidindo sobre o valor de R$ 180,00 recolhido de ICMS/ST, caso contrário cobraríamos do substituto ICMS sobre o ICMS de uma operação futura que nem será ele que realizará. Enfim, o valor recolhido a título de ICMS/ST não entra no faturamento do Simples nem no recolhimento de todos os tributos abrangidos pelo recolhimento simplificado (inclusive impostos federais e municipais).

11.6. CRÉDITO DE ICMS DAS OPERAÇÕES DO SIMPLES NACIONAL

A empresa optante do simples não efetua crédito de ICMS? No capítulo do crédito de ICMS, falamos que fica vedado o crédito (artigo 23 da Lei Complementar 123/06) das empresas optantes do Simples Nacional (item 6.1). Inclusive deixamos claro que não há inconstitucionalidade, por ser uma opção do contribuinte aderir ao SN.

E as empresas que adquirem mercadorias de optantes do Simples Nacional, podem efetuar o crédito do ICMS? Sim, no montante do pagamento efetuado pelo optante do SN e desde que a mercadoria seja destinada à comercialização ou industrialização. Essa previsão está no artigo 23 da Lei Complementar 123/06:

> "Art. 23. As microempresas e as empresas de pequeno porte optantes pelo Simples Nacional não farão jus à apropriação nem transferirão créditos relativos a impostos ou contribuições abrangidos pelo Simples Nacional.
>
> §1º As pessoas jurídicas e aquelas a elas equiparadas pela legislação tributária não optantes pelo Simples Nacional terão direito a crédito correspondente ao ICMS incidente sobre as suas aquisiçoes de **mercadorias** de microempresa ou empresa de pequeno porte optante pelo Simples Nacional, desde que destinadas à comercialização ou industrialização e observado, como limite, o ICMS efetivamente devido pelas optantes pelo Simples Nacional em relação a essas aquisições." (grifo nosso)

A alíquota aplicada para efetuar o creditamento é justamente o percentual incidente de ICMS pela optante do Simples Nacional. O crédito só é possível sobre mercadorias vendidas por empresas do SN, nunca sobre serviços prestados.

Por conta disso, se uma empresa utilizar serviços de transporte de uma microempresa ou empresa de pequeno porte, não poderá efetuar o crédito do ICMS.

Assim, retornando ao exemplo do item 11.5, caso "ALPHA" venda computadores por R$ 10.000,00, deverá recolher a título de ICMS o valor de R$ 358,45 sobre a operação. Logo, seu cliente poderá creditar esse valor sobre a operação de entrada no seu estabelecimento, desde que dentro das possibilidades de crédito estudadas no capítulo 6.

Imagine se o comprador não pudesse se creditar desse ICMS. Ele compraria de alguma empresa do SN? Não, pois iria preferir comprar de uma empresa fora do SN, para poder se creditar, claro. Isso inviabilizaria a existência das empresas do SN.

11.7. OBRIGAÇÕES ACESSÓRIAS DAS EMPRESAS DO SIMPLES NACIONAL

As empresas do Simples (microempresa e empresa de pequeno porte) devem emitir documento fiscal nas suas operações ou prestações. Esse documento é emitido sem destaque de ICMS, devendo no campo de observações da nota fiscal ser informado o percentual permitido de crédito de ICMS.

Assim, no exemplo da empresa Alpha do item 11.5, que vendeu computadores por R$ 10.000,00, no campo de observações deveria constar a expressão "Permite o aproveitamento do crédito de ICMS no valor de R$

358,45, correspondente à alíquota de 3,5845%, nos termos do artigo 23 da LC 123/06". Se não tiver essa informação no campo de observações, o comprador não poderá se creditar de nenhum valor, mesmo porque ele não teria condições de saber qual alíquota foi aplicada pelo vendedor do SN por não saber o faturamento dele.

Já o microempreendedor individual está dispensado de emissão de nota fiscal quando realiza operações com pessoa física (consumidor final). Caso a operação envolva outra pessoa jurídica, o MEI deverá emitir nota fiscal, salvo se a empresa adquirente emitir nota fiscal de entrada.

O microempreendedor individual não é obrigado a escriturar livros fiscais, já os produtores rurais têm a obrigatoriedade dependendo da legislação do seu estado.

As demais empresas optantes do Simples Nacional estão obrigadas a escriturar os seguintes livros fiscais:

- Registro de Entradas, modelo 1 ou 1-A;
- Registro de Inventário, modelo 7;
- Registro de Selo Especial de Controle, modelo 4; e
- caso seja gráfica que confecciona documentos fiscais, deverá escriturar o livro Registro de Impressão de Documentos Fiscais, modelo 5;
- Livro Caixa (Livro contábil).

11.8. DA FISCALIZAÇÃO DAS EMPRESAS DO SIMPLES

O legislador infraconstitucional previu conflitos entre os entes tributantes na fiscalização das empresas optantes do Simples Nacional, por isso, cabe ao Comitê Gestor do Simples Nacional (CGSN) emitir resoluções que definem obrigações acessórias, procedimentos de lavratura de Autos de Infração etc. Diversas informações que apresentamos ao longo deste capítulo são baseadas nessas resoluções do CGSN. Em meados de 2018, já tinham publicado cerca de 140 resoluções. Então vamos ver o que foi decidido acerca da fiscalização das empresas do SN.

A competência para fiscalizar o cumprimento de obrigações principais e acessórias relativas ao Simples Nacional pertence a todos os entes tributantes (União, estados ou Distrito Federal e municípios), no entanto, algumas diferenças dessa competência devem ser pontuadas.

A competência para fiscalizar da Receita Federal do Brasil é plena, ou seja, se uma empresa é optante do Simples Nacional, ela poderá ser fiscalizada pela Receita Federal do Brasil, pouco importando qual a atividade exercida e onde ela se encontra.

Já a competência para fiscalizar das Secretarias de Fazenda ou de Finanças do estado ou do Distrito Federal, é plena quanto à atividade exercida, mas obedece ao limite de localização do estabelecimento. Dessa forma, se uma empresa localizada no estado do Amapá fez a opção pelo Simples Nacional, então o fisco amapaense poderá fiscalizá-la, independentemente da atividade exercida pela empresa, ou seja, pode a empresa exercer atividade de comércio (contribuinte do ICMS) ou atividade de prestação de serviço de limpeza (contribuinte do ISS).

E poderá o fisco do Pará fiscalizar essa empresa do Simples localizada no Amapá? Não, a empresa não está localizada no seu território.

Já as Secretarias de Fazenda ou Finanças dos municípios só podem fiscalizar empresas optantes do Simples Nacional se essas empresas estiverem em seus territórios e prestarem serviços incluídos na competência tributária municipal.

Exemplificando, se temos dois optantes do Simples Nacional localizados no município de Salvador, sendo que uma empresa exerce a atividade de comércio e a outra exerce a atividade de serviços de limpeza, então o fisco soteropolitano só pode fiscalizar a prestadora de serviços de limpeza.

Cabe mencionar que apesar de todos os entes poderem fiscalizar as obrigações principais e acessórias das optantes do Simples Nacional, a competência para autuação por descumprimento de obrigação acessória é privativa da administração tributária perante a qual a obrigação deveria ter sido cumprida.

Vamos a exemplo: Uma empresa, localizada em Manaus, optante do Simples Nacional, que vende produtos de limpeza e presta serviços de limpeza, está sendo fiscalizada pela Receita Federal do Brasil. O fiscal federal percebeu que a empresa omitiu receitas e não declarou o DIFAL-Simples Nacional. Nesse caso, o fiscal federal poderá cobrar os tributos federais, o ICMS e o ISS referente à omissão de Receita, mas não poderá cobrar a multa regulamentar pelo não envio do DIFAL-Simples Nacional, afinal essa informação é ligada apenas ao ICMS, ou seja, apenas o fisco amazonense poderá cobrar essa multa pelo descumprimento da obrigação acessória.

E se fosse o fisco manauara que tivesse fiscalizado? Poderia cobrar tudo que o fisco federal cobrou, inclusive, os tributos federais e estaduais ligados à omissão da receita, mas não poderia cobrar a multa regulamentar pelo não envio do DIFAL-Simples Nacional. Por fim, cabe mencionar que uma vez iniciada a fiscalização de acordo com as regras já mencionadas, poderá essa fiscalização abranger todos os demais estabelecimentos da empresa optante do Simples Nacional, independentemente da atividade exercida e da localização desses estabelecimentos.

Assim, se uma empresa que exerce serviços de limpeza tem um estabelecimento em Curitiba e tem outro estabelecimento que apenas vende produtos de limpeza na capital Acreana, então uma vez iniciada uma fiscalização pelo fisco curitibano, no estabelecimento de Curitiba, poderá esse fisco estender a fiscalização ao estabelecimento localizado no Acre. O curioso é que o fisco de Rio Branco/AC não poderá iniciar a fiscalização nessa empresa, afinal o estabelecimento localizado na capital acreana exerce atividade de comércio, ou seja, não abrangida pela competência municipal.

11.9. DA EXCLUSÃO DE OFÍCIO DAS EMPRESAS DO SIMPLES

Como já mencionado, a empresa poderá ingressar no SN no início das suas atividades ou no mês de janeiro de cada ano. As formas de exclusão de ofício estão previstas no artigo 29 da Lei Complementar 123/06 e caso o contribuinte cometa algum desses erros, poderá ser excluído por qualquer ente federado que esteja fiscalizando o estabelecimento de acordo com as regras já comentadas sobre fiscalização.

E se um município excluir um contribuinte? Essa exclusão vale para os demais entes tributários, afinal, o SN envolve todos os entes federados.

Os casos de exclusão de ofício estão elencados no artigo 29 da Lei Complementar 123/06, devendo ser memorizados para uma futura prova:

> "Art. 29. A exclusão de ofício das empresas optantes pelo Simples Nacional dar-se-á quando:
>
> I – verificada a falta de comunicação de exclusão obrigatória;
>
> II – for oferecido embaraço à fiscalização, caracterizado pela negativa não justificada de exibição de livros e documentos a que estiverem obrigadas, bem como pelo não fornecimento de informações sobre bens, movimentação financeira, negócio ou atividade que estiverem intimadas a apresentar, e nas demais hipóteses que autorizam a requisição de auxílio da força pública;
>
> III – for oferecida resistência à fiscalização, caracterizada pela negativa de acesso ao estabelecimento, ao domicílio fiscal ou a qualquer outro local onde desenvolvam suas atividades ou se encontrem bens de sua propriedade;
>
> IV – a sua constituição ocorrer por interpostas pessoas;
>
> V – tiver sido constatada prática reiterada de infração ao disposto nesta Lei Complementar;
>
> VI – a empresa for declarada inapta, na forma dos arts. 81 e 82 da Lei nº 9.430, de 27 de dezembro de 1996, e alterações posteriores;
>
> VII – comercializar mercadorias objeto de contrabando ou descaminho;
>
> VIII – houver falta de escrituração do livro-caixa ou não permitir a identificação da movimentação financeira, inclusive bancária;

IX – for constatado que durante o ano-calendário o valor das despesas pagas supera em 20% (vinte por cento) o valor de ingressos de recursos no mesmo período, excluído o ano de início de atividade;

X – for constatado que durante o ano-calendário o valor das aquisições de mercadorias para comercialização ou industrialização, ressalvadas hipóteses justificadas de aumento de estoque, for superior a 80% (oitenta por cento) dos ingressos de recursos no mesmo período, excluído o ano de início de atividade;

XI – houver descumprimento reiterado da obrigação contida no inciso I do caput do art. 26;

XII – omitir de forma reiterada da folha de pagamento da empresa ou de documento de informações previsto pela legislação previdenciária, trabalhista ou tributária, segurado empregado, trabalhador avulso ou contribuinte individual que lhe preste serviço."

Veja como fiscalização e exclusão de ofício de empresas do Simples são cobradas:

(Auditor Fiscal de Tributos da Prefeitura de São Luís-MA/FCC-2018) De acordo com a disciplina estabelecida pela Lei Complementar federal nº 123/2006, acerca do SIMPLES NACIONAL, os Municípios têm competência

a) para fiscalizar o cumprimento das obrigações principais e acessórias relativas ao Simples Nacional, desde que o estabelecimento fiscalizado seja prestador de serviços e se localize no Município que tem competência para proceder à sua fiscalização.

b) para fiscalizar uma empresa de transporte intramunicipal localizada em seu território, relativamente ao cumprimento das obrigações principais e acessórias relativas ao Simples Nacional, mas não têm competência para verificar a ocorrência das hipóteses de exclusão de ofício desta empresa deste regime de tributação.

c) para efetuar, por meio de suas autoridades fiscais, o lançamento do IRPJ, do IPI, do ITCMD e do ITBI, dentre outros, apurados na forma do Simples Nacional, relativamente a todos os estabelecimentos da empresa, independentemente do ente federado instituidor.

d) concorrente para efetuar, por meio de suas autoridades fiscais, o lançamento do PIS, do COFINS, do ICMS e do ISS, apurados na forma do Simples Nacional, e de promover a autuação por descumprimento de obrigação acessória relacionada com esses impostos e contribuições, relativamente a todos os estabelecimentos da empresa, independentemente do ente federado instituidor da obrigação tributária.

e) para fiscalizar um hotel localizado em seu território, relativamente ao cumprimento das obrigações principais e acessórias relativas ao Simples Nacional, e para verificar a ocorrência das hipóteses de sua exclusão, de ofício, deste regime de tributação, mas não têm competência para promover a autuação deste estabelecimento por descumprimento de obrigação acessória relativa ao IRPJ.

Comentário:

a) Errada. Afirmativa maldosa. Imagine se a empresa presta serviço oneroso de comunicação ou qualquer outro serviço não constante na lista da Lei Complementar

116/03? Nesse caso, o município não poderá fiscalizar esse prestador de serviço optante do Simples Nacional.

b) *Errada. O município pode excluir uma empresa do Simples Nacional, desde que essa empresa esteja localizada em seu território e exerça atividade dentro da competência tributária municipal.*

c) *Errada. O imposto de causa morte e doação – ITCMD (tema de capítulo específico) não está abrangido pelo recolhimento do Simples Nacional, consequentemente o município não pode lançar crédito tributário relativo a esse imposto.*

d) *Errada. Um município só pode promover autuação por descumprimento de obrigação acessória ligada a sua competência. Como o PIS e a COFINS são de competência federal e o ICMS é de competência estadual, essa afirmativa está errada.*

e) *Correta. É exatamente isso, o IRPJ é um imposto federal, assim, apesar de os municípios poderem fiscalizar um hotel acerca do cumprimento das obrigações principais e acessórias relativas ao Simples Nacional, eles não poderão autuar a empresa que descumpriu as obrigações sobre o IRPF.*

Resposta: E

11.10. PROCESSO ADMINISTRATIVO E JUDICIAL

O contencioso administrativo relativo ao Simples Nacional será de competência do órgão julgador integrante da estrutura administrativa do ente federativo que efetuar o lançamento, o indeferimento da opção ou a exclusão de ofício, observados os dispositivos legais atinentes aos processos administrativos fiscais desse ente. Assim, se quem excluiu a empresa do Simples Nacional, ou quem lançou o crédito tributário, foi o fisco estadual de Minas Gerais, caberá ao tribunal administrativo mineiro julgar a lide relativa a essa exclusão ou relativa a esse lançamento, pouco importando se há tributos federais ou municipais nesse lançamento.

Já os processos judiciais relativos a impostos e contribuições abrangidos pelo Simples Nacional serão ajuizados em face da União, que será representada em juízo pela Procuradoria-Geral da Fazenda Nacional. No entanto, mediante convênio, a Procuradoria-Geral da Fazenda Nacional poderá delegar aos estados e municípios a inscrição em dívida ativa estadual e municipal e a cobrança judicial dos tributos estaduais e municipais.

Excetuam-se da competência federal:

- os mandados de segurança nos quais se impugnem atos de autoridade coatora pertencente a Estado, Distrito Federal ou Município;
- as ações que tratem EXCLUSIVAMENTE de tributos de competência dos Estados, do Distrito Federal ou dos Municípios, as quais serão propostas em face desses entes federativos, representados em juízo por suas respectivas procuradorias;
- as ações promovidas na hipótese de celebração do convênio entre as procuradorias;

- o crédito tributário decorrente de auto de infração lavrado exclusivamente em face de descumprimento de obrigação acessória.

11.11. OUTROS PONTOS JÁ COBRADOS EM PROVA

Os pontos falados até agora sobre a lei do Simples Nacional são os pontos mais cobrados nas provas de ingresso nas carreiras dos fiscos estaduais. Ocorre que no ano de 2014 a Fundação Carlos Chagas co-brou a literalidade do artigo 14 da Lei Complementar 123/06, que tem o seguinte texto:

> "Art. 14. Consideram-se isentos do imposto de renda, na fonte e na declaração de ajuste do benefici-ário, os valores efetivamente pagos ou distribuídos ao titular ou sócio da microempresa ou empresa de pequeno porte optante pelo Simples Nacional, salvo os que corresponderem a pró-labore, alu-guéis ou serviços prestados."

Trabalhamos para fiscos estaduais há quase 20 anos e nunca aplicamos esse artigo que deve ser apli-cado pelos fiscais da Receita Federal. No entanto, uma vez cobrado, devemos falar sobre o tema e é isso que estamos fazendo. Agora transcrevemos a referida questão:

(Auditor Fiscal do Tesouro Estadual-PE/FCC-2014) Sobre o regime tributário do Simples Nacional, con-sidere:

I. Consideram-se isentos do imposto de renda, na fonte e na declaração de ajuste do beneficiário, os valores efetivamente pagos ou distribuídos ao titular ou sócio da microempresa ou empresa de pequeno porte optante pelo Simples Nacional, salvo os que corresponderem a pró-labore, aluguéis ou serviços pres-tados.

II. Não poderão recolher os impostos e contribuições na forma do Simples Nacional a microempresa ou a empresa de pequeno porte que possua débito com o Instituto Nacional do Seguro Social – INSS, ou com as Fazendas Públicas Federal, Estadual ou Municipal, ainda que estejam com a exigibilidade suspensa.

III. Os processos relativos a impostos e contribuições abrangidos pelo Simples Nacional serão ajuiza-dos em face da União, que será representada em juízo pela Procuradoria-Geral da Fazenda Nacional.

Está correto o que se afirma APENAS em

a) II

b) III

c) I e III

d) II e III

e) I

Comentário:

I – Correta. É exatamente isso que afirma o citado artigo 14 da Lei Complementar nº 123/06.

II – Errada. O inciso V do artigo 17 da Lei Complementar nº 123/06 veda o RECOLHIMENTO das empre-sas que estão em débito com o INSS, desde que esse débito não esteja com a exigibilidade suspensa.

III – Correta. Comentamos que os processos judiciais relativos a impostos e contribuições abrangidos pelo Simples Nacional serão ajuizados em face da União, que será representada em juízo pela Procurado-ria-Geral da Fazenda Nacional (literalidade do artigo 41).

Resposta: C.

Por fim, outro ponto já cobrado pelo examinador, inclusive pela mesma banca, foi sobre a segregação das receitas. Quando falamos da metodologia de recolhimento, falamos que de acordo com o faturamento mensal, o contribuinte aplica o percentual a ser pago de ICMS.

Agora, vamos imaginar que o contribuinte revenda mercadorias e também as industrialize. Sobre a in-dustrialização, há incidência de IPI, mas sobre a revenda, não. Dessa forma, o contribuinte tem de segregar as receitas, informando o que é industrialização, o que é revenda, o que é prestação de serviço sujeito ao ISS e o que é exportação.

Essa previsão está no §4º do artigo 18 da LC 123/06, transcrito a seguir:

> § 4º O contribuinte deverá considerar, destacadamente, para fim de pagamento, as receitas decor-rentes da:
>
> I – revenda de mercadorias, que serão tributadas na forma do Anexo I desta Lei Complementar
>
> II – venda de mercadorias industrializadas pelo contribuinte, que serão tributadas na forma do Anexo II desta Lei Complementar.
>
> III – prestação de serviços de que trata o § 5o-B deste artigo e dos serviços vinculados à locação de bens imóveis e corretagem de imóveis desde que observado o disposto no inciso XV do art. 17, que serão tributados na forma do Anexo III desta Lei Complementar;
>
> IV – prestação de serviços de que tratam os §§ 5o-C a 5o-F e 5o-I deste artigo, que serão tributadas na forma prevista naqueles parágrafos;
>
> V – locação de bens móveis, que serão tributadas na forma do Anexo III desta Lei Complementar, de-duzida a parcela correspondente ao ISS;
>
> VI – atividade com incidência simultânea de IPI e de ISS, que serão tributadas na forma do Anexo II desta Lei Complementar, deduzida a parcela correspondente ao ICMS e acrescida a parcela corres-pondente ao ISS prevista no Anexo III desta Lei Complementar;
>
> VII – comercialização de medicamentos e produtos magistrais produzidos por manipulação de fórmu-las:
>
> a) sob encomenda para entrega posterior ao adquirente, em caráter pessoal, mediante prescrições de profissionais habilitados ou indicação pelo farmacêutico, produzidos no próprio estabelecimento após o atendimento inicial, que serão tributadas na forma do Anexo III desta Lei Complementar;

b) nos demais casos, quando serão tributadas na forma do Anexo I desta Lei Complementar.

§ 4o-A. O contribuinte deverá segregar, também, as receitas:

I – decorrentes de operações ou prestações sujeitas à tributação concentrada em uma única etapa (monofásica), bem como, em relação ao ICMS, que o imposto já tenha sido recolhido por substituto tributário ou por antecipação tributária com encerramento de tributação;

II – sobre as quais houve retenção de ISS na forma do § 6o deste artigo e § 4o do art. 21 desta Lei Complementar, ou, na hipótese do § 22-A deste artigo, seja devido em valor fixo ao respectivo município;

III – sujeitas à tributação em valor fixo ou que tenham sido objeto de isenção ou redução de ISS ou de ICMS na forma prevista nesta Lei Complementar;

IV – decorrentes da exportação para o exterior, inclusive as vendas realizadas por meio de comercial exportadora ou da sociedade de propósito específico prevista no art. 56 desta Lei Complementar;

V – sobre as quais o ISS seja devido a Município diverso do estabelecimento prestador, quando será recolhido no Simples Nacional.

Vamos agora à questão sobre esse tema:

Auditor Fiscal da Receita Estadual-SC/FCC-2018) Conforme estabelece a Lei Complementar nº 123/2006, os contribuintes optantes pelo Regime do Simples Nacional (SN) devem recolher o tributo devi-do, no âmbito do regime, mediante documento de arrecadação único. Para fins de cálculo do valor devido no mês, conforme o disposto no artigo 18 da referida lei, o contribuinte optante pelo SN deve computar, separadamente, as receitas decorrentes de

a) aplicação financeira, venda de mercadoria, prestação de serviços, locação de bens móveis ou imó-veis, venda de ativos com lucro, exportação direta e exportação indireta.

b) vendas realizadas e recebidas, vendas realizadas mas ainda não recebidas, serviços prestados e re-cebidos, serviços prestados mas ainda não recebidos, locações recebidas, exportações para o exterior e recebimento de alienação de recebíveis.

c) revenda de mercadoria, venda de mercadoria industrializada pelo próprio contribuinte, locação de bens móveis, venda de medicamentos produzidos por manipulação de fórmulas pelo próprio contribuinte sob encomenda e mediante prescrição médica, e exportação para o exterior, entre outras.

d) revenda de mercadoria adquirida nacional, revenda de mercadoria adquirida importada, revenda de mercadoria industrializada pelo próprio contribuinte, comercialização de medicamentos produzidos por manipulação de fórmulas no estabelecimento ou em terceiro, exportação, locação de bens móveis, locação de bens imóveis, entre outros.

e) revenda de mercadoria no atacado, revenda de mercadoria no varejo, prestação de serviço, locação de bens móveis ou imóveis e exportação para o exterior.

Comentário: *A segregação é efetuada conforme o §4º do artigo 18 da LC 123/06. A alternativa "c" é a única que obedece a essa segregação.*

Resposta: C.

11.12. OPTANTE DO SIMPLES NACIONAL COMO SUBSTITUTO TRIBUTÁRIO

Deixamos esse assunto para o fim do capítulo principalmente por que ainda não encontramos alguma prova que chegou tão a fundo. Ocorre que, com o passar dos anos, as provas estão cada vez mais difíceis. Assim, damos o seguinte conselho: você entendeu bem o capítulo de Substituição Tributária? Caso afirmativo, você entenderá essa parte. Do contrário, foque seus estudos no que já caiu em prova e pule para a resolução dos exercícios ao final deste capítulo, pois o custo-benefício para aprender este assunto é grande para a pequena probabilidade de ele aparecer em prova.

No capítulo da Substituição Tributária deixamos claro que só há diferença de recolhimento de empresa optante do Simples Nacional quando ela é substituta tributária das operações subsequentes. Será dessa forma que trataremos neste tópico. Colocaremos o exemplo de recolhimento do ICMS/ST por uma indústria que não é do Simples, posteriormente usaremos o mesmo exemplo com uma empresa do SN.

Na venda interna, ou seja, com substituto e substituído dentro do mesmo estado, a única diferença que vai ter é que o optante do Simples Nacional recolherá o IPI sobre seu faturamento, logo, o imposto federal não entrará no cálculo da base de cálculo da ST.

Isso ocorre porque no caso de remetente do Simples Nacional, o IPI da operação própria deve ser abatido com o valor do imposto a que ele estaria sujeito se não pertencesse ao regime simplificado.

Imagine uma venda com substituição tributária com os seguintes dados:

- valor da mercadoria – FOB: R$ 10.000,00
- valor do IPI: R$ 2.000,00
- valor do frete efetuado por terceiro e pago pelo atacadista: R$ 1.000,00
- margem de valor agregado fixado para a mercadoria na legislação: 45%
- alíquota do produto nas operações internas: 18%

Caso o remetente não seja do simples, o valor do ICMS/ST ficará assim:

Cálculo da Base de Cálculo do ICMS/ST:

BC_{ST} = (Mercadoria + IPI + frete) × (1 + IVA) =

BC_{ST} = (10.000 + 2.000 + 1.000) × 1,45 = R$ 18.850,00

Cálculo do ICMS/ST:

$ICMS_{ST} = BC_{ST} \times$ alíquota – mercadoria $\times$ alíquota =

$ICMS_{ST} = 18.850{,}00 \times 0{,}18 - 10.000 \times 0{,}18 =$ R\$ 1.593,00

Caso o remetente seja do Simples, apenas excluímos o IPI, afinal esse tributo será pago pelo faturamento:

$ICMS_{próprio}$ = por DAS, lei complementar 123/06

BC_{ST} = (Mercadoria + Frete) $\times$ (1 + IVA) =

$BC_{ST} = (10.000 + 1.000) \times 1{,}45 =$ R\$ 15.950,00

Cálculo do ICMS/ST:

$ICMS_{ST} = BC_{ST} \times$ alíquota – Mercadoria $\times$ alíquota =

$ICMS_{ST} = 15.950{,}00 \times 0{,}18 - 10.000 \times 0{,}18 =$ R\$ 1.071,00.

E no caso de operações interestaduais? Nesse caso, sempre que o remetente for optante do Simples Nacional, não se aplica o MVA ajustado, aplicando-se o MVA original. Já no cálculo do ICMS por substituição, deve-se abater o valor do imposto a que ele estaria sujeito se não pertencesse ao regime simplificado, ou seja, 12%.

Assim, supondo que o vendedor de outro estado aplicou a alíquota interestadual de 12% sobre sua venda de R\$ 1.000,00, com frete cobrado do destinatário de R\$ 200,00 e no estado do adquirente a conserva de peixes tem alíquota de 18% e um MVA de 40%, chegaremos aos seguintes valores:

$MVA_{ajustado} = (1 + 0{,}40) \times [(1 - 0{,}12) / (1 - 0{,}18)] - 1 = 50{,}24$

$ICMS_{próprio} = 1.000 \times 0{,}12 =$ R\$ 120,00

BC $ICMS_{ST}$ = (1.000 + IPI + frete) x $IVA_{ajustado}$ = R\$ 1.802,93

$ICMS_{ST} = 1.802{,}93 \times 0{,}18 - 120 =$ R\$ 204,53

Caso a empresa remetente fosse do Simples Nacional, então não seria aplicado o IVA ajustado:

$ICMS_{próprio}$ = por DAS (LC 123/06).

BC $ICMS_{ST}$ = (1.000 + IPI + frete) $\times$ IVA = R\$ 1.680,00

$ICMS_{ST} = 1.680 \times 0{,}18 - 120 =$ R\$ 182,40

Caso exista algum preço definido para venda do varejo – itens 7.3.2.1 (fixado pelo governo federal), 7.3.2.2 (sugerido pelo fabricante) ou 7.3.2.3 (preço ponderado fixado pela Secretaria da Fazenda) –, não haverá nenhuma diferença entre o cálculo a ser realizado pela empresa do Simples Nacional e a empresa do regime normal de tributação, seguindo o exemplo a seguir:

Se uma empresa vendeu por R$ 1.000,00, aplica-se a alíquota interna (18%) sobre esse valor para calcular o imposto sobre sua própria venda. Vamos imaginar que o preço sugerido da venda ao varejo é R$ 1.600,00, então esse valor será a base de cálculo do ICMS/ST e sobre ele aplica-se 18%. O montante a ser recolhido do ICMS/ST será a diferença dos dois, afinal, caso não houvesse a substituição tributária, o adquirente teria o direito ao crédito do imposto recolhido na operação anterior.

$ICMS_{próprio} = 1.000 \times 0,18 = R\$ 180,00$

$ICMS_{ST} = 1.600 \times 0,18 - 180 = 288 - 180 = R\$ 108,00$

ST sobre Preço Sugerido	
Valor da mercadoria	1.000
ICMS próprio (18% x 1.000)	180
Preço sugerido de venda ao varejo	1.600
ICMS Total (18% x 1.600)	288
ICMS-ST (288 – 180)	108

OU

ST sobre Preço Sugerido	
Valor da mercadoria	1.000
ICMS próprio (18% x 1.000)	180
Preço sugerido de venda ao varejo	1.600
ICMS-ST (18% x 1.600 – 180)	108

Afinal, conforme mencionado, quando o remetente é optante do Simples Nacional, o ICMS da operação própria deve ser abatido com o valor do imposto a que ele estaria sujeito se não pertencesse ao regime simplificado.

Agora, vamos imaginar que não existe qualquer preço sugerido, a MVA publicada pelo fisco é de 40%, a operação de venda do industrial não sofreu incidência de IPI e o custo do frete para levar a mercadoria ao estabelecimento do destinatário foi de R$ 200,00.

$ICMS_{próprio} = 1.000 \times 0,18 = R\$ 180,00$

BC do $ICMS_{ST} = (1.000 + IPI + FRETE) \times IVA = (1.000 + 0 + 200) \times 1,4 = (1.200) \times 1,4 = R\$ 1.680,00$

$ICMS_{ST} = 1.680 \times 0,18 - 180 = 302,4 - 180 = R\$ 122,40$

ST com MVA sem IPI e com Frete	
Valor da mercadoria	1.000
ICMS próprio (18% x 1.000)	180
IPI	0
Frete	200
$BC_{ICMS-ST}$ (1.000 + 0 + 200) x 1,4	1.680
ICMS-ST (18% x 1.680 – 180)	122,40

Como seria o cálculo se o fabricante fosse optante do Simples Nacional? o industrial vai recolher o ICMS próprio pelo faturamento, conforme determina a Lei Complementar 123/06. Assim, no cálculo do ICMS por substituição, ele deverá abater o valor do imposto a que estaria sujeito se não pertencesse ao regime simplificado, ou seja, 18%, da seguinte forma:

$ICMS_{próprio}$ = por DAS, Lei Complementar 123/06

BC do $ICMS_{ST}$ = (1.000 + IPI + frete) × IVA = (1.000 + 0 + 200) × 1,4 =

(1.200) × 1,4 = R$ 1.680,00

$ICMS_{ST}$ = 1.680 × 0,18 – 180 = R$ 122,40

O valor do ICMS retido a título de substituição tributária só será diferente caso a mercadoria sofra a incidência do IPI e a base de cálculo das operações subsequentes seja calculada pelo valor agregado, afinal a empresa optante do Simples Nacional recolhe o IPI sobre seu faturamento e como altera o valor do IPI, altera o montante a ser calculado de base de cálculo do ICMS-ST. O pagamento ocorreria por Guia de Recolhimento, pois a empresa do SN não é obrigada a escriturar todos os livros fiscais.

Para ilustrar, vamos supor que a venda da indústria do exemplo anterior sofra incidência do IPI (R$ 300,00), logo o cálculo da ST se o substituto não fosse do Simples Nacional ficaria assim:

$ICMS_{próprio}$ = 1.000 x 0,18 = R$ 180,00

BC do $ICMS_{ST}$ = (1.000 + IPI + frete) × IVA = (1.000 + 300 + 200) × 1,4 = 1.500 × 1,4 = R$ 2.100,00

$ICMS_{ST}$ = 2.100 × 0,18 – 180 = R$ 198,00

Se o industrial fosse do Simples Nacional, o IPI já estaria dentro do preço da mercadoria, pois ele paga sobre o percentual do faturamento, logo o valor a ser pago seriam os mesmos R$ 122,40 encontrados anteriormente.

O atacadista que adquiriu as mercadorias não deverá efetuar o crédito do imposto e nem deverá recolher o ICMS sobre sua venda ao supermercado, afinal a indústria já pagou sobre sua venda. Isso também ocorrerá com o supermercado, ou seja, os contribuintes substituídos não se creditam do imposto da operação anterior nem destacam no documento fiscal que emitem o ICMS sobre sua venda, pois ele foi pago pela indústria. Contudo, devem informar, no campo de observações do documento fiscal, que o tributo já foi recolhido por substituição tributária.

- **1ª situação (destinatário do Simples)**

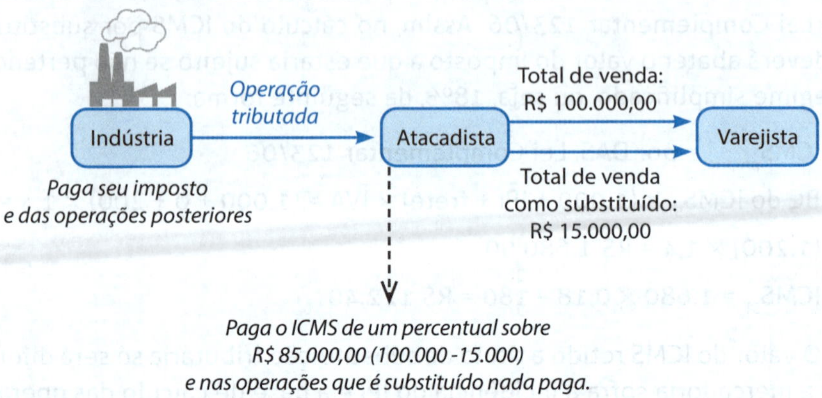

- **2ª situação (destinatário não é do Simples)**

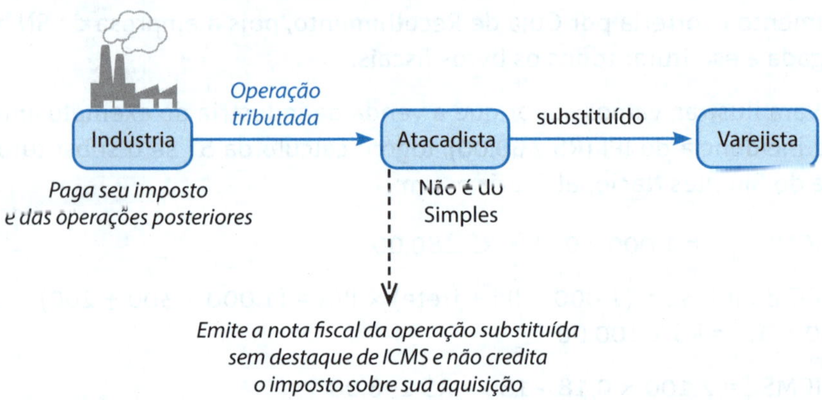

Caso alguns ou todos os substituídos pertençam ao Simples Nacional, nada muda, o substituto recolhe da forma já apresentada e os substituídos na emissão do documento informam que o imposto já foi recolhido por ST, excluindo essa venda do faturamento no momento de calcular o valor de ICMS a recolher.

E nas operações interestaduais há diferença? Quando a empresa do simples é a substituída, não há qualquer diferença no cálculo do ICMS/ST. No entanto, quando ela é a substituta, não devemos aplicar o IVA ajustado.

Exemplificando, primeiramente com uma empresa no regime normal de tributação:

Imaginando que o vendedor de outro estado aplicou a alíquota interestadual de 12% sobre sua venda de R$ 1.000,00, com frete cobrado do destinatário de R$ 200,00 e no estado do adquirente a conserva de peixes tem alíquota de 18% e um MVA de 40%, chegaremos aos seguintes valores:

$MVA_{ajustado} = (1 + 0,40) \times [(1 - 0,12) / (1 - 0,18)] - 1 = 50,24$

$ICMS_{próprio} = 1.000 \times 0,12 = R\$ 120,00$

$\text{BASE DE CÁLCULO } ICMS_{ST} = (1.000 + IPI + frete) \times IVA_{ajustado} = R\$ 1.802,93$

$ICMS_{ST} = 1.802,93 \times 0,18 - 120 = R\$ 204,53$

E se o remetente fosse optante do Simples Nacional? Nesse caso, sempre que o remetente for optante do Simples Nacional, não se aplica o MVA ajustado, aplica-se o MVA original. Já no cálculo do ICMS por substituição, deve-se abater o valor do imposto a que ele estaria sujeito se não pertencesse ao regime simplificado, ou seja, 12%.

$ICMS_{próprio}$ = por DAS (LC 123/06)

$BC\ ICMS_{ST} = (1.000 + IPI + frete) \times IVA = R\$ 1.680,00$

$ICMS_{ST} = 1.680 \times 0,18 - 120 = R\$ 182,40$

Os pagamentos das empresas optantes pelo regime simplificado são efetuados por Guia de Arrecadação, já as demais empresas fazem um lançamento no livro fiscal, para posteriormente efetuar o recolhimento.

Cabe afirmarmos que alguns estados, como Santa Catarina e Paraná, reduzem o MVA em 30% quando o substituído, destinatário da mercadoria, é optante do Simples Nacional. Seja nas operações internas ou interestaduais.

É válido recordar que no item 11.2.6 foi explicado que a LC 123/06, na sua alínea "h" do inciso XIII do §1º do artigo 13, excluiu do recolhimento simplificado o ICMS devido nas aquisições em outros estados e no Distrito Federal de bens ou mercadorias, não sujeitas ao regime de antecipação do recolhimento do imposto, relativo à diferença entre a alíquota interna e a interestadual.

Assim, caso haja convênio entre os estados federados, o fisco de destino pode colocar como substituto o remetente das mercadorias para empresas do Simples Nacional, independente delas se destinarem ao ativo imobilizado ou uso e consumo do estabelecimento.

11.12.1. Optante do SN nas operações diferidas e com ST concomitante

Este é mais um assunto que não vimos ser cobrado em prova e que é complicado, portanto, cabe a dica que demos no início do tópico anterior.

No final do item 7.1.1, falamos que as empresas optantes do Simples Nacional devem obedecer ao regime de substituição tributária, seja na qualidade de substitutas ou de substituídas. Chegou a hora de explicarmos como é esse procedimento nos casos de operações diferidas (substituição tributária antecedente).

Lembra que o pagamento do ICMS diferido pode ocorrer na entrada ou na saída do estabelecimento substituto? Comentamos também que quando o momento desse pagamento é na entrada do estabelecimento, o substituto faz por meio do Livro Registro de Apuração do ICMS.

Exemplificando: um produtor paulista vende lenha para uma indústria alimentícia situada nesse mesmo estado, por R$ 1.000,00. Tal indústria efetuará, no seu livro de apuração, o crédito e o débito do imposto da operação do produtor, ou seja, lançará um débito para pagar a operação antecedente e um crédito para fazer jus ao princípio da não cumulatividade.

Considerando para a venda do parágrafo anterior uma alíquota de 18%, a indústria alimentícia efetuará um débito de R$ 180,00 e um crédito de mesmo valor. Se analisarmos com calma, veremos que nesse caso concreto o custo para a indústria é nulo, afinal ela efetuou o crédito e o débito pelo mesmo valor. Já o produtor teve um ganho, pois ao vender seu produto, ele não embutiu o preço do imposto, afinal sobre o valor da sua venda ele nada deverá recolher ao fisco estadual.

E quando o substituto é do Simples Nacional? Nesse caso, cabe uma colocação: as empresas do Simples Nacional não são obrigadas a ter o Livro de Apuração e mais, como mencionado no item 6.1, as empresas optantes pelo SN não têm direito a crédito do imposto. Por conta dessas particularidades, as pessoas jurídicas enquadradas no Simples Nacional, quando responsáveis pelo pagamento do ICMS, na ocasião da entrada da mercadoria em seu estabelecimento, recolhem o imposto da operação anterior por meio de Guia de Recolhimento e não fazem o crédito do tributo incidente nessa operação.

- **1ª situação (entrada em empresa não optante pelo Simples)**

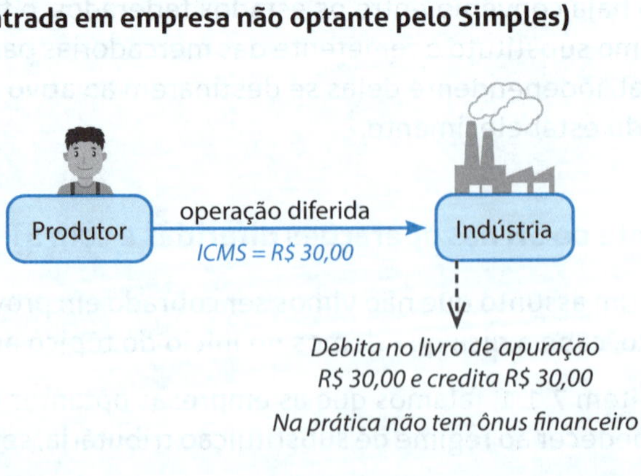

• **2ª situação (entrada em empresa do Simples)**

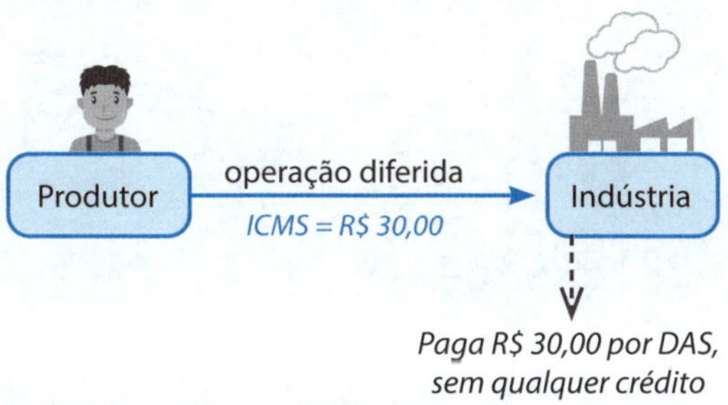

Isso mesmo, as empresas do Simples Nacional têm um ônus financeiro quando adquirem mercadorias sujeitas ao diferimento, pois pagam o imposto sem se creditar. Ocorrerá a mesma coisa a todas as empresas que optarem por algum benefício fiscal que abra mão do direito ao crédito, por exemplo, os restaurantes que recolhem ICMS sobre um percentual do faturamento, sem direito a qualquer crédito.

Por fim, cabe mencionar que quando uma empresa optante pelo Simples Nacional, na qualidade de substituído, vende uma mercadoria sujeita ao diferimento, no momento do recolhimento do ICMS, irá excluir essa operação sujeita à substituição tributária do seu faturamento. Quem pagará essa operação será o adquirente, lançando no seu Livro de Apuração e aplicando a alíquota da mercadoria sobre o preço de venda da empresa do Simples Nacional, conforme explicado no item 11.4.

E nas operações concomitantes? O procedimento do optante do Simples Nacional será o mesmo das operações diferidas, tanto quando ele for substituto como substituído.

Tudo o que tínhamos para explicar sobre o Simples Nacional foi exposto neste capítulo. É realmente um tema árduo, até mesmo para os profissionais do ramo. Não é o tipo de assunto que em um primeiro estudo nós saímos confiantes para responder às questões de nível mediano ou difícil.

Poderíamos ter passado somente pelos tópicos menos complicados, mas nosso livro não teria o título de "Manual" se tivéssemos feito isso, pois nossa intenção é apresentar tudo que possa ser cobrado em prova, mesmo os assuntos mais difíceis.

Assim, sugerimos que futuramente estude de novo o assunto com calma, visualize os exemplos para entender cada hipótese e, principalmente, busque o entendimento das questões propostas no nosso aplicativo.

CAPÍTULO XII

IPVA

No passado, nossos governantes escolheram o meio terrestre como principal forma de locomoção. Após essa decisão política, a indústria automobilística do Brasil cresceu, consequentemente, aumentaram as frotas de caminhões e ônibus. Aliado a isso tudo, vivemos, recentemente, uma política econômica de incentivo ao crédito, permitindo que várias pessoas tivessem acesso a veículos. Por conta de todos esses fatores, cresceu a importância do Imposto sobre Propriedade de Veículos Automotores – IPVA, hoje a segunda maior fonte de receita estadual.

Com o aumento da importância do IPVA, cresceu também o número de questões sobre esse tributo em concursos públicos. Assim, trataremos desse importante tema neste capítulo.

12.1. ASPECTOS HISTÓRICOS

A Constituição de 1967 não fez previsão ao IPVA. Primeiramente, durante o regime militar, surgiram tributos com natureza vinculada (taxas federais e estaduais sobre registros e licenças de veículos). Posteriormente, foi instituída a Taxa Rodoviária Única – TRU, antecessora do IPVA, tributo de competência da União com repasse para estados e municípios.

Como o próprio nome fala, a Taxa Rodoviária Única era um tributo vinculado a investimentos nas rodovias. Esse histórico deu origem às velhas frases, ditas até hoje pela população: "É um absurdo termos estradas em péssimas condições se pagamos o IPVA" ou "é inadmissível cobrar pedágios se já pago o IPVA".

Esses argumentos perderam o sentido em 28 de novembro de 1985, quando a Emenda Constitucional nº 27 alterou a Constituição de 1967/69, e incluiu no campo de competência dos estados e do Distrito Federal o Imposto sobre Propriedade de Veículos Automotores – IPVA. Afinal, como qualquer imposto, sua arrecadação não é vinculada, não exigindo contrapartida específica do ente que detém o poder de tributar.

A atual Constituição manteve, no artigo 155, inciso III, essa competência de tributar, obrigando o repasse sobre a metade da arrecadação ao Município, nos termos do inciso III do artigo 158 da nossa Lei Maior:

> "Art. 155. Compete aos Estados e ao Distrito Federal instituir impostos sobre:
>
> (...)
>
> III – propriedade de veículos automotores."
>
> "Art. 158. Pertencem aos Municípios:
>
> (...)
>
> III- cinqüenta por cento do produto da arrecadação do imposto do Estado sobre a propriedade de veículos automotores licenciados em seus territórios"

12.2. CARACTERÍSTICAS DO IPVA

Existem diversas formas de se classificar os impostos, no entanto, para fins didáticos, podemos classificar o IPVA da seguinte forma:

a) Direto: cobra-se direto do contribuinte. O responsável pelo recolhimento é o contribuinte de fato.

b) Real: incide sobre a propriedade do veículo automotor, não sobre características específicas dos indivíduos.

c) Proporcional: seu montante é definido sobre uma percentagem do valor tributado (valor venal do veículo automotor).

d) Não progressivo: não há aumento de alíquota em virtude de alteração do montante da base de cálculo, como ocorre no IRPF (Imposto de Renda Pessoa Física).

e) Sobre patrimônio: incide sobre a propriedade de um bem.

f) Função fiscal: a função primordial do IPVA é arrecadar, mas pode ser verificada uma função extrafiscal quando verificada a diferença de alíquota em razão do tipo de combustível utilizado pelo veículo, por exemplo.

g) Lançamento de ofício: O lançamento anual do imposto é feito, em regra, de ofício, por meio de auto de lançamento. A notificação de débito supre a lavratura de auto de infração.

O IPVA deve obedecer aos seguintes princípios constitucionais:

- Legalidade;
- Capacidade contributiva;
- Isonomia;

- Irretroatividade;
- Anterioridade;
- Noventena ou anterioridade nonagesimal (exceção: fixação da base de cálculo);
- Vedação à utilização do tributo com efeito de confisco;
- Vedação à instituição de isenções heterônomas.

12.3. AUSÊNCIA DA LEI COMPLEMENTAR PARA ESTABELECER NORMAS GERAIS

O artigo 146 da Constituição Federal estabelece que cabe à Lei Complementar Federal estabelecer normas gerais de matéria tributária.

> "Art. 146. Cabe à lei complementar:
>
> (...)
>
> III – estabelecer normas gerais em matéria de legislação tributária, especialmente sobre:"

Quando o IPVA foi instituído, na vigência da Constituição anterior, não havia essa exigência de Lei Complementar para normas gerais. Ocorre que apesar da atual Constituição ter entrado em vigor em 1988, ainda não existe uma Lei Complementar estabelecendo normas gerais para o IPVA.

Diante da omissão da União, cada estado federado cumpriu sua função legislativa plena, prevista no §3º do artigo 24 da nossa Lei Maior:

> "Art. 24. Compete à União, aos Estados e ao Distrito Federal legislar concorrentemente sobre:
>
> I – direito tributário, financeiro, penitenciário, econômico e urbanístico;
>
> (...)
>
> § 1º No âmbito da legislação concorrente, a competência da União limitar-se-á a estabelecer normas gerais.
>
> § 2º A competência da União para legislar sobre normas gerais não exclui a competência suplementar dos Estados.
>
> § 3º Inexistindo lei federal sobre normas gerais, os Estados exercerão a competência legislativa plena, para atender a suas peculiaridades.
>
> § 4º A superveniência de lei federal sobre normas gerais suspende a eficácia da lei estadual, no que lhe for contrário".

Assim, cabe a cada estado ou ao DF legislar sobre contribuintes, alíquotas, base de cálculo, isenções, concessões de benefícios fiscais etc., dentro de sua jurisdição, claro.

O estudo desse artigo é muito importante para provas de concurso, principalmente na disciplina de Direito Tributário. Compreenda bem cada um desses parágrafos. Por exemplo, no § 4º, entenda que uma lei federal sobre normas gerais suspenderá a lei estadual, mas não a revogará. Logo, se a lei federal for revogada, a estadual voltará a valer.

Veja como isso já foi cobrado em prova:

(Advogado da União/Cespe – 2012) Julgue o item seguinte, a respeito do Sistema Tributário Nacional.

A concessão de benefícios fiscais relativos ao imposto sobre a propriedade de veículo automotor depende de deliberação do Conselho Nacional de Política Fazendária.

( ) Certo ( ) Errado

Comentário: *O imposto estadual que necessita de deliberação do Confaz para conceder isenções, incentivos e benefícios fiscais é o ICMS, e não o IPVA, no qual cada estado decide plenamente sobre seus benefícios fiscais.*

Resposta: Errado.

(Agente de Tributos Estaduais – MT/Cespe – 2004) Com referência ao imposto sobre a propriedade de veículos automotores (IPVA) no Mato Grosso, julgue o item seguinte.

O estado de Mato Grosso exerce competência legislativa plena em termos de IPVA, inclusive estabelecendo o fato gerador, a base de cálculo e o contribuinte, já que o Código Tributário Nacional não cuida de tais matérias.

( ) Certo ( ) Errado

Comentário: *Conforme já vimos, por não haver ainda uma lei complementar que regule o IPVA, os estados possuem competência legislativa plena sobre ele.*

Resposta: Certo.

Em 2025, eram estas as leis estaduais que tratavam do IPVA:

Leis estaduais sobre IPVA					
AC	LC 483/2024	**MA**	Lei 7.799/02	**RJ**	Lei 2.877/97
AL	Lei 6.555/04	**MG**	Lei 14.937/03	**RN**	Lei 6.967/96
AM	LC 19/97	**MS**	Lei 1.810/97	**RO**	Lei 950/00
AP	Lei 3.152/2024	**MT**	Lei 7.301/00	**RR**	Lei 59/93
BA	Lei 6.348/91	**PA**	Lei 6.017/96	**RS**	Lei 8.115/85
CE	Lei 12.023/92	**PB**	Lei 11.007/17	**SC**	Lei 7.543/88
DF	Lei 7.431/85	**PE**	Lei 10.849/92	**SE**	Lei 7.655/13
ES	Lei 6.999/01	**PI**	Lei 4.548/92	**SP**	Lei 13.296/08
GO	Lei 11.651/91	**PR**	Lei 14.260/03	**TO**	Lei 1.287/01

Apesar de termos vinte e sete leis diferentes, todas são muito parecidas. Na verdade, alguns pequenos conflitos ocorrem, os quais comentaremos no próximo tópico, que tratará da regra matriz de incidência. Nos pontos polêmicos das legislações estaduais, colocaremos a posição que deve ser adotada em provas e a jurisprudência do STF ou STJ.

Ao longo deste capítulo vamos apresentar alguns exemplos baseados em diversos estados, mas são somente a título de ilustração, para melhor entendimento da matéria. Obviamente, em seu concurso para determinado fisco não serão cobradas as legislações de outro estado que não seja o para o qual você esteja prestando sua prova. Então não se preocupe em decorar as particularidades estaduais aqui apresentadas, e sim em entender as normas gerais do IPVA.

12.4. REGRA MATRIZ DE INCIDÊNCIA

Falaremos agora dos cinco aspectos da regra matriz de incidência. Começaremos pelo aspecto material e logo após falaremos dos casos de não incidência e isenção. Após, seguiremos para os outros quatro aspectos da regra matriz de incidência.

12.4.1. Critério material (como incide)

O aspecto material do IPVA encontra-se na própria Constituição Federal:

> "**Art. 155.** Compete aos Estados e ao Distrito Federal instituir impostos sobre:
>
> (...)
>
> III – propriedade de veículos automotores."

Assim, podemos concluir, pela leitura do texto constitucional, que o aspecto material do IPVA é a propriedade de veículos automotores. Cabe agora discorrermos sobre o que é "propriedade", "veículos" e "automotor".

Explicaremos as três palavras pela ordem inversa. No dicionário Aurélio, "automotor" significa: "capaz de se deslocar por seus próprios meios, sem ser puxado ou empurrado (diz-se de carro, barco, peça de artilharia etc.)".

Outros dicionários colocam a seguinte definição para "automotor": "objeto móvel com motor próprio, ou seja, capaz de produzir propulsão para que o mesmo se desloque".

Perceba que pouco importa se o motor é movido à combustão, GNV ou elétrico. Se o objeto é móvel com motor próprio, então é automotor. Ficam excluídos do conceito de automotor: bicicletas, carros infantis, barcos à vela etc.

Já "veículo" tem a seguinte definição no dicionário: "qualquer meio usado para transportar ou conduzir pessoas, animais ou coisas, de um lugar para outro".

Note que pela própria definição de veículo, já se excluem do campo de incidência do IPVA as máquinas usadas para terraplanagem, como retroescavadeiras. Essa máquina não tem finalidade de locomoção, a finalidade dela é executar obras de engenharia civil ou sanitária. Pelo mesmo motivo, estão excluídos do campo de incidência o rolo compressor e o guindaste, afinal, assim como a retroescavadeira é apenas uma máquina motorizada e não um veículo automotor.

Então estão no campo de incidência do IPVA os carros, ônibus, caminhões, motos e trens? Sim, todos esses estão no campo de incidência do IPVA. E os barcos e aeronaves? Sim, mas isso exige uma explicação mais detalhada. Antigamente, todas as legislações estaduais consideravam a incidência do IPVA sobre aeronaves e embarcações. Muitas legislações ainda mantêm o texto, como a lei maranhense: "O Imposto sobre a Propriedade de Veículos Automotores – IPVA, devido anualmente, tem como fato gerador a propriedade de veículo automotor terrestre, aquático ou aéreo".

Ocorre que no ano de 2002 foi julgado no STF os Recursos Extraordinários nº 134.509/AM e nº 255.111/SP, que tratavam, respectivamente sobre a incidência de IPVA nas embarcações e aeronaves. Naquela ocasião, a Suprema Corte considerou que tanto as embarcações como as aeronaves não estão inseridas no campo de incidência do imposto estadual, pois a norma constitucional permitia a incidência apenas sobre veículos terrestres.

Na verdade, o STF resolveu fazer "justiça social". Isso mesmo, o rico com seu jatinho e iate particular não paga IPVA, já aquele que tem seu carro 1.0 financiado, recolhe todo o ano o tributo estadual.

Depois da jurisprudência do Supremo, muitos estados, como o Rio de Janeiro, revogaram o dispositivo que estabelecia a incidência do IPVA sobre embarcações e aeronaves. Outros estados, como São Paulo, quando publicaram uma nova lei do IPVA, já fizeram sem a previsão de incidência sobre esses veículos.

Acontece que a Reforma Tributária de 2023 (Emenda Constitucional 123/2023) resolveu corrigir esse absurdo com o seguinte texto:

> **"Art. 155. (...)**
>
> § 6º O imposto previsto no inciso III:
>
> III – incidirá sobre a propriedade de veículos automotores terrestres, aquáticos e aéreos, excetuados:
>
> a) aeronaves agrícolas e de operador certificado para prestar serviços aéreos a terceiros;
>
> b) embarcações de pessoa jurídica que detenha outorga para prestar serviços de transporte aquaviário ou de pessoa física ou jurídica que pratique pesca industrial, artesanal, científica ou de subsistência;

c) plataformas suscetíveis de se locomoverem na água por meios próprios, inclusive aquelas cuja finalidade principal seja a exploração de atividades econômicas em águas territoriais e na zona econômica exclusiva e embarcações que tenham essa mesma finalidade principal;

d) tratores e máquinas agrícolas."

Veja, pelo texto constitucional, **INCIDE IPVA** sobre aeronaves e embarcações, logo, ficou ultrapassada a decisão da Suprema Corte. E aqueles estados como São Paulo e Rio de Janeiro que não têm mais a previsão de incidência de IPVA sobre aviões e embarcações nas suas leis estaduais? Creio que eles vão alterar as suas leis para colocarem essa incidência de forma expressa. Se não colocarem, se perguntarem conforme a lei estadual, você diz que não incide, mas se perguntarem conforme a Constituição, você diz que incide.

Agora, **CUIDADO**! Não é qualquer aeronave que pode ter o IPVA cobrado. As aeronaves **AGRÍCOLAS** e as aeronaves de operador que **PRESTAM SERVIÇOS A TERCEIROS** não podem ter cobrança de IPVA (alínea "a"). São as aeronaves das companhias aéreas comerciais e os táxis aéreos. Então só sobrou incidência de IPVA sobre as aeronaves particulares. Creio que o objetivo foi não onerar ainda mais as passagens aéreas, pena que o legislador não teve essa preocupação com os ônibus, pois sobre qualquer tipo de ônibus (inclusive comercias) há incidência de IPVA.

Já em relação às embarcações, estão de fora do campo de incidência as embarcações de **PESSOAS JURÍDICAS** que **PRESTEM SERVIÇOS** de transportes a terceiros (primeira parte da alínea "b"). E aquela pessoa física que tem sua embarcação cadastrada para transportar terceiro? Sobre sua embarcação, incide IPVA, essa regra de não incidência só vale para as embarcações de pessoa jurídica.

Estão fora do campo de incidência qualquer embarcação que pratique qualquer tipo de pesca (industrial, artesanal, científica ou de subsistência), nesse caso, seja o proprietário pessoa física ou jurídica (segunda parte da alínea "b").

Visando não onerar a exploração de petróleo e demais atividades econômicas, estão fora do campo de incidência as plataformas que se locomovem por meios próprios e exploram atividades econômicas (alínea "c"). Essa regra de não incidência também vale para embarcações com a mesma finalidade.

Por fim, a alínea "d" colocou no texto constitucional algo que nem todos os legisladores tinham consciência. Máquinas e tratores agrícolas não têm finalidade de transporte, logo, não são veículos, estando fora do campo de incidência do IPVA por questão conceitual. Após a Emenda Constitucional nº 123/2023, a não incidência sobre máquinas e tratores agrícolas passou a ser expressa na Constituição. Salientando que essas não incidências expressas na CF na verdade são verdadeiras imunidades.

Assim, o **IPVA incide sobre**:

Regras de não incidência do inciso III do § 6º do artigo 155 da CF		
Tipo de Veículo	**Hipótese de Não incidência**	
Aéreos	Agrícolas	Prestam serviços a terceiros
Embarcações	De pessoa jurídica que presta serviços a terceiros	Pesqueiras (de propriedade de PF ou PJ)
Plataformas e embarcações	cuja finalidade principal seja a exploração de atividades econômicas em águas territoriais e na zona econômica exclusiva	
Terrestre	Máquinas agrícolas	Tratores agrícolas

Por fim, cabe definirmos o conceito de "propriedade". O Código Civil define no seu artigo 1.228 o direito do proprietário:

> "Art. 1.228. O proprietário tem a faculdade de usar, gozar e dispor da coisa, e o direito de reavê-la do poder de quem quer que injustamente a possua ou detenha."

Pela leitura desse dispositivo, concluímos que quem tem a propriedade elencada no artigo 1.228 tem quatro direitos, que são os seguintes: uso, gozo, dispor da coisa e reivindicar seu poder.

Pelo direito de uso, o proprietário tem o direito de utilizar o seu bem como desejar, ou seja, o proprietário do carro pode usá-lo para trabalhar, viajar, ajudar terceiros etc.

O direito de gozo permite ao proprietário explorar o bem economicamente, ou seja, o proprietário de um veículo pode alugar e receber o preço pelo contrato de aluguel.

O direito de dispor é o direito do proprietário abusar da coisa, ou seja, o proprietário de um veículo pode modificá-lo (colocando película escurecedora), reformá-lo (serviço de lataria), vendê-lo, consumi-lo e até destruí-lo.

O direito de reivindicar é o de reclamar por meios legais a posse injusta de outrem. Por exemplo, o proprietário de uma terra pode reivindicar uma invasão de terceiros.

Essa forma de propriedade prevista no artigo 1.228 do Código Civil é a maior forma de propriedade, uma propriedade absoluta que a doutrina civilista chama de propriedade plena, que ocorre quando o proprietário tem a capacidade de usar, gozar e dispor. Possuindo essas três faculdades, ele tem a propriedade plena da coisa.

Ocorre que no arrendamento mercantil o proprietário (arrendador) não tem o direito de uso e o arrendatário não tem o direito de dispor ou gozar da coisa. Já no usufruto, o nu-proprietário tem o direito de dispor enquanto o usufrutuário tem o direito de gozo e uso. Essas formas de propriedade são chamadas pelos doutrinadores civilistas de propriedades restritas. Como algumas leis estaduais utilizam o termo não plena, usaremos doravante essa expressão.

A explicação desse conceito do Direito Civil serve para concluirmos que ocorre o fato gerador do IPVA com a propriedade, plena ou não, do veículo automotor, afinal, a Constituição Federal somente menciona "propriedade". Inclusive, algumas leis como a do Mato Grosso do Sul e a de Santa Catarina usam a expressão propriedade plena ou não.

Agiu muito bem o legislador, afinal se a incidência ocorresse apenas na propriedade plena, os veículos sobre arrendamento mercantil, por exemplo, não sofreriam a incidência do IPVA, pois os dois (arrendador e arrendatário) não têm a propriedade plena, assim como ocorreria também no usufruto.

Procura-se, também, diminuir fraudes ou simulações, afinal eu poderia comprar um veículo no nome de meu pai e pedir para ele instituir o usufruto para mim. Nesse caso, ninguém teria a propriedade plena e não haveria pagamento do IPVA. No tópico do elemento pessoal, comentaremos a quem cabe pagar o IPVA nos casos em que a propriedade não é plena.

Ainda cabe uma colocação. Para surgir a obrigação tributária, basta ter a propriedade do veículo automotor, pouco importando o uso dele ou não. Se Antônio compra uma Ferrari para colecionar e não a tira da garagem, deverá pagar o IPVA da mesma forma. Não é o uso que faz nascer a obrigação tributária e sim sua propriedade, plena ou não. É claro que o veículo novo deve estar registrado (licenciado), pois caso ainda esteja em estoque em uma concessionária, não há incidência de IPVA. E aqueles veículos usados em estoque para revenda? Sobre esses incide o IPVA, normalmente.

Depois de explicado tudo isso, concluímos que o IPVA incide na propriedade, plena ou não, de veículos automotores terrestres, independentemente da sua fonte de energia, estando excluídas as máquinas motorizadas (retroescavadeira, guincho etc.) e os veículos novos em estoque nas concessionárias.

Veja como isso já foi cobrado em prova:

(AFRE RJ/FGV–2008 – adaptada) No caso de o veículo utilizar força motriz complementar ou alternativa de fonte de energia natural, para efeito do IPVA:

a) não se considera veículo automotor salvo se for veículo marítimo.
b) considera-se veículo automotor apenas se a fonte de energia natural representar menos de 50% de sua força motriz.
c) considera-se veículo automotor, mas o IPVA é devido na proporção da utilização da fonte alternativa.
d) considera-se veículo automotor terrestres, aquáticos e aéreos.

Comentário: *Após a Emenda Constitucional 132/2023, o IPVA passou a incidir sobre veículo terrestre, aquático e aéreo.*

Resposta: D.

12.4.1.1. Não incidência

No capítulo da não incidência do ICMS, falamos que existiam duas formas de imunidade, a subjetiva e a objetiva. As imunidades subjetivas são previstas nas alíneas "a", "b" e "c" do inciso VI do artigo 150 da Constituição Federal, a seguir reproduzidas:

> "**Art. 150** – Sem prejuízo de outras garantias asseguradas ao contribuinte, é vedado à União, aos Estados, ao Distrito Federal e aos Municípios:
>
> (...)
>
> VI – Instituir impostos sobre:
>
> a) patrimônio, renda ou serviços, uns dos outros;
>
> b) entidades religiosas e templos de qualquer culto, inclusive suas organizações assistenciais e beneficentes; (Redação dada pela Emenda Constitucional nº 132, de 2023)
>
> c) patrimônio, renda ou serviços dos partidos políticos, inclusive suas fundações, das entidades sindicais dos trabalhadores, das instituições de educação e de assistência social, sem fins lucrativos, atendidos os requisitos da lei
>
> (...)
>
> § 2º A vedação do inciso VI, "a", é extensiva às autarquias e às fundações instituídas e mantidas pelo poder público e à empresa pública prestadora de serviço postal, no que se refere ao patrimônio, à renda e aos serviços vinculados a suas finalidades essenciais ou às delas decorrentes. (Redação dada pela Emenda Constitucional nº 132, de 2023)

Assim, todas as leis de IPVA colocam no rol da não incidência a propriedade de veículos automotores pelos entes federados, suas autarquias, fundações públicas e templos de qualquer natureza. Em relação às entidades relacionadas na alínea "c" do dispositivo mencionado, as leis estaduais preveem a não incidência, no entanto ressalvam que essas entidades devem ter fins não lucrativos, ou seja, cumpram os requisitos do artigo 14 do Código Tributário Nacional:

> "**Art. 14.** O disposto na alínea c do inciso IV do artigo 9º é subordinado à observância dos seguintes requisitos pelas entidades nele referidas:
>
> I – não distribuírem qualquer parcela de seu patrimônio ou de suas rendas, a qualquer título;
>
> II – aplicarem integralmente, no País, os seus recursos na manutenção dos seus objetivos institucionais;
>
> III – manterem escrituração de suas receitas e despesas em livros revestidos de formalidades capazes de assegurar sua exatidão."

Perceba que os requisitos do artigo 14 do CTN só são exigidos para as entidades da alínea *c*, não sendo exigidos dos templos, que estão na alínea *b*.

Veja como isso já foi cobrado em prova:

(Auditor Fiscal da Receita Estadual–SC/Fepese – 1998) Segundo a Lei Estadual nº 7.543, de 30 de dezembro de 1988, não se exigirá o IPVA de instituições religiosas, de educação e de assistência social que cumpram determinados requisitos, NÃO fazendo parte desses requisitos

a) a aplicação integral, no país, dos seus recursos na manutenção de seus objetivos institucionais.

b) a não distribuição de parcela de seu patrimônio a título de lucro ou participação no seu resultado.

c) a manutenção de escrituração de suas receitas e despesas em livros de formalidade capazes de assegurar sua exatidão.

d) a não distribuição de parcela de sua renda a título de lucro ou participação no seu resultado.

e) a direção ou gerência constituída por brasileiros natos ou naturalizados residentes ou não no país, ou estrangeiros, desde que residentes no país.

Comentário: *As alternativas "a" a "d" estão corretas, pois são praticamente literalidades do art. 14 do CTN. Já a alternativa "e" não está prevista no artigo mencionado, sendo, portanto, a resposta.*

Resposta: E.

Por fim, cabe mencionar que não há incidência de IPVA nos veículos que sofrerem perda total. Os motivos são os seguintes: o veículo deixou de ser automotor (capaz de produzir propulsão própria para se deslocar) e o proprietário não pode mais usar a coisa (perdendo seu domínio útil sobre o bem). Se houve perda do veículo, então não há mais propriedade, logo não há fato gerador do IPVA.

O proprietário deve informar a perda total ao órgão competente para surgir a não incidência. Inclusive, ocorrendo a perda do veículo em um determinado mês do ano, após o pagamento do IPVA, caberá ao contribuinte ser restituído do valor já pago, proporcional aos meses restantes do ano, conforme será mais bem explicado em tópico futuro.

12.4.1.2. Isenções

Cada estado pode colocar no rol de isenção as condições que achar necessárias. Existem muitas variações no rol de isenções estaduais, comentaremos inicialmente aquelas isenções comuns a todos ou quase todos os entes federados.

Muitos estados colocam no rol de isenção os casos de imunidade. Como falamos no capítulo de não incidência do ICMS, os fatos jurídicos imunes não estão no campo de incidência do tributo, ao contrário dos fatos jurídicos isentos que estão no campo de incidência do imposto, mas o detentor do poder de tributar veda o lançamento do crédito tributário. E se cair na prova perguntando se é isento de IPVA o veículo sobre propriedade de uma instituição religiosa? Se a lei mencionar isso, a alternativa está correta.

Veremos também a isenção sobre máquinas agrícolas. Como o trator agrícola entra no mesmo caso da retroescavadeira, não é considerado veículo e sim máquina automatizada. Mas e se a prova perguntar se é isento? Sabe aquela máxima: "time que está ganhando não se mexe"? Então, se o estado não cobra, o proprietário não paga e está previsto na legislação como isenção, você responde que sim, passa no concurso e fica bom para todos (para o fisco, para o contribuinte e para você)!

(Auditor Fiscal da Receita Estadual –AL/Cebraspe – 2021) Considerando o disposto na Lei n.º 6.555/2004 do estado do Alagoas, julgue os itens que se seguem, a respeito do IPVA.

São isentos de IPVA os veículos automotores fabricados para uso exclusivo na atividade agrícola.

(C) Certo

(E) Errado

Comentário: *Como mencionado, apesar de tecnicamente máquinas para uso agrícola estarem fora do campo de incidência do IPVA, as legislações estaduais colocam as máquinas agrícolas como isentas, logo a afirmativa está correta.*

Resposta: "C".

São isenções comuns a todos os estados:

- sobre ambulância de hospitais filantrópicos e veículo do corpo de bombeiros (alguns estados exigem transporte gratuito, outros não);

- de pessoas jurídicas de direito público externo (diplomacia e consulado);
- veículos terrestres especiais para pessoas com deficiência física (alguns estados exigem que o deficiente seja o condutor, outros limitam ao valor do veículo);
- táxis e veículos usados no transporte público de passageiros (alguns estados incluem transporte público de cargas).

As legislações criam isenções para taxistas, agora vamos imaginar que uma pessoa compre vários carros, você acha que ela própria (sem auxílios de terceiros) vai usar de fato quantos veículos como táxi? Certamente apenas um, assim, buscando evitar fraudes, as legislações concedem isenção de IPVA a apenas um carro licenciado a táxi por proprietário.

Dessa forma, se "Maria Taxista" comprar três carros para serem usados como táxi, apenas um dos três veículos adquiridos por "Maria Taxista" estará isento de IPVA, ainda que ela contrate três motoristas para cada um usar cada veículo como táxi.

Todos os estados colocam uma isenção pelo tempo de fabricação. Há estados, como Roraima, que isentam veículos com mais de 10 anos de fabricação. A grande maioria, entre eles o Espírito Santo, coloca no rol de isenção veículos com mais de 15 anos de fabricação. Há estados que só se contentam com 20 anos de fabricação, São Paulo é um deles. Santa Catarina e Minas Gerais exigem 30 anos de fabricação. Já o estado de Alagoas isenta veículos fabricados até 31/12/00.

Também é normal haver isenção para potências de motores inferiores a uma determinada cilindrada. Por exemplo, em Sergipe, há isenção para veículo com motor abaixo de 50 cilindradas, já em Santa Catarina, para motores de até 200 cilindradas. A lei gaúcha, por outro lado, isenta veículos com motor elétrico.

O estado de São Paulo isenta o veículo ferroviário. Muitos não fazem essa isenção, mas as locomotivas brasileiras, em regra, já são beneficiadas pelo tempo de fabricação.

Por fim, é oportuno discorrer sobre uma isenção prevista na lei pernambucana, alagoana e outras. Quando seu veículo é furtado, roubado ou algo parecido, você perde a propriedade da coisa, pelo menos provisória. Caso você cumpra as obrigações acessórias (registrar boletim de ocorrência na delegacia de polícia e informar ao fisco), não há incidência de IPVA no período, pois não há veículo automotor, muito menos a sua propriedade, devendo o estado devolver o valor recolhido anteriormente proporcionalmente aos meses de uso no ano, segundo a doutrina e a jurisprudência.

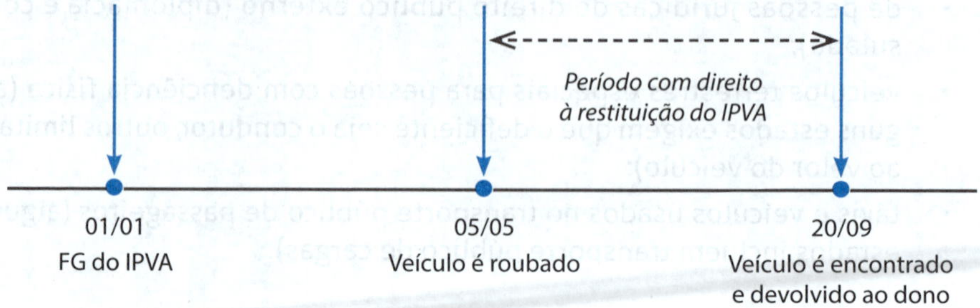

Nesse exemplo, entre cinco de maio (data do furto) e vinte de setembro (data da devolução ao dono) não incide o IPVA. Pela legislação pernambucana, esse período é isento e o estado deverá devolver o IPVA proporcionalmente a três meses (junho, julho e agosto). Maio e setembro não há devolução, porque se houver pelo menos um dia do mês com o veículo em posse do proprietário, incidirá o IPVA.

Essa exigência de devolução nasceu depois de posições jurisprudenciais e doutrinárias e será mais bem abordada no tópico do critério dimensional. A previsão de isenção ora comentada era desnecessária, porém, aquilo que reforça a jurisprudência não deve ser criticado. Assim, se for perguntado se é isento o veículo da data do furto até a devolução, em uma prova para o fisco pernambucano, alagoano, amazonense e tocantinense que têm a mesma previsão, a resposta será positiva.

A lei do estado de Rondônia não toca no assunto, todas as outras leis adotam a posição do STF, ou seja, consideram que aquele que teve o veículo roubado ou furtado perdeu a propriedade sobre o automóvel, logo não incide o IPVA sobre esse veículo, pelo menos durante o período que o veículo estava roubado.

Cabe mencionar que as legislações exigem a comunicação do furto alguns dias após sua ocorrência. Isso faz sentido, seria muito fácil alguém aparecer três anos após o furto, informando que seu carro foi roubado.

12.4.2. Critério temporal (quando incide)

Como falamos no capítulo da regra matriz do ICMS, o elemento temporal é fundamental, entre outras coisas, para determinação do momento em que é iniciado o prazo decadencial. É oportuno lembrar que o momento da ocorrência do fato gerador não significa o momento do pagamento, inclusive as legislações estaduais permitem o parcelamento do imposto devido. Em regra, o pagamento ocorre depois do momento do fato gerador.

O momento da ocorrência do fato gerador pode variar conforme a ocorrência do fato descrito na hipótese de incidência. Regra geral, é no instante em que alguém se torna proprietário de veículo automotor ou, no caso de veículo usado, no dia primeiro de janeiro de cada exercício.

São estes os três critérios temporais adotados em praticamente todas as legislações estaduais:

Condição de Incidência do IPVA	Momento do Fato Gerador
Veículo usado	1º de janeiro de cada exercício
Compra de veículo novo	Data da aquisição ou arrematação
Veículo importado por consumidor final	Data do desembaraço
Veículo que perde a condição de isento ou imune	Na data da perda dessa condição

Perceba que a data do desembaraço só é elemento temporal quando o veículo é importado pelo consumidor final, isso ocorre porque quando uma concessionária importa um veículo para revenda, não há incidência de IPVA, mesmo porque o veículo irá integrar o estoque do importador, não tendo registro no estado, nem placa, não existindo assim a obrigação tributária.

Diante desse fato, algumas legislações fazem a seguinte previsão de elemento temporal: "na data da incorporação do veículo novo ao ativo permanente do fabricante, do revendedor ou do importador." Assim, caso depois de importado ou depois de fabricado o veículo em estoque seja incorporado no ativo do revendedor ou fabricante, esse instante faz nascer a obrigação tributária.

Algumas legislações lembram-se do caso de um veículo ser encontrado sem comprovação do pagamento do imposto. No instante em que ele foi encontrado, nasce a obrigação tributária.

Caso um determinado veículo terrestre perca a condição de imune ou isento, o instante da perda dessa condição será o momento do fato gerador.

Veja como isso já foi cobrado em prova:

(AFRE-AC/Cespe-2006) Sendo o imposto sobre propriedade de veículos automotores (IPVA) um imposto sobre a propriedade patrimonial, seu fato gerador corresponde a uma situação presumida legalmente, já que, em regra, não ocorre fato, no sentido real, na mera manutenção de uma propriedade.

Assim sendo, o direito presume a ocorrência do fato gerador. Os casos de presunção legal de ocorrência de fato gerador do IPVA não incluem o

a) momento da aquisição de veículo novo por consumidor final.

b) arremate em leilão, por consumidor final.

c) primeiro dia de cada ano, em relação a veículo adquirido em anos anteriores.

d) momento do desembaraço aduaneiro de veículo adquirido do exterior por concessionária para revenda.

Comentário: *Quando uma concessionária importar ou adquirir do fabricante um veículo novo para revenda, esse veículo vai para o estoque da concessionária. Não* *há fato gerador do IPVA. Todas as outras alternativas são de fato momentos de ocorrência do fato gerador.*

Resposta: D.

Outra análise que também precisamos fazer quanto ao aspecto temporal é sobre a aplicação ou não da anterioridade e da anterioridade nonagesimal para o IPVA, pois costuma ser cobrado em concursos. Vejamos o que está previsto na Constituição Federal, com observações entre parênteses e grifos nossos.

> "Art. 150. Sem prejuízo de outras garantias asseguradas ao contribuinte, é vedado à União, aos Estados, ao Distrito Federal e aos Municípios:
>
> (...)
>
> III – cobrar tributos:
>
> (...)
>
> b) no **mesmo exercício financeiro** em que haja sido publicada a lei que os instituiu ou aumentou; (*anterioridade*)
>
> c) **antes de decorridos noventa dias** da data em que haja sido publicada a lei que os instituiu ou aumentou, observado o disposto na alínea b; (*anterioridade nonagesimal*)
>
> (...)
>
> §1º A vedação do inciso III, b, (*anterioridade*) não se aplica aos tributos previstos nos arts. 148, I, 153, I, II, IV e V; e 154, II; e a vedação do inciso III, c, (*anterioridade nonagesimal*) não se aplica aos tributos previstos nos arts. 148, I, 153, I, II, III e V; e 154, II, nem à fixação da base de cálculo dos impostos previstos nos **arts. 155, III**, (*IPVA*) e 156, I.(*IPTU*)

O tributo previsto no art. 155, III, é o nosso querido IPVA. Logo, vemos que a CF/88, conforme alteração dada pela EC 42/03, estabeleceu que o IPVA não precisa respeitar a anterioridade nonagesimal somente quanto à base de cálculo, mas precisa respeitar em relação à alíquota. Cuidado com essa pegadinha, porque costuma aparecer em prova. Assim, caso seja publicada uma nova lei estadual aumentando a alíquota de determinado tipo de veículo, ela precisa respeitar a anterioridade nonagesimal, além da anterioridade, que deverá ser respeitada sempre para o IPVA, por não haver exceção prevista na CF/88.

Vamos exemplificar, para melhor entendimento. Suponhamos que o estado de Sergipe tenha aumentado a alíquota de determinado tipo de veículo em 15/12/2023. Quando o referido veículo poderá ter seu IPVA cobrado já com a alíquota maior? Segundo a anterioridade comum, em 01/01/2024, afinal, os veículos já estariam sujeitos à nova alíquota, uma vez que o fato gerador ocorre todo 1º de janeiro. Contudo, após a EC 42/03, o IPVA deverá respeitar a anterioridade nonagesimal em relação a aumento de alíquota, logo, somente em meados de março de 2023 poderia ser cobrada a alíquota maior. Como o IPVA ocorre no dia 1º de janeiro, na prática, esta nova alíquota só poderá ser cobrada sobre veículos usados em 01/01/2025. E sobre um veículo novo adquirido em julho de 2024? Como esse fato gerador ocorrerá em julho de 2024, já poderá ser cobrada a alíquota maior.

Agora, se a lei sergipana tivesse aumentado somente a base de cálculo, esta valeria já a partir de 01/01/2024, pois um aumento na base de cálculo somente tem que obedecer à anterioridade comum, e não à nonagesimal.

Perceba que seria bem estranho seguir a anterioridade nonagesimal, pois os estados deveriam publicar suas tabelas de valores de veículos até o dia três de outubro, ou seja, 90 dias antes de primeiro de janeiro, e nesses 90 dias os preços de mercado poderiam oscilar bastante, para maior ou menor. Por isso é interessante que se possa estabelecer a tabela de veículos em dezembro, para refletir melhor os preços reais dos veículos em primeiro de janeiro, que é quando acontece o fato gerador. É a mesma coisa que acontece com o IPTU, de competência municipal.

Veja como isso já foi cobrado em prova:

(Técnico de Fomento – Advogado – BADESC/ FGV–2010) Lei catarinense, publicada em 01.12.2008, alterou, de 3% para 4%, a alíquota do IPVA relativo à propriedade de veículo usado, movido a gasolina.

Assinale a alternativa que indique a data que tal aumento pôde ser cobrado.

a) 02.03.2009.

b) 01.01.2009.

c) 01.01.2010.

d) 02.12.2009.

e) 31.12.2008.

Comentário: *A lei catarinense alterou a alíquota, logo, precisa respeitar tanto a anterioridade do exercício seguinte quanto a nonagesimal. Assim, como a alteração foi feita no dia 01/12/08, os noventa dias começam a ser contados a partir do dia seguinte, 02/12/08. Então em dezembro correram 30 dias, em janeiro mais 31, em fevereiro mais 28 e em março logo o primeiro dia do mês já completou os 90 dias, sendo possível aplicar a nova alíquota já a partir do dia seguinte, 02/03/09. Feita essa contagem, como os bons candidatos sabem contar perfeitamente um prazo, já teriam marcado a alternativa A felizes da vida. Contudo, ao conferirem o gabarito, ficariam decepcionados por terem esquecido que o fato gerador de veículo usado ocorre a cada dia 1º de janeiro, ou seja, como o de 2009 já teria acontecido, somente em 01/01/2010 ocorreria o primeiro fato gerador sujeito à nova alíquota.*

Resposta: C.

Por último, o prazo para pagamento não precisa estar previsto em lei nem respeitar a anterioridade nonagesimal. Contudo, caso não haja previsão para pagamento nem em um decreto que seja, o prazo para pagamento deverá seguir o artigo 160 do CTN, que assim determina:

> **CTN – Art. 160**. "Quando a legislação tributária não fixar o tempo do pagamento, o vencimento do crédito ocorre trinta dias depois da data em que se considera o sujeito passivo notificado do lançamento."

Este prazo de trinta dias, no caso de omissão de lei, é um prazo mínimo, mas é claro que o estado pode determinar outro prazo maior estipulado no carnê, por exemplo, se assim desejar, pois seria a favor do contribuinte. Contudo, nada impede que a lei estadual fixe um prazo menor que 30 dias.

12.4.3. Critério espacial (onde incide)

O critério espacial, assim como no ICMS, tem importância tanto no repasse aos Municípios como na definição do sujeito ativo da obrigação tributária. É natural que cada estado queira aumentar suas receitas, logo é justamente nesse elemento da matriz de incidência que sentiremos mais a falta da Lei Complementar Federal que deveria estabelecer normas gerais sobre IPVA.

A maior parte da doutrina considera que o local da cobrança no IPVA é onde o veículo está registrado ou licenciado. E o que fundamenta essa posição da doutrina? essa posição é baseada no inciso III do artigo 158 da Constituição Federal, que obriga o estado a repassar 50% do valor arrecado ao Município sobre os veículos licenciados em seu território[1].

> "**Art. 158.** Pertencem aos Municípios:
>
> (...)
>
> III – cinqüenta por cento do produto da arrecadação do imposto do Estado sobre a propriedade de veículos automotores **licenciados** em seus territórios;" (grifo nosso)

Sem dúvida, o repasse de 50% aos municípios deve obedecer ao mandamento constitucional, mas será que isso determina o local da cobrança?

Antes de responder a essa pergunta, vamos para um exemplo prático. Jean, concurseiro paranaense, estuda bastante e passa para o cargo de Auditor Fiscal do estado do Ceará. Antes da posse, o pai do Jean o presenteia com uma picape 4x4, veículo esse registrado no Paraná, mais especificamente em Curitiba. Jean vai morar na belíssima Jericoacoara/CE e leva sua picape. Após se apaixonar pelas belíssimas lagoas e praias cearenses, Jean estabelece residência fixa e passa pouquíssimos dias por ano no Paraná, apenas nas festas de fim do ano. O veículo fica em terras cearenses por oito anos seguidos, sem sair do estado nordestino, no entanto, continua registrado no Paraná.

Nesse caso, a quem cabe o IPVA? Para a maior parte da doutrina e pela legislação paranaense, ao estado do Sul do Brasil. Você acha isso correto? Bom, não sabemos a sua resposta, mas o fisco cearense não acha correto, pois a legislação do Ceará assim prevê em sua Lei 12.023/92: "**Art. 2º** – O imposto será devido no local do domicílio do proprietário do veículo".

---

1. OLIVEIRA, José Jayme de Macedo. *Imposto Estaduais.* 1ª ed., São Paulo: Saraiva, 2009. p. 359.

Esse é um grande ponto que nos faz sentir falta da legislação federal, estabelecendo normas gerais e dirimindo conflitos. No caso concreto, Jean poderia ter o IPVA cobrado pelo Paraná e pelo Ceará. E o que respondo na prova? Se o estado que você estiver prestando prova falar em local do registro, você responderá que o imposto é devido ao Paraná. Agora, se você estiver prestando concurso a um estado que fala que o local do imposto devido é o domicílio do proprietário do veículo, você responderá que o IPVA é devido ao Ceará.

Agora, e se você fosse o Jean? Tome logo vergonha na cara e evite problemas, transferindo seu carro para o Ceará, afinal, você é um fiscal cearense e é pago para aumentar a receita estadual desse estado.

A maior parte das legislações coloca que o IPVA é devido no local do registro, seguindo a doutrina, mas alguns estados (Acre, Alagoas, Amapá, Ceará, Espírito Santo, Goiás, Maranhão, Mato Grosso, Pará, Paraíba, Pernambuco, Rio de Janeiro e São Paulo) colocam como o local da cobrança do imposto o domicílio do proprietário. Já o estado da Bahia (§ 3º do artigo 1º da Lei Estadual) tem dispositivo na sua lei que remete ao local do uso do veículo. Segue como exemplo o trecho da lei baiana: "Em se tratando de veículo registrado em outra unidade da Federação, considera-se ocorrido o fato gerador a partir do uso ou da locação não eventual no território deste Estado".

E no exemplo do Jean, a qual município cabe o repasse do IPVA? Se recolhido para o Paraná, 50% do valor arrecadado ficará para o Município de Curitiba (local do registro). Se recolhido para o Ceará, ficará para Jericoacoara (local do domicílio do proprietário).

Ainda, conforme o artigo 120 do Código de Trânsito Brasileiro – CTB: "Todo veículo automotor, elétrico, articulado, reboque ou semi-reboque, deve ser registrado perante o órgão executivo de trânsito do Estado ou do Distrito Federal, no Município de domicílio ou residência de seu proprietário, na forma da lei". Como legislar sobre trânsito compete privativamente à União, o STF já afirmou que os estados não estão autorizados a legislar sobre registro e licenciamento de veículos. Mais uma vez verificamos que já passou da hora de vir uma Lei Complementar que regule vários aspectos do IPVA.

Com todas essas divergências no entendimento de para qual estado o IPVA deverá ser recolhido, diversos proprietários licenciam seus veículos em estados onde a alíquota do IPVA é menor. Isso acontece bastante com veículos importados de alto valor usados por grandes empresários e pessoas famosas. Existem escritórios de despachantes nesses estados de alíquota reduzida que emprestam seus endereços para proprietários de veículos que nunca residiram ou trabalharam no município do endereço de licenciamento. São verdadeiras fraudes escancaradas. Logicamente, os estados que se acham no direito de serem os verdadeiros sujeitos ativos do IPVA cobram os supostos fraudadores e os multam, inclusive com a possibilidade de impetrar ações criminais contra esses contribuintes. Sobre essas ações, o STJ já afirmou que um proprietário de veículo que fraudou o local de licenciamento de seu veículo com vistas à redução do imposto não comete o crime de falsidade ideológica, e sim de supressão ou redução do tributo.

A polêmica do local de cobrança chegou à Suprema Corte. Por meio da ADI 4612/SC e do RE 1.016.605/MG, o STF decidiu que os automóveis devem ser licenciados e registrados no local de domicílio do proprietário. Segundo o relator (Ministro Dias Toffoli): "O licenciamento deve ter relação com a propriedade do veículo que é o núcleo da materialidade do tributo (IPVA)." Essa posição do Supremo reforçou a posição já adotada por este Tribunal que determinava que o licenciamento deveria ser no município de domicílio ou residência do proprietário, conforme o artigo 120 do Código de Trânsito Brasileiro.

No RE 1.016.605/MG, o STF deixou claro que os automóveis das locadoras de veículos que têm mais de uma filial deverão ser licenciados no local onde se encontra o estabelecimento ao qual o veículo estiver vinculado. A decisão do Supremo tem repercussão geral, logo todos os estados devem obedecê-la.

Note, contudo, que a decisão da Suprema Corte determina que o veículo deve ser **REGISTRADO** no local de **DOMICÍLIO** do proprietário. Cuidado com a pergunta na prova, pois se a pergunta tentar vincular o domicílio ao registro, responda conforme a posição do STF. Agora, se a questão apenas perguntar a quem cabe o recolhimento do IPVA, responda de acordo com a legislação do estado onde você presta o concurso.

Veja uma questão sobre esse tema:

(Auditor Técnico de Tributos-SE/CEBRASPE-2022) A empresa GX1, que tem sede e domicílio tributário no município de Aracaju -SE, atua no ramo de locação de veículos automotores para clientes nos estados de Sergipe, Alagoas e Bahia. Embora a GX1 seja sediada em Sergipe, os veículos por ela locados são licenciados no município de Londrina – PA.

Nessa situação hipotética, de acordo com a delimitação constitucional da repartição de receitas tributária e com a Jurisprudência do STF, a competência para exigir o IPVA sobre os veículos de propriedade da empresa GX1 será:

a) apenas do estado do Paraná.
b) apenas do estado de Sergipe.
c) dos estados do Paraná e de Sergipe, concorrentemente.
d) dos estados de Sergipe, Alagoas, Bahia e Paraná, concorrentemente.
e) dos estados de Sergipe, Alagoas e Bahia, concorrentemente.

Comentário: *A questão exige o conhecimento da decisão do STF por meio do RE 1.016.605/MG. Primeiramente, cabe mencionar que o examinador exige que a questão seja respondida segundo a Constituição Federal e a Jurisprudência do STF.*

O texto constitucional determina que o IPVA deve ser recolhido no estado do licenciamento, porém, a decisão do STF estabeleceu que o veículo deve ser licenciado no local do domicílio tributário do proprietário. No caso de locadora, o veículo deve ser licenciado no local da sede da pessoa jurídica. Assim, no caso concreto, pela jurisprudência da Suprema Corte, o veículo deve ser licenciado em Sergipe, que é o estado da sede da locadora, logo, o tributo deverá ser recolhido apenas para o estado de Sergipe, que é o local do licenciamento.

Resposta: B.

12.4.3.1. Repasse de IPVA

No caso específico do IPVA, o repasse de 50% do valor arrecadado será realizado de acordo com o licenciamento do veículo (artigo 2º). Assim, se você mora em Antonina/PR, mas seu carro está licenciado em Curitiba/PR, o estado do Paraná repassará metade do que você recolheu ao Município de Curitiba, pois o que importa é onde o veículo está licenciado.

E no caso daqueles estados que consideram o domicílio do proprietário como local do fato gerador, como São Paulo? Por exemplo, Tiago reside em Ubatuba/SP, mas tem seu carro licenciado em Jundiaí/SP. Nesse caso, o estado de São Paulo deverá cumprir a determinação prevista na Constituição e na Lei Complementar 63/90 e repassar 50% ao Município de Jundiaí/SP.

Esse valor abrange os autos de infração. Por exemplo, se uma concessionária está instalada no Município de Campos/RJ, mas tem seus carros registrados em Vila Velha no Espírito Santo e o fisco fluminense autuou a concessionária do montante pago pelo sujeito passivo, será repassada uma parte para Campos/RJ, onde o fisco autuante considerou como ocorrido o fato gerador. O Rio de Janeiro repassará todo o valor pago para Campos/RJ? Não, repassará somente 50% de imposto, juros e multa moratória, mas a multa punitiva será toda do estado do Rio de Janeiro.

O repasse do IPVA deve ocorrer de imediato e no próprio documento de arrecadação no montante que está sendo recolhido. Inclusive, existem diversas decisões do STJ obrigando aos estados que não cumpriram o repasse imediato a repassar aos municípios com juros e correção monetária.

12.4.4. Critério pessoal (a quem paga e quem paga)

Neste tópico, falaremos do sujeito ativo (a quem paga) e do sujeito passivo (quem paga) da obrigação tributária.

12.4.4.1. Sujeito ativo (a quem paga)

No tópico anterior, introduzimos a discussão sobre o sujeito ativo da obrigação tributária.

Caso o concurso seja para os seguintes estados: Alagoas, Ceará, Maranhão, Mato Grosso, Pará, Paraíba, Pernambuco, Rio de Janeiro e São Paulo, consideraremos que o sujeito ativo é o estado do domicílio do proprietário do veículo. Devemos lembrar que a Bahia tem dispositivo que coloca como sujeito ativo o estado da localização habitual do veículo (local do uso). Já os demais estados seguem a corrente majoritária da doutrina e colocam como sujeito ativo o estado ou Distrito Federal onde seja registrado o veículo.

Pode ocorrer sucessão de sujeito ativo? Claro que pode. Vejamos. Como o fato gerador do IPVA ocorre todo ano e considerando que no nosso país é natural as pessoas mudarem de estados e consequentemente trocarem o registro do veículo de um estado para o outro, sempre que isso ocorrer, trocará o polo ativo. Claro, lembrando-se do que foi falado sobre o local da cobrança (registro, domicílio ou uso).

O problema é que a questão da transferência de polo passivo causa conflitos entre os estados e como não temos a Lei Complementar para estabelecer normas gerais sobre IPVA, devemos sempre procurar a melhor situação.

Cabe relembrar o quadro com as três principais hipóteses do momento da ocorrência do fato gerador:

Condição de incidência do IPVA	Momento do Fato Gerador
Veículo usado	1º dia de janeiro de cada exercício
Compra de veículo novo	Data da aquisição ou arrematação
Veículo importado por consumidor final	Data do desembaraço

Note que a regra é que sempre ocorre o momento do fato gerador antes da transferência do carro naquele exercício. Por exemplo, no caso do Jean, supondo que ele tenha ganhado do pai a picape em 30 de abril de 2024, dia que saiu novinha da loja, então foi nessa data que ocorreu o fato gerador. Na ocasião, o sujeito ativo era o estado do Paraná. Se no mês de setembro do mesmo ano, Jean se mudou para o Ceará e fez a transferência do registro do carro para o nordeste, a quem cabe o IPVA de 2024? Perceba que nesse exemplo, ao contrário do anterior, houve a transferência do registro, para evitarmos polêmica.

Nesse caso o bom senso diz que cabe ao estado paranaense, mesmo porque no momento do fato gerador (a data da compra) o sujeito ativo da obrigação era o estado do sul do país, seja pelo critério do domicílio ou do registro. O fato gerador do IPVA só voltará a ocorrer em 1º de janeiro de 2025. A partir dessa data, o sujeito ativo será o estado nordestino, ocorrendo assim a sucessão ativa da obrigação tributária.

Alguns estados buscam outros critérios, por exemplo, em São Paulo, a Lei de IPVA é do ano de 2008, ou seja, uma lei relativamente nova. Caso Jean mudasse de Curitiba para Ubatuba/SP, o estado de São Paulo só exigiria o imposto proporcional de quatro doze avos (setembro a dezembro de 2024) se não houvesse comprovante de pagamento do IPVA no estado de origem, ou seja, se Jean comprovar o pagamento ao Paraná, São Paulo nada cobraria. Essa mesma lei dispensa, no caso de locadora, o pagamento do IPVA a partir do mês seguinte ao da transferência para outra unidade da federação, desde que comprovado pagamento ao estado de destino.

A posição adotada por São Paulo é a adotada na maioria dos estados, no entanto, como mencionamos, a lei paulista é relativamente nova. Os dispositivos tanto do recebimento do veículo em transferência, como da transferência do veículo para outro estado, não se encontram em todas as leis estaduais. Ao contrário, na lei de Rondônia há o seguinte dispositivo: "**Art. 28 –** *Se o veículo usado estiver registrado no dia primeiro de janeiro neste Estado, somente mediante o pagamento integral do tributo correspondente ao exercício em curso e aos anteriores poderá ser transferido para outra unidade da Federação*".

Vamos para um novo exemplo prático: Rafael, que tem um carro de 2022, iniciou o ano de 2024 residindo em Rondônia. Por questões profissionais, no mês de março de 2024 ele se mudou para São Paulo. Ao chegar a esse estado, Rafael faz a transferência do registro do veículo de Rondônia para São Paulo. Como Rafael não apresentou o comprovante de pagamento ao fisco de origem, o fisco paulista cobra o IPVA proporcional pelos meses restantes. Dois meses depois, Rafael é notificado pelo estado de Rondônia, nos termos do artigo 28 da lei estadual, a pagar o IPVA sobre todo ano de 2024. A pergunta é: Rafael deve efetuar esse pagamento?

Se você estiver fazendo prova para São Paulo, a resposta é negativa; mas se sua prova é para Rondônia, a resposta é positiva. Veja que novamente há conflitos das legislações e como não existe a lei federal, devemos sempre responder em prova conforme a lei do estado do concurso. Afinal, se você passar nele, é ela que você defenderá, mesmo que não concorde.

12.4.4.2. Sujeito passivo (quem paga)

Como falamos no tópico do critério material, o IPVA incide sobre a propriedade de veículo automotor terrestre. O contribuinte é a pessoa, física ou jurídica, que tem a propriedade do veículo. As leis estaduais definem como contribuinte a pessoa, física ou jurídica, que é proprietária do veículo.

A pergunta que surge é: e quando não há um proprietário pleno, quem é o proprietário?

Como falamos no capítulo sobre não incidência de ICMS, no caso do arrendamento mercantil, o banco (arrendador) compra o veículo da concessionária, aluga para o arrendatário e, no final da locação, o arrendatário tem a opção de compra ou não, neste caso, o proprietário é o banco, logo, segundo a maioria das leis estaduais, o arrendador (banco) é o contribuinte.

Assim, apesar de juridicamente o proprietário ser o arrendador, os dois são sujeitos passivos da obrigação tributária, o arrendador como contribuinte e o arrendatário como responsável, podendo o fisco cobrar de qualquer deles, com o aval do STJ.

Acontece que em relação a veículos, esse instituto perdeu força, sendo utilizada com mais frequência a alienação fiduciária, na qual o proprietário é a instituição financeira (credor fiduciário), sendo ela o contribuinte do IPVA, e o devedor fiduciário, quem tem posse do veículo, é responsável solidário.

Ocorre que na alienação fiduciária essa solidariedade gera um pouco de polêmica. Como falamos no capítulo sobre não incidência do ICMS, o banco (credor fiduciário) tem a propriedade resolúvel do carro e essa propriedade se resolve com o pagamento das parcelas. Como o credor não pode ficar com o veículo caso as parcelas não sejam pagas, devendo vendê-lo, muitos da doutrina reclamavam dessa solidariedade, no entanto, no Recurso Especial RE 1.344.248 MG, a Segunda Turma do STJ reconheceu a solidariedade.

Assim, em todos os casos em que haja propriedade não plena, os possuidores diretos ou indiretos serão sujeitos passivos, de forma solidária, da obrigação tributária, podendo o fisco cobrar de ambos, sem benefício de ordem. No entanto, a grande maioria das leis estaduais coloca como contribuinte quem tem o domínio indireto do bem, ou seja, o arrendador, no arrendamento, o credor fiduciário, na alienação fiduciária e o locador, na locação.

Por outro lado, são responsáveis solidários aqueles que têm o domínio útil ou direto do bem, ou seja, o arrendador, no arrendamento mercantil, o devedor fiduciário, na alienação fiduciária e o locatário, na locação.

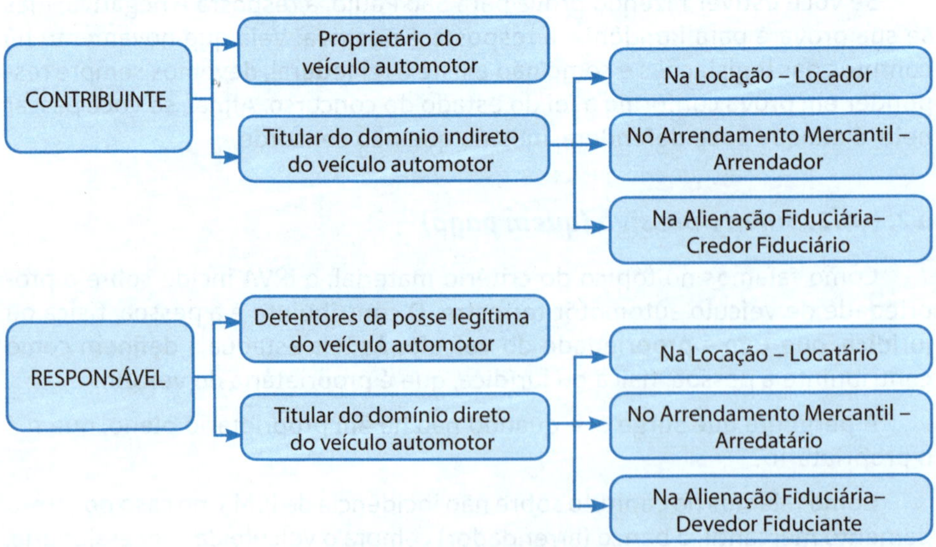

Cabe mencionarmos que o artigo 131, inciso I, do CTN serve de base para diversas leis estaduais:

> "Art. 131. São pessoalmente responsáveis:
>
> I – o adquirente ou remitente, pelos tributos relativos aos bens adquiridos ou remidos;"

Ocorre que os estados, usando seus poderes de tributar, não só utilizaram o artigo 131 do CTN como base, eles estabeleceram a responsabilidade solidária entre o adquirente e o alienante sobre o IPVA devido antes da alienação. Assim, para a maioria dos estados, o adquirente e o alienante do veículo são responsáveis solidários pelo pagamento do crédito tributário não pago antes da aquisição.

Por fim, cabe esclarecermos o conteúdo de uma Súmula do nosso Superior Tribunal de Justiça.

Em 1997, foi publicado o atual Código de Trânsito Brasileiro. Seu artigo 134 tem o seguinte texto:

> "Art. 134. No caso de transferência de propriedade, o proprietário antigo deverá encaminhar ao órgão executivo de trânsito do Estado dentro de um prazo de trinta dias, cópia autenticada do comprovante de transferência de propriedade, devidamente assinado e datado, sob pena de ter que se responsabilizar solidariamente pelas penalidades impostas e suas reincidências até a data da comunicação."

Diante desse texto, muitos estados começaram a cobrar o IPVA do período posterior à alienação do vendedor do veículo, quando o alienante não comunicou ao fisco a venda no prazo de trinta dias. Contribuintes começaram a alegar que a transferência do veículo ocorre, segundo o Código Civil, com a tradição (entrega da coisa), logo o ex-proprietário não poderia ser responsabilizado.

Por conta desse impasse, o Superior Tribunal de Justiça editou no ano de 2016 a seguinte súmula:

> "Súmula 585-STJ: A responsabilidade solidária do ex-proprietário, prevista no CTB, art. 134 do Código de Trânsito Brasileiro – CTB, não abrange o IPVA incidente sobre o veículo automotor, no que se refere ao período posterior à sua alienação."

Perceba que o STJ não veda a cobrança por solidariedade do IPVA do alienante, referente ao período posterior à venda, apenas veda a aplicação desse dispositivo do CTB para realizar essa cobrança.

Consideramos que o Superior Tribunal de Justiça agiu corretamente, afinal o CTB é uma lei ordinária, não podendo estabelecer normas gerais sobre matéria tributária. Assim, a penalidade prevista no CTB, certamente, não tem natureza tributária.

No entanto, nada impede que os estados façam essa previsão nas suas leis estaduais. Veja que o STJ vedou a aplicação do CTB, e não de legislação estadual. Dessa forma, todos os estados que têm essa previsão na sua lei podem cobrar, por solidariedade, o IPVA do alienante que não comunicou ao fisco a venda no prazo de trinta dias. É o caso, por exemplo, de Pernambuco e São Paulo, que assim previram em suas respectivas leis:

> "Art. 10 da Lei 10.849/92 de PE – São responsáveis, solidariamente, pelo pagamento do IPVA e acréscimos devidos: (...)
>
> V – o proprietário do veículo que o alienar ou o transferir, a qualquer título, até o momento da respectiva comunicação ao órgão público encarregado do registro e licenciamento, inscrição ou matrícula."
>
> "Artigo 6º da Lei 13.296/08 de SP – São responsáveis pelo pagamento do imposto e acréscimos legais: (...)
>
> II – o proprietário de veículo automotor que o alienar e não fornecer os dados necessários à alteração no Cadastro de Contribuintes do IPVA no prazo de 30 (trinta) dias, em relação aos fatos geradores ocorridos entre o momento da alienação e o do conhecimento desta pela autoridade responsável;"

Já os estados que não previram expressamente esse dispositivo legal, não devem aplicar a solidariedade ao alienante, afinal o instituto da solidariedade não se presume, deve estar sempre previsto em lei, conforme o artigo 265 do Código Civil:

> "Art. 265. A solidariedade não se presume; resulta da lei ou da vontade das partes."

12.4.5. Critério quantitativo ou dimensional (quanto paga)

O critério dimensional abrange dois conceitos. A base de cálculo, que é o valor que servirá de base para quantificar o imposto, e a alíquota, que é o percentual que será aplicado sobre a base de cálculo, calculando-se assim o montante de IPVA devido.

A base de cálculo do IPVA é o valor venal do veículo automotor. Em algumas leis, como a de Santa Catarina, você verá escrito que a base de cálculo é o valor de mercado. E qual a diferença entre valor venal e valor de mercado? Podemos explicar, de forma simples, que valor venal é uma estimativa que o poder público faz do valor do veículo, considerando em regra uma compra e venda. E se o poder público colocar um valor venal muito superior ao valor de mercado? O contribuinte pode buscar a impugnação desse valor.

No caso de compra de veículo novo, a base de cálculo é o valor constante na nota fiscal. Contudo, pode ser que algum estado tenha previsto uma base de cálculo um pouco diferente dessa, que é a adotada por quase todos os estados. Por exemplo, Alagoas estipulou como base de cálculo o maior valor entre o preço sugerido pelo fabricante e o constante no documento fiscal, logo, se o comprador conseguir na loja um bom desconto sobre o preço sugerido, ainda assim pagará o IPVA sobre este, e não sobre o preço com desconto.

Na importação, a base de cálculo será o valor do documento de importação somado aos encargos aduaneiros e demais tributos cobrados (inclusive o ICMS).

Os veículos usados têm suas bases de cálculo atualizadas por decretos ou atos administrativos de autoridades fazendárias. É firme a jurisprudência do STF e do STJ que essa atualização via esses atos normativos não representa violação ao princípio da legalidade. A fixação da base de cálculo é via lei e todos os estados colocam como o valor venal, já uma correção na tabela é uma forma de atualização monetária, que pode ser por norma infralegal. Nesse caso, não precisa respeitar a anterioridade nonagesimal.

Condição de Incidência do IPVA	Base de cálculo
Veículo usado	Valor venal
Compra de veículo novo	Valor da nota fiscal
Veículo importado por consumidor final	Valor do documento de importação + encargos financeiros e demais tributos (inclusive ICMS)

Cada estado tem liberdade para fixar suas alíquotas, devendo fazer isso obedecendo aos dispositivos constitucionais, obviamente. Seguem abaixo os dispositivos que falam diretamente da alíquota do IPVA:

> "Art. 155. Compete aos Estados e ao Distrito Federal instituir impostos sobre:
>
> (...)
>
> III – propriedade de veículos automotores.
>
> (...)
>
> § 6º O imposto previsto no inciso III:
>
> I – terá alíquotas mínimas fixadas pelo Senado Federal;
>
> II – poderá ter alíquotas diferenciadas em função do tipo, do valor, da utilização e do impacto ambiental; (Redação dada pela Emenda Constitucional nº 132, de 2023)"

Assim, cada estado institui a alíquota do IPVA livremente, dentro de um limite razoável, claro, para não ter efeito de confisco.

A título de ilustração, para veículos automotivos "normais", ou seja, de pessoa física, para seu próprio uso, com motor a gasolina ou *flex*, em 2025, ou seja, o carrão que você vai ter quando for fiscal, as alíquotas variavam de 2% a 4%, sendo a menor aplicada nos estados do Espírito Santo, Mato Grosso,

Rondônia, Santa Catarina e Tocantins, enquanto que a maior vale para Minas Gerais, Rio de Janeiro e São Paulo. A alíquota no Mato Grosso do Sul é de 5%, mas há anos é concedido um desconto de 30%, caindo para 3,5%. Pode ser mais um critério a ser analisado no concurso que quiser prestar (#ironia).

O §6º do artigo 155 da Constituição Federal foi instituído na nossa Lei Maior em dezembro de 2003 com a EC 42/03. O inciso I teve como objetivo evitar a guerra fiscal. Devido à ausência da Lei Complementar Federal estabelecendo normas gerais e como muitas legislações colocam como o local da cobrança o Município do registro do veículo, alguns estados instituem alíquotas menores que as de outros estados buscando um maior número de registros de carros em seus territórios. É a velha máxima: "melhor receber 1% do carro do vizinho do que nada".

Apesar da boa ideia do legislador reformador, essa disposição ainda tem pouco efeito prático, afinal, a única disposição feita pelo Senado Federal neste sentido foi a Resolução SF 15/2022, que estabelece alíquota mínima de 0 (zero)% do IPVA sobre veículos de 2 (duas) rodas de até 170 (cento e setenta) cilindradas. Contudo, está em tramitação um projeto de Resolução do Senado Federal iniciado em 2017 que busca estabelecer uma alíquota mínima de IPVA de acordo com o tipo dos veículos, mas ainda não foi aprovada, pelo menos até a publicação desta obra.

Sendo assim, encontramos um tipo de "guerra fiscal" entre estados pela adoção de alíquotas menores de IPVA, levando a algumas situações, digamos, no mínimo, interessantes, como encontrar quase todos os veículos de determinadas locadoras emplacados em Minas Gerais ou Paraná, onde a alíquota para veículos de locadoras é de 1%, mesmo que esses veículos nunca tenham sido alugados nesses estados, e sim em outros com alíquotas maiores.

Outro exemplo é a diferença entre as alíquotas do IPVA para veículos comuns em estados vizinhos, como entre Mato Grosso e Mato Grosso do Sul. No primeiro, são 2%, já no segundo, com o desconto de 30% já mencionado, são 3,5%. Ainda, no Espírito Santo, são 2%, enquanto que no Rio, 4%. O que deve ter de carro de morador no estado com alíquota maior emplacado no estado vizinho, principalmente perto das divisas, deve ser uma festa.

Se você vier a ser fiscal em um desses estados prejudicados, provavelmente lavrará alguns Autos de Infração buscando corrigir essas situações, principalmente em pessoas jurídicas, como locadoras de veículos, que serão bastante discutidos judicialmente.

Alguns estados já fizeram grandes operações com autuações sobre donos de veículos emplacados nesses estados com alíquotas menores cobrando o

IPVA de artistas, jogadores de futebol etc. Obviamente, o alvo foi mais em cima dos carros de maior valor, pois não tem como fiscalizar todos. E aí entraram as Ferraris, Lamborghinis etc. dessas pessoas mais abastadas e famosas. O bonitão nunca residiu em um desses estados e emplacou seus carrões neles só para diminuir o valor do IPVA? É a velha máxima: "Quem paga errado, paga dobrado".

Preste atenção ao fato de que cabe ao Senado Federal fixar apenas as alíquotas mínimas, não tendo nenhuma previsão para que fixe as máximas. Muitas questões de prova fazem essa pegadinha.

Veja como isso já foi cobrado em prova:

(Procurador Geral do Amazonas/Cespe–2004) Relativamente às normas constitucionais aplicáveis ao IPVA, julgue o item que se segue.

( ) Ao Senado Federal cabe definir a alíquota máxima que cada estado pode aplicar ao IPVA.

Comentário: *Questão mais fácil que pode aparecer em sua prova, pois a essa altura você já decorou que cabe ao Senado fixar as alíquotas mínimas, e não as máximas. Item errado, claro.*

Já o inciso II trouxe uma hipótese de seletividade para o IPVA. A Constituição Federal de 88 autorizava a seletividade somente para o IPI e para o ICMS, sendo que para o IPI ela é obrigatória e para o ICMS, facultativa. No entanto, a partir da Emenda Constitucional 42/03, foi autorizada a implementação de alíquotas seletivas também para o IPVA. Assim como na seletividade do ICMS, é facultativo o seu uso pelo estado ("poderá").

Antes da Emenda Constitucional nº 132/2023, as alíquotas poderiam ser diferenciadas por causa do tipo do veículo (motocicleta, caminhão, carros, ônibus e outros) e pela utilização do veículo (locação, uso pessoal, transporte público, transporte de cargas e outros).

Com o passar do tempo, as legislações estaduais passaram a diferenciar alíquotas de acordo com o impacto ambiental, assim, os veículos movidos a gás natural ou energia elétrica passaram a ter alíquotas menores em algumas leis estaduais. Acontece que a jurisprudência vedava a diferenciação da alíquota pelo valor do veículo.

Coube à Emenda Constitucional nº 132/2023 possibilitar a alíquota diferenciada em razão do tipo do veículo, da utilização do veículo, do impacto ambiental e do valor do veículo (inciso II), portanto, não pode ser seletivo em função do fabricante, procedência ou outro aspecto qualquer.

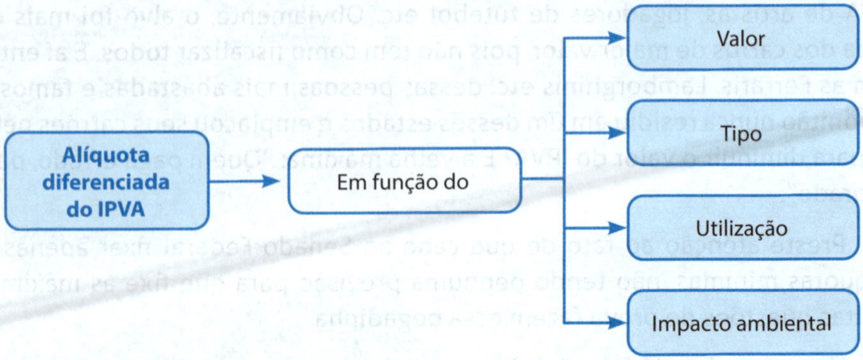

Esse inciso II reforçou a jurisprudência do STF. O Supremo já vinha decidindo que variação de alíquota em função do tipo de combustível (álcool, gasolina, GNV, diesel, motor elétrico etc.) ou em decorrência da função do veículo ou tipo de utilização não feria o princípio da isonomia nem caracterizava o IPVA como tributo progressivo, sendo, portanto, constitucional essa seletividade. Encontramos, dessa forma, um caráter extrafiscal no IPVA.

Assim, por exemplo, em São Paulo, se o veículo for movido exclusivamente por álcool, GNV ou elétrico, ou uma combinação desses, a alíquota cai de 4% para 3%. Perceba que se for um veículo *flex*, que aceita álcool e gasolina, a alíquota será de 4%, pois não é uma combinação dos tipos com direito aos 3%.

A título de ilustração e comparação da efetividade da aplicação do inciso II pelos estados, apresentamos as tabelas de alíquotas do IPVA em São Paulo e Minas Gerais para o ano de 2025:

ALÍQUOTAS DO IPVA PAULISTA VIGENTES EM 2018	
TIPO DE VEÍCULO	**Alíquota**
Veículos de carga, tipo caminhão	1,5%
Ônibus e micro-ônibus	2,0%
Caminhonetes cabine simples (capacidade até 3 passageiros)	2,0%
Motocicletas, ciclomotores, motonetas, triciclos e quadriciclos	2,0%
Máquinas de terraplanagem, empilhadeiras, guindastes, locomotivas, tratores e similares (*)	2,0%
Veículos movidos a álcool, gás natural veicular (GNV) ou eletricidade, exclusivamente ou combinados entre si (**)	3,0%
Veículos não incluídos nas linhas acima (***)	4,0%

(*) Máquinas de terraplanagem, empilhadeiras, guindastes, locomotivas, tratores e similares são isentos do imposto por força do artigo 13 da Lei nº 13.296/2008.

(**) Se o veículo era movido a gasolina, mas fez uma conversão para aceitar o GNV até 31/12/2008, a alíquota será de 3%, mesmo que o GNV seja combinado com a gasolina. Após essa data, o veículo movido a GNV e gasolina entrou na alíquota de 4%. É o que está previsto no §3º, art. 9º, da lei paulista nº 13.296/08.

(***) Perceba que um automóvel movido a diesel pagará 4%, e não 3%, pois o diesel não está incluído no rol dos combustíveis sujeitos aos 3%. Isso pode ser objeto de alguma pegadinha do examinador.

ALÍQUOTAS DO IPVA MINEIRO VIGENTES EM 2018

TIPO DE VEÍCULO	Alíquota
Ônibus, micro ônibus, caminhão, caminhão trator	1,0%
Veículos de locadoras (pessoa jurídica)	1,0%
Motocicletas e similares	2,0%
Automóveis, veículos de uso misto e utilitários com autorização para transporte público (ex: táxi, escolar) comprovada mediante registro no órgão de trânsito na categoria aluguel	2,0%
Caminhonetes de carga (pick-ups) e furgão	3,0%
Automóveis, veículos de uso misto e utilitários, caminhonetes cabine estendida e dupla	4,0%

A questão a seguir servirá para aprendermos como calcular o IPVA utilizando uma dessas tabelas.

Veja como isso já foi cobrado em prova:

(Agente Fiscal de Rendas-SP/FCC-2009 – adaptada) O valor da base de cálculo do IPVA é o valor venal do veículo. Tratando-se de veículo novo, esse valor, em regra, é obtido do documento fiscal de aquisição, e, se usado, por meio de tabela divulgada pela SEFAZ, no Diário Oficial do Estado, que considera, em sua elaboração, a marca, o modelo, a espécie e o ano de fabricação. Considere as situações a seguir:

I. Uma motocicleta de 1.200 cilindradas, com motor movido a gasolina, importada do exterior, sendo sua base de cálculo, para fins de IPVA, equivalente a R$ 200.000,00, desembaraçada em 20 de abril de 2009.

II. Um automóvel novo, com motor movido exclusivamente a álcool, adquirido em 29 de junho de 2009 pelo valor de R$ 20.000,00.

III. Uma camioneta nova, de cabine simples, com motor movido a álcool/gasolina, adquirida em 10 de fevereiro de 2009 pelo valor de R$ 60.000,00.

IV. Um automóvel usado, com motor movido a gasolina/GNV, fabricado e já adaptado para GNV em 2006, com valor venal de R$ 10.000,00, para o exercício de 2009, conforme tabela de IPVA divulgada pela SEFAZ.

V. Um caminhão novo, com motor movido a gasolina, adquirido em 10 de maio de 2009 pelo valor de R$ 100.000,00.

O valor do IPVA incidente sobre os veículos indicados nos itens I, II, III, IV e V, no exercício de 2009, será, respectivamente, em R$,

Observação dos autores: considere as alíquotas paulistas apresentadas na tabela anterior.

a) 4.500,00; 350,00; 1.100,00; 400,00 e 1.000,00

b) 4.000,00; 600,00; 1.200,00; 300,00 e 1.500,00

c) 3.000,00; 350,00; 1.100,00; 300,00 e 1.000,00

d) 6.000,00; 600,00; 1.200,00; 400,00 e 1.500,00

e) 3.000,00; 600,00; 1.000,00; 150,00 e 3.000,00

Comentário: *Analisaremos cada item em separado.*

I) A alíquota do IPVA paulista sobre motocicletas é de 2%. A moto foi importada em abril, logo só precisará recolher o IPVA dos meses proporcionais ao ano, sempre incluindo o mês da aquisição. Assim, entre abril e dezembro temos nove meses, 9/12 do ano, logo:

$IPVA_{moto\ I} = 200.000 \times 2\% \times 9/12 = R\$\ 3.000,00.$

II) A alíquota do IPVA paulista sobre veículo movido exclusivamente a álcool (não pode ser combinado com gasolina, o famoso flex) é de 3%. Como o veículo foi adquirido em junho, o IPVA deverá ser cobrado somente a 7/12 do anual. Logo, o IPVA será de:

$IPVA_{veículo\ II} = 20.000 \times 3\% \times 7/12 = R\$\ 350,00.$

Perceba que analisando as alternativas, já daria para marcar a letra "C" e pular para a próxima questão, para poupar nosso tempo.

III) A alíquota do IPVA paulista sobre camioneta nova com cabine simples (dois a três passageiros) é de 2%. Como o veículo foi adquirido em fevereiro, o IPVA deverá ser cobrado somente a 11/12 do anual. Logo, o IPVA será de:

$IPVA_{camioneta\ III} = 60.000 \times 2\% \times 11/12 = R\$\ 1.100,00.$

IV) A alíquota do IPVA paulista sobre veículo movido a gasolina e GNV normalmente é de 4%, pois só faria jus aos 3% se fosse somente movido a GNV. Contudo, caso o veículo tenha sido adaptado para receber o GNV até 31/12/20008, a alíquota é de 3%, mesmo que ainda tenha o motor a gasolina, que é justamente o caso do nosso exemplo. É a observação (**) da tabela apresentada. Perceba que o examinador cobrou uma picuinha da legislação. Como o veículo foi adquirido antes de 01/01/19, o IPVA deverá ser cobrado integralmente. Logo, o IPVA será de:

$IPVA_{veículo\ IV} = 10.000 \times 3\% = R\$\ 300,00.$

V) A alíquota do IPVA paulista sobre um caminhão novo é de 1,5%. Como o veículo foi adquirido em maio, o IPVA deverá ser cobrado somente a 8/12 do anual. Logo, o IPVA será de:

$IPVA_{camioneta\ III} = 100.000 \times 1,5\% \times 8/12 = R\$\ 1.000,00.$

Resposta: C.

(Auditor Fiscal da Receita Estadual-MG/FGV-2022) Acerca da disciplina constitucional do Imposto Estadual sobre a Propriedade de Veículos Automotores (IPVA), analise as afirmativas a seguir e assinale (V) para a verdadeira e (F) para a falsa.

( ) O IPVA terá alíquotas máximas fixadas pelo Senado Federal.

( ) O IPVA não poderá ter alíquotas diferenciadas em função do tipo e da utilização do veículo.

( ) A fixação da base de cálculo do IPVA não se submete ao princípio da anterioridade nonagesimal. As afirmativas são, na ordem apresentada, respectivamente.

a) V – V – V.

b) V – V – F.

c) F – V – V.

d) F – F – V.

e) F – F – F.

Comentário:

I – Falsa, caberá ao Senado Federal fixar as alíquotas mínimas do IPVA, conforme inciso I do parágrafo 6º do artigo 155 da Constituição Federal.

II – Falsa, o IPVA poderá ter alíquota diferenciada pelo tipo de veículo, conforme inciso II do parágrafo 6º do artigo 155 da Constituição Federal.

III – Correta, inclusive os valores da base de cálculo do IPVA costumam ser publicados no final de dezembro para pagamento em janeiro ou fevereiro, dependendo do estado. Essa exceção ao princípio da anterioridade nonagasimal está prevista no parágrafo 1ºdo artigo 150 da Constituição Federal.

Resposta: "D".

A EC 42/2003 reforçou a decisão da nossa Suprema Corte, no entanto, esse mesmo tribunal tem jurisprudência firme no sentido de que a diversidade de alíquota entre veículo estrangeiro e nacional fere o princípio da procedência ou destino, previsto no artigo 152 da Constituição Federal.

> "**Art. 152.** É vedado aos Estados, ao Distrito Federal e aos Municípios estabelecer diferença tributária entre bens e serviços, de qualquer natureza, em razão de sua procedência ou destino."

Assim, os estados não podem cobrar alíquotas maiores para carros importados.

Caso o IPVA de todo o exercício já tenha sido quitado e o veículo seja furtado, roubado, extorquido ou sofra sinistro com perda da coisa, cabe a restituição de parte do imposto. Perceba que é um pagamento proporcional e não uma redução proporcional de base de cálculo, no entanto, caso seja essa a expressão usada ("redução proporcional da base de cálculo"), será a posição que devemos adotar, em praticamente todas as provas. Assim, se seu carro for furtado em setembro, você receberá um quarto do valor pago (referente ao período de outubro a dezembro).

E por que essa posição deve ser adotada em praticamente todas as provas e não em todas? Na verdade, todas as leis falam em isenção, não incidência ou dispensa de pagamento, em caso de furto, roubo, sinistro etc. Como já falamos anteriormente, se não há o veículo, não há propriedade, logo não há fato gerador.

Acontece que há estados (Ceará, Pará, Santa Catarina e outros) que não têm dispositivos autorizando a restituição do IPVA já pago. Outros estados

(Amazonas, Piauí e outros) vedam expressamente a restituição, mas a grande maioria dos estados tem dispositivos autorizando a devolução proporcional quando há a perda da propriedade.

É importante que você procure esse dispositivo na lei do estado para o qual pretende prestar seu concurso, porque é questão carimbada em provas. Lembramos, novamente, a não incidência no caso de roubo é para todos os estados, a divergência é apenas na restituição do valor já pago.

Esse mesmo raciocínio é realizado na compra do veículo, na importação ou na perda da condição de isenção. Só que agora reduz o tempo anterior ao fato e não o posterior. Dessa forma, se seu veículo foi comprado em outubro, você pagará o IPVA sobre um quarto do valor do veículo na nota fiscal (referente a outubro a dezembro). Sempre entra o mês de aquisição, assim, se você adquirir um carro no último dia do mês, este mês entrará no cálculo. Se possível, quando for a hora de comprar seu carrão com o futuro salário de fiscal e já for final do mês, peça ao vendedor para emitir a Nota Fiscal só no dia primeiro do mês seguinte e ande mais uns dias de "buzão", porque vai compensar.

Veja como isso já foi cobrado em prova:

(AFRE–PA/ESAF–2002) Considerando que o valor anual do IPVA de determinado veículo novo é R$ 1.200,00 (um mil e duzentos reais), assinale a opção que indica o valor correto do IPVA a ser cobrado no exercício de 2002 para a hipótese de o veículo ser adquirido do fabricante pela primeira vez em 29 de setembro do ano de 2002.

a) R$ 900,00
b) R$ 300,00
c) R$ 400,00
d) R$ 1.200,00
e) R$ 800,00

Comentário: *O pagamento de veículo novo é proporcional aos meses restantes. Perceba que conta o mês da aquisição. Nesse caso concreto, a aquisição foi em setembro, logo, conta o mês de setembro e os meses seguintes (outubro a dezembro). São 4 meses para pagamento, logo deve-se pagar 4/12 ou 1/3 do valor total.*

IPVA a pagar = IPVA total / 3 = 1.200/3 = 400,00.

Resposta: C.

Por fim, salientamos que o estado de conservação do veículo não pode servir como diferenciação na base de cálculo. Isto é, um Honda Civic modelo LXS ano 2015 todo "tunado", com rebaixamento, "sonzão" potente de milhares de reais, rodas largas, insulfilm, farol de neon etc., terá a mesma base de cálculo em Civic LXS 2015 que está todo enferrujado e caindo aos pedaços. Como exemplo, veja o que diz o §6º do art. 7º da lei paulista 13.296/08: "Para determinação da base de cálculo é irrelevante o estado de conservação do veículo".

Vistos todos esses aspectos, entremos agora no detalhamento de quando você, quando for fiscal, não poderá mais cobrar o IPVA dos contribuintes.

12.4.6. Decadência e prescrição

Apesar de não ter a Lei Complementar que estabelece normais gerais sobre o IPVA, os temas decadência e prescrição são regidos pelos artigos 173 e 174 do Código Tributário Nacional.

> "**Art. 173.** O direito de a Fazenda Pública constituir o crédito tributário extingue-se após 5 (cinco) anos, contados:
>
> I – do primeiro dia do exercício seguinte àquele em que o lançamento poderia ter sido efetuado;
>
> II – da data em que se tornar definitiva a decisão que houver anulado, por vício formal, o lançamento anteriormente efetuado.
>
> Parágrafo único. O direito a que se refere este artigo extingue-se definitivamente com o decurso do prazo nele previsto, contado da data em que tenha sido iniciada a constituição do crédito tributário pela notificação, ao sujeito passivo, de qualquer medida preparatória indispensável ao lançamento.
>
> **Art. 174.** A ação para a cobrança do crédito tributário prescreve em cinco anos, contados da data da sua constituição definitiva.
>
> Parágrafo único. A prescrição se interrompe:
>
> I – pelo despacho do juiz que ordenar a citação em execução fiscal;
>
> II – pelo protesto judicial ou extrajudicial; (Redação dada pela Lei Complementar nº 208, de 2024)
>
> III – por qualquer ato judicial que constitua em mora o devedor;
>
> IV – por qualquer ato inequívoco ainda que extrajudicial, que importe em reconhecimento do débito pelo devedor."

Sabemos que o CTN é formalmente uma lei ordinária, mas materialmente é uma lei complementar, assim, ele estabelece normas gerais sobre decadência e prescrição de todos os tributos.

Cabe salientarmos que como o CTN é uma lei federal, a decisão final sobre essa matéria é do Superior Tribunal de Justiça, por meio do Recurso Especial, cabendo ao Supremo Tribunal Federal dar a palavra final sobre questões constitucionais via Recurso Extraordinário.

Posto isso, trataremos do tema decadência e prescrição apresentando uma decisão do STJ:

> EMENTA
>
> "TRIBUTÁRIO. RECURSO ESPECIAL REPETITIVO. IPVA DECADÊNCIA. LANÇAMENTO DE OFÍCIO. REGULARIDADE. PRESCRIÇÃO. PARÂMETROS.
>
> 1. O Imposto sobre a Propriedade de Veículos Automotores (IPVA) é lançado de ofício no início de cada exercício (art. 142 do CTN) e

constituído definitivamente com a cientificação do contribuinte para o recolhimento da exação, a qual pode ser realizada por qualquer meio idôneo, como o envio de carnê ou a publicação de calendário de pagamento, com instruções para a sua efetivação.

2. Reconhecida a regular constituição do crédito tributário, não há mais que falar em prazo decadencial, mas sim em prescricional, cuja contagem deve se iniciar no dia seguinte à data do vencimento para o pagamento da exação, porquanto antes desse momento o crédito não é exigível do contribuinte.

3. Para o fim preconizado no art. 1.039 do CPC/2015, firma-se a seguinte tese: "A notificação do contribuinte para o recolhimento do IPVA perfectibiliza a constituição definitiva do crédito tributário, iniciando-se o prazo prescricional para a execução fiscal no dia seguinte à data estipulada para o vencimento da exação." (REsp 1.320.825/RJ, STJ, 1ª Turma, Relatoria Ministro Gurgel de Faria)".

A decisão apresentada da primeira turma do STJ deixa claro que o IPVA é um imposto de lançamento de ofício, também chamado de direto ou "ex officio". Assim, quando o contribuinte recebe o carnê do IPVA, não se fala mais em prazo decadencial. Isso mesmo, lembra o que você estudou em Direito Tributário? Entre a obrigação tributária e o lançamento do crédito tributário corre o prazo decadencial. A partir do lançamento do crédito tributário, falamos de prazo prescricional.

Ocorre que a decisão ora comentada fala de outra modalidade de ciência do contribuinte, que é quando o fisco divulga um calendário de pagamento, cabendo ao contribuinte procurar a agência bancária e quitar o tributo. Essa divulgação configura efetiva notificação de lançamento. Ainda, o STJ decidiu que essa sistemática de notificação pessoal presumida somente poderá ser considerada válida em relação aos impostos reais, cuja exigibilidade por exercício é de notório conhecimento da população (IPTU e IPVA). Dessa forma, considerado notificado o contribuinte, encerra-se o prazo decadencial.

E quando começa a correr o prazo prescricional? A partir do dia seguinte ao vencimento do imposto. Vamos ao seguinte exemplo: Adriano, residente no município de São Paulo, foi notificado em 02/01/24 a pagar o IPVA do seu veículo em 04/02/24. Quando começa a correr o prazo prescricional?

Apesar de notificado em 02/01/24, o fisco não pode cobrar de Adriano o imposto antes do dia 04/02/24 (data limite de pagamento sem juros), logo o prazo prescricional terá início no dia seguinte à data do vencimento do IPVA, ou seja, 05/02/24.

E se Adriano optasse pelo pagamento parcelado em três parcelas, nas datas 04/02/24, 04/03/24 e 04/04/24, deixando de pagar apenas a terceira? O prazo prescricional teria início em 05/04/24, data seguinte para o pagamento da terceira parcela.

Assim, sobre prazo prescricional do IPVA, seguimos o Informativo 588 do STJ:

> "A notificação do contribuinte para o recolhimento do IPVA perfectibiliza a constituição definitiva do crédito tributário, iniciando-se o prazo prescricional para a execução fiscal no dia seguinte à data estipulada para o vencimento da exação.(STJ. 1ª Seção. REsp 1320825/RJ, Rel. Min. Gurgel de Faria, julgado em 10/08/2016)."

O leitor deve estar pensando: "Então, na prática, não existe prazo decadencial para IPVA?" para os veículos em que o domicílio do proprietário e seu uso coincidem com o estado do seu registro, na prática não existe, pois todos os estados ou lançam a notificação de IPVA ou divulgam o calendário para posterior pagamento em agência bancária.

Agora, e no primeiro caso do Jean, que se mudou do Paraná para o Ceará em 2024, sem alterar o registro do veículo? Caso o fisco cearense (que considera o local da cobrança o do domicílio) não cobre o IPVA, por Auto de Infração, no período de cinco anos, terá ocorrido o prazo decadencial.

Também ocorre o prazo decadencial para um estado descaracterizar uma isenção, assim, se não fizer em cinco anos, não poderá mais constituir o crédito tributário.

E qual a data que inicia a contagem do prazo decadencial? O IPVA é um imposto de lançamento de ofício, então é aplicada a regra do inciso I do artigo 173 do CTN, ou seja, inicia-se no primeiro dia do exercício seguinte àquele em que poderia ter sido lançado o tributo. Então, se Jean mudou-se para o Ceará em setembro de 2019, com o IPVA já pago para o Paraná em 01 de janeiro de 2019, ocorreu o fato gerador do veículo usado. Como o fisco cearense poderia ter lançado o imposto em 2019, o prazo decadencial inicia-se em 01 de janeiro de 2020.

Enfim, nos casos em que há a necessidade de constituição de crédito, pois não há o lançamento via notificação ou por divulgação do calendário, pode, na prática, ocorrer a decadência, antes de se falar em prescrição.

12.4.7. Jurisprudência do STF e do STJ

Neste tópico colocaremos algumas jurisprudências do STF e STJ e as comentaremos logo em seguida. Cabe lembrar que algumas jurisprudências (as mais importantes) foram colocadas ao longo do capítulo.

> "IPVA – DESCONTO – AUSÊNCIA DE INFRAÇÃO DE TRÂNSITO.
>
> Ao primeiro exame, não surge relevante a articulação sobre a impossibilidade de o Estado federado, relativamente a tributo situado na respectiva competência – IPVA -, vir a dispor sobre desconto, considerada a ausência de infração de trânsito. (ADI 2.301/RS, Relatoria Ministro Marco Aurélio)"

No presente caso, o pleno do STF decidiu que é possível um estado federado dispor sobre descontos decorrentes de ausência de infração de trânsito. Assim, caso haja previsão legal, o contribuinte que não tenha recebido multas de trânsito, pode ser beneficiado por um desconto no IPVA.

> IPVA: A REDUÇÃO OU A EXTINÇÃO DE DESCONTO PARA PAGAMENTO DE TRIBUTO NÃO PODE SER EQUIPARADA À MAJORAÇÃO
>
> "Medida cautelar em ação direta de inconstitucionalidade. 2. Art. 3º da Lei nº 15.747, de 24 de dezembro de 2007, do Estado do Paraná, que estabelece como data inicial de vigência da lei a data de sua publicação. 3. Alteração de dispositivos da Lei nº 14.260/2003, do Estado do Paraná, a qual dispõe sobre o Imposto sobre a Propriedade de Veículos Automotores – IPVA. 4. Alegada violação ao art. 150, III, alínea 'c', da Constituição Federal. 5. A redução ou a extinção de desconto para pagamento de tributo sob determinadas condições previstas em lei, como o pagamento antecipado em parcela única, não pode ser equiparada à majoração do tributo em questão, no caso, o IPVA. Não-incidência do princípio da anterioridade tributária. 6. Vencida a tese de que a redução ou supressão de desconto previsto em lei implica, automática e aritmeticamente, aumento do valor do tributo devido. 7. Medida cautelar indeferida." (ADI 4016 MC, Relator Ministro Gilmar Mendes, Tribunal Pleno, julgamento em 1.8.2008, DJe de 24.4.2009)

Muito estados concedem descontos sobre o IPVA devido. Nada impede que esses descontos sejam revistos. Ocorre que muitos contribuintes afirmavam que o fim do desconto significava uma majoração de tributo, consequentemente, essa norma que extinguiu o desconto deveria obedecer ao princípio da anterioridade anual e da noventena.

Por meio dessa ADI, o pleno do STF decidiu que redução ou extinção de desconto não pode ser considerado majoração de tributo, não se sujeitando, portanto, ao princípio da anterioridade.

> "CORREIOS E TELÉGRAFOS.
>
> Este tribunal possui firme entendimento no sentido de que a imunidade recíproca, prevista no artigo 150, VI, a, da CF, estende-se à ECT (ACO-AgRg 765-1/RJ, Relator Min. Joaquim Barbosa, Informativo STF nº 443)"

Essa decisão do pleno do STF manteve a jurisprudência de que, embora o correio seja uma empresa pública, tem direito à imunidade prevista na alínea "a" do inciso VI do artigo 150 da Constituição Federal, logo, os veículos do correio são imunes ao IPVA. Essa imunidade independe de os veículos serem utilizados no exercício de atividades em regime de exclusividade ou em concorrência com a iniciativa privada.

> "EXECUÇÃO. ARREMATAÇÃO. ADJUDICAÇÃO. CREDOR. ÔNUS RECAÍDOS SOBRE O BEM. RESPONSABILIDADE TRIBUTÁRIA. (CTN – ART. 130, parágrafo único).

> I – O credor que arremata veículo em relação ao qual pendia débito de IPVA não responde pelo tributo em atraso. O crédito proveniente do IPVA subroga-se no preço pago pelo arrematante. Alcance do Art. 130, parágrafo único, do CTN). II – Se, entretanto, o bem foi adjudicado ao credor, é encargo deste, depositar o valor correspondente ao débito por IPVA (REsp 905.208/SP, STJ, 3º Turma, Relatoria Ministro Humberto Gomes de Barros)".

Antes de entendermos essa decisão da 3º Turma do STJ, cabe conceituarmos como funciona a arrematação do credor e adjudicação, institutos do Direito Processual Civil. Quando o devedor não consegue satisfazer o crédito do credor, um bem do devedor pode ir à arrematação processual. Há um leilão judicial e aquele que oferecer o maior valor adquire o bem. O valor pago pelo arrematante vai para o credor até o montante do seu direito.

Quando o bem arrematado é um veículo, sobre o valor pago pelo arrematante quita-se o IPVA pendente. No presente caso, foi o próprio credor que arrematou o veículo, assim, sobre o valor pago por ele, deve-se quitar o IPVA, como acabamos de aprender. No entanto, o acórdão deixa claro que cabe ao credor quitar o IPVA se o veículo for adjudicado a ele, ou seja, o veículo não foi leiloado, e sim entregue diretamente ao credor para satisfazer sua dívida, o que a lógica indica, porque se não houve nenhum valor envolvido na compra do carro porque este passou diretamente para o credor, o estado não ficaria sem ter seu IPVA atrasado quitado, claro.

CAPÍTULO XIII

ITCD

Quando iniciamos esse trabalho, sabíamos que entre os três impostos estaduais, sem dúvida alguma, o imposto sobre transmissão *causa mortis* e doação, de quaisquer bens ou direitos seria o mais difícil para escrever algo geral que envolvesse todos estados.

As isenções são diferentes de estado para estado e as divergências não param por aí, se ICMS e IPVA são as siglas utilizadas por todos os entes, o tributo ora comentado possui diversas siglas, conforme a tabela abaixo:

Sigla do Tributo	Estados que adotam este nome
ITCD	AL, CE, DF, GO, MA, MG, MS, MT, PA, PB, RS, RN, RO, RR e TO.
ITCMD	AC, AM, AP, ES, PR, PI, SC, SE e SP
ITD	BA e RJ
ICD	PE

Escolhemos utilizar a sigla ITCD por ser a mais usual. Veremos ao longo do capítulo que devido à falta de lei complementar regulando a matéria e a sua "curta existência" no nosso ordenamento jurídico, comparado com os outros impostos, faz com que os estados ainda estejam aprendendo a trabalhar com esse tributo. Contudo, mesmo com essas ressalvas, a importância do ITCD vem crescendo, principalmente em período de crise.

13.1. ASPECTOS HISTÓRICOS

Na constituição anterior havia previsão do ITBI estadual. O fato gerador desse imposto era a transmissão, a qualquer título, de bens imóveis. A Constituição de 1988 resolveu desmembrar o fato gerador. Assim, as transmissões onerosas de bens imóveis estão dentro do campo de incidência do ITBI, que é municipal, já as transmissões gratuitas[1] estão no campo de incidência do ITCD.

1. O conceito de oneroso e gratuito será explicado no tópico do critério material da regra matriz de incidência.

Ocorre que o legislador constituinte originário fez ainda mais, pois colocou outros fatos jurídicos no campo de incidência do imposto estadual, que são as transmissões *causa mortis* e doação sobre bens móveis e quaisquer direitos.

Veja como o ITCD está previsto em nossa CF/88:

> "Art. 155. Compete aos Estados e ao Distrito Federal instituir impostos sobre:
>
> (...)
>
> I – transmissão *causa mortis* e doação, de quaisquer bens ou direitos."

É justamente nessa nova área que os fiscos estão patinando na fiscalização. Para você ter uma ideia o estado de São Paulo só instituiu a lei prevendo a incidência do ITCD na doação de bens móveis no ano 2000, com vigência a partir de 01 de janeiro de 2001, ou seja, as doações de bens móveis no estado mais rico da federação ficaram no campo da não incidência por mais de doze anos após a previsão constitucional.

A tabela a seguir ajudará a compreensão acerca das diferenças entre o ITCD e o ITBI.

	ITCD	**ITBI**
Competência	Estados e DF	Municípios e DF
Transmissão de bens móveis	SIM	NÃO
Transmissão de bens imóveis	SIM	SIM
Transmissão *causa mortis*	SIM	NÃO
Transmissão *inter vivos*	SIM (nas doações)	SIM (nas onerosas)
Transmissão gratuita	SIM	NÃO

13.2. AUSÊNCIA DA LEI COMPLEMENTAR PARA ESTABELECER NORMAS GERAIS

O artigo 146 da Constituição Federal estabelece que cabe a uma Lei Complementar Federal estabelecer normas gerais de matéria tributária.

> "Art. 146. Cabe à lei complementar:
>
> (...)
>
> III – estabelecer normas gerais em matéria de legislação tributária, especialmente sobre:"

Quando o CTN foi instituído, na vigência da Constituição de 1946, não existia o ITCD. Assim, o Código Tributário Nacional regulou nos artigos 35 a 42 o antigo ITBI de competência estadual. Com o advento da Constituição de 1988, apenas tratavam de ITCD o § único do artigo 35, o artigo 38, o artigo 39 (quando trata da alíquota máxima), o artigo 41 e o artigo 42 do CTN (comentaremos sobre eles no momento oportuno). Os demais artigos ou não foram recepcionados pelo novo ordenamento jurídico ou são aplicados apenas para o ITBI, de competência dos municípios.

Mesmo tantos anos após a entrada em vigor da nova Constituição, ainda não existe uma Lei Complementar estabelecendo normas gerais para o ITCD.

Diante da omissão da União, cada estado federado cumpriu sua função legislativa plena, prevista no §3º do artigo 24 da nossa Lei Maior:

> "**Art. 24.** Compete à União, aos Estados e ao Distrito Federal legislar concorrentemente sobre:
>
> I – direito tributário, financeiro, penitenciário, econômico e urbanístico;
>
> (...)
>
> § 1º No âmbito da legislação concorrente, a competência da União limitar-se-á a estabelecer normas gerais.
>
> § 2º A competência da União para legislar sobre normas gerais não exclui a competência suplementar dos Estados.
>
> § 3º Inexistindo lei federal sobre normas gerais, os Estados exercerão a competência legislativa plena, para atender a suas peculiaridades.
>
> § 4º A superveniência de lei federal sobre normas gerais suspende a eficácia da lei estadual, no que lhe for contrário".

Em 2025, eram estas as leis estaduais que tratavam do ITCD:

Leis estaduais sobre ITCD					
AC	LC 373/2020	**MA**	Lei 7.799/02	**RJ**	Lei 7.174/15
AL	Lei 5.077/89	**MG**	Lei 14.941/03	**RN**	Lei 5.887/89
AM	LC 19/97	**MS**	Lei 1.810/97	**RO**	Lei 959/00
AP	Lei 3.149/2024	**MT**	Lei 7.850/02	**RR**	Lei 59/93
BA	Lei 4.826/89	**PA**	Lei 5.529/89	**RS**	Lei 8.821/89
CE	Lei 15.812/15	**PB**	Lei 5.123/89	**SC**	Lei 13.136/04
DF	Lei 3.804/06	**PE**	Lei 13.974/09	**SE**	Lei 7.724/13
ES	Lei 10.011/13	**PI**	Lei 4.261/89	**SP**	Lei 10.705/00
GO	Lei 11.651/91	**PR**	Lei 18.573/15	**TO**	Lei 1.287/01

As leis são divergentes quando tratam de isenções, alíquotas e em certos aspectos na base de cálculo. Dessa forma, não comentaremos sobre as isenções e as alíquotas de cada estado. Todos os demais pontos, inclusive o que há de comum na base de cálculo, trataremos nos próximos tópicos. Nos pontos polêmicos das legislações estaduais, colocaremos a posição que deve ser adotada em provas e a jurisprudência do STF ou STJ.

Ao longo deste capítulo, vamos apresentar alguns exemplos baseados em diversos estados, mas tão somente a título de ilustração, para melhor entendimento da matéria. Obviamente, em seu concurso para determinado fisco, não serão cobradas as legislações de outro estado que não seja o para o qual você esteja prestando sua prova. Então, não se preocupe em decorar as particularidades estaduais aqui apresentadas, e sim em entender as normas gerais do ITCD.

13.3. REGRA MATRIZ DE INCIDÊNCIA

Falaremos dos cinco aspectos da regra matriz de incidência. Começaremos pelo aspecto material, no entanto a compreensão da incidência do ITCD exige um certo conhecimento de Direito Civil, então falaremos sobre o assunto. Seguiremos então para os outros quatro aspectos da regra matriz de incidência.

13.3.1. Critério material (como incide)

O aspecto material do ITCD encontra-se na própria Constituição Federal:

> "**Art. 155.** Compete aos Estados e ao Distrito Federal instituir impostos sobre:
>
> (...)
>
> I – transmissão *causa mortis* e doação, de quaisquer bens ou direitos."

Assim, podemos concluir, pela leitura do texto constitucional, que o aspecto material do ITCD nasce em uma transmissão (mudança de titularidade). Note que qualquer fato jurídico que não cause mudança de titularidade, de bem ou direito, estará fora do campo de incidência desse imposto estadual.

A transmissão pode ser via *causa mortis* (fim da pessoa natural) ou doação de quaisquer bens (imóvel ou móvel) ou direitos (são os direitos reais regidos pelo Código Civil). Perceba que na *causa mortis* o transmissor será sempre uma pessoa física, já na doação poderá ser tanto pessoa física como jurídica.

Todos esses conceitos mencionados no último parágrafo mostram que para compreendermos o funcionamento do ITCD, devemos antes de tudo entender alguns conceitos do Direito Civil, envolvendo os campos das obrigações, família, sucessões e direitos reais. Partiremos agora para esse tópico.

Como o Direito Civil é cobrado na maioria dos concursos para os fiscos estaduais, o que aprenderemos aqui provavelmente também será útil nas questões dessa disciplina.

13.3.1.1. Noções de Direito Civil

Como já mencionado, o ITCD tem como fato gerador a transmissão causa mortes e doação. Dessa forma, muitos legisladores utilizam com fins didáticos a expressão ITCD *causa mortis* e ITCD doação (cabe ao leitor entender que essa divisão é apenas para fins didáticos, pois na verdade é um só imposto).

Os fatos geradores do ITCD são fatos jurídicos estudados no Direito Civil e como determina o artigo 110 do CTN, cabe ao Direito Tributário seguir as definições do direito privado, assim o fisco não pode aumentar a sua competência tributária, criando definições de transferência de bens ao arrepio da legislação civilista.

> "Art. 110. A lei tributária não pode alterar a definição, o conteúdo e o alcance de institutos, conceitos e formas de direito privado, utilizados, expressa ou implicitamente, pela Constituição Federal, pelas Constituições dos Estados, ou pelas Leis Orgânicas do Distrito Federal ou dos Municípios, para definir ou limitar competências tributárias."

Antes de adentramos nos conceitos civilistas, cabe lembrarmos que o Direito é uno e sua divisão é meramente didática, para facilitar a compreensão dos operadores do Direito. Nós não temos qualquer pretensão nem competência para esgotar os tópicos civis. Pelo contrário, falaremos apenas das partes do Direito Civil que têm repercussão direta com o ITCD.

13.3.1.1.1. Noções de Direito das Obrigações (Doação)

No nosso dia a dia, as pessoas naturais e jurídicas realizam transações entre si. Entre essas transações há a compra e venda, permuta, depósito e outras diversas, todas tratadas no ramo do Direito das Obrigações. Falaremos aqui apenas da doação, que é a espécie contratual com ligação direta com o ITCD.

Encontramos a definição de doação no artigo 538 do Código Civil:

> "**Art. 538.** Considera-se doação o contrato em que uma pessoa, **por liberalidade**, transfere do seu patrimônio bens ou vantagens para o de outra." (grifo nosso)

No estudo no Direito Obrigacional, principalmente na parte dos contratos em geral, a doutrina classifica a natureza dos contratos em onerosos e gratuitos. Nos contratos onerosos, ambos os contratantes obtêm proveito patrimonial, ou seja, algo ingressa no patrimônio de ambos. Já no contrato gratuito, uma parte terá apenas diminuição do patrimônio, ou seja, a vantagem econômica vai apenas para uma das partes.

A doação, por ser algo por liberalidade, tem natureza de contrato gratuito. Assim, ocorre o fato gerador do ITCD toda vez que há transferência de bens *inter vivos* e que uma parte (doador) entrega algo e não obtém ganho patrimonial, enquanto o outro recebe a vantagem patrimonial.

Assim, já podemos excluir do campo de incidência do ITCD a compra e venda e a troca ou permuta, pois esses contratos são onerosos. Dessa forma, caso Alexandre e Daniel troquem seus veículos, não há incidência de ITCD, afinal na troca os dois tiveram ganho patrimonial (o veículo que antes pertencia ao outro).

O Código Civil trata de diversas formas de doação. Não trataremos de todas, mas citaremos algumas:

- **Doação pura e simples**: total liberalidade por parte do doador sem exigência de qualquer contrapartida.
- **Doação com encargo ou modal**: o doador transfere a coisa exigindo que o donatário realize uma tarefa, por exemplo, o doador doa um terreno com a obrigação do donatário construir uma escola.
- **Doação meritória**: quando o doador transfere o bem declarando que o destinatário recebe por virtude própria. Muito usada quando o donatário é uma entidade beneficente.
- **Doação remuneratória**: quando o doador transfere a coisa por um serviço prestado do donatário e este não cobrou pelo serviço.
- **Doação de bens em adiantamento de legítima:** o ascendente doa um ou mais bens para um dos seus descendentes, que é considerada adiantamento da herança (no momento da herança essa doação será levada em conta para distribuir os bens).

E haverá fato gerador do ITCD em todos os casos de doação? Apesar da divergência da doutrina, as legislações estaduais consideram que sim, inclusive a doação com encargos ou modal. Parte da doutrina considera "que presente o encargo no contrato de doação, ele não retira deste o caráter de liberalidade"[2].

Contudo, cabe uma colocação: apesar de parte da doutrina chamar a doação com encargo ou modal de doação onerosa, sempre que o examinador

2. Alvim, Agostinho. Da doação. São Paulo: Saraiva. 1972, págs. 8 e ss.

mencionar que houve uma doação onerosa, entenda que o negócio jurídico é oneroso, ou seja, não há incidência do ITCD.

Exemplo: O examinador falou que "A" doou um terreno com encargo e uma casa de praia de forma onerosa para "B"; nesse caso, o doutrinador entende que há incidência de ITCD apenas na primeira doação.

Seria um bom tema para ser tratado na lei complementar que deveria estabelecer normas gerais e dirimir conflitos. "Mas e eu, respondo o que em prova?" Se você quer fazer parte do fisco estadual, responda como o fisco acha, ou seja, incide em qualquer doação, inclusive a com encargos. A lei paulista, por exemplo, (§3º do artigo 2º) é bem clara na incidência: "A legítima dos herdeiros, ainda que gravada, e a doação com encargo sujeitam-se ao imposto como se não o fossem."

Estados como Rio de Janeiro, Ceará e outros têm em suas leis dispositivos semelhantes ao da lei paulista. Na verdade, as leis estaduais buscaram impedir simulações de encargos muito suaves, que em nada oneram o donatário, mas se esqueceu dos encargos maiores que de fato tiram o caráter gratuito na doação. Apesar da polêmica, não resta dúvida, para concurso público ocorre o fato gerador na doação com encargos.

A doação de bens no adiantamento da legítima também é fato gerador do ITCD. Acontece que no momento da partilha o donatário coloca o bem em colação, ou seja, é devolvido para a herança para calcular o quinhão de cada herdeiro. Nesse segundo momento, não há fato gerador sobre os bens que foram objeto da colação (retornou à herança), pois a transmissão ocorreu na doação (adiantamento da legítima) e não no óbito.

Existem também as doações com condições suspensivas ou resolutivas, nesses casos o tratamento é o mesmo que você aprendeu em Direito Tributário. Na condição suspensiva, o fato gerador só ocorre com o adimplemento da condição, já na resolutiva a transferência acontece na celebração do contrato, podendo ser resolvida posteriormente.

Assim na frase "doarei para meu filho se ele casar", a condição é suspensiva, pois enquanto o filho não casou não há fato gerador do ITCD, nascendo a obrigação tributária só após o casamento.

Já na frase: "estou doando ao meu filho, mas se ele casar com aquela menina insuportável, o imóvel volta para mim", a condição é resolutiva, pois incide o ITCD no momento do contrato, uma vez que já há a transferência do bem, podendo a doação se resolver futuramente.

Cabe mencionarmos que a doação exige aceitação do donatário e uma transferência patrimonial. Assim, se um pai doa a seu filho e este não aceita, então não ocorreu a doação, consequentemente não nasceu a obrigação tributária. Essa aceitação pode ser expressa ou tácita (simplesmente receber a coisa doada).

Incide ITCD:

Então a doação de qualquer espécie faz nascer o fato gerador do ITCD? Não, comentaremos mais à frente os casos imunes, por enquanto deveremos excluir do campo de incidência as doações de mercadorias. Isso mesmo, caso um comerciante doe mercadorias a seus clientes ou empregados, irá incidir o ICMS. Afinal, a doação do comerciante está longe de ser por mera liberalidade. O que ele visa é o lucro, logo esse negócio jurídico não está inserido no campo de incidência do ITCD.

E quando um pai empresta dinheiro ao filho, há incidência de ITCD? O empréstimo de dinheiro é um contrato de mútuo, no empréstimo não há fato gerador do ITCD. Ocorre que, em muitos casos, após o pai emprestar seu dinheiro ao filho, em um momento perdoa a dívida. Esse perdão ou remissão da dívida é uma doação, ou seja, no perdão de empréstimo ou de qualquer outro crédito há incidência de ITCD.

13.3.1.1.2. Noções de Direito de Família

O Direito de Família trata das relações dentro do seio familiar. Ora, em regra, as doações ocorrem dentro das famílias e nos casos de sucessão por *causa mortis*, o regime de bens adotados pelos cônjuges ou companheiros afeta diretamente o fato gerador do tributo. Assim, cabe conhecermos algumas noções sobre esse ramo do Direito Civil.

Como o assunto Direito de Família é muito amplo, trataremos apenas da parte patrimonial, no entanto antes devemos conceituar de forma bem simples o que é casamento e união estável.

13.3.1.1.2.1. Casamento e união estável

Analisando friamente os artigos do Código Civil, chegamos à conclusão que tanto o casamento quanto a união estável só podem ocorrer entre homens e mulheres, conforme os textos seguintes:

> "**Art. 1.511.** O casamento estabelece comunhão plena de vida, com base na igualdade de direitos e deveres dos cônjuges.
>
> (...)

> **Art. 1.723.** É reconhecida como entidade familiar a união estável entre o homem e a mulher, configurada na convivência pública, contínua e duradoura e estabelecida com o objetivo de constituição de família."

Ocorre que em maio de 2013 o Conselho Nacional de Justiça – CNJ editou uma Resolução proibindo as autoridades competentes de se recusarem a celebrar casamentos entre pessoas do mesmo sexo.

> "**Art. 1º** É vedada às autoridades competentes a recusa de habilitação, celebração de casamento civil ou de conversão de união estável em casamento entre pessoas de mesmo sexo."

Assim, o casamento e a união estável de pessoas do mesmo sexo são regidos pelos mesmos artigos do Código Civil que regem esses institutos para pessoas de sexos diferentes, sem qualquer diferença pelo menos que afete ao ITCD.

Para efeitos de ITCD, havia uma grande diferença entre casamento e união estável nos direitos sucessórios, afinal o Código Civil remetia para a união estável a forma de partilha disciplinada no artigo 1.790 do Código Civil. No entanto, o STF decidiu, por meio do RE 646721/RS, que esse dispositivo é inconstitucional, pois não deve haver diferenças entre o casamento e a união estável. Assim, a partir dessa decisão não há, para efeitos de incidência do ITCD, diferença entre a união estável e o casamento.

Para efeitos de incidência do ITCD:

União estável = casamento

13.3.1.1.2.2. Regimes de bens entre cônjuges ou entre companheiros

No Direito, o casamento é regido como se fosse uma sociedade. Ocorre que essa sociedade não é igual àquelas que são reguladas pelo Direito Empresarial. Existem diversos fatores envolvidos em um casamento, como o poder familiar, direitos de educação e convívio dos filhos, administração dos bens e direitos sobre o patrimônio do casal.

Para o ITCD só esse último interessa, então trataremos agora justamente de cada um dos regimes previstos no Código Civil. Cabe lembrar que embora a legislação civilista só trate de quatro formas de regime, tendo uma quinta (Separação Obrigatória) que é para casos específicos, os nubentes (noivos) podem por pacto antenupcial (contrato feito antes do casamento) convencionar a forma que melhor os interessar.

Por fim, cabe mencionar que comentaremos, brevemente, sobre cada um dos regimes regulados no Código Civil. Inclusive nossos exemplos serão bem simples, algo mais complexo só ocorre nas provas de Direito Civil e não na prova de Legislação Tributária. Antecipamos para o leitor que após sua aprovação, caso você trabalhe diretamente com o ITCD, certamente verá todas as formas de regime de casamento e suas consequências tributárias, obrigando-lhe a buscar novos estudos. Mas já recebendo a remuneração de um Auditor, tudo fica mais prazeroso.

13.3.1.1.2.2.1. Regime da comunhão parcial

A partir de 1977, esse regime de bens passou a ser a regra geral nos casamentos. Isso significa que caso não haja um pacto antenupcial no casamento ou na união estável, o regime adotado será o da comunhão parcial de bens.

Por esse regime, os bens adquiridos antes do casamento ou os adquiridos a qualquer hora por herança ou doação não se comunicam entre os cônjuges. Isso significa que se o varão herdou uma casa de seu pai, esse imóvel é um bem particular do marido, ou seja, sua esposa não é proprietária desse bem. A comunicação ocorrerá nos bens adquiridos onerosamente na constância do casamento, bem como os frutos de quaisquer bens (até mesmos os particulares) enquanto durar a comunhão. Seguem os artigos do Código Civil regulando a matéria:

> "**Art. 1.659.** Excluem-se da comunhão:
>
> I – os bens que cada cônjuge possuir ao casar, e os que lhe sobrevierem, na constância do casamento, por doação ou sucessão, e os sub-rogados em seu lugar;
>
> II – os bens adquiridos com valores exclusivamente pertencentes a um dos cônjuges em sub-rogação dos bens particulares;
>
> III – as obrigações anteriores ao casamento;
>
> IV – as obrigações provenientes de atos ilícitos, salvo reversão em proveito do casal;
>
> V – os bens de uso pessoal, os livros e instrumentos de profissão;
>
> VI – os proventos do trabalho pessoal de cada cônjuge;
>
> VII – as pensões, meios-soldos, montepios e outras rendas semelhantes.
>
> **Art. 1.660.** Entram na comunhão:
>
> I – os bens adquiridos na constância do casamento por título oneroso, ainda que só em nome de um dos cônjuges;
>
> II – os bens adquiridos por fato eventual, com ou sem o concurso de trabalho ou despesa anterior;
>
> III – os bens adquiridos por doação, herança ou legado, em favor de ambos os cônjuges;
>
> IV – as benfeitorias em bens particulares de cada cônjuge;
>
> V – os frutos dos bens comuns, ou dos particulares de cada cônjuge, percebidos na constância do casamento, ou pendentes ao tempo de cessar a comunhão."

Traremos dois exemplos de um casamento com a posterior separação e analisaremos o fato gerador do ITCD.

Exemplo 1: Astrogildo contrai núpcias com Mafalda, sem realizarem o pacto antinupcial. O varão tinha uma casa e a virago um sítio. Posteriormente, eles se divorciam com diversos bens, conforme o quadro a seguir:

Bem	Valor
Casa residencial do varão adquirida antes do casamento	R$ 200.000,00
Sítio da virago adquirido antes do casamento	R$ 100.000,00
Casa de praia adquirida durante o casamento	R$ 150.000,00
Depósitos bancários no nome do varão	R$ 50.000,00
Livros de uso pessoal do varão	R$ 10.000,00
Prêmio ganho na loteria pela virago	R$ 400.000,00

Primeiramente, devemos separar os bens particulares dos bens em conjunto. A casa adquirida antes do casamento e os livros pessoais são os bens particulares do Astrogildo. Já a Mafalda tem como bem particular o sítio. Já no caso dos bens em conjunto, pouco importa se a conta bancária está no nome dele e o bilhete premiado estava no nome dela, esses bens são do casal.

Assim, os bens em comum do casal totalizam: 150.000 (casa de praia) + 50.000 (depósito bancário) + 400.000 (prêmio da loteria) = R$ 600.000,00.

Como os bens em comum são R$ 600.000,00, podemos afirmar que cabem R$ 300.000,00 para cada um. Se, além dos seus bens particulares, o Astrogildo ficar com a casa de praia, o dinheiro no banco e mais R$ 100.000,00, cada parte ficou com sua meação (300.000,00), então nesse caso não incidirá o ITCD.

E quando incidiria ITCD? Se Mafalda ficasse com todo o dinheiro da loteria, além do seu bem particular. Nesse caso, ela ficaria com R$ 400.000,00 dos bens em comum e Astrogildo ficaria com R$ 200.000,00. Mafalda ficou com R$ 100.000,00 a mais do que cabia a ela (400.000-300.000), logo ela recebeu R$ 100.000 de doação, incidindo o ITCD sobre este valor.

Esse valor de R$ 100.000,00 passado a Mafalda, excedendo os 300.000 da sua meação, chamamos de excesso de meação. As leis estaduais colocam: "incide o imposto no excesso de meação". Esse excesso de meação nada mais é que uma doação.

E se o Astrogildo, consciente de tanta burrada que fez ao longo do casamento, abrisse mão de tudo, menos dos seus livros? Nesse caso, além de doar toda sua meação (R$ 300.000,00), doou a casa que lhe pertencia a ela (R$ 200.000,00). O valor total da doação será 300.000 + 200.000 = R$ 500.000,00, incidindo ITCD sobre R$ 500.000,00.

Exemplo 2: Eduardo casa com Mônica no regime de comunhão parcial. Ela tinha um carro no valor de R$ 50.000,00, ele só tinha seus livros das aulinhas de inglês. Anos depois, eles resolveram divorciar-se, com os seguintes bens:

Bem	Valor
Carro adquirido ao longo do casamento com a venda do carro anterior que a Mônica tinha antes do casamento.	R$ 50.000,00
Livros de inglês do Eduardo	R$ 10.000,00
Casa construída quando os gêmeos vieram	R$ 800.00,00

Nesse caso, o carro pertence só a Mônica (inciso II do artigo 1.659 do CC), já os livros só a Eduardo. A casa construída pertence a ambos, logo se na separação cada um ficar com seu bem particular e metade da casa, não haverá o fato gerador do ITCD.

Agora, e se Eduardo ficou com a casa, enquanto Mônica ficou apenas com seu veículo, que posteriormente vendeu, pois resolveu fazer meditação no Nepal? Nesse caso, Mônica doou R$ 400.000 a Eduardo, incidindo o imposto estadual sobre R$ 400.000,00.

Caso Mônica vendesse sua metade ao "ex", não incidiria o ITCD, e sim o ITBI, afinal venda é negócio jurídico oneroso.

E se cada um ficou com seu bem particular, mas deixaram a casa para os gêmeos? Houve doação da casa, Eduardo doou 200 mil para cada filho e Mônica também fez a mesma doação. Incide o ITCD quatro vezes:

1º Fato gerador) Eduardo doa para o filho de recuperação. Valor 200 mil.

2º Fato Gerador) Eduardo doa para a filha estudiosa. Valor 200 mil

3º Fato Gerador) Mônica doa para o filho de recuperação. Valor 200 mil.

4º Fato Gerador) Mônica doa para a filha estudiosa. Valor 200 mil.

Esses exemplos todos servem para esclarecer que incide o ITCD sobre o excesso de meação, que nada mais é que uma doação. E incide o ITCD se ambos os pais ou um deles doar os bens aos filhos no divórcio.

Por fim, cabe esclarecer que posteriormente Mônica retornou do Nepal e eles reataram a relação, afinal quem somos nós para acabar com o casamento do casal mais famoso da música brasileira?

13.3.1.1.2.2.2. Regime da comunhão universal

No regime da comunhão universal, que depende de pacto antenupcial, comunicam-se os bens anteriores e posteriores ao casamento, no entanto há as exceções previstas no artigo 1668 do Código Civil:

"**Art. 1.668.** São excluídos da comunhão:

I – os bens doados ou herdados com a cláusula de incomunicabilidade e os sub-rogados em seu lugar;

II – os bens gravados de fideicomisso e o direito do herdeiro fideicomissário, antes de realizada a condição suspensiva;

III – as dívidas anteriores ao casamento, salvo se provierem de despesas com seus aprestos, ou reverterem em proveito comum;

IV – as doações antenupciais feitas por um dos cônjuges ao outro com a cláusula de incomunicabilidade;

V – Os bens referidos nos incisos V a VII do art. 1.659."

Ficam excluídos da comunhão os bens doados para um dos cônjuges ou herdados por um dos cônjuges com cláusula de incomunicabilidade. Essa cláusula deve ser escrita e registrada em cartório pelo doador ou testador. São excluídos também os bens doados por um dos cônjuges por pacto antenupcial com a cláusula de incomunicabilidade. Isso ocorre quando um dos nubentes doa ao outro antes da núpcia. O fideicomisso será visto na parte de Direito da Sucessão.

Assim, voltando ao exemplo do Astrogildo e da Mafalda:

Bem	Valor
Casa residencial do varão adquirida antes do casamento	R$ 200.000,00
Sítio da virago adquirido antes do casamento	R$ 100.000,00
Casa de praia adquirida durante o casamento	R$ 150.000,00
Depósitos bancários no nome do varão	R$ 50.000,00
Livros de uso pessoal do varão	R$ 10.000,00
Prêmio ganho na Loteria pela virago	R$ 400.000,00

Nesse caso, o único bem particular são os livros do varão. Todos os demais são bens em comum do casal. Assim, o valor total dos bens em comum é: 200.000 (casa residencial) + 100.000 (sítio) + 150.000 (casa de praia) + 50.000 (deposito bancário) + 400.000 (prêmio da loteria) = R$ 900.000,00.

Caso a partilha fique da mesma forma do tópico anterior, ou seja, Astrogildo fique com a casa residencial, a casa de praia, o deposito bancário e 100.000 da loteria, ele ficará com 500.000,00, logo terá um excesso de meação de 50.000, incidindo o ITCD sobre esse valor.

E se Astrogildo ficar só com seus livros particulares? Então ele doou toda sua meação de R$ 450.000,00, incidindo o ITCD sobre R$ 450.000,00.

Antes de terminarmos esse regime, cabe mencionarmos que quando as duas pessoas optarem pela comunhão universal, não há doação entre os cônjuges, salvo a com cláusula de incomunicabilidade e antes do casamento.

Ora, como é que o Astrogildo vai doar a casa residencial para Mafalda se é dela também e continuará sendo dos dois, após a doação? Nesse caso, não há transferência patrimonial, não há doação, não incide ITCD.

Veja como isso já foi cobrado em prova:

(AFRE-CE/ESAF – 2007) O patrimônio de João e Maria, casados em comunhão de bens, é constituído de uma casa no valor de R$ 500.000,00 e de um apartamento no valor de R$ 400.000,00. Ao se divorciarem, coube à Maria a casa e a João o apartamento. Considerando as normas relativas ao Imposto sobre Transmissão Causa Mortis e Doações (ITCD), assinale a afirmativa correta:

a) Pela situação descrita, não se configurou fato gerador do ITCD.
b) Maria deve recolher ITCD sobre R$ 50.000,00.
c) Maria deve recolher ITCD sobre R$ 100.000,00.
d) Antes de transitar em julgado a sentença homologatória do divórcio, João deve recolher o imposto calculado sobre R$ 400.000,00 e Maria deve recolher o imposto calculado sobre R$ 500.000,00.
e) É devido imposto de transmissão (ITCD), que deverá ser recolhido no prazo de 10 dias contados do trânsito em julgado da sentença homologatória do divórcio.

Comentário:

Valor do patrimônio comum: casa + apartamento = 500.000,00 + 400.000,00 = R$ 900.000,00.

Valor da meação de cada um: patrimônio comum/2 = 900.000,00/2 = R$ 450.000,00.

Excesso de meação de Maria: bens com Maria – meação = 500.000,00 – 450.000,00 = R$ 50.000,00.

Logo, houve uma doação de R$ 50.000,00, devendo Maria recolher sobre esse valor.

Resposta: B

13.3.1.1.2.2.3. Regime da separação de bens

Esse regime também depende de pacto antenupcial. As partes convencionam que os bens adquiridos pelo varão antes ou depois do casamento são apenas dele. Já as aquisições da virago, a qualquer tempo, pertencem apenas a ela. Geralmente, sobre o divórcio das pessoas que optaram por esse regime não incide o ITCD, uma vez que cada um fica com aquilo que lhe pertence, pois como não há transmissão não há incidência do imposto estadual.

No entanto, veremos quando falarmos de sucessão que esse regime pode afetar a ordem dos herdeiros.

13.3.1.1.2.2.4. Regime da participação final dos aquestos

Cabe inicialmente definirmos "aquestos". Aquestos são os bens materiais adquiridos por ambas as partes a partir da união de um matrimônio, ou seja, aqueles bens adquiridos na constância do casamento. Nesse regime, que precisa de pacto antenupcial, cada parte detém os bens que ela própria adquiriu antes e depois do matrimônio, mantendo a sua administração. Caso ocorra o fim do casamento, seja por morte, anulação ou divórcio, os bens que foram adquiridos após a núpcia, a título oneroso, serão divididos 50% para cada um dos pares.

Vamos exemplificar para deixar mais claro. Lembra do prêmio da loteria ganho por Mafalda? Enquanto eles estavam casados, os R$ 400.000,00 eram só dela. Ela fazia o que achasse conveniente. No momento do fim do matrimônio, o que sobrou desse dinheiro cabe metade para Astrogildo e a outra metade para Mafalda.

E quais as diferenças desse regime para a comunhão parcial de bens? São diversas, mas para efeito de incidência do ITCD, não há qualquer diferença. Assim, no exemplo do Astrogildo e da Mafalda, caso sejam casados pela participação final do aquesto, o cálculo da incidência ou não do ITCD será a mesma da hipótese de eles serem casados no regime da comunhão parcial.

13.3.1.1.2.2.5. Regime da separação obrigatória

O artigo 1641 do Código Civil assim dispõe:

> "**Art. 1.641.** É obrigatório o regime da separação de bens no casamento:
>
> I – das pessoas que o contraírem com inobservância das causas suspensivas da celebração do casamento;
>
> II – da pessoa maior de 70 (setenta) anos;
>
> III – de todos os que dependerem, para casar, de suprimento judicial."

Com esse artigo, o legislador buscou proteger uma das partes ou terceiros interessados. Entre as causas suspensivas de casamento está o caso do viúvo que ainda não partilhou os bens da antiga esposa. Assim, o legislador buscou impor o regime da separação obrigatória. Veja que esse regime não precisa de pacto antenupcial, pois é uma imposição da lei.

Então, nesse caso, para efeitos do ITCD, aplicaremos as regras da separação de bens? não, aplicaremos a regra da comunhão parcial de bens, devido à Súmula 377 do STF:

> "Súmula 377 – No regime de separação legal de bens, comunicam-se os adquiridos na constância do casamento."

Assim, se Astrogildo e Mafalda são casados pelo regime da separação obrigatória, o procedimento no divórcio para efeitos do ITCD é o mesmo do regime da comunhão parcial.

13.3.1.1.3. Noções de Direito das Sucessões

Se foi necessário falar do contrato de doação para esclarecermos como incide o ITCD na transferência não onerosa de bens e direitos, devemos falar, também, sobre o Direito de Sucessões, afinal a maior parcela da arrecadação com o ITCD que os estados obtêm é justamente as provenientes da *causa mortis*.

Novamente, cabe lembrar que podemos fazer diversas combinações de quem herdará de quem. Acreditamos que não é esse o foco do nosso trabalho, passaremos apenas noções necessárias para você resolver todas as questões de concursos sobre o ITCD, então nossos exemplos serão simples.

Quando falamos em *causa morte* pensamos logo em óbito. Sem dúvida faz sentido, a morte é o fim da pessoa natural. Se há morte de alguém que possui bens, haverá a incidência do ITCD, salvo na herança vacante (quando o beneficiário é o Município, União ou Estado), que será comentado no tópico da não incidência.

No entanto, haverá a incidência do ITCD no caso da morte presumida e da ausência. A morte presumida surge no caso da ocorrência de um acidente no qual a probabilidade de morte é alta, porém como o corpo não foi encontrado, a autoridade judicial declara a morte presumida da pessoa natural. Um exemplo clássico é o de um acidente de avião no meio do oceano.

> Súmula 331 do STF: "É legítima a incidência do imposto de transmissão *causa mortis* no inventário por morte presumida."

Caso uma pessoa desapareça sem deixar vestígio, os interessados e o Ministério Publico podem requerer a sucessão provisória. Assim, o fato gerador do ITCD ocorre com a morte da pessoa natural, morte presumida e na sucessão provisória da ausência (comentaremos sobre isso na análise do elemento temporal do ITCD).

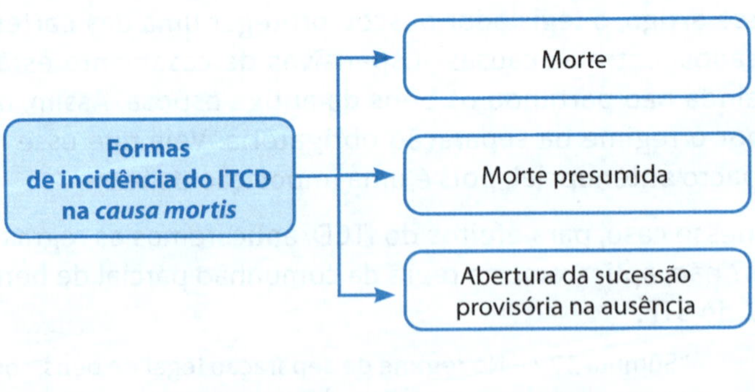

Um dispositivo fundamental do Direito da Sucessão é o do artigo 1.784 do Código Civil:

> "**Art. 1.784.** Aberta a sucessão, a herança transmite-se, desde logo, aos herdeiros legítimos e testamentários."

No Direito das Sucessões existe o Princípio da Saisine, ou seja, a partir da morte, a posse e a propriedade da herança são transmitidas automaticamente aos herdeiros legítimos ou testamentários. Assim, quando uma pessoa vem a falecer, seus conjuntos de bens são desde logo transmitidos a um condomínio formado pelos herdeiros e testamentários que podem desde logo possuir e proteger a coisa. A definição de quem ficará com o que ocorrerá após a partilha dos bens, enquanto não partilhado existe uma ficção jurídica atribuindo a herança deixada pelo "de cujus" como bem imóvel.

A partir dessa transmissão, quaisquer frutos provenientes dos bens da herança estarão fora do campo de incidência do ITCD. Assim, se Laércio faleceu deixando um imóvel, sobre a transmissão desse bem incide o ITCD, mas sobre o aluguel rendido após a morte de Laércio não incide o imposto estadual, afinal a administração dos bens já é dos herdeiros, mais especificamente falando do inventariante.

Nesse momento, pode um dos herdeiros vender a sua parte da herança (cessão onerosa) ou doar parte da sua herança (cessão não onerosa). Esse segundo negócio jurídico nada mais é que uma doação com incidência do ITCD.

E quantos fatos geradores ocorrem no instante da morte? As leis estaduais seguem o parágrafo único do artigo 35 CTN:

> "Art. 35 (...)
>
> Parágrafo único. Nas transmissões *causa mortis*, ocorrem tantos fatos geradores distintos quantos sejam os herdeiros ou legatários[3].."

Assim, se Laércio faleceu e deixou três herdeiros, haverá três fatos geradores.

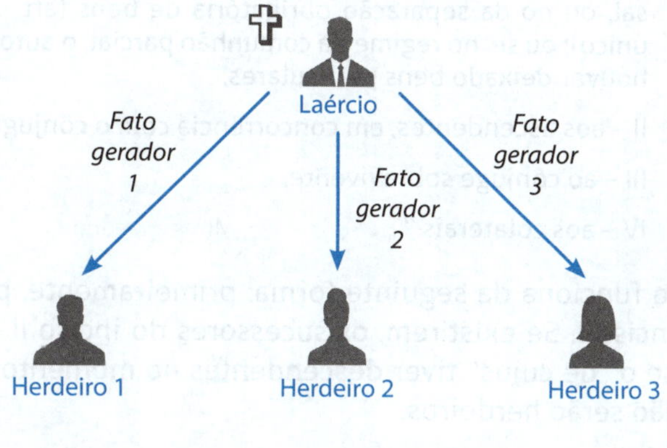

3. O conceito de legatários e herdeiros testamentário será explicado ainda neste capítulo.

13.3.1.1.3.1. Sucessão

O Código Civil regula a sucessão dos bens do "de cujus". Caso a partilha dos bens não obedeça ao disposto na lei civilista, é porque juridicamente houve uma doação. Assim, se apesar da lei afirmar que cabe a Adolfina ficar com a totalidade dos bens deixados pelo seu pai, porém na partilha ela permitiu que sua tia ficasse com 20% dos bens transmitidos, significa que Adolfina doou 20% do que tinha direito para sua tia. Nesse caso, haveria dois fatos geradores do ITCD, um pela *causa mortis* e outro pela doação.

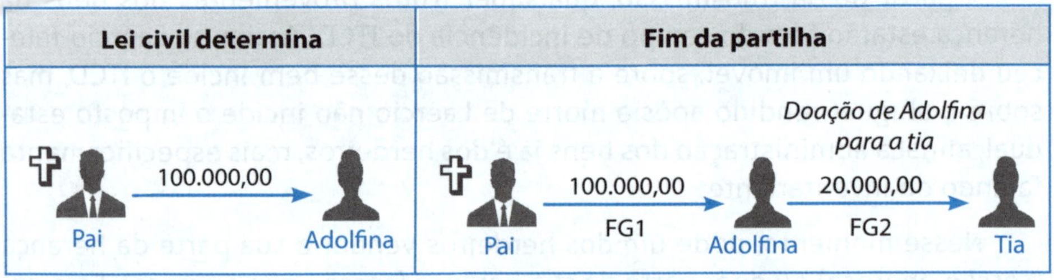

Há três espécies de sucessores: os herdeiros legítimos, os herdeiros testamentários e o legatário. Explicaremos cada caso a seguir.

13.3.1.1.3.2. Herdeiros legítimos

A sucessão legítima é regulada no artigo 1.829 do Código Civil:

> "Art. 1.829. A sucessão legítima defere-se na ordem seguinte:
>
> I – aos descendentes, em concorrência com o cônjuge sobrevivente, salvo se casado este com o falecido no regime da comunhão universal, ou no da separação obrigatória de bens (art. 1.640, parágrafo único); ou se, no regime da comunhão parcial, o autor da herança não houver deixado bens particulares;
>
> II – aos ascendentes, em concorrência com o cônjuge;
>
> III – ao cônjuge sobrevivente;
>
> IV – aos colaterais."

Esse artigo funciona da seguinte forma: primeiramente, procuram-se os herdeiros do inciso I. Se existirem, os sucessores do inciso II nada recebem. Dessa forma, se o "de cujus" tiver descendentes no momento do óbito, seus ascendentes não serão herdeiros.

Vamos a um exemplo: Lucrécio, pai solteiro, falece deixando um patrimônio de R$ 300.000,00. Sucede que Lucrécio tem três filhos, além de sua mãe viva. Nesse caso, os três filhos de Lucrécio seriam herdeiros, ficando cada um com R$ 100.000,00. E a mãe do "de cujus" nada receberia.

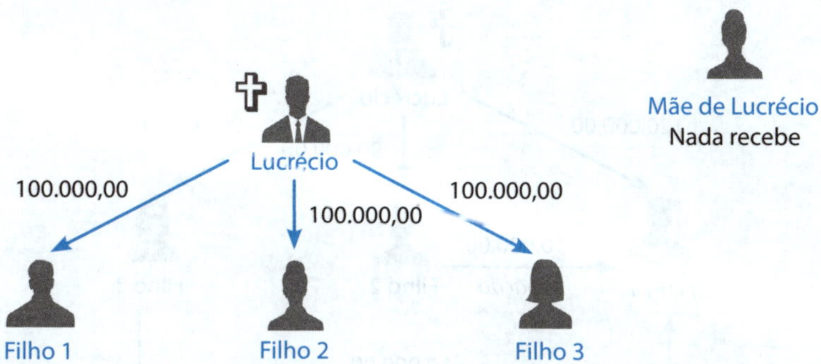

O quinhão do caso anterior é R$ 100.000,00 para cada herdeiro porque filhos herdam por cabeça, no entanto, existe a sucessão por estirpe ou representação. Vamos imaginar que o primeiro filho de Lucrécio fosse falecido e ele tivesse deixado duas netas para Lucrécio. Nesse caso, as duas netas dividiriam a parte que caberia ao pai falecido, ou seja, cada uma ficaria com R$ 50.000,00.

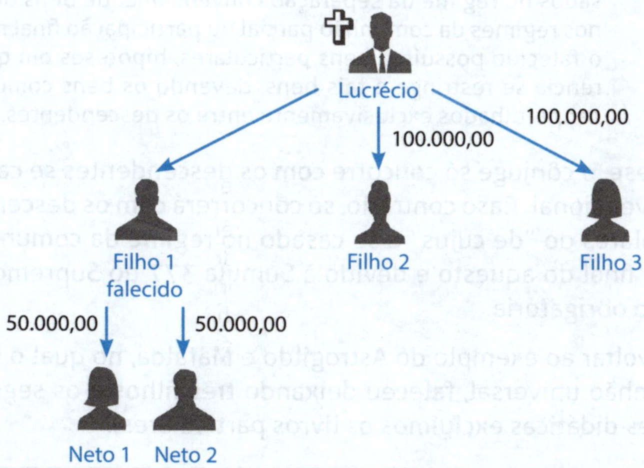

E se na partilha dos bens de Lucrécio o filho mais velho ficasse com $120.000,00 e os demais com R$ 90.000 cada? Nesse caso, o filho mais velho teve um excesso de quinhão de R$ 20.000,00 (seu quinhão era R$ 100.000,00 segundo a lei civil), ou seja, cada irmão doou a ele R$ 10.000,00, ocorrendo assim mais dois fatos geradores do ITCD, que seriam as duas doações dos outros irmãos para o irmão mais velho.

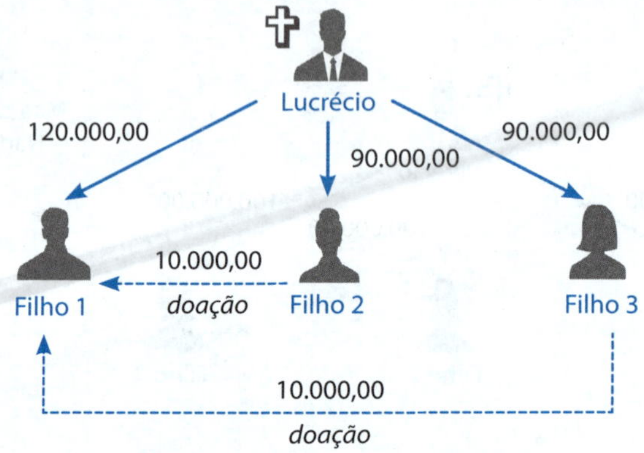

A dificuldade surge quando o "de cujus" deixa cônjuge. Essa confusão nasceu devido à redação malfeita do inciso I do artigo 1.829. Assim, foi emitido em 2004 o enunciado 270, na Jornada de Direito Civil do Conselho da Justiça Federal, com a seguinte redação:

> "O art. 1.829, inc. I, só assegura ao cônjuge sobrevivente o direito de concorrência com os descendentes do autor da herança quando casados no regime da separação convencional de bens ou, se casados nos regimes da comunhão parcial ou participação final nos aqüestos, o falecido possuísse bens particulares, hipóteses em que a concorrência se restringe a tais bens, devendo os bens comuns (meação) ser partilhados exclusivamente entre os descendentes."

Em síntese, o cônjuge só concorre com os descendentes se casado na separação convencional. Caso contrário, só concorrerá com os descendentes nos bens particulares do "de cujus" e se casado no regime da comunhão parcial, participação final do aquesto e devido à Súmula 377 do Supremo no regime da separação obrigatória.

Vamos voltar ao exemplo do Astrogildo e Mafalda, no qual o varão, casado na comunhão universal, faleceu deixando três filhos e os seguintes bens (por questões didáticas excluímos os livros particulares):

Bem	Valor
Casa residencial do varão adquirida antes do casamento	R$ 200.000,00
Sítio da virago adquirido antes do casamento	R$ 100.000,00
Casa de praia adquirida durante o casamento	R$ 150.000,00
Depósitos bancários no nome do varão	R$ 50.000,00
Prêmio ganho na loteria pela virago	R$ 400.000,00
Total	**R$ 900.000,00**

Nesse caso, Mafalda não irá concorrer pela herança com os seus três filhos, que serão os únicos herdeiros. E Mafalda ficará sem nada? Ela ficará com metade de todos os bens, mas isso não é herança, isso é meação. Incide o ITDC sobre a meação de Mafalda? Claro que não. A metade dos bens já era dela, então como não houve transmissão, não há fato gerador do ITCD.

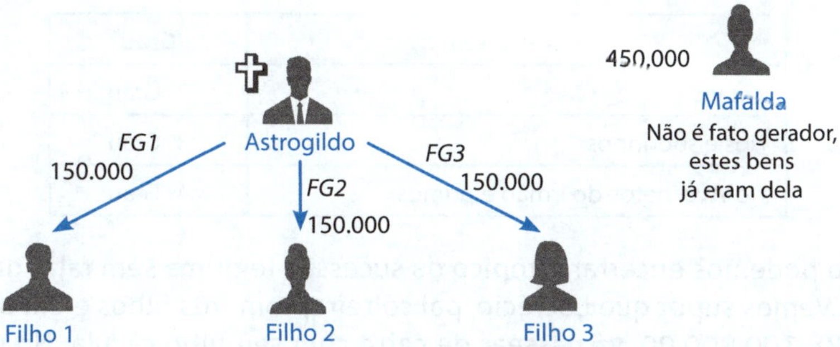

E se o regime de casamento era da comunhão parcial? Nesse caso, teremos que dividir os bens particulares. O sítio é bem particular de Mafalda, logo não entra na partilha. Sobre a casa residencial Mafalda concorre com seus filhos, ficando 25% para cada. Em relação aos demais bens, apenas os filhos são herdeiros, ficando Mafalda com a meação.

Incidirá ITCD na totalidade das transmissões para os filhos e na transmissão de 25% da casa residencial para Mafalda, o restante é a meação da viúva, pois como os bens já eram dela não incidirá o ITCD.

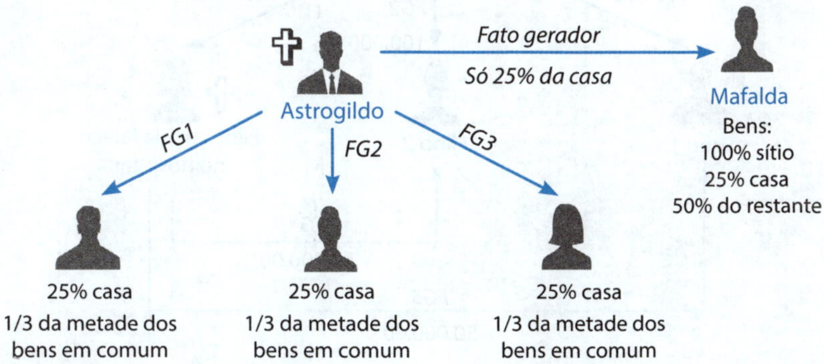

Note que, pela leitura do artigo 1.829, podemos auferir que a existência de cônjuge não exclui da herança os ascendentes, pelo contrário, eles concorrem entre si.

No entanto, no inciso III só aparece o cônjuge, ou seja, sua existência exclui os colaterais da herança. Cabe esclarecer que apenas o colateral até 4º grau recebe herança. Para sabermos o grau de parentesco, subimos até os ascendentes em comum e depois descemos. Como seu pai é seu parente de 1º grau, descemos para seu irmão e esse será seu parente de 2º grau. Já no caso do seu tio, subimos até seu avô (parente de 2º grau), ascendente em comum, depois descemos até seu tio, logo vocês são parentes de 3º grau. Assim os colaterais que podem ser herdeiros são os seguintes:

Parentesco	Grau
Irmãos	2º Grau
Tios e sobrinhos	3º Grau
Tio-Avô, netos do irmão e primos	4º Grau

Não podemos encerrar o tópico da sucessão legitima sem falar da comoriência. Vamos supor que Lucrécio, pai solteiro, com três filhos e um patrimônio de R$ 300.000,00, vá passear de carro com seu filho caçula. No passeio, eles sofrem um acidente. Lucrécio morre na hora e o filho falece no hospital. Nesse caso, Lucrécio passa seus bens aos seus três filhos, pois ele faleceu antes do caçula. Já o filho mais novo transmite o que herdou do pai para seus irmãos (considerando que ele não tem mais herdeiros). Perceba há neste caso cinco fatos geradores do ITCD.

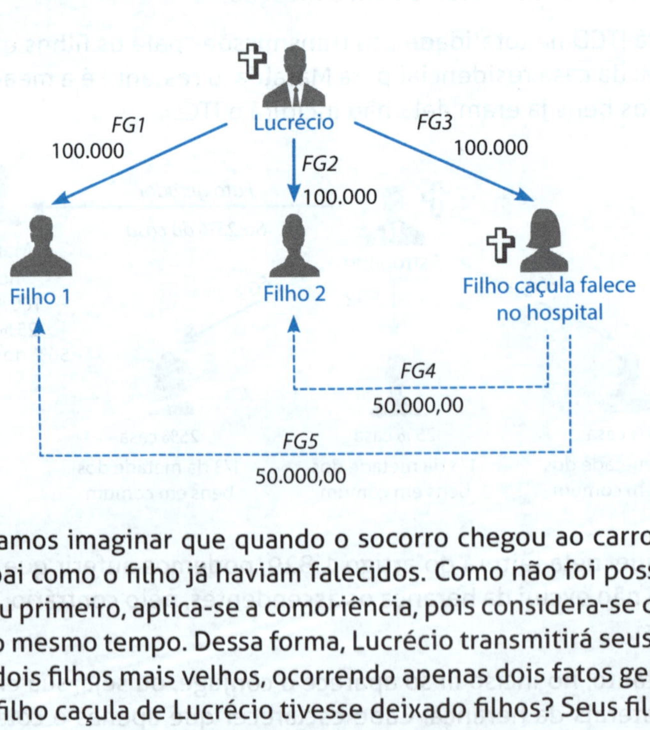

Agora vamos imaginar que quando o socorro chegou ao carro acidentado, tanto o pai como o filho já haviam falecidos. Como não foi possível saber quem faleceu primeiro, aplica-se a comoriência, pois considera-se que os dois faleceram ao mesmo tempo. Dessa forma, Lucrécio transmitirá seus bens apenas para os dois filhos mais velhos, ocorrendo apenas dois fatos geradores do ITCD. E se o filho caçula de Lucrécio tivesse deixado filhos? Seus filhos herdariam por representação os bens deixados por Lucrécio.

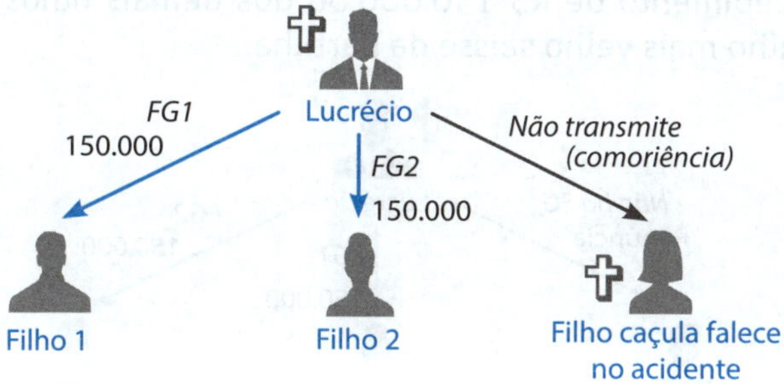

13.3.1.1.3.3. Herdeiros testamentários

Toda pessoa natural pode dispor de pelo menos metade de seus bens por testamento caso tenha descendente, ascendente ou cônjuge (chamados herdeiros necessários). A existência de colaterais não impede o testador de dispor de todos os bens (colaterais são herdeiros legítimos, mas não herdeiros necessários). Caso ele não tenha herdeiros necessários, poderá transmitir a totalidade de seus bens por testamento.

O testador menciona pelo testamento a cota que o herdeiro testamentário deverá receber. Assim, um milionário pode testar metade do seu patrimônio para a enfermeira que cuidou dele após sua cirurgia cardíaca. Essa enfermeira passa a ser considera herdeira testamentária e pelo Princípio da Saisine terá a posse da herança no momento da morte do testador.

Agora vamos imaginar que o milionário, muito grato a seu caseiro, pretenda, por testamento, deixar seu sítio a ele. Nesse caso, o caseiro é um legatário, porque ele não recebe uma cota dos bens e sim um bem específico. O legatário não tem a posse da herança pelo Princípio da Saisine, afinal receberá só um bem e não parte dos bens como os herdeiros legítimos e testamentários.

Essa definição será fundamental na análise do aspecto pessoal da regra matriz de incidência.

13.3.1.1.3.4. Renúncia

Quando falamos de doação mencionamos que não basta o doador querer transferir a coisa, precisa que o donatário aceite. Na *causa mortis* acontece a mesma coisa, o herdeiro pode renunciar a sua herança.

Vamos voltar ao caso de Lucrécio, que faleceu com três filhos e um patrimônio de R$ 300.000,00. Cada um herdará R$ 100.000,00 e teremos três fatos geradores do ITCD. Agora vamos imaginar que o filho mais velho do Lucrécio, por estar bem de vida, pretende deixar a herança para seus irmãos, dessa forma, ele renuncia à herança. Passaremos a ter apenas dois fatos geradores, que são o recebimento de R$ 150.000,00 dos demais filhos do "de cujus". É como se o filho mais velho saísse da partilha.

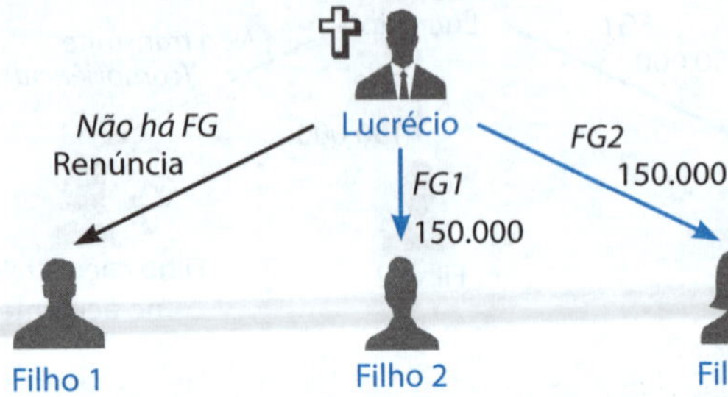

Chamamos essa renúncia do exemplo de renúncia abdicativa, na qual o herdeiro abre mão dos seus bens a que teria direito. Se há a renúncia da herança, pura, simples e sem condição ou termo, não haverá fato gerador do ITCD. Assim, a renúncia simples se assemelha ao caso do donatário que não aceita a coisa doada, pois em ambos não nascerá a obrigação tributária.

E se esse irmão mais velho falasse: "eu renuncio minha parte da herança para meu irmão caçula". Ora, ele recebeu sua parte da herança e depois doou para seu irmão caçula. Claro, não tem como ele transferir para o caçula o que nunca foi seu. Essa renúncia é chamada de translativa. Por causa dela há duas cessões de direito, a primeira *causa mortis* e a segunda pela doação, surgindo dois fatos geradores do imposto estadual.

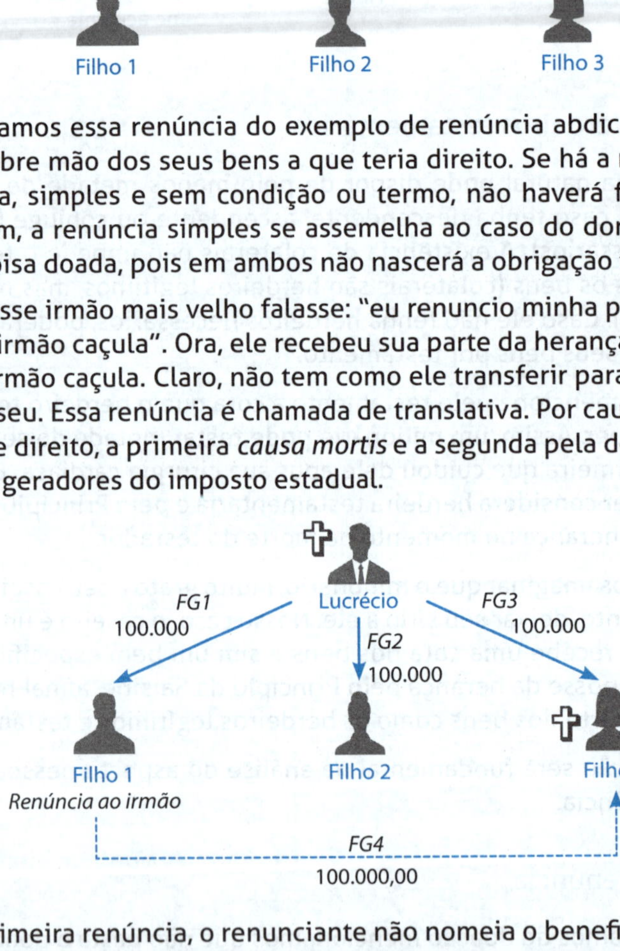

Na primeira renúncia, o renunciante não nomeia o beneficiário da renúncia, logo todos os herdeiros são beneficiários. Usa-se o termo de renúncia a favor do monte mor (renúncia que beneficia todos os herdeiros da mesma classe do renunciante). Já no segundo caso, o renunciante informou quem deveria ser beneficiário, nesse caso incide o fato gerador (doação).

A renúncia não causará uma sucessão por representação, assim se o filho renunciou e possuía um descendente, este foi excluído da partilha, exceto se não tiver herdeiros da mesma classe.

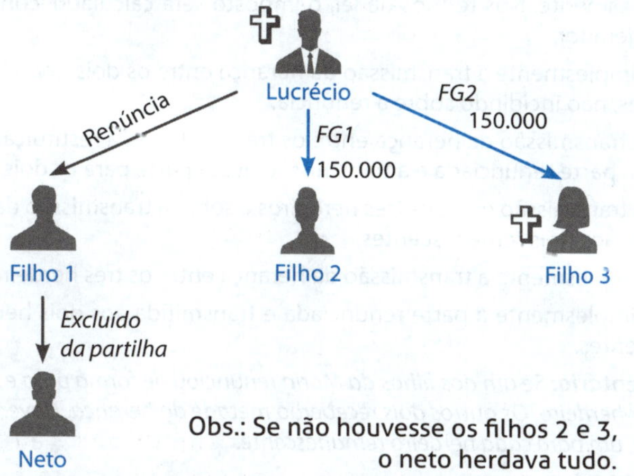

O artigo 1.808 veda a renúncia com condição, com termo ou de parte da herança. Para o legislador quem faz isso não renuncia, ele faz dois atos jurídicos, recebe a herança e doa parte ou ela toda, nascendo duas obrigações tributárias.

> "Art. 1.808. Não se pode aceitar ou renunciar a herança em parte, sob condição ou a termo.
>
> § 1º O herdeiro, a quem se testarem legados, pode aceitá-los, renunciando a herança; ou, aceitando-a, repudiá-los.
>
> § 2º O herdeiro, chamado, na mesma sucessão, a mais de um quinhão hereditário, sob títulos sucessórios diversos, pode livremente deliberar quanto aos quinhões que aceita e aos que renuncia."

Por fim, cabem mais duas observações sobre renúncia. A primeira é que nada impede que alguém seja herdeiro legítimo, testamentário e legatário ao mesmo tempo. Por exemplo, o pai milionário tem quatro filhos, mas para um deles deixa sua mansão (legado) e todo bem disponível (testamentário). Nesse caso, o filho queridinho do papai poderá renunciar só o legado e aceitar as demais ou renunciar duas delas e aceitar a terceira. E em nenhum desses casos incidirá o imposto estadual (§2º do artigo 1.808).

Já a segunda observação é para mencionarmos que a aceitação da herança ou legado pode ser tácita ou expressa, já a renúncia só existe de forma expressa. A aceitação ou a renúncia da herança são atos jurídicos irrevogáveis, não podendo ser revistos. Logo, se o filho mais velho renunciou expressamente, ele não pode voltar atrás. Isso também aconteceria se ele aceitasse a herança, caso depois volte atrás será considerada uma doação.

Veja como isso já foi cobrado em prova:

(AFR-SP/VUNESP – 2002) Maria dos Anjos faleceu em 04.05.2000, deixando três filhos, maiores e solteiros, e possuindo bens imóveis e móveis, sem testamento ou legado. Na habilitação dos herdeiros, um dos filhos renunciou à herança, pura e simplesmente. Nos termos da lei, o imposto será calculado, considerando como fato gerador,

a) Simplesmente a transmissão da herança entre os dois herdeiros remanescentes, não incidindo sobre a renúncia.

b) A transmissão da herança entre os três herdeiros, a restituição do monte-mor da parte renunciada e a transmissão dessa parte para os dois remanescentes.

c) A transmissão entre os três herdeiros e sobre a transmissão da parte renunciada aos dois remanescentes.

d) Simplesmente a transmissão da herança entre os três herdeiros.

e) Simplesmente a parte renunciada e transmitida aos dois herdeiros remanescentes.

Comentário: *Se um dos filhos da Maria renunciou de forma pura e simples, ele deixa de ser herdeiro. Os outros dois receberão metade da herança. Haverá dois fatos geradores, um para cada herdeiro remanescente.*

Resposta: A.

13.3.1.1.3.5. Fideicomisso e substituição fideicomissária

Vamos imaginar que Laerte seja doido para ter um neto, mas percebe que seu único filho, apesar de casado, vive no mundo da lua. Laerte percebe que está perto do fim da vida, então pretende presentear o neto que ainda não foi concebido. Para isso, Laerte confia mais em sua nora do que seu próprio filho, fazendo o seguinte testamento: "Minha fazenda ficará com minha nora, até meu futuro neto concluir o ensino superior".

Isso que Laerte instituiu por testamento foi o fideicomisso. Laerte, o testador, virou fideicomitente. A sua nora virou a fiduciária, que receberá a fazenda em condição resolutiva. Já o futuro neto se torna o fideicomissário, futuro proprietário da fazenda. Quando o neto concluir o ensino superior ocorrerá a substituição fideicomissária.

E nesse caso, há incidência do ITCD? Temos de pensar o seguinte, o fideicomisso depende de testamento, no entanto, a sua instituição só ocorre com a morte do fideicomitente (nesse caso, Laerte). Nesse instante, é pacífico que ocorre o fato gerador do ITCD, por *causa mortis*.

Agora, a substituição fideicomissária pode ocorrer por ***CAUSA MORTIS*** quando morre a fiduciária (no caso concreto, a nora de Laerte) ou por ato ***INTER VIVOS***, quando ocorre a condição imposta pelo testador (no caso concreto, quando o neto de Laerte se formar).

Para a maioria da doutrina, o certo seria tributar apenas uma vez, de preferência na transmissão de Laerte para a nora, até porque na segunda transferência, pelo menos quando ocorrer por realização da condição resolutiva, não há um ato de mera liberalidade. Diante disso, as legislações estaduais têm posições distintas. Quando a substituição fideicomissária ocorre por ***CAUSA MORTIS***, a maioria das legislações tributa tanto na instituição do fideicomisso (transmissão de Laerte à nora) como na substituição fideicomissária (da nora para o neto de Laerte). São os casos das leis do Ceará, Rio Grande do Sul, Mato Grosso do Sul e outras.

Assim, se a legislação tributária não colocar nenhuma isenção, considere que ocorre o fato gerador do ITCD tanto na instituição do fideicomisso como na substituição fideicomissária que ocorreu por ***CAUSA MORTIS***.

Agora, há casos, como da lei sul mato-grossense, que contrariando a doutrina, tributa a substituição fideicomissária, seja no caso de transferência ***CAUSA MORTIS*** ou de ***INTER VIVOS***. Nesse caso, caberá a você verificar o que determina a lei do estado onde prestará a prova.

Caso o neto de Laerte nunca venha a nascer ou caso nasça e não complete o ensino superior, a propriedade continuará com a nora de Laerte, nesse caso, houve apenas um único fato gerador do ITCD, afinal não ocorreu a segunda transmissão (da nora para o neto), pois não ocorreu a condição resolutiva. Perceba que não ocorreu a substituição fideicomissária (transmissão da nora para o neto de Laerte), mas ocorreu a transmissão na instituição do fideicomisso (transmissão de Laerte para sua nora). Nesse momento houve o fato gerador do tributo estadual.

13.3.1.1.4. Noções de Direito das Coisas (Direitos Reais)

O Direito das Coisas trata do direito de posse e propriedade que um sujeito (pessoa física ou jurídica) exercer sobre um bem (coisas, inclusive animais). Como o fato gerador do ITCD nasce com a transferência de bens e **direitos**, ocorrerá o fato gerador não apenas com a transferência, por liberalidade, da titularidade da propriedade do bem, mas também com a transferência de direitos que o proprietário, pleno ou não, cede, por liberalidade, ou *causa mortis* a terceiros, por conta disso é necessária a compreensão dos direitos reais.

Os direitos reais estão elencados no artigo 1.225 do Código Civil com a seguinte redação:

> "**Art. 1.225.** São direitos reais:
>
> I – a propriedade;
>
> II – a superfície;
>
> III – as servidões;
>
> IV – o usufruto;
>
> V – o uso;
>
> VI – a habitação;
>
> VII – o direito do promitente comprador do imóvel;
>
> VIII – o penhor;

> IX – a hipoteca;
>
> X – a anticrese.
>
> XI – a concessão de uso especial para fins de moradia;
>
> XII – a concessão de direito real de uso;
>
> XIII – a laje; e
>
> XIV – os direitos oriundos da imissão provisória na posse, quando concedida à União, aos Estados, ao Distrito Federal, aos Municípios ou às suas entidades delegadas e a respectiva cessão e promessa de cessão. (Incluído pela Lei nº 14.620, de 2023)"

Perceba que essas são as formas de direitos que uma pessoa, natural ou jurídica, exerce sobre os bens. E se houver transmissão, causa mortis ou doação, de quaisquer desses direitos, nascerá a obrigação tributária do ITCD? Antes de respondermos a essa pergunta, precisamos fazer uma pausa para explicarmos um pouco sobre o penhor, a hipoteca e a anticrese, que são direitos reais de garantia.

Vamos supor que Theo pretenda contrair um empréstimo, mas o futuro credor de Théo exija uma garantia para emprestar o dinheiro. Assim, Théo entrega uma joia ao credor, que fica de posse da joia, até Théo pagar a dívida. Nesse momento, houve a constituição de um penhor sobre a joia entregue por Théo. Caso Théo não pague o empréstimo, poderá o credor vender essa joia. Enfim, o penhor está caracterizado quando um bem MÓVEL é entregue ao credor como garantia da dívida.

Já na anticrese, o devedor entrega um bem IMÓVEL ao credor, enquanto na hipoteca um bem imóvel é usado como garantia da dívida, mas esse bem fica em posse do próprio devedor.

Ora, no momento que está sendo instituído qualquer um dos três direitos de garantia, não há incidência do ITCD, mesmo porque não há um ato de mera liberalidade, o que há é um contrato de mútuo (contrato oneroso), logo na INSTITUIÇÃO de qualquer direito de garantia não há incidência do ITCD.

Inclusive, o Código Tributário Nacional, no seu artigo 35, ao tratar do antigo ITBI estadual, assim dispõe:

> "Art. 35. O imposto, de competência dos Estados, sobre a transmissão de bens imóveis e de direitos a eles relativos tem como fato gerador:
>
> (..)
>
> II – a transmissão, a qualquer título, de direitos reais sobre imóveis, exceto os direitos reais de garantia;"

Apesar do texto do CTN, existem estudiosos que entendem que atualmente o artigo 35 do CTN só é aplicado ao ITBI municipal, não devendo ser aplicado ao ITCD. Ora, mas se com a constituição ou instituição do direito real de garantia não incide o imposto estadual, pois esse ato é oneroso, como então poderá ser cobrado ITCD sobre um direito real em uma transmissão gratuita do direito de garantia já instituído.

Vamos voltar ao caso do Théo, que entregou uma joia como garantia de um penhor. Para ocorrer o fato gerador do ITCD sobre essa joia, o credor do Théo vai transferir gratuitamente a alguém o direito de penhora sobre a joia? Ora, quem trabalha com penhor ou hipoteca geralmente é uma instituição financeira, então achamos pouco provável que haja essa transferência, mas como cabeça de examinador e de concurseiro é muito fértil, então estamos expondo essa possibilidade.

E respondo o que em prova? Quanto à constituição ou instituição de bens de garantia, sempre responda que não incide. Já em relação à transferência gratuita dos direitos de garantia já instituídos, primeiramente veja o que a lei do estado onde você faz a prova fala e responda. Por exemplo, a lei do Acre determina que incide a sucessão de bens de garantia, já a lei gaúcha veda a incidência de forma expressa.

O pior é que a maioria das leis não trata do tema, então se a prova for discursiva, discorra sobre o assunto; já se for objetiva, veja as outras alternativas antes de tomar sua decisão.

Ok, não incide ITCD sobre a constituição dos direitos reais de garantia, podendo, dependendo da legislação, incidir sobre a transferência gratuita dos direitos reais de garantia já instituídos, mas e sobre os demais direitos reais previstos no artigo 1.225 do Código Civil, há incidência do imposto estadual?

Todos os outros direitos reais estão no campo de incidência do ITCD, ocorre que em regra os estados concedem isenção para construção de moradia popular, promovida por órgãos públicos, o que costuma isentar a concessão de uso especial para fins de moradia. Assim, discorreremos sobre as demais formas de direito reais, lembrando que a propriedade já foi tratada no capítulo de IPVA.

Como falamos, quando conceituamos propriedade, o proprietário pleno tem a capacidade de usar, gozar, dispor e reivindicar a coisa. Em cada uma dessas formas elencadas no artigo 1.225 do Código Civil há a cessão de pelo menos uma dessas capacidades. Seguem os conceitos desses direitos reais.

- **Superfície:** o proprietário concede a outrem (superficiário) o direito de construir ou de plantar em seu terreno, por tempo determinado. Só é autorizada obra no subsolo se inerente ao objeto da concessão.
- **Servidão:** surge uma imposição a um imóvel em favor de outro imóvel. Por exemplo, um direito de passagem ou de iluminação.

- **Usufruto:** o proprietário concede ao usufrutuário o direito de usar e gozar da coisa. O proprietário permanece com o direito de dispor da coisa, passando a chamar-se nu-proprietário, enquanto que o usufrutuário fica com o direito de uso e gozo da coisa. Inclusive os frutos e rendimentos econômicos da coisa pertencem ao usufrutuário.
- **Habitação:** o proprietário concede a outrem o direito de habitar (sem poder usar de outra forma) casa alheia.
- **Direito do promitente comprador:** ocorre quando as partes registram em cartório um instrumento público ou particular no qual fica concedido ao comprador o direito real de aquisição do bem imóvel, sem cláusula de arrependimento.
- **Concessão de direito real de uso**: é a concessão de uso de terrenos particulares ou públicos para empregos em fins previstos em lei.
- **Laje:** o proprietário de uma construção-base cede a superfície superior ou inferior de sua construção a fim de que o titular da laje mantenha unidade distinta daquela originalmente construída sobre o solo.

Assim, ocorrendo uma transferência por doação ou causa mortis de um desses direitos mencionados, incidirá o ITCD. Vamos a alguns exemplos.

Exemplo 1: Vicente concede a Benício, por mera liberalidade, o direito de plantar em seu terreno. Então foi transferido, de forma gratuita, um direito (superfície) sobre um bem. Há incidência de ITCD.

Exemplo 2: Arthur concede gratuitamente à Sabrina o direito de passagem sobre seu imóvel. Houve transferência de um direito (servidão) sobre o imóvel. Há incidência do imposto estadual.

Exemplo 3: Letícia institui o usufruto de sua casa de praia, sem nada cobrar, para sua irmã gêmea Helena. Houve transferência de um direito (usufruto). Incide ITCD.

Exemplo 4: Rafaela vende para João Vitor seu imóvel. Eles registram no Cartório de Imóveis a promessa de compra e venda sem cláusula de arrependimento. Há transferência de direito oneroso. Não incide o ITCD. Então podemos concluir que o direito do promitente comprador não terá incidência do ITCD? Pode haver incidência sim. Por exemplo, João Vitor depois de pagar metade do imóvel à Rafaela doa o direito de compra para sua mãe Alana. Essa transmissão de direito (do promitente comprador) foi não onerosa. Há incidência do imposto estadual.

Cabe mencionarmos o conceito de domínio útil e domínio direto. O superficiário ou usufrutuário tem direito de gozar, usar e dispor da coisa, ou seja, tem domínio útil da coisa. O proprietário ou nu-proprietário tem o domínio direto da coisa, podendo dispor e reivindicar. Entre os direitos enumerados anteriormente, apenas o direito do promitente comprador e nos casos de servidão não há um domínio útil. Nas demais podemos afirmar que aquele que concedeu o direito sobre seu bem tem o domínio direto e o que recebeu tem domínio útil.

Explicamos esse conceito porque ele será fundamental na análise do aspecto dimensional da regra matriz de incidência.

Por fim, cabe conceituarmos a enfiteuse. A constituição da enfiteuse está proibida pelo artigo 2.038 do atual Código Civil, no entanto havia sua previsão no revogado Código de 1916, e aquelas já constituídas estão reguladas até a sua extinção. O §2º do mesmo dispositivo fala que as enfiteuses sobre terrenos da marinha serão reguladas por lei especial.

> "**Art. 2.038.** Fica proibida a constituição de enfiteuses e subenfiteuses, subordinando-se as existentes, até sua extinção, às disposições do Código Civil anterior, Lei no 3.071, de 1º de janeiro de 1916, e leis posteriores.
>
> § 1º Nos aforamentos a que se refere este artigo é defeso:
>
> I – cobrar laudêmio ou prestação análoga nas transmissões de bem aforado, sobre o valor das construções ou plantações;
>
> II – constituir subenfiteuse.
>
> § 2º A enfiteuse dos terrenos de marinha e acrescidos regula-se por lei especial."

Devido à ligação desse tema com a incidência do ITCD, cabe explicarmos esse instituto. Na enfiteuse, o proprietário (senhorio) atribui a outro (enfiteuta) o domínio útil do imóvel, ficando o senhorio com o direito ao foro ou taxa anual a ser paga pelo enfiteuta. No caso de morte do enfiteuta, o seu domínio útil é transferido aos seus herdeiros. Sobre essa transmissão incide o ITCD.

13.3.1.2. Incidência

Após passadas as noções de Direito Civil, podemos resumir as hipóteses de incidência do ITCD. Como o fato gerador desse imposto surge com a transmissão por *causa mortis* ou por doação, de quaisquer bens ou direitos, só haverá o fato gerador do ITCD quando houver a troca da titularidade do bem ou do direito.

Assim, a doação está no campo de incidência do imposto estadual, seja qual for a espécie, inclusive a com encargo. É também fato gerador do ITCD a renúncia translativa (determinando o beneficiário), ou com condição, ou com termo ou de parte da herança. É considerada doação a renúncia da meação do viúvo, afinal o bem já era dele antes do óbito do seu cônjuge. Em um divórcio, quando um dos dois fica com um patrimônio maior que a sua meação (excesso de meação), ocorre o fato gerador do tributo estadual.

Caso um dos herdeiros fique após a partilha dos bens do "de cujus" com uma parte superior a seu quinhão (excesso de quinhão), nasce a obrigação tributário, por doação. Nasce também a obrigação tributária na cessão da herança não onerosa.

Já na *causa mortis* nascerá o fato gerador do ITCD com a morte, a decretação da morte presumida e a abertura da sucessão provisória no caso de ausência. Para fins de concurso público, incide o ITCD no fideicomisso e na substituição fideicomissária.

Tanto na doação como na causa mortis não há necessidade da transmissão da propriedade do bem, basta a simples transmissão de direitos sobre as coisas tangíveis ou intangíveis. Assim, basta a transmissão de um dos direitos elencados no artigo 1.225 do Código Civil, salvo o já explicado sobre os direitos reais de garantia (anticrese, penhor e hipoteca), para incidir o imposto estadual.

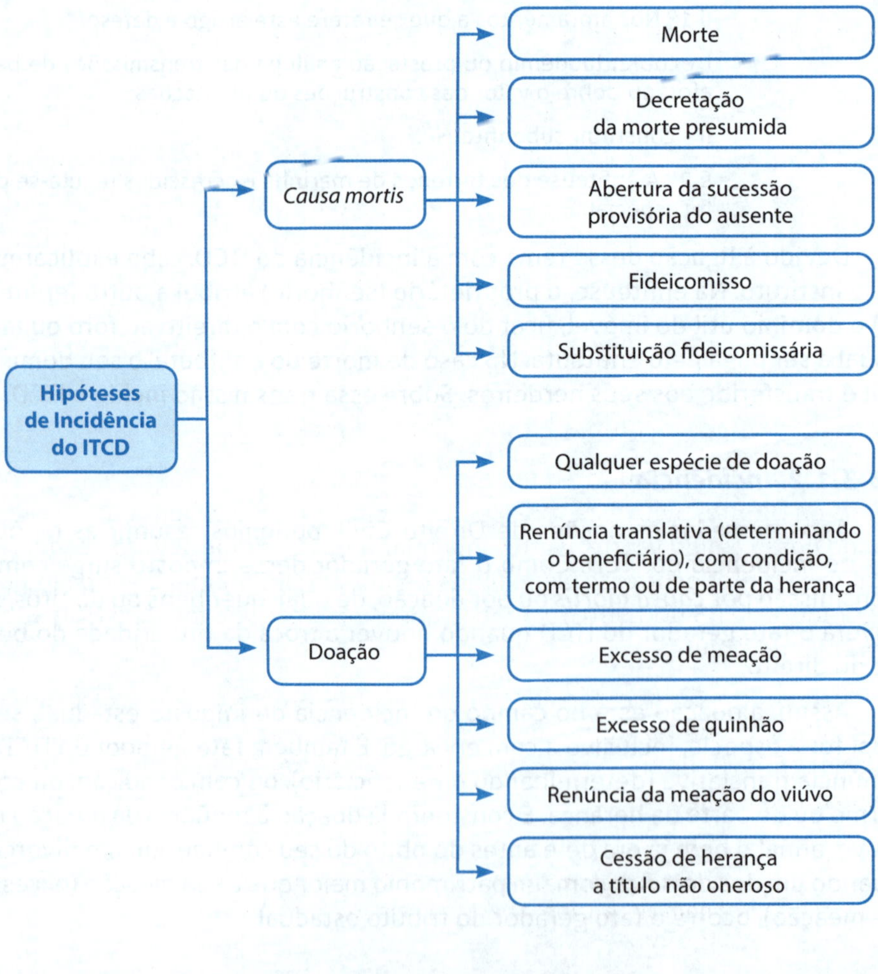

13.3.1.3. Não incidência

Compreendidos aqueles conceitos de Direito Civil, podemos também definir as hipóteses de não incidência do ITCD. Note que na grande maioria das formas de não incidência não ocorre transferência de titularidade e sem transferência não há fato gerador.

Não ocorre incidência:

1. No divórcio quando cada um do casal fica com metade dos bens em comum (meação);
2. Doação de mercadoria para clientes ou empregados (incide o ICMS);
3. Renúncia pura e simples do herdeiro ou legatário;
4. A doação com condição suspensiva, enquanto não ocorrer a condição;
5. A não ocorrência da condição resolutiva do fideicomisso, ou seja, a não ocorrência da substituição fideicomissária;
6. Sobre o fruto e rendimento do bem do espólio havidos após o falecimento do autor da herança ou legado;
7. Os bens colocados em colação no momento da partilha;
8. No recebimento de capital estipulado de seguro de vida ou pecúlio por morte;
9. Na extinção de usufruto ou de qualquer outro direito real que resulte na consolidação da propriedade plena e o nu proprietário tenha sido o instituidor;
10. Instituição ou constituição de direitos reais de garantia (penhor, hipoteca e anticrese).
11. Aquisição de propriedade de bem por usucapião.

Os itens 1 a 7 e 10 foram amplamente explicados no tópico das noções gerais de Direito Civil, restando explicarmos os itens 8 e 9. Voltando ao exemplo do nosso amigo Laerte, vamos imaginar que ele fez um seguro de vida, no qual caso o pior ocorresse, seus filhos dividiriam um prêmio a ser pago pela seguradora de R$ 900.000,00. Vindo Laerte a falecer, não incide o ITCD sobre o prêmio do seguro.

Isso ocorre porque não há transmissão de propriedade de Laerte para seus filhos, o que há é uma indenização que a seguradora deve aos beneficiários (filhos). Prêmio de seguro não tem natureza de herança, conforme disposto no Código Civil.

> "**Art. 794.** No seguro de vida ou de acidentes pessoais para o caso de morte, o capital estipulado não está sujeito às dívidas do segurado, nem se considera herança para todos os efeitos de direito."

Cabe ainda uma explicação sobre o usufruto. Vamos imaginar que Aderbal resolveu transferir o usufruto de um dos seus imóveis para seu irmão, deixando claro que caso o usufrutuário venha a falecer, Aderbal (nu-proprietário) voltará a ter a propriedade plena do bem.

No ato da transferência incide o ITCD. E na extinção do usufruto? Doutrinariamente não incide ITCD na extinção do usufruto, afinal, segundo os doutrinadores civilistas, a extinção do usufruto não é uma transferência de direito, é apenas o retorno do direito de usar e gozar para o real proprietário. Na verdade, está fora do campo de incidência a extinção de usufruto ou de qualquer outro direito real (aqueles do artigo 1.225 do Código Civil) que após sua extinção ocorra a consolidação da propriedade plena.

Acontece que como não tem a tal lei complementar regulando a matéria, as legislações não são unânimes nesse ponto, assim, por exemplo, a lei do Distrito Federal determina que é contribuinte do imposto o nu-proprietário na extinção do direito real.

Então, posso ou não colocar na prova que na extinção do usufruto não há incidência de ITCD? Se essa extinção do usufruto consolidar a propriedade plena, ou seja, voltar para o nu-proprietário, em regra você poderá colocar que não incide, salvo em algumas legislações como a do Distrito Federal. Cabe um alerta: caso o usufruto seja transferido para um terceiro, ou seja, com a morte do irmão de Aderbal, se o usufruto for transmitido ao sobrinho do nu-proprietário (filho do "de cujus"), nesse caso incidirá o ITCD sobre essa transmissão. Afinal, ocorreria uma transmissão de um direito real, por motivo da morte (*causa mortis*) e não devido à extinção do usufruto.

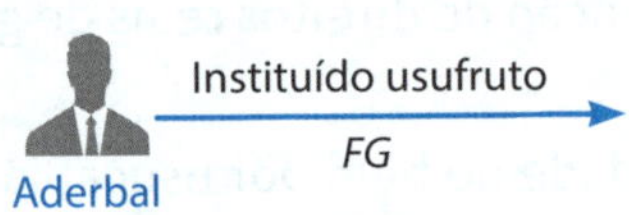

Posteriormente:

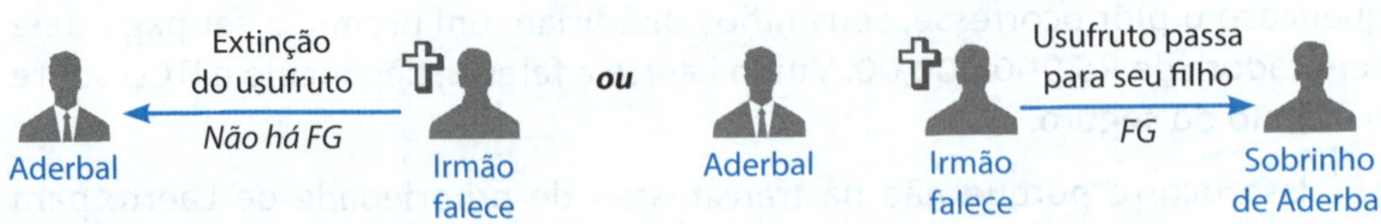

Por fim, cabe outro alerta, é muito natural os pais doarem a nua propriedade para os filhos reservando o usufruto para si. Quando o pai falecer, o usufruto é extinto, afinal os filhos, antes nus-proprietários, tornam-se proprietários plenos. Nesse caso, há a incidência do imposto estadual, só não haverá incidência de ITCD na extinção do usufruto quando esse direito real tiver sido instituído pelo nu-proprietário. Exemplificando: Ramon, o filho único de Ramires, institui o usufruto a seu pai, que posteriormente falece. A transferência do usufruto de Ramires para seu filho não sofre incidência do tributo, afinal quem instituiu o usufruto foi Ramon, nu-proprietário do imóvel e herdeiro desse direito real.

Ainda, o STF, no distante ano de 1963, por meio da Súmula 115, determinou outra não incidência: "Sobre os honorários do advogado contratado pelo inventariante, com a homologação do juiz, não incide o imposto de transmissão *causa mortis*."

Trataremos agora da não incidência decorrente de aquisição de propriedade por usucapião. O Direito Civil define duas modalidades de aquisição de propriedade: a originária e a derivada. A derivada decorre de uma transferência, seja por compra e venda, doação ou qualquer outro negócio jurídico, mas veja, há uma transferência, alguém passa a propriedade para outro.

Já na aquisição originária, como usucapião, não há transferência de propriedade. Alguém adquire a propriedade pelo decurso do tempo, ninguém **TRANSMITIU** a propriedade ao novo adquirente. Se na usucapião não há **TRANSMISSÃO**, não há fato gerador do ITCD.

Não podemos falar de não incidência sem falar das imunidades tributárias que foram amplamente comentadas no estudo do ICMS e relembradas no capítulo do IPVA.

Naquela ocasião, falamos que existiam duas formas de imunidade, a subjetiva e a objetiva. As imunidades subjetivas previstas nas alíneas "a", "b" e "c" do inciso VI do artigo 150 da Constituição Federal vedam a instituição de impostos sobre patrimônio, renda e serviços da União, Estados, Municípios e suas autarquias e fundações ou promovidas por templos de qualquer natureza ou partidos políticos, inclusive suas fundações, entidades sindicais de trabalhadores ou instituições de educação ou de assistência social, sem fins lucrativos.

> "**Art. 150** – Sem prejuízo de outras garantias asseguradas ao contribuinte, é vedado à União, aos Estados, ao Distrito Federal e aos Municípios:
>
> (...)
>
> VI – Instituir impostos sobre:
>
> a) patrimônio, renda ou serviços, uns dos outros;
>
> b) entidades religiosas e templos de qualquer culto, inclusive suas organizações assistenciais e beneficentes; (Redação dada pela Emenda Constitucional nº 132, de 2023)
>
> c) patrimônio, renda ou serviços dos partidos políticos, inclusive suas fundações, das entidades sindicais dos trabalhadores, das

> instituições de educação e de assistência social, sem fins lucrativos, atendidos os requisitos da lei
>
> (...)
>
> § 2º A vedação do inciso VI, "a", é extensiva às autarquias e às fundações instituídas e mantidas pelo poder público e à empresa pública prestadora de serviço postal, no que se refere ao patrimônio, à renda e aos serviços vinculados a suas finalidades essenciais ou às delas decorrentes. (Redação dada pela Emenda Constitucional nº 132, de 2023)"

Assim, estão fora do campo de incidência do ITCD as transmissões por causa mortis ou doação em que figurem como beneficiários os entes federados, suas autarquias, fundações públicas e os templos de qualquer natureza. Em relação às transferências que as entidades relacionadas na alínea "c" do dispositivo acima figuram como beneficiárias, ocorrerá a não incidência desde que essas entidades tenham fins não lucrativos, ou seja, cumpram os requisitos do artigo 14 do Código Tributário Nacional:

> "**Art. 14.** O disposto na alínea c do inciso IV do artigo 9º é subordinado à observância dos seguintes requisitos pelas entidades nele referidas:
>
> I – não distribuírem qualquer parcela de seu patrimônio ou de suas rendas, a qualquer título;
>
> II – aplicarem integralmente, no País, os seus recursos na manutenção dos seus objetivos institucionais;
>
> III – manterem escrituração de suas receitas e despesas em livros revestidos de formalidades capazes de assegurar sua exatidão."

Perceba que se um templo doa algo para um dos seus fiéis, incide o ITCD. No entanto, quando o fiel doa para o templo que ele frequenta, não incide o imposto estadual. Dessa forma, é imune a doação em que essas entidades são donatárias, tributando normalmente as doações em que elas são doadoras.

Os entes públicos podem ser herdeiros? Sim. Quando alguém falece e não deixa herdeiros ou testamento, fala-se que há uma herança vacante. Caso após alguns procedimentos regulados no Código Civil não aparecerem herdeiros, a autoridade judicial declara a herança vacante, em regra o Município se torna o herdeiro. Essa herança vacante é imune ao ITCD, não há fato gerador.

Por fim, devemos lembrar que as alíneas "d" e "e" do mencionado artigo constitucional tratam das imunidades objetivas. Como esse tema foi amplamente debatido quando estudamos a não incidência de ICMS, não iremos voltar a comentar esses pontos, apenas lembramos que quando houver transmissão de livro, jornal, periódico e de papel destinado a sua impressão ou de fonogramas e videofonogramas musicais produzidos no Brasil, contendo obras musicais ou literomusicais de autores brasileiros, teremos transmissões não tributadas.

> "**Art. 150** – Sem prejuízo de outras garantias asseguradas ao contribuinte, è vedado à União, aos Estados, ao Distrito Federal e aos Municípios:
>
> (...)
>
> VI – Instituir impostos sobre:
>
> d) livros, jornais, periódicos e o papel destinado a sua impressão.
>
> e) fonogramas e videofonogramas musicais produzidos no Brasil contendo obras musicais ou literomusicais de autores brasileiros e/ou obras em geral interpretadas por artistas brasileiros bem como os suportes materiais ou arquivos digitais que os contenham, salvo na etapa de replicação industrial de mídias ópticas de leitura a laser".

Veja como isso já foi cobrado em prova:

(AFTE-RO)/ FGV /2018) Considere as hipóteses a seguir.

I. Uma doação modal.

II. O direito autoral.

III. Uma compra e venda.

IV. O prêmio do seguro de vida.

Assinale a opção que indica apenas aquelas cuja transmissão são fatos geradores de Imposto sobre Transmissão Causa Mortis e Doação – ITCD.

a) I e II.
b) II e III.
c) I e IV.
d) III e IV.
e) I e III.

Comentário:

O ITCD incide sobre a transmissão por causa mortis ou doação de qualquer bem ou direito. O direito autoral como o próprio nome sugere é um direito, logo a sua transmissão não onerosa é sujeita ao ITCD. O ITCD incide sobre qualquer doação, inclusive a modal ou com encargo. A compra e venda é um negócio jurídico oneroso, não está dentro do campo de incidência do imposto estadual. O prêmio do seguro é uma indenização que a seguradora paga aos beneficiários, então como não é transmissão, não incide o ITCD.

Resposta: A.

(AUDITOR TÉCNICO DE TRIBUTOS-SE/CEBRASPE–2022) No estado de Sergipe, o imposto de transmissão causa mortis e doação de quaisquer bens ou direitos (ITCMD) incide sobre

a) sucessão legítima ou testamentária, inclusive a sucessão provisória, e sobre doações de bens e direitos para União.
b) sucessão legítima ou testamentária, com exceção da sucessão provisória, e sobre doações de bens e direitos para o estado de Sergipe.
c) sucessão legítima ou testamentária, inclusive a sucessão provisória, e sobre doações de bens e direitos para municípios do estado de Sergipe.
d) sucessão legítima ou testamentária, com exceção da sucessão provisória, e sobre doações de bens e direitos para o estado de Sergipe.

e) sucessão legítima ou testamentária, inclusive a sucessão provisória, com exceção sobre doações de bens e direitos para municípios do estado de Sergipe.

Comentário: *O ITCD incide na sucessão legítima, testamentária e provisória, o que já nos faz eliminar as alternativas "b" e "d". Não incide sobre a transmissão para Municípios, Estados e União, afinal essas transmissões têm imunidade tributária. Assim, eliminamos as alternativas "a" e "c". A alternativa "e" é a correta.*

Resposta: E.

(AFRE-RJ/FGV-2007) Será objeto de recolhimento do Imposto sobre Transmissão Causa Mortis e Doação – ITCMD:

a) a dação em pagamento.

b) o oferecimento de bens imóveis em garantia.

c) a consolidação da propriedade na pessoa do fiduciário.

d) a transmissão de bens ao cônjuge, em virtude da comunicação decorrente do regime de bens do casamento.

e) a doação de bens em adiantamento de legítima

Comentário:

a) Não há recolhimento. Dação em pagamento é a entrega de um bem para quitar uma obrigação (dívida), é ato oneroso, não incidindo o ITCD.

b) Não há recolhimento. Sobre a instituição dos direitos reais de garantia não incide o ITCD.

c) Não há recolhimento. Quando a propriedade se consolida com o fiduciário significa que a cláusula resolutiva do fideicomisso não aconteceu, logo não há transferência, então não há fato gerador.

d) Não há recolhimento. Isso nada mais é que a meação, então não há fato gerador.

e) Correta. Em qualquer tipo de doação há incidência de ITCD.

Resposta: E

Por fim, falta comentar as duas formas de não incidência (imunidades) que foram inseridas no parágrafo 1º do artigo 155 da Constituição Federal por meio das Emendas Constitucionais 126/2022 e 132/2023:

> Art. 155. Compete aos Estados e ao Distrito Federal instituir impostos sobre:
>
> I – transmissão causa mortis e doação, de quaisquer bens ou direitos;
>
> V – não incidirá sobre as doações **destinadas**, no âmbito do Poder Executivo da União, **a projetos socioambientais ou destinados a mitigar os efeitos das mudanças climáticas e às instituições federais de ensino.**
>
> VII – não incidirá sobre as transmissões e as doações **para as** instituições sem fins lucrativos com finalidade de relevância pública e social, inclusive as organizações assistenciais e beneficentes de entidades religiosas e institutos científicos e tecnológicos, e **por elas realizadas** na consecução dos seus objetivos sociais, observadas as condições estabelecidas em lei complementar.

O inciso VII criado pela Emenda Constitucional nº 132/2023 ampliou a imunidade prevista na já comentada alínea "c" do inciso VI da Constituição Federal. Esse dispositivo estabelece imunidade às instituições de educação e de assistência social, sem fins lucrativos, desde que obedecidas as condições do artigo 14 do CTN.

Com o novo texto, a regra da não incidência foi ampliada, porque não são apenas instituições de educação e assistência social que são beneficiárias pela não incidência do ITCD, a não incidência abrange qualquer instituição sem fins, seja ela **RELIGIOSA, INSTITUTO CIENTÍFICO OU EDUCACIONAL OU ORGANIZAÇÃO ASSISTENCIAL**.

É possível perceber que o texto do inciso VII começa com a expressão "doações para as", o que deixa claro que a não incidência envolve as doações destinadas a essas instituições sem fins lucrativos. Contudo, a parte final do dispositivo usa a expressão "**e por elas realizadas** na consecução dos seus objetivos sociais". Portanto, há não incidência na doação feita por uma instituição científica tecnológica para terceiros se essa doação tiver como objetivo o cumprimento do objetivo da doadora, por exemplo, contribuir com a ciência. Agora, se a entidade científica doar para terceiro para esse usar como moradia, então haverá incidência do imposto estadual.

Veja que para existir a regra de não incidência prevista no inciso VII deverão ser observados os requisitos de lei complementar. Quais requisitos? Os requisitos do artigo 14 do CTN já amplamente comentados.

Já a regra de não incidência do inciso V do parágrafo 1º do artigo 155 da Constituição Federal estabelece que não há incidência de ITCD na doação DESTINADA a institutos federais de ensino e a projetos socioambientais ou destinados a mitigar os efeitos das mudanças climáticas, desde que esses projetos estejam em âmbito federal.

Veja que a regra de não incidência é para a doação destinada, assim, podemos concluir que se o instituto federal for o DOADOR, haverá incidência do ITCD.

Perceba que esse dispositivo cria duas hipóteses de não incidência, uma ligada ao **DONATÁRIO** (instituto federal de ensino) e outra ligada à **FINALIDADE** da doação (projetos socioambientais ou destinados a mitigar os efeitos das mudanças climáticas, desde que esses projetos estejam em âmbito federal).

13.3.2. Critério temporal (quando incide)

Como falamos no capítulo da regra matriz do ICMS, o elemento temporal é fundamental, dentre outras coisas, para determinação do momento em que é iniciado o prazo decadencial. É oportuno lembrar que o momento da ocorrência do fato gerador não significa o momento do pagamento, inclusive as legislações estaduais permitem até mesmo o parcelamento do imposto devido. Em regra, o pagamento ocorre depois do momento do fato gerador.

Antes de começarmos a falar do elemento temporal do fato gerador do ITCD, precisamos definir o que são bens móveis e imóveis. A definição desses conceitos está no Código Civil:

> "**Art. 79.** São bens imóveis o solo e tudo quanto se lhe incorporar natural ou artificialmente.
>
> **Art. 80.** Consideram-se imóveis para os efeitos legais:
>
> I – os direitos reais sobre imóveis e as ações que os asseguram;
>
> II – o direito à sucessão aberta.
>
> (...)
>
> **Art. 82.** São móveis os bens suscetíveis de movimento próprio, ou de remoção por força alheia, sem alteração da substância ou da destinação econômico-social.
>
> **Art. 83.** Consideram-se móveis para os efeitos legais:
>
> I – as energias que tenham valor econômico;
>
> II – os direitos reais sobre objetos móveis e as ações correspondentes;
>
> III – os direitos pessoais de caráter patrimonial e respectivas ações."

Todo mundo tem em mente o seu conceito de bens imóveis e móveis, essas definições são próximas das mencionadas nos artigos 79 e 82. Já os artigos 80 e 83 definem, respectivamente, o que são bens imóveis e móveis para efeitos legais.

Lembra aqueles direitos reais elencados no artigo 1.225 do Código Civil? Então, caso alguém tenha um daqueles direitos reais sobre um imóvel, esse direito é considerado um bem imóvel. Lembra-se do Aderbal? O direito de usufruto que foi dado ao irmão dele é um bem imóvel. Da data do óbito até o dia da partilha, a herança (bens do "de cujus" de posse dos herdeiros) é considerada bem imóvel.

Serão bens móveis os direitos reais sobre objetos móveis, energias com valor econômico, direitos patrimoniais como direitos sobre moda, direitos autorais, dinheiro, depósitos bancários, ações, cotas societárias e qualquer animal.

Assim, o fato gerador no caso da doação ocorrerá no momento da transferência do bem ou direito. E quando ocorre a transferência? Novamente a resposta está no Código Civil:

> "**Art. 1.245.** Transfere-se entre vivos a propriedade mediante o registro do título translativo no Registro de Imóveis.

> **Art. 1.267.** A propriedade das coisas não se transfere pelos negócios jurídicos antes da tradição."

Dessa forma, podemos concluir que o fato gerador da doação de bens imóveis ocorre no momento do registro no Cartório de Registro de Imóveis. Já no caso de bens móveis, o fato gerador acontece com a entrega da coisa (tradição), salvo se não aceita a doação pelo donatário.

Esses elementos temporais são válidos para todas as doações? São válidos para aquelas doações que fazem parte do dia a dia, entre pais e filhos, entre amigos, que são chamadas doações extrajudiciais. Existem ainda as doações realizadas em processos judiciais, principalmente em processos de divórcio e inventário, que são as doações judiciais. Nesses casos, o fato gerador ocorre no momento da homologação da partilha.

Já no ITCD decorrente da transmissão causa mortis devemos obedecer ao Princípio da Saisine, logo o fato gerador ocorrerá na data da abertura da sucessão. Assim, no caso da morte da pessoa natural, o fato gerador ocorre na data do óbito.

Importante salientar que a abertura da sucessão determina qual alíquota será aplicada, conforme a Súmula 112 do STF: "O imposto de transmissão "causa mortis" é devido pela alíquota vigente ao tempo da abertura da sucessão."

Vejamos como isso foi cobrado em prova:

(Procurador do TCE-BA/Cespe-2010) Considere a seguinte situação hipotética. Certa pessoa faleceu em 2/12/2009, deixando bens móveis e imóveis a partilhar entre os herdeiros. Ocorre que o ITCMD só passou a ser cobrado, efetivamente, em maio de 2010, quando sua alíquota já havia sido majorada, em abril de 2010. Nessa situação, o ITCMD será devido pela alíquota vigente ao tempo da abertura da sucessão.

( ) CERTO ( ) ERRADO

Comentário: *Conforme literalidade da Súmula 112 do STF, está certo.*

Na hipótese da morte presumida, ocorrerá no momento da declaração da morte presumida pela autoridade judicial.

O entendimento do momento do fato gerador no caso da ausência deve ser compreendido com a leitura dos artigos 22, 26 e 37 do Código Civil:

> "**Art. 22.** Desaparecendo uma pessoa do seu domicílio sem dela haver notícia, se não houver deixado representante ou procurador a quem caiba administrar-lhe os bens, o juiz, a requerimento de qualquer interessado ou do Ministério Público, declarará a ausência, e nomear-lhe-á curador.
>
> **Art. 26.** Decorrido um ano da arrecadação dos bens do ausente, ou, se ele deixou representante ou procurador, em se passando três

anos, poderão os interessados requerer que se declare a ausência e se abra provisoriamente a sucessão.

Art. 37. Dez anos depois de passada em julgado a sentença que concede a abertura da sucessão provisória, poderão os interessados requerer a sucessão definitiva e o levantamento das cauções prestadas."

Desaparecendo a pessoa, os interessados ou o Ministério público poderão solicitar a declaração de ausência feita pelo juiz. Até esse momento não ocorreu o fato gerador. Os interessados poderão solicitar a sucessão provisória; ou depois de um ano, quando não há procurador deixado pelo ausente; ou após três anos, se houve nomeação do procurador. Em caso de ausência declarada, nasce a obrigação tributária (elemento temporal) no momento dessa sucessão provisória.

Se após dez anos o ausente não retornar, haverá a sucessão definitiva. Caso o ausente regresse, os interessados poderão pedir a restituição do ITCD.

Entenda o seguinte, a sucessão provisória é um negócio jurídico que tem uma condição resolutória. Assim, na data da abertura da sucessão provisória, há incidência de ITCD e transmissão da propriedade. A sucessão será totalmente resolvida com a abertura da sucessão definitiva. Caso o ausente retorne entre a sucessão provisória e a sucessão definitiva, deve ser restabelecida a situação original, ou seja, o ausente restabelece a posse dos seus bens, e os herdeiros da sucessão provisória recebem a restituição do ITCD.

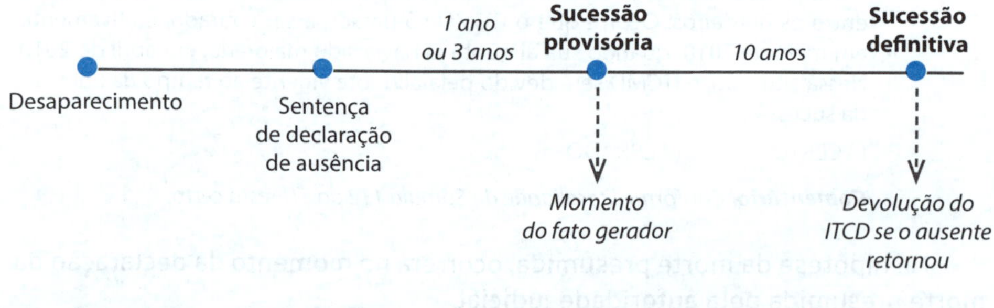

Apesar da ausência não ser algo corriqueiro, eu, Daniel, já vi em algumas ocasiões de ausência declarada no exercício da minha função de Agente Fiscal de Rendas na Secretaria da Fazenda do estado de São Paulo.

Já no fideicomisso, a incidência ocorre no momento da abertura da sucessão, enquanto que na substituição fideicomissária incidirá quando ocorrer a substituição, ou seja, quando acontecer a cláusula resolutiva. Cabe uma ressalva: algumas legislações, dentre elas a gaúcha, determina que no fideicomisso o momento do fato gerador é a sua instituição. Como já explicamos, isso significa no momento da morte do fideicomitente.

Por fim, o momento da incidência do ITCD na remissão ou perdão de crédito ou empréstimo é no momento do perdão. Vamos exemplificar: Laisa emprestou uma quantia de dinheiro para seu irmão caçula Théo em 2019. No ano de 2020, Laisa resolve perdoar a dívida de Théo. É nesse instante que ocorre o fato gerador do ITCD, ou seja, em 2020.

Condição de incidência do ITCD	Momento do Fato Gerador
Doação extrajudicial de imóveis	Na data da escritura em Cartório
Doação extrajudicial de móveis	Na data da entrega do bem
Doação judicial	Na data da homologação judicial
Morte da pessoa natural	Na data do óbito (abertura da sucessão)
Morte presumida	Na data da declaração judicial da morte
Ausência	Na data da sucessão provisória
Fideicomisso	Na abertura da sucessão (data do óbito)
Substituição fideicomissária	Na data da substituição (óbito ou transmissão por implemento da condição)
Perdão ou remissão de crédito	No momento do perdão

Veja como isso foi cobrado em prova:

(ATE-MT/CESPE/ 2004) Acerca do imposto sobre transmissão causa mortis e doação de quaisquer bens ou direitos (ITCD) do Mato Grosso, julgue o item que se segue.

O ITCD incide sobre a sucessão provisória, ocorrendo tantos fatos geradores quantos forem os herdeiros, assegurada a restituição do imposto recolhido no caso de aparecimento do ausente.

( ) Certo ( ) Errado

Comentário: *O momento do fato gerador do ITCD é o da sucessão provisória. O número de fatos geradores será igual ao número de herdeiros. Caso o ausente retorne antes da sucessão definitiva, é assegurada a restituição do imposto estadual.*

Resposta: Certa.

13.3.3. Critério espacial (onde incide) e sujeito ativo da obrigação

Já mencionamos tanto no caso do ICMS como no do IPVA que o critério espacial é fundamental em dois aspectos. Primeiramente, para definir quem é o sujeito ativo da obrigação tributária, depois para definir os critérios de repasse desses tributos aos municípios.

Como no ITCD não há repasse aos municípios, afinal tudo que for arrecadado caberá ao estado, então a definição do critério espacial servirá apenas para definir o sujeito ativo da obrigação tributária.

Em regra, é justamente nesse critério que os estados buscam legislar segundo as suas conveniências, visando o aumento das suas receitas. No entanto, apesar do ITCD não ter uma lei complementar federal regulando a matéria, a Constituição Federal criou critérios que determinam o sujeito ativo desse tributo no §1º do artigo 155 da Constituição Federal. Por esses critérios concluiremos qual o local da cobrança do ITCD.

> "**Art. 155.** Compete aos Estados e ao Distrito Federal instituir impostos sobre:
>
> I – transmissão causa mortis e doação, de quaisquer bens ou direitos;
>
> (...)
>
> § 1º O imposto previsto no inciso I:
>
> I – relativamente a bens imóveis e respectivos direitos, compete ao Estado da situação do bem, ou ao Distrito Federal
>
> II – relativamente a bens móveis, títulos e créditos, compete ao Estado onde era domiciliado o de cujus, ou tiver domicílio o doador, ou ao Distrito Federal; (Redação dada pela Emenda Constitucional nº 132, de 2023)
>
> III – terá competência para sua instituição regulada por lei complementar:
>
> a) se o doador tiver domicilio ou residência no exterior;
>
> b) se o de cujus possuía bens, era residente ou domiciliado ou teve o seu inventário processado no exterior;"

Quando houver uma transmissão de bens imóveis, o sujeito ativo será o estado no qual se localiza o bem, consequentemente será esse o local da cobrança. Caso a transmissão seja de bens móveis, o estado competente para lançar o crédito tributário é o do domicílio do doador ou o local onde correr o inventário ou arrolamento.

O nosso Código de Processo Civil determina que o inventário ou arrolamento será processado na comarca do último domicílio do "de cujus". Caso ele possuísse vários, seria processado em qualquer um deles.

Assim vamos imaginar que Laerte, depois de juntar sua fortuna, deixou a vida em São Paulo e foi morar em Natal/RN. Após anos residindo na capital potiguar, Laerte veio a falecer com os seguintes bens:

- Casa de Praia em Conde/PB;
- Ações da empresa "Curtindo a Vida Ltda.", situada em São Paulo;
- Uma fazenda em Goiás;
- 1.000 cabeças de gado na fazenda de Goiás;
- Direitos autorais;

- Casa residencial em Natal/RN;
- Depósito bancário com conta em uma agência em São Paulo.

Onde será o local da cobrança, ou melhor, quem será o sujeito ativo?

Como o último domicílio de Laerte foi Natal/RN, o ITCD pago sobre os bens móveis pertence ao estado do Rio Grande do Norte. E quais são esses bens? As ações da empresa "Curtindo a Vida Ltda.", as 1.000 cabeças de gado, os direitos autorais e o depósito bancário.

Perceba que pouco importa o local da empresa, o estado onde se encontra o gado e onde está a agência com o depósito. Todos esses bens são móveis? Sim, então o imposto caberá ao estado que processou o inventário, no caso o Rio Grande do Norte.

O ITCD da casa residencial deverá ser pago ao fisco potiguar. O sujeito ativo da casa de praia será o estado da Paraíba e o fisco goiano receberá o tributo referente à fazenda.

Acontece que nem sempre a regra foi assim. Até o final de 2023, na transmissão causa mortis, o ITCD era devido ao estado onde era processado o inventário ou arrolamento. Isso ocorria porque nosso Código de Processo Civil determina que o inventário ou arrolamento seja processado na comarca do último domicílio do "de cujus". Caso ele possuísse vários, seria processado em qualquer um deles, porém, em 2007 foi publicada a Lei 11.441/2007, permitindo a divisão amigável de bens nos divórcios e arrolamentos desde que não haja incapazes na partilha nem litígio.

Então, caso os herdeiros de Laerte optassem por realizar o inventário em um cartório do Amapá, esse estado receberia o ITCD pago sobre os bens móveis, pouco importando onde o pai e os três filhos moravam na data do óbito. Foi para evitar essa situação que a Emenda Constitucional nº 132/2023 estabeleceu que o ITCD é devido ao estado onde era domiciliado o "de cujus".

E se Laerte antes de morrer quisesse doar todos os seus bens para seus três filhos? Como o domicílio de Laerte é em Natal/RN, o imposto sobre os bens móveis caberá ao Rio Grande do Norte e o ITCD sobre os bens imóveis aos estados onde estão situados. Nesse caso, quem define o sujeito ativo na doação é o domicílio do doador. Assim, temos a seguinte regra para definirmos o sujeito ativo da obrigação tributária:

Espécie de Bens	Causa do Fato Gerador do ITCD	
	Causa Mortis	Doação
Imóveis	Estado do local do bem	Estado do local do bem
Móveis	UF onde era domiciliado o "de cujus"	UF do domicílio do doador

O inciso III do §1º do artigo 155 da Constituição Federal menciona que cabe a lei complementar federal regular os casos em que o doador resida ou seja domiciliado no exterior ou o inventário se processar fora do país.

Como não existe essa lei complementar, os estados exerceram sua competência plena, acreditando que estavam suprindo a ausência de lei complementar federal.

Acontece que em março de 2021, o STF, por meio do RE 851.108/SP, firmou o entendimento que cabe exclusivamente a lei complementar federal regular o inciso III do § 1º do artigo 155 da Constituição Federal.

Segundo a Suprema Corte, não é possível a lei estadual ou distrital instituir o ITCD quando este imposto tiver algum ELEMENTO DE CONEXÃO que possa decorrer em tributação em país estrangeiro. Entenda como elemento de conexão o fato do "de cujus" possuir bens no exterior ou o inventário ser processado no exterior.

A referida decisão deixou claro que a regulamentação do imposto estadual com elementos de conexão com o Direito Internacional é de competência privativa de lei complementar federal, não podendo a lei estadual ou distrital suprir essa ausência.

Apesar de o caso concreto do RE 851.108/SP se referir ao fato gerador decorrente de sucessões, o plenário do STF estendeu essa decisão para os casos de transmissão intervivos, ou seja, por meio de doação. Assim, caso o DOADOR tenha domicílio ou residência no exterior, haverá a necessidade de lei complementar federal.

E se o donatário residir no exterior? Neste caso, continua valendo o inciso II do mesmo artigo, o imposto é devido ao estado onde o doador tiver domicílio.

Enfim, no caso de o inventário ocorrer no exterior ou o doador morar fora do país, ou ainda do "de cujus" possuir bens fora do Brasil, você deverá considerar que o dispositivo da lei estadual ou distrital não tem aplicabilidade, enquanto não surgir lei complementar federal regulamentando a matéria, salvo se a pergunta for expressa: "conforme a lei estadual", aí nesse caso você deverá responder obedecendo à regra da respectiva lei.

Cabe mencionar que toda essa polêmica com elementos de Direito Internacional só envolve transmissão de bens móveis, afinal, na transmissão de bens imóveis, o imposto cabe ao estado da localização do bem, seja por determinação constitucional (inciso I do § 1º do artigo 155 da CF), seja por existência de tratados de Direito Internacional que determinam que o imposto sobre bens IMÓVEIS é regulado pela lei do país onde se encontra o bem.

Veja como isso foi cobrado em prova:

(Auditor Fiscal da Receita Estadual-AL/Cebraspe-2021) Caso uma pessoa domiciliada em Maceió, no estado de Alagoas, faça uma doação de créditos a um filho domiciliado em Recife, no estado de Pernambuco, incidirá sobre essa operação o imposto de transmissão causa mortis e doações (ITCMD), que deverá ser cobrado pelo estado de Alagoas.

(C) Certo (E) Errado

Comentário: *O examinador pede o conhecimento do aspecto espacial. O objeto doado (crédito) é um bem MÓVEL, logo, o local da cobrança é o do domicílio do doador, no caso concreto, Alagoas, conforme inciso II do parágrafo 1º do artigo 155 da Constituição Federal.*

Resposta: "c".

(JATTE–PE/FCC-2015) De acordo com a Lei Estadual n. 13.974/2009, o Estado do Pernambuco é sujeito ativo do ICD incidente sobre a transmissão

I. por doação, em dinheiro, da importância de R$ 200.000,00, sendo que, no momento em que a doação foi efetuada, o doador tinha domicílio no Estado de Alagoas e o donatário era domiciliado na cidade de Caruaru/PE.

II. *causa mortis* da nua-propriedade de bem imóvel localizado no Estado da Paraíba, cujo valor venal é de R$ 5.000.000,00, sendo que o processo de inventário correu na cidade de Garanhuns/PE e todos os herdeiros residiam na cidade de Natal/RN.

III. por doação, em dinheiro, da importância de R$ 500.000,00, depositada em agência bancária localizada na cidade do Rio de Janeiro/RJ, sendo que o doador, na data da doação, tinha domicílio na República Portuguesa e o donatário era domiciliado na cidade de Petrolina/PE.

IV. causa mortis de bem imóvel localizado no Estado de Pernambuco, com valor venal de R$ 3.000.000,00, cujo inventário correu no Município de Salvador/BA, cidade em que residem os herdeiros do falecido, sendo que autor da herança, no momento do óbito, era domiciliado e residente na República Argentina.

V. por doação, de joias diversas, custodiadas em agência bancária da cidade de São Paulo/SP, com valor venal de R$ 2.000.000,00, sendo que o doador, pernambucano de nascimento, tinha domicílio no Estado do Ceará no momento em que efetuou a referida doação, e o donatário, por sua vez, estava domiciliado na cidade de Olinda/PE.

VI. *causa mortis* de diversos veículos automotores, registrados e licenciados no Município de Teresina/PI, no valor total de R$ 1.000.000,00, sendo que o autor da herança era domiciliado na cidade de Camaragibe/PE, cidade em que correu o processo judicial de inventário, e que todos os herdeiros eram domiciliados no Estado do Pará.

Considerando que os doadores, os donatários e os herdeiros são todos pessoas naturais (pessoas físicas), está correto o que se afirma APENAS em

a) I, III e V.

b) I, V e VI.

c) II, III e V.

d) II, IV e V.

e) III, IV e VI.

Comentário:

I – Errado. O imposto cabe a Alagoas, domicílio do doador.

II – Errado. O imposto cabe à Paraíba, local do imóvel.

III – Correta. O imposto cabe a Pernambuco, afinal, como o doador está no exterior, aplica-se o domicílio do donatário.

IV – Correta. O imposto cabe a Pernambuco, local do imóvel.

V – Errada. O imposto cabe ao Ceará, local do domicílio do doador.

VI – Correta. O imposto cabe a Pernambuco, local onde residia o autor da herança (de cujus).

Resposta: E.

Como última informação, suponhamos que Marcelo faleceu e deixou ações de uma empresa com unidades em vários estados para seus herdeiros. A qual estado será devido o ITCD? Conforme a CF/88, art. 155, § 1º, inciso II: "relativamente a bens móveis, títulos e créditos, compete ao Estado onde se processar o inventário ou arrolamento, ou tiver domicílio o doador, ou ao Distrito Federal;". Sendo assim, não resta dúvida que o estado que será o sujeito ativo do ITCD sobre as ações da referida empresa seguirá este artigo.

Ocorre que há uma dúvida que ainda permanece em alguns materiais de estudo, pois a antiga Súmula do STF, de número 435, dizia o seguinte: "O imposto de transmissão "causa mortis" pela transferência de ações é devido ao Estado em que tem sede a companhia.". Só que esta Súmula é de 1964 e perdeu sua validade após a CF/88. E isso já causou confusão até em uma questão para Juiz feita pela Vunesp. Vejamos.

(Juiz Substituto-TJ-SP/Vunesp-2013) A respeito do Imposto de Transmissão "Causa Mortis" e Doações, quando, ao tempo do óbito, o de "cujus" era residente no Rio de Janeiro, seus herdeiros em Pernambuco, e foi a eles transferida a titularidade de ações de Companhia sediada em São Paulo, a quem compete o lançamento do tributo?

a) Não incide o ITCMD em transferências de valores mobiliários.

b) São Paulo.

c) Pernambuco.

d) Rio de Janeiro.

Comentário: *Conforme a CF/88, art. 155, § 1º, inciso II: "relativamente a bens móveis, títulos e créditos, compete ao Estado onde se processar o inventário ou arrolamento, ou tiver domicílio o doador, ou ao Distrito Federal;". Logo, como o CPC determina que o inventário ou arrolamento será processado na comarca do último domicílio do "de cujus", o ITCD caberá ao Rio de Janeiro, alternativa "D". Só que este só foi o gabarito após os recursos, porque o gabarito preliminar seguiu a Súmula 435, que não é mais válida, dando como gabarito a alternativa "B". Ainda bem que a banca voltou atrás e corrigiu seu entendimento.*

Resposta: D.

Enfim, se você vir esta Súmula 435 perdida por aí, esqueça-a, virou pegadinha de prova.

13.3.4. Critério pessoal (a quem paga e quem paga)

No tópico anterior, falamos do sujeito ativo (a quem paga) e do local da operação. Agora falaremos apenas do sujeito passivo (quem paga) da obrigação tributária.

Como o ITCD incide sobre a transferência de um bem ou direito, as leis estaduais buscaram determinar o sujeito passivo em um dos dois polos da transferência, ou seja, será sujeito passivo ou o transmissor ou o recebedor.

Tratando-se de *causa mortis*, não há dúvida que a escolha dos fiscos foi por quem recebe. Assim, os contribuintes na causa mortis são os herdeiros legítimos ou testamentários e o legatário.

E no caso de doação? Apenas a lei gaúcha coloca o doador como contribuinte, as demais leis estaduais colocam como contribuinte o donatário, no entanto, atribuem a solidariedade ao doador. Já alguns estados, como São Paulo, Ceará, Goiás e outros, apesar de colocarem o donatário como contribuinte, colocam o doador no polo passivo, caso o donatário resida em outro estado. Por exemplo, eis os contribuintes do ITCD segundo a lei cearense:

> "Art. 9º São contribuintes do ITCD:
>
> I – o herdeiro ou o legatário, na transmissão causa mortis;
>
> II – o donatário, na doação;
>
> III – o beneficiário, na desistência de quinhão ou de direito, por herdeiro ou legatário;
>
> IV – o cessionário, na cessão de herança ou de bem ou direito a título não oneroso;
>
> V – o fiduciário, na instituição do fideicomisso;
>
> VI – o fideicomissário, na substituição do fideicomisso;
>
> VII – o beneficiário, na instituição de direito real.
>
> Parágrafo único. Na hipótese de doação, se o donatário não residir nem for domiciliado neste Estado, o contribuinte do imposto será o doador residente ou domiciliado neste Estado."

Note que como a lei cearense tributa tanto a instituição do fideicomisso como a substituição tributária, ela adotou a regra de colocar como contribuinte aquele que RECEBE o bem, ou seja, o fiduciário na instituição do fideicomisso e o fideicomissário na substituição do fideicomisso. Essa regra de colocar como contribuinte a pessoa que recebe o bem é a adotada por todas as legislações.

Por fim, cabe lembrar que algumas leis, como a do Distrito Federal, não consideram como isenta a extinção de um direito real (abordado no tópico da não incidência). Nesse caso, o contribuinte é o nu-proprietário, ou seja, aquele que voltar a ter a propriedade plena.

13.3.4.1. Responsáveis tributários

As leis estaduais atribuem responsabilidade solidária. Nesses casos, o responsável responde pelo crédito tributário, podendo o fisco cobrar dele ou do contribuinte, sem benefício de ordem. As responsabilidades clássicas utilizadas pelo fisco são: a do doador na doação e a do cedente na cessão.

As leis estaduais também utilizam as responsabilidades previstas no Código Tributário Nacional. Dessa forma, são responsáveis solidários:

1. o inventariante ou o testamenteiro, em relação aos atos que praticarem;
2. os tabeliães, escrivães, notários, oficiais de registros públicos e demais serventuários de ofício, relativamente aos atos por eles ou perante eles praticados, em razão de seu ofício, ou pelas omissões por que forem responsáveis;
3. a empresa, instituição financeira ou bancária e todo aquele a quem caiba a responsabilidade pelo registro ou pela prática de ato que implique a transmissão de bem móvel ou imóvel e respectivos direitos e ações;
4. o inventariante, pelos tributos devidos pelo espólio.

Veja como isso foi cobrado em prova:

(AFR-SP/VUNESP – 2002) São contribuintes do ITCMD, nos termos da lei:

a) O transmitente, o doador e o cedente.
b) O herdeiro, o tabelião e o tutor.
c) O inventariante, o fiduciário e o donatário.
d) O herdeiro, o legatário e o cessionário.
e) O inventariante, o legatário e o doador.

Comentário: *O transmitente e o cedente não são contribuintes, as legislações os colocam como responsáveis solidários dos transmissários e do cessionário. Tabelião e inventariantes não são contribuintes, sendo responsáveis solidários pelos atos que praticarem. Tutor só tem a guarda de um incapaz, não sendo contribuinte. O doador, em regra, é solidário do donatário. Alguns estados, entre eles São Paulo, colocam o doador como contribuinte quando o donatário é domiciliado em outro estado. Herdeiro, legatário, cessionário e fiduciário são contribuintes do ITCD.*
Resposta: D

13.3.5. Critério quantitativo ou dimensional (quanto paga)

O critério dimensional abrange dois conceitos. A base de cálculo, que é o valor que servirá de base para quantificar o imposto, e a alíquota, que é o percentual que será aplicado sobre a base de cálculo, calculando-se assim o montante devido.

13.3.5.1. Base de cálculo

Como falado no início desse capítulo, alguns artigos do CTN que tratavam do antigo ITBI estadual foram recepcionados. Entre eles está o artigo 38, que trata da base de cálculo do ITCD.

> "**CTN – Art. 38.** A base de cálculo do imposto é o valor venal dos bens ou direitos transmitidos."

No capítulo sobre IPVA, comentamos que o valor venal é uma estimativa que o poder público faz do valor do veículo, considerando em regra uma compra e venda. No caso do ITCD, esse conceito não se restringiria a veículos, abrangendo quaisquer bens ou direitos.

Quando se trata de um veículo, os fiscos costumam utilizar o valor venal do IPVA ou da tabela FIPE. Em relação aos demais bens móveis, não tem tanta discussão, adota-se em regra o preço de mercado. O problema surge quando a transmissão é de um imóvel. Quem controla valores venais de imóveis são os municípios, sujeitos ativos do IPTU. Acontece que os valores venais do IPTU geralmente são baixos, fazendo que muitos estados se sintam prejudicados. Assim, as leis estaduais buscam mecanismos para estabelecerem a base de cálculo mais próxima do valor de mercado.

A lei fluminense coloca que o valor da base de cálculo é o valor de mercado do bem ou direito e ainda afirma que o valor de mercado será determinado por avaliação judicial ou administrativa. Já a lei paulista repete o texto do CTN, ou seja, a base de cálculo é o valor venal, mas logo abaixo ao caput desse artigo criou um parágrafo com o seguinte texto: "Para os fins de que trata esta lei, considera-se valor venal o valor de mercado do bem ou direito".

E pode as leis estaduais colocarem um dispositivo legal divergente do Código Tributário Nacional? No mundo dos concursos, se não houver uma Adin ou não houver uma jurisprudência forte dos tribunais superiores, sempre responda de acordo com a lei. Assim, para o Rio de Janeiro a base de cálculo é o valor de mercado, para São Paulo valor venal é igual a valor de mercado.

Existem estados que agiram de forma mais razoável, como o Rio Grande do Norte e o Distrito Federal, que colocam como base de cálculo o valor venal, como faz o CTN, e concluem que o valor venal será determinado por avaliação administrativa (DF) ou estimativa fiscal (RN).

E se o poder público colocar um valor venal muito superior ao valor de mercado? O contribuinte poderá impugnar esse valor.

E se a partilha ocorrer 10 anos após o óbito? A base de cálculo é o valor venal ou de mercado da data do momento do fato gerador, ou seja, ou na data do óbito ou na data da doação.

Veja como isso foi cobrado em prova:

(AFTE-RO/ FGV /2018) Júlio Cesar, nascido, criado e falecido no Estado de Rondônia, deixou para ser inventariado um terreno a ser partilhado entre seus dois filhos e herdeiros, um deles menor.

Nessa situação, a base de cálculo do Imposto de Transmissão Causa Mortis e Doação de Quaisquer Bens ou Direitos (ITCD) será o valor

a) que o herdeiro indicar na petição inicial do inventário.
b) constante da última declaração de bens e direitos feita por Júlio.
c) venal do imóvel, assim entendido o valor de mercado do bem, na data do óbito.
d) venal do imóvel, assim entendido o valor de mercado do bem, na data de início do inventário.
e) constante do espelho do carnê do Imposto Predial e Territorial Urbano (IPTU), emitido no ano do falecimento de Júlio.

Comentário: *A base de cálculo é o valor venal. No caso de Rondônia, há a previsão que valor venal é o valor de mercado. Como o momento do fato gerador é a data do óbito, a base de cálculo será o valor de mercado na data do óbito.*

Resposta C.

É importante frisar que caso o contribuinte deixe dívidas, esse valor não será abatido da base de cálculo. Assim, caso Laerte deixe um patrimônio de R$ 300.000,00 e uma dívida de R$ 200.000,00, a base de cálculo será de R$ 300.000,00 e não a diferença entre os bens e as dívidas.

Seguindo o mesmo raciocínio, caso Laerte deixe uma casa que vale R$ 300.000,00 e sobre a casa haja uma hipoteca gravada de R$ 200.000,00, a base de cálculo do ITCD será de R$ 300.000,00, enfim a hipoteca não reduz o valor da base de cálculo. E se a hipoteca fosse do mesmo valor da casa (R$ 300.000,00)? Nada mudaria, a base de cálculo continuaria sendo o valor da própria casa. Enfim, dívidas, hipotecas e penhores não reduzem o valor da base de cálculo.

Agora vamos imaginar duas casas iguais, uma colocada à venda por Victor, proprietário pleno do imóvel. Na outra, Lucas, nu-proprietário da casa na qual está gravado usufruto para Clara, coloca à venda apenas a nua-propriedade. Em qual delas você pagaria o maior valor? Tenho certeza que na casa do Victor.

Sabendo disso, as leis estaduais estipularam porcentagens ou frações sobre a base de cálculo nas transmissões de direitos reais. Para facilitar a compreensão, utilizaremos um exemplo numérico.

Victor cansou do imóvel e doou para seu amigo Titto. Como o valor venal é de R$ 300.000,00, a base de cálculo do ITCD também será R$ 300.000,00. Já Lucas, que possui o domínio direto do bem (podendo dispor), também doou para Titto. Nesse caso, a lei paulista colocou a base de cálculo de 2/3 na transmissão da nua propriedade, então o ITCD será 2/3 de R$ 300.000,00 = R$ 200.000,00.

E se posteriormente Clara, que possui o domínio útil, doasse a Titto o usufruto? a base de cálculo seria 1/3 de R$ 300.000,00, ou seja, R$ 100.000,00.

Os estados alteram esses percentuais, como o Paraná, que coloca 50% para domínio útil e domínio direto, já o Distrito Federal coloca 70% para o domínio útil e 30% para o domínio direto. Caberá a você memorizar o percentual do estado da sua prova.

Como falamos no tópico sobre noções de direito das coisas, tanto na servidão quanto na cessão do promitente comprador não há domínio útil nem direto. Então qual será a base de cálculo? as leis estaduais não fazem a previsão da servidão, ou seja, embora esteja no campo de incidência do imposto estadual, ele não pode ser cobrado na transmissão da servidão, por falta de previsão de base de cálculo.

Se ao tempo da abertura da sucessão, houvesse uma promessa de compra e venda de imóvel ainda não quitado, somente o saldo credor da obrigação seria a base de cálculo do ITCMD. Os herdeiros não receberiam somente o valor a receber? Então seria injusto que o imposto incidisse sobre o valor total do imóvel. É quando ocorre a cessão do promitente comprador.

Assim determinou o STF na Súmula 590:

> "Súmula 590: Calcula-se o imposto de transmissão *causa mortis* sobre o saldo credor da promessa de compra e venda de imóvel, no momento da abertura da sucessão do promitente vendedor."

Voltando ao exemplo 4 usado quando tratamos dos diretos das coisas. Rafaela vende seu imóvel para João Vitor. Eles registram no Cartório de Imóveis a promessa de compra e venda sem cláusula de arrependimento. Posteriormente, após ter pago metade, João Vitor doa seu direito de promitente comprador para sua mãe Alana.

Nesse caso, o ITCD incidirá sobre o que João Vitor pagou. Ele doou para sua mãe os valores pagos. Da mesma forma, caso Rafaela venha a doar seu direito sobre a venda, o imposto estadual incidirá sobre o montante a receber.

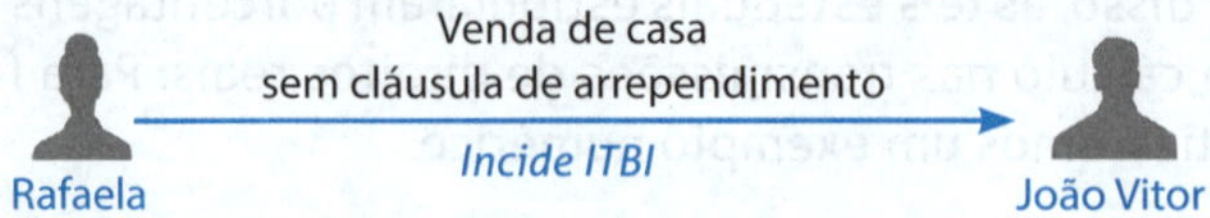

• **Posteriormente:**

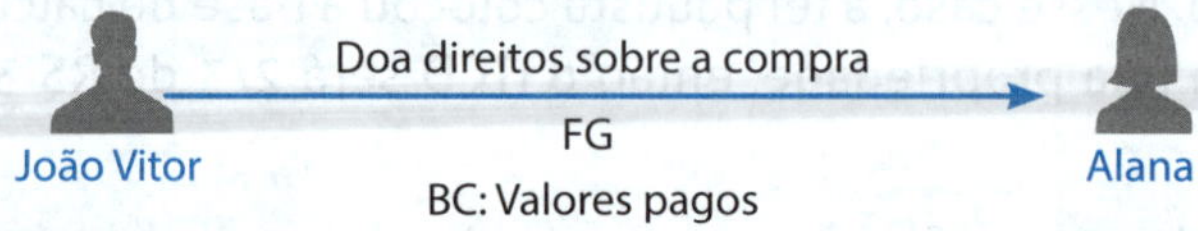

13.3.5.2. Alíquota

Como o ITCD é um imposto estadual, cabe a cada estado impor a alíquota desse tributo. Mas os estados podem colocar qualquer alíquota? Não, pois a Constituição Federal determina que cabe ao Senado Federal estabelecer a alíquota máxima desse imposto.

> "**Art. 155.** Compete aos Estados e ao Distrito Federal instituir impostos sobre:
>
> I – transmissão causa mortis e doação, de quaisquer bens ou direitos;
>
> (...)
>
> §1º O imposto previsto no inciso I:
>
> (...)
>
> IV – terá suas alíquotas máximas fixadas pelo Senado Federal;"

O Senado Federal cumpriu essa determinação da Constituição com a Resolução 09/92:

> "Art. 1º A alíquota máxima do imposto de que trata a alínea a, inciso I, do art. 155 da Constituição Federal será de oito por cento, a partir de 1º de janeiro de 1992.
>
> Art. 2º As alíquotas dos impostos, fixadas em lei estadual, poderão ser progressivas em função do quinhão que cada herdeiro efetivamente receber, nos termos da Constituição Federal.
>
> **Art. 3º** Esta resolução entra em vigor na data de sua publicação.
>
> **Art. 4º** Revogam-se as disposições em contrário."

Dessa forma, os estados estão livres para impor a alíquota que achar conveniente desde que não ultrapasse oito por cento. Depois dessa normatização realizada pelo Senado Federal, muitos estados colocaram a seguinte previsão na sua Lei:

> "Art. 8º A alíquota do imposto equivalerá ao limite máximo fixado em resolução do Senado Federal."

Esse texto anterior estava na revogada lei de Pernambuco que instituía o ITCD. Ocorre que o STF decidiu, por meio do RE 213.266/PE, que o estado não pode atrelar sua alíquota à Resolução do Senado Federal, até porque uma lei estadual, ao majorar alíquotas, deve obedecer ao Princípio da Anterioridade.

A partir dessa decisão, cada estado estabeleceu expressamente sua alíquota. Há estados, como Minas Gerais, que têm alíquota única, ou seja, sobre a transmissão por doação ou por causa mortis será aplicado o mesmo percentual. Outros estados, como o Acre, estabelecem uma determinada alíquota para a transmissão por doação e outra alíquota para a transmissão por *causa mortis*.

O artigo 2º da Resolução 09/92 permite que os estados coloquem alíquotas progressivas em função do quinhão de cada herdeiro. Diante dessa situação, diversos estados, como a Bahia, passaram a colocar alíquotas progressivas quando transmitidas por *causa mortis*, ou seja, quanto maior o quinhão herdado maior a alíquota aplicada.

Já outros entes, como o Distrito Federal, colocaram alíquotas progressivas de acordo com o valor da base de cálculo, independentemente de a transmissão ter ocorrido por doação ou *causa mortis*.

Muitos doutrinadores alegaram que essa progressividade era inconstitucional, por ferir o Princípio da Capacidade Contributiva, afinal essa progressividade não leva em conta a capacidade do contribuinte e sim o montante transmitido. Essa polêmica perdeu o efeito em fevereiro de 2013, quando o STF, por meio do RE 562.045/RS, considerou constitucional a alíquota progressiva, desde que não ultrapasse o limite estipulado pelo Senado Federal. Seguindo a posição do Supremo Tribunal, a Emenda Constitucional nº 132/2023 inseriu o inciso VI no parágrafo 1º do artigo 155 da Constituição Federal, possibilitando a criação de alíquotas progressivas.

Percebe-se então que apesar do ITCD ter natureza fiscal, há essa previsão de progressividade da alíquota, dando um caráter de função extrafiscal ao imposto.

Cabe afirmar que na grande maioria dos países desenvolvidos a alíquota do imposto sobre a herança é progressiva, chegando até a 40% dependendo da fortuna.

13.4. DECADÊNCIA

13.4.1. Decadência na doação

Conforme falamos no capítulo de IPVA, o Código Tributário Nacional estabeleceu normas gerais sobre decadência e prescrição. Segundo o CTN, o início do prazo decadencial depende da forma de lançamento do tributo. Apesar de não ser pacífico na doutrina, para fins de concurso, o ITCD no caso de doação deve ser considerado um imposto de lançamento por homologação, aplicando-se a regra de decadência dos artigos 150, §4º e 173 do CTN:

> "Art. 150. O lançamento por homologação, que ocorre quanto aos tributos cuja legislação atribua ao sujeito passivo o dever de antecipar o pagamento sem prévio exame da autoridade administrativa, opera-se pelo ato em que a referida autoridade, tomando conhecimento da atividade assim exercida pelo obrigado, expressamente a homologa.
>
> (...)
>
> § 4º Se a lei não fixar prazo a homologação, será ele de cinco anos, a contar da ocorrência do fato gerador; expirado esse prazo sem que a Fazenda Pública se tenha pronunciado, considera-se homologado o lançamento e definitivamente extinto o crédito, salvo se comprovada a ocorrência de dolo, fraude ou simulação.
>
> (...)
>
> Art. 173. O direito de a Fazenda Pública constituir o crédito tributário extingue-se após 5 (cinco) anos, contados:
>
> I – do primeiro dia do exercício seguinte àquele em que o lançamento poderia ter sido efetuado;
>
> II da data em que se tornar definitiva a decisão que houver anulado, por vício formal, o lançamento anteriormente efetuado.
>
> Parágrafo único. O direito a que se refere este artigo extingue-se definitivamente com o decurso do prazo nele previsto, contado da data em que tenha sido iniciada a constituição do crédito tributário pela notificação, ao sujeito passivo, de qualquer medida preparatória indispensável ao lançamento."

Como o CTN é uma lei federal, a última palavra sobre a matéria é do STJ, via Recurso Especial. Essa respeitável corte elaborou a Súmula 555 com o seguinte texto:

> "Quando não houver declaração do débito, o prazo decadencial quinquenal para o Fisco constituir o crédito tributário conta-se exclusivamente na forma do art. 173, I, do CTN, nos casos em que a legislação atribui ao sujeito passivo o dever de antecipar o pagamento sem prévio exame da autoridade administrativa".

Depois desse posicionamento, a regra para contagem do prazo decadencial do ITCD nas transmissões por doação ficou bem simples. Houve pagamento, mesmo que de valor a menor? Então deverá ser aplicada a regra do §4ª do artigo 150, com a contagem iniciando no momento do fato gerador. Se não houve pagamento, aplica-se a regra do artigo 173, inciso I, contando-se a partir do primeiro dia do exercício seguinte ao que lançamento poderia ser feito.

13.4.2. Decadência na *causa mortis*

O problema é que toda a celeuma sobre decadência do ITCD ocorre na transmissão *causa mortis*, porque em muitas ocasiões o contribuinte só abria o processo de inventário após seis anos ou mais da morte. Assim, independente da regra do CTN (artigo 150 ou artigo 173), o prazo para lançamento do fisco já teria caducado.

Diante dessa situação, o STJ firmou o entendimento de que o prazo decadencial começa a correr na data da homologação da partilha, no palavreado mais técnico, somente após a prolação da sentença de homologação da partilha.

Assim, o ITCD só poderá ser exigido pelo estado após a homologação do cálculo do valor do bem que foi transmitido. Assim determinou a Súmula 114 do STF: "O imposto de transmissão "causa mortis" não é exigível antes da homologação do cálculo."

Antes disso, não é possível identificar perfeitamente os aspectos pessoal, quantitativo e material. O Superior Tribunal de Justiça adotou essa posição porque antes da partilha não é possível o lançamento, afinal qualquer dos herdeiros pode renunciar à herança ou pode aparecer um filho fruto de uma relação fora do casamento, por exemplo.

Perceba que, regra geral, o lançamento do ITCD é por homologação, contudo, no caso do ITCD Causa Mortis decorrente de inventário judicial, ele é lançado por declaração, então é uma exceção ao lançamento por homologação, assim como também é uma exceção o lançamento de ofício realizado pela autoridade fazendária.

O que é inventário judicial? Quando alguém falece e o "de cujus" tem bens, esses bens devem ser partilhados. Atualmente, existem três formas legais dos bens serem partilhados. Via cartório de notas (administrativo), arrolamento judicial ou inventário judicial. As duas primeiras formas ocorrem quando o "de cujus" não deixa filhos menores ou incapazes juridicamente, não há testamento e não existe lide entre os herdeiros.

Quando a partilha é realizada via cartório ou arrolamento, a partir do momento da homologação dessa partilha, o fisco pode lançar o tributo, nesse caso o ITCD é um imposto lançado por homologação.

Nesses casos, o prazo de decadência segue a regra da figura a seguir:

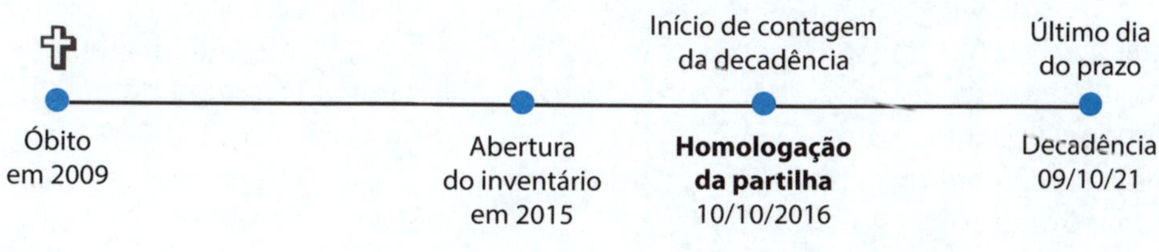

No entanto, quando ocorre um inventário judicial, o fisco não pode identificar corretamente os herdeiros, afinal ou há tutela de incapazes ou lide entre as partes. Segundo a doutrina, no inventário judicial o ITCD é um imposto por declaração. Assim, o prazo de decadência começa a correr no primeiro dia do ano seguinte ao da homologação da partilha (artigo 173, I do CTN c/c Súmula 114 do STF). No exemplo da última figura, o prazo decadencial seria concluído em 31/12/21.

ITCD na *causa mortis*		
Cartório ou Arrolamento	Homologação	Dia seguinte ao da homologação da partilha
Inventário Judicial	Declaração	No primeiro dia do exercício seguinte ao da homologação da partilha

Não encontramos questões de concurso tratando da decadência, na verdade não há consenso sobre o tema tanto na doutrina como na jurisprudência. Caso você procure em diversos livros o assunto decadência no ITCD causa mortis, certamente encontrará posições diversas.

Contudo, com as recentes decisões do STJ, os fiscos passaram a adotar a posição que acabamos de mencionar, dessa forma caso o assunto venha a ser cobrado em prova, pelo menos para os cargos das Secretarias das Fazendas Estaduais, o procedimento agora comentado é o mais adequado para o candidato.

Com isso, terminamos a teoria geral sobre o ITCD. Testemos então o conhecimento adquirido por meio de questões de concursos públicos.

CAPÍTULO XIV

PROCESSO ADMINISTRATIVO TRIBUTÁRIO – PAT

Todos os concursos para os cargos das Secretarias das Fazendas Estaduais cobram questões sobre o Processo Administrativo Tributário – PAT, também chamado de Processo Administrativo Fiscal. Infelizmente, não é possível escrever muito sobre esse assunto, afinal as legislações sobre o tema são muito diversas. Apesar da falta de semelhança das legislações, a natureza do PAT é única, a qual explicaremos logo a seguir. Como existem poucos pontos em comum, abordaremos nessas páginas esses aspectos uniformes sobre o PAT.

Como o próprio nome sugere, o PAT nada mais é que um processo na esfera administrativa. A Secretaria da Fazenda julga os Autos de Infração lançados pelos fiscais, como você será. Há, também, uma natureza de reexame de ato administrativo, afinal o lançamento de um crédito tributário nada mais é que um ato administrativo com os mesmos atributos (autoexecutoriedade, tipicidade, imperatividade e presunção de legitimidade e veracidade) que você aprendeu no seu curso de Direito Administrativo, sendo o principal atributo a autoexecutoriedade.

14.1. DIFERENÇA ENTRE O PROCESSO ADMINISTRATIVO FISCAL E O PROCEDIMENTO ADMINISTRATIVO FISCAL

E quando se inicia o Processo Administrativo Tributário? Antes de respondermos a essa pergunta, cabe uma observação: o Processo Administrativo Tributário não se confunde com Procedimento Administrativo Tributário. Esse último se inicia quando o contribuinte tem ciência da fiscalização. Nesse momento, ainda não há litígio e os atos são unilaterais. Já o PAT, é bilateral, litigioso e tem início com a impugnação ESCRITA e TEMPESTIVA (dentro do prazo) do lançamento do crédito tributário. Isto é, ocorre quando o sujeito passivo recebe um Auto de Infração, a famosa multa, e, não concordando com ela, recorre administrativamente (com uma petição escrita e dentro do prazo previsto na lei estadual), defendendo-se da multa. E como funciona esse processo administrativo? Quando o contribuinte recebe a notificação de lançamento (seja Auto de Infração ou notificação de lançamento para o caso de IPVA), ele tem em síntese quatro opções. A primeira é pagar à vista, a segunda é parcelar, a terceira é apresentar defesa administrativa e por fim acionar diretamente o judiciário. Pagando à vista ou parcelando, não haverá defesa. Contudo, se o contribuinte optar por se defender administrativamente, começa o PAT e a exigibilidade do crédito tributário fica suspensa, ou seja, o estado não poderá cobrar (executar) o débito enquanto não terminar o processo, pois a defesa é uma das modalidades de suspensão do crédito tributário, vistas em Direito Tributário, conforme artigo 151 do CTN a seguir reproduzido:

> "Art. 151. Suspendem a exigibilidade do crédito tributário:
>
> (...)
>
> III – as reclamações e os recursos, nos termos das leis reguladoras do processo tributário administrativo;"

E enquanto o débito estiver com a exigibilidade suspensa, correm juros sobre a dívida? Sim, normalmente. Tanto no processo administrativo como no processo judicial há incidência de juros sobre a dívida. Caso o contribuinte queira evitar essa exigência de juros no processo administrativo, deve efetuar o depósito administrativo no montante total da dívida. Já no processo judicial, deverá efetuar o depósito judicial, também sobre o valor total da dívida.

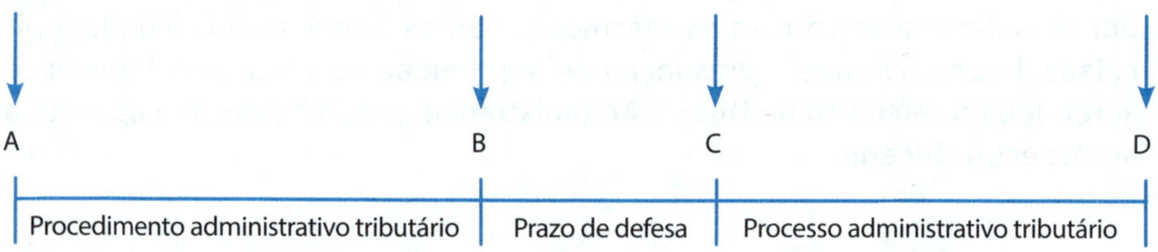

Legenda:

A – Fiscal cientifica o sujeito passivo do início da fiscalização;

B – Lavratura do Auto de Infração;

C – Defesa ESCRITA e TEMPESTIVA do contribuinte;

D – Decisão final ou outra causa de extinção do PAT.

14.2. PRINCÍPIOS DO PROCESSO ADMINISTRATIVO FISCAL

Antes de começarmos a falar sobre o funcionamento do processo administrativo fiscal, devemos deixar claro que assim como em qualquer outro ramo do Direito, os direitos processuais obedecem a certos princípios. O nosso PAT obedece aos princípios da oficialidade, contraditório, ampla defesa, impessoalidade e da verdade material.

O **princípio da oficialidade** é o que determina que a movimentação do processo administrativo tributário cabe à ADMINISTRAÇÃO, ainda que instaurado pelo particular.

Melhor explicando, caso o julgador ache que o fisco ou o contribuinte deve juntar um documento probatório, então deverá o julgador determinar essa diligência ou exibição de documento, mesmo sem a solicitação da parte contrária. E se essa determinação for do interesse do contribuinte? Não importa, cabe a administração dar andamento ao processo, no PAT não há obediência ao princípio da inércia.

Sintetizando, pelo princípio da oficialidade, a autoridade competente para decidir (julgador ou órgão julgador) tem a obrigação de movimentar o processo administrativo tributário até que se obtenha um resultado final conclusivo e definitivo, pelo menos no âmbito da Administração Pública, independentemente da solicitação das partes.

Os princípios do contraditório e da ampla defesa estão presentes tanto no processo judicial como no administrativo.

Pelo **princípio do contraditório**, uma parte tem sempre o direito de saber o que é alegado pela parte contrária e se contrapor a essa alegação. Assim, se durante o processo administrativo o fisco realiza uma diligência e chega as suas conclusões, então o autuado tem que ser informado dessa alegação e, caso queira, poderá se contrapor a ela. Da mesma forma, caso o contribuinte apresente um recurso, o fisco terá ciência do argumentado, devendo se manifestar.

Já o **princípio da ampla defesa** garante às partes o direito de se manifestar, de demonstrar suas razões e de usar todos os meios e recursos juridicamente válidos para a realização da sua defesa.

O **princípio da impessoalidade**, estudado em Direito Administrativo, determina que a Administração deve ser imparcial e agir da mesma forma independentemente do tamanho do contribuinte. A impessoalidade não trata apenas de quem é a outra parte e sim do objeto da lide.

Assim, caso um fiscal lavre um auto de infração e durante a defesa do contribuinte a Administração perceber que ele tem razão, deverá o fisco (seja o próprio fiscal que autuou ou outro órgão específico) se manifestar concordando com a derrubada da autuação.

Mas essa função de derrubar o auto não cabe ao julgador? Sim, mas a Administração deve ser imparcial, assim, as autoridades tributárias que participam do processo devem concordar se perceberem que o contribuinte tem razão de solicitar a derrubada do auto de infração.

No Direito, existem os princípios da verdade FORMAL e da **verdade MATERIAL**. O princípio da verdade formal é o princípio utilizado no processo civil brasileiro. As partes de um processo buscam o fim da lide. Assim, em alguns casos, um processo poderá não ter fim se o julgador buscar saber a VERDADE REAL dos fatos. Desta forma, no Direito Processual Civil, rege o princípio da verdade formal, ou seja, o julgador se contenta com a verdade retratada pelas partes no processo. Assim, se o ocorreu um fato, mas esse fato não foi retratado no processo, então ele não é considerado verdadeiro para o julgador.

Já no PAT, rege-se o princípio da verdade MATERIAL, ou seja, mesmo que o fato não seja retratado no processo, deverá o julgador buscá-lo, para saber qual a verdade que REALMENTE ocorreu. Enfim, esse princípio impõe à Administração o dever de tomar decisões que a façam obter o conhecimento dos FATOS REAIS, não se contentando com as versões apresentadas no processo administrativo.

Isso já faz com que o PAT tenha algumas características diferentes dos processos judiciais, como a não obediência ao princípio da inércia, afinal, o julgador pode determinar diligências mesmo sem solicitação das partes.

Em decorrência do princípio da verdade material, o julgador administrativo poderá derrubar um auto de infração por um motivo que NÃO FOI ALEGADO pelo contribuinte. Isso mesmo, no PAT não rege aquela máxima muito conhecida de que: "O fato alegado e não defendido e considerado verdadeiro". Assim, se o fiscal autua o contribuinte alegando que ele não pagou o ICMS, e, na sua defesa, o contribuinte argumenta que pagou o imposto, sem provar esse pagamento, poderá o julgador derrubar o auto de infração se perceber que aquela operação está fora do campo de incidência do ICMS, mesmo sem qualquer argumentação da defesa nesse sentido.

Ainda, por exemplo, pode o julgador declarar, de ofício, a decadência do auto de infração, mesmo sem qualquer alegação disso pela parte. O que não é permitido em um processo administrativo fiscal é o julgador:

- declarar inconstitucionalidade da lei;
- não aplicar ato normativo de autoridade superior (como Portarias ou Decisões Normativas);
- nem julgar a matéria que foi decidida ou está sendo apreciada pelo Poder Judiciário.

Veja como isso é cobrado:

(Advogado Júnior da Petrobrás/CESPE-2007) Acerca do processo administrativo tributário, julgue o próximo item.

No processo administrativo tributário, vigem os princípios da oficialidade e da verdade material.

( ) certo

( ) errado

Comentário: *Sem dúvida, o processo administrativo tributário é regido por esses dois princípios.*

Resposta: C

(Oficial da Fazenda-RJ/CEPERJ-2010) Dentre os princípios típicos do processo administrativo fiscal não se incluí:

a) ampla defesa.

b) oficialidade.

c) verdade formal.

d) legalidade objetiva.

e) economia processual

Comentário: *O processo administrativo rege-se pela verdade MATERIAL, não sendo, portanto, regido pela verdade formal.*

Resposta: C

14.3. ÔNUS DA PROVA NO PROCESSO ADMINISTRATIVO FISCAL

Devido ao Princípio da Verdade Material, a sistemática do ônus da prova no processo administrativo fiscal é diferente da existente no processo judicial. No processo judicial, o ônus da prova é da parte que ALEGA. Assim, se Otávio alegou que celebrou um contrato de compra e venda com Carlos Eduardo e este não pagou, caberá a Otávio comprovar a existência desse contrato.

Por outro lado, se Carlos Eduardo se defende alegando que ele efetuou o pagamento, então caberá a ele (Carlos Eduardo) comprovar esse pagamento.

Por muito tempo, alguns doutrinadores entendiam que o ônus da prova no PAT era igual ao do processo judicial. Para esses doutrinadores, como é o Fisco que está alegando uma infração cometida pelo contribuinte, então o ônus da prova é do Fisco.

Claro que quando o fiscal elabora um auto de infração, cabe à Administração comprovar a infração alegada, no entanto, a elaboração de um auto de infração está inserida no PROCEDIMENTO administrativo fiscal e não no PROCESSO administrativo fiscal. Como já mencionado, o PROCESSO administrativo fiscal se inicia com a petição ESCRITA e TEMPESTIVA do sujeito passivo, defendendo-se de um ato administrativo (Auto de Infração), que tem como um de seus atributos a presunção de veracidade.

Diante dessa situação, muitos doutrinadores, principalmente aqueles ligados ao Direito Administrativo, entendiam que o ônus da prova no PAT era do contribuinte, afinal, os atos administrativos têm presunção de veracidade, cabendo ao contribuinte provar que essa presunção não é verdadeira.

Essa corrente também perdeu força, mesmo porque, como mencionado no início deste capítulo, uma das funções do processo administrativo é servir de reexame do ato administrativo, além de o PAT obedecer ao Princípio da Verdade Material.

Então, afinal, a quem cabe o ônus da prova no PAT? Como o processo administrativo tributário é regido pela VERDADE MATERIAL, cabe ao órgão julgador (singular ou colegiado) delimitar qual das partes está mais apta para produção das provas.

Assim, se a acusação for: "Deixou de escriturar, no livro fiscal registro de entradas, a nota fiscal xx", quem você acha que deve provar se há de fato a escrituração? Quem fez ou deixou de fazer a escrituração não foi o contribuinte? Então, ele que prove que de fato escriturou esse documento fiscal.

Por outro lado, se a acusação for: "Deixou de atender a notificação no prazo indicado pela fiscalização", quem você acha que deve provar se houve essa notificação? Quem fez essa notificação foi o Fisco, então ele que prove a existência dela ou não.

Assim, no PAT, pode o julgador determinar que seja exibido um documento ou livro pela parte que tem a posse desse documento, consequentemente, o ônus da prova. Essa determinação do julgador pode ocorrer sem nenhuma solicitação da parte contrária, não podendo ser negada, por aquele que tem a posse, a exibição da coisa ou documento solicitados.

14.4. ANDAMENTO DO PROCESSO ADMINISTRATIVO FISCAL

O PAT envolve todos os tributos estaduais, ou seja, os três impostos e as taxas. Apresentada a defesa, um julgador administrativo (muitas vezes um fiscal) analisará o mérito, podendo manter ou não o crédito tributário. Mantido o lançamento, poderá o contribuinte interpor recurso administrativo, sendo encaminhado em regra para um órgão administrativo (segunda instância administrativa). O STF tem uma jurisprudência pacífica no sentido que NÃO pode ser exigido depósito administrativo como condição para recurso administrativo, por ofender aos princípios do contraditório e da ampla defesa.

Veja como isso é cobrado em prova.

(Analista de Correios-Advogado-Correios/CESPE-2011) Julgue o item seguinte, relativo ao processo administrativo e processo judicial tributário.

A exigência de depósito prévio de 30% do valor do débito, como condição de admissibilidade de recurso administrativo tributário, caracteriza condição de procedibilidade prevista em lei e admitida pela jurisprudência majoritária.

( ) Certo

( ) Errado

> ***Comentário:*** *A jurisprudência é pacífica ao afirmar que não é admitida a exigência de um depósito prévio como condição para o recurso administrativo.*
>
> *Resposta: E*

Cancelado o crédito tributário, poderá o fisco recorrer. Em regra, esse recurso é de ofício, ou seja, o próprio julgador encaminha o recurso para a segunda instância administrativa. Mas como assim o fisco "poderá" recorrer? Não seria obrigatório? Não, porque dependendo do valor, pode não compensar perder mais tempo e recursos com esse processo, então cada estado possui um valor mínimo para que haja o recurso de ofício. O contribuinte sempre tem o direito de recorrer à segunda instância, o estado é que só recorre acima de determinado valor.

Esse órgão administrativo que julgará o recurso, em regra, é dividido por turmas, que são compostas por representantes do fisco (fiscais) e representantes do contribuinte (advogados com notório conhecimento tributário). Julgado o mérito, na maioria dos casos, encerra-se o contencioso administrativo. Por que na maioria dos casos? Porque muitos estados permitem a possibilidade do recurso "de divergência de julgamento".

Vamos supor que uma turma julgue um determinado caso a favor do contribuinte, já outra turma julga um caso semelhante a favor do fisco. Poderá o derrotado apresentar a divergência de julgamento e pedir para a turma superior uniformizar o entendimento do órgão administrativo.

Encerrado o processo com a manutenção do crédito tributário, poderá o contribuinte acionar o judiciário, com ação anulatória, aliás, o contribuinte pode acionar a justiça a qualquer momento, no entanto, esse acionamento significa o fim do Processo Administrativo Tributário, independente da fase em que estiver.

Caso o fisco seja o vencedor, o débito antes com exigibilidade suspensa passa a ser executável, assim a Secretaria da Fazenda inscreve o débito na dívida ativa, obtendo uma CDA – Certidão de Dívida Ativa, podendo executar o crédito tributário judicialmente. Iniciada a execução, poderá o contribuinte opor embargos à execução.

E se o contribuinte for o vencedor do PAT, ou seja, o AIIM não for mantido? Então o fisco reexaminou seu ato administrativo, "game over", nada poderá ser feito. Parte da doutrina tributarista chama isso de "coisa julgada administrativa", pois, embora o julgamento seja administrativo, não poderá mais o fisco acionar o judiciário.

Salientamos também que um Auto de Infração pode ser mantido parcialmente, ou seja, o órgão julgador pode excluir parte da multa, mantendo a outra parte.

Cabe mencionar que não é apenas com a decisão final que se encerra um processo administrativo. Ele pode ser encerrado com a extinção ou exclusão do crédito tributário, seja pelo pagamento, compensação, anistia ou qualquer outra forma. Afinal, extinto ou excluído o crédito, o processo deve ser concluído por falta de objeto.

O pedido de parcelamento também determina o fim do processo administrativo, afinal, quando um contribuinte efetua o parcelamento, ele está confessando a dívida, dessa forma não há mais lide. Por fim, caso o contribuinte acione o judiciário, então o processo administrativo será concluído, pois a decisão final sempre cabe ao Poder Judiciário.

Outra forma existente que acarreta o fim do PAT é a desistência do contribuinte ou a renúncia ao seu direito. Pode o contribuinte desistir de um processo ou renunciar a um direito? Claro, quem não pode fazer isso é a Administração. E se o sujeito passivo renunciar ou desistir, ele poderá acionar o judiciário? Sim, a renúncia ou desistência valerá para o PAT, mas ninguém poderá ser impedido de acionar o judiciário.

Vimos que o STF impede a exigência de depósito administrativo, mas essa vedação se restringe ao depósito administrativo, logo, a legislação estadual pode exigir o pagamento de uma taxa. Nesse caso, se o contribuinte nao recolher a taxa, considera-se que ele desistiu do PAT, consequentemente, o processo é extinto.

Enfim, havendo extinção, exclusão, parcelamento do crédito tributário, desistência ou renúncia ao processo, ou provocação ao judiciário, então o processo administrativo é concluído como estiver, ou caso não tenha iniciado, fica vedada sua instauração, por perda do objeto.

14.5. PRAZOS NO PROCESSO ADMINISTRATIVO FISCAL

Vamos agora aprender sobre como contar os prazos do PAT. O prazo é contado da mesma forma que o prazo processual, ou seja, os prazos serão contínuos, excluindo-se, na sua contagem, o dia de início e incluindo-se o de vencimento. Os dias de meio-expediente são considerados dias não úteis, ou seja, são contados normalmente no meio do prazo, mas não é possível iniciar ou terminar o prazo do contribuinte em dia não útil ou de meio expediente. Vamos a alguns exemplos baseados no mês de abril de 2024, que possui feriados dias 19 e 21.

Abril de 2024						
Seg	**Ter**	**Qua**	**Qui**	**Sex**	**Sáb**	**Dom**
1	2	3	4	5	6	7
8	9	10	11	12	13	14
15	16	17	18	**19**	20	**21**
22	23	24	25	26	27	28
29	30					

Exemplo 1: Caso o contribuinte tenha o prazo de 15 dias para praticar um ato e for notificado no dia 03 de abril, a contagem se iniciará no primeiro dia útil seguinte (04 de abril). Contaremos de forma consecutiva, independentemente de ser sábado ou domingo, e o décimo quinto dia ocorrerá no dia 18, sendo esse o último dia para o contribuinte praticar o seu ato.

Exemplo 2: Caso o contribuinte tenha o prazo de 15 dias para praticar um ato e for notificado no dia 04 de abril, a contagem se iniciará no primeiro dia útil seguinte (05 de abril). Contaremos de forma consecutiva, independentemente de ser sábado ou domingo, e o décimo quinto dia ocorrerá no dia 19, mas como esse dia é feriado, o último dia para o contribuinte praticar o seu ato será o primeiro dia útil seguinte, ou seja, 22 de abril.

Exemplo 3: Caso o contribuinte tenha o prazo de 15 dias para praticar um ato e for notificado no dia 05 de abril, a contagem se iniciará no primeiro dia útil seguinte (08 de abril). Contaremos de forma consecutiva, independentemente de ser sábado ou domingo, e o décimo quinto dia ocorrerá no dia 22, sendo esse o último dia para o contribuinte praticar o seu ato.

E se o contribuinte perder o prazo, o que acontecerá? Se ele perdeu o prazo para recorrer, não poderá recorrer; se perdeu prazo para se manifestar de uma diligência, não poderá mais se manifestar, ou seja, ocorre para o contribuinte a preclusão processual (perda do direito de manifestação no processo). E se a Administração perder o seu prazo, ocorrerá a preclusão processual? Não, a Administração não sofre preclusão processual no PAT, o que pode ocorrer é o servidor que não cumpriu o ato no prazo legal ser responsabilizado administrativamente.

Sobre a contagem do prazo, cabe ainda uma situação. Atualmente, as Secretarias da Fazenda utilizam domicílios eletrônicos. O que é isso? Os fiscais da Secretaria da Fazenda enviam uma notificação eletronicamente, devendo o contribuinte receber essa notificação em até certo prazo, sob pena de considerar que foi notificado tacitamente.

Por exemplo, se a lei estadual dispuser que a notificação tácita ocorre em 10 dias, então se o contribuinte não receber uma notificação enviada eletronicamente no dia 1º de setembro, ele será considerado notificado no dia 11 de setembro (claro, considerando que o início e o fim são dias úteis). A partir dessa data que ele foi considerado notificado (11 de setembro), passa a contagem do prazo, excluindo o dia do início e contando o dia do fim como nos exemplos mostrados.

Agora, vamos imaginar a seguinte situação: O fiscal mandou, para contribuintes diferentes, duas notificações eletrônicas. Esses envios ocorreram na quarta-feira, mas o contribuinte "A" recebeu a sua notificação na quinta-feira e o contribuinte "B" recebeu sua notificação em um sábado. Quando começa a contagem de prazo?

Sobre o contribuinte "A" não tem mistério, considera-se que ele recebeu a notificação na quinta-feira, logo o primeiro dia de contagem é sexta-feira. Já no caso do contribuinte "B", considera-se que ele recebeu a notificação na segunda-feira, afinal sábado é dia não útil. Assim, a contagem do prazo começa no dia seguinte, ou seja, inicia-se na terça-feira. Vamos exemplificar com as datas apresentadas:

Exemplo 4: O fiscal mandou a notificação no dia 3 de abril (quarta-feira), mas o contribuinte recebeu no dia 6 de abril (sábado). Considera-se que o contribuinte recebeu a notificação no dia 8 de abril (segunda-feira), mas esse dia de recebimento é excluindo da contagem. Assim, o primeiro dia da contagem é 9 de abril (terça-feira), assim, se houver o prazo de 15 dias, o dia final da contagem será 23 de abril (terça-feira).

Segue uma questão sobre prazo:

(Auditor Fiscal da Receita Estadual-SC/FCC-2018) A Lei Complementar nº 465/2009, em um de seus dispositivos, estabelece que as intimações serão feitas por meio eletrônico em portal próprio aos que se habilitarem na forma do art. 39 desta Lei Complementar, dispensando-se sua publicação na página eletrônica do Tribunal Administrativo Tributário.

A empresa "Força Catarinense Ltda." está habilitada junto ao TAT, nos termos da legislação, para enviar reclamações e recursos, bem como para praticar atos processuais em geral, por meio eletrônico, mediante uso de assinatura eletrônica. Considerando que uma decisão (hipotética) do Julgador de Processos Fiscais, desfavorável ao sujeito passivo, lhe foi feita pelo referido meio eletrônico, em portal próprio, em 16 de agosto de 2018, uma quinta-feira, que a empresa fez a consulta eletrônica ao teor dessa intimação no sábado, 18 de agosto de 2018, que os sábados e os domingos não são dias úteis e, ainda, que o único dia feriado nos meses de agosto e setembro recaiu no dia 7 de setembro, sexta feira; a data final, de acordo com as normas da referida Lei, para o sujeito passivo recorrer ao TAT/SC, se o desejasse, foi.

OBS: Considere o prazo legal de 15 dias.

a) 15 de setembro de 2018.

b) 4 de setembro de 2018.

c) 18 de setembro de 2018.

d) 31 de agosto de 2018.

e) 19 de setembro de 2018.

Comentário: *O contribuinte recebeu a notificação dia 18 (sábado), logo consideramos que ele recebeu dia 20 (segunda-feira), mas segunda é excluída do dia da contagem, logo o início da contagem ocorre no dia 21 de agosto (terça-feira). Contando 15 dias, encerra-se no dia 4 de setembro.*

Resposta: B

E se o contribuinte praticar um ato antes do fim do prazo? Ocorreu a preclusão. Vamos exemplificar: o prazo final para o contribuinte recorrer de uma decisão administrativa ocorrerá no dia 5 de agosto de um determinado ano.

Ocorre que no dia 2 de agosto o contribuinte protocola sua defesa. Nesse caso, foi consumado seu prazo de defesa, não poderá o contribuinte lembrar de outro ponto e protocolar um novo recurso.

Esse ponto é muito é cobrado em concursos:

(Auditor Fiscal da Receita Estadual-SC/FCC-2018) A Lei estadual n° 16.469, de 19 de janeiro de 2009, que regula o processo administrativo tributário e dispõe sobre os órgãos vinculados ao julgamento administrativo de questões de natureza tributária, contém regras específicas acerca de prazos, que constituem elemento fundamental de qualquer trâmite processual. De acordo com esta Lei,

a) os prazos processuais são contínuos e peremptórios, excluindo-se, na sua contagem, o dia do início e o do vencimento.

b) a parte não pode renunciar à totalidade do prazo estabelecido exclusivamente a seu favor.

c) a prática do ato, antes do término do prazo respectivo, não implica desistência do prazo remanescente.

d) o curso do prazo processual se interrompe, anualmente, nos dias compreendidos entre 15 de dezembro e 15 de janeiro.

e) não se considera dia de expediente normal, para fins de início e encerramento de contagem de prazo processual tributário, aquele que se encerra antes da hora normal, na repartição em que se deva praticar o ato.

Comentário:

a) Errada. Conta-se o dia do vencimento do prazo.

b) Errada. A parte pode renunciar à totalidade do prazo, basta cumprir o ato antes do prazo final.

c) Errada. Se a parte cumprir o ato antes do prazo final, ela desiste do prazo restante.

d) Errada. Não há nenhuma previsão de suspensão dos prazos processuais no fim do ano ou em qualquer outro período.

e) Correta. Não é considerado expediente normal o dia que a repartição fecha antes do horário normal.

Resposta: E.

Nas legislações estaduais, cada PAT tem seus prazos, espécies de recursos, composição do órgão de segunda instância e possibilidade ou não do "recurso jurisprudencial". A melhor forma de você estudar esse assunto é fazendo um esquema com todos os rumos que um PAT pode tomar. Assim, sugerimos que você elabore um fluxograma com os passos a serem seguidos, pois é o melhor tipo de resumo a ser feito nessa situação.

Como exemplo, segue o fluxograma do Processo Administrativo Tributário do estado de São Paulo, regulado pela Lei 13.457/09, atualizada pela Lei 16.498/17. Não se preocupe em entender o PAT paulista por ele, pois isso somente é conseguido quando estudamos a lei própria, mas o desenho apresentado serve para você já ter uma ideia de como construir o seu fluxograma futuramente.

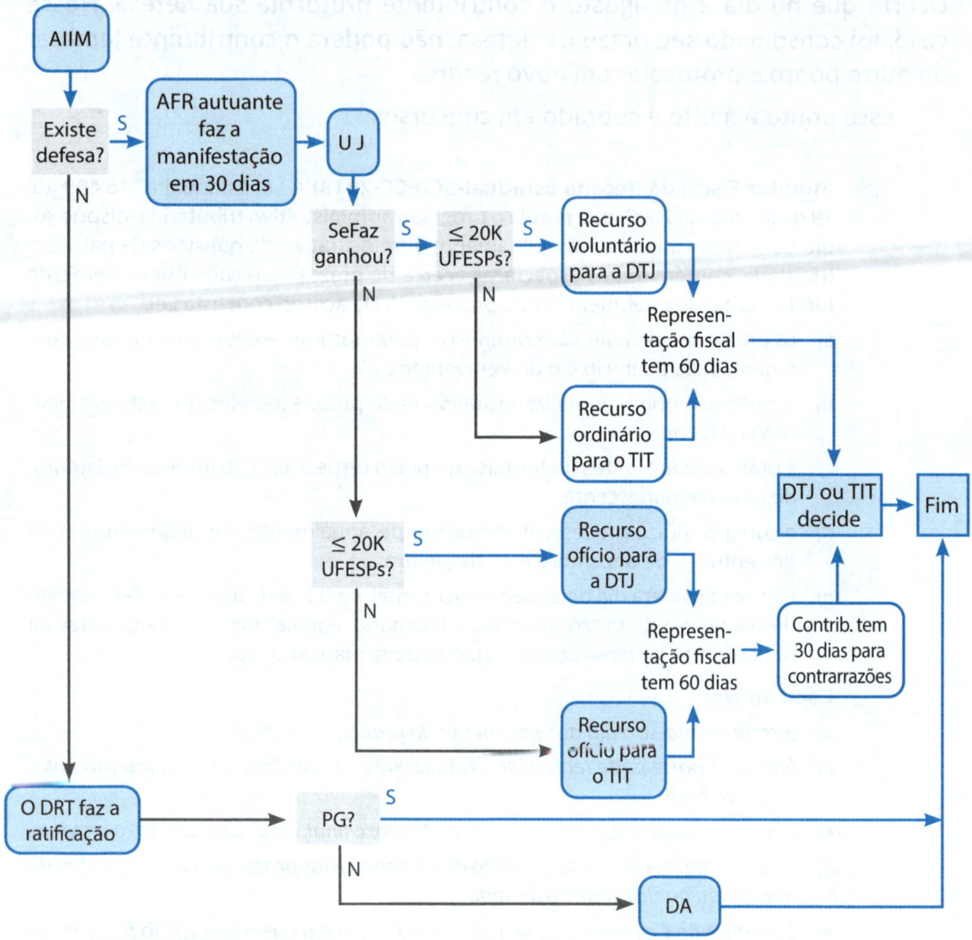

Siglas utilizadas no fluxograma:

- AIIM = Auto de Infração e Imposição de Multa
- DA = Dívida Ativa
- DRT = Delegado Regional Tributário
- DTJ = Delegacia Tributária de Julgamento, órgão de primeira instância
- PG? = Contribuinte pagou o AIIM?
- SeFaz = Secretaria da Fazenda
- TIT = Tribunal de Impostos e Taxas, órgão de segunda instância
- UJ = Unidade de Julgamento, órgão de primeira instância subordinado à DTJ
- 20K = 20.000
- UFESP = Unidade Fiscal do Estado de São Paulo (em 2018 valia R$ 25,70 cada uma)

Obs.: Deixamos os quadros que pertencem ao contribuinte sem o sombreado, para facilitar a identificação.

14.6. CONSULTA TRIBUTÁRIA

A legislação tributária brasileira é muito complexa. Portanto, é natural que os contribuintes tenham dúvidas sobre sua interpretação. O procedimento **ADMINISTRATIVO** para dirimir essas dúvidas é chamado de consulta tributária, cada vez mais cobrada em concursos.

Podem protocolar uma consulta tributária as seguintes partes:

1 – O sujeito passivo da obrigação tributária, seja na qualidade de contribuinte ou de responsável.

2 – Órgão da administração pública.

3 – Entidade representativa de categoria econômica ou profissional.

E quem responde à consulta tributária? A própria Secretaria da Fazenda, por meio de um órgão que faz parte da sua estrutura. Assim, se um contribuinte goiano tem dúvida sobre a legislação tributária de Goiás, caberá a ele, por meio de uma petição **ESCRITA**, protocolar sua dúvida perante o órgão competente para responder a essa consulta, que é vinculado à Secretaria da Fazenda de Goiás.

E se o contribuinte não gostar da resposta proferida, ele pode recorrer? Administrativamente, não. Note, ao proferir a resposta, o Fisco expõe o seu entendimento sobre a legislação tributária e isso vincula o Fisco a esse contribuinte. E o que o contribuinte pode fazer se não concordar com a resposta? Agir de forma contrária e acionar o judiciário por meio de uma ação declaratória.

Note que o efeito da consulta só vincula o Fisco perante o contribuinte que protocolou essa consulta. Se outro contribuinte do mesmo segmento acreditar que sua situação é idêntica, ou ele assume o risco por sua conta ou protocola outra consulta para que o Fisco se vincule perante ele também.

Melhor explicando, se o contribuinte "Tenho Dúvidas Ltda." protocola uma consulta perguntando se há incidência de ICMS em sua operação e o Fisco responde que não há incidência, então esse contribuinte não pode ser autuado por isso. Agora, se a empresa "Também Tenho Dúvidas Ltda." achar que sua operação é idêntica e agir da mesma forma sem protocolar uma consulta, nada impede que o Fisco ache o contrário e autue a empresa. Dessa forma, o mais seguro para a "Também Tenho Dúvidas Ltda." é protocolar sua própria consulta.

Para a resposta de uma consulta valer para todos os outros contribuintes, deverá o fisco emitir um ato normativo estendendo os efeitos dessa consulta.

Quando um contribuinte protocola uma consulta, surgem alguns efeitos decorrentes desse protocolo, que são os seguintes:

A consulta formulada suspende o prazo para pagamento do tributo, a incidência de juros e multa de mora, sobre a parcela ainda não vencida que TRATE DO FATO QUESTIONADO.

A consulta formulada impede o início de procedimento fiscal e a lavratura de auto de infração sobre o **FATO QUESTIONADO**.

Primeiramente, cabe mencionar que essas suspensões não são eternas, elas começam no dia do protocolo da consulta e vai até 15 ou 30 dias (dependendo da legislação de cada estado) após a publicação da resposta da consulta. E se demorar um ano para a consulta ser respondida? Quem deu causa a essa demora foi o Fisco, então os juros e a multa continuarão suspensos para o contribuinte. Assim, ainda que a decisão da consulta seja contrária ao interesse do contribuinte, ele poderá pagar somente o principal após a publicação da consulta.

Vamos exemplificar: A empresa "Tenho Dúvidas Ltda." vende três produtos, chamados de produto "A", "B" e "C". A empresa questiona qual alíquota (12% ou 18%) deve aplicar nas operações internas com o produto "B". Em paralelo, ela formula outra consulta, questionando se as operações com o produto "C" são tributadas.

Ora, não há nenhum questionamento sobre o produto "A", então o imposto incidente sobre as operações que envolvem esse produto deve ser recolhido normalmente. E sobre as operações com os produtos "B" e "C", estão suspensos o pagamento e a incidência de juros e multa de mora? Em relação ao produto "C", estão suspensos sim, agora, em relação ao produto "B", está suspensa a parte controvertida. E qual é a parte controvertida? A diferença entre a alíquota de 18% e de 12%, ou seja, 6%.

Dessa forma, até a resposta da consulta sobre o produto "B", caberá à empresa recolher 12% de ICMS sobre as operações com o produto "B".

Em relação ao procedimento fiscal, é a mesma lógica mencionada anteriormente. Se há consultas sobre os produtos "B" e "C", nada impede o Fisco de abrir uma fiscalização para apurar o ICMS recolhido sobre as operações com o produto "A".

Tome cuidado com a pegadinha do examinador, muitas vezes ele menciona que o efeito da consulta tributária é de suspensão da exigibilidade, extinção ou exclusão do crédito tributário. Essas formas de suspensão de exigibilidade, extinção e exclusão do crédito tributário estão previstas no Código Tributário Nacional, que estabelece normas gerais sobre esse tema. Não pode o legislador estadual tratar disso, o efeito da consulta é suspender a incidência de juros e multa sobre o fato consultado.

Vamos ver como isso é cobrado em concursos:

(Juiz Substituto do Tribunal de Justiça – PE/FCC/2013) O contribuinte tem o direito de fazer consulta sobre dispositivos legais acerca de matéria tributária. Neste caso,

a) a consulta é procedimento judicial, que deve ser proposto antes da data do vencimento do tributo.

b) a consulta formulada antes da notificação válida ao sujeito passivo, relativamente ao crédito tributário, suspende a exigibilidade do crédito tributário.

c) não haverá mora e, portanto, incidência de juros moratórios, quando o sujeito passivo deixa de pagar o crédito na data vencimento, desde que pendente de resposta à consulta formulada antes do vencimento do tributo.

d) julgada procedente a consulta, ou seja, reconhecendo o fisco que o sujeito passivo consulente não tem obrigação tributária, o crédito tributário sequer será constituído, razão pela qual a consulta é causa de exclusão do crédito tributário.

e) somente a consulta judicial é causa de extinção do crédito tributário quando julgada procedente, ou seja, quando o fisco reconhece que o crédito tributário é ilegal.

Comentário:

a) Errada. A consulta tributária é um procedimento ADMINISTRATIVO.

b) Errada. A consulta tributária não suspende a exigibilidade do crédito tributário, nem exclui ou extingue o crédito tributário, ela apenas suspende a incidência de juros e multa moratória.

c) Correta. Não há multa de mora, nem juros moratórios sobre a matéria que foi objeto de consulta, enquanto estiver pendente a resposta da consulta.

d) Errada. Vida alternativa "b".

e) Errada. Vide alternativa "b".

Resposta: C

Cabe, ainda, mais um alerta. Vamos imaginar que a empresa "Tenho Dúvidas Ltda." realiza operações com o produto "C" desde janeiro de 2020, no entanto, apenas em abril de 2020 é protocolada a consulta. Dessa forma, as obrigações tributárias de janeiro e fevereiro certamente já venceram (as de março podem ainda não ter vencido, depende do prazo para pagamento), então se sobre elas vier uma reposta da consulta desfavorável ao contribuinte, ou seja, determinando a incidência de ICMS sobre essas operações, caberão juros e multa sobre as operações ocorridas em janeiro e fevereiro.

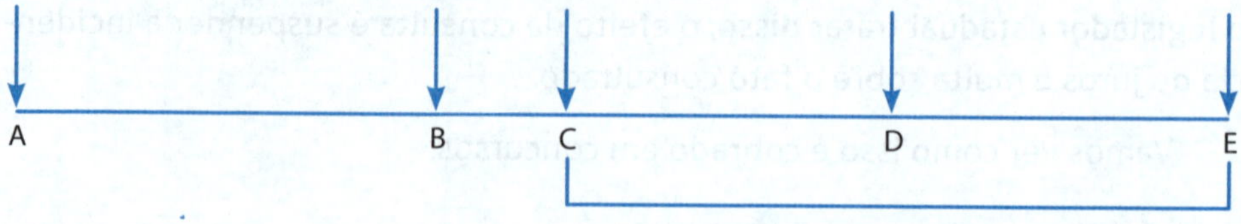

C a E: suspensão do pagamento e incidência de juros das obrigações não vencidas.

Legenda:
A – início da venda do produto;
B – vencimento das vendas até fevereiro;
C – protocolo da consulta;
D – publicação da consulta;
E – passados 15 ou 30 dias da publicação da consulta (como determinar a legislação).

Qualquer matéria tributária pode ser consultada? Não, a consulta protocolada NÃO produzirá efeitos se ela tratar dos seguintes temas:

1 – Matéria na qual tenha sido lavrado auto de infração contra o sujeito passivo, esteja o auto pendente de julgamento ou com decisão já proferida pelo órgão administrativo.

2 – Matéria na qual esteja ocorrendo verificação fiscal perante o sujeito passivo.

3 – Matéria que é objeto de algum ato normativo, interpretando a legislação (como Decisão Normativa de uma autoridade superior).

4 – Matéria que foi objeto de consulta anteriormente formulada pelo sujeito passivo, e a legislação questionada não sofreu alteração.

APÊNDICE I

RESOLUÇÕES DO SENADO FEDERAL x IMPOSTOS ESTADUAIS

A Constituição Federal atribuiu ao Senado Federal, como legítimo representante dos estados, a tarefa de expedir resoluções para estabelecer algumas alíquotas mínimas e máximas dos impostos estaduais.

Vamos analisar cada um dos impostos estaduais separadamente.

I.1. ICMS

Vejamos primeiramente o que diz o artigo 155 da CF/88:

> "**Art. 155.** Compete aos Estados e ao Distrito Federal instituir impostos sobre:
>
> (...)
>
> § 2º – O ICMS atenderá ao seguinte:
>
> (...)
>
> IV – resolução do Senado Federal, de iniciativa do Presidente da República ou de um terço dos Senadores, aprovada pela maioria absoluta de seus membros, estabelecerá as **alíquotas aplicáveis** às operações e prestações, **interestaduais** e de **exportação**;
>
> V – é **facultado** ao Senado Federal:
>
> a) estabelecer alíquotas **mínimas** nas operações **internas**, mediante resolução de iniciativa de um terço e aprovada pela maioria absoluta de seus membros;
>
> b) fixar alíquotas **máximas** nas mesmas operações para **resolver conflito** específico que envolva interesse de Estados, mediante resolução de iniciativa da maioria absoluta e aprovada por dois terços de seus membros;"

O Senado Federal já em 1989 publicou a Resolução 22/89, que determinou as alíquotas interestaduais do ICMS, conforme vimos exaustivamente nesta obra. São aquelas alíquotas interestaduais de 12% ou 7% dependendo dos estados envolvidos. Vejamos seu texto integral.

RESOLUÇÃO Nº 22, DE 1989

Art. 1º – A alíquota do Imposto sobre Operações Relativas à Circulação de Mercadorias e sobre Prestação de Serviços de Transporte Interestadual e Intermunicipal e de Comunicação, nas operações e prestações interestaduais, será de doze por cento.

Parágrafo único. Nas operações e prestações realizadas nas Regiões Sul e Sudeste, destinadas às Regiões Norte, Nordeste e Centro-Oeste e ao Estado do Espírito Santo, as alíquotas serão:

I – em 1989, oito por cento;

II – a partir de 1990, sete por cento.

Art. 2º – A alíquota do imposto de que trata o art. 1°, nas operações de exportação para o exterior, será de treze por cento.

Art. 3º – Esta Resolução entra em vigor em 1° de junho de 1989.

Como já sabemos, a alíquota interestadual será de 7% quando sair de um estado do Sul ou Sudeste, à exceção do Espírito Santo, com destino aos estados do CO, N, NE ou o ES. Em 1989 ela foi de 8%, mas como já faz uns trinta anos, podemos esquecer esse detalhe, porque não cairá em prova. E será de 12% nos demais casos.

A resolução também estabeleceu a alíquota do ICMS em casos de exportação, que era de 13%. Contudo, conforme também já sabemos, todas as exportações são imunes desde a EC 42/2003, portanto, é mais um artigo da resolução que podemos ignorar.

Outro ponto a ser memorizado pelo leitor para fins de concurso é saber quem tem a iniciativa para propor cada uma dessas resoluções e o quórum para aprovação, previstos no artigo 155 da CF/88.

Acreditamos que a leitura do texto constitucional e o quadro abaixo sejam suficientes para sua memorização.

Res. SF		
ICMS		
%	**Iniciativa**	**Quórum para aprovação**
Interest ou EXP	PR ou **1/3 SF**	**> Abs SF**
i min	**1/3 SF**	**> Abs SF**
i MÁX	**> Abs SF**	× 2 **2/3** SF

Também não podemos nos esquecer da Resolução do Senado Federal nº 13/12, que estabeleceu a alíquota interestadual de 4% para a mercadoria proveniente do exterior, com duas condições:

1. desde que tenha similar nacional;
2. seja para revenda ou, caso industrializada, a mercadora resultante possua mais de 40% dos componentes importados. Lembre-se de que a mercadoria resultante não basta que tenha 40% de componentes importados, tem que ser maior que 40%.

Como esse tema já foi amplamente explicado em capítulo anterior, não precisamos explicá-lo de novo. Segue o texto da resolução, lembrando que a alíquota de 4% não é aplicada para o Gás Natural:

Resolução nº 13/2012

Art. 1º A alíquota do Imposto sobre Operações Relativas à Circulação de Mercadorias e sobre Prestação de Serviços de Transporte Interestadual e Intermunicipal e de Comunicação (ICMS), nas operações interestaduais com bens e mercadorias importados do exterior, será de 4% (quatro por cento).

§ 1º O disposto neste artigo aplica-se aos bens e mercadorias importados do exterior que, após seu desembaraço aduaneiro:

I – não tenham sido submetidos a processo de industrialização;

II – ainda que submetidos a qualquer processo de transformação, beneficiamento, montagem, acondicionamento, reacondicionamento, renovação ou recondicionamento, resultem em mercadorias ou bens com Conteúdo de Importação superior a 40% (quarenta por cento).

§ 2º O Conteúdo de Importação a que se refere o inciso II do § 1º é o percentual correspondente ao quociente entre o valor da parcela importada do exterior e o valor total da operação de saída interestadual da mercadoria ou bem.

§ 3º O Conselho Nacional de Política Fazendária (Confaz) poderá baixar normas para fins de definição dos critérios e procedimentos a serem observados no processo de Certificação de Conteúdo de Importação (CCI).

§ 4º O disposto nos §§ 1º e 2º não se aplica:

I – aos bens e mercadorias importados do exterior que não tenham similar nacional, a serem definidos em lista a ser editada pelo Conselho de Ministros da Câmara de Comércio Exterior (Camex) para os fins desta Resolução;

II – aos bens produzidos em conformidade com os processos produtivos básicos de que tratam o Decreto-Lei nº 288, de 28 de fevereiro de 1967, e as Leis nºs 8.248, de 23 de outubro de 1991, 8.387, de 30 de dezembro de 1991, 10.176, de 11 de janeiro de 2001, e 11.484, de 31 de maio de 2007.

Art. 2º O disposto nesta Resolução não se aplica às operações que destinem gás natural importado do exterior a outros Estados.

Art. 3º Esta Resolução entra em vigor em 1º de janeiro de 2013.

I.2. IPVA

"**Art. 155.** Compete aos Estados e ao Distrito Federal instituir impostos sobre:

(...)

§ 6º – O IPVA:

I – terá alíquotas **mínimas** fixadas pelo Senado Federal;"

Conforme vimos no capítulo sobre IPVA, o Senado Federal cumpriu de forma tímida essa disposição constitucional. Atualmente, só existe a Resolução SF 15/2022 que estabelece alíquota mínima de 0 (zero)% do IPVA sobre veículos de 2 (duas) rodas de até 170 (cento e setenta) cilindradas, contudo, está em tramitação um projeto de Resolução do Senado Federal, iniciado em 2017, que busca estabelecer uma alíquota mínima de IPVA de acordo com o tipo dos veículos, mas ainda não foi aprovada.

Cabe mencionar que a alíquota de 0 (zero)% para sobre veículos de 2 (duas) rodas de até 170 (cento e setenta) cilindradas é a mínima, nada impede que cada estado coloque uma alíquota maior.

I.3. ITCD

"**CF/88 – Art. 155.** Compete aos Estados e ao Distrito Federal instituir impostos sobre:

(...)

§ 1.º O ITCD:

(...)

IV – terá suas alíquotas **máximas** fixadas pelo Senado Federal;"

Essa alíquota máxima prevista na CF/88 foi determinada pelo Senado Federal por meio da Resolução 09/92. Vejamos seu texto na íntegra.

RESOLUÇÃO Nº 9 – DE 5 DE MAIO DE 1992.

"**Art. 1º** A alíquota máxima do Imposto de que trata a alínea "a", inciso I, do art. 155 da Constituição Federal será de **oito** por cento, a partir de 1º de janeiro de 1992.

Art. 2º As alíquotas dos Impostos, fixadas em lei estadual, poderão ser progressivas em função do quinhão que cada herdeiro efetivamente receber, nos termos da Constituição Federal.

Art. 3º Essa Resolução entra em vigor na data de sua publicação.

Art. 4º Revogam-se as disposições em contrário."

Portanto, a alíquota máxima do ITCD que poderá ser adotada por qualquer estado ou o DF será de OITO por cento.

A seguir apresentamos um diagrama que resume as disposições constitucionais acerca das alíquotas a serem estabelecidas por Resoluções do Senado Federal.

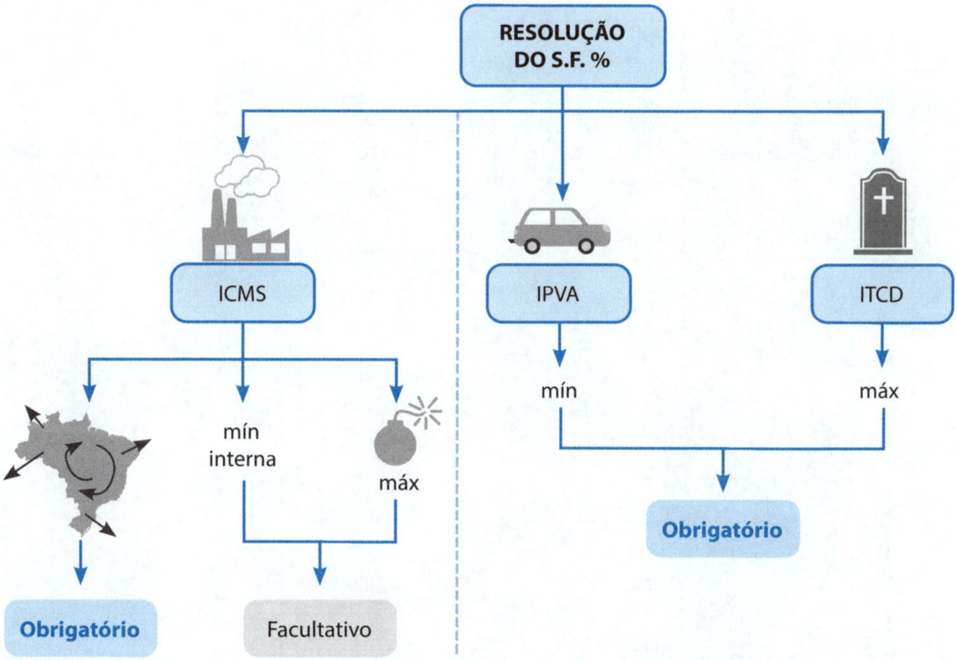

Para facilitar a memorização, fizemos esse desenho com algumas observações a serem explicadas:

- O mapa do Brasil e suas setas correspondem às operações interestaduais e de exportação;
- A bomba é para lembrar que é para resolver conflitos entre estados;
- Perceba que os impostos estão em ordem alfabética, pois assim facilita a lembrança do desenho (ICMS, IPVA e ITCD);
- Os demais desenhos consideramos autoexplicativos.

APÊNDICE II

LEGISLAÇÃO TRIBUTÁRIA ESTADUAL

Neste apêndice inserimos as principais legislações pertinentes aos tributos estaduais de forma geral, para consulta durante o estudo de seus principais artigos. São elas:

II.1. Constituição Federal – Seção IV

II.2. Resoluções do Senado Federal

II.3. Lei Complementar 87/96 – Lei Kandir

Existem diversas outras legislações gerais, tais como a Lei Complementar 123/06 – Simples Nacional, Convênios e Ajustes Sinief etc. Contudo, seriam necessárias mais centenas de páginas para anexá-las a esta obra, encarecendo-a desnecessariamente. Por isso, sugerimos que, sempre que necessário, consulta as demais legislações pela internet, de preferência no site do Planalto (www.planalto.gov.br/legislacao), para obter a legislação atualizada.

II.1. CONSTITUIÇÃO FEDERAL

Seção IV
Dos Impostos dos Estados e do Distrito Federal

Art. 155. Compete aos Estados e ao Distrito Federal instituir impostos sobre:

I – transmissão causa mortis e doação, de quaisquer bens ou direitos;

II – operações relativas à circulação de mercadorias e sobre prestações de serviços de transporte interestadual e intermunicipal e de comunicação, ainda que as operações e as prestações se iniciem no exterior;

III – propriedade de veículos automotores.

§ 1º O imposto previsto no inciso I:

I – relativamente a bens imóveis e respectivos direitos, compete ao Estado da situação do bem, ou ao Distrito Federal;

II - relativamente a bens móveis, títulos e créditos, compete ao Estado onde era domiciliado o de cujus, ou tiver domicílio o doador, ou ao Distrito Federal; (Redação dada pela Emenda Constitucional nº 132, de 2023)

III – terá a competência para sua instituição regulada por lei complementar:

a) se o doador tiver domicílio ou residência no exterior;

b) se o de cujus possuía bens, era residente ou domiciliado ou teve o seu inventário processado no exterior;

IV – terá suas alíquotas máximas fixadas pelo Senado Federal.

V – não incidirá sobre as doações destinadas, no âmbito do Poder Executivo da União, a projetos socioambientais ou destinados a mitigar os efeitos das mudanças climáticas e às instituições federais de ensino. (Incluído pela Emenda Constitucional nº 126, de 2022)

VI – será progressivo em razão do valor do quinhão, do legado ou da doação; (Incluído pela Emenda Constitucional nº 132, de 2023)

VII – não incidirá sobre as transmissões e as doações para as instituições sem fins lucrativos com finalidade de relevância pública e social, inclusive as organizações assistenciais e beneficentes de entidades religiosas e institutos científicos e tecnológicos, e por elas realizadas na consecução dos seus objetivos sociais, observadas as condições estabelecidas em lei complementar. (Incluído pela Emenda Constitucional nº 132, de 2023)

§ 2º O imposto previsto no inciso II atenderá ao seguinte:

I – será não cumulativo, compensando-se o que for devido em cada operação relativa à circulação de mercadorias ou prestação de serviços com o montante cobrado nas anteriores pelo mesmo ou outro Estado ou pelo Distrito Federal;

II – a isenção ou não-incidência, salvo determinação em contrário da legislação:

a) não implicará crédito para compensação com o montante devido nas operações ou prestações seguintes;

b) acarretará a anulação do crédito relativo às operações anteriores;

III – poderá ser seletivo, em função da essencialidade das mercadorias e dos serviços;

IV – resolução do Senado Federal, de iniciativa do Presidente da República ou de um terço dos Senadores, aprovada pela maioria absoluta de seus membros, estabelecerá as alíquotas aplicáveis às operações e prestações, interestaduais e de exportação;

V – é facultado ao Senado Federal:

a) estabelecer alíquotas mínimas nas operações internas, mediante resolução de iniciativa de um terço e aprovada pela maioria absoluta de seus membros;

b) fixar alíquotas máximas nas mesmas operações para resolver conflito específico que envolva interesse de Estados, mediante resolução de iniciativa da maioria absoluta e aprovada por dois terços de seus membros;

VI – salvo deliberação em contrário dos Estados e do Distrito Federal, nos termos do disposto no inciso XII, g, as alíquotas internas, nas operações relativas à circulação de mercadorias e nas prestações de serviços, não poderão ser inferiores às previstas para as operações interestaduais;

VII – nas operações e prestações que destinem bens e serviços a consumidor final, contribuinte ou não do imposto, localizado em outro Estado, adotar-se-á a alíquota interestadual e caberá ao Estado de localização do destinatário o imposto correspondente à diferença entre a alíquota interna do Estado destinatário e a alíquota interestadual;

a) (revogado).

b) (revogado).

Art. 99 – ADCT – EC 87/15 – Para efeito do disposto no inciso VII do § 2º do art. 155, no caso de operações e prestações que destinem bens e serviços a consumidor final não contribuinte localizado em outro Estado, o imposto correspondente à diferença entre a alíquota interna e a interestadual será partilhado entre os Estados de origem e de destino, na seguinte proporção:

I – para o ano de 2015: 20% (vinte por cento) para o Estado de destino e 80% (oitenta por cento) para o Estado de origem;

II – para o ano de 2016: 40% (quarenta por cento) para o Estado de destino e 60% (sessenta por cento) para o Estado de origem;

III – para o ano de 2017: 60% (sessenta por cento) para o Estado de destino e 40% (quarenta por cento) para o Estado de origem;

IV – para o ano de 2018: 80% (oitenta por cento) para o Estado de destino e 20% (vinte por cento) para o Estado de origem;

V – a partir do ano de 2019: 100% (cem por cento) para o Estado de destino.

VIII – a responsabilidade pelo recolhimento do imposto correspondente à diferença entre a alíquota interna e a interestadual de que trata o inciso VII será atribuída:

a) ao destinatário, quando este for contribuinte do imposto;

b) ao remetente, quando o destinatário não for contribuinte do imposto;

IX – incidirá também:

a) sobre a entrada de bem ou mercadoria importados do exterior por pessoa física ou jurídica, ainda que não seja contribuinte habitual do imposto, qualquer que seja a sua finalidade, assim como sobre o serviço prestado no exterior, cabendo o imposto ao Estado onde estiver situado o domicílio ou o estabelecimento do destinatário da mercadoria, bem ou serviço;

b) sobre o valor total da operação, quando mercadorias forem fornecidas com serviços não compreendidos na competência tributária dos Municípios;

X – não incidirá:

a) sobre operações que destinem mercadorias para o exterior, nem sobre serviços prestados a destinatários no exterior, assegurada a manutenção e o aproveitamento do montante do imposto cobrado nas operações e prestações anteriores;

b) sobre operações que destinem a outros Estados petróleo, inclusive lubrificantes, combustíveis líquidos e gasosos dele derivados, e energia elétrica;

c) sobre o ouro, nas hipóteses definidas no art. 153, § 5º;

d) nas prestações de serviço de comunicação nas modalidades de radiodifusão sonora e de sons e imagens de recepção livre e gratuita;

XI – não compreenderá, em sua base de cálculo, o montante do imposto sobre produtos industrializados, quando a operação, realizada entre contribuintes e relativa a produto destinado à industrialização ou à comercialização, configure fato gerador dos dois impostos;

XII – cabe à lei complementar:

a) definir seus contribuintes;

b) dispor sobre substituição tributária;

c) disciplinar o regime de compensação do imposto;

d) fixar, para efeito de sua cobrança e definição do estabelecimento responsável, o local das operações relativas à circulação de mercadorias e das prestações de serviços;

e) excluir da incidência do imposto, nas exportações para o exterior, serviços e outros produtos além dos mencionados no inciso X, a;

f) prever casos de manutenção de crédito, relativamente à remessa para outro Estado e exportação para o exterior, de serviços e de mercadorias;

g) regular a forma como, mediante deliberação dos Estados e do Distrito Federal, isenções, incentivos e benefícios fiscais serão concedidos e revogados.

h) definir os combustíveis e lubrificantes sobre os quais o imposto incidirá uma única vez, qualquer que seja a sua finalidade, hipótese em que não se aplicará o disposto no inciso X, b;

i) fixar a base de cálculo, de modo que o montante do imposto a integre, também na importação do exterior de bem, mercadoria ou serviço.

§ 3º À exceção dos impostos de que tratam o inciso II do caput deste artigo e o art. 153, I e II, nenhum outro imposto poderá incidir sobre operações relativas a energia elétrica, serviços de telecomunicações, derivados de petróleo, combustíveis e minerais do País.

§ 4º Na hipótese do inciso XII, h, observar-se-á o seguinte:

I – nas operações com os lubrificantes e combustíveis derivados de petróleo, o imposto caberá ao Estado onde ocorrer o consumo;

II – nas operações interestaduais, entre contribuintes, com gás natural e seus derivados, e lubrificantes e combustíveis não incluídos no inciso I deste parágrafo, o imposto será repartido entre os Estados de origem e de destino, mantendo-se a mesma proporcionalidade que ocorre nas operações com as demais mercadorias;

III – nas operações interestaduais com gás natural e seus derivados, e lubrificantes e combustíveis não incluídos no inciso I deste parágrafo, destinadas a não contribuinte, o imposto caberá ao Estado de origem;

IV – as alíquotas do imposto serão definidas mediante deliberação dos Estados e Distrito Federal, nos termos do § 2º, XII, g, observando-se o seguinte:

a) serão uniformes em todo o território nacional, podendo ser diferenciadas por produto;

b) poderão ser específicas, por unidade de medida adotada, ou ad valorem, incidindo sobre o valor da operação ou sobre o preço que o produto ou seu similar alcançaria em uma venda em condições de livre concorrência;

c) poderão ser reduzidas e restabelecidas, não se lhes aplicando o disposto no art. 150, III, b.

§ 5º As regras necessárias à aplicação do disposto no § 4º, inclusive as relativas à apuração e à destinação do imposto, serão estabelecidas mediante deliberação dos Estados e do Distrito Federal, nos termos do § 2º, XII, g.

§ 6º O imposto previsto no inciso III:

I – terá alíquotas mínimas fixadas pelo Senado Federal;

II – poderá ter alíquotas diferenciadas em função do tipo e utilização.

II.2. RESOLUÇÕES DO SENADO FEDERAL

II.2.1. Resolução SF 22/89

Art. 1° A alíquota do Imposto sobre Operações Relativas à Circulação de Mercadorias e sobre Prestação de Serviços de Transporte Interestadual e Intermunicipal e de Comunicação, nas operações e prestações interestaduais, será de doze por cento.

Parágrafo único. Nas operações e prestações realizadas nas Regiões Sul e Sudeste, destinadas às Regiões Norte, Nordeste e Centro-Oeste e ao Estado do Espírito Santo, as alíquotas serão:

I – em 1989, oito por cento;

II – a partir de 1990, sete por cento.

Senado Federal, 19 de maio de 1989.

SENADOR IRAM SARAIVA – 1° Vice-Presidente,
no exercício da Presidência.

II.2.2. Resolução SF 95/96

Art. 1º É estabelecida, quanto ao imposto de que trata o inciso II do caput do art. 155 da Constituição Federal, a alíquota de 4% (quatro por cento) na prestação de transporte aéreo interestadual de passageiro, carga e mala postal.

Art. 2º Esta Resolução entra em vigor na data de sua publicação.

Senado Federal, em 13 de dezembro de 1996
Senador JOSÉ SARNEY – Presidente do Senado Federal

II.2.3. Resolução SF 13/12

Art. 1º A alíquota do Imposto sobre Operações Relativas à Circulação de Mercadorias e sobre Prestação de Serviços de Transporte Interestadual e Intermunicipal e de Comunicação (ICMS), nas operações interestaduais com bens e mercadorias importados do exterior, será de 4% (quatro por cento).

§ 1º O disposto neste artigo aplica-se aos bens e mercadorias importados do exterior que, após seu desembaraço aduaneiro:

I – não tenham sido submetidos a processo de industrialização;

II – ainda que submetidos a qualquer processo de transformação, beneficiamento, montagem, acondicionamento, reacondicionamento, renovação ou recondicionamento, resultem em mercadorias ou bens com Conteúdo de Importação superior a 40% (quarenta por cento).

§ 2º O Conteúdo de Importação a que se refere o inciso II do § 1º é o percentual correspondente ao quociente entre o valor da parcela importada do exterior e o valor total da operação de saída interestadual da mercadoria ou bem.

§ 3º O Conselho Nacional de Política Fazendária (Confaz) poderá baixar normas para fins de definição dos critérios e procedimentos a serem observados no processo de Certificação de Conteúdo de Importação (CCI).

§ 4º O disposto nos §§ 1º e 2º não se aplica:

I – aos bens e mercadorias importados do exterior que não tenham similar nacional, a serem definidos em lista a ser editada pelo Conselho de Ministros da Câmara de Comércio Exterior (Camex) para os fins desta Resolução;

II – aos bens produzidos em conformidade com os processos produtivos básicos de que tratam o Decreto-Lei nº 288, de 28 de fevereiro de 1967, e as Leis nºs 8.248, de 23 de outubro de 1991, 8.387, de 30 de dezembro de 1991, 10.176, de 11 de janeiro de 2001, e 11.484, de 31 de maio de 2007.

Art. 2º O disposto nesta Resolução não se aplica às operações que destinem gás natural importado do exterior a outros Estados.

Art. 3º Esta Resolução entra em vigor em 1º de janeiro de 2013.

Senado Federal, em 25 de abril de 2012.

Senadora MARTA SUPLICY
Primeira Vice-Presidente do Senado Federal,
no exercício da Presidência

II.3. LEI COMPLEMENTAR Nº 87, DE 13 DE SETEMBRO DE 1996 (LEI KANDIR)

Art. 1º Compete aos Estados e ao Distrito Federal instituir o imposto sobre operações relativas à circulação de mercadorias e sobre prestações de serviços de transporte interestadual e intermunicipal e de comunicação, ainda que as operações e as prestações se iniciem no exterior.

Art. 2º O imposto incide sobre:

I – operações relativas à circulação de mercadorias, inclusive o fornecimento de alimentação e bebidas em bares, restaurantes e estabelecimentos similares;

II – prestações de serviços de transporte interestadual e intermunicipal, por qualquer via, de pessoas, bens, mercadorias ou valores;

III – prestações onerosas de serviços de comunicação, por qualquer meio, inclusive a geração, a emissão, a recepção, a transmissão, a retransmissão, a repetição e a ampliação de comunicação de qualquer natureza;

IV – fornecimento de mercadorias com prestação de serviços não compreendidos na competência tributária dos Municípios;

V – fornecimento de mercadorias com prestação de serviços sujeitos ao imposto sobre serviços, de competência dos Municípios, quando a lei complementar aplicável expressamente o sujeitar à incidência do imposto estadual.

§ 1º O imposto incide também:

I – sobre a entrada de mercadoria ou bem importados do exterior, por pessoa física ou jurídica, ainda que não seja contribuinte habitual do imposto, qualquer que seja a sua finalidade; *(Inciso com redação dada pela Lei Complementar nº 114, de 16/12/2002)*

II – sobre o serviço prestado no exterior ou cuja prestação se tenha iniciado no exterior;

III – sobre a entrada, no território do Estado destinatário, de petróleo, inclusive lubrificantes e combustíveis líquidos e gasosos dele derivados, e de energia elétrica, quando não destinados à comercialização ou à industrialização, decorrentes de operações interestaduais, cabendo o imposto ao Estado onde estiver localizados o adquirente.

§ 2º A caracterização do fato gerador independe da natureza jurídica da operação que o constitua.

Art. 3º O imposto não incide sobre:

I – operações com livros, jornais, periódicos e o papel destinado a sua impressão;

II – operações e prestações que destinem ao exterior mercadorias, inclusive produtos primários e produtos industrializados semi-elaborados, ou serviços;

III – operações interestaduais relativas a energia elétrica e petróleo, inclusive lubrificantes e combustíveis líquidos e gasosos dele derivados, quando destinados à industrialização ou à comercialização;

IV- operações com ouro, quando definido em lei como ativo financeiro ou instrumento cambial;

V – operações relativas a mercadorias que tenham sido ou que se destinem a ser utilizadas na prestação, pelo próprio autor da saída, de serviço de qualquer natureza definido em lei complementar como sujeito ao imposto sobre serviços, de competência dos Municípios, ressalvadas as hipóteses previstas na mesma lei complementar.

VI – operações de qualquer natureza de que decorra a transferência de propriedade de estabelecimento industrial, comercial ou de outra espécie;

VII – operações decorrentes de alienação fiduciária em garantia, inclusive a operação efetuada pelo credor em decorrência do inadimplemento do devedor;

VIII – operações de arrendamento mercantil, não compreendida a venda do bem arrendado ao arrendatário;

IX – operações de qualquer natureza de que decorra a transferência de bens móveis salvados de sinistro para companhias seguradoras.

Parágrafo único. Equipara-se às operações de que trata o inciso II a saída de mercadoria realizada com o fim específico de exportação para o exterior, destinada a:

I – empresa comercial exportadora, inclusive "tradings" ou outro estabelecimento da mesma empresa;

II – armazém alfandegado ou entreposto aduaneiro.

Art. 4º Contribuinte é qualquer pessoa, física ou jurídica, que realize, com habitualidade ou em volume que caracterize intuito comercial, operações de circulação de mercadoria ou prestações de serviços de transporte interestadual e intermunicipal e de comunicação, ainda que as operações e as prestações se iniciem no exterior.

§ 1º. É também contribuinte a pessoa física ou jurídica que, mesmo sem habitualidade ou intuito comercial: (Transformado do parágrafo único pela Lei Complementar nº 190, de 2022)

I – importe mercadorias ou bens do exterior, qualquer que seja a sua finalidade; *(Inciso com redação dada pela Lei Complementar nº 114, de 16/12/2002)*

II – seja destinatária de serviço prestado no exterior ou cuja prestação se tenha iniciado no exterior;

III – adquira em licitação mercadorias ou bens apreendidos ou abandonados; *(Inciso com redação dada pela Lei Complementar nº 114, de 16/12/2002)*

IV – adquira lubrificantes e combustíveis líquidos e gasosos derivados de petróleo e energia elétrica oriundos de outro Estado, quando não destinados à comercialização ou à industrialização. *(Inciso com redação dada pela Lei Complementar nº 102, de 11/7/2000, em vigor a partir de 1/8/2000)*

§ 2º É ainda contribuinte do imposto nas operações ou prestações que destinem mercadorias, bens e serviços a consumidor final domiciliado ou estabelecido em outro Estado, em relação à diferença entre a alíquota interna do Estado de destino e a alíquota interestadual: (Incluído pela Lei Complementar nº 190, de 2022)

I – o destinatário da mercadoria, bem ou serviço, na hipótese de contribuinte do imposto; (Incluído pela Lei Complementar nº 190, de 2022)

II – o remetente da mercadoria ou bem ou o prestador de serviço, na hipótese de o destinatário não ser contribuinte do imposto. (Incluído pela Lei Complementar nº 190, de 2022)

Art. 5º Lei poderá atribuir a terceiros a responsabilidade pelo pagamento do imposto e acréscimos devidos pelo contribuinte ou responsável, quando os atos ou omissões daqueles concorrerem para o não recolhimento do tributo.

Art. 6º Lei estadual poderá atribuir a contribuinte do imposto ou a depositário a qualquer título a responsabilidade pelo seu pagamento, hipótese em que assumirá a condição de substituto tributário. *("Caput" do artigo com redação dada pela Lei Complementar nº 114, de 16/12/2002)*

§ 1º A responsabilidade poderá ser atribuída em relação ao imposto incidente sobre uma ou mais operações ou prestações, sejam antecedentes, concomitantes ou subseqüentes, inclusive ao valor decorrente da diferença entre alíquotas interna e interestadual nas operações e prestações que destinem bens e serviços a consumidor final localizado em outro Estado, que seja contribuinte do imposto.

§ 2º A atribuição de responsabilidade dar-se-á em relação a mercadorias, bens ou serviços previstos em lei de cada Estado. *(Parágrafo com redação dada pela Lei Complementar nº 114, de 16/12/2002)*

Art. 7º Para efeito de exigência do imposto por substituição tributária, inclui-se, também como fato gerador do imposto, a entrada de mercadoria ou bem no estabelecimento do adquirente ou em outro por ele indicado.

Art. 8º A base de cálculo, para fins de substituição tributária, será:

I – em relação às operações ou prestações antecedentes ou concomitantes, o valor da operação ou prestação praticado pelo contribuinte substituído;

II – em relação às operações ou prestações subseqüentes, obtida pelo somatório das parcelas seguintes:

a) o valor da operação ou prestação própria realizada pelo substituto tributário ou pelo substituído intermediário;

b) o montante dos valores de seguro, de frete e de outros encargos cobrados ou transferíveis aos adquirentes ou tomadores de serviço;

c) a margem de valor agregado, inclusive lucro, relativa às operações ou prestações subseqüentes.

§ 1º Na hipótese de responsabilidade tributária em relação às operações ou prestações antecedentes, o imposto devido pelas referidas operações ou prestações será pago pelo responsável, quando:

I – da entrada ou recebimento da mercadoria, do bem ou do serviço; *(Inciso com redação dada pela Lei Complementar nº 114, de 16/12/2002)*

II – da saída subseqüente por ele promovida, ainda que isenta ou não tributada;

III – ocorrer qualquer saída ou evento que impossibilite a ocorrência do fato determinante do pagamento do imposto.

§ 2º Tratando-se de mercadoria ou serviço cujo preço final a consumidor, único ou máximo, seja fixado por órgão público competente, a base de cálculo do imposto, para fins de substituição tributária, é o referido preço por ele estabelecido.

§ 3º Existindo preço final a consumidor sugerido pelo fabricante ou importador, poderá a lei estabelecer como base de cálculo este preço.

§ 4º A margem a que se refere a alínea c do inciso II do *caput* será estabelecida com base em preços usualmente praticados no mercado considerado, obtidos por levantamento, ainda que por amostragem ou através de informações e outros elementos fornecidos por entidades representativas dos respectivos setores, adotando-se a média ponderada dos preços coletados, devendo os critérios para sua fixação ser previstos em lei.

§ 5º O imposto a ser pago por substituição tributária, na hipótese do inciso II do *caput*, corresponderá à diferença entre o valor resultante da aplicação da alíquota prevista para as operações ou prestações internas do Estado de destino sobre a respectiva base de cálculo e o valor do imposto devido pela operação ou prestação própria do substituto.

§ 6º Em substituição ao disposto no inciso II do *caput*, a base de cálculo em relação às operações ou prestações subseqüentes poderá ser o preço a consumidor final usualmente praticado no mercado considerado, relativamente ao serviço, à mercadoria ou sua similar, em condições de livre concorrência, adotando-se para sua apuração as regras estabelecidas no § 4º deste artigo. *(Parágrafo acrescido pela Lei Complementar nº 114, de 16/12/2002)*

Art. 9º A adoção do regime de substituição tributária em operações interestaduais dependerá de acordo específico celebrado pelos Estados interessados.

§ 1º A responsabilidade a que se refere o art. 6º poderá ser atribuída:

I – ao contribuinte que realizar operação interestadual com petróleo, inclusive lubrificantes, combustíveis líquidos e gasosos dele derivados, em relação às operações subseqüentes;

II – às empresas geradoras ou distribuidoras de energia elétrica, nas operações internas e interestaduais, na condição de contribuinte ou de substituto tributário, pelo pagamento do imposto, desde a produção ou importação até a última operação, sendo seu cálculo efetuado sobre o preço praticado na operação final, assegurado seu recolhimento ao Estado onde deva ocorrer essa operação.

§ 2º Nas operações interestaduais com as mercadorias de que tratam os incisos I e II do parágrafo anterior, que tenham como destinatário consumidor final, o imposto incidente na operação será devido ao Estado onde estiver localizado o adquirente e será pago pelo remetente.

Art. 10. É assegurado ao contribuinte substituído o direito à restituição do valor do imposto pago por força da substituição tributária, correspondente ao fato gerador presumido que não se realizar.

§ 1º Formulado o pedido de restituição e não havendo deliberação no prazo de noventa dias, o contribuinte substituído poderá se creditar, em sua escrita fiscal, do valor objeto do pedido, devidamente atualizado segundo os mesmos critérios aplicáveis ao tributo.

§ 2º Na hipótese do parágrafo anterior, sobrevindo decisão contrária irrecorrível, o contribuinte substituído, no prazo de quinze dias da respectiva notificação, procederá ao estorno dos créditos lançados, também devidamente atualizados, com o pagamento dos acréscimos legais cabíveis.

Art. 11. O local de operação ou da prestação, para os efeitos da cobrança do imposto e definição do estabelecimento responsável, é:

I – tratando-se de mercadoria ou bem:

a) o do estabelecimento onde se encontre, no momento da ocorrência do fato gerador;

b) onde se encontre, quando em situação irregular pela falta de documentação fiscal ou quando acompanhado de documentação inidônea, como dispuser a legislação tributária;

c) o do estabelecimento que transfira a propriedade, ou o título que a represente, de mercadoria por ele adquirida no País e que por ele não tenha transitado;

d) importado do exterior, o do estabelecimento onde ocorrer a entrada física;

e) importado do exterior, o do domicílio do adquirente, quando não estabelecido;

f) aquele onde seja realizada a licitação, no caso de arrematação de mercadoria ou bem importados do exterior e apreendidos ou abandonados; *(Alínea com redação dada pela Lei Complementar nº 114, de 16/12/2002)*

g) o do Estado onde estiver localizado o adquirente, inclusive consumidor final, nas operações interestaduais com energia elétrica e petróleo, lubrificantes e combustíveis dele derivados, quando não destinados à industrialização ou à comercialização;

h) o do Estado de onde o ouro tenha sido extraído, quando não considerado como ativo financeiro ou instrumento cambial;

i) o de desembarque do produto, na hipótese de captura de peixes, crustáceos e moluscos;

II – tratando-se de prestação de serviço de transporte:

a) onde tenha início a prestação;

b) onde se encontre o transportador, quando em situação irregular pela falta de documentação fiscal ou quando acompanhada de documentação inidônea, como dispuser a legislação tributária;

c) o do estabelecimento destinatário do serviço, na hipótese do inciso XIII do art. 12 e para os efeitos do § 3º do art. 13;

III – tratando-se de prestação onerosa de serviço de comunicação:

a) o da prestação do serviço de radiodifusão sonora e de som e imagem, assim entendido o da geração, emissão, transmissão e retransmissão, repetição, ampliação e recepção;

b) o do estabelecimento da concessionária ou da permissionária que forneça ficha, cartão, ou assemelhados com que o serviço é pago;

c) o do estabelecimento destinatário do serviço, na hipótese e para os efeitos do inciso XIII do art. 12;

c-1) o do estabelecimento ou domicílio do tomador do serviço, quando prestado por meio de satélite; *(Alínea acrescida pela Lei Complementar nº 102, de 11/7/2000, em vigor a partir de 1/8/2000)*

d) onde seja cobrado o serviço, nos demais casos;

IV – tratando-se de serviços prestados ou iniciados no exterior, o do estabelecimento ou do domicílio do destinatário.

V – tratando-se de operações ou prestações interestaduais destinadas a consumidor final, em relação à diferença entre a alíquota interna do Estado de destino e a alíquota interestadual: (Incluído pela Lei Complementar nº 190, de 2022)

a) o do estabelecimento do destinatário, quando o destinatário ou o tomador for contribuinte do imposto; (Incluída pela Lei Complementar nº 190, de 2022)

b) o do estabelecimento do remetente ou onde tiver início a prestação, quando o destinatário ou tomador não for contribuinte do imposto. (Incluída pela Lei Complementar nº 190, de 2022)

§ 1º O disposto na alínea c do inciso I não se aplica às mercadorias recebidas em regime de depósito de contribuinte de Estado que não o do depositário.

§ 2º Para os efeitos da alínea h do inciso I, o ouro, quando definido como ativo financeiro ou instrumento cambial, deve ter sua origem identificada.

§ 3º Para efeito desta Lei Complementar, estabelecimento é o local, privado ou público, edificado ou não, próprio ou de terceiro, onde pessoas físicas ou jurídicas exerçam suas atividades em caráter temporário ou permanente, bem como onde se encontrem armazenadas mercadorias, observado, ainda o seguinte:

I – na impossibilidade de determinação do estabelecimento, considera-se como tal o local em que tenha sido efetuada a operação ou prestação, encontrada a mercadoria ou constatada a prestação;

II – é autônomo cada estabelecimento do mesmo titular;

III – considera-se também estabelecimento autônomo o veículo usado no comércio ambulante e na captura de pescado;

IV – respondem pelo crédito tributário todos os estabelecimentos do mesmo titular.

§ 4º (VETADO)

§ 5º Quando a mercadoria for remetida para armazém geral ou para depósito fechado do próprio contribuinte, no mesmo Estado, a posterior saída considerar-se-á ocorrida no estabelecimento do depositante, salvo se para retornar ao estabelecimento remetente.

§ 6º Na hipótese do inciso III do *caput* deste artigo, tratando-se de serviços não medidos, que envolvam localidades situadas em diferentes unidades da Federação e cujo preço seja cobrado por períodos definidos, o imposto devido será recolhido em partes iguais para as unidades da Federação onde estiverem localizados o prestador e o tomador. *(Parágrafo acrescido pela Lei Complementar nº 102, de 11/7/2000, em vigor a partir de 1/8/2000)*

§ 7º Na hipótese da alínea "b" do inciso V do caput deste artigo, quando o destino final da mercadoria, bem ou serviço ocorrer em Estado diferente daquele em que estiver domiciliado ou estabelecido o adquirente ou o tomador, o imposto correspondente à diferença entre a alíquota interna e a interestadual será devido ao Estado no qual efetivamente ocorrer a entrada física da mercadoria ou bem ou o fim da prestação do serviço. (Incluído pela Lei Complementar nº 190, de 2022)

§ 8º Na hipótese de serviço de transporte interestadual de passageiros cujo tomador não seja contribuinte do imposto: (Incluído pela Lei Complementar nº 190, de 2022)

I – o passageiro será considerado o consumidor final do serviço, e o fato gerador considerar-se-á ocorrido no Estado referido nas alíneas "a" ou "b" do inciso II do caput deste artigo, conforme o caso, não se aplicando o disposto no inciso V do caput e no § 7º deste artigo; e (Incluído pela Lei Complementar nº 190, de 2022)

II – o destinatário do serviço considerar-se-á localizado no Estado da ocorrência do fato gerador, e a prestação ficará sujeita à tributação pela sua alíquota interna. (Incluído pela Lei Complementar nº 190, de 2022)

Art. 12. Considera-se ocorrido o fato gerador do imposto no momento:

I – da saída de mercadoria de estabelecimento de contribuinte; (Redação dada pela Lei Complementar nº 204, de 2023)

II – do fornecimento de alimentação, bebidas e outras mercadorias por qualquer estabelecimento;

III – da transmissão a terceiro de mercadoria depositada em armazém geral ou em depósito fechado, no Estado do transmitente;

IV – da transmissão de propriedade de mercadoria, ou de título que a represente, quando a mercadoria não tiver transitado pelo estabelecimento transmitente;

V – do início da prestação de serviços de transporte interestadual e intermunicipal, de qualquer natureza;

VI – do ato final do transporte iniciado no exterior;

VII – das prestações onerosas de serviços de comunicação, feita por qualquer meio, inclusive a geração, a emissão, a recepção, a transmissão, a retransmissão, a repetição e a ampliação de comunicação de qualquer natureza;

VIII – do fornecimento de mercadoria com prestação de serviços:

a) não compreendidos na competência tributária dos Municípios;

b) compreendidos na competência tributária dos Municípios e com indicação expressa de incidência do imposto de competência estadual, como definido na lei complementar aplicável;

IX – do desembaraço aduaneiro de mercadorias ou bens importados do exterior; *(Inciso com redação dada pela Lei Complementar nº 114, de 16/12/2002)*

X – do recebimento, pelo destinatário, de serviço prestado no exterior;

XI – da aquisição em licitação pública de mercadorias ou bens importados do exterior e apreendidos ou abandonados; *(Inciso com redação dada pela Lei Complementar nº 114, de 16/12/2002)*

XII – da entrada no território do Estado de lubrificantes e combustíveis líquidos e gasosos derivados de petróleo e energia elétrica oriundos de outro Estado, quando não destinados à comercialização ou à industrialização; *(Inciso com redação dada pela Lei Complementar nº 102, de 11/7/2000, em vigor a partir de 1/8/2000)*

XIII – da utilização, por contribuinte, de serviço cuja prestação se tenha iniciado em outro Estado e não esteja vinculada a operação ou prestação subseqüente.

XIV – do início da prestação de serviço de transporte interestadual, nas prestações não vinculadas a operação ou prestação subsequente, cujo tomador não seja contribuinte do imposto domiciliado ou estabelecido no Estado de destino; (Incluído pela Lei Complementar nº 190, de 2022)

XV - da entrada no território do Estado de bem ou mercadoria oriundos de outro Estado adquiridos por contribuinte do imposto e destinados ao seu uso ou consumo ou à integração ao seu ativo imobilizado; (Incluído pela Lei Complementar nº 190, de 2022)

XVI - da saída, de estabelecimento de contribuinte, de bem ou mercadoria destinados a consumidor final não contribuinte do imposto domiciliado ou estabelecido em outro Estado. (Incluído pela Lei Complementar nº 190, de 2022)

§ 1º Na hipótese do inciso VII, quando o serviço for prestado mediante pagamento em ficha, cartão ou assemelhados, considera-se ocorrido o fato gerador do imposto quando do fornecimento desses instrumentos ao usuário.

§ 2º Na hipótese do inciso IX, após o desembaraço aduaneiro, a entrega, pelo depositário, de mercadoria ou bem importados do exterior deverá ser autorizada pelo órgão responsável pelo seu desembaraço, que somente se fará mediante a exibição do comprovante de pagamento do imposto incidente no ato do despacho aduaneiro, salvo disposição em contrário.

§ 3º Na hipótese de entrega de mercadoria ou bem importados do exterior antes do desembaraço aduaneiro, considera-se ocorrido o fato gerador neste momento, devendo a autoridade responsável, salvo disposição em contrário, exigir a comprovação do pagamento do imposto. *(Parágrafo acrescido pela Lei Complementar nº 114, de 16/12/2002)*

§ 4º Não se considera ocorrido o fato gerador do imposto na saída de mercadoria de estabelecimento para outro de mesma titularidade, mantendo-se o crédito relativo às operações e prestações anteriores em favor do contribuinte, inclusive nas hipóteses de transferências interestaduais em que os créditos serão assegurados: (Incluído pela Lei Complementar nº 204, de 2023)

I – pela unidade federada de destino, por meio de transferência de crédito, limitados aos percentuais estabelecidos nos termos do inciso IV do § 2º do art. 155 da Constituição Federal, aplicados sobre o valor atribuído à operação de transferência realizada; (Incluído pela Lei Complementar nº 204, de 2023)

II – pela unidade federada de origem, em caso de diferença positiva entre os créditos pertinentes às operações e prestações anteriores e o transferido na forma do inciso I deste parágrafo. (Incluído pela Lei Complementar nº 204, de 2023)

§ 5º Alternativamente ao disposto no § 4º deste artigo, por opção do contribuinte, a transferência de mercadoria para estabelecimento pertencente ao mesmo titular poderá ser equiparada a operação sujeita à ocorrência do fato gerador de imposto, hipótese em que serão observadas: (Incluído pela Lei Complementar nº 204, de 2023)

I – nas operações internas, as alíquotas estabelecidas na legislação; (Incluído pela Lei Complementar nº 204, de 2023)

II – nas operações interestaduais, as alíquotas fixadas nos termos do inciso IV do § 2º do art. 155 da Constituição Federal. (Incluído pela Lei Complementar nº 204, de 2023)

Art. 13. A base de cálculo do imposto é:

I – na saída de mercadoria prevista nos incisos I, III e IV do art. 12, o valor da operação;

II – na hipótese do inciso II do art. 12, o valor da operação, compreendendo mercadoria e serviço;

III – na prestação de serviço de transporte interestadual e intermunicipal e de comunicação, o preço do serviço;

IV – no fornecimento de que trata o inciso VIII do art. 12;

a) o valor da operação, na hipótese da alínea a;

b) o preço corrente da mercadoria fornecida ou empregada, na hipótese da alínea b;

V – na hipótese do inciso IX do art. 12, a soma das seguintes parcelas;

a) o valor da mercadoria ou bem constante dos documentos de importação, observado o disposto no art. 14;

b) imposto de importação;

c) imposto sobre produtos industrializados;

d) imposto sobre operações de câmbio;

e) quaisquer outros impostos, taxas, contribuições e despesas aduaneiras; *(Alínea com redação dada pela Lei Complementar nº 114, de 16/12/2002)*

VI – na hipótese do inciso X do art. 12, o valor da prestação do serviço, acrescido, se for o caso, de todos os encargos relacionados com a sua utilização;

VII – no caso do inciso XI do art. 12, o valor da operação acrescido do valor dos impostos de importação e sobre produtos industrializados e de todas as despesas cobradas ou debitadas ao adquirente;

VIII – na hipótese do inciso XII do art. 12, o valor da operação de que decorrer a entrada;

IX – nas hipóteses dos incisos XIII e XV do caput do art. 12 desta Lei Complementar: (Redação dada pela Lei Complementar nº 190, de 2022)

a) o valor da operação ou prestação no Estado de origem, para o cálculo do imposto devido a esse Estado; (Incluída pela Lei Complementar nº 190, de 2022)

b) o valor da operação ou prestação no Estado de destino, para o cálculo do imposto devido a esse Estado; (Incluída pela Lei Complementar nº 190, de 2022)

X – nas hipóteses dos incisos XIV e XVI do caput do art. 12 desta Lei Complementar, o valor da operação ou o preço do serviço, para o cálculo do imposto devido ao Estado de origem e ao de destino. (Incluído pela Lei Complementar nº 190, de 2022)

§ 1º Integra a base de cálculo do imposto, inclusive nas hipóteses dos incisos V, IX e X do caput deste artigo: (Redação dada pela Lei Complementar nº 190, de 2022)

I – o montante do próprio imposto, constituindo o respectivo destaque mera indicação para fins de controle;

II – o valor correspondente a:

a) seguros, juros e demais importâncias pagas, recebidas ou debitadas, bem como descontos concedidos sob condição;

b) frete, caso o transporte seja efetuado pelo próprio remetente ou por sua conta e ordem e seja cobrado em separado.

§ 2º Não integra a base de cálculo do imposto o montante do Imposto sobre Produtos Industrializados, quando a operação, realizada entre contribuintes e relativa a produto destinado à industrialização ou à comercialização, configurar fato gerador de ambos os impostos.

§ 3º No caso da alínea "b" do inciso IX e do inciso X do caput deste artigo, o imposto a pagar ao Estado de destino será o valor correspondente à diferença entre a alíquota interna do Estado de destino e a interestadual. (Redação dada pela Lei Complementar nº 190, de 2022)

§ 4º Na saída de mercadoria para estabelecimento localizado em outro Estado, pertencente ao mesmo titular, a base de cálculo do imposto é:

I – o valor correspondente à entrada mais recente da mercadoria;

II – o custo da mercadoria produzida, assim entendida a soma do custo da matéria-prima, material secundário, mão-de-obra e acondicionamento;

III – tratando-se de mercadorias não industrializadas, o seu preço corrente no mercado atacadista do estabelecimento remetente.

§ 5º Nas operações e prestações interestaduais entre estabelecimentos de contribuintes diferentes, caso haja reajuste do valor depois da remessa ou da prestação, a diferença fica sujeita ao imposto no estabelecimento do remetente ou do prestador.

§ 6º Utilizar-se-á, para os efeitos do inciso IX do caput deste artigo: (Incluído pela Lei Complementar nº 190, de 2022)

I – a alíquota prevista para a operação ou prestação interestadual, para estabelecer a base de cálculo da operação ou prestação no Estado de origem; (Incluído pela Lei Complementar nº 190, de 2022)

II – a alíquota prevista para a operação ou prestação interna, para estabelecer a base de cálculo da operação ou prestação no Estado de destino. (Incluído pela Lei Complementar nº 190, de 2022)

§ 7º Utilizar-se-á, para os efeitos do inciso X do caput deste artigo, a alíquota prevista para a operação ou prestação interna no Estado de destino para estabelecer a base de cálculo da operação ou prestação. (Incluído pela Lei Complementar nº 190, de 2022)

Art. 14. O preço de importação expresso em moeda estrangeira será convertido em moeda nacional pela mesma taxa de câmbio utilizada no cálculo do imposto de importação, sem qualquer acréscimo ou devolução posterior se houver variação da taxa de câmbio até o pagamento efetivo do preço.

Parágrafo único. O valor fixado pela autoridade aduaneira para base de cálculo do imposto de importação, nos termos da lei aplicável, substituirá o preço declarado.

Art. 15. Na falta do valor a que se referem os incisos I e VIII do art. 13, a base de cálculo do imposto é:

I – o preço corrente da mercadoria, ou de seu similar, no mercado atacadista do local da operação ou, na sua falta, no mercado atacadista regional, caso o remetente seja produtor, extrator ou gerador inclusive de energia;

II – o preço FOB estabelecimento industrial à vista, caso o remetente seja industrial;

III – o preço FOB estabelecimento comercial à vista, na venda a outros comerciantes ou industriais, caso o remetente seja comerciante.

§ 1º Para aplicação dos incisos II e III do *caput*, adotar-se-á sucessivamente:

I – o preço efetivamente cobrado pelo estabelecimento remetente na operação mais recente;

II – caso o remetente não tenha efetuado venda de mercadoria, o preço corrente da mercadoria ou de seu similar no mercado atacadista do local da operação ou, na falta deste, no mercado atacadista regional.

§ 2º Na hipótese do inciso III do *caput*, se o estabelecimento remetente não efetue vendas a outros comerciantes ou industriais ou, em qualquer caso, se não houver mercadoria similar, a base de cálculo será equivalente a setenta e cinco por cento do preço de venda corrente no varejo.

Art. 16. Nas prestações sem preço determinado, a base de cálculo do imposto é o valor corrente do serviço, no local da prestação.

Art. 17. Quando o valor do frete, cobrado por estabelecimento pertencente ao mesmo titular da mercadoria ou por outro estabelecimento de empresa que com aquele mantenha relação de interdependência, exceder os níveis normais de preços em vigor, no mercado local, para serviço semelhante, constantes de tabelas elaboradas pelos órgãos competentes, o valor excedente será havido como parte do preço da mercadoria.

Parágrafo único. Considerar-se-ão interdependentes duas empresas quando:

I – uma delas, por si, seus sócios ou acionistas, e respectivos cônjuges ou filhos menores, for titular de mais de cinqüenta por cento do capital da outra;

II – uma mesma pessoa fizer parte de ambas, na qualidade de diretor, ou sócio com funções de gerência, ainda que exercidas sob outra denominação;

III – uma delas locar ou transferir a outra, a qualquer título, veículo destinado ao transporte de mercadorias.

Art. 18. Quando o cálculo do tributo tenha por base, ou tome em consideração, o valor ou o preço de mercadorias, bens, serviços ou direitos, a autoridade lançadora, mediante processo regular, arbitrará aquele valor ou preço, sempre que sejam omissos ou não mereçam fé as declarações ou os esclarecimentos prestados, ou os documentos expedidos pelo sujeito passivo ou pelo terceiro legalmente obrigado, ressalvada, em caso de contestação, avaliação contraditória, administrativa ou judicial.

Art. 19. O imposto é não-cumulativo, compensando-se o que for devido em cada operação relativa à circulação de mercadorias ou prestação de serviços de transporte interestadual e intermunicipal e de comunicação com o montante cobrado nas anteriores pelo mesmo ou por outro Estado.

Art. 20. Para a compensação a que se refere o artigo anterior, é assegurado ao sujeito passivo o direito de creditar-se do imposto anteriormente cobrado em operações de que tenha resultado a entrada de mercadoria, real ou simbólica, no estabelecimento, inclusive a destinada ao seu uso ou consumo ou ao ativo permanente, ou o recebimento de serviços de transporte interestadual e intermunicipal ou de comunicação.

§ 1º Não dão direito a crédito as entradas de mercadorias ou utilização de serviços resultantes de operações ou prestações isentas ou não tributadas, ou que se refiram a mercadorias ou serviços alheios à atividade do estabelecimento.

§ 2º Salvo prova em contrário, presumem-se alheios à atividade do estabelecimento os veículos de transporte pessoal.

§ 3º É vedado o crédito relativo a mercadoria entrada no estabelecimento ou a prestação de serviços a ele feita:

I – para integração ou consumo em processo de industrialização ou produção rural, quando a saída do produto resultante não for tributada ou estiver isenta do imposto, exceto se tratar-se de saída para o exterior;

II – para comercialização ou prestação de serviço, quando a saída ou a prestação subseqüente não forem tributadas ou estiverem isentas do imposto, exceto as destinadas ao exterior.

§ 4º Deliberação dos Estados, na forma do art. 28, poderá dispor que não se aplique, no todo ou em parte, a vedação prevista no parágrafo anterior.

§ 5º Para efeito do disposto no *caput* deste artigo, relativamente aos créditos decorrentes de entrada de mercadorias no estabelecimento destinadas ao ativo permanente, deverá ser observado: *("Caput" do parágrafo com redação dada pela Lei Complementar nº 102, de 11/7/2000, em vigor a partir de 1/8/2000)*

I – a apropriação será feita à razão de um quarenta e oito avos por mês, devendo a primeira fração ser apropriada no mês em que ocorrer a entrada no estabelecimento; *(Inciso acrescido pela Lei Complementar nº 102, de 11/7/2000, em vigor a partir de 1/8/2000)*

II – em cada período de apuração do imposto, não será admitido o creditamento de que trata o inciso I, em relação à proporção das operações de saídas ou prestações isentas ou não tributadas sobre o total das operações de saídas ou prestações efetuadas no mesmo período; *(Inciso acrescido pela Lei Complementar nº 102, de 11/7/2000, em vigor a partir de 1/8/2000)*

III – para aplicação do disposto nos incisos I e II deste parágrafo, o montante do crédito a ser apropriado será obtido multiplicando-se o valor total do respectivo crédito pelo fator igual a 1/48 (um quarenta e oito avos) da relação entre o valor das operações de saídas e prestações tributadas e o total das operações de saídas e prestações do período, equiparando-se às tributadas, para fins deste inciso, as saídas e prestações com destino ao exterior ou as saídas de papel destinado à impressão de livros, jornais e periódicos; *(Inciso acrescido pela Lei Complementar nº 102, de 11/7/2000, em vigor a partir de 1/8/2000 e com redação dada pela Lei Complementar nº 120, de 29/12/2005)*

IV – o quociente de um quarenta e oito avos será proporcionalmente aumentado ou diminuído, *pro rata die*, caso o período de apuração seja superior ou inferior a um mês; *(Inciso acrescido pela Lei Complementar nº 102, de 11/7/2000, em vigor a partir de 1/8/2000)*

V – na hipótese de alienação dos bens do ativo permanente, antes de decorrido o prazo de quatro anos contado da data de sua aquisição, não será admitido, a partir da data da alienação, o creditamento de que trata este parágrafo em relação à fração que corresponderia ao restante do quadriênio; *(Inciso acrescido pela Lei Complementar nº 102, de 11/7/2000, em vigor a partir de 1/8/2000)*

VI – serão objeto de outro lançamento, além do lançamento em conjunto com os demais créditos, para efeito da compensação prevista neste artigo e no art. 19, em livro próprio ou de outra forma que a legislação determinar, para aplicação do disposto nos incisos I a V deste parágrafo; e *(Inciso acrescido pela Lei Complementar nº 102, de 11/7/2000, em vigor a partir de 1/8/2000)*

VII – ao final do quadragésimo oitavo mês contado da data da entrada do bem no estabelecimento, o saldo remanescente do crédito será cancelado. *(Inciso acrescido pela Lei Complementar nº 102, de 11/7/2000, em vigor a partir de 1/8/2000)*

§ 6º Operações tributadas, posteriores a saídas de que trata o § 3º, dão ao estabelecimento que as praticar direito a creditar-se do imposto cobrado nas operações anteriores às isentas ou não tributadas sempre que a saída isenta ou não tributada seja relativa a:

I – produtos agropecuários;

II – quando autorizado em lei estadual, outras mercadorias.

Art. 20-A. Nas hipóteses dos incisos XIV e XVI do caput do art. 12 desta Lei Complementar, o crédito relativo às operações e prestações anteriores deve ser deduzido apenas do débito correspondente ao imposto devido à unidade federada de origem. (Incluído pela Lei Complementar nº 190, de 2022)

Art. 21. O sujeito passivo deverá efetuar o estorno do imposto de que se tiver creditado sempre que o serviço tomado ou a mercadoria entrada no estabelecimento:

I – for objeto de saída ou prestação de serviço não tributada ou isenta, sendo esta circunstância imprevisível na data da entrada da mercadoria ou da utilização do serviço;

II – for integrada ou consumida em processo de industrialização, quando a saída do produto resultante não for tributada ou estiver isenta do imposto;

III – vier a ser utilizada em fim alheio à atividade do estabelecimento;

IV – vier a perecer, deteriorar-se ou extraviar-se.

§ 1º *(Revogado pela Lei Complementar nº 102, de 11/7/2000, em vigor a partir de 1/8/2000)*

§ 2º Não se estornam créditos referentes a mercadorias e serviços que venham a ser objeto de operações ou prestações destinadas ao exterior ou de operações com o papel destinado à impressão de livros, jornais e periódicos. *(Parágrafo com redação dada pela Lei Complementar nº 120, de 29/12/2005)*

§ 3º O não creditamento ou o estorno a que se referem o § 3º do art. 20 e o *caput* deste artigo, não impedem a utilização dos mesmos créditos em operações posteriores, sujeitas ao imposto, com a mesma mercadoria.

§§ 4º a 8º *(Revogados pela Lei Complementar nº 102, de 11/7/2000, em vigor a partir de 1/8/2000)*

Art. 22. (VETADO)

Art. 23. O direito de crédito, para efeito de compensação com débito do imposto, reconhecido ao estabelecimento que tenha recebido as mercadorias ou para o qual tenham sido prestados os serviços, está condicionado à idoneidade da documentação e, se for o caso, à escrituração nos prazos e condições estabelecidos na legislação.

Parágrafo único. O direito de utilizar o crédito extingue-se depois de decorridos cinco anos contados da data de emissão do documento.

Art. 24. A legislação tributária estadual disporá sobre o período de apuração do imposto. As obrigações consideram-se vencidas na data em que termina o período de apuração e são liquidadas por compensação ou mediante pagamento em dinheiro como disposto neste artigo:

I – as obrigações consideram-se liquidadas por compensação até o montante dos créditos escriturados no mesmo período mais o saldo credor de período ou períodos anteriores, se for o caso;

II – se o montante dos débitos do período superar o dos créditos, a diferença será liquidada dentro do prazo fixado pelo Estado;

III – se o montante dos créditos superar os dos débitos, a diferença será transportada para o período seguinte.

Art. 24-A. Os Estados e o Distrito Federal divulgarão, em portal próprio, as informações necessárias ao cumprimento das obrigações tributárias, principais e acessórias, nas operações e prestações interestaduais, conforme o tipo. (Incluído pela Lei Complementar nº 190, de 2022) (Produção de efeitos)

§ 1º O portal de que trata o caput deste artigo deverá conter, inclusive: (Incluído pela Lei Complementar nº 190, de 2022) (Produção de efeitos)

I – a legislação aplicável à operação ou prestação específica, incluídas soluções de consulta e decisões em processo administrativo fiscal de caráter vinculante; (Incluído pela Lei Complementar nº 190, de 2022) (Produção de efeitos)

II – as alíquotas interestadual e interna aplicáveis à operação ou prestação; (Incluído pela Lei Complementar nº 190, de 2022) (Produção de efeitos)

III – as informações sobre benefícios fiscais ou financeiros e regimes especiais que possam alterar o valor a ser recolhido do imposto; e (Incluído pela Lei Complementar nº 190, de 2022) (Produção de efeitos)

IV – as obrigações acessórias a serem cumpridas em razão da operação ou prestação realizada. (Incluído pela Lei Complementar nº 190, de 2022) (Produção de efeitos)

§ 2º O portal referido no caput deste artigo conterá ferramenta que permita a apuração centralizada do imposto pelo contribuinte definido no inciso II do § 2º do art. 4º desta Lei Complementar, e a emissão das guias de recolhimento, para cada ente da Federação, da diferença entre a alíquota interna do Estado de destino e a alíquota interestadual da operação. (Incluído pela Lei Complementar nº 190, de 2022) (Produção de efeitos)

§ 3º Para o cumprimento da obrigação principal e da acessória disposta no § 2º deste artigo, os Estados e o Distrito Federal definirão em conjunto os critérios técnicos necessários para a integração e a unificação dos portais das respectivas secretarias de fazenda dos Estados e do Distrito Federal. (Incluído pela Lei Complementar nº 190, de 2022) (Produção de efeitos)

§ 4º Para a adaptação tecnológica do contribuinte, o inciso II do § 2º do art. 4º, a alínea "b" do inciso V do caput do art. 11 e o inciso XVI do caput do art. 12 desta Lei Complementar somente produzirão efeito no primeiro dia útil do terceiro mês subsequente ao da disponibilização do portal de que trata o caput deste artigo. (Incluído pela Lei Complementar nº 190, de 2022) (Produção de efeitos)

§ 5º A apuração e o recolhimento do imposto devido nas operações e prestações interestaduais de que trata a alínea "b" do inciso V do caput do art. 11 desta Lei Complementar observarão o definido em convênio celebrado nos termos da Lei Complementar nº 24, de 7 de janeiro de 1975, e, naquilo que não lhe for contrário, nas respectivas legislações tributárias estaduais. (Incluído pela Lei Complementar nº 190, de 2022)

Art. 25. Para efeito de aplicação do disposto no art. 24, os débitos e créditos devem ser apurados em cada estabelecimento, compensando-se os saldos credores e devedores entre os estabelecimentos do mesmo sujeito passivo localizados no Estado. *("Caput" do artigo com redação dada pela Lei Complementar nº 102, de 11/7/2000, em vigor a partir de 1/8/2000)*

§ 1º Saldos credores acumulados a partir da data de publicação desta Lei Complementar por estabelecimentos que realizem operações e prestações de que tratam o inciso II do art. 3º e seu parágrafo único podem ser, na proporção que estas saídas representem do total das saídas realizadas pelo estabelecimento:

I – imputados pelo sujeito passivo a qualquer estabelecimento seu no Estado;

II – havendo saldo remanescente, transferidos pelo sujeito passivo a outros contribuintes do mesmo Estado, mediante a emissão pela autoridade competente de documento que reconheça o crédito.

§ 2º Lei estadual poderá, nos demais casos de saldos credores acumulados a partir da vigência desta Lei Complementar, permitir que:

I – sejam imputados pelo sujeito passivo a qualquer estabelecimento seu no Estado;

II – sejam transferidos, nas condições que definir, a outros contribuintes do mesmo Estado.

Art. 26. Em substituição ao regime de apuração mencionado nos artigos 24 e 25, a lei estadual poderá estabelecer:

I – que o cotejo entre créditos e débitos se faça por mercadoria ou serviço dentro de determinado período;

II – que o cotejo entre créditos e débitos se faça por mercadoria ou serviço em cada operação;

III – que, em função do porte ou da atividade do estabelecimento, o imposto seja pago em parcelas periódicas e calculado por estimativa, para um determinado período, assegurado ao sujeito passivo o direito de impugná-la e instaurar processo contraditório.

§ 1º Na hipótese do inciso III, ao fim do período, será feito o ajuste com base na escrituração regular do contribuinte, que pagará a diferença apurada, se positiva; caso contrário, a diferença será compensada com o pagamento referente ao período ou períodos imediatamente seguintes.

§ 2º A inclusão de estabelecimento no regime de que trata o inciso III não dispensa o sujeito passivo do cumprimento de obrigações acessórias.

Arts. 27 a 30. (VETADOS)

Art. 31. Nos exercícios financeiros de 2003 a 2006, a União entregará mensalmente recursos aos Estados e seus Municípios, obedecidos os montantes, os critérios, os prazos e as demais condições fixadas no Anexo desta Lei Complementar. *("Caput" do artigo com redação dada pela Lei Complementar nº 115, de 26/12/2002)*

§ 1º Do montante de recursos que couber a cada Estado, a União entregará, diretamente: *("Caput" do parágrafo com redação dada pela Lei Complementar nº 115, de 26/12/2002)*

I – setenta e cinco por cento ao próprio Estado; e

II – vinte e cinco por cento aos respectivos Municípios, de acordo com os critérios previstos no parágrafo único do art. 158 da Constituição Federal.

§ 2º Para atender ao disposto no *caput*, os recursos do Tesouro Nacional serão provenientes: *("Caput" do parágrafo com redação dada pela Lei Complementar nº 115, de 26/12/2002)*

I – da emissão de títulos de sua responsabilidade, ficando autorizada, desde já, a inclusão nas leis orçamentárias anuais de estimativa de receita decorrente dessas emissões, bem como de dotação até os montantes anuais previstos no Anexo, não se aplicando neste caso, desde que atendidas as condições e os limites globais fixados pelo Senado Federal, quaisquer restrições ao acréscimo que acarretará no endividamento da União;

II – de outras fontes de recursos.

§ 3º A entrega dos recursos a cada unidade federada, na forma e condições detalhadas no Anexo, especialmente no seu item 3, será satisfeita, primeiro, para efeito de pagamento ou compensação da dívida da respectiva unidade, inclusive de sua administração indireta, vencida e não paga junto à União, bem como para o ressarcimento à União de despesas decorrentes de eventuais garantias honradas de operações de crédito externas. O saldo remanescente, se houver, será creditado em moeda corrente. *(Parágrafo com redação dada pela Lei Complementar nº 115, de 26/12/2002)*

§ 4º A entrega dos recursos a cada unidade federada, na forma e condições detalhadas no Anexo, subordina-se à existência de disponibilidades orçamentárias consignadas a essa finalidade na respectiva Lei Orçamentária Anual da União, inclusive eventuais créditos adicionais. *(Parágrafo com redação dada pela Lei Complementar nº 115, de 26/12/2002)*

§ 4º-A *(Parágrafo acrescido pela Lei Complementar nº 102, de 11/7/2000, em vigor a partir de 1/8/2000 e revogado pela Lei Complementar nº 115, de 26/12/2002)*

§ 5º Para efeito da apuração de que trata o art. 4º da Lei Complementar nº 65, de 15 de abril de 1991, será considerado o valor das respectivas exportações de produtos industrializados, inclusive de semi-elaborados, não submetidas à incidência do imposto sobre operações relativas à circulação de mercadorias e sobre prestações de serviços de transporte interestadual e intermunicipal e de comunicação, em 31 de julho de 1996. *(Parágrafo com redação dada pela Lei Complementar nº 102, de 11/7/2000, em vigor a partir de 1/8/2000)*

Art. 32. A partir da data de publicação desta Lei Complementar:

I – o imposto não incidirá sobre operações que destinem ao exterior mercadorias, inclusive produtos primários e produtos industrializados semi-elaborados, bem como sobre prestações de serviços para o exterior;

II – darão direito de crédito, que não será objeto de estorno, as mercadorias entradas no estabelecimento para integração ou consumo em processo de produção de mercadorias industrializadas, inclusive semi-elaboradas, destinadas ao exterior;

III – entra em vigor o disposto no Anexo integrante desta Lei Complementar.

Art. 32-A. As operações relativas aos combustíveis, ao gás natural, à energia elétrica, às comunicações e ao transporte coletivo, para fins de incidência de imposto de que trata esta Lei Complementar, são consideradas operações de bens e serviços essenciais e indispensáveis, que não podem ser tratados como supérfluos. (Incluído pela Lei Complementar nº 194, de 2022)

§ 1º Para efeito do disposto neste artigo: (Incluído pela Lei Complementar nº 194, de 2022)

I – é vedada a fixação de alíquotas sobre as operações referidas no caput deste artigo em patamar superior ao das operações em geral, considerada a essencialidade dos bens e serviços; (Incluído pela Lei Complementar nº 194, de 2022)

II – é facultada ao ente federativo competente a aplicação de alíquotas reduzidas em relação aos bens referidos no caput deste artigo, como forma de beneficiar os consumidores em geral; e (Incluído pela Lei Complementar nº 194, de 2022)

III – (Revogado pela Lei Complementar nº 201, de 2023)

§ 2º No que se refere aos combustíveis, a alíquota definida conforme o disposto no § 1º deste artigo servirá como limite máximo para a definição das alíquotas específicas (*ad rem*) a que se refere a alínea b do inciso V do caput do art. 3º da Lei Complementar nº 192, de 11 de março de 2022. (Incluído pela Lei Complementar nº 194, de 2022)

Art. 33. Na aplicação do art. 20 observar-se-á o seguinte:

I – somente darão direito de crédito as mercadorias destinadas ao uso ou consumo do estabelecimento nele entradas a partir de 1º de janeiro de 2033; (Redação dada pela Lei Complementar nº 171, de 2019)

II – somente dará direito a crédito a entrada de energia elétrica no estabelecimento: *(Inciso com redação dada pela Lei Complementar nº 102, de 11/7/2000, em vigor a partir de 1/8/2000)*

a) quando for objeto de operação de saída de energia elétrica; *(Alínea acrescida pela Lei Complementar nº 102,de 11/7/2000, em vigor a partir de 1/8/2000)*

b) quando consumida no processo de industrialização; *(Alínea acrescida pela Lei Complementar nº 102,de 11/7/2000, em vigor a partir de 1/8/2000)*

c) quando seu consumo resultar em operação de saída ou prestação para o exterior, na proporção destas sobre as saídas ou prestações totais; e *(Alínea acrescida pela Lei Complementar nº 102, de 11/7/2000, em vigor a partir de 1/8/2000)*

d) a partir de 1º de janeiro de 2033, nas demais hipóteses; (Redação dada pela Lei Complementar nº 171, de 2019)

III – somente darão direito de crédito as mercadorias destinadas ao ativo permanente do estabelecimento, nele entradas a partir da data da entrada desta Lei Complementar em vigor.

IV – somente dará direito a crédito o recebimento de serviços de comunicação utilizados pelo estabelecimento: *(Inciso acrescido pela Lei Complementar nº 102, de 11/7/2000, em vigor a partir de 1/8/2000)*

a) ao qual tenham sido prestados na execução de serviços da mesma natureza; *(Alínea acrescida pela Lei Complementar nº 102, de 11/7/2000, em vigor a partir de 1/8/2000)*

b) quando sua utilização resultar em operação de saída ou prestação para o exterior, na proporção desta sobre as saídas ou prestações totais; e *(Alínea acrescida pela Lei Complementar nº 102, de 11/7/2000, em vigor a partir de 1/8/2000)*

c) a partir de 1º de janeiro de 2033, nas demais hipóteses. (*Redação dada pela Lei Complementar nº 171, de 2019*)

Art. 34. (VETADO)

Art. 35. As referências feitas aos Estados nesta Lei Complementar entendem-se feitas também ao Distrito Federal.

Art. 36. Esta Lei Complementar entra em vigor no primeiro dia do segundo mês seguinte ao da sua publicação, observado o disposto nos artigos 32 e 33 e no Anexo integrante desta Lei Complementar.

Brasília, 13 de setembro de 1996;
175º da Independência e 108º da República.

FERNANDO HENRIQUE CARDOSO
Pedro Malan

ANEXO

(Redação dada pela LCP nº 115, de 26.12.2002)

1. A entrega de recursos a que se refere o **art. 31 da Lei Complementar nº 87, de 13 de setembro de 1996**, será realizada da seguinte forma:

1.1. a União entregará aos Estados e aos seus Municípios, no exercício financeiro de 2003, o valor de até R$ 3.900.000.000,00 (três bilhões e novecentos milhões de reais), desde que respeitada a dotação consignada da Lei Orçamentária Anual da União de 2003 e eventuais créditos adicionais;

1.2. nos exercícios financeiros de 2004 a 2006, a União entregará aos Estados e aos seus Municípios os montantes consignados a essa finalidade nas correspondentes Leis Orçamentárias Anuais da União;

1.3. a cada mês, o valor a ser entregue aos Estados e aos seus Municípios corresponderá ao montante do saldo orçamentário existente no dia 1º, dividido pelo número de meses remanescentes no ano;

1.3.1. nos meses de janeiro e fevereiro de 2003, o saldo orçamentário, para efeito do cálculo da parcela pertencente a cada Estado e a seus Municípios, segundo os coeficientes individuais de participação definidos no item 1.5 deste Anexo, corresponderá ao montante remanescente após a dedução dos valores de entrega mencionados no art. 3º desta Lei Complementar;

1.3.1.1. nesses meses, a parcela pertencente aos Estados que fizerem jus ao disposto no art. 3º desta Lei Complementar corresponderá ao somatório dos montantes derivados da aplicação do referido artigo e dos coeficientes individuais de participação definidos no item 1.5 deste Anexo;

1.3.2. no mês de dezembro, o valor de entrega corresponderá ao saldo orçamentário existente no dia 15.

1.4. Os recursos serão entregues aos Estados e aos seus respectivos Municípios no último dia útil de cada mês.

1.5. A parcela pertencente a cada Estado, incluídas as parcelas de seus Municípios, será proporcional aos seguintes coeficientes individuais de participação:

AC	0,09104%	PB	0,28750%
AL	0,84022%	PR	10,08256%
AP	0,40648%	PE	1,48565%
AM	1,00788%	PI	0,30165%
BA	3,71666%	RJ	5,86503%
CE	1,62881%	RN	0,36214%
DF	0,80975%	RS	10,04446%
ES	4,26332%	RO	0,24939%
GO	1,33472%	RR	0,03824%
MA	1,67880%	SC	3,59131%
MT	1,94087%	SP	31,14180%
MS	1,23465%	SE	0,25049%
MG	12,90414%	TO	0,07873%
PA	4,36371%	TOTAL	100,00000%

2. Caberá ao Ministério da Fazenda apurar o montante mensal a ser entregue aos Estados e aos seus Municípios.

2.1. O Ministério da Fazenda publicará no Diário Oficial da União, até cinco dias úteis antes da data prevista para a efetiva entrega dos recursos, o resultado do cálculo do montante a ser entregue aos Estados e aos seus Municípios, o qual, juntamente com o detalhamento da memória de cálculo, será remetido, no mesmo prazo, ao Tribunal de Contas da União.

2.2. Do montante dos recursos que cabe a cada Estado, a União entregará, diretamente ao próprio Estado, setenta e cinco por cento, e aos seus Municípios, vinte e cinco por cento, distribuídos segundo os mesmos critérios de rateio aplicados às parcelas de receita que lhes cabem do ICMS.

2.3. Antes do início de cada exercício financeiro, o Estado comunicará ao Ministério da Fazenda os coeficientes de participação dos respectivos Municípios no rateio da parcela do ICMS a serem aplicados no correspondente exercício, observado o seguinte:

2.3.1. o atraso na comunicação dos coeficientes acarretará a suspensão da transferência dos recursos ao Estado e aos respectivos Municípios até que seja regularizada a entrega das informações;

2.3.1.1. os recursos em atraso e os do mês em que ocorrer o fornecimento das informações serão entregues no último dia útil do mês seguinte à regularização, se esta ocorrer após o décimo quinto dia; caso contrário, a entrega dos recursos ocorrerá no último dia útil do próprio mês da regularização

3. A forma de entrega dos recursos a cada Estado e a cada Município observará o disposto neste item.

3.1. Para efeito de entrega dos recursos à unidade federada e por uma das duas formas previstas no subitem 3.3 serão obrigatoriamente considerados, pela ordem e até o montante total da entrega apurado no respectivo período, os valores das seguintes dívidas:

3.1.1. contraídas junto ao Tesouro Nacional pela unidade federada vencidas e não pagas, computadas primeiro as da administração direta e depois as da administração indireta;

3.1.2. contraídas pela unidade federada com garantia da União, inclusive dívida externa, vencidas e não pagas, sempre computadas inicialmente as da administração direta e posteriormente as da administração indireta;

3.1.3. contraídas pela unidade federada junto aos demais entes da administração federal, direta e indireta, vencidas e não pagas, sempre computadas inicialmente as da administração direta e posteriormente as da administração indireta.

3.2. Para efeito do disposto no subitem 3.1.3, ato do Poder Executivo Federal poderá autorizar:

3.2.1. a inclusão, como mais uma opção para efeito da entrega dos recursos, e na ordem que determinar, do valor correspondente a título da respectiva unidade federada na carteira da União, inclusive entes de sua administração indireta, primeiro relativamente aos valores vencidos e não pagos e, depois, aos vincendos no mês seguinte àquele em que serão entregues os recursos;

3.2.2. a suspensão temporária da dedução de dívida compreendida pelo subitem 3.1.3, quando não estiverem disponíveis, no prazo devido, as necessárias informações.

3.3. Os recursos a serem entregues mensalmente à unidade federada, equivalentes ao montante das dívidas apurado na forma do subitem 3.1, e do anterior, serão satisfeitos pela União por uma das seguintes formas:

3.3.1. entrega de obrigações do Tesouro Nacional, de série especial, inalienáveis, com vencimento não inferior a dez anos, remunerados por taxa igual ao custo médio das dívidas da respectiva unidade federada junto ao Tesouro Nacional, com poder liberatório para pagamento das referidas dívidas; ou

3.3.2. correspondente compensação.

3.4. Os recursos a serem entregues mensalmente à unidade federada equivalentes à diferença positiva entre o valor total que lhe cabe e o valor da dívida apurada nos termos dos subitens 3.1 e 3.2, e liquidada na forma do subitem anterior, serão satisfeitos por meio de crédito, em moeda corrente, à conta bancária do beneficiário.

4. As referências deste Anexo feitas aos Estados entendem-se também feitas ao Distrito Federal.

REFERÊNCIAS BIBLIOGRÁFICAS

ALEXANDRE, Ricardo. *Direito Tributário esquematizado.* 10ª ed., São Paulo: Editora Método, 2016.

ALVIM, Agostinho. *Da doação.* 2ª ed., São Paulo: Editora Saraiva. 1972.

ATALIBA, Geraldo. *Hipótese de incidência tributária.* 6ª ed., São Paulo: Malheiros, 2005.

BALEEIRO, Aliomar. *Uma introdução à ciência das finanças.* 16ª ed., Rio de Janeiro: Forense, 2002.

BALTHAZAR, Ubaldo Cesar. *Tributo na História da Antiguidade à globalização.* 1ª ed., Florianópolis: Editora Fundação Boiteux, 2006.

BARROSO, Francisco das Chagas. *Impostos: ICMS, ITCD e IPVA.* 1ª ed., Salto/SP: Editora Schoba, 2012.

BORBA, Claudio. *Direito Tributário I: Constituição Federal: A Competência Tributária, suas espécies, características e Limitações.* 1ª ed., Rio de Janeiro: Elsevier, 2007.

BORBA, Claudio. *ICMS – Legislação Aplicável a todos os Estados e Distrito Federal,* 1ª ed., Rio de Janeiro: Elsevier, 2006.

CARRAZZA, Roque Antonio. *ICMS.* 12ª ed., São Paulo: Malheiros, 2007.

CARVALHO, Paulo Barros. *Direito Tributário. Linguagem e Método.* 4ª ed., revisada e ampliada. São Paulo: Editora Noeses, 2011.

CASTRO, Alexandre Barros. *Noções de Direito Tributário.* 1ª ed., São Paulo: Saraiva, 2008.

CASTRO, Eduardo M. L. Rodrigues; LUSTOZA, Helton Kramer; GOUVÊA, Marcus de Freitas. *Tributos em espécie.* 5ª ed. Bahia: Juspodivm, 2018.

CHIESA, Clélio et al. *O ICMS e a EC 33.* 1ª ed., São Paulo: Editora Dialética, 2002.

COÊLHO, Sacha Calmon Navarro. *Curso de Direito Tributário brasileiro.* 7ª ed., Rio de Janeiro: Forense, 2004.

COSTA, Regina Helena. *Curso de Direito Tributário.* 1ª ed., São Paulo: Saraiva, 2009.

DERZI, Misabel Abreu Machado. *Direito Tributário brasileiro.* 11ª. ed., Rio de Janeiro: Forense, 2007.

FERREIRA FILHO, Manoel Gonçalves. *Curso de Direito Constitucional.* 22ª ed., São Paulo: Editora Saraiva, 1995.

FERREIRA, Ricardo J. *Legislação Tributária Estadual comentada artigo por artigo.* 2ª ed., Rio de Janeiro: Editora Ferreira, 2020.

FROSSARD, Dermeval. *ICMS Genérico,* 5ª ed., Rio de Janeiro: Editora Ferreira, 2018.

FROSSARD, Dermeval. *ICMS Genérico* – Questões. Rio de Janeiro: Ferreira, 2012.

GRECO, Marco Aurélio. *Internet e Direito.* São Paulo: Dialética, 2000.

KOCH, Dionísio. *Manual de ICMS.* 2ª ed., Curitiba: Editora Juruá, 2010.

MACHADO, Hugo de Brito. *Curso de Direito Tributário.* 19ª ed. São Paulo: Malheiros, 2001.

MEIRELLES, Alexandre. *Concursos Fiscais.* 3ª ed. São Paulo: Método, 2016.

MIRANDA, Daniel Petitinga de. *Conflitos Sobre o ICMS na Importação: há solução?* Trabalho de conclusão de curso (Monografia), Bacharelado em Direito, Centro Universitário Padre Anchieta, Jundiaí/SP, 2012.

OLIVEIRA, José Jayme de Macedo. *Impostos Estaduais.* 1ª ed., São Paulo: Saraiva, 2009.

PEIXOTO, Marcelo Magalhães. *Breves comentários sobre a nova redação do Art. 155, § 2º, IX, "A", da Constituição Federal introduzido pela Emenda Constitucional nº 33/01 – Relativo à Importação.* Repertório IOB de Jurisprudência, nº 5/2002, Caderno 1, p. 161.

PEREIRA FILHO, Luiz Alberto (coord.). *ICMS – Questões polêmicas.* 1ª ed., Curitiba: Juruá, 2005.

PERES, Eduardo Moreira e VALENTIN, Jefferson. *Manual do ITCMD-SP.* 1ª ed., São Paulo: Letras Jurídicas, 2017.

ROSA, José Roberto. *Substituição Tributária no ICMS.* 2ª ed., ITU/SP: Ottoni Editora, 2009.

ROSA, José Roberto. *Curso Básico de ICMS.* 3ª ed., ITU/SP: Ottoni Editora, 2012.

REZENDE, Fernando. *Finanças públicas.* São Paulo: Atlas, 2001.

TORRES, Ricardo Lobo. *Curso de Direito Financeiro e Tributário.* 10ª ed., Rio de Janeiro: Renovar, 2003.

SITES ACESSADOS

Portal do qual retiramos quase todas as questões utilizadas nesta obra: <www.tecconcursos.com.br>.

ANOTAÇÕES

ANOTAÇÕES

ANOTAÇÕES

ANOTAÇÕES

EDITORA
JusPODIVM
www.editorajuspodivm.com.br

JUS4413